中国
经济特区开发区
年鉴

(1999)

主编　彭　森

改革出版社

图书在版编目(CIP)数据

中国经济特区开发区年鉴.1999卷/彭森主编.北京:改革出版社,2000.1
ISBN 7-80143-395-5

Ⅰ.中… Ⅱ.彭… Ⅲ.①经济特区-中国-年鉴-1999②开发区-中国-年鉴-1999 Ⅳ.F127.9-54

中国版本图书馆CIP数据核字(2000)第02156号

责任编辑　安建军　金　宇
美术设计　安建军
责任校对　高金利
监督印制　刘志豪

中国经济特区开发区年鉴(1999)
彭　森　主编
改革出版社出版
社址:北京市东城区安德里北街23号
邮政编码:100011
北京金盾印刷厂印刷
新华书店经销
2000年4月　第1版　2000年4月　第1次印刷
开本787×1092　1/16　正文19.375印张　彩页7.75印张　500千字
ISBN7-80143-395-5/F·203
定价:150.00元

《中国经济特区开发区年鉴》编委会(1999)

《中国经济特区开发区年鉴》特约编辑

（以姓氏笔划为序）

《中国经济特区开发区年鉴》编辑部主任

目　录

文献法规篇

经济特区、浦东新区篇

开 发 区 篇

保税区篇

边境经济合作区篇

专　稿　篇

附　　录

文献法规篇

政府工作报告(节选)

——1998年3月5日在第九届全国人民代表大会第一次会议上

国务院总理　李　鹏

一、关于过去五年的政府工作

第八届全国人民代表大会第一次会议以来的五年,我国各族人民在中国共产党领导下,解放思想,开拓进取,社会主义现代化事业取得了举世瞩目的伟大成就。经济体制改革迈出决定性步伐,对外开放提高到新的水平。社会生产力、综合国力、人民生活又上了一个新的台阶。香港顺利回归祖国。民族团结和社会稳定的局面进一步巩固。五年来,我国政通人和,百业俱兴,国力增强,是建国以来比较好的发展时期。现在,我国人民在中国共产党第十五次全国代表大会精神鼓舞下,正沿着建设有中国特色的社会主义道路,满怀信心,昂首阔步地迈向二十一世纪。

过去的五年,经济发展保持良好势头,国家经济实力显著增强。1997年国内生产总值达到74772亿元,按可比价格计算,平均每年增长11%。顺利完成了“八五”计划,提前实现了本世纪末国民生产总值比1980年翻两番的目标。制定和实施“九五”计划和2010年远景目标纲要,开局良好。在经济发展过程中,一度出现某些领域过热、物价涨幅过高的问题。通过深化改革,加强和改善宏观调控,既保持了经济的快速增长,又有效地抑制了通货膨胀。去年经济增长8.8%,商品零售价格涨幅为0.8%,这种“高增长,低通胀”的良好态势,是多年来没有过的。农村经济全面发展,农业增加值平均每年增长4.5%。各级政府重视农业,加强农业的政策逐步得到落实,调动了广大农民的积极性。多渠道增加农业投入,积极推广先进适用技术,加强水利设施和农田基本建设,农业综合生产能力有较大提高。1997年粮食产量达到49250万吨,比五年前增加5000万吨,粮食生产上了一个新的台阶。现在,我国已初步形成比较完备的粮食储备体系。肉、禽、蛋、奶、水产品、水果和蔬菜等农产品产量都有大幅度增加。城乡市场副食品供应充足,花色品种齐全,丰富了人民群众的物质生活。乡镇企业保持了较快增长的态势,不断为农村经济发展增添新的力量。工业增加值平均每年增长15.3%,产业结构和产品结构出现了积极的变化。1997年钢产量达到1亿吨以上,发电装机容量达到2.5亿千瓦。运输邮电业迅速发展,五年铁路正线铺轨总里程11344公里,高速公路增加4083公里,电话交换机总容量达到1.1亿门。主要生产资料和消费品出现了供求基本平衡或供大于求的格局,长期以来困扰我们的商品紧缺现象已经根本改观了。五年全社会固定资产投资累计完成近10万亿元。投资结构进一步改善,基础产业和基础设施建设加快,中西部地区投资得到加强,经济和社会发展取得新的成就。一大批重点建设项目建成投产,京九、南昆铁路全线投入运营,长江三峡和黄河小浪底水利水电枢纽工程顺利截流。一批重大项目正在建设。新发现和探明了一批矿产资源。我国经济发展中长期存在的能源、原材料、交通、邮电等基础产业和基础设施的"瓶颈"制约,得到明显缓解,增添了持续发展的后劲。

以建立社会主义市场经济体制为目标的改革取得重大突破,新的宏观调控体系框架初步建立,市场在资源配置中的基础性作用显著增强。五年来,按照中国共产党第十四次全国代表大会确定的改革目标,大步推进了财政、税收、金融、外汇、计划、价格和投融资等体制改革。新的财税体制已经建立并且运行正常,中央和地方财力都有较大增加。政策性金融和商业性金融初步分开,中央银行的调控和监管职能开始增强。人民币汇率顺利并轨,汇价保持稳定,实现了在经常项目下的可兑换。以指导性计划为主的计划调控方式不断完善,价格进一步放开,绝大部分消费品和生产资料的价格已经由市场决定,市场机制对增加供给、调节需求、丰富人民生活所起的作用越来越明显。在投融资领域进行了改革,推行项目法人责任制、资本金制度和招标制度,投资风险约束逐步加强,企业筹资渠道进一步拓宽。国有企业改革力度加大,在积极试点的基础上稳步推进,改革的方向、目标、方针和重点已经明确,对解决难点问题进行了多方面的探索,积累了可贵的经验。在市场竞争中涌现出一批有实力的大型企业和企业集团,有的亏损企业经营状况好转,有的已经扭亏为盈。农村经济、社会保障、商品流通、对外贸易、城市住房等方面的改革,都有新的进展。以公有制为主体、多种所有制经济共同发展的格局进一步展开,国民经济市场化、社会化程度明显提高。深化改革为国民经济和社会发展不断注入新的活力。

对外开放继续扩大,形成了全方位、多层次、宽领域的开放格局。五年来,我国年进出口总额由1655亿美元增加到3251亿美元。出口商品结构明显改善,工业制成品特别是机电产品所占比重稳步上升。利用外资大幅度增长,外商直接投资实际金额五年累计1858亿美元。外商投资项目质量有所提高,技术含量比较高、投资金额比较大、符合国家产业政策的项目逐年增多。对外工程承包和劳务出口逐年增加,旅游业持续增长。国际收支状况良好,国家外汇储备由194亿美元增加到1399亿美元,对我国发展对外经济合作,抵御国际金融风波的冲击,发挥了重要作用。经济特区和上海浦东新区继续发展,全国对外开放的地区和行业进一步扩大,科技、教育、文化等方面的国际合作与交流不断加强。五年来,我国缔结或者参加国际条约187个。对外开放的扩大,为更好地利用国际国内两个市场、两种资源,优化经济结构和提高国际竞争力,促进国民经济持续快速健康发展,创造了有利条件。

科技教育文化事业在改革中前进,社会主义精神文明建设取得新的成绩。五年来取得一大批重要科技成果,其中一些达到或接近国际先进水平,我国整体科技实力进一步增强。

授予专利权22.4万件，知识产权进一步得到保护。科技工作面向经济建设主战场，集中力量解决了一批重大和关键技术问题，不少科技成果得到推广和应用，为国民经济和社会发展作出了重要贡献。积极推进了高技术研究及其产业化，研制开发出一批我国权利人拥有知识产权的高新技术和高新技术产品。基础研究在一些前沿领域取得可喜的进展。国家优先发展教育的战略决策逐步落实，教育投入随着国家财力的增强而不断增加，社会力量办学也为发展教育事业作出了贡献。占全国人口65%的地区基本普及九年义务教育，青壮年文盲率下降到6%。教育结构进一步调整，职业教育和成人教育迅速发展，中等职业学校的在校生占高中阶段教育总人数的56%以上。数以亿计的城乡劳动者接受了不同形式和不同程度的岗位培训、技术和专业培训。高等教育稳步发展，管理体制改革有了良好开端，教育质量和办学效益有所提高。五年共培养本科和专科毕业生687万人，研究生17.5万人，留学回国人员逐年增多，为各条战线输送了大批专业人才。文学艺术、新闻出版、广播影视等事业繁荣发展，创作出一批思想性和艺术性较高，受到群众喜爱的优秀作品。广播和电视的人口覆盖率都达到了85%以上。哲学社会科学研究进一步开展。加强了图书馆、博物馆、科技馆、文化馆、档案馆等公益性文化事业建设。全民健身运动广泛开展，中国运动员在世界重大体育比赛中取得了优秀成绩。

思想道德建设得到加强。广大干部群众深入学习邓小平理论，进一步提高了建设有中国特色社会主义的自觉性。普遍进行了以为人民服务为核心，集体主义为原则的社会主义道德教育，以及民主法制教育和纪律教育。大力弘扬爱国主义、集体主义、社会主义和艰苦创业精神，开展讲文明、树新风等多种形式的群众性精神文明创建活动，宣传各个领域的先进模范人物，对提高全民族的思想道德水平，树立良好的社会风尚，产生了积极作用。

社会主义民主和法制建设得到加强，民族团结和社会稳定的局面进一步巩固。各级政府接受同级人民代表大会及其常委会的监督，在工作中注意听取民主党派、无党派人士、专家学者和人民群众的意见。基层民主进一步发展。五年来，国务院提出法律草案66个，制定行政法规197个，依法行政状况有所改善。行政监察、审计和经济监督工作得到加强。普法教育广泛开展，人民群众特别是领导干部的法制观念逐步增强。人事制度改革有新的进展，推进了公务员制度。民族地区在国家的扶持和其他地区的支援下，通过自己的艰苦奋斗，经济增长加快，各项事业全面发展。少数民族的平等权利和民族自治地方的自治权利得到保障，社会主义民族关系进一步发展。侨务工作取得新的进展。正常的宗教活动和宗教团体的合法权益受到保护。坚持社会治安综合治理，深入开展“严打”斗争和专项治理，防范和打击了犯罪活动。勤政廉政建设得到加强，纠正行业不正之风取得一定成效，依法查办大案要案，惩处了一批腐败分子。在经济体制和社会、经济结构发生深刻变化的条件下，我国始终保持社会稳定，为改革和发展提供了重要保证。

国防和军队现代化建设迈出新的步伐。我国第一部《国防法》开始实施。各级政府支持人民军队贯彻新时期军事战略方针，走有中国特色的精兵之路。重视科技强军，国防科研取得一批重要成果，后勤保障能力不断提高。国防工业实行军民结合、平战结合，一些企业积极发展民品生产，在调整和改革中增添了新的活力。广泛开展拥军优属、拥政爱民和军民共建活动，军政、军民团结得到巩固。中国人民解放军和武装警察部队在维护国家主权和安全，参加重点工程建设和抢险救灾中，作出了重要贡献。

城乡居民收入显著增加，生活水平进一步提高。1997年，城镇居民人均可支配收入达到5160元，五年来年均实际增长6%；农村居民人均纯收入达到2090元，年均实际增长5.4%。市场商品丰富多彩，居民的衣、食、住、用、行条件明显改善。社会消费品零售总额年均实际增长10.3%，城乡居民人均粮食、肉类、蛋类等消费量已达到世界平均水平。城乡居民拥有的家用电器有较大幅度的增加，家庭电视机普及率达到85%以上。城镇人均居住面积增加到8.7平方米，农村增加到22平方米。城乡居民储蓄大幅度增加，存款余额达到46280亿元。五年来城镇新增就业3555万人。城镇实行了每周五天工作制。计划生育工作成绩显著，人口自然增长率下降到10.06‰。妇女儿童工作进一步受到重视。城乡医疗卫生条件进一步改善，消灭了脊髓灰质炎，一些严重危害人民健康的疾病得到控制，人民群众的健康水平普遍提高，平均期望寿命达到70.8岁。加强了城市和重点区域环境污染的治理，淮河流域污染防治取得阶段性成果，部分地区环境质量有所改善。全国初步建立起统一的企业职工基本养老保险制度，失业保险逐步扩大，300多个城市建立了居民最低生活保障制度。防灾、减灾、救灾工作对保障人民生命财产安全发挥了积极作用。农村扶贫开发工作取得很大成绩，五年中有3000万贫困人口解决了温饱问题。

香港顺利回归祖国，继续保持繁荣稳定。香港回归祖国是中华民族的盛事，也是全世界瞩目的一件大事。中华民族洗雪了百年耻辱，振奋了民族精神，感到无比的骄傲和自豪。香港实现平稳过渡，标志着邓小平“一国两制”构想的巨大成功，对澳门回归和解决台湾问题，实现祖国完全统一将起到积极的推动作用。香港回归八个多月以来，保持了原有的社会、经济制度不变，生活方式不变和法律基本不变，“一国两制”、“港人治港”、高度自治的方针和香港特别行政区基本法得到全面贯彻执行。香港社会稳定，人心稳定，经济保持稳健运行。中央政府全力支持香港特别行政区政府的工作，支持香港为应对东南亚金融危机的冲击而采取的措施。我们高兴地看到，香港特别行政区作为独立的选举单位，选出自己的全国人大代表，出席本次大会，参与管理国家大事。香港回归祖国以来已经有了一个良好的开端，也一定会有更加美好的未来。

各位代表！过去五年所取得的一切成就，都是在以江泽民同志为核心的党中央领导下，全国各族人民同心同德、努力奋斗的结果，也是与广大海外同胞和国际友人的关心和支持分不开的。我代表国务院，向全国各族人民，向广大工人、农民、知识分子、人民解放军和各界人士，表示崇高的敬意！向海外同胞为祖国富强与和平统一大业作出的努力，表示衷心的感谢！向世界各国政府、国际组织和国际友人对中国现代化事业的理解和支持，表示诚挚的谢意！

我们清醒地看到，在我国的经济和社会发展中，还存在着不少矛盾和问题。主要是：相当多的国有企业生产经营困难，下岗和失业人员增多，就业压力加大；农业基础仍然薄弱，经济建设中盲目投资、重复建设现象比较普遍，国民经济整体素质和效益不高；金融监管不够健全，金融秩序在某些方面比较混乱；地区发展差距仍然明显存在，收入分配关系还没有理顺，城乡都有部分群众生活比较困难；人民群众对社会风气和社会治安状况还不满意，一些政府工作人员脱离群众的官僚主义、脱离实际的浮夸作风比较严重，贪污腐化、奢侈浪费等现象仍在蔓延滋长；人口增长、经济发展给资源带来巨大压力，部分地区生态环境继续恶化。这些问题，有的是多年积累下来的，有的是在改革和发展中出现的，政府工作也有缺点和失误。这些年虽然一直在努力解决，但还不尽如人意，有些问题甚至在加重。继续解决这些矛盾和问题，仍是今后政府工作的艰巨任务。

各位代表！回顾过去五年的政府工作，我们有以下几点体会：

第一：坚持解放思想、实事求是的思想路线。改革开放和现代化建设，必须从我国社会主义初级阶段的基本国情出发，走自己的道路。既要努力吸收人类文明的一切优秀成果，又不能照抄本本，照搬别国的经验。既要冲破旧的思想禁锢,尊重群众的首创精神,大胆试验创新,在实践中积极探索前进,又要按客观规律办事,审时度势,讲求实效。既要抓住机遇,看准了的事就坚决干,又要认真总结经验,充分估量改革和发展的长期性、艰巨性和复杂性,对工作做出循序渐进的部署。把加快改革和发展的紧迫感同科学务实的精神结合起来,就能少走弯路,避免大的损失。

第二,妥善处理改革、发展、稳定三者之间的关系。改革是发展的动力。要以"三个有利于"为标准,不失时机地推进各方面的改革,解决经济和社会发展中的突出问题。发展是改革的目的,也是稳定的保证,解决中国所有问题的关键要靠自己的发展。经济发展要有新的思路,积极推进经济体制和经济增长方式的根本转变,提高经济增长的质量和效益。稳定是改革和发展的前提,要在社会政治稳定中推进改革和发展,在改革和发展中实现社会政治稳定。注意改革力度、发展速度和社会承受能力的协调统一,实现稳中求进。

第三,既充分发挥市场机制作用,又加强和改善宏观调控。这是几年来我国保持经济快速增长,有效抑制通货膨胀的一条重要经验。发展社会主义市场经济,必须发挥市场对资源配置的基础性作用,不这样,经济发展就没有活力。市场也有盲目性和局限性,国家必须通过宏观调控加以管理和引导,不这样,经济就会出现混乱。社会主义市场经济条件下的宏观调控,不同于计划经济体制下那种对企业生产经营活动的直接干预,必须按照市场经济规律,主要运用经济手段和法律手段,辅之以必要的行政手段,对国民经济进行合理的调节。

第四,实施科教兴国战略和可持续发展战略。科技进步是经济发展的决定性因素。发展教育是科技进步的基础。世界范围内日趋激烈的经济竞争和综合国力的较量,归根到底是科技和人才的竞争。我国只有大力发展教育和科技事业,把经济发展切实转到依靠科技进步和提高劳动者素质的轨道上来,才能加快现代化进程,缩小与发达国家的差距。我国人口众多,资源相对不足,经济规模越来越大,经济发展与资源、环境的矛盾日益突出,粗放的经济增长方式难以为继。必须正确处理发展经济同人口、资源、环境的关系,合理开发和综合利用资源,保护和改善生态环境,使经济发展既满足当代人的需要,又造福于子孙后代。

第五,坚持两手抓、两手都要硬的方针。在发展市场经济和对外开放的条件下,社会主义精神文明建设面临着新的形势和任务。在集中力量进行经济建设的时候,精神文明建设往往容易被忽视。加强这方面的工作,不仅是思想宣传部门的事,也是各级政府的职责和全社会的共同任务。要把精神文明建设纳入国民经济和社会发展的总体规划,保证必要的物质投入,长期不懈地抓下去。在我国的现代化进程中,必须始终坚持一手抓物质文明,一手抓精神文明;一手抓经济建设,一手抓民主法制;一手抓改革开放,一手抓打击犯罪和惩治腐败。只有坚持两手抓、两手都要硬,才能实现社会全面进步。

五年来的基本经验,归结起来,就是高举邓小平理论伟大旗帜,认真贯彻中国共产党在社会主义初级阶段的基本路线,坚持以经济建设为中心,坚持四项基本原则,坚持改革开放,坚定不移地沿着有中国特色社会主义道路前进。这是我们战胜一切艰难险阻,把各项事业不断推向前进的根本保证。

二、关于 1998 年政府工作的建设

1998 年是全面贯彻中国共产党第十五次全国代表大会精神的第一年,是推进改革开放和现代化建设事业的重要一年。九届全国人大一次会议将要进行政府换届。国务院经过认真研究,并且广泛征求了各方面的意见,就今年的政府工作提出如下建议。

今年工作的总体要求是:高举邓小平理论伟大旗帜,全面贯彻中国共产党第十五次全国代表大会精神,加强农业基础地位,加快以国有企业为重点的各项改革,加大经济结构调整

力度,提高对外开放水平,继续推进经济体制和经济增长方式的根本转变,保持国民经济持续快速健康发展;加强民主法制建设,推进依法治国,坚持不懈地开展反腐败斗争,维护社会稳定;加强精神文明建设,促进教育、科学、文化发展和社会全面进步;加强全国各族人民的团结,为建设有中国特色社会主义事业齐心奋斗。根据这个总体要求,今年要着重抓好以下工作:

第一,进一步稳定和加强农业

农业事关全局,决不能因为连续几年丰收,农产品供给充足而放松农业。今年要继续采取有效措施,确保农业再有一个好收成,力争农民收入增加,保持农村社会安定。粮食总产量稳定在49250万吨,棉花总产量稳定在400万吨。要以市场为导向,调整和优化农业结构,在不放松粮食生产的同时,积极发展畜牧业、水产业和林业,促进农业向高产、优质、高效方向发展。积极稳妥地发展农业产业化经营,拓宽流通渠道,推动农产品生产、加工和销售环节的有机结合和相互促进,使农民不仅从生产中得到收益,也能分享加工和销售环节的利益。发展农副产品加工,要防止盲目的“小而全”的重复建设。农业依靠科技增产的潜力很大,要调动农业科技人员的积极性,加强对农民的实用技术培训,普及优良品种,推广生产、加工、贮藏、保鲜等方面的先进适用技术。坚持和完善“米袋子”省长负责制,“菜篮子”市长负责制。粮食购销体制改革是今年的一件大事,要精心组织实施。坚持按保护价收购粮食的政策。

继续加强农业基础设施建设。水利建设要因地制宜,突出重点,南方着重防洪,北方着重抗旱。加强大江大河大湖的治理,搞好防洪工程建设,疏浚中小河流,保证安全度汛。继续搞好三峡工程及其移民工作。我国水资源短缺,必须十分重视水资源的保护、合理开发和可持续利用。要加强水资源管理,实行有偿使用制度,促进节约用水。干旱地区要加强抗旱水源工程建设,大力发展节水灌溉和旱作农业。继续加强农业综合开发和商品粮棉基地建设。要根据农业的需要发展农用工业。各级政府都要增加对农业的投入,落实水利建设基金,鼓励农民群众、农村集体组织增加劳动和资金投入。大力开展农田基本建设和植树种草活动,治理水土流失,改善农业生产条件和生态环境。严格控制城乡建设用地,落实基本农田保护制度,认真保护好耕地。

积极促进乡镇企业、特别是中西部地区乡镇企业的发展。引导乡镇企业加强经营管理,加快技术进步,提高产品质量,根据市场变化调整产品结构,利用农村劳动力和农副产品资源丰富的优势,发展农副产品加工业。乡镇集体企业的改革要积极稳妥地进行,既要增强企业活力,又要实现集体资产保值增值,发展壮大农村集体经济。

要稳定以家庭联产承包为主的责任制,落实土地承包期再延长30年的政策;切实减轻农民负担;加强农村基层政权和村民自治组织建设,改善农村干群关系。这是发展农村经济,维护农村稳定的重要保证。

第二,国有企业改革要取得新的突破

国有企业改革是当前经济体制改革的重点。中央提出,要用三年左右的时间,通过改革、改组、改造和加强管理,使大多数国有大中型亏损企业摆脱困境,力争到本世纪末使大多数国有大中型骨干企业初步建立起现代企业制度。国有企业改革的指导思想和基本任务,一是把国有企业改革作为经济体制改革的中心环节,以建立现代企业制度为方向,切实转换企业经营机制;二是实行分类指导,从搞好整个国有经济出发,“抓大放小”,对国有企业进行战略性改组;三是按“三个有利于”的标准,探索和发展公有制的多种实现形式;四是把改革同改组、改造、加强管理结合起来;五是鼓励兼并、规范破产、下岗分流、减员增效和实施再就业工程;六是推进以建立社会保障制度为重点的配套改革。我们必须充分估计改革的艰巨性和紧迫性,也要看到改革的有利条件。现在宏观经济环境比较好,要树立信心,采取坚决而又稳妥的步骤，为搞好国有企业改革，促进效益提高而努力。

*推进重点行业和重点企业的改革和发展。*以纺织行业为突破口，促进困难行业深化改革和扭亏解困。取得初步成效后，再推进到兵器、机械等其他困难行业。搞好重点大企业，对改善国有经济的整体效益有重要作用。在一些重要行业和关键领域，鼓励组建大型企业集团，增强在国内外市场的竞争能力。发展企业集团要坚持以市场为导向，打破部门、地区和所有制的界限，支持强强联合，实现优势互补，防止简单拼凑集团和盲目扩大规模。国务院要加强对国有大型企业财务的监督。

*加快国有企业的改组和调整。*鼓励优势企业兼并困难企业，使资源得到有效利用，对长期亏损、扭亏无望的企业实施规范破产，下决心关停一批产品没有市场，经营难以为继的企业。分流企业富余人员，是提高效益的重要途径，各级政府要给予关心和支持。继续在试点城市和重点行业实行支持企业兼并、破产和减员增效的优惠政策，今年核销银行呆帐坏账准备金的总额增加到400亿元。在这项工作中，要防止变相逃债，保护银行资产安全。中央和地方都要采取措施，减轻企业的债务负担。继续把“拨改贷”和基本建设经营性基金转为国家资本金，今年再转500亿元。

*积极稳妥地进行股份制和股份合作制改革。*对具备条件的大中型企业实行规范的公司制，根据市场情况，允许一些企业上市发行股票。企业改制要真正转变经营机制，实现政企分开，明确国家和企业的权利和责任，完善内部管理制度，加强所有者对经营者的约束和激励，防止国有资产流失。国有小企业量大面广，就业人数很多，在国民经济中占有重要地位，要采取改组、联合、兼并、租赁、承包经营和股份合作制、出售等形式，加快放开搞活的步伐。要把经营自主权真正放给企业，实行自负盈亏，使小企业能够更加灵活地适应市场。要根据不同情况，选择适当的改革形式，不要盲目追求进度。实行股份合作制要尊重职工意愿，不能强迫入股，也要防止股权集中在少数人手里。

*加强领导班子建设和企业经营管理。*许多办得不好的企业，主要是领导班子有问题。要完善对经营者的选聘、监督、考核和奖惩办法。办得好的企业，领导班子要保持稳定，办得不好的要及时调整。要加强民主管理，充分发挥广大职工的积极性和创造性。企业要转变观念，使生产经营和内部管理适应市场的要求。要重视加快技术进步和新产品开发，调整产品结构，加强市场营销，改善售后服务，努力降低成本，提高质量，增强竞争能力。各级政府要积极帮助企业分离社会职能，企业要努力增加资金积累，改善资产经营状况。

*积极推进其他各项改革。*继续调整和完善所有制结构，在推进国有经济改革和发展的同时，积极发展城乡多种形式的集体经济，继续鼓励和引导个体、私营等非公有制经济共同发展。加快职工基本养老保险、医疗保险、失业保险等社会保障制度的改革，为国有企业改革和经济结构调整创造条件。在流通领域，要打破地区封锁和行业垄断，整顿市场秩序，坚决打击走私贩私和制售假冒伪劣产品的不法行为。多发展一些连锁经营的便民店，不要盲目建设高档商场。积极推进代理制，鼓励大型生产企业和流通企业联合，内外贸企业联合，共同开拓国内外市场。继续改革和探索国有资产管理体制，加强国有资产管理。

第三，继续加强和改善宏观调控

今年国民经济宏观调控的主要目标是：经济增长速度8%，商品零售价格涨幅控制在3%以内。这体现了稳中求进的精神。实现这样的目标，就能保持高增长，低通胀的良好发展势头。

投资规模的适度增长，是国民经济持续快速健康发展的一个重要条件。今年全社会固定资产投资预定增长10%或者更多一些。投资要重点用于加强农林水利建设，能源、交通、通信、环保等基础设施建设，加大高新技术产业的投入，提高技术改造投资的比重，加快普通民用住宅的建设。基础性投资要注意合理布局,发挥现有设施的潜力,不要盲目铺新摊子。要支持中西部地区的资源开发和重大基础设施建设。严格控制新开工项目,原则上不上新的一般工业项目,集中力量加快有市场前景、效益好的在建项目建设,支持企业引进关键设备和高新技术设备,促进产品更新换代。加强产业政策导向和信息发布,引导企业按照市场需求确定和调整投资方向。积极推进住房体制改革,采取切实措施促进住房商品化,使居民住房建设成为新的经济增长点。要深化投融资体制改革,严格和完善项目资本金制度,强化投融资风险责任。各类项目都要做好可行性研究,所有投资都要讲求效益。

继续实行适度从紧的财政政策。严肃财经纪律,努力增收节支,控制债务规模,继续压缩财政赤字。严格税收管理权限,加强依法治税,强化税收征管,严厉打击偷税骗税,清理欠税,减少税收流失。继续深化财税体制改革,完善所得税制度,调整消费税,开征遗产税。注意解决收入分配中的不合理问题。健全会计制度,强化企业财务管理,加强审计监督,严禁各种形式的乱摊派、乱收费、乱罚款。坚持量入为出的方针,从严掌握财政支出。适当增加粮食风险基金、再就业和解困资金。现在很多方面铺张浪费屡禁不止,有些甚至愈演愈烈,引起群众的强烈不满。必须坚决贯彻勤俭建国、勤俭办一切事业的方针,反对铺张浪费,制止挥霍奢侈之风。

继续实行适度从紧的货币政策,改善金融调控方式,注意适时适度微调。优化贷款结构,支持国有大中型企业的改革和发展,适当增加对国有小企业和其他所有制企业的贷款,促进经济结构调整。今年金融体制改革的重点,是完善和强化中国人民银行的金融调控和监管体系,加强国有商业银行的集中统一管理,有步骤地发展区域性商业银行和城市商业银行,深化城乡信用合作社的改革,理顺和完善证券监管体系。企业发行股票和债券是优化资产配置、转换经营机制的重要方式,也是筹集资金的重要渠道,必须严格按规范进行,并向大中型国有企业倾斜,防止不符合条件的企业滥竽充数,以保护投资者的利益。健全金融法规,整顿和规范金融秩序,严格结算纪律,加强金融机构内部管理,严禁非法金融活动。去年以来,东南亚的金融危机波及许多国家。我国由于经济发展态势良好,保持了金融市场和人民币汇率稳定,但也要从中吸取经验教训,采取积极措施,努力防范和化解可能出现的消极影响。各类金融机构都要加强队伍建设,提高从业人员的政治和业务素质。

第四,进一步提高对外开放水平

对外开放是我国的一项基本国策。当前对外开放面临新的形势,既有不少有利条件,也有一些不利因素。今年要因势利导,继续扩大对外开放,加强经济、科技、教育、文化等各个领域的国际交流与合作,努力提高开放的成效。继续办好经济特区和上海浦东新区。

努力扩大出口,适当增加进口,实现进出口贸易基本平衡。积极实施以质取胜和市场多元化战略,继续扩大轻纺产品、机电产品特别是成套设备的出口,提高产品质量和附加值。既要稳住和扩大传统出口市场,又要努力开拓新的市场。增加进口的重点,是短缺的资源性产品、高新技术和关键技术设备。对高新技术项目,以及国家鼓励的项目进口国内不能生产的设备和技术,免征关税和进口增值税。深化外贸体制改革,加快转换外贸企业经营机制,加强和改善进出口商品管理,完善出口退税办法。

继续积极、合理、有效地利用外资。进一步改善国内投资环境,坚持重质量、重效益的原则,引导外资投向农业,基础设施、基础工业、高新技术产业和产品出口型项目。鼓励外商投资项目更多地进入中西部地区,优惠贷款要继续向中西部倾斜。健全涉外经济法规,依法对外商投资企业进行管理,保护中外投资者和企业员工的合法权益。改革援外体制,稳妥地进行对外投资。积极发展国际旅游业。做好 1999 年将在昆明举办的世界园艺博览会的准备工作。

保持国际收支平衡和人民币汇率稳定，是必须坚持的方针。今年国际收支中有一些新的减收增支因素，要努力增加外汇收入，合理有效地使用外汇，依法管理资本项目下的国际收支和汇兑。加强对外债的统一管理，到境外金融市场融资和提供担保必须经过国家批准。对擅自到境外融资的违规行为，要坚决查处。

第五，积极发展科技教育文化事业

科技、教育、文化工作的根本任务，是提高全民族的思想道德素质、科学文化素质和创新能力。这是我国现代化事业发展的需要，也是适应世界科技革命和经济竞争新形势的要求。

科技工作要注重在社会生产、流通、消费和环境保护等领域，大力推广先进适用技术。促进科技成果尤其是信息技术成果的商品化，完善社会化科技服务体系，使科技进步更好地为经济和社会发展服务，为人民生活服务。加快高技术产业化步伐，用高新技术改造传统产业，注重解决产业结构调整和可持续发展所面临的关键技术问题，办好国家高新技术产业开发区。积极推进科技体制改革，加快科研机构的改革，促进科技与经济密切结合。加强企业和科研院所、高等院校之间的联合，逐步使企业成为技术开发的主体。集中必要的力量，在基础研究的优势领域取得进展。鼓励发明创造，提高创新能力，保护知识产权。大力开展科普活动，增强全民科技意识。

今年，基本普及九年义务教育的地区要增加到全国人口的72%，再扫除350万青壮年文盲。积极发展中等、高等职业教育和成人教育，开展多种形式的岗位和技术培训。进一步发展和引导社会力量办学。大力推进高等教育管理体制改革，通过共建、调整、合作、合并等形式，合理配置和充分利用教育资源，提高教育质量和办学效益。实施全面素质教育，加强思想品德教育和美育，改革教学内容、课程体系和教学方法，以适应社会对各类人才的需要。继续改革完善教育投资体制，多渠道增加教育投入。加强教师队伍建设，提倡尊师重教，改善教师的工作和生活条件。

用邓小平理论武装广大干部和群众，在全社会形成共同理想和精神支柱，是思想建设的一项根本性任务。要广泛开展群众性的精神文明建设活动，大力倡导社会公德、职业道德和家庭美德，宣传各个领域的先进典型，提高全民族思想道德水平。繁荣和发展文学艺术、新闻出版、广播影视等事业，积极开展哲学社会科学研究，充分发挥思想宣传工作者、文学艺术工作者和社会科学工作者的积极性和创造性。加强文化基础设施建设，进一步解决边远和民族地区看电视、听广播的问题。改革文化管理体制，加强文化市场管理，继续开展“扫黄”、“打非”斗争，促进城乡文化市场健康发展。

第六，努力改善城乡人民的物质文化生活

在经济发展的基础上，继续增加城乡人民收入，提高生活水平。城市要着重改善居住条件，整治环境卫生，增加公共设施，发展社区服务。农村要健全合作医疗制度，改善人畜饮水条件，做好计划免疫和妇幼保健工作，努力实现初级卫生保健目标。提高医疗服务水平，加强药品管理。继续开展全民健身活动，增强人民体质。维护社会治安，是各级政府的重要职责。要坚持社会治安综合治理，严厉打击各种犯罪活动，扫除黄、赌、毒等各种丑恶现象，使广大群众有一个安定的工作、学习和生活环境。

做好下岗职工的再就业和生活保障工作，是今年各级政府的一项突出任务。在国有企业改革和经济结构调整的过程中，会产生部分职工下岗的现象，给他们带来暂时的困难，也增加了就业的压力。但是应该看到，现在就业潜力不小。要大力发展第三产业，广泛开辟就业门路。依靠社会各方面的力量，加强就业服务和转业培训。支持下岗职工自谋职业，鼓励他们从事个体和私营经济，发展投资少、见效快、社会急需的社区服务、物业管理和家庭服务业等。政府部门、企业和全社会都要树立新的劳动就业观念，为再就业创造好的环境和条件。下岗职工也要转变就业观念,提高再就业能力。保障下岗职工的基本生活,关心困难企业职工和离退休困难职工的生活。要加快建立城市贫困居民的最低生活保障制度。继续开展解困、送温暖活动。

加大扶贫攻坚力度,争取今年再有1000万以上贫困人口解决温饱问题。各地要进一步加强对扶贫开发工作的领导,增加投入,着力改善贫困地区的生产条件,支持有助于直接解决温饱的种植业、养殖业、林果业,以及农副产品加工业的发展。推广扶贫到户的经验,重点扶持特困村和特困户。千方百计安排好灾区人民生活,帮助他们生产自救。

计划生育和环境保护是我国的基本国策,也是提高人民生活质量的重要条件。重点抓好农村和流动人口的计划生育管理和服务,控制人口增长。加强优生优育工作,提高人口素质。关心和支持老龄人、残疾人工作。加强对耕地、水、森林、草原、矿产、海洋、生物等资源的管理和保护。实行资源有偿使用制度,促进资源的节约与合理利用。严格控制和治理污染,加快重点地区和重点流域污染的治理,坚决关停一批超标排放污染物的企业,公布大城市环境质量监测指标,促进环境质量的改善。

各位代表!巩固平等、团结、互助的民族关系,实现共同繁荣和进步,是我国各族人民的共同愿望。要继续从资金、技术、人才、教育等方面加大扶持力度,鼓励对口支援,加快民族地区的改革开放和经济社会发展。坚持和完善民族区域自治制度。坚决维护祖国统一和民族团结,反对一切分裂祖国和破坏民族团结的行为。认真执行侨务政策。全面贯彻国家的宗教政策,依法管理宗教事务,引导宗教与社会主义社会相适应。

第七,积极推进政府机构改革

政府机构改革是深化经济体制改革、促进经济和社会发展的迫切需要,是国家领导制度改革的重要内容,也是密切政府同人民群众联系的客观要求。现有政府机构设置的基本框架,是在计划经济体制的条件下逐步形成的。过去虽然进行过多次调整和改革,取得一些进展,积累了经验,但由于历史条件限制和宏观环境制约,很多问题未能得到根本性的解决,机构设置同社会主义市场经济发展的矛盾日益突出。机构庞大,政企不分,滋生官僚主义,助长不正之风,也给财政带来了沉重负担。经过调查研究,广泛征求意见,拟定了国务院机构改革方案,将提交本次大会审议。

这次机构改革,要按照发展社会主义市场经济的要求,根据精简、统一、效能的原则,转变政府职能,实现政企分开,建立办事高效、运转协调、行为规范的行政管理体系,完善国家公务员制度,建设高素质的专业化行政管理干部队伍。国务院机构改革的重点,是调整和撤销那些直接管理经济的专业部门,加强宏观调控和执法监管部门,按照权责一致的要求,调整部门的职责权限,明确划分部门之间职责分工,完善行政运行机制。除国务院办公厅外,国务院组成部门从40个减少到29个。国务院直属机构与办事机构也将进行相应的调整与改革。这次机构改革,是改革开放以来机构变化较大、人员调整较多的一次,既要坚定不移地推进,又要审慎稳妥,做好耐心的思想工作。政府工作人员一般素质较高,大多数有专业知识,是国家的宝贵财富。要实行"带职分流,定向培训,加强企业、优化结构"的办法,根据需要,充实工商企业、金融企业,以及财税、政法、市场管理等机构,文化、教育、卫生等单位和适应社会主义市场经济发展的社会中介组织,充分发挥这些人员的作用。各级地方政府也要自上而下有步骤有秩序地进行机构改革,精简机构和人员。要加强行政组织立法,实现各级政府机构、职能、编制的法制化。

要坚持依法治国,加强社会主义民主和法制建设。所有政府机关及其工作人员都必须认真执行国家的法律、法规和政策,依法行政,忠实履行自己的职责。要切实加强勤政廉政建设,坚持不懈地开展反腐败斗争,坚决惩处腐败分子。各级领导干部要以身作则,模范地遵纪守法,自觉接受监督,抵制腐朽思想的侵袭,做艰苦奋斗、廉洁奉公的表率。所有政府工作人员都要牢固树立为人民服务的思想,密切联系群众,改进工作作风,提高办事效率,做人民满意的公务员。

第八,推进祖国和平统一大业

澳门将于1999年12月20日回到祖国怀抱,这是继香港回归后中华民族的又一盛事。澳门回归的各项准备工作,正在积极有序地进行。我们相信,在中葡双方的共同努力下,按照"一国两制"方针和澳门基本法的规定,澳门一定能够实现平稳过渡和顺利交接。

台湾是中国神圣领土不可分割的一部分。我们将一如既往地坚持"和平统一、一国两制"的基本方针,坚持江泽民主席关于发展两岸关系、推进祖国和平统一进程的八项主张,大力发展两岸经济、科技、文化等领域的交流与合作,增加人员往来,与台湾同胞共同努力,坚决反对制造"台湾独立"、"两个中国"、"一中一台"等各种分裂活动。希望台湾当局以民族大义和台湾人民的根本利益为重,采取实际行动,早日实现两岸直接通邮、通航、通商,并尽早回应我们发出的在一个中国的原则下两岸进行政治谈判的郑重呼吁。祖国统一是不可阻挡的历史潮流,台湾问题是一定能够解决的。台湾的前途系于祖国统一,分裂是没有出路的。我们相信,在海峡两岸全体中国人和海外同胞的努力下,祖国完全统一、中华民族全面振兴的共同愿望一定能够实现!

各位代表:

加强国防和军队建设,是国家安全和现代化建设的重要保证。各级政府要大力支持人民解放军的建设和改革,支持军队加强质量建设,走有中国特色的精兵之路。要按期完成三年内裁减军队员额五十万的任务。妥善安置转业退伍军人,积极进行国防工业的调整和改革。重视国防科研工作,逐步改进武器装备,提高军队在现代技术特别是高技术条件下的防卫作战能力。开展国防教育,增强全民国防观念,做好民兵预备役工作。广泛开展拥军优属、拥政爱民和军民共建活动。加强人民武装警察部队和公安、国家安全部门的建设。

三、关于国际形势和外交工作

五年来,在国际风云变幻中,我国坚持独立自主的和平外交政策,进行了卓有成效的双边和多边外交活动,同世界各国和地区的友好合作关系不断发展,为改革开放和现代化建设赢得了良好的外部环境。我们坚持原则,顶住压力,维护了国家主权、领土完整和民族尊严。我国同发展中国家的团结合作进一步加强,同发达国家的关系得到改善。我国的国际地位日益提高。

和平与发展仍然是当今世界的两大主题。国际局势正在发生重大而深刻的变化。大国关系继续调整。发展中国家总体实力增强。多极化的发展趋势日益明显。国际经济联系日益密切,科学技术突飞猛进,对世界政治、经济和社会的发展产生重要影响。在新的国际形势下,我们要一如既往地奉行独立自主的和平外交政策,进一步开创外交工作的新局面。

江泽民主席去年对美国进行了成功的国事访问,中美关系进入新的发展阶段。我们希望,在中美三个联合公报和中美联合声明的基础上,双方共同努力,求同存异,发展合作,推动两国关系取得新的实质性进展。

中俄关系继续发展。两国签署了《关于世界多极化和建立国际新秩序的联合声明》,并根据有关协定解决了东段国界的勘界问题。要进一步扩大两国在经贸、科技等领域的合作与交流,加强在国际问题上的磋商与合作。

中日关系总体上保持了发展的势头。我们支持日本走和平发展的道路。我们主张以史为鉴,着眼未来,妥善处理存在的问题与分歧,使两国睦邻友好合作关系取得新的发展。

中国愿意同欧盟和欧洲其他国家发展长期稳定的互利合作关系。全面发展同其他发达国家的友好合作与交流。

进一步发展同周边国家的睦邻友好关系。同东盟建立长期睦邻互信伙伴关系。维护中朝友好关系,促进中韩互利合作,努力维护朝鲜半岛的和平与稳定。继续发展同南亚和中亚各国的友好合作关系。

加强同亚洲、非洲、拉丁美洲广大发展中国家的团结与合作,在国际和地区事务中密切磋商,相互支持,共同维护发展中国家的正当权益。要努力探索经济合作的新途径,发展互利互惠的新型经贸关系。

中国将继续在联合国事务中发挥建设性作用,积极参与亚太经合组织和亚欧会议的活动,以及其他全球性、洲际性和区域性的多边外交活动。

中国历来重视人权问题,已经加入17个国际人权公约,签署了联合国《经济、社会与文化权利国际公约》,并且正在研究加入《公民权利和政治权利国际公约》。中国主张在平等和相互尊重的基础上同各方进行对话,但坚决反对利用人权问题干涉他国内政。

中国政府一贯主张,国家之间的关系应该建立在和平共处五项原则的基础上,通过平等协商和平解决各种争端,反对诉诸武力或以武力相威胁。中国高度赞赏联合国秘书长安南为和平解决伊拉克武器核查危机所进行的调解活动。中国主张,联合国秘书长与伊拉克政府就此达成的谅解备忘录应该得到严格实施。

中国坚决反对任何形式的霸权主义,永远是维护世界和平与地区稳定的重要力量。中国政府和人民愿意与各国政府和人民一道,为建立和平稳定、公正合理的国际政治经济新秩序,为促进世界和平与发展的崇高事业,作出自己应有的贡献!

关于1997年国民经济和社会发展计划执行情况与1998年国民经济和社会发展计划草案的报告(节选)

——1998年3月6日在第九届全国人民代表大会第一次会议上

国家计划委员会主任　陈锦华

一、1997年国民经济和社会发展计划执行情况

1997年是我国历史上非常重要而又极不平凡的一年。我国政府顺利恢复了对香港行使主权,中国共产党胜利召开了第十五次全国代表大会。全国各族人民团结奋斗,齐心协力,改革开放和现代化建设取得了新成就,较好地实现了各项宏观调控目标。1997年计划执行情况是好的,巩固和发展了"九五"开局以来的良好势头,出现了"高增长、低通胀"的新局面。

国民经济继续快速增长,市场物价基本稳定。国内生产总值完成74772亿元,比上年增长8.8%,其中,第一产业增长3.5%,第二产业增长10.8%,第三产业增长8.2%。物价涨幅持续走低,全年商品零售价格总水平比上年上涨0.8%,居民消费价格上涨2.8%,涨幅分别比上年回落5.3和5.5个百分点。主要工业产品产量大都实现计划目标。电子信息等高新技术产业发展加快。集成电路芯片6.5亿只,增长1.2倍;集成电路封装20.13亿块,增长41.2%;微型计算机165万台,增长18.9%;数字程控交换机2477万线,增长15.9%;移动电话新增用户638万户,增长

98.1%，邮电业务总量1779亿元，增长33.3%。经济增长方式转变取得进展，经济效益有所提高，每万元国内生产总值能源消耗比上年降低了5.2%。

结构调整取得新进展，国民经济发展的“瓶颈”制约明显缓解。农业得到进一步加强。在北方大面积干旱的情况下，粮食产量仍达到49250万吨。国家粮食库存达到历史最高水平。棉花产量430万吨。肉类和水产品总产量分别为5354万吨和3561万吨，畜牧和水产养殖业已成为农村经济的增长点和农民增加收入的重要来源。乡镇企业增加值达到18000亿元。

基础工业和基础设施继续发展。1997年一次能源达到13.4亿吨标准煤。新增发电装机容量1376万千瓦，电力供应基本满足生产和生活的需要。新建铁路主线正线交付营运里程896公里，电气化1916公里，复线551公里。新增公路里程35000公里，其中高速公路1313公里。公路旅客周转量达到5188亿人公里，大幅度超过了铁路的周转量，沿海港口货物吞吐量完成8.78亿吨，其中国际集装箱运输吞吐量完成929万标准箱，增长30%。全长854公里的西江航道经过整治，新增港口、码头和泊位42个，千吨级货轮可由广西南宁直抵广州及港澳台地区。民航客货运输总周转量增长7.5%。邮电通信是基础设施中增长最快、变化最大的领域。新增长途光缆27000皮长公里，数字微波干线14000公里，公用电话交换机容量1806万门。移动通讯已成为世界上覆盖范围最广的移动电话网之一，用户达到1323万。

国家重点建设进展顺利。长江三峡和黄河小浪底工程成功截流。南昆铁路建成运营。南疆铁路西段工程加快建设。陕西到北京的天然气输气管道建成投产。兰（州）西（宁）拉（萨）通信光缆铺设完毕。秦山核电二期、宝钢三期、上海华虹深亚微米集成电路项目、首都国际机场扩建和上海浦东国际机场工程等项目按计划推进。

财政收入增加较快，金融形势保持平稳。全国财政收入（不含债务收入）完成8642亿元，比上年增长16.7%；财政支出（不含债务支出）9197亿元，增长15.9%；支大于收555亿元，其中中央财政赤字560亿元，控制在预算目标之内。中央财政债务收入2477亿元，完成预算的99.6%。广义货币（M_2）供应量增长17.3%。全年现金投放1376亿元，超过计划调控目标176亿元，主要是由于按保护价敞开收购议购粮等原因增加了货币投放。全部金融机构存款增加12940亿元，增长18.6%；贷款增加10703亿元，增长16.7%。适时下调存贷款利率，减轻了企业负担。国家外汇储备达到历史最高水平，年末为1399亿美元，比年初增加349亿美元。由于1993年以来中央采取了一系列宏观调控措施，深化金融改革，稳定人民币汇率，加强对金融机构和证券市场的监管，审慎开放金融市场，在东南亚、东亚金融危机暴发后，我国金融稳定，经济持续、快速增长。

以国有企业为重点的改革力度加大，在一些重要方面取得进展。各地加快了“抓大放小”的步伐，建立现代企业制度的2500户试点企业中，改制为公司的有1989户。优化资本结构试点城市由58个扩大到111个。企业集团试点由57家扩大到120家。兼并破产、减员增效进展较快，至1997年底，试点城市国有企业破产终结675户，兼并企业1022户，分流富余职工169万人。国有工业企业扭亏增盈取得一定效果，利税增加，盈亏相抵实现利润总额增长11.9%。与国有企业改革相配套的其他各项改革也取得不同程度的进展。330多个城市建立了居民最低生活保障制度。统一企业职工基本养老保险制度开始实施。医疗保险制度改革试点范围扩大。流通体制改革继续深化。

对外贸易增长较快，利用外资的质量提高。1997年，我国对外贸易已居世界第10位。全年进出口总额3251亿美元，比上年增长12.1%，顺差403亿美元；其中出口1827

亿美元,增长20.9%。开拓多元化国际市场取得新进展,对非洲出口增长24.9%。拉美增长47.7%。出口商品结构改善。工业制成品出口增长快于初级产品10.4个百分点。机电产品出口593亿美元,增长23%,首次实现与进口基本持平。

全年实际利用外资640亿美元,其中吸收外商直接投资453亿美元,借用国外贷款120亿美元,运用境外发行股票等方式利用外资67亿美元。外资投向农业综合开发、基础设施、基础工业和高新技术的项目增多,投向中西部地区的项目增多。境外实际投资18.3亿美元,对弥补国内资源不足和带动出口发挥了一定作用。

科技教育蓬勃发展,各项社会事业全面进步。科技进步对经济增长和结构优化的作用越来越明显,重大科技成果产业化初见成效。国家关键技术攻关取得突破,高技术研究有新的进展。转基因水稻配制成功,并应用于杂交水稻种生产。"东方红三号"、"风云二号"卫星发射成功,银河－Ⅲ巨型计算机投入运行。直径12英寸直拉单晶硅研制成功。6000米无缆水下机器人完成了太平洋洋底考察。这些成果标志着我国在相关领域进入了世界先进行列,具有重要的科研价值和社会经济效益。

各级各类教育稳步发展。基础教育进一步加强,基本普及九年义务教育和基本扫除青壮年文盲取得进展,通过验收的县(市、区)等行政区划单位已达1882个,人口覆盖率65%。青壮年文盲率降到6%。普通高校全部实现招生"并轨"改革。高等教育"211"工程陆续投入建设。职业教育和成人教育持续发展。

文化事业进一步繁荣。各地运用丰富多彩的形式,围绕召开党的十五大,进行了邓小平理论和党的基本路线教育;围绕香港回归,广泛开展了爱国主义教育,收到了良好的效果。实施"五个一工程",创作出一批思想性和艺术性统一的优秀作品,集中宣传一批体现时代精神的先进集体和模范人物,产生了积极影响。成功举办了第八届全国运动会和第五届中国艺术节。科技、文化、卫生"三下乡"活动,受到广大农民的热列欢迎,促进了农村的社会主义精神文明建设。广播人口覆盖率达到85.8%,电视人口覆盖率87.4%,有线电视发展迅速。农村初级卫生保健稳步发展,城市社区卫生服务有了新的进展。"97中国旅游年"取得成效,全年国际旅游外汇收入超过121亿美元,国内旅游收入2113亿元。

环境保护取得明显进展。各地加大了对水污染、大气污染、固体废弃物的治理力度,重点领域和区域污染防治工作全面展开。淮河治污第一阶段基本实现工业企业达标排放的预定目标。北京、上海、广州等大城市限期推广使用无铅汽油。全国完成绿化造林7079万亩。

人民生活继续改善。城乡市场繁荣,全社会消费品零售总额26843亿元,实际增长10.2%。城镇居民人均可支配收入和农村居民人均纯收入分别实际增长3.4%和4.6%。全年城镇新就业700万人,下岗人员再就业245万人,城镇登记失业率3.1%,人口自然增长率10.06‰,低于11.44‰的计划目标。

1997年经济和社会发展情况表明,我国宏观经济继续保持了良好的发展势头:经济发展出现了"高增长、低通胀"的态势,这是我们多年向往的,也是世界各国着力追求的目标;市场商品供应充裕,基本改变了短缺现象,对于改善人民生活、促进市场竞争有着重要意义;经济体制和运行机制有了新的变化,市场对经济社会生活发挥越来越大的作用。这些特点,既是1997年宏观经济形势好的重要标志,也是1993年以来深化改革和加强宏观调控的积极成果,并将成为今后改革和发展的积极因素。

在肯定成绩的同时,我们也清醒地看到,经济和社会生活中还有一些突出的矛盾和问题,影响着经济的持续健康发展。主要是:国民经济整体素质和效益不高,经济结构不合理的矛盾仍然比较突出,经济增长还没有摆脱粗放经营的影响。经济生活中盲目投资和不合理重复建设现象比较普遍。农业基础脆弱的状况还没有根本改变。粮棉流通体制不适应市场经济的要求。企业经济效益仍处于较低水平，1997年末，全国独立核算工业亏损企业亏损额比上年增加11%，其中国有亏损企业增加8.2%。相当多的国有企业生产经营困难。下岗职工和失业人员增多，就业压力加大。除已再就业的外，1997年末还有480万人需要再就业，金融监管不够健全，金融秩序在某些方面比较混乱，金融机构的不良资产比例较高，商业银行资本充足率低，非法从事金融业务的现象屡禁不止。收入分配关系还没有理顺，调节手段不健全，某些行业之间和部分居民之间收入差距过大，城乡都有部分群众生活比较困难。人口增长、经济发展给资源带来巨大压力，部分地区生态环境继续恶化。这些问题有的是长期积累的，有的是在改革和发展中出现的。我们要积极推进两个转变，依靠改革和发展，着力解决这些矛盾和问题，巩固和发展当前经济的良好势头。

二、1998年经济社会发展调控目标和主要任务

1998年我们面临着新的形势，有许多新情况、新问题。在国内，要深化改革，加快发展，妥善处理好经济社会生活中的诸多热点问题。在国际，形势复杂多变，竞争更加激烈。去年下半年以来，亚洲地区发生的金融风波，对我国以至世界经济产生很大的影响，正在引起越来越广泛的关注，我国对外贸易和利用外资都面临新的挑战。我们要充分发挥国内市场广阔、潜力巨大的优势，审时度势，抓住机遇，在继续对外扩大开放的同时，积极扩大国内需求，对农业、基础设施、城镇住宅和有市场、有效益的工业产品与服务，加大投入，推动经济持续、快速、健康发展。

1998年经济工作的总体要求是：**高举邓小平理论的伟大旗帜，全面贯彻落实党的十五大精神，继续推进经济体制和经济增长方式的根本转变，进一步加强农业基础地位，加快国有企业改革步伐，加大经济结构调整力度，加强和改善宏观调控，提高对外开放水平，安排好群众生活，实现国民经济持续、快速、健康发展和社会全面进步。**根据这一要求，1998年宏观调控的主要目标是：

——经济增长率8%；

——全社会固定资产投资增长10%以上；

——全国商品零售价格涨幅控制在3%以内，居民消费价格涨幅控制在5%左右；

——财政收支差额比1997年缩小100亿元；

——货币发行量1500亿元；

——外贸进出口总额3450亿美元；

——人口自然增长率控制在10.6‰以内；

——城镇登记失业率3.5%左右。

上述目标，经本次人民代表大会审议批准后，我们将按照“稳中求进”的方针，积极采取有效措施认真落实，并根据实施过程中国际环境和国内情况的变化，适时适度地进行调控，努力促使国民经济快速增长。

1998年国民经济和社会发展的主要任务有以下几个方面：

（一）稳定和加强农业基础地位，全面发展农村经济

在连续几年农业丰收之后，要特别警惕和防止放松农业的倾向。1998年粮食播种面积保持16.5亿亩以上，总产量49250万吨。棉花6800万亩，产量400万吨。油料2300万吨，糖料8700万吨，肉类5650万吨，水产品3800万吨。在保持产量稳定增长的同时，努力扩大市场需要的优质品种的生产。加强农业的主要措施是：(1)进一步稳定和落实土地承包政策、减轻农民负担政策和粮食收购政策，调动和保护农民的积极性。(2)多渠道增加投入，改善农业生产条件。在继续抓好大江大河治理的同时，开展大规模的中小水利建设，搞好大型商品粮棉基地和防沙治沙项目建设。按照国家政策搞好“四荒”地的拍卖、招标开发。稳定农业生产资料供应。(3)实施科教兴农战略，发展高产、优质、高效农业。进一步

推广实用增产技术,加快实施种子工程和畜禽、水产良种工程。积极发展旱作和节水农业。(4)大力加强生态环境建设。牢固树立保护生态环境就是保护生产力,改善生态环境就是发展生产力的观念。制定和实施全国生态环境建设规划。(5)积极推进农业产业化经营。建立健全农业社会化服务体系、农产品市场体系和国家对农业的支持保护体系,实现农副产品多层次增值。(6)加快乡镇企业改革,积极推进结构调整,提高技术水平,改进产品质量,重视环境保护。各有关方面要在信贷、出口、市场融资和利用外资等方面,给乡镇企业以必要的支持。

加大扶贫攻坚力度,坚持开发式扶贫。增加投入,加强贫困地区基础设施建设,改善生存条件和生产条件,降低返贫率。今后力争使农村贫困人口减少到4000万以下。

(二)提高工业运行质量,积极培育新的经济增长点

工业要继续保持较快的增长,全年增加值计划增长11%。围绕市场需要,调整产品结构,狠抓产品质量,大力开发新产品。继续加强基础工业,振兴支柱产业 ,加大调整、改造加工工业的力度。1998年主要工业产品产量:原煤14.2亿吨,原油1.57亿吨,天然气204亿立方米,发电量12000亿千瓦小时,钢1.076亿吨,乙烯380万吨,化肥2900万吨(折纯),化纤420万吨,汽车165万辆,集成电路封装25亿块,数字程控交换机2500万线。铁路客运周转量3553亿人公里,货运周转量13250亿吨公里。公路客运周转量5400亿人公里,货运周转量5125亿吨公里。航空客货总周转量95亿吨公里。

积极选择市场前景好,能够带动产业升级和经济增长的产业和产品重点予以支持,培育和形成新的经济增长点。加快农田水利、铁路、公路、环保等基础设施建设,积极发展城市公用设施,搞好农村基础设施建设。加快发展高技术产业,重点加快电子信息、生物工程、新能源、新材料、航空航天等高技术产业的发展。积极运用高技术改造传统产业。以加强城镇居民住宅建设为重点,加快住房制度改革,建立住宅建设和消费的新机制,扩大住房抵押贷款范围,加大住房公积金归集力度。理顺租售房比价关系,规范税费,降低售价,培育二级市场,加强物业管理。加强对工业“三废”处理和综合利用设备的研制生产,加快开发和推广节能、节材和清洁生产工艺设备。振兴装备制造业,提高装备工业的技术水平和市场占有率,依托国家重点建设项目,加快装备制造自主化进程,培植一批具有承担国家骨干工程和设备成套总承包能力的企业。大力开拓农村市场,开发质量可靠、功能适用、价格适宜、适应农村需要的农业机械和消费品。积极发展海洋经济,开发利用海洋资源。各地区、各部门要结合各自的资源特点、市场情况和产业基础,合理地选择和培育增长点,发展特色经济。

(三)保持固定资产投资规模适度增长,调整和优化投资结构

1998年全社会固定资产投资总规模27850亿元,其中,基本建设投资10500亿元,技术改造投资4700亿元,房地产开发建设投资3550亿元。固定资产投资重点用于农林水利、铁路、公路、环保、高技术产业化和城镇住宅等。新增国家预算内投资重点用于农业、水利、城乡基础设施、生态环境、科技、教育和国防等建设。积极鼓励和引导多种所有制经济主体,按照国家产业政策增加固定资产投入。遏制不合理重复建设,资本金不落实、产品没有市场的项目,坚决不上。基础设施建设要统筹规划,合理布局,提高效益。鉴于目前高档房地产已严重过剩,原则上不再新建高档商厦、高级宾馆和高档写字楼。国家和地方都要集中一定量的资金,包括通过发行股票和可转换债券、进行产业投资基金试点等直接融资方式,用于解决重点建设项目对资本金的需求。

搞好重点项目建设。1998年续建大中型项目381项,当年计划安排投资2829亿元,年内计划全投产项目100项。基本建设计划新增主要生产能力:铁路新线941公里,复线

385公里、电气化980公里、高速公路820公里,原油开采752万吨,发电装机1184万千瓦,港口吞吐能力835万吨,长途光缆5万皮长公里。

(四)进一步发展开放型经济,提高对外开放水平

继续实施以质取胜和市场多元化战略,根据国际市场的变化,进一步优化进出口结构。灵活运用多种贸易方式,努力保持和扩大美、欧、日等传统市场,大力开拓亚洲、非洲、拉美、东欧和独联体等新市场。增加出口信贷和完善出口退税政策,促进机电产品和我国有优势产品的出口。积极引进先进技术和关键设备,增加资源性产品进口。对国家产业政策鼓励的内外资项目进口国内不能生产的设备和技术,免征关税、进口环节增值税。进一步深化外贸体制改革,推进生产企业自营出口,增强竞争能力,提高效益。鼓励能带动出口的海外投资,扩大对外工程承包和劳务输出。

继续改善国内投资环境,保持引进外资的稳定增长。按照新修订的《外商投资产业指导目录》,坚持重质量、重效益的原则,加强对外资投向的引导,鼓励外资投向中西部地区,投向基础设施、基础产业和高技术产业。稳步扩大对外开放领域。继续探索BOT、项目融资等投资方式。加快制定和实施"转让经营权"等利用外资的管理办法。积极引导跨国公司来华投资。对高新技术项目和转让技术项目,简化外商投资项目的审批程序。严格控制借用国际商业贷款,完善责权利统一的借用还机制,实行外资和外债的统一管理。坚决纠正到境外非法融资和擅自变相举债的做法。

(五)加强财政收支管理,防范和化解金融风险

继续实行适度从紧的财政政策。努力增收,厉行节约,改善预算平衡状况。1998年财政收入9684亿元,财政支出10144亿元。调整财政收支结构,培育新的财源,完善税制,扩大税基,加强税收征管,严格依法治税,控制税收的减免,加强非税收入的征收管理。财政预算支出要确保按保护价收购粮食、出口退税、下岗职工再就业和城市居民最低生活保障资金的落实。继续安排好农村扶贫资金,加大扶贫力度。

加强和改善金融调控,取消对国有独资商业银行的贷款限额控制,逐步实行资产负债比例管理,优化贷款结构,发挥金融对经济增长和结构调整的积极作用。继续实行适度从紧的货币政策,搞好适时适度微调。改进金融服务,支持国有大中型企业的改革和发展,适当增强对中小企业的贷款。依法监管金融企业,改进贷款质量划分和考核办法,降低银行不良资产比重,提高国有独资商业银行资本充足率,增强银行资金流动性,高度重视防范和化解金融风险。进一步整顿金融秩序,清理各种乱设金融机构和乱办金融业务的违法活动,把金融工作纳入规范化、法制化轨道。在稳定银行居民储蓄存款,坚持以间接融资为主的同时,积极发展股票、债券等直接融资,加强对证券市场的监管,提高上市公司质量,保证证券市场健康发展。

(六)实施科教兴国和可持续发展战略,全面发展各项社会事业

科技要面向市场,加快体制改革,提高科技进步对经济增长的贡献度。支持企业成为产业技术开发和投入的主体。鼓励科研院所加入企业集团,有条件的科研单位可以兴办科技型企业:筛选一批科技成果,加大资金投入和扶持力度,加速产业化进程。增强对引进技术的消化吸收和自主创新能力。加强科普工作。积极引进国外智力。

继续把教育摆在优先发展的战略地位。努力提高劳动者素质。深化教育改革,实施素质教育。加快基本普及九年义务教育和基本扫除青壮年文盲进程。提高职业教育的比重和质量。加快高教管理体制改革,进一步优化高等教育结构。1998年研究生计划招生7万人,普通高校本科和专科108万人,普通中专155万人。

加强社会主义精神文明建设。广播、电视

人口覆盖率分别达到86.2%和88%。出版922亿印张。加强对文化遗产的保护。以县为单位的初级卫生保健达标率达到80%。广泛开展全民健身活动。积极发展旅游业。

进一步统筹规划国土资源的开发和整治，依法加强对土地、水、矿产、海洋、森林、草原等资源的管理。建立和完善资源有偿使用制度。坚持资源开发和节约并举，把节约放在首位，提高资源综合利用水平。环境保护要搞好生产全过程的管理。继续搞好淮河、海河、辽河、太湖、巢湖、滇池等河流湖泊的环境治理。长江上游水污染和黄河上游水土流失的治理，力争有新的进展。控制人口增长，搞好优生优育，重视人口老龄化问题。

(七)加大再就业工程实施力度，继续改善人民生活

随着企业改革深化、技术进步和经济结构调整，部分职工下岗是难以避免的。要教育职工转变择业观念。各级政府要统筹规划，把握好企业兼并、破产、改组、改造的节奏，妥善解决就业问题。加快发展第三产业和多种所有制经济，吸纳更多的劳动力就业。对下岗职工自谋职业或自愿组织起来就业，要在资金、税收、收费及登记注册等方面给予必要的优惠和支持。扩大失业保险覆盖范围，提高失业保险金缴费率。继续办好企业的再就业服务中心，保证下岗职工的基本生活，承担下岗职工的托管、培训和再就业工作。推行劳动预备制度，对不能升学的高中毕业生，实施一、两年的职业技术培训。有计划地推进小城镇建设，促进农村剩余劳动力向二、三产业转移。落实城市居民最低生活保障制度，加快养老和医疗保险制度改革。

进一步改善城乡居民生活。城镇居民人均可支配收入和农村居民人均纯收入实际增长1%左右。以改善居民居住、卫生、交通和通信条件为重点，引导和扩大消费，改善生活环境。增加公共设施和社会福利设施。

三、加快建立社会主义市场经济体制，使改革在一些重大方面取得新进展

完成今年经济和社会发展计划的各项任务，必须全面落实中共十五大关于深化改革的部署，加快以下几个领域的改革步伐。

(一)打好国有企业改革攻坚战

着眼于搞好整个国有经济，对国有企业进行战略性改组，抓好大的，放活小的。以市场为导向，以资本为纽带，在一些重要行业和关键领域，形成一批大型企业集团。采取改组、联合、兼并、租赁、承包经营和股份合作制、出售等形式，加快放开搞活国有小企业的步伐。进一步实施鼓励兼并、规范破产、下岗分流、减员增效和再就业工程，形成企业优胜劣汰机制和劳动力合理流动机制。加快“拨改贷”资金和基本建设经营性基金转为国家资本金的进度，降低企业负债率。1998年增加的呆坏帐准备金核销规模，主要用于解决纺织行业的困难和一些重大结构调整项目。把股票市场融资同国有企业改革结合起来，鼓励上市公司兼并发展前景好但暂时还有困难的企业。以纺织行业作为国有企业改革和解困的突破口，今年先在沿海省市实施，然后推向内地。对煤炭行业继续保持现有的扶持政策，巩固已取得的扭亏成果。军工行业要继续贯彻军民结合的方针，进一步调整结构和布局。加强企业领导班子建设，对企业经营管理者进行制度化的考核评价。加快政企分开步伐，积极推进各项配套改革，建立有效的国有资产监管营运机制。

(二)加快金融体制改革

力争用三年左右时间，大体建立与社会主义市场经济体制相适应的金融机构体系、金融市场体系和金融调控监管体系，提高金融业经营管理水平，基本实现全国金融秩序明显好转。改变人民银行与国有商业银行按行政区划设置的状况，精简管理层次和分支机构。加快地方性金融体系建设，增加城市商业银行，开始县(市)商业银行试点。按照“法制、监管、自律、规范”的方针，积极稳步地发展资本市场，适当扩大直接融资。加强中央银行监管，

发挥政策性银行在支持产业政策方面的作用，按照《商业银行法》办好商业银行，清理整顿各类非法金融机构和非法金融活动。加强金融法制建设，依法规范和维护金融秩序，保证金融安全、高效、稳健运行。

（三）改革粮食流通体制

逐步建立与社会主义市场经济体制相适应、能够承担国家宏观调控任务的粮食流通体制。实行政企分开，储备与经营分开，中央与地方责任分开，新老粮食财务挂帐分开，完善粮食价格机制。粮食行政主管部门专门从事粮食流通管理，在人财物等方面与企业脱钩。明确中央和地方的粮食事权。建立中央专储粮垂直管理体制和调控机制。妥善解决粮食财务挂帐，粮食收购资金按照"库贷挂钩"的原则管理，严禁挤占挪用。进一步放开搞活零售市场，政府制定粮食收购保护价和销售限价，并主要依靠储备粮吞吐等经济手段，调节市场供求和价格。

继续推进棉花等农产品流通体制改革。

（四）继续深化价格改革

完善价格主要由市场形成的机制。改进政府定价和政府指导价的管理方法，加强对垄断行业的价格管理。与人民生活关系密切、涉及面广的公用事业及公益事业价格调整，要推广价格决策听证制度。清理抑制通货膨胀期间采取的临时性价格行政干预措施，取消或修改不符合目前经济运行状况的规定。在充分考虑企业和社会各方面承受能力的前提下，积极稳妥地疏导突出不合理的价格矛盾，促进经济结构的调整。加强价格监管，规范价格秩序，严肃查处越权定价、价格欺诈等违法行为。按照强化税收、弱化收费的原则，逐步取消为弥补行政经费不足的过渡性收费。理顺中介服务收费办法。继续开展"清费、治乱、减负"工作，切实把企业和农民负担减下来。

（五）健全宏观调控体系

进一步完善宏观调控手段和协调机制。根据经济运行中出现的新的矛盾和问题，处理好速度与效益、总量与结构、从紧与微调的关系。在搞好总量平衡、优化结构、提高质量和效益的基础上，保持投资、出口、消费的合理增长，支撑较快的经济增长速度，为改革创造良好的宏观环境。积极发展资本、劳动力、技术等生产要素市场，进一步发挥市场对资源配置的基础性作用，政府主要运用经济手段和法律手段，引导和规范各类经济主体的行为。进一步完善计划、金融、财政相互配合、灵活高效的调控体系。认真搞好经济运行的预警、监测，针对可能出现的问题，及时研究和采取措施，做到防患于未然。加快投融资体制改革。改革的重点是建立新型的全社会投资宏观调控体系和政府、企业法人、金融机构责权利明确的投融资风险约束机制。政府的主要职能要转到调控全社会固定资产投资的规模和结构，进一步管好用好财政性建设资金和国家统筹安排的建设资金，引导全社会资金投向。政策性贷款要按照产业政策，支持国家重点建设项目。投资主体自主决策项目的建设方案，自担投资风险。商业银行对固定资产投资贷款独立评估、自主决策。加快培育和建立符合市场经济要求的国家投资主体，代表国家实施项目建设和对国有资产的保值增值。继续完善项目法人责任制、项目资本金制度、招标投标制和工程监理制。完善投资咨询、设计、审计、监理等中介机构，实行企业化经营和平等竞争。

加强经济计划制定和实施的规范化和法制化建设，定期向人民代表大会及其常委会汇报计划执行情况、听取意见。认真宣传、贯彻《价格法》、《节约能源法》等法律，抓紧制定相应的法规，逐步将宏观调控纳入法制化轨道。

各位代表，1998 年是全面贯彻落实党的十五大精神的第一年，是实施"九五"计划承前启后的关键一年，改革和发展的任务都十分艰巨。我们要在以江泽民同志为核心的党中央领导下，高举邓小平理论伟大旗帜，总揽全局，精心部署，团结协作，艰苦奋斗，狠抓落实，开拓进取，为完成全年国民经济和社会发展计划而努力奋斗！

关于印发《进口机电产品标准化管理办法》的通知

技监局标发〔1998〕65号

国务院有关部门标准化管理机构、机电产品进出口办公室,各省、自治区、直辖市及计划单列市技术监督局、机电产品进出口办公室:

为了加强对进口机电产品的标准化管理,根据《中华人民共和国标准化法》、《中华人民共和国标准化法实施条例》和《机电产品进口管理暂行办法》的有关规定,国家技术监督局、国家机电产品进出口办公室联合制定了《进口机电产品标准化管理办法》和《进口机电产品标准化管理目录》,并决定于1998年5月1日起实施。从1998年5月1日起,凡进口列入《进口机电产品标准化管理目录》的产品必须按《进口机电产品标准化管理办法》的规定执行,对未按规定办理标准化管理备案手续的产品,各级机电产品进口管理机构不予办理进口手续。现将《进口机电产品标准化管理办法》、《进口机电产品标准化管理目录》印发给你们,请认真贯彻执行。

附件:1. 进口机电产品标准化管理办法
2. 进口机电产品标准化管理目录(略)

国家技术监督局
国家机电产品进出口办公室
一九九八年三月十日

附件1:

进口机电产品标准化管理办法

第一条 为了加强进口机电产品的标准化管理,根据《中华人民共和国标准化法》、《中华人民共和国标准化法实施条例》和《机电产品进口管理暂行办法》的有关规定,制定本办法。

第二条 凡进口列入《进口机电产品标准化管理目录》(以下简称《标准化管理目录》)的机电产品,必须符合我国强制执行的标准。《标准化管理目录》由国务院标准化行政主管部门根据强制性的国家标准、行业标准和法律、行政法规规定强制执行的标准(以下统称强制性标准)制定。

第三条 用于参加展览会、演示会、交易会和其他类似活动的展示样机不在管理范围,如需留购或销售的,按本办法管理。

第四条 进口机电产品的标准化管理是指进口单位进口列入《标准化管理目录》的机电产品依据强制性标准自行检查,经国务院有关行政主管部门或省、自治区、直辖市、计划单列市人民政府标准化行政主管部门(以下简称管理部门)备案,并签发《进口机电产品标准化管理备案证书》(以下简称《标准化管理备案证书》、附件1A)的活动。

第五条 凡列入《标准化管理目录》的产品,各级机电产品进口管理机构应以管理部门签发的《标准化管理备案证书》作为办理进口手续的依据之一。

第六条 国务院标准化行政主管部门统

一管理全国进口机电产品的标准化管理工作，履行下列职责：

(一)制定管理工作的方针、政策和有关规定；

(二)对标准化管理工作进行监督、检查；

(三)指导、协调和处理有关管理工作的重大问题；

(四)统一印制《标准化管理备案证书》。

第七条 国务院有关行政主管部门和省、自治区、直辖市、计划单列市人民政府标准化主管部门负责本部门、本地区进口机电产品的标准化管理工作，履行下列职责：

(一)贯彻标准化管理工作的方针、政策，提出《标准化管理目录》的修改建议；

(二)负责管理备案工作，签发《标准化管理备案证书》；

(三)处理有关的争议问题，若发生重大问题，应及时向国务院标准化行政主管部门报告；

(四)向进口单位提供有关的咨询服务；

(五)定期向国务院标准化行政主管部门和国家机电产品进出口办公室报送备案产品情况及进口企业名录。

第八条 进口单位向本部门或本地区机电产品进口管理机构申报进口列入《标准化管理目录》的机电产品之前，必须先向所在部门或省级、计划单列市标准化管理部门申报标准化管理备案。

第九条 进口机电产品标准化管理实行进口单位自检为主的原则，进口单位应保证进口的机电产品符合我国强制性标准的要求。

第十条 进口单位经自检合格后向管理部门递交《进口机电产品标准化管理备案申报表》(附件1B)，并提供下列技术资料：

(一)进口机电产品标准化管理自检报告(附件1C)；

(二)有关进口产品的技术标准或技术要求的原文和中文文本；

(三)国(境)外产品生产厂家或国家及公认的检验机构或认证机构出具的产品符合我国强制性标准的证明材料；

(四)产品使用说明书和产品图片；

(五)其他需要提供的证明材料。

第十一条 标准化管理部门应在5个工作日内对进口单位递交的《进口机电产品标准化管理备案申报表》和有关技术资料进行形式审查，符合要求的予以受理，并在受理后5个工作日内完成备案，签发《标准化管理备案证书》；对于不符合要求的，不予受理，并说明理由。

第十二条 进口单位应对其提供的《进口机电产品标准化管理备案申报表》以及有关技术资料负责，不得提供不实的自检报告、技术资料；不得伪造、冒用、涂改和转让《标准化管理备案证书》。

第十三条 未按本办法进行标准化管理备案的，各级机电产品进口管理机构不予办理进口手续。

第十四条 履行机电产品进口标准化管理职责的标准化行政主管部门负责标准化管理的监督、检查工作，对违法行为进行处罚：

对提供不实《进口机电产品标准化管理备案申报表》和技术资料的，予以通报批评；已取得《标准化管理备案证书》的，予以吊销；

对伪造、冒用、涂改、变造和转让《标准化管理备案证书》的，没收其《标准化管理备案证书》；构成犯罪的，移送司法机关处理。

第十五条 管理部门和工作人员违法失职、徇私舞弊的，由有关主管部门给予行政处分；构成犯罪的，依法追究刑事责任。

第十六条 本办法由国家技术监督局负责解释。

第十七条 本办法自1998年5月1日起实行。

国务院办公厅关于清理整顿非试点外商投资商业企业情况的通知

国办发〔1998〕98 号

各省、自治区、直辖市人民政府,国务院各部委、各直属机构:

为维护我国商业领域吸收外商投资试点政策的统一性和严肃性,保证试点工作健康有序地进行,根据《国务院办公厅关于清理整顿非试点外商投资商业企业有关问题的通知》(国办发〔1997〕26 号)精神,原国家计划委员会、原国内贸易部、对外贸易经济合作部及国家工商行政管理局组成了清理整顿小组,从1997 年 8 月起,对各地擅自越权批准设立的外商投资商业企业进行了清理整顿。经国务院批准,现将清理整顿情况通知如下:

一、根据国家商业领域吸收外商投资的有关政策,通过对外商出资比例、资金到位情况、合营年限、经营范围、经营状况等方面进行审核,允许在合营期限内继续经营的外商投资商业企业 42 家。

二、经过清理需要进行整改的外商投资商业企业 199 家。整改的具体要求是:外商投资商业企业中方出资或分利比例必须达到 50%以上(中西部地区 40%以上),连锁店、仓储式商场必须由中方控股,合营年限不得超过 30年(中西部地区不得超过 40 年),不得经营批发业务;外商独资商业企业应按上述标准改造为中外合资或中外合作商业企业。各地成立的清理整顿小组应在 1998 年年底前按照要求完成对上述企业的整改工作,并报国家发展计划委员会、对外贸易经济合作部、国家工商行政管理局和国家国内贸易局审核。

三、上述通过清理整顿允许继续经营的企业和经审核符合要求的整改企业,不享有进出口经营权,不得经营批发业务,不得再扩大经营范围和建设规模,不得开设分店和延长合营年限,不得享受进口自用设备和原材料的减免税政策。

四、对在《国务院办公厅关于立即停止地方自行审批外商投资商业企业的紧急通知》(国办发明电〔1997〕15 号,以下简称《紧急通知》)下发后审批、不按规定时间入资、未通过年检或未参加年检的 36 家外商投资商业企业,以及属于清理整顿范围而未上报的外商投资商业企业,由省级外经贸部门、工商行政管理部门撤销原批准证书,办理注销登记或吊销营业执照手续。

五、上述保留、整改和注销(吊销)的非试点外商投资商业企业的具体名单,由国家发展计划委员会、对外贸易经济合作部、国家工商行政管理局和国家国内贸易局联合发文通知各地,并负责督促执行。

六、对违背国家商业领域吸收外商投资试点政策,擅自越权审批外商投资商业企业的地方人民政府,特别是在《紧急通知》下发后,仍自行批准设立非试点外商投资商业企业的重庆、成都、西安、南昌市人民政府,予以通报批评。各地要引以为戒,并按本通知要求做好整改和注销(吊销)非试点外商投资商业企业的善后处理工作。

根据党的十五大精神,我国将继续执行积极合理有效利用外资的方针,在总结试点经验的基础上,有步骤地扩大商业领域对外开放。各地人民政府要根据国家政策和国务院的统一部署开展工作,不得各行其是,做到令行禁止,共同维护国家政策的严肃性,保证商业领域吸收外商投资工作健康有序地进行。

国务院办公厅

一九九八年七月一日

国家税务总局关于印发《境外所得个人所得税征收管理暂行办法》的通知

国税发〔1998〕126号

各省、自治区、直辖市和计划单列市地方税务局：

为了维护国家税收权益，加强对来源于中国境外所得的个人所得税征收管理，总局制定了《境外所得个人所得税征收管理暂行办法》，现印发给你们，请结合本地实际情况，认真组织实施。

执行中如有问题，请及时报告。

国家税务总局

一九九八年八月十二日

境外所得个人所得税征收管理暂行办法

第一条 为维护国家税收权益，加强对来源于中国境外所得的个人所得税征收管理，根据《中华人民共和国个人所得税法》(以下简称税法)及其实施条例、《中华人民共和国税收征收管理法》(以下简称征管法)及其实施细则以及有关行政法规的规定制定本办法。

第二条 本办法适用于在中国境内有住所，并有来源于中国境外所得的个人纳税人(以下简称纳税人)。

第三条 纳税人来源于中国境外的各项应纳税所得(以下简称境外所得)，应依照税法和本办法的规定缴纳个人所得税。

第四条 下列所得，不论支付地点是否在中国境外，均为来源于中国境外的所得：

(一)因任职、受雇、履约等而在中国境外提供劳务取得的所得；

(二)将财产出租给承租人在中国境外使用而取得的所得；

(三)转让中国境外的建筑物、土地使用权等财产或者在中国境外转让其他财产取得的所得；

(四)许可各种特许权在中国境外使用而取得的所得；

(五)从中国境外的公司、企业以及其他经济组织或者个人取得的利息、股息、红利所得。

第五条 纳税人的境外所得，包括现金、实物和有价证券。

第六条 纳税人的境外所得，应按税法及其实施条例的规定确定应税项目，并分别计算其应纳税额。

第七条 纳税人的境外所得按照有关规定交付给派出单位的部分，凡能提供有效合同或有关凭证的，经主管税务机关审核后，允许从其境外所得中扣除。

第八条 纳税人受雇于中国境内的公司、企业和其他经济组织以及政府部门并派往境外工作，其所得由境内派出单位支付或负担的，境内派出单位为个人所得税扣缴义务人，税款由境内派出单位负责代扣代缴。其所得由境外任职、受雇的中方机构支付、负担的，可委托其境内派出(投资)机构代征税款。

上述境外任职、受雇的中方机构是指中国

境内的公司、企业和其他经济组织以及政府部门所属的境外分支机构、使(领)馆、子公司、代表处等。

第九条 纳税人有下列情形的,应自行申报纳税:

(一)境外所得来源于两处以上的;

(二)取得境外所得没有扣缴义务人、代征人的(包括扣缴义务人、代征人未按规定扣缴或征缴税款的)。

第十条 中国境内的公司、企业和其他经济组织以及政府部门,凡有外派人员的,应在每一公历年度(以下简称年度)终了后30日内向主管税务机关报送外派人员情况。内容主要包括:外派人员的姓名、身份证或护照号码、职务、派往国家和地区、境外工作单位名称和地址、合同期限、境内外收入状况、境内住所及缴纳税收情况等。

第十一条 依本办法第九条规定须自行申报纳税的纳税人,应在年度终了后30日内,向中国主管税务机关申报缴纳个人所得税。如所得来源国与中国的纳税年度不一致,年度终了后30日内申报纳税有困难的,可报经中国主管税务机关批准,在所得来源国的纳税年度终了、结清税款后30日内申报纳税。

纳税人如在税法规定的纳税年度期间结束境外工作任务回国,应当在回国后的次月7日内,向主管税务机关申报缴纳个人所得税。

第十二条 纳税人兼有来源于中国境内、境外所得的,应按税法规定分别减除费用并计算纳税。

第十三条 扣缴义务人、代征人所扣(征)的税款,应当在次月7日内缴入国库,并向主管税务机关报送扣(征)缴个人所得税报告表以及税务机关要求报送的其他资料。

第十四条 纳税人在境外已缴纳的个人所得税税额,能提供境外税务机关填发的完税凭证原件的,准予按照税法及其实施条例的规定从应纳税额中抵扣。

第十五条 纳税人和扣缴义务人未按本办法规定申报缴纳、扣缴个人所得税以及未按本办法第十条规定报送资料的,主管税务机关应按征管法及有关法律、行政法规和部门规章的规定予以处罚,涉嫌犯罪的依法移送公安机关处理。

第十六条 纳税人取得的境外所得为美元、日元和港币的,按照填开完税凭证的上一月最后一日中国人民银行公布的人民币对上述三种货币的基准汇价,折合成人民币计算缴纳税款。

纳税人取得的境外所得为上述三种货币以外的其他货币的,应根据填开完税凭证的上一月最后一日美元对人民币的基准汇价和国家外汇管理局提供的同日纽约外汇市场美元对主要外币的汇价进行套算,按套算后的汇价作为折合汇率计算缴纳税款。套算公式为:

某种货币对人民币汇价=美元对人民币的基准汇价÷纽约外汇市场美元对该种货币的汇价

第十七条 在年度终了后自行申报纳税的,对已经按月或者按次预缴税款的外国货币所得,不再重新折算;对应当补缴税款的所得部分,按照上一纳税年度最后一日中国人民银行公布的人民币对美元、日元和港币三种货币的基准汇价,折合成人民币计算应纳税所得额,如所得为三种货币以外的其他货币的,按照上一纳税年度最后一日美元对人民币的基准汇价和国家外汇管理局提供的同日纽约外汇市场美元对主要外币的汇价进行套算折合成人民币计算应纳税所得额。

第十八条 本办法所称主管税务机关是指派出单位所在地的税务机关。无派出单位的,是指纳税人离境前户籍所在地的税务机关;户籍所在地与经常居住地不一致的,是指经常居住地税务机关。

第十九条 本办法未尽事宜,按照有关税收法律、行政法规的规定执行。

第二十条 各省、自治区、直辖市地方税务局可根据本办法规定的原则,结合本地实际制定具体实施办法,并报国家税务总局备案。

第二十一条 本办法由国家税务总局负

责解释。

第二十二条 本办法从 1998 年 7 月 1 日起执行。此前规定与本办法有抵触的,按本办法执行。

中华人民共和国主席令

第八号

《中华人民共和国土地管理法》已由中华人民共和国第九届全国人民代表大会常务委员会第四次会议于 1998 年 8 月 29 日修订通过,现将修订后的《中华人民共和国土地管理法》公布,自 1999 年 1 月 1 日起施行。

中华人民共和国主席 江泽民

一九九八年八月二十九日

中华人民共和国土地管理法

(1986 年 6 月 25 日第六届全国人民代表大会常务委员会第十六次会议通过)
根据 1988 年 12 月 29 日第七届全国人民代表大会常务委员会第五次会议《关于修改〈中华人民共和国土地管理法〉的决定》修正
1998 年 8 月 29 日第九届全国人民代表大会常务委员会第四次会议修订)

目 录

第一章 总 则

第一条 为了加强土地管理,维护土地的社会主义公有制,保护、开发土地资源,合理利用土地,切实保护耕地,促进社会经济的可持续发展,根据宪法,制定本法。

第二条 中华人民共和国实行土地的社会主义公有制,即全民所有制和劳动群众集体所有制。

全民所有,即国家所有土地的所有权由国务院代表国家行使。

任何单位和个人不得侵占、买卖或者以其他形式非法转让土地。土地使用权可以依法转让。

国家为公共利益的需要,可以依法对集体所有的土地实行征用。

国家依法实行国有土地有偿使用制度。但是,国家在法律规定的范围内划拨国有土地使用权的除外。

第三条 十分珍惜、合理利用土地和切实保护耕地是我国的基本国策。各级人民政府应当采取措施,全面规划,严格管理,保护、开发土地资源,制止非法占用土地的行为。

第四条 国家实行土地用途管理制度。

国家编制土地利用总体规划,规定土地用途,将土地分为农用地、建设用地和未利用地。严格限制农用地转为建设用地,控制建设用地总量,对耕地实行特殊保护。

前款所称农用地是指直接用于农业生产的土地,包括耕地、林地、草地、农田水利用地、养殖水面等;建设用地是指建造建筑物、构筑物的土地,包括城乡住宅和公共设施用地、工矿用地、交通水利设施用地、旅游用地、军事设施用地等;未利用地是指农用地和建设用地以外的土地。

使用土地的单位和个人必须严格按照土地利用总体规划确定的用途使用土地。

第五条 国务院土地行政主管部门统一负责全国土地的管理和监督工作。

县级以上地方人民政府土地行政主管部门的设置及其职责,由省、自治区、直辖市人民政府根据国务院有关规定确定。

第六条 任何单位和个人都有遵守土地管理法律、法规的义务,并有权对违反土地管理法律、法规的行为提出检举和控告。

第七条 在保护和开发土地资源、合理利用土地以及进行有关的科学研究等方面成绩显著的单位和个人,由人民政府给予奖励。

第二章 土地的所有权和使用权

第八条 城市市区的土地属于国家所有。农村和城市郊区的土地,除由法律规定属于国家所有的以外,属于农民集体所有;宅基地和自留地、自留山,属于农民集体所有。

第九条 国有土地和农民集体所有的土地,可以依法确定给单位或者个人使用。使用土地的单位和个人,有保护、管理和合理利用土地的义务。

第十条 农民集体所有的土地依法属于村农民集体所有的,由村集体经济组织或者村民委员会经营、管理;已经分别属于村内两个以上农村集体经济组织的农民集体所有的,由村内各该农村集体经济组织或者村民小组经营、管理;已经属于乡(镇)农民集体所有的,由乡(镇)农村集体经济组织经营、管理。

第十一条 农民集体所有的土地,由县级人民政府登记造册,核发证书,确认所有权。

农民集体所有的土地依法用于非农业建设的,由县级人民政府登记造册,核发证书,确认建设用地使用权。

单位和个人依法使用的国有土地,由县级以上人民政府登记造册,核发证书,确认使用权;其中,中央国家机关使用的国有土地的具体登记发证机关,由国务院确定。

确认林地、草原的所有权或者使用权,确认水面、滩涂的养殖使用权,分别依照《中华人民共和国森林法》、《中华人民共和国草原法》和《中华人民共和国渔业法》的有关规定办理。

第十二条 依法改变土地权属和用途的,应当办理土地变更登记手续。

第十三条 依法登记的土地的所有权和使用权受法律保护,任何单位和个人不得侵犯。

第十四条 农民集体所有的土地由本集体经济组织的成员承包经营,从事种植业、林业、畜牧业、渔业生产。土地承包经营期限为三十年。发包方和承包方应当订立承包合同,约定双方的权利和义务。承包经营土地的农民有保护和按照承包合同约定的用途合理利用土地的义务。农民的土地承包经营权受法律保护。

在土地承包经营期限内,对个别承包经营

者之间承包的土地进行适当调整的,必须经村民会议三分之二以上成员或者三分之二以上村民代表的同意,并报乡(镇)人民政府和县级人民政府农业行政主管部门批准。

第十五条 国有土地可以由单位或者个人承包经营,从事种植业、林业、畜牧业、渔业生产。农民集体所有的土地,可以由本集体经济组织以外的单位或者个人承包经营,从事种植业、林业、畜牧业、渔业生产。发包方和承包方应当订立承包合同,约定双方的权利和义务。土地承包经营的期限由承包合同约定。承包经营土地的单位和个人,有保护和按照承包合同约定的用途合理利用土地的义务。

农民集体所有的土地由本集体经济组织以外的单位或者个人承包经营的,必须经村民会议三分之二以上成员或者三分之二以上村民代表的同意,并报乡(镇)人民政府批准。

第十六条 土地所有权和使用权争议,由当事人协商解决;协商不成的,由人民政府处理。

单位之间的争议,由县级以上人民政府处理;个人之间、个人与单位之间的争议,由乡级人民政府或者县级以上人民政府处理。

当事人对有关人民政府的处理决定不服的,可以自接到处理决定通知之日起三十日内,向人民法院起诉。

在土地所有权和使用权争议解决前,任何一方不得改变土地利用现状。

第三章 土地利用总体规划

第十七条 各级人民政府应当依据国民经济和社会发展规划、国土整治和资源环境保护的要求、土地供给能力以及各项建设对土地的需求,组织编制土地利用总体规划。

土地利用总体规划的规划期限由国务院规定。

第十八条 下级土地利用总体规划应当依据上一级土地利用总体规划编制。

地方各级人民政府编制的土地利用总体规划中的建设用地总量不得超过上一级土地利用总体规划确定的控制指标,耕地保有量不得低于上一级土地利用总体规划确定的控制指标。

省、自治区、直辖市人民政府编制的土地利用总体规划,应当确保本行政区域内耕地总量不减少。

第十九条 土地利用总体规划按照下列原则编制:

(一)严格保护基本农田,控制非农业建设占用农用地;

(二)提高土地利用率;

(三)统筹安排各类、各区域用地;

(四)保护和改善生态环境,保障土地的可持续利用;

(五)占用耕地与开发复垦耕地相平衡。

第二十条 县级土地利用总体规划应当划分土地利用区,明确土地用途。

乡(镇)土地利用总体规划应当划分土地利用区,根据土地使用条件,确定每一块土地的用途,并予以公告。

第二十一条 土地利用总体规划实行分级审批。

省、自治区、直辖市的土地利用总体规划,报国务院批准。

省、自治区人民政府所在地的市、人口在一百万以上的城市以及国务院指定的城市的土地利用总体规划,经省、自治区人民政府审查同意后,报国务院批准。

本条第二款、第三款规定以外的土地利用总体规划,逐级上报省、自治区、直辖市人民政府批准;其中,乡(镇)土地利用总体规划可以由省级人民政府授权的设区的市、自治州人民政府批准。

土地利用总体规划一经批准,必须严格执行。

第二十二条 城市建设用地规模应当符合国家规定的标准,充分利用现有建设用地,不占或者尽量少占农用地。

城市总体规划、村庄和集镇规划,应当与

土地利用总体规划相衔接,城市总体规划、村庄和集镇规划中建设用地规模不得超过土地利用总体规划确定的城市和村庄、集镇建设用地规模。

在城市规划区内、村庄和集镇规划区内,城市和村庄、集镇建设用地应当符合城市规划、村庄和集镇规划。

第二十三条 江河、湖泊综合治理和开发利用规划,应当与土地利用总体规划相衔接。在江河、湖泊、水库的管理和保护范围以及蓄洪滞洪区内,土地利用应当符合江河、湖泊综合治理和开发利用规划,符合河道、湖泊行洪、蓄洪和输水的要求。

第二十四条 各级人民政府应当加强土地利用计划管理,实行建设用地总量控制。

土地利用年度计划,根据国民经济和社会发展计划、国家产业政策、土地利用总体规划以及建设用地和土地利用的实际状况编制。土地利用年度计划的编制审批程序与土地利用总体规划的编制审批程序相同,一经审批下达,必须严格执行。

第二十五条 省、自治区、直辖市人民政府应当将土地利用年度计划的执行情况列为国民经济和社会发展计划执行情况的内容,向同级人民代表大会报告。

第二十六条 经批准的土地利用总体规划的修改,须经原批准机关批准;未经批准,不得改变土地利用总体规划确定的土地用途。

经国务院批准的大型能源、交通、水利等基础设施建设用地,需要改变土地利用总体规划的,根据国务院的批准文件修改土地利用总体规划。

经省、自治区、直辖市人民政府批准的能源、交通、水利等基础设施建设用地,需要改变土地利用总体规划的,属于省级人民政府土地利用总体规划批准权限内的,根据省级人民政府的批准文件修改土地利用总体规划。

第二十七条 国家建立土地调查制度。

县级以上人民政府土地行政主管部门会同同级有关部门进行土地调查。土地所有者或者使用者应当配合调查,并提供有关资料。

第二十八条 县级以上人民政府土地行政主管部门会同同级有关部门根据土地调查成果、规划土地用途和国家制定的统一标准,评定土地等级。

第二十九条 国家建立土地统计制度。

县级以上人民政府土地行政主管部门和同级统计部门共同制定统计调查方案,依法进行土地统计,定期发布土地统计资料。土地所有者或者使用者应当提供有关资料,不得虚报、瞒报、拒报、迟报。

土地行政主管部门和统计部门共同发布的土地面积统计资料是各级人民政府编制土地利用总体规划的依据。

第三十条 国家建立全国土地管理信息系统,对土地利用状况进行动态监测。

第四章　耕地保护

第三十一条 国家保护耕地,严格控制耕地转为非耕地。

国家实行占用耕地补偿制度。非农业建设经批准占用耕地的,按照"占多少,垦多少"的原则,由占用耕地的单位负责开垦与所占用耕地的数量和质量相当的耕地;没有条件开垦或者开垦的耕地不符合要求的,应当按照省、自治区、直辖市的规定缴纳耕地开垦费,专款用于开垦新的耕地。

省、自治区、直辖市人民政府应当制定开垦耕地计划,监督占用耕地的单位按照计划开垦耕地或者按照计划组织开垦耕地,并进行验收。

第三十二条 县级以上地方人民政府可以要求占用耕地的单位将所占用耕地耕作层的土壤用于新开垦耕地、劣质地或者其他耕地的土壤改良。

第三十三条 省、自治区、直辖市人民政府应当严格执行土地利用总体规划和土地利用年度计划,采取措施,确保本行政区域内耕地总量不减少;耕地总量减少的,由国务院责令在规定期限内组织开垦与所减少耕地的数量与质量相当的耕地,并由国务院土地行政主管部门会同农业行政主管部门验收。个别省、直辖市确因土地后备资源匮乏,新增建设用地后,新开垦耕地的数量不足以补偿所占用耕地的数量的,必须报经国务院批准减免本行政区域内开垦耕地的数量,进行易地开垦。

第三十四条 国家实行基本农田保护制度。下列耕地应当根据土地利用总体规划划入基本农田保护区,严格管理:

(一)经国务院有关主管部门或者县级以上地方人民政府批准确定的粮、棉、油生产基地内的耕地;

(二)有良好的水利与水土保持设施的耕地,正在实施改造计划以及可以改造的中、低产田;

(三)蔬菜生产基地;

(四)农业科研、教学试验田;

(五)国务院规定应当划入基本农田保护区的其他耕地。

各省、自治区、直辖市划定的基本农田应当占本行政区域内耕地的百分之八十以上。

基本农田保护区以乡(镇)为单位进行划区定界,由县级人民政府土地行政主管部门会同同级农业行政主管部门组织实施。

第三十五条 各级人民政府应当采取措施,维护排灌工程设施,改良土壤,提高地力,防止土地荒漠化、盐渍化、水土流失和污染土地。

第三十六条 非农业建设必须节约使用土地,可以利用荒地的,不得占用耕地;可以利用劣地的,不得占用好地。

禁止占用耕地建窑、建坟或者擅自在耕地上建房、挖砂、采石、采矿、取土等。

禁止占用基本农田发展林果业和挖塘养鱼。

第三十七条 禁止任何单位和个人闲置、荒芜耕地。已经办理审批手续的非农业建设占用耕地,一年内不用而又可以耕种并收获的,应当由原耕种该幅耕地的集体或者个人恢复耕种,也可以由用地单位组织耕种;一年以上未动工建设的,应当按照省、自治区、直辖市的规定缴纳闲置费;连续二年未使用的,经原批准机关批准,由县级以上人民政府无偿收回用地单位的土地使用权;该幅土地原为农民集体所有的,应当交由原农村集体经济组织恢复耕种。

在城市规划区范围内,以出让方式取得土地使用权进行房地产开发的闲置土地,依照《中华人民共和国城市房地产管理法》的有关规定办理。

承包经营耕地的单位或者个人连续二年弃耕抛荒的,原发包单位应当终止承包合同,收回发包的耕地。

第三十八条 国家鼓励单位和个人按照土地利用总体规划,在保护和改善生态环境、防止水土流失和土地荒漠化的前提下,开发未利用的土地;适宜开发为农用地的,应当优先开发成农用地。

国家依法保护开发者的合法权益。

第三十九条 开垦未利用的土地,必须经过科学论证和评估,在土地利用总体规划划定的可开垦的区域内,经依法批准后进行。禁止毁坏森林、草原开垦耕地,禁止围湖造田和侵占江河滩地。

根据土地利用总体规划,对破坏生态环境开垦、围垦的土地,有计划有步骤地退耕还林、还牧、还湖。

第四十条 开发未确定使用权的国有荒山、荒地、荒滩从事种植业、林业、畜牧业、渔业生产的,经县级以上人民政府依法批准,可以确定给开发单位或者个人长期使用。

第四十一条 国家鼓励土地整理。县、乡(镇)人民政府应当组织农村集体经济组织,按照土地利用总体规划,对田、水、路、林、村综合整治,提高耕地质量,增加有效耕地面积,改善农业生产条件和生态环境。

地方各级人民政府应当采取措施,改造中、低产田,整治闲散地和废弃地。

第四十二条 因挖损、塌陷、压占等造成土地破坏,用地单位和个人应当按照国家有关规定负责复垦;没有条件复垦或者复垦不符合要求的,应当缴纳土地复垦费,专项用于土地复垦。复垦的土地应当优先用于农业。

第五章　建设用地

第四十三条　任何单位和个人进行建设,需要使用土地的,必须依法申请使用国有土地;但是,兴办乡镇企业和村民建设住宅经依法批准使用本集体经济组织农民集体所有的土地的,或者乡(镇)村公共设施和公益事业建设经依法批准使用农民集体所有的土地的除外。

前款所称依法申请使用的国有土地包括国家所有的土地和国家征用的原属于农民集体所有的土地。

第四十四条　建设占用土地,涉及农用地转为建设用地的,应当办理农用地转用审批手续。

省、自治区、直辖市人民政府批准的道路、管线工程和大型基础设施建设项目、国务院批准的建设项目占用土地,涉及农用地转为建设用地的,由国务院批准。

在土地利用总体规划确定的城市和村庄、集镇建设用地规模范围内,为实施该规划而将农用地转为建设用地的,按土地利用年度计划分批次由原批准土地利用总体规划的机关批准。在已批准的农用地转用范围内,具体建设项目用地可以由市、县人民政府批准。

本条第二款、第三款规定以外的建设项目占用土地,涉及农用地转为建设用地的,由省、自治区、直辖市人民政府批准。

第四十五条　征用下列土地的,由国务院批准:

(一)基本农田;

(二)基本农田以外的耕地超过三十五公顷的;

(三)其他土地超过七十公顷的。

征用前款规定以外的土地的,由省、自治区、直辖市人民政府批准,并报国务院备案。

征用农用地的,应当依照本法第四十四条的规定先行办理农用地转用审批。其中,经国务院批准农用地转用的,同时办理征地审批手续,不再另行办理征地审批;经省、自治区、直辖市人民政府在征地批准权限内批准农用地转用的,同时办理征地审批手续,不再另行办理征地审批,超过征地批准权限的,应当依照本条第一款的规定另行办理征地审批。

第四十六条　国家征用土地的,依照法定程序批准后,由县级以上地方人民政府予以公告并组织实施。

被征用土地的所有权人、使用权人应当在公告规定期限内,持土地权属证书到当地人民政府土地行政主管部门办理征地补偿登记。

第四十七条　征用土地的,按照被征用土地的原用途给予补偿。

征用耕地的补偿费用包括土地补偿费、安置补助费以及地上附着物和青苗的补偿费。征用耕地的土地补偿费,为该耕地被征用前三年平均年产值的六至十倍。征用耕地的安置补助费,按照需要安置的农业人口数计算。需要安置的农业人口数,按照被征用的耕地数量除以征地前被征用单位平均每人占有耕地的数量计算。每一个需要安置的农业人口的安置补助费标准,为该耕地被征用前三年平均年产值的四至六倍。但是,每公顷被征用耕地的安置补助费,最高不得超过被征用前三年平均年产值的十五倍。

征用其他土地的土地补偿费和安置补助费标准,由省、自治区、直辖市参照征用耕地的土地补偿费和安置补助费的标准规定。

被征用土地上的附着物和青苗的补偿标准,由省、自治区、直辖市规定。

征用城市郊区的菜地,用地单位应当按照国家有关规定缴纳新菜地开发建设基金。

依照本条第二款的规定支付土地补偿费和安置补助费,尚不能使需要安置的农民保持原有生活水平的,经省、自治区、直辖市人民政府批准,可以增加安置补助费。但是,土地补偿费和安置补助费的总和不得超过土地被征用前三年平均年产值的三十倍。

国务院根据社会、经济发展水平，在特殊情况下，可以提高征用耕地的土地补偿费和安置补助费的标准。

第四十八条 征地补偿安置方案确定后，有关地方人民政府应当公告，并听取被征地的农村集体经济组织和农民的意见。

第四十九条 被征地的农村集体经济组织应当将征用土地的补偿费用的收支状况向本集体经济组织的成员公布，接受监督。

禁止侵占、挪用被征用土地单位的征地补偿费用和其他有关费用。

第五十条 地方各级人民政府应当支持被征地的农村集体经济组织和农民从事开发经营，兴办企业。

第五十一条 大中型水利、水电工程建设征用土地的补偿费标准和移民安置办法，由国务院另行规定。

第五十二条 建设项目可行性研究论证时，土地行政主管部门可以根据土地利用总体规划、土地利用年度计划和建设用地标准，对建设用地有关事项进行审查，并提出意见。

第五十三条 经批准的建设项目需要使用国有建设用地的，建设单位应当持法律、行政法规规定的有关文件，向有批准权的县级以上人民政府土地行政主管部门提出建设用地申请，经土地行政主管部门审查，报本级人民政府批准。

第五十四条 建设单位使用国有土地，应当以出让等有偿使用方式取得；但是，下列建设用地，经县级以上人民政府依法批准，可以以划拨方式取得：

(一)国家机关用地和军事用地；

(二)城市基础设施用地和公益事业用地；

(三)国家重点扶持的能源、交通、水利等基础设施用地；

(四)法律、行政法规规定的其他用地。

第五十五条 以出让等有偿使用方式取得国有土地使用权的建设单位，按照国务院规定的标准和办法，缴纳土地使用权出让金等土地有偿使用费和其他费用后，方可使用土地。

自本法施行之日起，新增建设用地的土地有偿使用费，百分之三十上缴中央财政，百分之七十留给有关地方人民政府，都专项用于耕地开发。

第五十六条 建设单位使用国有土地的，应当按照土地使用权出让等有偿使用合同的约定或者土地使用权划拨批准文件的规定使用土地；确需改变该幅土地建设用途的，应当经有关人民政府土地行政主管部门同意，报原批准用地的人民政府批准。其中，在城市规划区内改变土地用途的，在报批前，应当先经有关城市规划行政主管部门同意。

第五十七条 建设项目施工和地质勘查需要临时使用国有土地或者农民集体所有的土地的，由县级以上人民政府土地行政主管部门批准。其中，在城市规划区内的临时用地，在报批前，应当先经有关城市规划行政主管部门同意。土地使用者应当根据土地权属，与有关土地行政主管部门或者农村集体经济组织、村民委员会签订临时使用土地合同，并按照合同的约定支付临时使用土地补偿费。

临时使用土地的使用者应当按照临时使用土地合同约定的用途使用土地，并不得修建永久性建筑物。

临时使用土地期限一般不超过二年。

第五十八条 有下列情形之一的，由有关人民政府土地行政主管部门报经原批准用地的人民政府或者有批准权的人民政府批准，可以收回国有土地使用权：

(一)为公共利益需要使用土地的；

(二)为实施城市规划进行旧城区改建，需要调整使用土地的；

(三)土地出让等有偿使用合同约定的使用期限届满，土地使用者未申请续期或者申请续期未获批准的；

(四)因单位撤销、迁移等原因，停止使用原划拨的国有土地的；

(五)公路、铁路、机场、矿场等经核准报废的。

依照前款第(一)项、第(二)项的规定收回国有土地使用权的,对土地使用权人应当给予适当补偿。

第五十九条　乡镇企业、乡(镇)村公共设施、公益事业、农村村民住宅等乡(镇)村建设,应当按照村庄和集镇规划,合理布局,综合开发,配套建设;建设用地,应当符合乡(镇)土地利用总体规划和土地利用年度计划,并依照本法第四十四条、第六十条、第六十一条、第六十二条的规定办理审批手续。

第六十条　农村集体经济组织使用乡(镇)土地利用总体规划确定的建设用地兴办企业或者与其他单位、个人以土地使用权入股、联营等形式共同兴办企业的,应当持有关批准文件,向县级以上地方人民政府土地行政主管部门提出申请,按照省、自治区、直辖市规定的批准权限,由县级以上地方人民政府批准;其中,涉及占用农用地的,依照本法第四十四条的规定办理审批手续。

按照前款规定兴办企业的建设用地,必须严格控制。省、自治区、直辖市可以按照乡镇企业的不同行业和经营规模,分别规定用地标准。

第六十一条　乡(镇)村公共设施、公益事业建设,需要使用土地的,经乡(镇)人民政府审核,向县级以上地方人民政府土地行政主管部门提出申请,按照省、自治区、直辖市规定的批准权限,由县级以上地方人民政府批准;其中,涉及占用农用地的,依照本法第四十四条的规定办理审批手续。

第六十二条　农村村民一户只能拥有一处宅基地,其宅基地的面积不得超过省、自治区、直辖市规定的标准。

农村村民建住宅,应当符合乡(镇)土地利用总体规划,并尽量使用原有的宅基地和村内空闲地。

农村村民住宅用地,经乡(镇)人民政府审核,由县级人民政府批准;其中,涉及占用农用地的,依照本法第四十四条的规定办理审批手续。

农村村民出卖、出租住房后,再申请宅基地的,不予批准。

第六十三条　农民集体所有的土地的使用权不得出让、转让或者出租用于非农业建设;但是,符合土地利用总体规划并依法取得建设用地的企业,因破产、兼并等情形致使土地使用权依法发生转移的除外。

第六十四条　在土地利用总体规划制定前已建的不符合土地利用总体规划确定的用途的建筑物、构筑物,不得重建、扩建。

第六十五条　有下列情形之一的,农村集体经济组织报经原批准用地的人民政府批准,可以收回土地使用权:

(一)为乡(镇)村公共设施和公益事业建设,需要使用土地的;

(二)不按照批准的用途使用土地的;

(三)因撤销、迁移等原因而停止使用土地的。

依照前款第(一)项规定收回农民集体所有的土地的,对土地使用权人应当给予适当补偿。

第六章　监督检查

第六十六条　县级以上人民政府土地行政主管部门对违反土地管理法律、法规的行为进行监督检查。

土地管理监督检查人员应当熟悉土地管理法律、法规,忠于职守、秉公执法。

第六十七条　县级以上人民政府土地行政主管部门履行监督检查职责时,有权采取下列措施:

(一)要求被检查的单位或者个人提供有关土地权利的文件和资料,进行查阅或者予以复制;

(二)要求被检查的单位或者个人就有关土地权利的问题作出说明;

(三)进入被检查单位或者个人非法占用的土地现场进行勘测;

(四)责令非法占用土地的单位或者个人停止违反土地管理法律、法规的行为。

第六十八条 土地管理监督检查人员履行职责，需要进入现场进行勘测，要求有关单位或者个人提供文件、资料和作出说明的，应当出示土地管理监督检查证件。

第六十九条 有关单位和个人对县级以上人民政府土地行政主管部门就土地违法行为进行的监督检查应当支持与配合，并提供工作方便，不得拒绝与阻碍土地管理监督检查人员依法执行职务。

第七十条 县级以上人民政府土地行政主管部门在监督检查工作中发现国家工作人员的违法行为，依法应当给予行政处分的，应当依法予以处理；自己无权处理的，应当向同级或者上级人民政府的行政监察机关提出行政处分建议书，有关行政监察机关应当依法予以处理。

第七十一条 县级以上人民政府土地行政主管部门在监督检查工作中发现土地违法行为构成犯罪的，应当将案件移送有关机关，依法追究刑事责任；尚不构成犯罪的，应当依法给予行政处罚。

第七十二条 依照本法规定应当给予行政处罚，而有关土地行政主管部门不给予行政处罚的，上级人民政府土地行政主管部门有权责令有关土地行政主管部门作出行政处罚决定或者直接给予行政处罚，并给予有关土地行政主管部门的负责人行政处分。

第七章　法律责任

第七十三条 买卖或者以其他形式非法转让土地的，由县级以上人民政府土地行政主管部门没收违法所得；对违反土地利用总体规划擅自将农用地改为建设用地的，限期拆除在非法转让的土地上新建的建筑物和其他设施，恢复土地原状，对符合土地利用总体规划的，没收在非法转让的土地上新建的建筑物和其他设施；可以并处罚款；对直接负责的主管人员和其他直接责任人员，依法给予行政处分；构成犯罪的，依法追究刑事责任。

第七十四条 违反本法规定，占用耕地建窑、建坟或者擅自在耕地上建房、挖砂、采石、采矿、取土等，破坏种植条件的，或者因开发土地造成土地荒漠化、盐渍化的，由县级以上人民政府土地行政主管部门责令限期改正或者治理，可以并处罚款；构成犯罪的，依法追究刑事责任。

第七十五条 违反本法规定，拒不履行土地复垦义务的，由县级以上人民政府土地行政主管部门责令限期改正；逾期不改正的，责令缴纳复垦费，专项用于土地复垦，可以处以罚款。

第七十六条 未经批准或者采取欺骗手段骗取批准，非法占用土地的，由县级以上人民政府土地行政主管部门责令退还非法占用的土地，对违反土地利用总体规划擅自将农用地改为建设用地的，限期拆除在非法占用的土地上新建的建筑物和其他设施，恢复土地原状，对符合土地利用总体规划的，没收在非法占用的土地上新建的建筑物和其他设施，可以并处罚款；对非法占用土地单位的直接负责的主管人员和其他直接责任人员，依法给予行政处分；构成犯罪的，依法追究刑事责任。

超过批准的数量占用土地，多占的土地以非法占用土地论处。

第七十七条 农村村民未经批准或者采取欺骗手段骗取批准，非法占用土地建住宅的，由县级以上人民政府土地行政主管部门责令退还非法占用的土地，限期拆除在非法占用的土地上新建的房屋。

超过省、自治区、直辖市规定的标准，多占的土地以非法占用土地论处。

第七十八条 无权批准征用、使用土地的单位或者个人非法批准占用土地的，超越批准权限非法批准占用土地的，不按照土地利用总体规划确定的用途批准用地的，或者违反法律规定的程序批准占用、征用土地的，其批准文件无效，对非法批准征用、使用土地的直接负责的主管人员和其他直接责任人员，依法给予行政处分；构成犯罪的，依法追究刑事责任。

非法批准、使用的土地应当收回,有关当事人拒不归还的,以非法占用土地论处。

非法批准征用、使用土地,对当事人造成损失的,依法应当承担赔偿责任。

第七十九条　侵占、挪用被征用土地单位的征地补偿费用和其他有关费用,构成犯罪的,依法追究刑事责任;尚不构成犯罪的,依法给予行政处分。

第八十条　依法收回国有土地使用权当事人拒不交出土地的,临时使用土地期满拒不归还的,或者不按照批准的用途使用国有土地的,由县级以上人民政府土地行政主管部门责令交还土地,处以罚款。

第八十一条　擅自将农民集体所有的土地的使用权出让、转让或者出租用于非农业建设的,由县级以上人民政府土地行政主管部门责令限期改正,没收违法所得,并处罚款。

第八十二条　不依照本法规定办理土地变更登记的,由县级以上人民政府土地行政主管部门责令其限期办理。

第八十三条　依照本法规定,责令限期拆除在非法占用的土地上新建的建筑物和其他设施的,建设单位或者个人必须立即停止施工,自行拆除;对继续施工的,作出处罚决定的机关有权制止。建设单位或者个人对责令限期拆除的行政处罚决定不服的,可以在接到责令限期拆除决定之日起十五日内,向人民法院起诉;期满不起诉又不自行拆除的,由作出处罚决定的机关依法申请人民法院强制执行,费用由违法者承担。

第八十四条　土地行政主管部门的工作人员玩忽职守、滥用职权、徇私舞弊,构成犯罪的,依法追究刑事责任;尚不构成犯罪的,依法给予行政处分。

第八章　附　　则

第八十五条　中外合资经营企业、中外合作经营企业、外资企业使用土地的,适用本法;法律另有规定的,从其规定。

第八十六条　本法自1999年1月1日起施行。

关于印发《在境内举办对外经济技术展览会管理暂行办法》的通知

〔1998〕外经贸政发第325号

国务院各部委,各直属机构,各省、自治区、直辖市及计划单列市外经贸委(厅、局),各外贸中心,各部委直属公司,各商会、协会:

根据《国务院办公厅关于对在我国境内举办对外经济技术展览会加强管理的通知》(国办发〔1997〕25号)文件精神,我部制定了《在境内举办对外经济技术展览会管理暂行办法》,现印发给你们,请遵照执行。执行中有何问题,请及时向我部(发展司)反映。

附件:一、《在境内举办对外经济技术展览会管理暂行办法》

二、《对外经济技术展览会分类目录》(略)

三、《审批对外经济技术展览会备案表》(略)

四、主办单位报送举办对外经济技术展览会总结的内容和要求(略)

对外贸易经济合作部

一九九八年九月二十二日

附件一

在境内举办对外经济技术展览会管理暂行办法

第一章 总 则

第一条 为使举办对外经济技术展览会有秩序进行,保障展览业的健康发展,根据《中华人民共和国对外贸易法》及《国务院办公厅关于对在我国境内举办对外经济技术展览会加强管理的通知》,特制定本办法。

第二条 本办法适用于在中华人民共和国境内举办的对外经济技术展览会。包括:

(一)国际展览会和国际博览会,境外民用经济技术来华展览会(以下统称国际展览会)。

(二)对外经济贸易洽谈会和出口商品交易会。包括综合性或专业性的出口商品、投资贸易(利用外资)、技术出口、对外经济合作洽谈会或交易会。

第三条 举办对外经济技术展览会,由对外贸易经济合作部(以下简称外经贸部)负责协调和管理。

第二章 举办单位

第四条 对外经济技术展览会的举办单位,包括主办单位和承办单位。

主办单位主要负责制定并实施举办对外经济技术展览会的方案和计划,组织招商招展,负责财务管理,并承担举办展览的民事责任。

承办单位主要负责布展、展览施工、安全保卫及会务事项。

第五条 境内主办单位和承办单位,必须具有主办和承办资格。

(一)经外经贸部或其授权部门批准,以下单位具有主办资格并可主办相应的对外经济技术展览会:

1. 省级经济贸易促进机构或行业(专业)协会、商会;

2. 展览公司,外经贸公司。

(二)省级及副省级市人民政府或外经贸主管部门可以主办对外经济贸易洽谈会和出口商品交易会。

(三)国务院部门可以部门名义主办与其业务相关的国际展览会;省级人民政府可以其名义主办有关的国际展览会。

以国务院部门或省级人民政府名义主办国际展览会,应由具有主办资格的单位(指本条第(一)款所列单位或省级及副省级市外经贸主管部门)承办,并由其承担办展民事责任及主办单位有关职责。

(四)凡具有主办资格的单位均具有相应的承办资格。受主办单位委托,有关公司可以承办展览的单项业务(包括设计、布展、展览施工、广告)。

第六条 境外(指外国和台港澳地区,以下均同)机构举办对外经济技术展览会,必须联合或委托境内具有主办资格的单位举办。境内招商招展由境内主办单位负责。

属境外机构的主办单位,应是具有相当规模和办展实力,在国际上影响和信誉良好的展览机构、大型跨国公司、经济团体或组织(包括经济贸易促进机构、商会、行业协会等)。

第七条 国家间双边、多边及国内外友好省市间的展览(含交流展),按对等原则和实际需要由相应的单位主办和承办。

第八条　主办单位和承办单位的展览行为必须规范,维护参展单位的合法权益。

(一)主办单位与承办单位之间,以及主办单位之间(即有二个或二个以上的单位联合主办),必须签订规范的办展协议,明确职责分工及承担办展民事责任单位等事项。

(二)招商招展由主办单位负责。

除以国务院部门和省级人民政府名义主办的国际展览会,其他均不得以组委会或筹委会名义招展。

(三)招商招展必须以企业自愿为原则,不得进行行政干预。

(四)招展文件或招展(参展)合同必须明确主办单位和参展单位的权利与义务,明确承担办展民事责任的单位。

(五)举办以国际展为名称的对外经济技术展览会,境外参展商(不包括境内外商投资企业)比例必须达到20%以上。

(六)举办对外经济技术展览会的广告、宣传材料必须真实可靠。未经同意不得将其他单位列为支持(赞助)单位。

(七)主办单位在办展结束后1个月之内,向审批部门报送举办展览总结。对由境外机构主办并境内单位承办的展览,由承办单位报送。

第三章　审　　批

第九条　举办展览面积在1000平方米(指展位总面积)以上的对外经济技术展览会必须经批准,并实行分级审批。

(一)以国务院部门或省级人民政府名义主办的国际展览会,以及由省级或副省级市人民政府主办的对外经济贸易洽谈会和出口商品交易会,须报国务院批准。

省级及副省级市外经贸主管部门和多省(自治区、直辖市)联合主办的对外经济贸易洽谈会和出口商品交易会,由外经贸部审批。

(二)国务院部门所属单位主办的对外经济技术展览会,以及境外机构主办的国际展览会,报外经贸部审批。对在北京以外地区举办的,主办单位需事先征得举办地外经贸主管部门同意。

(三)地方其他单位主办的对外经济技术展览会,由所在省、自治区、直辖市外经贸主管部门审批,并报外经贸部备案。

(四)以科研、技术交流、研讨为内容的展览会,由科学技术部负责审批。

(五)中国国际贸易促进委员会(以下简称贸促会)系统单位主办的对外经济技术展览会,由贸促会审批并报外经贸部备案。对在北京以外地区举办的,主办单位应事先征得举办地外经贸主管部门同意。

(六)对外经济技术展览会凡涉及台湾地区厂商或机构参展事项,另行专项报外经贸部审批,报国务院台湾事务办公室备案。海峡两岸的经济技术展览会,由外经贸部会同国务院台湾事务办公室审批。

(七)举办为期在6个月以上的长期展览,主办单位须事先报海关总署审核,经海关总署同意后,报外经贸部审批。

第十条　举办对外经济技术展览会由主办单位申请报批。

属于二个或二个以上单位联合主办的,由承担办展民事责任的主办单位申请报批。

境外机构联合或委托境内有主办资格的单位举办国际展览会,由境内单位申请报批。

第十一条　审批对外经济技术展览会需审查的主要内容:

(一)主办单位和承办单位资格。

境外机构主办或与境内单位联合主办的,需审查境外机构资信及有关情况。

(二)展览会名称、内容、规模、时间、地点,组织招商招展的方案和计划,办展的可行性报告,主办单位与承办单位的协议。

二个或二个以上单位联合主办的,需审查联合主办的协议(包括各主办单位的职责分工,承担办展民事责任的单位等)。

境外机构联合或委托境内单位举办的,需审查其联合或委托办展协议。

(三)国务院部门所属单位及贸促会系统单位在北京以外地区主办的,需审查是否征得当地外经贸主管部门的同意。

第十二条 申请报批的单位按审批对外经济技术展览会需审查的内容和要求,向审批部门申报并提交有关文件和资料。

申请报批时间原则上应提前12个月。

第十三条 对外经济技术展览会批准文件的主要内容:

(一)展览会名称。

(二)主办单位(主办单位如有境外机构应注明国别或地区)。

(三)展览会的主要业务内容、规模、举办地点、时间。

(四)其他需要批准或备注事项。

以上内容变更,应办理批准手续。

第十四条 批准文件抄送办展地外经贸主管部门和海关。

第十五条 具有对外经济技术展览会主办资格的单位,可自行举办面积在1000平方米以下的对外经济技术展览会,但应报有关审批部门备案。

第四章 协调管理

第十六条 严格控制同类展览的数量。鼓励和推动联合办展,鼓励举办专业性展览会。

对申请举办较多的同类展览,审批部门要加强协调,并对照《对外经济技术展览会分类目录》按以下原则审批:

(一)同类展览,原则上在同一省、自治区、直辖市及副省级市,每年不超过2个。

(二)优先批准规模大、影响大、定期举办的展览。

(三)优先批准具有行业优势和办展经验的单位举办的展览。

第十七条 审批部门负责对主办单位、承办单位办展活动进行管理和监督,检查办展质量,维护正常的办展秩序。

对国务院部门所属单位及贸促会系统单位在北京以外地区主办的展览,由当地外经贸主管部门进行管理和监督检查。

第十八条 由外经贸部牵头,会同科学技术部、贸促会等单位,以召开联席会议的形式,定期通报审批和举办对外经济技术展览会情况,调整和公布《对外经济技术展览会分类目录》,对外发布展览信息;研究对外展览业发展过程中出现的情况和问题,及时采取有效措施,加强协调管理;维护办展单位和参展单位的合法权益,保障对外展览业的健康发展;推动和扶持举办有特色、有规模、有影响的对外经济技术展览会。

第五章 境外展览品监管

第十九条 境外展览品监管由海关按照《中华人民共和国海关对进口展览品监管办法》执行。

对1000平方米以上展览的境外展览品监管及留购,由办展地海关凭本办法规定的审批单位的批准文件按规定办理;对1000平方米以下的,海关凭主办单位申请按规定办理。

第二十条 对外经济技术展览会的境外展览品不得擅自零售。对确需零售的,须事先报外经贸部批准,海关凭外经贸部批件按规定办理,并照章征收进口关税和其它税费。

第六章 法律责任

第二十一条 对违反本办法规定举办对外经济技术展览会,以及在办展过程中有乱摊派、损害参展单位合法权益等违反法律法规行为的,由外经贸部依据《国务院办公厅关于对在我国境内举办对外经济技术展览会加强管理的通知》有关规定,取消其主办资格,并由有关部门依法查处。

对不具备主办或承办对外经济技术展览会资格而擅自办展的,盗用其他单位名称办展的,或转让、转卖展览批准文件的,由各级外经贸主管部门和工商行政管理机关依法查处。

对违反海关规定的,由海关依法处理。

第七章 附 则

第二十二条 未经外经贸部批准,任何对外经济技术展览会不得使用“中国出口商品交易会”或“广交会”名称及其他接近名称(包括英文名称 THE CHINESE EXPORT COMMODITIES FAIR,简称 CANTON FAIR,缩写 CECF)。

第二十三条 举办对外经济技术展览会的审批管理,国家法规和国务院另有规定的,从其规定。

第二十四条 本办法自 1998 年 10 月 1 日起实行。凡过去规定与本办法不一致的,以本办法为准。本办法由外经贸部负责解释。涉及海关业务的,由海关总署负责解释。

中华人民共和国对外贸易经济合作部令

一九九八年 第 1 号

《关于赋予私营生产企业和科研院所自营进出口权的暂行规定》已于 1998 年 9 月 2 日经国务院批准,现予发布,自 1999 年 1 月 1 日起施行。

部长 石广生

一九九八年十月一日

关于赋予私营生产企业和科研院所自营进出口权的暂行规定

一九九八年九月二日国务院批准

(一九九八年十月一日对外贸易经济合作部发布)

第一条 为深化外贸体制改革,保持和引导非公有制经济健康发展,积极推动私营生产企业或科研院所参与国际竞争,根据《中华人民共和国对外贸易法》,制定本规定。

第二条 本规定所指的私营生产企业和科研院所系指依法登记注册、资本属于私人所有或私人资本控股的生产性企业或科研机构(包括独资企业、合伙企业、有限责任公司和股份有限公司)。

第三条 申请资格

一、同时具备下列条件的私营生产企业可申请自营进出口权:

(一)已经在生产企业所在地工商行政管理机关依法登记注册、领取了营业执照,注册资本和净资产均在 850 万元人民币以上;

(二)连续两年年销售收入、出口供货额分别在 5000 万元人民币和 100 万美元(机电产品生产企业年销售收入、出口供货额分别在 3000 万元人民币和 50 万美元)以上;

(三)具有自营进出口业务所必需的专业人员。

二、同时具备下列条件的私营科研院所

(包括高新技术企业)可申请自营进出口权:

(一)已经在科研院所所在地工商行政管理机关登记注册、领取了营业执照,注册资本和净资产均在850万元人民币以上;

(二)科研院所年销售收入在300万元人民币以上,经过省级以上科技主管部门认定的高新技术企业年销售收入在3000万元人民币(开发型高新技术企业年销售收入在1000万元人民币)以上;

(三)具有自营进出口业务所必需的专业人员。

第四条 申报材料

一、私营生产企业或科研院所申请自营进出口权的报告。

二、企业或院所章程。

三、企业法人营业执照(正本复印件)。

四、工商行政管理机关出具的连续二年企业年检合格证明和资产情况证明。

五、申请的自营进出口商品目录。

六、代理出口的外贸企业出具的出口供货证明材料。

七、县级以上税务部门出具的纳税证明。

八、高新技术企业需出具科技主管部门颁发的《高新技术企业证书》。

第五条 申报和审批程序

私营生产企业或科研院所向注册所在地外经贸主管部门提出书面申请,经省、自治区、直辖市及计划单列市外经贸主管部门审查后报对外贸易经济合作部(以下简称外经贸部)审批。

第六条 经批准取得自营进出口权的私营生产企业或科研院所,凭批准文件到海关、出入境检验、外汇、工商、税务等部门办理有关手续,向省、自治区、直辖市及计划单列市外经贸主管部门申领《进出口企业资格证书》后开展自营进出口业务。取得自营进出口权的私营生产企业或科研院所分立、合并、变更自营进出口商品目录,须报外经贸部批准;变更企业名称须经工商行政管理机关办理名称预先核准,报外经贸部办理相应批准手续;注销的须报外经贸部备案。

第七条 权利和义务

经批准取得自营进出口权的私营生产企业和科研院所享有的权利和应承担的义务如下:

一、可以直接从事自营进出口业务;

二、在批准的进出口业务范围内,可以经营本企业或院所自产产品的出口业务,经营本企业或院所生产、科研所需的机械设备、零配件、原辅材料的进口业务;

三、可以申请加入进出口商会、参加国家和地方外经贸主管部门组织的有关对外经济贸易活动,并得到国家对外贸易方针和政策的指导;

四、在从事自营进出口贸易活动中,可以享受与公有制自营进出口生产企业或科研院所相同的待遇;

五、遵守国家有关对外贸易的方针政策和法律、法规;

六、接受外经贸主管部门和进出口商会的监督、管理和协调;

七、积极出口创汇。

第八条 各级外经贸主管部门对取得自营进出口权的私营生产企业或科研院所开展进出口业务,要积极支持,加强指导,做好服务和规范化管理工作。

第九条 取得自营进出口权的私营生产企业或科研院所如违反国家有关政策规定,将视具体情况给予通报批评、警告或撤销自营进出口权的处罚。

第十条 本规定由外经贸部负责解释。

第十一条 本规定自1999年1月1日起施行。

国务院办公厅关于加强对外商投资企业升挂和使用国旗管理的通知

国办函〔1998〕50号

各省、自治区、直辖市人民政府：

《中华人民共和国国旗法》(以下简称《国旗法》)公布实施以来，多数企业事业组织，能够按照《国旗法》和《中华人民共和国外交部关于涉外升挂和使用国旗的规定》(以下简称《规定》)，升挂和使用国旗。但是，也有一些企业事业组织，特别是外商投资企业，在升挂和使用国旗时，违反有关规定。有的中外合资企业的门口，只悬挂合资外方所属国国旗；有的在同时升挂中国国旗和外国国旗时，没有将中国国旗置于中心或首位，在人民群众中造成了不良影响。

国旗是国家的象征和标志，代表国家的主权和尊严。为了维护国家的主权和尊严，加强对外商投资企业升挂和使用国旗的管理，依据《国旗法》和有关规定，现就有关事项通知如下：

一、外国政府经援项目以及大型中外合资经营企业、中外合作经营企业、外资企业(以下简称外商投资企业)的奠基、开业、落成典礼以及重大庆祝活动，可以同时升挂中国国旗和有关外方所属国国旗。

二、外商投资企业，凡平时在室外或公共场所升挂本国国旗时，只能升挂与中国建立外交关系的国家的国旗，并且必须同时升挂中国国旗。如有需要升挂未与中国建立外交关系国家的国旗，须由省、自治区、直辖市人民政府外事办公室请示外交部。

三、外商投资企业同时升挂中国和外方所属国国旗时，必须将中国国旗置于首位或中心位置。外商投资企业同时升挂中国国旗和企业旗时，必须把中国国旗置于中心、较高或者突出的位置。

四、各省、自治区、直辖市人民政府外事办公室要加强对外商投资企业升挂和使用国旗的监督管理，对违反有关规定升挂和使用国旗的外商投资企业，要令其纠正。

国务院办公厅

一九九八年十月十八日

关于停办外汇调剂业务的通知

银发〔1998〕507号

中国人民银行各省、自治区、直辖市分行，深圳经济特区分行；国家外汇管理局各省、自治区、直辖市分局，深圳分局：

自1980年我国外汇调剂业务开办以来，为境内机构尤其是外商投资企业调剂外汇余缺提供了便利渠道，促进了我国外向型经济的发展。随着我国外汇体制改革的深入，尤其是1996年外商投资企业外汇买卖可通过银行结售汇体系进行后，境内机构的外汇买卖绝大部分均通过银行结售汇体系办理。银行结售汇体系运行已基本成熟，可以满足市场主体及结售汇企业的业务需求。因此，为进一步统一和规范我国外汇市场,中国人民银行、国家外汇管理局决定将外商投资企业外汇调剂业务全部统一纳入银行结售汇体系。现就有关事宜通知如下:

一、从1998年12月1日起,在全国范围内取消外商投资企业外汇调剂业务,外商投资企业的外汇买卖均纳入银行结售汇体系。

二、外商投资企业外汇调剂业务取消后,各地外汇调剂中心按下列方案进行调整:

(一)已同中国外汇交易中心联网的全国外汇调剂中心更名为中国外汇交易中心北京分中心,已联网的其他35家外汇调剂中心更名为中国外汇交易中心的当地分中心(略),负责银行间外汇市场和金融机构人民币同业拆借市场运作,在业务和技术上受中国外汇交易中心的指导;

(二)其余各地外汇调剂中心一律关闭;

(三)上海市外汇调剂中心关闭后,当地银行间外汇市场和金融机构人民币同业拆借市场业务均在中国外汇交易中心进行;北京市外汇调剂中心关闭后,当地银行间外汇市场和金融机构人民币同业拆借市场业务均在中国外汇交易中心北京分中心进行,北京分中心继续保留备份中心功能,属国家外汇管理局的事业单位。

三、各地外汇调剂中心关闭和业务调整后,所在地外汇管理局应对有关人员和设备进行相应调整,用于充实和加强国际收支统计与分析、外汇检查等业务。保留的各地分中心,应保证银行间外汇市场和人民币同业拆借市场的正常运转。

四、外商投资企业外汇买卖统一进入银行结售汇体系,既有利于进一步统一和规范我国外汇市场,也有利于减少外商投资企业外汇买卖环节,加快资金周转速度,各分行、分局应对外商投资企业做好宣传工作。在执行过程中,如发现任何问题,请及时与国家外汇管理局国际收支司联系,联系电话:(010)68402301、68402304

中国人民银行
国家外汇管理局
一九九八年十月二十五日

关于印发《国家重点新产品计划管理办法》的通知

国科发计字〔1997〕503号

各省、自治区、直辖市、计划单列市人民政府,国务院各有关部委、直属机构,国防科工委,中国人民解放军总后勤部:

现将《国家重点新产品计划管理办法》印发给你们,请遵照执行。1990年发布的《国家级重点新产品试制鉴定计划管理规定》(〔1990〕国科发计字835号)同时废止。

国家科委
国家税务总局
国家工商行政管理局
对外贸易经济合作部
国家技术监督局
国家环境保护局
国家外国专家局
劳动部
一九九七年十一月二十九日

国家重点新产品计划管理办法

第一章 总 则

第一条 为发挥国家科技计划在社会主义市场经济条件下的宏观调控指导作用,加快科技成果转化和技术创新,促进经济增长方式的转变和培育新的经济增长点,国家科委联合有关部门组织实施《国家重点新产品计划》(以下称新产品计划),并制定本办法。

第二条 新产品计划是一项政策性扶持计划,旨在引导、推动企业和科研机构的科技进步和提高技术创新能力,实现产业结构的优化和产品结构的调整,通过国内自主开发与引进国外先进技术的消化吸收等方式,加速经济竞争力强、市场份额大的高新技术产品的开发和产业化。

第二章 范 围

第三条 本办法所称的新产品是指采用新技术原理、新设计构思,研制生产的全新型产品或应用新技术原理、新设计构思,在结构、材质、工艺等任一方面比老产品有重大改进、显著提高了产品性能或扩大了使用功能的改进型产品。

第四条 新产品计划优先支持下列范围的新产品

(一)高新技术产品,包括:微电子科学和电子信息技术;空间科学和航空航天技术;光电科学和光机电一体化技术;生命科学和生物工程技术;材料科学和新材料技术;能源科学和新能源、高效节能技术;生态科学和环境保护技术;地球科学和海洋工程技术;基本物质科学和辐射技术;医药科学和生物医学工程技术;其他高新技术产品;

(二)利用国家及省部级科技计划成果转化的新产品,特别是对国民经济基础产业、支柱产业能起重大促进作用的新产品;

(三)具有自主知识产权的新产品;

(四)外贸出口创汇新产品,替代进口及引进技术消化吸收并实现国产化率在80%以上的新产品;

(五)采用国际标准或国外先进标准的新产品。

第五条 下列产品原则上不在新产品计划中列项

(一)常规食品、饮料、烟、酒类产品;

(二)化妆品、服装、家具、小家电等日用产品;

(三)用进口零部件(包括散件)组装的产品;

(四)引进技术和设备的消化吸收国产化率低于60%的产品;

(五)单纯为军工配套的产品;

(六)传统手工艺品;

(七)单纯改变花色、外观与包装的产品;

(八)动、植物品种资源;

(九)高能耗、污染环境的产品。

第三章 申 报

第六条 国家科委根据国家产业政策、科技政策与科技计划管理的有关规定,定期发布《国家重点新产品计划申报指南》。

第七条 申报新产品计划的项目,应当具备下列条件:

(一)在国内首次(或首批)开发成功,并已有市场销售的产品;

(二)符合国家产业政策、技术政策和相关的行业政策;

(三)技术水平和产品性能较高,具备国内先进水平的产品;

(四)具有显著经济、社会效益,有很好的市场发展前景;

(五)没有与所申报产品相关的知识产权纠纷。

第八条 已列入过新产品计划的项目不得重复申报。

第九条 凡开发或生产符合本办法第四条新产品的企业、科研单位(包括私营及中方控股中外合资经营企事业单位)均可申报,联合研制开发或生产的可单独或联合申报。

通过技术转让获得的新产品可由新产品生产单位单独申报或由生产单位与原技术开发单位联合申报。

第十条 在各省、自治区、直辖市、计划单列市(以下简称地方)的地方企业、科研单位,由项目开发单位通过所在地、市科委向本地方科委申报;国家高新技术开发区的企业、科研单位,由项目开发单位向所在地方科委申报。

国务院有关部门直属企业、科研单位的项目,由开发单位向主管部门科技司(局)申报,或向申报单位所在地方科委申报。

中国人民解放军所属企业、科研单位的民品项目,可向中国人民解放军总后勤部或所在地方科委申报。

凡通过国务院有关部门或中国人民解放军总后勤部申报的项目,须同时将申报表格送申报单位所在地方科委备案。

申报项目只能选择一个渠道申报,否则取消资格。

第十一条 申报项目材料须一式三份报送国家科委。申报所需材料一般包括:

(一)《国家重点新产品计划申报表》;

(二)鉴定证书或评估报告或相当的技术证明材料;

(三)国家一级查新单位或相应查新单位出具的查新检测报告;

(四)指定检测单位或相关的检测机构提供的产品质量、性能测试报告;

(五)用户使用意见或相关材料;

(六)证明其取得知识产权和获奖情况的相关材料;

(七)环保等部门提供的与申报项目密切相关的证明材料(如环保许可证、采用国际或国家标准证明等);

(八)已申请银行贷款的项目,需提供银行贷款相关证明材料;

(九)其他根据需要所确定的辅助材料。如对于医药、农药、计量器具、压力容器、邮电通信等有特殊行业管理要求的新产品,申报时必须附加特殊许可证或主管部门的正式批准文件。

第四章 计划管理

第十二条 申报新产品计划的项目,分别由各省(市、区)科委和国务院各部门科技司(局)负责组织评审。新产品评审以评估方式进行,由具有资格的评估机构具体执行,评审过程中应聘请熟悉有关技术、了解市场营销和管理方面的专家。

评审的主要内容包括:

(一)是否符合国家产业政策;

(二)产品技术水平;

(三)产品的经济和社会效益;

(四)产品市场前景;

(五)是否符合新产品计划所要求的申报条件和程序。

对评审通过的项目,由地方科委或部门科技司(局)提出审查意见。

第十三条 各地区和部门评审合格的项目,经择优排序后,汇总上报国家科委。国家科委组织有关专家进行认定。

项目认定的主要内容包括:

(一)申报、评审的程序和标准是否符合要求;

(二)项目技术是否达到国内先进水平;

(三)市场营销和市场潜力是否真实;

(四)相同或同类产品是否有重复。

第十四条 在评审和认定的基础上,国家科委组织编制《国家重点新产品计划》年度本子,并下达到各地方科委及各部门科技司(局)。

第十五条 列入新产品计划的项目,将由国家科委等部门联合颁发《国家重点新产品》证书。

第十六条 国家对列入新产品计划的项目,根据国家政策从中选择重点,予以一定数额的财政拨款补助。确定重点项目的原则为:

(一)属于国家优先扶植的重点产业或高技术产业的重大新产品;

(二)技术含量高、附加值高、有自主知识产权的新产品;

(三)竞争力强、市场潜力大、能在短时间内形成上亿元销售额的新产品;

(四)研究开发实力强、能持续不断开拓创新的企、事业单位所开发的新产品;

(五)已有一定的生产规模,且经济、社会效益显著,对国家贡献大的新产品;

(六)地方政府予以配套重点支持的新产品。

第十七条 国家对列入新产品计划的部分项目择优予以一定数额的贷款利息补贴支持。确定贷款利息补贴项目的条件为:

(一)企业和科研单位在开发重点新产品中已获得金融机构贷款支持,产品产业化、规模化生产有较大发展前景且效益显著;

(二)贷款年限一般为1至3年的中长期贷款,并与银行已签订中长期借款合同;

(三)贷款额度一般应在500万元以上;

(四)经地方科委或部门科技司(局)推荐。

第十八条 拨款补助项目和贷款利息补贴项目的经费由国家科委和财政部联合下达。经费严格按照《国家级重点新产品补贴经费管理办法(试行)》规定管理,专款专用。

第十九条 新产品计划下达后,各地方科委和各部门科技司(局)应加强跟踪和管理,掌握本地区和本部门新产品工作全面情况,包括相关政策的落实情况,特别对获得国家财政补助支持的重大项目要加强引导和监督。每年6月30日前将上一年度新产品工作情况及重大项目的实施情况报送国家科委。

第五章 附 则

第二十条 各级政府和有关部门应结合本地方、本部门的特点,组织实施本地方、本部门的新产品计划,并制定促进企业、科研单位开发新产品和实施新产品计划的财政支持与税收优惠政策和配套措施。

第二十一条 各地方、各部门应加强新产品计划的宣传,并根据本地方、本部门具体情况,参照本办法的原则,制订实施细则及本地方、本部门的管理办法。

第二十二条 本规定自发布之日起施行。

国务院关于 1993 年 12 月 31 日前批准设立的外商投资企业有关税收政策问题的批复

国函〔1998〕106 号

外经贸部、财政部、税务总局：

你们《关于 1993 年 12 月 31 日前批准设立的外商投资企业有关税收政策问题的请示》（〔1998〕外经贸资发第 928 号）收悉。现批复如下：

一、根据全国人大常委会《关于外商投资企业和外国企业适用增值税、消费税、营业税等税收暂行条例的决定》，对 1993 年 12 月 31 日前批准设立的外商投资企业超税负返还政策执行到 1998 年底，不再延长。

二、对 1993 年 12 月 31 日前批准设立的外商投资企业出口货物实行的不征不退政策（即：出口货物实行免税办法，从国内采购原材料照征国内税收，最后一道出口环节免税，进项税额不予抵扣也不退税的办法），继续执行到 2000 年底。

三、对 1994 年 1 月 1 日后批准设立的外商投资企业出口货物仍执行现行的出口退税办法。

四、具体由你们对外发布并组织实施。

国　务　院

一九九八年十二月五日

关于加强旧机电产品进口管理的通知

国经贸机〔1997〕877 号

各省、自治区、直辖市及计划单列市经贸委（经委、计经委）、外经贸委（厅、局）、外经贸部驻各地特派员办事处、配额许可证事务局、广东海关分署、各直属海关、各直属商检局，国务院各部门：

近几年来，旧机电产品进口量越来越多，一些产品如旧的液压挖掘机、船用柴油机、医用 X 射线断层检查仪（CT）、医用 X 光诊断仪等的进口，不仅污染环境，严重危及人身和生产安全，也扰乱了正常市场秩序。为了有效地保护环境，保障人民健康和生产安全，提高社会效益，现就加强旧机电产品进口管理问题通知如下：

一、自 1998 年 1 月 1 日起，除因特殊需要经国家机电产品进出口办公室批准外，不论何种外汇来源、贸易方式和进口渠道，一律不准进口旧的机电产品。

二、未经批准，各有外贸经营权的单位不得对外签订进口旧机电产品的合同或有约束力的协议。

外汇管理部门和银行凭国家机电产品进出口办公室出具的进口旧机电产品的《配额产

品证明》或《机电产品进口证明》、《机电产品进口登记表》售、付汇联办理售、付汇业务。

三、凡进口旧的机电产品，海关按产品管理方式，分别凭国家机电产品进出口办公室、外经贸部签发并注明为旧品的《配额产品证明》、《机电产品进口证明》、《机电产品进口登记表》和《进口许可证》以及商检机构出具的《旧机电产品进口备案书》一并验放。违者由海关按有关规定予以处理。

四、商检机构负责对所有经国家批准进口的旧机电产品实施商品检验(旧船舶由中国船级社实施检验)。

对符合国家安全和环保强制性标准及合同所规定检验标准的旧机电产品，商检机构签发《进口商品检验情况通知单》。对不符合的，按照商检有关规定处理。

五、严禁使用新机电产品的进口证件报关进口旧机电产品。一经发现，由海关予以没收。

进口的旧机电产品，以不低于该产品新品价值的60%为基础，计征关税及其他税费。

六、本通知下达前已由地方或部门批准进口而未到货者，限1998年3月31日前报国家机电产品进出口办公室复核，并换发相应进口证件。

国　家　经　贸　委
对外贸易经济合作部
海　　关　　总　　署
国家进出口商品检验局
一九九七年十二月二十二日

中华人民共和国国务院令

第　256　号

《中华人民共和国土地管理法实施条例》已经1998年12月24日国务院第12次常务会议通过，现予发布，自1999年1月1日起施行。

总理　朱镕基
一九九八年十二月二十七日

中华人民共和国土地管理法实施条例

第一章　总　　则

第一条　根据《中华人民共和国土地管理法》(以下简称《土地管理法》)，制定本条例。

第二章　土地的所有权和使用权

第二条　下列土地属于全民所有即国家所有：

(一)城市市区的土地；

(二)农村和城市郊区中已经依法没收、征收、征购为国有的土地；

(三)国家依法征用的土地；

(四)依法不属于集体所有的林地、草地、荒地、滩涂及其他土地；

(五)农村集体经济组织全部成员转为城镇居民的，原属于其成员集体所有的土地；

(六)因国家组织移民、自然灾害等原因，

农民成建制地集体迁移后不再使用的原属于迁移农民集体所有的土地。

第三条 国家依法实行土地登记发证制度。依法登记的土地所有权和土地使用权受法律保护，任何单位和个人不得侵犯。

土地登记内容和土地权属证书式样由国务院土地行政主管部门统一规定。

土地登记资料可以公开查询。

确认林地、草原的所有权或者使用权，确认水面、滩涂的养殖使用权，分别依照《森林法》、《草原法》和《渔业法》的有关规定办理。

第四条 农民集体所有的土地，由土地所有者向土地所在地的县级人民政府土地行政主管部门提出土地登记申请，由县级人民政府登记造册，核发集体土地所有权证书，确认所有权。

农民集体所有的土地依法用于非农业建设的，由土地使用者向土地所在地的县级人民政府土地行政主管部门提出土地登记申请，由县级人民政府登记造册，核发集体土地使用权证书，确认建设用地使用权。

设区的市人民政府可以对市辖区内农民集体所有的土地实行统一登记。

第五条 单位和个人依法使用的国有土地，由土地使用者向土地所在地的县级以上人民政府土地行政主管部门提出土地登记申请，由县级以上人民政府登记造册，核发国有土地使用权证书，确认使用权。其中，中央国家机关使用的国有土地的登记发证，由国务院土地行政主管部门负责，具体登记发证办法由国务院土地行政主管部门会同国务院机关事务管理局等有关部门制定。

未确定使用权的国有土地，由县级以上人民政府登记造册，负责保护管理。

第六条 依法改变土地所有权、使用权的，因依法转让地上建筑物、构筑物等附着物导致土地使用权转移的，必须向土地所在地的县级以上人民政府土地行政主管部门提出土地变更登记申请，由原土地登记机关依法进行土地所有权、使用权变更登记。土地所有权、使用权的变更，自变更登记之日起生效。

依法改变土地用途的，必须持批准文件，向土地所在地的县级以上人民政府土地行政主管部门提出土地变更登记申请，由原土地登记机关依法进行变更登记。

第七条 依照《土地管理法》的有关规定，收回用地单位的土地使用权的，由原土地登记机关注销土地登记。

土地使用权有偿使用合同约定的使用期限届满，土地使用者未申请续期或者虽申请续期未获批准的，由原土地登记机关注销土地登记。

第三章 土地利用总体规划

第八条 全国土地利用总体规划，由国务院土地行政主管部门会同国务院有关部门编制，报国务院批准。

省、自治区、直辖市的土地利用总体规划，由省、自治区、直辖市人民政府组织本级土地行政主管部门和其他有关部门编制，报国务院批准。

省、自治区人民政府所在地的市、人口在100万以上的城市以及国务院指定的城市的土地利用总体规划，由各该市人民政府组织本级土地行政主管部门和其他有关部门编制，经省、自治区人民政府审查同意后，报国务院批准。

本条第一款、第二款、第三款规定以外的土地利用总体规划，由有关人民政府组织本级土地行政主管部门和其他有关部门编制，逐级上报省、自治区、直辖市人民政府批准；其中，乡（镇）土地利用总体规划，由乡（镇）人民政府编制，逐级上报省、自治区、直辖市人民政府或者省、自治区、直辖市人民政府授权的设区的市、自治州人民政府批准。

第九条 土地利用总体规划的规划期限一般为15年。

第十条 依照《土地管理法》规定，土地利用总体规划应当将土地划分为农用地、建设用地和未利用地。

县级和乡(镇)土地利用总体规划应当根据需要,划定基本农田保护区、土地开垦区、建设用地区和禁止开垦区等;其中,乡(镇)土地利用总体规划还应当根据土地使用条件,确定每一块土地的用途。

土地分类和划定土地利用区的具体办法,由国务院土地行政主管部门会同国务院有关部门制定。

第十一条 乡(镇)土地利用总体规划经依法批准后,乡(镇)人民政府应当在本行政区域内予以公告。

公告应当包括下列内容:

(一)规划目标;

(二)规划期限;

(三)规划范围;

(四)地块用途;

(五)批准机关和批准日期。

第十二条 依照《土地管理法》第二十六条第二款、第三款规定修改土地利用总体规划的,由原编制机关根据国务院或者省、自治区、直辖市人民政府的批准文件修改。修改后的土地利用总体规划应当报原批准机关批准。

上一级土地利用总体规划修改后,涉及修改下一级土地利用总体规划的,由上一级人民政府通知下一级人民政府作出相应修改,并报原批准机关备案。

第十三条 各级人民政府应当加强土地利用年度计划管理,实行建设用地总量控制。土地利用年度计划一经批准下达,必须严格执行。

土地利用年度计划应当包括下列内容:

(一)农用地转用计划指标;

(二)耕地保有量计划指标;

(三)土地开发整理计划指标。

第十四条 县级以上人民政府土地行政主管部门应当会同同级有关部门进行土地调查。

土地调查应当包括下列内容:

(一)土地权属;

(二)土地利用现状;

(三)土地条件。

地方土地利用现状调查结果,经本级人民政府审核,报上一级人民政府批准后,应当向社会公布;全国土地利用现状调查结果,报国务院批准后,应当向社会公布。土地调查规程,由国务院土地行政主管部门会同国务院有关部门制定。

第十五条 国务院土地行政主管部门会同国务院有关部门制定土地等级评定标准。

县级以上人民政府土地行政主管部门应当会同同级有关部门根据土地等级评定标准,对土地等级进行评定。地方土地等级评定结果,经本级人民政府审核,报上一级人民政府土地行政主管部门批准后,应当向社会公布。

根据国民经济和社会发展状况,土地等级每6年调整1次。

第四章　耕地保护

第十六条 在土地利用总体规划确定的城市和村庄、集镇建设用地范围内,为实施城市规划和村庄、集镇规划占用耕地,以及在土地利用总体规划确定的城市建设用地范围外的能源、交通、水利、矿山、军事设施等建设项目占用耕地的,分别由市、县人民政府,农村集体经济组织和建设单位依照《土地管理法》第三十一条的规定负责开垦耕地;没有条件开垦或者开垦的耕地不符合要求的,应当按照省、自治区、直辖市的规定缴纳耕地开垦费。

第十七条 禁止单位和个人在土地利用总体规划确定的禁止开垦区内从事土地开发活动。

在土地利用总体规划确定的土地开垦区内,开发未确定土地使用权的国有荒山、荒地、荒滩从事种植业、林业、畜牧业、渔业生产的,应当向土地所在地的县级以上人民政府土地行政主管部门提出申请,报有批准权的人民政府批准。

一次性开发未确定土地使用权的国有荒

山、荒地、荒滩600公顷以下的，按照省、自治区、直辖市规定的权限，由县级以上地方人民政府批准；开发600公顷以上的，报国务院批准。

开发未确定土地使用权的国有荒山、荒地、荒滩从事种植业、林业、畜牧业或者渔业生产的，经县级以上人民政府依法批准，可以确定给开发单位或者个人长期使用，使用期限最长不得超过50年。

第十八条　县、乡(镇)人民政府应当按照土地利用总体规划，组织农村集体经济组织制定土地整理方案，并组织实施。

地方各级人民政府应当采取措施，按照土地利用总体规划推进土地整理。土地整理新增耕地面积的60%可以用作折抵建设占用耕地的补偿指标。

土地整理所需费用，按照谁受益谁负担的原则，由农村集体经济组织和土地使用者共同承担。

第五章　建设用地

第十九条　建设占用土地，涉及农用地转为建设用地的，应当符合土地利用总体规划和土地利用年度计划中确定的农用地转用指标；城市和村庄、集镇建设占用土地，涉及农用地转用的，还应当符合城市规划和村庄、集镇规划。不符合规定的，不得批准农用地转为建设用地。

第二十条　在土地利用总体规划确定的城市建设用地范围内，为实施城市规划占用土地的，按照下列规定办理：

(一)市、县人民政府按照土地利用年度计划拟订农用地转用方案、补充耕地方案、征用土地方案，分批次逐级上报有批准权的人民政府。

(二)有批准权的人民政府土地行政主管部门对农用地转用方案、补充耕地方案、征用土地方案进行审查，提出审查意见，报有批准权的人民政府批准；其中，补充耕地方案由批准农用地转用方案的人民政府在批准农用地转用方案时一并批准。

(三)农用地转用方案、补充耕地方案、征用土地方案经批准后，由市、县人民政府组织实施，按具体建设项目分别供地。

在土地利用总体规划确定的村庄、集镇建设用地范围内，为实施村庄、集镇规划占用土地的，由市、县人民政府拟订农用地转用方案、补充耕地方案，依照前款规定的程序办理。

第二十一条　具体建设项目需要使用土地的，建设单位应当根据建设项目的总体设计一次申请，办理建设用地审批手续；分期建设的项目，可以根据可行性研究报告确定的方案分期申请建设用地，分期办理建设用地有关审批手续。

第二十二条　具体建设项目需要占用土地利用总体规划确定的城市建设用地范围内的国有建设用地的，按照下列规定办理：

(一)建设项目可行性研究论证时，由土地行政主管部门对建设项目用地有关事项进行审查，提出建设项目用地预审报告；可行性研究报告报批时，必须附具土地行政主管部门出具的建设项目用地预审报告。

(二)建设单位持建设项目的有关批准文件，向市、县人民政府土地行政主管部门提出建设用地申请，由市、县人民政府土地行政主管部门审查，拟订供地方案，报市、县人民政府批准；需要上级人民政府批准的，应当报上级人民政府批准。

(三)供地方案经批准后，由市、县人民政府向建设单位颁发建设用地批准书。有偿使用国有土地的，由市、县人民政府土地行政主管部门与土地使用者签订国有土地有偿使用合同；划拨使用国有土地的，由市、县人民政府土地行政主管部门向土地使用者核发国有土地划拨决定书。

(四)土地使用者应当依法申请土地登记。

通过招标、拍卖方式提供国有建设用地使用权的，由市、县人民政府土地行政主管部门会同有关部门拟订方案，报市、县人民政府批准后,由市、县人民政府土地行政主管部门组织实施,并与土地使用者签订土地有偿使用合同。土地使用者应当依法申请土地登记。

第二十三条　具体建设项目需要使用土地的,必须依法申请使用土地利用总体规划确定的城市建设用地范围内的国有建设用地。能源、交通、水利、矿山、军事设施等建设项目确需使用土地利用总体规划确定的城市建设用地范围外的土地,涉及农用地的,按照下列规定办理:

(一)建设项目可行性研究论证时,由土地行政主管部门对建设项目用地有关事项进行审查,提出建设项目用地预审报告;可行性研究报告报批时,必须附具土地行政主管部门出具的建设项目用地预审报告。

(二)建设单位持建设项目的有关批准文件,向市、县人民政府土地行政主管部门提出建设用地申请,由市、县人民政府土地行政主管部门审查,拟订农用地转用方案、补充耕地方案、征用土地方案和供地方案(涉及国有农用地的,不拟订征用土地方案),经市、县人民政府审核同意后,逐级上报有批准权的人民政府批准;其中,补充耕地方案由批准农用地转用方案的人民政府在批准农用地转用方案时一并批准;供地方案由批准征用土地的人民政府在批准征用土地方案时一并批准(涉及国有农用地的,供地方案由批准农用地转用的人民政府在批准农用地转用方案时一并批准)。

(三)农用地转用方案、补充耕地方案、征用土地方案和供地方案经批准后,由市、县人民政府组织实施,向建设单位颁发建设用地批准书。有偿使用国有土地的,由市、县人民政府土地行政主管部门与土地使用者签订国有土地有偿使用合同;划拨使用国有土地的,由市、县人民政府土地行政主管部门向土地使用者核发国有土地划拨决定书。

(四)土地使用者应当依法申请土地登记。

建设项目确需使用土地利用总体规划确定的城市建设用地范围外的土地,涉及农民集体所有的未利用地的,只报批征用土地方案和供地方案。

第二十四条　具体建设项目需要占用土地利用总体规划确定的国有未利用地的,按照省、自治区、直辖市的规定办理;但是,国家重点建设项目、军事设施和跨省、自治区、直辖市行政区域的建设项目以及国务院规定的其他建设项目用地,应当报国务院批准。

第二十五条　征用土地方案经依法批准后,由被征用土地所在地的市、县人民政府组织实施,并将批准征地机关、批准文号、征用土地的用途、范围、面积以及征地补偿标准、农业人员安置办法和办理征地补偿的期限等,在被征用土地所在地的乡(镇)、村予以公告。

被征用土地的所有权人、使用权人应当在公告规定的期限内,持土地权属证书到公告指定的人民政府土地行政主管部门办理征地补偿登记。

市、县人民政府土地行政主管部门根据经批准的征用土地方案,会同有关部门拟订征地补偿、安置方案,在被征用土地所在地的乡(镇)、村予以公告,听取被征用土地的农村集体经济组织和农民的意见。征地补偿、安置方案报市、县人民政府批准后,由市、县人民政府土地行政主管部门组织实施。对补偿标准有争议的,由县级以上地方人民政府协调;协调不成的,由批准征用土地的人民政府裁决。征地补偿、安置争议不影响征用土地方案的实施。

征用土地的各项费用应当自征地补偿、安置方案批准之日起3个月内全额支付。

第二十六条　土地补偿费归农村集体经济组织所有;地上附着物及青苗补偿费归地上附着物及青苗的所有者所有。

征用土地的安置补助费必须专款专用,不得挪作他用。需要安置的人员由农村集体经济组织安置的,安置补助费支付给农村集体经济组织,由农村集体经济组织管理和使用;由其他单位安置的,安置补助费支付给安置单位;不需要统一安置的,安置补助费发放给被安置人员个人或者征得被安置人员同意后用于支付被安置人员的保险费用。

市、县和乡(镇)人民政府应当加强对安置补助费使用情况的监督。

第二十七条 抢险救灾等急需使用土地的,可以先行使用土地。其中,属于临时用地的,灾后应当恢复原状并交还原土地使用者使用,不再办理用地审批手续;属于永久性建设用地的,建设单位应当在灾情结束后6个月内申请补办建设用地审批手续。

第二十八条 建设项目施工和地质勘查需要临时占用耕地的,土地使用者应当自临时用地期满之日起1年内恢复种植条件。

第二十九条 国有土地有偿使用的方式包括:

(一)国有土地使用权出让;

(二)国有土地租赁;

(三)国有土地使用权作价出资或者入股。

第三十条 《土地管理法》第五十五条规定的新增建设用地的土地有偿使用费,是指国家在新增建设用地中应取得的平均土地纯收益。

第六章 监督检查

第三十一条 土地管理监督检查人员应当经过培训,经考核合格后,方可从事土地管理监督检查工作。

第三十二条 土地行政主管部门履行监督检查职责,除采取《土地管理法》第六十七条规定的措施外,还可以采取下列措施:

(一)询问违法案件的当事人、嫌疑人和证人;

(二)进入被检查单位或者个人非法占用的土地现场进行拍照、摄像;

(三)责令当事人停止正在进行的土地违法行为;

(四)对涉嫌土地违法的单位或者个人,停止办理有关土地审批、登记手续;

(五)责令违法嫌疑人在调查期间不得变卖、转移与案件有关的财物。

第三十三条 依照《土地管理法》第七十二条规定给予行政处分的,由责令作出行政处罚决定或者直接给予行政处罚决定的上级人民政府土地行政主管部门作出。对于警告、记过、记大过的行政处分决定,上级土地行政主管部门可以直接作出;对于降级、撤职、开除的行政处分决定,上级土地行政主管部门应当按照国家有关人事管理权限和处理程序的规定,向有关机关提出行政处分建议,由有关机关依法处理。

第七章 法律责任

第三十四条 违反本条例第十七条的规定,在土地利用总体规划确定的禁止开垦区内进行开垦的,由县级以上人民政府土地行政主管部门责令限期改正;逾期不改正的,依照《土地管理法》第七十六条的规定处罚。

第三十五条 在临时使用的土地上修建永久性建筑物、构筑物的,由县级以上人民政府土地行政主管部门责令限期拆除;逾期不拆除的,由作出处罚决定的机关依法申请人民法院强制执行。

第三十六条 对在土地利用总体规划制定前已建的不符合土地利用总体规划确定的用途的建筑物、构筑物重建、扩建的,由县级以上人民政府土地行政主管部门责令限期拆除;逾期不拆除的,由作出处罚决定的机关依法申请人民法院强制执行。

第三十七条 阻碍土地行政主管部门的工作人员依法执行职务的,依法给予治安管理处罚或者追究刑事责任。

第三十八条 依照《土地管理法》第七十三条的规定处以罚款的,罚款额为非法所得的50%以下。

第三十九条 依照《土地管理法》第八十一条的规定处以罚款的,罚款额为非法所得的5%以上20%以下。

第四十条 依照《土地管理法》第七十四条的规定处以罚款的,罚款额为耕地开垦费的

2倍以下。

第四十一条 依照《土地管理法》第七十五条的规定处以罚款的,罚款额为土地复垦费的2倍以下。

第四十二条 依照《土地管理法》第七十六条的规定处以罚款的,罚款额为非法占用土地每平方米30元以下。

第四十三条 依照《土地管理法》第八十条的规定处以罚款的,罚款额为非法占用土地每平方米10元以上30元以下。

第四十四条 违反本条例第二十八条的规定,逾期不恢复种植条件的,由县级以上人民政府土地行政主管部门责令限期改正,可以处耕地复垦费2倍以下的罚款。

第四十五条 违反土地管理法律、法规规定,阻挠国家建设征用土地的,由县级以上人民政府土地行政主管部门责令交出土地;拒不交出土地的,申请人民法院强制执行。

第八章 附 则

第四十六条 本条例自1999年1月1日起施行。1991年1月4日国务院发布的《中华人民共和国土地管理法实施条例》同时废止。

中华人民共和国主席令

第十四号

《全国人民代表大会常务委员会关于惩治骗购外汇、逃汇和非法买卖外汇犯罪的决定》已由中华人民共和国第九届全国人民代表大会常务委员会第六次会议于1998年12月29日通过,现予公布,自公布之日起施行。

中华人民共和国主席 江泽民

一九九八年十二月二十九日

全国人民代表大会常务委员会关于惩治骗购外汇、逃汇和非法买卖外汇犯罪的决定

(1998年12月29日第九届全国人民代表大会常务委员会第六次会议通过)

为了惩治骗购外汇、逃汇和非法买卖外汇的犯罪行为,维护国家外汇管理秩序,对刑法作如下补充修改:

一、有下列情形之一,骗购外汇,数额较大的,处五年以下有期徒刑或者拘役,并处骗购外汇数额百分之五以上百分之三十以下罚金;数额巨大或者有其他严重情节的,处五年以上十年以下有期徒刑,并处骗购外汇数额百分之五以上百分之三十以下罚金;数额特别巨大或者有其他特别严重情节的,处十年以上有期徒

刑或者无期徒刑，并处骗购外汇数额百分之五以上百分之三十以下罚金或者没收财产：

（一）使用伪造、变造的海关签发的报关单、进口证明、外汇管理部门核准件等凭证和单据的；

（二）重复使用海关签发的报关单、进口证明、外汇管理部门核准件等凭证和单据的；

（三）以其他方式骗购外汇的。

伪造、变造海关签发的报关单、进口证明、外汇管理部门核准件等凭证和单据，并用于骗购外汇的，依照前款的规定从重处罚。

明知用于骗购外汇而提供人民币资金的，以共犯论处。

单位犯前三款罪的，对单位依照第一款的规定判处罚金，并对其直接负责的主管人员和其他直接责任人员，处五年以下有期徒刑或者拘役；数额巨大或者有其他严重情节的，处五年以上十年以下有期徒刑；数额特别巨大或者有其他特别严重情节的，处十年以上有期徒刑或者无期徒刑。

二、买卖伪造、变造的海关签发的报关单、进口证明、外汇管理部门核准件等凭证和单据或者国家机关的其他公文、证件、印章的，依照刑法第二百八十条的规定定罪处罚。

三、将刑法第一百九十条修改为：公司、企业或者其他单位，违反国家规定，擅自将外汇存放境外，或者将境内的外汇非法转移到境外，数额较大的，对单位判处逃汇数额百分之五以上百分之三十以下罚金，并对其直接负责的主管人员和其他直接责任人员处五年以下有期徒刑或者拘役；数额巨大或者有其他严重情节的，对单位判处逃汇数额百分之五以上百分之三十以下罚金，并对其直接负责的主管人员和其他直接责任人员处五年以上有期徒刑。

四、在国家规定的交易场所以外非法买卖外汇，扰乱市场秩序，情节严重的，依照刑法第二百二十五条的规定定罪处罚。

单位犯前款罪的，依照刑法第二百三十一条的规定处罚。

五、海关、外汇管理部门以及金融机构、从事对外贸易经营活动的公司、企业或者其他单位的工作人员与骗购外汇或者逃汇的行为人通谋，为其提供购买外汇的有关凭证或者其他便利的，或者明知是伪造、变造的凭证和单据而售汇、付汇的，以共犯论，依照本决定从重处罚。

六、海关、外汇管理部门的工作人员严重不负责任，造成大量外汇被骗购或者逃汇，致使国家利益遭受重大损失的，依照刑法第三百九十七条的规定定罪处罚。

七、金融机构、从事对外贸易经营活动的公司、企业的工作人员严重不负责任，造成大量外汇被骗购或者逃汇，致使国家利益遭受重大损失的，依照刑法第一百六十七条的规定定罪处罚。

八、犯本决定规定之罪，依法被追缴、没收的财物和罚金，一律上缴国库。

九、本决定自公布之日起施行。

经济特区、浦东新区篇

1998 年特区经济的发展

〔**保持了经济持续高速增长**〕 多年来国民经济一直保持高速增长的几个特区，主要经济指标继续平稳增长。据初步统计，深圳、珠海、汕头、厦门四个特区国内生产总值比去年同期平均增长了13.2%，浦东增长了16.8%，都大大超过全国平均水平。各特区财政收支状况良好，珠海地方财政收入增长4%，其他特区都实现两位数的增幅。海南努力消除前几年泡沫经济的影响，年内国民经济加快回升，经济增长速度结束了三年低速运行状况，首次超过全国水平，工业整体效益实现了连续三年净亏损后的首次赢利，财政收入也首次达到两位数的增长。

〔**高新技术产业进一步发展**〕 各特区注重以高新技术产业为先导，调整经济结构，促进产业优化升级，带动工农业发展。深圳全年高新技术产品产值655.18亿元，同比增长38.1%，占全市镇及镇以上工业总产值的比重由上年的35%上升为40.6%，提高了5.6个百分点。上海浦东高新技术产业产值由1994年的10亿元猛增至380亿元，占新区工业总产值的25%。汕头"三高"农业产值已占农业总产值的67%。

〔**固定资产投资力度加大**〕 各特区在中央关于扩大内需的政策带动下，加大固定资产投资，重点工程建设进展顺利，基础设施进一步完善，五特区和浦东新区去年完成投资1458亿元，同期比平均增长近15%，洋浦经济开发区去年的开工项目，概算总投资高达120亿元。各特区固定资产投资主要突出了两个特点：一是完善城市功能的基础设施建设，使特区市容市貌进一步得到改观；二是增强经济发展后劲的高新技术产品的工业投资项目，提高工业投资占固定资产投资的比重，强化了对经济增长的拉动作用。

〔**推进以国有企业为重点的各项改革，发展个体和私营经济**〕 各特区继续深化国有企业改革，加大了"抓大放小"的力度。针对企业实际情况，进一步明确了近期企业改革的重点，不断完善国有资产三个层次的管理办法。一些特区通过优化资本结构救活了一批亏损户；一些特区以转换机制为出发点，采取多种形式搞活了一批小型企业。汕头市中小企业改革面已达57.2%，深圳市已经完成"放小"工作的国有企业600多家，占计划放小企业50%以上。围绕建立市场经济基本框架的各项配套改革进一步完善。一些特区还引导民资投向高科技和基础设施项目建设，使其成为保证特区经济持续高速增长的一支重要力量。

〔**拓宽招商渠道，积极引进外资，推动外贸出口，提高开放水平**〕 针对亚洲金融危机给招商引资工作带来的种种新情况，特区审时度势，积极应变，调整引资策略，五特区去年吸收外资保持了一定的增长：外商投资项目2325个，合同外资金额50.55亿美元，外商实际投资58.08亿美元，分别比上年同期增长5.3%、8.6%和2%。由于重点加强了对欧美跨国公司投资引进工作，项目水平有显著提高。上海浦东全年合同利用外资28.93亿美元，其中欧美项目达24.7亿美元，占85%，同比增长3倍。在外贸环境极端困难且影响不断加深的严峻形势下，由于采取了一系列鼓励企业扩大出口的措施，五个特区和浦东新区外贸进出口总体上保持与去年同期持平。

〔**特区存在的困难和问题**〕 主要如下：

1. 外贸出口和利用外资，将面临更大的压力。尽管采取了很多应对措施，但除深圳、浦东外，其余四个特区外贸出口已出现16%的负增长。外商投资增长乏力，招商项目储备见少，除深圳继续保持一定增长外，其余四个特区和浦东新区项目数量比上年下降20%。这说明1999年特区外贸出口和引资工作形势都不容乐观。

2. 市场疲软短期内难以扭转，将加大特区经济持续增长的难度。虽然国家将继续保持一定的投资增长，扩大内需，但由于城市居民和农民收入增长放缓，消费需求不旺，新的消费热点尚未形成，扩大最终需求尚需时日，这就给特区产品在国内市场销售带来影响，从而导致特区经济增长的手段更单一，力度更弱化。

3. 激发国有企业经济活力仍是特区经济工作的关键。多年重复建设造成国有企业产品积压，经济效益下降，部分国有企业经营困难，企业改革步履艰难，结构调整和体制创新缓慢，一些企业欠息、欠税数额大，造成财政减收。银行不良资产增多，加大了金融运行的潜在风险。

〔**特区提出的若干对策**〕 主要体现在以下方面：

1. 充分利用20年来特区形成的物质基础和先行发展的综合优势，大力发展高新技术产业，深圳特区将筹措两个10亿元风险基金，支持高科技发展，促进产业结构的调整优化，增创特区新的产业优势，为经济发展积蓄后劲。

2. 把继续加大固定资产投入力度作为扩大内需推动经济增长的重要因素，把开拓市场作为推动经济发展的基本立足点。抓住时机，发展国内贸易，通过调整市场结构，创新营销方式，拓宽消费领域，使特区在扩大消费需求，促进全国经济增长目标实现上有更大的作为。

3. 以更加积极的姿态，在更高水平上扩大开放，千方百计扩大外贸出口，引导外贸企业调整贸易方式，拓展多元市场，开发国际跨国联销企业在特区采购，努力扩大境外加工和投资，力争外贸出口继续保持增长，为实现全国出口目标做贡献。进一步扩大利用外资规模，提高质量和效益，继续保持特区外向型经济的发展优势。

4. 运用特区改革先行试验权，继续深化以国有企业改革为重点的经济体制改革，增创特区体制新优势，寻求特区新的发展动力。积极培植新财源，努力增加财政收入，优化支出结构，提高财政资金使用效率，清收到逾期贷款，降低银行不良资产率，规范发展证券市场，维护金融稳定。

深圳经济特区

〔**综合经济发展**〕 初步统计，1998年，全市实现国内生产总值1289.28亿元，比上年增长14.5%。其中，第一产业增加值15.84亿元，增长1.1%；第二产业增加值640.99亿元，增长16.1%；第三产业增加值632.45亿元，增长12.8%。人均国内生产总值33289元，增长9.1%。全社会劳动生产率46214元，比上年提高8.2%。

高新技术产业发展迅速，工业基础加强，产业结构有所调整。三次产业的比例为1.2∶49.7∶49.1，第一产业比重比上年下降0.2个百分点，第二产业比重上升0.4个百分点，第三产业比重下降0.2个百分点。

国民经济和社会发展中存在的主要问题是:部分企业经营困难,经济效益不理想,亏损额增加,亏损面扩大;通货紧缩持续,居民收入增长放慢,国内消费不旺;亚洲金融危机带来的巨大压力仍未明显缓解。农业生产稳定发展。全年农业增加值15.84亿元,比上年增长1.1%。农村三级经济总收入110.7亿元,增长10.0%。1998年,交通运输和邮电通信业发展迅猛。全年交通运输和邮电通信业增加值102.30亿元,比上年增长12.4%。全年全社会货运量4047.9万吨,上年增长5.1%;全社会客运量8483.9万人,上年增长-0.4%;机场旅客吞吐量515.0万人次,上年增长16.0%;深圳机场已开通国内航线96条,国际航线4条。全市有港口泊位数119个,其中万吨级以上的有33个。全年港口货物吞吐量3444.2万吨,比上年增长2.6%,其中集装箱吞吐量195.2万标箱,增长70.0%。全年远洋运输货运量279.3万吨,货物周转量134.5亿吨公里。

全年完成邮电业务量(按1990年不变价格计算)76.47亿元,比上年增长25.3%。全市邮电局(所)566处,比上年增加132处。全市电话普及率达49部/百人,其中固定电话普及率31部/百人,移动电话普及率18部/百人。

1998年,深圳市政府把扩大投资需求作为拉动经济增长的有力手段。特别是下半年,市政府决定在原来的投资计划之外追加36亿元的投资额,主要是财政增加用于城市基础设施的投资。全年全社会固定资产投资474.63亿元,比上年增长20.7%,基本满足了经济增长对投资规模的需求。按投资管理渠道划分,基本建设投资239.61亿元,增长18.9%;更新改造投资20.10亿元,增长20.4%;房地产开发投资161.61亿元,增长18.3%。

全市44个重点建设项目完成投资71.91亿元,竣工并投产的重点项目有:深圳机场航站楼扩建工程,东环路南段,电脑硬盘驱动器项目,未来时代旅游景点。

基本建设投资新增的主要生产能力有:输电线路长度35公里,铺设通信光缆长度168公里,电话交换设备容量17.4万门。

〔**工业和建筑业**〕 工业加速发展,在国民经济中所占比重上升,居于带动全市经济增长的主导地位。1998年工业增加值515.70亿元,增长16.9%,占国内生产总值的比重从上年的39.6%提高到40.0%。国有工业企业及年产品销售收入500万元以上的非国有工业企业完成工业总产值1660.24亿元(按1990年不变价格计算,下同),比上年增长18.5%。其中,国有企业137.34亿元,增长11.4%;集体企业171.89亿元,增长133.1%;"三资"企业1273.59亿元,增长10.9%。

工业经济效益总体水平比上年提高,但部分指标却是效益下滑趋势。全年工业企业实现销售收入1938.19亿元,比上年增长11.9%;实现利润135.06亿元,下降3.0%;亏损企业亏损额15.91亿元,比上年多亏9.0%;企业亏损面28.6%,比上年扩大了3.1个百分点;工业产品销售率97.2%,比上年提高0.2个百分点;工业全员劳动生产率58582元,比上年提高20.4%;工业企业经济效益综合指数142.96%,比上年提高0.91个百分点。

轻重工业协调发展。轻工业完成总产值860.44亿元,比上年增长18.5%;重工业完成总产值799.80亿元,增长18.4%。

大中型企业骨干作用突出。大中型工业企业完成总产值751.87亿元,比上年增长20.5%,增幅高于全市工业平均水平2个百分点。实现利润总额71.57亿元,占全市工业利润总额的53.0%。经济效益综合指数为222.41%,比全市工业经济效益平均水平高出79.45个百分点。

高新技术产业成为深圳经济的第一增长点。全年高新技术产品产值达655.18亿元(现价),比上年增长38.1%,占工业总产值(现价)的比重达35.4%。主要的电子信息产品产量增长迅速,如程控交换机增长134.1%;

彩色显像管增长98.2%;半导体集成电路增长67.1%;磁头增长19.5%。

建筑业增长较快。全年建筑业增加值125.29亿元,比上年增长11.8%。

〔对外经济贸易和旅游〕 对外贸易受亚洲金融危机的冲击,出口增长放慢,进口下降。全年进出口总额452.76亿美元,比上年增长0.6%。其中,出口总额264.24亿美元,增长3.6%;进口总额188.52亿美元,下降3.4%。进出口相抵,贸易顺差75.72亿美元,增长26.4%。

按贸易方式分,一般贸易出口额24.53亿美元,比上年下降22.2%;"三来一补"贸易出口额87.17亿美元,比上年增长4.7%;进料加工贸易出口额140.52亿美元,增长10.4%。深圳外贸出口额连续六年居全国大中城市榜首,1998年出口额占全国出口总额的14.4%,比上年提高0.4个百分点。

外商直接投资稳定增长,对外借款下降。全年实际利用外资25.52亿美元,比上年下降11.1%。其中,外商直接投资16.55亿美元,比上年增长0.2%,所占比重由上年的57.8%提高到65.2%;对外借款5.57亿美元,下降2.4%。新签合同项目1915项,增长7.2%;合同利用外资27.46亿美元,增长55.2%。

全年对外承包工程、劳务合作合同及设计咨询120项,新签合同金额2619万美元,下降4.9%;完成营业额4196万美元,增长79.0%。

国际旅游业有所发展。全市宾馆、酒店接待过夜游客488.80万人,比上年增长1.6%。其中,国际旅客148.47万人,增长5.7%;国内游客340.32万人,下降0.2%。旅游外汇收入5.90亿美元,增长10.9%。经过一线口岸出入境人数8704.43万人,增长18.5%。

〔财政、金融和保险〕 1998年全市完成地方预算内财政收入164.91亿元(含基金收入),比上年增长13.9%。其中各项税收144.85亿元,增长15.2%。地方预算内财政支出176.94亿元(含基金支出),增长24.0%。其中基本建设支出59.13亿元,增长31.0%。

国内信贷快速增长。年末全市金融机构各项存款余额2238.37亿元,比年初增长21.3%。金融机构各项贷款余额1550.37亿元,增长29.1%,其中短期贷款1162.19亿元,增长22.4%;中长期贷款198.03亿元,增长54.0%。全市存差688亿元,比年初扩大了44.6亿元。

证券市场监管加强,运作更加规范。全年上市公司413家,其中新上市公司52家。深交所挂牌股票454只,比上年增加55只。其中,A股400只,B股54只。总发行股本1065.01亿股,总流通股本361.21亿股。全年证券市场总成交金额11964.98亿元,日均成交金额48.64亿元。其中,股票总成交金额11158.14亿元,日均成交45.36亿元。总成交股数1026.15亿股,日均成交4.17亿股。

保险业稳步发展。全年承保额(含外资机构,下同)8635.58亿元,比上年增长12.8%。保费收入33.77亿元,增长5.5%。已决赔款9.07亿元,比上年下降2.4%。

〔科学技术和教育〕 科技队伍稳定发展。1998年末全市各类专业技术人员13.05万人(户籍人口口径),其中具有中级技术职称以上的专业技术人员6.04万人,分别比上年增长15.4%和15.3%。全市共有高等院校办科研机构、大中型工业企业办科研机构103个;从事科技活动人员1.51万人。

科技经费投入增加。全年落实科技三项经费18523万元,专项固定资产科技贷款8850万元,支持了167个科技项目。加大了扶持高新技术产业的力度,科技与经济,科技与生产相结合更紧密。

科技事业取得新成果。全年登记鉴定科技成果157项,其中达到国际先进水平32项,国内领先或先进水平115项。全年受理各种专利申请2093件,授权专利1364件,分别比上年增长45.3%和8.3%。

各级各类教育事业稳步发展。全市有幼儿园488所,比上年增加42所,在园儿童

7.76万人,比上年增长8.7%。有中小学364所,比上年增加16所,中学在校学生8.60万人,小学在校学生21.57万人,分别比上年增长4.7%和13.4%。学龄儿童入学率100%,小学毕业生升学率100%,初中毕业生升学率96.7%,分别比上年提高0.1个百分点和2.9个百分点。中等专业学校在校学生0.39万人,下降3.7%,高等学校在校学生0.85万人,增长11.8%。

〔**城市建设和环境保护**〕 1998年全市用电量129.36亿千瓦小时,比上年增长14.9%。其中特区内用电量63.42亿千瓦小时。全市自来水日供应能力338.7万吨,供水总量79596万吨。其中特区内自来水日供应能力189.7万吨,供水总量41537万吨。全市自来水普及率96.5%,其中特区内自来水普及率100%。

全市建成区面积310.3平方公里,其中特区内建成区面积129.3平方公里。特区内年末实有道路长度747公里,下水道排水管长度2441公里,污水日处理能力119.6万立方米。

全市年末实有公共汽车营运车辆1431辆,公共汽车营运线路77条,公共汽车客运总人数37250万人次。年末出租汽车数11261辆,其中"的士"8505辆,中小巴2756辆。

环境综合治理成效显著。全市城市污水处理率28.8%,工业废水处理率98.6%,主要饮用水源水库水质达标率97.2%,工业固体废物综合利用率85.5%。区域环境噪声年平均值57.2分贝,城市交通噪声平均值69.8分贝,保持在较好水平。特区内建成区绿化覆盖面积5689公顷,绿化覆盖率44%,垃圾粪便无害化处理率100%。

珠海经济特区

〔**综合经济发展**〕 1998年,珠海国民经济经受了亚洲金融危机的冲击,基本实现了"稳中求进,有效增长"的预期目标,经济建设持续增长,市场物价保持稳定,城乡人民生活水平继续提高。全年实现国内生产总值263.5亿元,比上年增长11.9%(可比价),全市人均国内生产总值为2.24万元,增长5.7%。第一、二、三产业的结构比例由1997年的5.2:52:42.8调整为4.7:52.3:43。第一、二、三产业的增加值分别为12.5亿元、137.8亿元和113.2亿元,比上年分别增长2.4%、12.6%和11.9%。

1998年,珠海农业获得全面丰收,农村经济持续增长。全年完成农业总产值19.85亿元,比上年增长3.5%;农作物播种面积60.25万亩,增长1.8%;粮食总产量9.67万吨,增长0.7%;甘蔗总产量133.62万吨,增长5.3%;蔬菜总产量13.69万吨,增长4%;水果总产量1.98万吨,增长10.6%;水产品总量9.74万吨,增长2.5%。乡镇企业全年总收入166.5亿元,增长15.8%。农村水利全年总投入1亿元,改善了水利基础设施。积极造林绿化,改良农业生态环境。扶持了特色农业基地和城市农副产品供应基地建设。加强了农业新技术的传授和推广,提高生产效益,增加农民收入。积极发展集观光、科研为一体的现代化旅游农业。加快了海岛和海洋的综合开发利用。

1998年,珠海工业继续发挥经济支柱作用。全年完成工业总产值541.62亿元,比上年增长19%;完成工业增加值101.8亿元,增长17.8%。全市轻工业产值315.96亿元,增长18.1%;重工业产值110.54亿元,增长25.9%。工业效益综合指数为111.94%,比上年提高8.03个百分点。其中,国有企业、集体企业和外资企业工业总产值分别为20.89亿元、26.42亿元和287.81亿元,分别增长7.7%、4.9%和18.9%。外资企业和股份制企业工业总产值之和占全市工业总产值的85%。1998年,珠海大力推进了国有大中小型企业改革、改制工作。加大技术改造力度,首次实施贴息贷款扶持政策,全市技改重点项目总投资31.2亿元。开发新产品30项,其中列入省重点新产品试产计划19项,新增产值33亿元。一批新产品获广东省优秀奖。年内共有十多家企业通过 ISO9000 认证。县和各功能区的工业生产均持续增长。

1998 年,珠海财政继续增收,金融运行平稳人民生活水平得到进一步提高,全市地方预算内财政收入 18.7 亿元,比上年增长 17.2%。地方税收 16.31 亿元,比上年增长 12.4%。市级财政收支平衡,略有节余,县(区)财政也基本收支平衡。全市金融机构继续深化改革,强化监管,切实防范化解金融风险。年末存款余额 374.2 亿元,比上年增长 12.1%;年末贷款余额 274.6 亿元,增长 7.7%。全市城镇居民人均可支配收入 13622 元,比上年增长 3.7%;农、渔民人均纯收入 3665 元,增长 3%。

1998 年,珠海市场繁荣。全市农副产品货源充足,市场价格平稳。消费品市场显示需求不足,以平稳、微幅增长的运行态势为主。全年实现社会商品零售总额 100.3 亿元,比上年增长 6.9%。全年商品零售物价指数为 96.6%,居民消费价格指数为 98.4%,分别下降 3.4 和 1.6 个百分点。个体、私营商业所占社会消费品零售总额的比重已上升到 45.4%。创建"中国优秀旅游城市",成功举办'98 国际航展、国际赛车和第十届省运会,整体旅游环境大为改善。全年经珠海口岸过境 2800 万人次。全年旅客总数为 713.92 万人次,其中过夜游客总数为 403.81 万人次,分别增长 13.1%和 23.9%。房地产市场有所好转,房屋销售面积 75 万平方米,销售收入 18.7 亿元。

交通运输信息稳步发展,1998 年全年客运量 3073 万人次,比上年增长 4.9%;货运量 3354 万吨,比上年增长 2%;港口货运量 1340 万吨,与上年持平。珠海机场客运量 71.33 万人次,比上年减少 3.3%;货邮量 1.17 万吨,增长 13%。全市邮政业务总量 4301 万元,增长 22%;电信业务总量 12.5 亿元,增长 24.8%。市话普及率为 54%,移动电话普及率为 16%。

〔**投资环境**〕 1998 年,珠海进一步优化了全市的投资环境。全年共完成固定资产投资 94.5 亿元,比上年增长 31.7%。其中,基本建设投资 62.02 亿元,房地产开发投资 25.71 亿元,分别增长 39.5%和 30.3%。投资总量大幅增长,对经济拉动作用明显加大。

一批重点工程进展顺利。以各经济功能区开发为重点,推动全市经济发展。加快了保税区基础设施建设,以外贸仓储、出口加工和高科技项目起步,带动保税区整体政策功能的实施。加快了万山海洋开发试验区组织架构、总体规划、配套政策的研究落实,发展海洋渔业、海岛旅游、仓储、海产品深加工及海洋运输补给项目。将横琴开发区办成澳门优势产业延伸发展的腹地,完善配套基础设施。临港工业区与珠海港相互支撑,重点发展重化工业和国际性仓储项目。'98 航展配套工程、市体育中心场馆工程均顺利如期完成。迎接澳门回归的重点项目拱北新联检大楼、珠澳莲花大桥正加紧施工。伶仃洋大桥工程可行性研究工作全面展开。其他如京珠高速公路、黄茅海大桥等项目也在积极筹备中。

珠海于 1998 年荣获"国际改善居住环境最佳范例奖"。该大奖由联合国人居中心每两年颁发一次,世界 450 多个城市参加了本届评选。长期以来,珠海在大规模开发建设和工业化进程中,始终坚持"环境优先"的原则,不断优化投资环境。先后耗资 8 亿元关闭石场,恢复植被,保护生态,城市空气污染指数(API)长年保持在 50 以下,达到优级水平。还投资 3 亿元,建成三座城市污水处理厂。至 1998 年,珠海已建成自然保护区 105.9 平方公里,城市绿化覆盖率达 39.9%,人均拥有绿地 114.8 平方米,生活垃圾无害处理率 100%,烟尘控制区覆盖率 100%,大气、水、噪音环境均符合国家标准。1998 年,珠海正是凭借城市整体环境的全面改善,树立了自己的国际地位。

投资软环境继续优化,招商引资服务质量不断提高。充分利用举办'98 国际航展、国际赛车和第十届省运会等活动,加大宣传和推介力度,提高珠海的知名度,树立国际化都市形象。政府部门办事程序和收费标准进一步公开,办事效率有所提高,乱收费、乱摊派、乱要赞助行为得到治理。引进外资方面,一个窗口对外和"一条龙"服务不断完善,重大外资项目得到跟踪落实,外资企业的困难和问题逐一得到解决。

〔**利用外资和对外贸易**〕 1998年,珠海实际利用外资11.06亿元,比上年增长8.1%。其中,外商直接投资6.96亿元,增长12.9%。全年新批利用外资合同300项,合同投资总额12.23亿美元,合同利用外资7.9亿美元,比上年分别下降7.7%、52.7%和19.8%。

1998年,珠海加大招商引资力度,采取了有力措施,确保引进外资稳步增长。针对亚洲金融危机对珠海外经贸的冲击,先后出台了《关于鼓励扩大外贸出口和利用外资的若干措施》等一系列政策措施。始终把招商引资作为"重中之重",继续完善市、县(区)、镇三级招商机构网络,培训人员,提高业务素质。认真做好在谈在建项目跟踪、外商投资咨询和外企办事处设立审批。全年成功组织参与了12个招商引资洽谈会,仅8月份和12月份就签约105项,投资总额为7.39亿美元。与香港、澳门以及台商的经济合作进一步密切,提高到新水平。

1998年实现外贸进出口总额59.17亿美元,比上年增长7.2%。其中,出口29.95亿美元,比上年增长1%;进口29.22亿美元,增长14.3%。外商投资企业出口额下降4.9%,出口份额由于受到亚洲金融危机影响,由上年的67.8%下降为60.2%;外贸企业出口额增长11.4%。加工贸易出口额下降5.3%,一般贸易出口额有所增长,进出口商品结构进一步优化,机电产品占出口总额一半以上。进口商品则以技术密集型和资源型为主。亚洲仍为珠海主要出口市场,占出口总额的78%。

横向经济联合取得新进展。全年引进新办内联企业231家,注册资金30.6亿元,其中内地资金20.3亿元。全国各地在珠海新设立办事处35家,至1998年止,全市已有内联企业3964家,各地驻珠海办事处824家。

〔**深化改革**〕 1998年,珠海加快建立现代化企业制度,强化国有资产经营管理。一是加大"抓大放小"工作力度,加紧实施大型企业集团发展规划,抓好对上市公司的政策扶持,优化上市公司的资产结构,支持企业按产权关系建立经营管理架构。二是强化国有资产经营管理,抓好企业干部制度的改革,实行国有资产营运及效益考核制度和企业经理离任审计制度。三是大力发展非公有制经济,落实加快个体私营企业发展的政策法规,放宽经营范围、进出口经营权和用人限制,鼓励非公有制经济成分参与国有企业改造、转让、合作和拍卖等各种形式的改革。

改革政府投资体制,积极吸引内外资以BOT或转让股份等形式参与基础设施建设。加强项目管理,严格实行项目法人制度、建设工程监理和建设项目竣工决算审计制度。继续实行市场配置资源,规范交易行为。加强市场交易监督,推行政府公开采购,降低政府运作成本。探索技术入股和技术提成管理,以市场来合理配置生产要素。

继续深化各项配套改革。一是进一步完善房改政策,为实现住房货币化、住房建设和管理社会化做准备。二是深化医疗卫生制度改革,扩大医保覆盖的范围,逐步实现医、药分开。三是养老、工伤、失业、生育和医疗保险向三资企业、个体私营企业进行覆盖。四是加快就业制度改革,加强再就业服务机构管理,全面实现劳动预备制度。认真落实最低生活保障制度,健全欠薪保障规章。五是粮食流通环节政企分开,储备和经营分开,完善粮食价格机制,确保粮食供求总量平衡,价格平稳。

〔**法制建设与社会各项事业**〕 1998年,珠海先后制定实施了城市规划、土地管理、环境保护、人口管理、道路交通五个基础性法规以及有关保税区、外来工、私营企业权益和旅游业4个经济管理法规。完成了全国人大、省人大交办的《证券法》等16项法律、法规草案的专题立法调研工作。办理市四届人大六次会议议案23件,市政协提案187件。

全年依法查办经济犯罪案件120宗,惩处了一批腐败分子。进一步落实打击与防范犯罪措施,开展大规模严打和禁毒专项斗争。狠抓外来人口、出租屋和特种行业的管理,清理遣返三无人员。大力推进安全文明小区建设。全市口岸、车站、码头、机场等公共场所秩序良好,人民群众安全感显著增强。

科技事业不断发展。年内科研投资有所增长,巩固2个国家级、6个省级科研开发中心,新建2个国家级科研中心。至年底止,已开展星火计划项目44项,火炬项目98项,科技攻关项目36项。全市共有省认定的高新技术企业38家,生产高新技术产品企业135家,高新技术产品219种,产值达140亿元。全市有5项科技成果获市级重奖,18项获市级科技进步奖。1998年,珠海积极贯彻国家各项教育法规,深化教育制度改革、优化教师队伍,全面实施素质教育,小学毕业升学率达99.39%,初中毕业升学率达79.73%,高中毕业升学率达58.18%。1998年,珠海成功举办广东省第十届运动会开幕式大型文体表演《世纪跨越》,参加了'98上海国际艺术节和广东省第七届艺术节。全市在省级以上演出和比赛中获各类奖项36个。在国际比赛中,珠海运动员获8枚金牌、8枚银牌和4枚铜牌,在全国比赛中获33枚金牌,在第十届省运会上获得金牌总数和团体总分第四名的好成绩。1998年,珠海卫生部门坚持深化医疗卫生改革,提高医疗质量和服务水平,在农村卫生、区域卫生规划、疾病控制、健康教育、无偿献血等方面都取得很大成绩。

1998年,珠海的其他各项社会事业均取得新的进展。

海南经济特区

〔**经济发展**〕 1998年,海南省委、省政府根据中央的部署,紧紧围绕确保经济增长质量和速度明显回升、深化国有企业改革、防范和化解金融风险、联手扶贫四项攻坚任务,努力消除泡沫经济的影响,着力夯实经济发展基础,大力调整经济结构,培育主导产业和新的经济增长点。全省国民经济状况有了较明显的改善。

国民经济回升加快,新的良性循环周期开始启动。1998年,全省国民经济基本实现了速度和效益同步发展,开始进入景气运行区间,并呈现出以下几个明显特点:一是增长速度结束了连续三年低速运行状况,首次超过全国平均水平。全年国内生产总值完成438.92亿元,按可比口径计算,比上年增长8.3%,其中第一产业增长8.3%,第二产业增长9%,第三产业增长8%。二是经济效益明显好转,工业整体效益实现了连续三年净亏损后的首次盈利。全年工业亏损总额比上年下降26.3%,盈亏相抵后实现利润3.75亿元,比上年净亏损3.05亿元,增盈6.8亿元。三是固定资产投资实现了近四年来的首次正增长。全年社会固定资产投资总额完成183.3亿元,比上年增长9.2%。对全省经济将产生重大影响的60万吨纸浆厂已于年底在洋浦经济开发区动工。美兰机场、环岛高速公路、海口污水处理厂、粤海铁路通道、南山文化旅游区等重点工程进展顺利。四是地方财政收入增长幅度近四年来首次达到两位数。全年地方财政收入完成36.29亿元,比上年增长14.7%,中央收入也同步增长。金融形势在波动中趋于平稳,金融机构年末各项存款余额772.24亿元,各项贷款余额799.89亿元,分别比年初增长3.4%和5.9%。

产业结构调整力度进一步加大,适应市场的能力大为增强。1998年,海南紧紧抓住调整经济结构,促进产业优化升级这条主线,着力培育支撑海南经济持续快速健康发展的支柱产业和名牌产品,发展特色经济。放手发展热带高效农业,稳住了经济增长的大头。农业对全省经济增长的贡献率高达38%,为全省经济稳定增长作出了很大贡献。旅游业持续增长,全年接待游客855.97万人次,比上年增长8.1%,旅游总收入达66.96亿元,比上年增长8.5%。信息产业作为新的经济增长点崭露头角,增加值比上年增长11.8%,其中邮电业务总量仍然保持了32%的高速增长。在工业上,严格控制盲目招商、盲目引进和重复建设,努力盘活存量,增进效益。工业增加值率从年初的18%提高到24%以上,全年实现增加值比上年增长9.8%。工业产品的产销率明显上升。

〔**国企改革**〕　围绕建立现代企业制度这一目标,全省继续抓好国有企业的"三改一加强"工作,加大了"抓大放小"力度。针对海南企业实际情况,进一步明确了近期国有企业改革的重点,即优化资本结构、领导班子建设、强化内部管理和政府监管。在海口市运用国家优化资本结构试点政策,鼓励兼并、规范破产、下岗分流、减员增效和实施再就业工程,救活了一批大亏损户。同时,以转换机制为出发点,采取股份合作、委托运营、租赁、出售、联合、承包、兼并、歇业等多种形式搞活了一批小型企业。为完善企业监督机制,制定了地方企业稽察特派员制度和国有企业亏损责任追究制度,向资产规模较大、影响度较强的国有及国有控股企业派出稽察特派员,强化政府对企业的监督。切实抓好国有企业下岗职工基本生活保障和再就业工作。全省成立了1278个再就业服务中心,国有企业下岗职工81%领到了基本生活费。

粮食流通体制改革、实行分税制财政管理体制改革、商贸企业改革和金融体制改革等各项配套改革进展顺利,城镇住房制度改革继续深化。农村第二轮土地承包工作基本结束。社会保障体制进一步完善。地方机构改革做了积极准备,省政府组成部门已由29个调整为22个,市、县清机构、减冗员,以及省直单位在全省范围内公开选拔副厅级干部的试点,都收到了较好的效果。

〔**对外开放**〕　全年利用外资总额达到10.97亿美元,比上年下降1.6%。新批外商投资企业174家,其中外商直接投资7.17亿美元,增长1.6%。全年利用外国政府贷款项目,总金额3亿美元和300亿日元,在国际经济技术合作方面,引进技术1项,技术出口合同3项,总额1.82亿美元,接受国际无偿援助项目5个。成功举办了'98海南投资贸易洽谈会和中部少数民族地区招商会,特别是首次举办'98全国(海口)冬季农副产品交易会,成交量达113.4万吨,总成交额48.8亿元。1998年洋浦经济开发区开工的项目概算总投资高达120亿元。

受亚洲金融危机的负面影响,进出口贸易有所下降。1998年全省外贸进出口总值19亿美元,比上年下降2.05%,其中出口总值8.85亿美元,与上年持平。一般贸易出口7.9亿美元,同比增长1.8%;加工贸易出口9368万美元,同比下降16.9%。国有外贸企业出口略有增长,金额为6亿美元,同比增长1.6%。出口商品结构进一步优化,工业制成品占出口总额的比重,增长11.9个百分点。

〔**投资环境进一步改善**〕　在继续抓好交通、邮电、电力等基础设施建设,改善投资硬环境的同时,努力改善投资软环境。认真清理并积极宣传海南省投资优惠政策,及时宣传贯彻国家新出台的各项政策。改进外商投资企业的审批管理工作,实行"宽审批,严管理",适当下放审批权限。

为了树立新的政风,在全省范围内全面展开机关行政优质服务年活动,推行直接办理制、窗口服务制和社会服务承诺制;组织开展"为海南跨世纪发展献计献策"活动;公开承诺为群众办实事,进一步增强广大干部为经济服务、为企业服务、为群众服务的意识;设立海南省新闻舆论监督中心,对社会不良影响较大的问题进行集中曝光,为经济发展创造了良好的条件。

厦门经济特区

〔**综合经济发展**〕　1998年人民在市委、市政府领导下,认真贯彻党的十五大和十五届三中全会精神，面对严峻的经济形势，积极实施“减负、增投、促销、增效、节支”的经济发展措施，努力克服困难、团结拼搏，国民经济继续保持较快增长，社会各项事业取得新的成绩。

国民经济保持较快的增长态势。亚洲金融危机的延续，对以外向型为主的厦门市经济造成了较大的影响，市委、市政府及时采取有效应对措施，大力扶持外贸出口，扩大投资规模，优化产业结构，加快发展高新技术产业，促使国民经济保持了较快的增长。据初步统计，1998 年可实现国内生产总值 420.11 亿元，按可比价格计算，比上年增长 16.2%。其中，第一产业增加值 22.01 亿元，第二产业增加值 216.84 亿元，第三产业增加值 181.26 亿元，分别比上年增长 3.3%、18.8%和 13.4%。全年人均国内生产总值 31881 元，比上年增长 15.5%。

劳动生产率稳步提高。随着科技进步和劳动者素质的提高以及产业结构的优化，劳动生产率逐年提高，1998 年全社会劳动生产率 42736 元，比上年提高 10.97%。

劳动就业工作继续加强，年末全市从业人员 98.31 万人，比上年末增加 2.16 万人，增长 2.25%。其中，职工总人数 48.13 万人，比上年末减少 1.03 万人。再就业工程有了重大进展，全年通过多种途径 5 452 名下岗职工实现了再就业。年末城镇登记失业率为 1.69%，比上年末上升 0.66 个百分点。

农业生产稳步发展。全年实现农业总产值 34.0 亿元，按可比价格计算，比上年增长 1.2%。

交通运输平稳发展、邮电通信业快速增长。全年运输邮电仓储业增加值 40.02 亿元，比上年增长 15.8%。邮电系统全年完成邮电业务总量 21.35 亿元，比上年增长 32.94%。

科技体制改革进一步深入。1998 年，新批准民营科技企业 15 家，新增技贸机构 20 家，至此全市已拥有科技民营企业 324 家，技术贸易机构 546 家。组织科技成果鉴定 43 项、评审 12 项，登记各类科技成果 68 项，其中达到国际水平的有 12 项，达到国内先进水平的有 49 项，1998 年专利申请量和授权量分别超过 1 000 件和 900 件，创历史最高水平，居全省各地市之首。年内厦门被科技部命名为“全国科教兴市先进城市”。

全面推进素质教育，深化教育制度改革。1998 年厦门市基础教育初步确立实施素质教育的运行机制，至 1998 年末，全市拥有普通高校 3 所、中等专业学校 12 所、普通中学 54 所、职业中学 16 所、小学 361 所、幼儿园 431 所及特殊教育学校 5 所和技工学校 4 所。全市年内招收各类生员 88 413 人。年末在校学生人数达 306 533 人。

财政收支状况良好。全市实现财政总收入 56.66 亿元，比上年增长 17.83%。其中，地方级财政收入 35.12 亿元，比上年增长 14.93%。全市财政支出 40.43 亿元，比上年增长 16.0%。

金融运行态势平稳。1998 年底，金融机构各项存款余额 457.69 亿元，比年初增长 11.56%，其中，城乡居民储蓄存款余额 197.93 亿元，增长 10.98%。各项贷款余额 397.34 亿元，比年初增长 12.30%。全年银行现金收入1 055.55亿元，现金支出 1 067.22 亿元，收支相抵累计净投放 11.67 亿元。

证券市场在逐步规范和调控中稳步发展。到 1998 年末，全市拥有证券经营机构 14 家。证券交易营业部 20 个。全市在上海、深圳证券交易所上市的公司已有 13 家，发行股本达 23.67 亿股。全市证券机构全年股票交易额达 378.16 亿元，比上年减少 6.2%。

人民生活稳步提高。全年全市职工工资总额发放 60.67 亿元，比上年净增 4.62 亿元，增长 8.24%。年人均工资水平为 12 799 元，比上年提高 8.27%。农民人均纯收入为 3 827元，比上年增长 5.44%。城乡人民居住条件进一步改善，生活小区的配套设施更加齐备。1998 年，全市竣工住宅面积 209.9 万平方米，其中安居工程房屋竣工 33.57 万平方米。至年底，城市居民人均居住面积已达

11.62平方米,农民人均住房面积36.68平方米。

〔**工业和建筑业**〕 工业生产较快增长。全年完成工业总产值594.5亿元,按可比价格计算,比上年增长18.71%。其中国有企业及年产品销售收入500万元以上的非国有工业企业完成工业产值487.25亿元,增长18.6%,占全部工业产值的81.96%。在国有企业及年产品销售收入500万元以上的非国有企业工业总产值中,国有工业企业完成产值49.04亿元,增长7.7%,集体工业企业完成产值20.77亿元,增长3.8%,外商及港澳台投资工业完成产值399.68亿元,增长20.3%。轻工业产值319.16亿元,增长21.1%,重工业产值168.09亿元,增长13.6%。

工业产品销售率稳步提高。全年工业产品销售率为98.06%,比上年提高0.36个百分点。工业品出口交货值占工业销售产值的42.89%,比上年回落了5个百分点。工业品扩大内销市场的努力取得明显成效。

产品结构在调整中改善。电视机、计算机等科技含量高的产品、发电量及投资类的钢材、玻璃产品增长较快,以农产品为原料的食用油、罐头和酒类产品由于市场需求日趋饱和产量下降。

工业经济整体效益有所好转。全市636家独立核算工业企业产品销售收入418.14亿元,比上年增长10.38%,劳动生产率5.67万元,增长26.03%。亏损企业228家,亏损面占35.85%,比上年上升4.42个百分点,但亏损企业亏损额比上年下降8.2%。盈亏相抵,636家独立核算工业企业实现利润达18.78亿元。总资产贡献率和成本费用利润率分别比上年提高了1.08个和1.6个百分点,经济效益综合指数达126.76%。但企业应收账款净额已达75.9亿元,比上年增长14.4%。

建筑业平稳发展。全年建筑业完成增加值28.41亿元,比上年增长20.4%。全年建筑企业施工工程5 477个,其中,实行招标投标的工程1 117个,招标投标面达20.4%。房屋建筑施工面积1 076万平方米,竣工面积359万平方米,分别比上年增长2.97%和下降7.71%。

〔**对外经济和旅游业**〕 1998年,对外贸易努力克服亚洲金融危机的影响,积极调整进出口结构,对外贸易呈现出口持平、进口下降的趋势。全年进出口总额75.47亿美元,比上年下降2.75%,其中,出口42.55亿美元,增长0.12%;进口32.92亿美元,下降6.21%,实现贸易顺差9.63亿美元。在外贸出口中,由于积极实施市场多元化策略,大力拓展欧美市场和中东市场,对外出口在对东南亚和日韩等国下降的情况下,对欧美、东欧、中东、非洲的出口大幅增长。产品结构也得到优化,全年机电产品出口9.21亿美元,居各类出口产品之首,比上年增长4.60%,占出口总值的比重比上年提高1个百分点。

外商直接投资平稳发展,对外承包工程、劳务合作减少。全年批准直接利用外资项目245项,比上年减少46.74%;合同利用外资16.88亿美元,增长1.19%;实际利用外资额13.81亿美元,增长0.18%。全年共签订对外劳务承包合同100项,比上年减少28.06%;完成营业额0.8亿美元,下降8%。

旅游业除了加强旅游景点和各项配套设施建设外,还重点整治交通主干道的卫生、通讯设施及公共信息图形符号,规范景区、景点及涉旅单位的服务工作,增辟公交旅游线路,进一步改善旅游环境,年内被国家旅游局授予"全国优秀旅游城市"的光荣称号。全年接待境外游客38.75万人次,国内游客585.52万人次,分别比上年增长0.21%和6.85%。旅游收入达75.54亿元人民币,增长3.06%。

〔**固定资产投资**〕 投资总量快速增长。全年完成固定资产投资180.79亿元,比上年增长17.86%。其中,基本建设投资69.87亿元,增长34.62%;更新改造投资18.65亿元,增长11.61%;房地产投资76.05亿元,增长12.19%。

重点建设项目进展顺利。全年36个重点

建设项目当年完成投资45.22亿元,占基本建设和更新改造投资的51.08%。环岛路二期厦大段、仙岳山隧道已竣工通车,林德工业气体、金达威维生素、心血管研究中心及急救中心、劳动力市场综合楼等已完工投入使用。厦门海沧大桥已完成全部工作量的70%。海沧铁路、厦门湾十万吨级航道一期、会展中心一期、柯达感光等重点项目建设较为顺利,为厦门经济发展注入新的活力。

商品房销售持续增长。全年商品房实际销售138.03万平方米,比上年增长11.38%,商品房销售额43.88亿元,增长33.81%。年末商品房空置面积137.02万平方米,其中住宅空置面积占了55.22%。

全市基本建设和更新改造投资新增的主要生产能力有:计算机11万部/年,影碟机155万部/年,涤纶化纤2.8万吨/年,塑料制品2.16万吨/年,装载机1 000台/年,卷烟2万箱/年。

〔环境保护〕 环境综合治理能力进一步提高,环保成效显著。1998年,我市城市环境保护投资指数3.11%,环境噪声达标区覆盖率62.7%,区域环境噪声平均值为55.9分贝;交通干线噪声平均值为69.7分贝;空气污染指数为37,优于国家大气环境质量一级标准,烟类控制区覆盖率为90.85%;集中式饮用水水源地水质达标率98.24%;城市污水处理率和生活垃圾处理率分别为50.47%和98.04%;城市气化率达95.61%;城市集中供热率为47.56%;工业固体废物综合利用率为80.97%。各项城市环保指标均达到甚至超过国家环保模范城市考核标准。与此同时,汽车尾气达标率和工业废水排放达标率仍然低于城市考核标准。

上海浦东新区

〔国民经济综合实力进一步增强〕 1998年,浦东的开发开放在克服亚洲金融危机带来的负面影响,战胜了百年罕见的高温酷暑的历史背景下,以坚韧不拔、奋发拼搏的精神,依托全市综合优势和合力,在经济建设和社会发展方面取得新的进展。

1998年,浦东开发按照"外抓形象、内增实力"的要求,奋力拼搏,战胜困难,经济建设继续保持持续、快速、健康的发展。

1998年,浦东新区国内生产总值为708.85亿元,比1997年增长16.8%。其中第一产业完成5.25亿元,同比增长5.5%;第二产业完成420.12亿元,同比增长14.2%;第三产业完成283.48亿元。同比增长23.7%;第三产业占GDP的比重由1997年的37.8%上升为39.6%。

在主要经济指标中,工业总产值1421.66亿元,增长15.1%;全社会固定资产投资581亿元,增长15%;社会消费品零售总额178.81亿元,增长10.2%;外贸出口43亿美元,增长14.5%;签约外商直接投资项目554个,引进合同外资28.93亿美元,增长50.8%;实际利用外资11亿美元,累计资金到位率90%;财政收入增长13.9%,其中新区地方财政收入增长15%。新区各项综合经济指标大多呈现快速增长势头。

〔经济产业结构进一步优化〕 1998年,浦东新区的经济增长总体格局明显由第二产业单一推动转变为第二、第三产业共同推动,并在金融功能、贸易功能和高科技产业功能第三方面开发取得新进展。1.在金融功能开发方面,大银行、大市场、大机构继续向浦东集聚。至去年底,落户浦东的外资银行已达32家,获得经营人民币业务的外资银行达18家,中外资银行和非银行金融机构总量已达72家,金融业已成为第三产业超常增长的重要因素。继上海证券交易所迁浦东后,上海商品交易所也已迁址浦东。至今,新区已集聚了国家级、地区级六大要素市场。2.在贸易功能方面,功能性政策的落实促进了外贸出口高速增长。新区去年新批准外贸子公司17家,使落户浦东的外贸子公司达到103家,涉及28个省市。新区现有2000余家外资工业企业,特别是87

家世界著名跨国公司在新区兴办的近200家工业贸易企业，与世界各地的经济联系广泛，具有较强的对内对外辐射效应和抗经济波动能力。新区外贸出口呈现多元增长、结构优化的良好走势。一是外商投资企业和外高桥保税区企业出口势头强劲。1998年，外商投资企业出口保持高速增长，外高桥保税区海关出口10.46亿美元，比1997年增长45.3%。尤其是市委、市政府给予的一系列功能性政策，促进了外高桥保税区贸易功能加快拓展，区内各类企业进出口总额；港口外贸货物吞吐量等主要指标的增幅均在30%以上。第二，出口商品结构进一步改善，机电类等附加值较高的产品保持快速增长；而纺织、服装等出口呈下降趋势。第三，加工贸易发展迅速。1998年来料和进料加工出口额增长28%。占出口总额的比重由46.2%上升为48.7%。3. 在高科技功能开发方面，进一步加大发展高新技术的力度，从营造政策环境、探索创新体系、培育高新技术企业、广泛开展科技合作、组织技术成果转化等五个方面，推进了新区高新技术产业化的进程。高科技产业中的通讯设备、精细化工、计算机及机电一体化、生物医学等产业已在重点开发小区形成规模生产能力。1998年高新技术产品产值达355亿元，占新区全年工业总产值的25%，其中新投产的高新技术产品产值约45亿元，占新区全年工业新增产值的40%左右。

〔**重大工程建设取得新进展**〕 1998年是浦东开发开放以来，重大工程项目投资规模最大、建设最为集中的一年。在全市年度45个重大项目中，东西联动、建在浦东的就有19个，项目总投资达950亿元，其中1998年内投资280亿元，占新区全年固定资产投资计划的48%。另外，新区自动安排了13项重要市政工程项目，总投资达25亿元。

1998年新区投资的显著特征是面上投资规模扩大，点上投资确保重点，新区"三个一三"工程的主体建设和配套建设均按时间节点取得进展。"一线三港"工程中的地铁二号线浦东段6个地面车站主体结构已全面完成；浦东国际机场进场道路、周边配套道路及管线配套建设基本完工；机场南干线迎宾大道和环南一大道建设全面启动；外高桥港区一期改造工程和二期工程征地动迁基本完工。"一道三区"工程中的世纪大道三标段、二标段和二、三标段道路两侧环境整治所涉及的居民与单位动迁都已基本完成，现已开工建设；小陆家嘴金融中心区内金茂金厦、森茂大厦、香格里拉等6幢功能性大楼基本竣工或投入使用；黄浦江行人越江隧道、国际会展中心已经开工建设，滨洪大道二期、陆家嘴轮渡站迁址等工程的前期建设和各项准备已经启动。竹园商贸区以东方路为轴心、逐步向两侧延伸的形态建设进一步完善了市政和交通配套。花木生态文化区内上海科技城已正式开工建设，中央公园动迁年内基本完成，并将增加15公顷面积向社会开放，区域内市政配套道路和一批功能性项目正加快建设。国际博览中心项目对外谈判取得实质性进展，一期工程的前期动迁已基本完成。"一高三大"项目在各部门的共同努力下，通用汽车、华虹NEC等大项目建设进度加快。随着高科技风险投资基金等配套措施的出台，一批从事高科技开发的机构和民营高科技企业进驻浦东。上海商交所、同创集团、杉杉集团以及又一批外资金融机构迁往浦东，为新区人流、物流、资金流、科技流、信息流的形成奠定了基础。

1998年，新区重点开发小区继续朝着出形象、出功能、出效益的目标拓展。陆家嘴金融贸易区历年累计开发土地面积5.82平方公里，吸引投资51.48亿美元。历年开工大楼138个(192幢)，建筑面积803万平方米，1998年全年竣工大楼18个(25幢)历年累计竣工大楼84个(113幢)；历年累计动迁居民23381户，1998年累计动迁居民3124户，历年累计完成绿化种植面积75.37万平方米。

外高桥保税区1998年全年批准项目461个，同比上升26.3%；投资总额5.3亿美元，同比上升33.4%；合同外资2.78亿美元，同比上升8.8%。截至1998年底,外高桥保税区累计共批准项目3580个,投资额43.24亿美元,合同外资16.9亿美元。

金桥出口加工区1998年全年共引进项目18个,开工项目19个,投产项目23个,吸引投资12.14亿美元。历年累计引进项目320个,开工264个,投产182个,吸引投资额81.99亿美元。区内重点项目上海通用汽车于去年底已顺利出样车,华虹微电子项目的建设也进展顺利。

张江高科技园区1998年全年完成总产值35亿元,同比增长67%;引进项目12个,同比增长33%,协议投资额1.62亿美元;全年开工项目12个,竣工项目8个。国家人类基因中心等重要科研基地相继落户区内。

〔招商引资取得新突破〕 1998年,面对亚洲金融危机的冲击,新区把招商引资作为全年经济工作的重中之重,招商引资工作在地域、规模、结构上取得新突破,为经济发展增添了后劲。新区采取了一系列新措施,进一步拆除围墙,降低门槛,优化服务,改善投资环境。如降低项目初始成本的措施,实行一门受理,并联审批、两审终结,一口收费,提高项目审批效率的措施以及省部楼宇政策和对外资企业实行"国民待遇"、对内联企业实行"市民待遇"等措施受到中外资企业的普遍欢迎。1998年对外招商新签项目达554个,占全市的1/3强,吸引合同外资金额28.93亿美元,约占全市总量的1/2。

截至1998年底,新区共签订外商直接投资项目5472个,总投资额27.51亿美元,合同外资协议金额104.95亿美元。1998年新区引进外资呈现项目结构进一步优化;大项目继续成为新区利用外资的主体;欧美投资呈增多趋势和"梅开二度"的增资项目成为外资持续引进的重要一翼等特点。

1998年,新区引进内资也取得新成效。全年引进内联企业130多个,注册资金25亿人民币。去年,自新区推出《关于进一步服务全国,推动中央各部委和国内各省市在浦东新区办公楼宇招商的若干规定》的优惠政策以后,加大了引进国内大企业、大集团的力度。据统计,自去年7月到年底的半年时间,已有来自全国14个省市35家注册资金在1000万元以上的国内大企业、大集团入驻浦东,其中办理营业执照的30家大企业注册总资本超过10亿元。这些企业具有投资和管理型公司多、沿海沿江地区比例高、技术含量高、资金到位率高、市场占有率高的特点。

〔深化改革取得新成效〕 1998年,浦东新区继续以深化改革促进功能开发、内外开放和经济社会的稳定发展。新区重点加强政企分开加快现代企业制度建设,以陆家嘴、外高桥、金桥、张江四大开发公司集团化建设为抓手,提高上市公司质量、调整结构、规范运作,降低开发成本,促使四大开发公司走良好循环和持续发展的轨道。在新区区属中小型企业和乡镇企业的改革方面,重点推行公司制和股份合作制,重组资产结构,明晰产权,新区85%的区属中小企业和乡镇企业完成改制和其他形式的改革,提高企业的经济增长速度。

1998年,新区还积极探索投融资体制的改革。新区组建的浦发集团及其财务公司已投入运行,以浦发集团为投融资的载体,把一批基础设施项目交给浦发集团去筹资、投资、建设、经营和偿债。另外,以"建管分离、事业分离和管养分离"为特点的公用事业单位改革,也进一步巩固和扩大战果。

1998年,新区城市管理上的一个重要特点是实现建管分开,完善了城市建设和管理的体制创新。去年,新区组建成立了市政管理委员会并以规划功能分区相匹配,组建了五个区域性城市管理署,使城市管理重心下移,为管理措施落实打好基础。

1998年,新区大力开展园林绿化工作,全年新增公共绿地150万平方米,拆除违章建筑23万多平方米;以川杨河、张家浜为重点的河道整治工作也全面展开,城区面貌和生态环境得到明显改观。

〔社会事业取得新进步〕 1998年,新区坚持社会事业和经济建设同步发展的方针,继续加大对文化教育,医疗卫生和体育科技方面的投入;东方医院改扩建、东辉职校一期、浦东体育公园2万人体育场和浦东文化馆改造等一批建设项目实施顺利;完成了9所薄弱学校的更新改造、8所医院成了“社区卫生服务中心”,从而使浦东原先社会事业相对落后的状况有了根本改观。

1998年,新区进一步加大了打击犯罪、处理征地动迁、吸劳养教、再就业等各类社会矛盾和加强外来人口管理、社会治安等综合治理力度,从而有力地保证了浦东开发建设的顺利进行,保证了新区的社会稳定和繁荣。

(摘自《浦东开发》1999年3期
作者　浦新平)

开发区篇

1998年经济技术开发区的基本情况

〔综合情况〕 经济增长仍然保持平稳的发展速度，但增长势头有所减缓。据不完全统计，32个国家级开发区国内生产总值达1040亿元(其中7家没有此项统计)，比上年增长22%；工业总产值2938亿元，比上年增长25%；工业销售收入2763亿元，增长19.63%；税收总额177.87亿元，增长19.15%；进出口总额188亿美元，增长9.34%，占全国进出口总额的5.8%，其中出口总额106.48亿美元，增长15.9%，占全国出口总额的5.79%。

开发区经济总量占所在城市的比重逐渐增加，其辐射带动作用明显增强，已成为当地经济发展重要的增长点。如，天津开发区，累计协议利用外资额85.6亿美元，约占全市的1/2，全年外贸出口22.6亿美元，约占全市1/3，全年工业总产值540亿元，约占全市1/4；大连开发区，全年实现国内生产总值120.8亿元，约占全市的1/6；全年利用外资合同额8.47亿美元，约占全市的1/2；出口创汇完成13.4亿美元，约占全市的1/3。1993年批准建立的长春、沈阳、杭州、武汉开发区，工业总产值均已超过100亿元。

技术创新意识不断增强，发展高新技术措施的力度有所加大。近年来，各开发区逐渐把发展高新技术产业提到了重要位置。不少开发区加大财政支持力度，设立高新技术创新园和孵化基地，吸引留学人员到创新园发展事业。如上海漕河泾开发区设立的高技术孵化基地，目前已集中了45家从事信息、新材料、生物制药等企业以及50多个国外企业的研发机构。

开发区的管理水平逐步提高，投资环境有所改善。开发区在不断改善投资硬环境的同时，不断采取有效措施改善投资软环境。如有的开发区，实行政务公开，服务承诺制。也有的开发区开始精减机构，实行公共服务市场化，提高了服务质量和效率。

〔开发区存在的困难和问题〕 随着亚洲金融危机的扩散和蔓延，招商引资和外贸出口难度加大，吸引外资额开始呈下降趋势，外贸出口增长乏力。去年32个国家级开发区协议利用外资额为62.6亿美元，增长5.25%，占全国的12.27%；实际利用外资额为45.1亿美元，下降14.39%，占全国同比口径的9.89%(1997年为11.63%)。今年国际经济形势更加严峻，对于外向程度比较高的开发区来讲，任务更加艰巨。

开发区产业结构的老化和潜在的矛盾逐渐显现，亏损企业的数目开始增多。受亚洲金融危机影响开发区部分劳动密集型产业，特别是以东南亚、日本为市场的产业，出口遇到了很大困难，企业经营环境恶化，部分企业开始亏损。如广州开发区企业亏损总额达8亿元。

地方政府擅自设立的开发区仍然过多过滥,招商引资中的无序竞争现象时有发生。随着外资政策的规范化和市场的统一化,一些地方政府利用低廉的土地价格作为竞争外资项目的主要手段,使开发区吸引外资处于无序的竞争环境之中,国家的利益受到了损害,开发区的发展受到了制约。

宏观经济管理体制和运行机制的改革还有待深化,投资环境还须进一步改善。随着开发区的建设和发展,开发区的投资环境特别是投资硬环境已经有了很大提高。但是,投资软环境仍然存在很多问题。特别是部分管理部门,权力不断上收,项目的审批环节趋于复杂化,乱收费现象屡禁不止,对开发区的发展产生了不良影响。

〔对今后开发区工作的设想和思路〕　随着开发区整体经济实力的提高,开发区所面临的政策环境和市场环境已发生了很大变化,宏观经济政策已趋于规范和统一。目前,经国务院批准的第一批14个经济技术开发区所享受的优惠政策全部到期,第二批开发区的财政优惠政策也只剩三年过渡期。这标志着开发区已进入了全新的发展时期。为此,开发区要牢固树立二次创业的思想,要在实现两个根本性转变和提高对外开放水平上下工夫,努力探索出符合开发区客观实际和规律的新思路。

要充分利用开发区独特的条件和优势,在扩大对外出口上有所作为,为实现全国外贸出口目标做贡献。开发区的外向度普遍高于全国水平,与国际市场联系比较密切,因此,要进一步加大工作力度,努力开拓新的国际市场,把扩大出口作为对外开放工作的重中之重。

要积极扩大利用外资,招商引资始终是开发区的重要工作,今年更加重要。要特别注重外商企业与国有企业的稼接与联合,特别要在推动国有企业改革、改组、改造等方面发挥作用,努力在体制创新上先行一步。

要进一步加大产业结构调整和升级的力度,大力发展高新技术产业,充分调动资金、人才等要素,努力探索风险投资基金等新的运行机制和发展模式,使开发区在整体素质和水平上有一个质的飞跃。开发区的结构调整要与招商引资结合起来,要避免利用外资中的重复建设。

要加强东西部地区合作,更好地发挥沿海开发区的示范、辐射、带动作用。

大连经济技术开发区

〔综合发展〕　1998年,大连开发区认真贯彻党的十五大精神,发扬“团结、务实、开拓、进取”的精神,抢抓机遇,开发建设稳步发展,经济实力不断增加,为自身进一步发展奠定了坚实的基础。全年国内生产总值完成120.8亿元,比1997年增长14.4%。其中,第一产业增加值2.5亿元,增长38.9%,第二产业增加值73.8亿元,增长7%,第三产业增加值44.5亿元,增长27.9%。

全年引进外商投资项目71个,增资项目51个。合同外资额84662万美元,实际使用外资2.2亿美元。全年完成工业总产值243.47亿元,比1997年增长12.8%。其中,外商投资企业实现总产值221.5亿元,比1997年增长12.3%。工业企业实现产品销售收入229.02亿元,增长12.9%。其中,外商投资企业实现产品销售收入210.34亿元,增长12.3%,工业产品销售率达到94.1%。全区出口创汇13.4亿美元,其中,外商投资企业出口额13.2亿美元,占全区出口总额的98.5%。财政收入14亿元,税收收入16.4亿元,财政支出12.9亿元。完成固定资产投资27.6亿元,其中,基础设施及公共服务设施完成7.2亿元,项目建设完成16.8亿元,商品房建设完成3.6亿元。全年实现社会消费品零售额11亿元,比上年增长27.9%。市场建设全面启动,新批准建设市场8处,开工建设3处。全年接待来自43个国家和地区的海外旅游者3万多人次、国内游客500万人次,旅游创汇1800万美元。1998年是大连开发区的高新技术产业发展较快的一年,制定了高新技术产业发展规划,科技企业的产值和效益大幅增长,仅民族高新企业的产值达20亿元。技工贸总收入18亿元,利税总额3亿元,分别比1997年增长了80%、75%和43%。民族高新企业已成为大连开发区新的经济增长点。开发区依靠科学技术,发展特色农业,实施渔业"四个一"工程,开发了农副水品生产的新路子,全年实现农业总产值6.4亿元,同比增长了25%,实现了年初确定的"农产品增产,农民增收,农村经济实力增强"的目标。交通运输进一步发展,全年实现运输总收入4.2亿元,全区营运车辆4373,全年道路客运量783.2万人次,货运周转量1200万吨,营运船舶56艘,水路货运量35.87万吨。

〔**投资环境**〕 1998年,大连开发区适时加强软环境建设力度,强化服务功能,提高办事效率,全面实现"招商、安商、富商"工程,成立了"外商投资企业服务中心"实行一条龙、一个窗口对外的服务程序,继续实行政策公开、办公制度公开、办事程序公开的"三公开"政策。加大了"安商、富商"的力度。对浮法玻璃、西太平洋石化等外商投资企业扭亏增盈工作,实行管委会主任包厂的办法,确实解决外商投资企业的生产和产品销售中存在的困难,效果明显。加快机构改革步伐、推动体制创新,调整了政府机构,努力探索、健全与市场经济相适应的廉洁高效的政府运行机制,为创造良好的投资环境起到积极作用。

同时进一步加强基础设施和服务设施等硬环境建设工作,集中财力解决电力、供水工程,开发区热电厂二期扩建工期完成投资30315万元,月供水能力为15万立方米的湾里净水厂累计完成投资1.92亿元,已于1998年10月建成送水,提高了全区供水保障能力。年内全区绿化植树22.4万株,新增绿地面积51.9万平方米,完成5号路绿化及防护林建设、北国江南广场改造等重点绿化工程,又创造两个国家级住宅小区,城区环境明显改观,开发区于1998年被国家环保局确定为首批建立区域ISO14000环境管理标准体系示范区,标志着区域整体的环保工作已经走在全国前列。

〔**利用外资**〕 针对国际经济形势给招商工作带来的影响和国内有关政策调整所带来的压力和困难,及时调整招商引资策略,采取积极有效的措施,加大招商力度,在管委会全体干部中开展人人招商、人人为招商服务的活动,群策群力,抓住机遇,全年共引进外商投资项目71个,增资项目51个,合同外资额84662万美元,实际利用外资2.2亿美元。

1998年利用外资工作主要特点:一是引进项目规模大。全年71个外资项目平均投资规模1060万美元,1000万美元以上项目32个。二是引进项目以第二产业为主。重点为机械加工、电子、通讯、木材加工等,突出大连开发区作为出口加工基地的特点。三是引进项目科技含量高。东福彩色液晶显示器有限公司由东方电脑与台湾福仑利器共同投资2900万美元,产品填补了我国电子工业的一项空白。大连三泰科技自动机械有限公司由火炬数控和德国西门子共同投资2500万美元,生产具有本世纪末国际先进水平的数控油机、精密工具机械。这些科技含量高、规模大的项目将成为大连开发区优化产业结构、加工产业提升的有力保证。四是增资活跃。年内有51家外商企业追加投资,证明了开发区的投资环境日趋完善。五是投资国别、地区的排列顺序发生变化。由过去日本、韩国、东南亚各国投资额占先,变为以美国投资额列第一位的欧美投资额占先,这表明大连开发区对欧美投资商的吸引力增强,有利于利用外资的平稳增长。截止1998年底,共有34个国家和地区的外商在大连开发区投资,累计批准外商投资企业1199家,合同金额91亿美元,合同外资额59.6亿美元,实际使用外资27.9亿美元,项目平均规模759万美元。

〔**对外贸易**〕 1998年,大连开发区完成出口额13.4亿美元,较去年降低6.3%,其中外商投资企业出口额13.2亿美元,占全区出口额的98.5%。在全区190家出口企业中,出口额超过2000万美元的企业17家,出口额合计为8.79亿美元,占全区出口额67%。出口额突破亿美元的企业有3家,佳能大连办公设备有限公司出口额1.65亿美元,日本电产大连有限公司出口额为1.38亿美元,万宝至马达大连有限公司为1.1亿美元。纵观大连开发区外商企业1998年的出口情况,可以看出外商投资企业出口集中在亚洲,比例高达89%,其中以日本、韩国、新加坡和香港地区为主。国际金融危机、日元贬值等不利因素,导致大连开发区出口额降低。

秦皇岛经济技术开发区

〔**发展概况**〕　通过全区员工的共同努力,1998年招商引资、经济发展、精神文明建设和社会各项事业均取得较大发展。到年底开发区已全面完成省市下达的34项考核目标。其中,国内生产总值达到9亿元,工业销售收入32.08亿元,为考核指标的100.25%,同比增长3.49%;实际利用外资完成1.1亿美元,为考核指标的100.42%,同比下降0.3%;实际进区内资完成4.07亿元,为考核指标的113.06%,同比下降29.9%;出口总额完成1.3亿美元,为考核指标的100.1%,同比增长11.9%;财政收入完成1.5亿元,为考核指标的100.06%,同比增长11.76%;固定资产投资额完成73479万元,完成目标的104.81%。华瀛磷酸、同和热电等5个重点项目超额完成投资计划4448万元。国有及国有控股企业增加值增长率、利税增长率、人口出生率、对外承包等项指标,均完成目标任务。

1998年完成进出口总额17309万美元,其中进口额4297万美元。开发区进出口公司完成进出口额4946万美元,占全区进出口额的28.6%。在亚洲金融危机的不利影响下,秦皇岛开发区不断开拓新市场,出口创汇仍保持强劲的发展势头,全年出口额达到13012万美元,同比增长11.92%。在出口额中,一般贸易出口3002万美元,三资企业出口10010万美元,同比增长8.79%。出口市场以东南亚国家和地区为主,出口产品以机电、服装为主。1998年,新增出口企业2家,全区出口企业达到30家。

〔**工业生产稳步发展**〕　全区共有投产工业企业140家。其中,三资企业95家,内资企业45家;盈利企业97家,盈利额11307万元,亏损企业43家,亏损额3632万元,盈亏相抵,盈利7675万元。投产工业企业年人均劳动生产率6.6万元。截止到年底,开发新产品50余项,有12个项目达到国际先进水平,有8个项目的新产品填补了国内空白。列入国家“火炬”计划项目的邦迪公司镀铜钢带生产线,已通过国家级验收;龙腾精密带钢公司激光毛化生产在生产中应用,通过了国家级鉴定;飞天汽车门制造有限公司生产的奥迪铝合金车门,通过了德国奥迪公司的质量认证,被长春一汽指定为配套生产厂家;嘉华塑胶有限公司生产的PVB膜片,打破了由美国、日本等几家大公司长期垄断市场的局面,填补了国内空白;莱成电子公司生产的ITO透明导电玻璃、远大公司生产的智能型电表也都引起了国内外的关注。经河北省质量兴省名牌兴企战略领导小组、省经贸委、省技术监督局批准的名牌产品4项,包括首钢板材公司“秦板牌”普碳热轧中厚钢板船板、海湾公司“海湾牌”GST火灾报警设备、奥格型材公司“奥格牌”PVC型材、福胜公司“蓝鲸牌”PU革。有9家企业通过了ISO9000质量体系认证。

〔**招商引资成绩显著**〕　1998年,受金融危机影响,招商引资竞争日趋激烈。秦皇岛开发区调整战略,采取措施,奋力拼搏,收到了较大成效。全年共审批外资项目25个,总投资21813万美元,合同外资18879万美元,实际利用外资11046万美元。坚持“中中外”招商引资道路,引进内资工作进一步加强,批准内资项目166家,投资总额35132万元,实际到位内资35132万元。积极开拓欧美市场,全年批准欧美国家外商投资项目9个,总投资

8526万美元,分别占外资项目的36%和39%。坚持抓大不放小,以吸引大规模和关联性强项目为主的原则,1998年外商投资项目中,有9个项目超过1000万美元。

截止到年底,开发区批准三资企业平均投资规模为575.99万美元,实际到位外资53584万美元,资金到位率为46.35%。累计批准总投资500万美元以上三资企业77家,其中总投资1000万美元以上企业53家。总投资500万美元以上或3000万美元以上的投产工业企业有邦迪、飞天、莱成、正大、首钢板材、乐金等13家。其中,三资投产工业企业12家,投资总额18296万美元、注册资本11669万美元、实际到位外资11142.1万美元,企业产品涉及电子、建材、化工、汽车配件等多个领域;内资工业企业1家,总投资7000万元,主要生产建筑材料。这13家企业1998年完成工业销售收入181692.9万元,工业增加值27520.7万元,实现利润4957.9万元,利税总额9347.4万元。

〔**改善投资环境**〕 硬环境建设方面,坚持了基础设施适度超前,配套工程随项目推进的建设方针,财政投资1500万元,重点完善了二期基础设施、三期石油管道改线等工程。为改善办学条件,财政投资1200多万元,建设开发区中学和开发区中心小学。全区新增园林绿地面积37801平方米,人均新增绿地面积2.86平方米;建成区绿化覆盖面积达到35.9%,绿地率达到32.8%。

软环境建设得到进一步改善,在"'97投资环境年"取得显著成效的基础上,继续开展以投资软环境建设为主要内容的"投资环境年"活动。一是通过思想整顿,加强教育,机关各部门、驻区各单位服务意识进一步增强,服务态度进一步端正,办事效率进一步提高。二是通过整改,建立、健全了更为高效、便捷的服务体系。进一步简化项目审批程序,项目审批相关部门在新办公楼二楼实行"营业厅"式办公,极大方便了投资者;进一步完善了审批一条龙服务体系,项目建设全方位服务体系和企业生产经营经常化服务体系,使之成为环环相扣、有效运转的系统工程。在项目相关部门中开展了政务公开、服务承诺制度,实行限时服务,编制了承诺手册和服务指南,劳动人事局和建设规划局在这方面成绩较大,效果很好。三是投诉中心、收费中心全面开展工作,企业"五乱"、"吃、拿、卡、要"现象得到有效遏制。四是加强法制教育,创造了依法治区、依法行政的法制环境。五是加强了培训工作,提高了机关工作人员的政治素质和业务素质。

〔**重点项目建设**〕 1998年开发区列入河北省重点项目5项,均完成或超额完成计划投资额。其中,同和热电厂年计划投资14423万元,到年底实际完成投资14923万元,完成年度计划的103.5%;华瀛磷酸计划投资6400万元,到年底实际完成投资7100万元,实成年度计划的110.9%;东洋特殊钢年计划投资1393万元,实际完成投资1393万元,累计完成投资3069万元,该项目已投产;北方机动车配件城年计划投资3000万元,实际完成投资5415万元,完成年度投资计划180.5%;曼内斯曼电动葫芦年计划投资1393万元,实际完成1393万元,累计完成投资1860万元,已于下半年试投产。

〔**民营企业有发展**〕 截止到1998年底,开发区累计批准民营科技型企业100家,注册资本5399万元。其中,经河北省科委批准命名的高新技术企业13家,占开发区省级高新技术企业总数的48%;省级高新技术产品13项。民营科技型企业发展主要特点:一是经济效益不断增长,逐渐形成规模生产,并在国内外市场上占有一席之地。二是人员素质高,企业领导基本上都是熟悉本企业产品研究、开发、生产和经营的科技人员,并具备中级以上职称。三是高新技术产业的蓬勃发展,激发了企业技术进步积极性,积极开发新产品,提高技术含量,有力推动了企业的技术进步。海湾公司、四达公司、中荣公司等积极开发新产品,提高产品质量。四是科技投入不断加大。海湾公司1996年投入136.8万元,1997年投入221

万元,同比增长61.2%;1998年投入360万元,同比增长63%。

〔**集约用地**〕 一是坚持高标准、高起点,努力提高规划设计水平。为提高开发区土地的利用水平,根据开发区发展的实际,委托中国城市规划院重新修订完善了开发区总体规划,于9月通过市政府审批,上报省政府,为开发区项目建设用地提供了合理规范的科学依据。二是强化审查和规划管理工作,严格执行"一书两证"制度。全年发放《建设用地规划许可证》25本,批准占地面积564.4亩。三是把握政策,规范管理,依法管好用好土地。首先,规范管理程序,提高土地利用率。在土地征用工作中,保证项目用地和基础建设用地的需要,深入现场、深入农村做好征地拆迁工作,征用土地418.3亩。其次,在土地定价工作中,坚持定期公布标准地价,根据项目情况、地块因素,在基准地价范围内合理确定土地价格,出让国有土地使用权18宗,面积440亩,有偿划拨土地1宗,面积47.7亩。再次,对土地转让、出租、抵押二级土地市场纳入依法管理轨道。坚持登记注册、依法审批,有效地制止了土地私自转让、出租、抵押等违法活动。年内依法核发国有土地使用证6件,办理土地抵押登记21件,规范了土地市场,控制了土地收益流失。

(刘洪钧 执笔)

天津经济技术开发区

〔**综合情况**〕 1998年,天津经济技术开发区面对国际、国内经济形势的严峻挑战,全区经济实现了持续、快速、健康的发展,经济运行的整体质量和效益进一步提高。工业新城区载体功能进一步增强,社会秩序文明安定,科技、教育、文化、卫生、体育等各项社会事业不断进步,综合投资环境日臻完善。全区综合实力进一步增强,在天津全市经济中继续发挥重要作用。1998年,全区实现国内生产总值180.11亿元,按可比口径计算,比上年增长19.8%,其中第二产业增加值139.96亿元,可比增长18.1%,第三产业增加值40.15亿元,可比增长30.6%。二、三产业比例由上年的80:20变为78:22。人均国内生产总值由上年的10.17万元提高到10.75万元,增长5.7%。

全区完成财政收入28.9亿元,比上年增长10%。工业总产值(现价)突破500亿元,达到540.22亿元,按可比口径比上年增长20%。外贸出口完成22.61亿美元,比上年增长12.8%。全年全区固定资产投资完成75.35亿元,其中基础设施投资完成15.31亿元。历年累计全区固定资产投资430.62亿元,其中基础设施投资75.74亿元。1998年全区外国及港、澳、台地区投资企业(以下简称外商投资企业)项目投资总额14.82亿美元,其中协议外资额12.28亿美元。截至1998年底,全区累计外商投资项目投资总额突破百亿美元,达到107.63亿美元。

坚持改革创新,增创天津开发区新优势。为了进一步降低企业投资成本,完善投资环境,1998年取消了除工商注册登记费、税务登记费、国有土地使用费三项国家法律规定的收费项目之外的一切涉及企业的行政性收费,在清理收费、减轻企业负担方面走在了全国的前列。资本运营取得新成绩。继1997年天津开发区拥有第一家股票上市公司——"泰达股份"(泰达为天津开发区英文缩写的译音)之后,1998年又一家按照现代企业制度组建的企业集团——津滨发展股份有限公司A股发行成功。天津开发区总公司海外上市工作取得阶段性成果。对外经济技术合作取得突破。1998年,天津开发区在埃及合资建设苏伊士湾西北经济特区示范区项目进展顺利。贸易促进与投资促进并举。参加了广交会、上交会等9次国内交易会和投资洽谈会,成交金额达78.5亿元,进一步提高了天津开发区产品的知名度和市场占有率,有力地促进了地区间的经济协作和招商引资工作。积极开拓体育产业,1998年成立并成功运作了天津泰达足球俱乐部。

〔工业〕 工业经济整体运行态势良好，继续保持快速增长的势头。截至1998年底，全区已开工投产的工业企业累计达到1550家。1998年，全区完成工业增加值138.51亿元，按可比口径计算，比上年增长17.8%，占全区国内生产总值的76.9%。全区完成工业总产值（现价）540.22亿元，比上年可比增长20%，其中外商投资企业完成520.36亿元。

大中型企业骨干作用明显。1998年，全区工业产值超亿元的企业60家，比上年增加14家，产值合计占全区工业总产值的76.5%。产值超过10亿元的企业5家，比上年增加1家，产值合计占全区工业总产值的53%。摩托罗拉（中国）电子有限公司、天津三星电机有限公司、天津梅兰日兰有限公司、通用半导体（中国）有限公司等企业继续保持良好的发展势头，实力进一步增强。天津三星电管有限公司、天津三星电子显示器有限公司、诺和诺德（中国）生物技术有限公司、劲量（中国）有限公司、天津乐金大沽化学有限公司等一批大中型项目年内顺利投产，已显示出强劲的发展潜力。

在1997/1998年度全国最大500家外商投资企业（按销售额排序）中，天津开发区共有14家企业入围，与上年持平，其中摩托罗拉（中国）电子有限公司继续排列第二位置。

支柱产业进一步加强。1998年，全区电子电气、食品、机械、医药化工四大行业共完成工业总产值462.02亿元，比上年可比增长23.5%，占全区工业总产值的85.5%。

工业产品结构进一步优化。1998年，诺和诺德（中国）生物技术有限公司生产的酶制剂、胰岛素，天津三星电管有限公司生产的彩色显像管，天津三星电子显示器有限公司生产的显示器等一批科技含量高的产品相继投放市场，无线通讯设备、电子元器件等产品产量大幅增长。

工业经济效益稳步提高。1998年全区工业产品销售收入533.74亿元，比上年增长15.3%（现价比），其中外商投资企业514.11亿元。全区工业产销率98.8%，比上年提高0.3个百分点。全区工业实现利税总额73.27亿元，比上年增长5.3%。全区工业人均创利税6.25万元，其中外商投资企业人均创利税6.52万元。按增加值计算的全员劳动生产率11.82万元，比上年增长4%；按产值计算的全员劳动生产率46.09万元，比上年增长5.9%。

〔招商引资〕 招商引资工作在困难形势下仍取得了较好成绩。1998年，天津开发区面对不断变化的国际经济形势，始终坚持"投资者是帝王"、"为投资者提供方便，让投资者赢得利润"的宗旨，按照国际标准进一步完善综合投资环境，制定并出台了鼓励外商投资高新技术等产业的多项优惠政策，并组织赴美国、欧洲、东南亚和港、澳、台等国家和地区进行各种招商活动10次。全年全区新批外商投资项目194家，办理增资的外商投资项目78家；项目投资总额（含增资）14.82亿美元，协议外资额12.28亿美元，与上年基本持平。全年实际到位资金11.2亿美元，其中外商实际到位10.13亿美元，分别比上年增长24.4%和34.1%。

1998年，全区利用外资的主要特点是：

1. 从投资国别和地区看，美国、英国、瑞士、加拿大等欧美国家投资比例增大。欧美项目协议外资额为4.8亿美元，占全年全区协议外资总额的39.1%，比上年提高5个百分点。

2. 从投资产业结构看，交通、能源等基础设施利用外资规模增长迅速。1998年，全区基础设施项目协议外资额为1.95亿美元，比上年增长44.1%。

3. 从项目投资规模看，大项目数量依然不减。1998年，全区新批1000万美元以上的大项目29家，与上年持平，一批跨国公司项目，如法国阿尔卡特公司电磁线项目、台湾良机冷却塔项目等相继落户天津开发区，美国奥的斯公司、台湾顶新集团等也将其在中国的总部设在天津开发区。截至年底，全区批准1000万美元以上的项目累计达到186家。

4. 企业增资势头强劲。随着天津开发区

综合投资环境日臻完善和外商投资企业经济效益的提高,众多外商投资企业纷纷增资。全年共有78家外商投资企业增加投资,项目投资总额增加5.2亿美元,协议外资额增加5.03亿美元,分别占全年全区项目投资总额、协议外资总额的35.1%和40.9%,平均增资规模达667.09万美元,其中增资在1000万美元以上的大项目有19家。

截至1998年底,天津开发区累计批准来自65个国家和地区的外商投资企业3110家,项目投资总额107.63亿美元,协议外资额85.62亿美元。项目平均投资规模346万美元,比1997年底提高了28万美元。累计实际到位投资58.79亿美元,其中外商实际到位投资47.23亿美元。美国摩托罗拉、可口可乐、百事可乐、霍尼韦尔、GS、史克必成、标准洁具,日本雅马哈、松下、三井、住友、伊藤忠商事,瑞士雀巢,德国SEW,英国BOC、IMI,法国梅兰日兰、阿尔卡特,丹麦诺和诺德,韩国三星、LG、现代、锦湖,泰国正大,台湾统一等一大批国际著名大型企业、跨国公司已经成为天津开发区投资主体。全区已开业、投产的外商投资企业超过1850家。

目前,天津开发区已在美国、日本、欧洲、北京等地设立了办事机构。

内资项目发展迅速。1998年,天津开发区制定和完善了一系列鼓励内资企业入区的政策、措施,取得较好成果。全年登记注册各类内资企业2261家,注册资金68.26亿元,增长40.3%,其中私营企业1776家,注册资金47.37亿元,增长40.8%。注册资金1000万元以上的企业达131家,比上年增加33家。截至1998年底,全区实有各类内资企业12885家,注册资金299.89亿元,其中私营企业5808家,注册资金107.39亿元。注册资金1000万元以上的企业累计达到600家。

〔对外经济贸易〕 1998年,天津开发区面对亚洲金融危机等不利因素的影响,努力推进贸易促进发展战略,进一步完善优质、快捷、高效的贸易环境,积极开拓国际市场,在一定程度上规避了危机影响。全年全区实现出口总额22.61亿美元,比上年增长12.8%,其中外商投资企业21.88亿美元,比上年增长10.3%。全区工业产品外销率为35.2%。全区进口总额26.11亿美元,比上年增长4.3%。

1998年全区实现产品出口的企业285家,其中出口额超过1000万美元的企业31家,出口额合计18.15亿美元,占全部出口额的80.3%。

出口市场进一步多元化。1998年,全区在努力加强与亚洲国家和地区贸易的同时,积极扩大对欧美国家的出口,大力开拓独联体和东欧、非洲、拉美等国际市场。全年全区出口产品市场涉及的国家和地区由上年的63个扩展到72个,其中对美国出口3.28亿美元,比上年增长37.1%,对欧盟出口1.74亿美元,增长25%。在出口总额中,香港占27.7%、日本占25.1%、美国占14.5%、韩国占11.6%、新加坡占3.9%。

出口商品结构进一步优化。移动电话、无线寻呼机、集成电路、录像机、照相机、减速机、汽车配件等机电产品继续保持第一大类出口产品地位,全年完成出口额16.96亿美元,增长8%,占全区出口总额的75%。

〔固定资产投资〕 全区固定资产投资共完成75.35亿元,比上年增长0.4%。截至1998年底,全区固定资产投资累计完成430.62亿元。全年全区土地开发面积2平方公里,开工房屋面积85.29万平方米,竣工房屋面积65.18万平方米。历年累计房屋竣工面积357.56万平方米。

基础设施和城市建设取得新的进展。1998年全区共完成基础设施投资15.31亿元,比上年下降7.5%。历年累计共完成基础设施投资75.74亿元。

1998年天津开发区基础设施及城市建设主要呈现以下特点:

1. 交通设施投资力度加大。彩虹大桥、汉北路、东海路等一批新、续建项目于年内竣工;连接天津市区与开发区的津滨高速公路进展顺利；为进一步完善开发区与周边地区交通网络兴建的“三桥两路”工程正式开工。这些项目的建设使得开发区的交通条件，特别是跨区域交通条件进一步改善。

2. 一批大型基础设施源头配套项目进展顺利。110KV变电站、新城区供热中心等一批新、续建项目于年内相继竣工；220KV变电站、污水处理厂、净水厂二期工程等新、扩建项目进展顺利。基础配套设施的进一步扩容，将为开发区的经济发展提供有力的保障。

3. 城市建设得到加强，城区环境进一步完善。泰达学院、国际医院、气象预警中心等一批公益服务设施陆续开工，外商投资服务中心、滨海广场等项目有的已经建成，有的即将收尾。这些项目的建设，将进一步完善开发区的投资环境，加强开发区的城市载体功能。

4. 小区建设步入正轨。年内，天津开发区逸仙科学工业园、微电子工业区、化学工业区、保泰工业园共完成基础设施投资2.84亿元，以逸仙园输水管线为代表的一批项目相继竣工。这些小区的建设为开发区的项目配套和结构调整提供了有利条件，将对开发区的经济发展起到积极的促进作用。

1998年全区新增基础设施能力为：道路面积58万平方米。给水管网13.8公里，排水管网28公里，供电2×50兆伏安，供燃气4万立方米/日。截至年底，全区累计开发土地面积24平方公里，其中工业区19平方公里，生活区5平方公里。累计形成能力为：道路面积287.5万平方米；给水管网218.2公里；排水管网396.8公里；供热445吨/小时；供电4×50兆伏安；供燃气14万立方米/日；供水10.5万吨/日；程控电话装机容量4.2万门。

外商投资项目仍是固定资产投资主体。全区外商投资企业共完成固定资产投资55.12亿元，比上年增长1.2%，占全区总投资的73.1%，其中投资额在1000万元以上的项目35个，超亿元的项目9个。

〔环境保护〕　1998年，天津开发区环境空气质量符合国家《环境空气质量标准》二级要求，空气中总悬浮颗粒物平均浓度为0.203毫克/立方米，二氧化硫平均浓度为0.039毫克/立方米，氮氧化物平均浓度为0.05毫克/立方米，一氧化碳平均浓度为1.96毫克/立方米。区域环境噪声和道路交通噪声均达到国家《区域环境噪声标准》相应级别要求，其平均值分别为LAeq:55.8dB和LAeq:68.8dB。

全面推广ISO14000的审核认证工作，取得良好效果，环保设施建设全面启动。开发区污水处理厂、电镀废水处理中心已开工建设，固体废物处理中心正在积极筹建。进一步加强城区绿化、美化工作，全区新增绿地36.9万平方米。截至年底，全区绿化面积218万平方米，绿化覆盖率达到18.6%，比上年提高2.1个百分点。

〔商业、交通运输及邮电业〕　商业繁荣活跃。1998年，天津开发区商业（含批发和零售贸易、餐饮业）实现销售（营业）收入113.52亿元，比上年增长18.6%。实现增加值15.53亿元，比上年可比增长34.6%。1998年，天津开发区进一步完善鼓励商业发展的优惠政策，商业网点增多，商业服务设施日趋完善，集贸市场交易活跃，连锁商店、超级市场、仓储式商场等现代经营方式和新兴业态显示了勃勃生机。

交通运输业快速增长。1998年，全区交通运输（含仓储）营业总收入5.61亿元，比上年增长17.4%。实现增加值1.89亿元，比上年可比增长21.7%。截至1998年底，全区共有客货运输单位480家，其中货运单位466家；拥有客货营运车辆2602部，其中货运车辆2212部。全年完成货运量706万吨，货物周转量4.01亿吨公里；客运量652万人次，客运周转量2.93亿人公里。

邮电通信业稳定发展，完成邮电业务总量8268万元，比上年增长7.4%，其中邮政业务量402万元，电信业务量7866万元。光纤环工程年内建成并投入使用，全区通讯网络已达到或接近国际先进水平。中国联通天津分公司滨海营业厅投入运营，促进了开发区电信事业的发展。信息化建设取得新成果。1998年,天津开发区继续加快信息化建设步伐,编制了《天津开发区信息化工程总体规划纲要》,在不断提高网络功能的同时,加大对信息资源的开发,年内开通了机关内部主页“泰达信息网”和国际互联网上主页“泰达之窗”,对于宣传天津开发区发挥了积极作用。

〔金融和保险业〕 1998年,天津开发区金融保险业完成增加值7.16亿元,比上年可比增长7.5%。全区共有各类金融机构27家,其中银行机构13家。区内银行营业网点23个。

1998年末,全区银行机构人民币存款余额97.86亿元,比年初增加30.8亿元,外币存款余额2.45亿美元,比年初增加0.15亿美元。人民币贷款余额95.29亿元;比年初增加51.94亿元,外币贷款余额2.26亿美元,比年初增加0.38亿美元。当年现金收入148.91亿元,现金支出156.96亿元,现金净投放8.05亿元。

证券市场活跃。全年累计交易额238.68亿元,比上年增长26.8%。

保险业稳步发展。全年全区保险业承保总额626亿元。保费收入1.68亿元,比上年增长4.5%,其中财产险保费收入1.43亿元,人身险保费收入0.25亿元。财产险赔款金额0.56亿元,人身险给付金额78万元。

〔科技、文教、卫生、体育〕 开发区积极实施“科技兴区”战略,1998年出台了一系列鼓励高新技术产业发展的优惠政策,编制了《天津经济技术开发区高新技术产业发展规划》,建立了“泰达高新技术企业园”和“泰达软件园”。泰达国际创业中心继续发挥科技成果“孵化器”作用,全年吸收高新技术项目20个。全年全区完成科技成果鉴定46项,科技成果登记18项,技术合同成交额410万元。

举办美术、书法、摄影等多项大型艺术展,群众性文艺活动丰富多彩。泰达有线电视台开播25套国内、外电视节目;全年制作专题节目182期;在美国举办了“中国天津电视周”暨“天津开发区建设成就图片展”,美国“熊猫”电视台连续播出泰达有线电视台摄制的多部电视专题片,获得广泛赞誉。天津开发区与中央党史研究室联合摄制完成了大型文献纪录片《光辉历程——从一大到十五大》。开发区主办的《泰达时报》,1998年经国家批准更名为《滨海时报》,并将于1999年起面向国内外公开发行。

天津开发区成立电视大学并开始招生,泰达干部培训中心竣工,泰达学院建设进展顺利。开发区已基本形成了幼教、小教、中教、职教、高教和成人教育的比较完整的教育体系。1998年底,开发区各级各类学校在校生3095人,其中外籍学生322人;教师253人,其中外籍教师37人。

卫生事业稳步发展,医疗卫生设施建设得到加强。泰达第一医院进行扩建,医疗条件进一步改善;利用外国政府贷款兴建的大型综合性医院——泰达国际医院也已破土动工。卫生防疫工作更加深入。截至1998年底,全区共拥有医务人员84人,其中中高级医务人员43人;拥有床位120张。

年内成立泰达足球俱乐部,取得优异成绩,举办了全国卡丁车锦标赛、全国青少年高尔夫球锦标赛,还成功举办了开发区第三届运动会及职工长跑比赛。群众性体育活动蓬勃开展,全民健身运动日益深入人心。

〔法制建设〕 法制建设保障全区经济和社会健康发展。1998年相继制定并发布了《天津经济技术开发区吸引高科技企业入区投资规定》、《天津经济技术开发区吸引商业企业入区规定》、《天津经济技术开发区吸引高科技企业入区补充规定》、《天津经济技术开发区鼓励外商投资企业再投资规定》4项行政管理规定,对《天津经济技术开发区社会保险规定》和《天津经济技术开发区养老保险规定》进行了修订并重新发布。截至1998年底,天津开发区共发布行政管理规定86项,现行有效的69项。

全区社会秩序继续保持稳定局面。1998年,天津开发区司法机关积极开展综合治理,维护治安。法律咨询、法律服务体系建设进一步加强。

〔**人口及劳动状况**〕 1998年底，天津开发区从业人员共有17.16万人，比上年多1.37万人，其中外商投资企业从业人员12.11万人。全区各类专业技术人员3.46万人。区内居住人口4.3万人。

1998年全区从业人员劳动报酬(实得)18.54亿元，其中外商投资企业14.07亿元。中方从业人员人均月劳动报酬(实得)812元。

社会保障体系日趋完善。1998年，天津开发区养老保险制度平稳实现了与全市的统一并轨，进一步健全和完善了全区的社会保障制度和体系。截至1998年底，全区共有1240家企事业单位为其员工缴纳社会保险，全年月平均缴费人数达6.44万人。全年实现社会保险基金征缴2.57亿元(不含住房储蓄金)，其中职工基本养老保险缴费额为1.45亿元(包括开发区行政事业单位缴费)。全年共向329名离退休人员发放了离退休养老金，为8597人(次)提供了失业救济。

烟台经济技术开发区

〔**经济与发展**〕 1998年，烟台经济技术开发区，在整个宏观经济环境困难的条件下，进一步优化投资环境，加大招商引资力度，加快结构调整步伐，改革开放和经济建设继续保持了良好的发展势头。全年实际利用外资2.53亿美元，比上年增长24.7%，完成固定资产投资25亿元，比上年增长57.6%，完成国内生产总值31.4亿元，比上年增长11.6%；工业增加值达到20.5亿元，比上年增长13.9%；第三产业增加值7.5亿元，比上年增长12.1%；完成进出口贸易额6.3亿美元，比上年增长12.7%；实现工业总产值70.16亿元，比上年增长16.7%；实现工业利税4亿元，11家企业利税超1000万元；完成地方财政收入1.75亿元，比上年增长6.3%。

1998年整个经济运行不仅保持了适度快速增长，经济运行质量不断提高：1998年工业项目投资22.45亿元，比上年增长63.4%，是建区以来投资规模最大的一年。汽车零部件项目建设进展迅速，顺利进入收尾阶段。氨纶四期、电子网板二期、路通精密、万润精细化工、小峰纸业等建设工程相继竣工投产、壮大了开发区的实力。从1998年的经济运行看，主要有四个特点：一是骨干企业培育态势良好。针对国家海关、金融等新政策的出台实施，适时组织召开了进出口政策说明会、金融政策座谈会和企业管理工作座谈会，帮助企业分析形势，研究对策。同时，举办了ISO9000系列标准讲座，全面推行ISO9000质量认证工作，使区内企业的发展能力和管理水平迅速提高，有12家企业通过了ISO9000质量标准认证。在机械汽车、电子信息、食品加工、化纤纺织、精细化工和生物医药等产业领域，逐步形成了一批骨干龙头企业。目前，这部分企业的产出和效益指标已占到开发区经济总量的75%以上。二是困难企业解困工作成效显著。由于亚洲金融危机的影响，区内部分外资企业，尤其是韩资企业受到较大冲击。开发区从实际出发，在税收、金融、用地、收费等方面制定了12条特殊政策，全力扶持受冲击企业，大大缓解了企业的发展压力。如大宇重工经过了一个时期的低迷之后，通过外部扶持和市场开拓，生产得到逐步复苏，1998年完成工业总产值3.3亿元。三是科技创新步伐逐步加快，企业科技创新能力迅速增强。1998年通过积极组织实施“科教兴区”战略，全年新认定高新技术企业7家，科研攻关、新产品开发17项，实施国家级攻关计划22项，组织实施火炬计划8项，其中2项列入国家863计划。特别是留学人员创业园区得到快速发展，引进各类人才16名，创办生产性企业19家，其中，80%为高新技术企业。四是财源建设得到加强。围绕增加财政收入，进一步深化征管改革，依法加强对欠税户的计征稽查和催交力度，采取各种有效措施培植新税源。按照新的征管模式，正式启用了办税服务大厅，依法清理欠税、催交税款入库。对纳税大户和新投产企业加强跟踪服务,新增新税源收入1800多万元,全年完成地方财政收入1.75亿元,比上年增长6.3%。

社会各项事业发展方面。1998年,在国民经济迅速发展的同时,各项社会事业也取得新的发展。人口继续增加,1998年末,全区总人口4.8万人,比上年增长4.6%。就业继续扩大,年末从业人员达到3.6万人次(不含农村及个体业户),比上年增长8%,旅游事业稳步发展,到1998年末,全区涉外宾馆6家、旅行社5家,全年接待海外游客3.9万人次。邮电业不断进步,年末,邮电机构发展到6处,全年业务总量达到5964万元,比上年增长28%。教育事业健康发展,素质教育、特色教育等工作开展得有声有色。目前,已有各类学校27处,在校学生9000人。社区服务工作加强,建立小区卫生组织5个,居民组织日趋规范,居委会升级达标率达100%。计划生育深入扎实,计划生育率达到99.18%,在烟台市位居前列,工委、管委被山东省委、省政府授予计划生育先进集体。农村经济发展加快,农民人均纯收入达到2706元,比上年增长2.5%。物价水平降低,全年商品零售价格指数为95.4%,居民消费价格指数为98.4%。

〔**投资环境**〕 为进一步发展外向型经济,增强对外招商引资的吸引力和竞争力,烟台开发区工委、管委始终把改善投资环境作为一项十分重要的工作任务来抓,努力为中外投资者创造一个配套完善的投资环境。在硬环境建设方面:1998年,全区固定资产投资实现了新的突破,全年完成固定资产投资25亿元,比上年增长57.6%,新开工建筑面积18.8万平方米,竣工建筑面积31.2万平方米。1998年完成基础设施投资1.35亿元,比上年增长39.8%。改造了长江路,完善了天地广场,整修了海滨路,配套了金城小区。新铺设各类管网22公里,修建改造道路17万平方米,新增绿化面积20万平方米,并完成了部分急需的供水、供电设施配套。在城区建设上,结合创建卫生城活动,加强了对城区环境的综合整治,对乱搭乱建、乱停乱放、乱贴乱画等进行了彻底清理,城区面貌焕然一新,大大改善了群众的生活环境,提高了生活质量。在软环境建设方面:继续推行了"一条龙"办公和"一站式"、"专人式"等服务形式,提高了服务质量和效率。进一步优化了政策环境、法制环境、服务环境和生活环境。

截至1998年底,全区规划36平方公里,已开发20平方公里,建成12平方公里。固定资产累计投资达115亿元,基础设施投资15亿元。完成供水管道138公里,排水管道158公里,道路长度66平方公里,绿化覆盖面积5平方公里,日供水10万吨、电话装机容量1.5万门,住宅建筑面积154万平方米,为开发区的快速发展奠定了良好的基础,为广大投资者在这里创业发展提供了更加优良的投资环境。

〔**利用外资**〕 在招商引资形势严峻的情况下,进一步解放思想,转变工作思路,调整工作策略,加大政策激励力度,改进方式、方法,有力地推动了招商引资工作的开展。全年签订各类项目72个,合同投资总额1.25亿美元,合同外资额0.6亿美元,其中新批项目投资0.65亿美元。随着进区落户的三资内联企业的不断增加,企业增资势头迅猛,并成为烟台开发区招商引资的重要形式之一。全年,增资项目11个,增资额0.6亿美元。到1998年底,烟台开发区已累计引进项目687个。其中,外商投资项目470个,合同总投资额26亿美元,合同外资额13.8亿美元。项目投资额在1000万美元以上的项目44个,超过2000万美元的25个。项目投资额的70%集中分布在五个行业:机械设备制造业9.07亿美元,电子、电器仪表制造业4.08亿美元,食品加工业1.72亿美元,纺织化纤制造业1.39亿美元,黑色金属冶炼加工业1.35亿美元。投资的国家和地区已达24个,其中外资额的90%来自5个国家和地区,分别是韩国6.26亿美元、香港3.29亿美元、美国1.14亿美元、日本0.79亿美元、新加坡0.79亿美元。

〔**出口贸易**〕 1998年,全区对外贸易成绩显著。通过实施一系列倾斜政策扶持外贸企业出口,减轻亚洲金融危机所带来的负面影响程度,促进了外贸事业的发展。1998年全区开展进出口业务的企业发展到103家,比上年增加17家。全年完成进出口贸易额6.3亿美元,比上年增长12.7%。其特点:一是进出口总额大幅增长,达到4.3亿美元,比上年增长35.5%,成为维持1998年贸易增长的主要因素。其中设备进口2.1亿美元,直接拉动了投资规模的扩大。二是外商投资企业的出口总额继续增长,年内达到1.4亿美元,比上年增长3.2%。三是创汇大户发挥了龙头作用。通过自营出口、代理出口等多种形式,扩大出口规模,带动更多的企业把产品打入海外市场。全区有13家企业出口总额超过500万美元,占全区出口总额的64%。其中鲁星食品、山东省外贸分公司、银和公司、进出口公司、西蒙西轴承公司5家企业出口总额均超过1000万美元,强有力地促进了开发区对外贸易的持续发展。1998年全区投资总额的70%、生产总值的30%是通过外经贸企业实现的,外经贸企业已成为开发区出口创汇的主力军。

(杨克志　刘剑飞　执笔)

青岛经济技术开发区

〔经济与发展〕 1998年,青岛经济技术开发区紧紧围绕建设特区式开发区的定位和方向,积极克服困难,迎接挑战,加快体制创新、产业升级、扩大开放,经济建设和各项社会事业取得了长足进步。全区完成国内生产总值50.3亿元,比上年增长27.5%。其中,第二、三产业增加值分别为31.3亿元、16亿元,分别比上年增长23.2%和35.59%。招商引资继续保持稳定增长。全年新批三资项目107个,合同利用外资2.8亿美元,增长4%;实际利用外资2.1亿美元,增长5%;合同外资和实际利用外资额占到青岛市的1/4。新批1000万美元以上的大项目15个,新开工8个,5个已竣工投产,总投资65亿元的海西湾修造船基地和总投资50亿元的海尔工业园开始启动建设。共有15家三资企业增资扩建,增资总额达8955万美元。引进内资项目172个,注册资本4亿元;实际到位内资突破10亿元。外贸出口总额5.4亿美元,增长8.1%。经济建设持续发展,工业生产迈上新台阶。全区工业总产值增长25%,突破100亿元大关,达到101亿元;增加值增长23%,达到23.1亿元。全年完成技改投资2.7亿元,有10家企业被青岛市新认定为高新技术企业,10大产品被新认定为高新技术产品,高新技术企业产值突破20亿元。青岛市重点扶持的10家高新技术企业,青岛开发区占了5家。设立了民营科技工业园,扩大了吸引项目的空间。全社会固定资产投资32亿元,增长39%,其中区属固定资产投资16.6亿元;完成工业固定资产投资10.5亿元。财政金融运行质量明显提高。1998年,实现地方财政收入3.5亿元,增长16.6%。金融系统各项存款余额29.1亿元,各项贷款余额36.1亿元,分别比年初增加7607万元和4.15亿元。第三产业日趋活跃,引进建成了瑞蚨祥商厦,进一步优化了商业网点布局。房地产业在盘活存量中逐步启动,全年房地产开发投资完成1.72亿元,增长106.5%,盘活空置房产23万平方米。旅游业开始按规划引进项目,年内已投入2000多万元,来区旅游人数达到50多万人次。以完善城区功能和为大项目建设配套服务为重点,积极搞好基础设施建设,临港工业区供排水、长江西路拓宽硬化、前湾港路大桥、行政中心创业广场等一批重点工程顺利竣工,新建城乡主干道路11.45公里,全年完成基础设施投资2.35亿元,增长30.5%。以争创"卫生先进区"、"优秀旅游城市"、"国家园林城市"等为契机,进一步加强了城区环境的综合治理,对城区主干道路进行了绿化、美化、亮化,城区新植树13万株,铺草皮7公顷,新建公共绿地9.75公顷,城区绿化覆盖率达到17.5%。人均公共绿地面积8.03平方米。全年供水1400万吨,供热27万吨,公交营运里程364

万公里。个体私营经济加快发展,全区新注册个体工商户1132家,私营企业511家,分别增长16.6%和33.9%。社会消费品零售总额5.6亿元,增长13.5%。职工年均工资7686元,增长8%。农村城市化改造进程加快,年内完成投资1.2亿元,新开工建筑面积21万平方米。社会各项事业蓬勃发展。教育事业取得了新进步,建成了开发区职业高级中学和香江路二小,研究实施了鼓励、规范社会力量办学的管理办法,引进了南洋国际学校,青岛建工学院搬迁入区,学校布局、教育结构和教学质量有新的改善,高考升学率创历年最好成绩。民政、广播电视、文化、体育、新闻、统战、对台、侨务和民族宗教等各项工作都取得了新的成绩。

〔**投资环境**〕 在硬环境建设方面,截至1998年底,青岛经济技术开发区全社会固定资产投资累计达到204.4亿元,全社会基础设施投资累计119亿元,建成了港口、铁路、高速公路、电厂等一批大型能源、交通设施和其他配套设施。交通干道基本形成网络,水、电、热、通讯等基础设施配套日臻完善,成为国内配套最完善、投资环境最好的地区之一。区内形成水路、公路、铁路运输网络,主要有:前湾港,一期工程已投产6个泊位,年吞吐能力2200万吨,二期工程年吞吐能力510万吨,已建成目前国内能停靠第五代集装箱船的专用泊位;黄岛油港年输油能力3000万吨,可停泊20—30万吨级的油轮,为开发区发展大型石化工业奠定了良好基础。开发区与青岛老市区之间,海上有轮渡和高速客船相通,轮渡30分钟、高速客船10分钟即可到达彼岸,每15分钟双向对开一班;1998年运送车辆50万次,客运量484.5万人。陆路有胶州湾高速公路(全长68公里)与青岛市区和青岛流亭机场相连,到机场只有40公里。胶州到黄岛的胶黄铁路,全长42公里,通达全国各地。区内主干道103公里,全部是二级以上标准,公路密度46公里/平方公里。黄岛发电厂,总装机容量67万千瓦,正在筹建增加装机容量60万千瓦的扩建工程。拥有5.7万门程控电话,与国内外构成信息联通网络。到1998年底,全区电话普及率达24.3部/百人,其中市话45.7部/百人。电信固定资产2.1亿元,各项通信技术均达到全国先进水平。拥有12万吨/日的供水设施,9.3万吨/日的净水厂和4万吨/日的排污设施,并且实行污水、雨水分流;拥有210吨/小时的热力设施,对工业和居民集中供热;达到6万吨/年的液化气(LPG)的供应能力。

在改善投资软环境方面,坚持以降低投资成本、提高投资收益为目标,积极完善政府自身功能,强化主动服务意识,制定并严格实施了《外商投资企业服务管理办法》,切实把对外商的服务纳入规范化、制度化和全程化轨道:实行“一个窗口”收费制度,严格规范各种收费及标准;同时,坚持寓管理于服务之中,积极帮助企业克服困难、解决问题、安商富商。亚洲金融危机爆发后,针对日、韩等国部分企业遇到的实际困难,适时出台了《关于帮助外商投资工业企业克服东南亚金融危机影响的扶持办法》,努力帮助困难企业落实银行贷款,开拓国内市场,促进了企业的发展。各项社会事业获得较快发展,教育方面,1998年青岛南洋国际学校开始动工兴建,将于1999年9月正式面向社会招生。青岛建筑工程学院搬迁一期工程即将完成。至1998年底,全区共有国办中小学50所,社会力量办学单位31个;共有各类幼儿园99所。教职工队伍达2028人,在校学生2.6万人。医疗卫生事业方面,全区共有医院5处,其中区级医院2处,医护人员840人,建成了急救中心、外商医疗服务中心,新上了一批大型医疗设备。服务业方面,拥有黄岛宾馆、迎宾馆、海都大酒店及各类高中档酒店、饭店。

〔**利用外资**〕 1998年,共批准外商投资项目107个,合同利用外资2.8亿美元,增长4%;实际利用外资2.1亿美元,增长5%;重大项目引进数量和质量不断提高,新批1000万美元以上的大项目15个,平均每个项目的合同外资额达1500万美元,引进了美国美铝、辉门、芬兰耐斯特等世界著名的跨国公司；还引进了美国联合制药和ADS投资的技术含量和附加值较高的医药及液晶显示器项目；在青岛市首次利用TOT方式引进了基础设施大项目。有15家外资企业共增资8955万美元，特别是日本三美电机、芬兰耐斯特等世界知名大公司实现了增资扩建。引进内资项目172个，注册资本4亿元；实际到位内资突破10亿元。

截至1998年底，全区累计批准三资项目1048个，总投资25.8亿美元，合同利用外资19.3亿美元，实际利用外资9.6亿美元。投资额在1000万美元以上的大项目达69个，其投资额占全区项目总投资的70%以上，累计有62家三资企业增资扩建，增资总额达2.54亿美元。国外48个国家和地区的客商来区投资，其中欧美国家17个，亚洲国家和地区31个。以培育主导产业为导向引进大项目的策略取得明显成效。按照青岛开发区"九五"规划明确的石油、化工、化纤、建材、机械、电子六大主导产业，着力吸引大财团、大商社，兴办大项目。特别是近几年来，在外商投资企业形成一定规模的基础上，适时进行项目的筛选，把投资额大、产品竞争力强、国际市场占有率高的大项目作为招商引资的重点，实现了规模上的由小到大、技术上的由适用到高级，以及不断提高新产品比重的转变。韩国高合、日本伊藤忠、松下电器、英荷壳牌和RDS、意大利扎努西、美国联合制药、法国罗纳普朗克等一批国际知名企业投资项目的引进和扩张发展，标志着青岛开发区利用外资水平有了明显提高，目前世界500强大公司中有12家落户青岛开发区，投资兴办了15个外资大项目。

在积极吸引外资的同时，青岛开发区切实把外引与内联有机结合，进一步拓宽对内联合渠道，发挥自身优势，积极引进国内大企业入区。到目前已有来自国内20多个省市的客商兴办的内联项目2000多家，协议金额达180多亿元，实际投资突破100亿元。中国粮油贸易公司、济南轻骑、山东兰陵、北辰集团、山东服装进出口公司、齐鲁石化、洛阳玻璃、金晶玻璃等一批国内、省内大企业已在开发区落户；青岛双星、颐中烟草、澳柯玛、同泰橡胶等一批青岛知名企业纷纷在开发区投资。特别是总投资65亿元的海西湾修造船基地和总投资50亿元的海尔工业园的启动建设，使开发区特大内资项目建设取得了突破性进展。同时，青岛开发区十分注重内资向外资的转化，努力实现以内引外。到目前开发区相继已有100余家内资企业通过中外、中中外、中外外等形式兴办了合资、合作企业。合资规模较大的如：澳柯玛电器公司与意大利扎努西公司投资1256万美元兴办的高档展示冰柜项目，青岛中泰集团与法国罗纳普朗克公司投资4495万美元兴办的锦纶长丝项目，青岛石油公司与香港华润、齐润公司投资4900万美元兴办的全国最大的石油、成品油库项目，青岛机械总公司、颐中集团与英国RDS公司合资2970万美元的汽车冲压件项目等。

〔出口和转口贸易〕 1998年，青岛开发区对外贸易保持了较好的发展水平，外贸出口继续保持稳定增长。出口总额54142万美元，比上年增长8.1%。其中，三资企业出口额31412万美元，比上年增长4.6%，成为开发区出口创汇企业的主力军。出口超过百万美元的36家，超过1000万美元的企业有7家，其中三美电机出口1.53亿美元，占三资企业出口总额的48.8%，居山东省第一位。新增出口企业有7家，新增出口额1549万美元；出口总额同比增加的有21家，占总数的37%，增加较大的产品是水产品、电子、纺织。产品出口市场遍及18个国家和地区，亚洲市场仍是三资企业的主要出口市场，其份额接近出口总额的83%：其次是北美洲，占12%；第三位是欧洲，占4%。其中日本市场份额占65.21%，以下依次是美国、韩国、香港。在出口产品中，机电产品出口最多，占出口总额的53%，水产品占8%，服装占7%。加工贸易方式出口所占比重很大，有95%的产品是通过加工贸易方式实现的。1998年共新签劳务合作项目24个，合同金额50.64万美元，外派劳务96人次，其中对日劳务输出呈逐年增长趋势。在外经市场开拓方面，与越南、帕劳、以色列、俄罗斯、摩洛哥等国家及地区的合作项目已进入洽谈阶段。

连云港经济技术开发区

〔**综合经济发展**〕　1998年是连云港开发区在困境中奋力拼搏，在拼搏中加快发展的一年。东南亚金融危机、宏观环境趋紧、优惠政策弱化等各种制约因素，全区各项工作遇到前所未有的困难和压力。面对变化了的形势，全区上下认真贯彻党的十五大精神，按照年初确立的“把一个充满生机和活力的开发区带入21世纪”的奋斗目标，紧紧围绕全年的工作任务和工作重点，解放思想，迎难而上，积极应变，奋力拼搏，全区经济继续保持了持续、快速、健康发展的势头。1998年全区实现国民生产总值(现价)15.58亿元，同比增长25.4%。实现工业产值50.38亿元，其中三资企业产值27.68亿元，分别比上年增长24.64%和14.98%。新批三资企业40家，协议利用外资7149万美元，实际利用外资6006万美元，分别比上年增长99.97%、19.52%；全区出口总额1.28亿美元，其中三资企业出口9608万美元，比上年增长18%、20%。完成财政收入1.73亿元，比上年增长13%。完成固定资产投资5.08亿元。经济总量占全市的比重进一步扩大，乡及乡以上工业产值占全市20%，出口总额占全市38%，三资企业出口占全市64%，实际利用外资占全市46%，从而成为连云港市重要的经济增长点。

〔**工业生产**〕　开发区采取“办好一批大企业，建好一批在建项目，抓好一批新上项目”的工作思路，加大对进区企业的服务和扶持力度，努力为企业创造良好的生产经营环境，积极帮助企业做好市场开拓和营销工作，促进区内大企业提速增效，新投产企业尽快生产，新上项目尽早投产。企业生产生机勃勃，主要表现在：一是区内大企业继续保持产销两旺的好势头。氨纶公司实现产值3.7亿元，利税7500万元；正大公司实现产值2.6亿元，利税3000万元；中金公司实现产值1.4亿元，利税1350万元。各企业面对东南亚金融危机带来的严重影响，奋力拼搏，积极开拓国际市场，保持了生产稳定增长，全区已形成了10家较大的出口创汇企业，即如意集团、味之素、恩佳升、宇研、恒福、福泰克、雅玛珂、土力、平河、氨纶，这10个企业全年出口达到6000万美元以上。二是今年新投产企业迅速生产，成为新的经济增长点。连云港乐金化工有限公司5月份投产以来，一手抓生产、一手抓营销，企业生产、销售连续翻番，10月份，该公司生产的山梨醇达840吨，当月销售突破1000吨，已基本达到设计生产能力。宇研二期5月底投产后，形成年产成品鞋100万双，出口600万美元的能力。716塑料异型材项目等其他新投产企业也都有了新的进展。

〔**招商引资**〕　1998年，连云港开发区围绕“巩固港台，主攻日韩、欧美”的招商引资战略，咬定目标，使招商工作在困境中保持了较好的态势。招商工作主要采取了五项措施：一是进一步拓宽了招商工作思路。在巩固港台、东南亚招商市场的同时，主攻日、韩和欧美，加大对日、韩、欧美地区的招商力度。二是精心组织好国内外相结合的招商活动。采用小团组、带项目、带关系的形式，组织了9个团组分别赴欧洲、美国、日本、韩国、香港、德国、澳大利亚等国家和地区开展招商活动，取得了一定成效。在组织好国外招商活动的同时，加大国内招商力度，分别在北京、上海、深圳、南京、西安召开了投资说明会，还组团参加了’98厦门经贸恳谈会、北京连云港投资说明会。此外，还开展了对台招商月活动。三是实现招商形式多样化。实行专职招商、委托招商、敲门招商、网络招商等多种形式，提高招商引资的效果。四是筹建驻外招商机构。香港振云公司已开始运作；驻美国招商机构的筹建正在制订计划；驻欧洲、韩国、日本招商机构正在联系和洽谈之中。五是拓宽利用外资渠道。在抓好项目利用外资的同时，认真抓好三资企业增资融资、对外加工贸易。

1998年，开发区新批三资企业40家，进区项目发生了可喜变化：一是欧美项目增多。美国、加拿大、荷兰、阿根廷等欧美国家投资兴办的项目占项目总数的20.9%，比上年同期增长37%。投资规模趋大，达到400万美元以上。二是日、韩投资项目增多。日、韩客商全年共在开发区兴办了16个三资项目，占项目总数的40%。三是外商独资项目增多。全年外商独资兴办的项目达26家，占项目总数的51.5%。外商出资的比例进一步增大，达到70%左右，比上年提高了20%左右。四是扩大投资的项目增多。氨纶四期、味之素、如意、宇研二期、千樱医疗设备等扩大投资的项目，总规模达到4000万美元以上。五是大项目引进和建设取得了可喜成绩。除了新投产的乐金化工、宇研二期、塑料异型材等项目外，在建的规模较大的项目还有氨纶四期、千樱医疗设备、连众玻璃钢、豪森制药、恩佳升、恒瑞新药等。在谈的、比较成熟的投资在500万美元左右的大项目有5个：天冠化工、宜化聚氯乙烯、味之素（增资）、康缘中药、国际学校等。

〔**投资环境**〕 开发区道路改造任务全面完成。纬一路、经二路和北入口西侧道路改造于11月下旬竣工，至此区内主干道全部改造为六车道。同时完成了西入口两侧、经二路两侧、纬一路河西、北入口、纬二路等道路绿化，计1万多平方米。高新区完成了振兴路、振华路、西安路等道路工程，完成道路绿化1.4万平方米。1998年还抓了中金、氨纶等16家重点单位的绿化工作，全区绿化面积近6万平方米。氨纶公司投资400万元进行形象工程建设，建成了2000平方米的氨纶广场，改建了现代化综合办公大厅等，使厂容厂貌发生了较大变化。此外，8家单位完成了美化工程，美化面积1.2万平方米。

重点工程建设进展顺利。氨纶四期已经完成主体工程；恒瑞新药项目开始打桩，建筑面积1.17万平方米的主厂房将于1999年底建成；千樱医疗设备建设进展顺利；连众玻璃钢集团新厂房桩基工程已完成；豪森制药公司打完桩基，即将进入地面施工。这批新项目的开工建设，将进一步增加开发区的发展后劲。

生活区建设步伐加快。生活区建设是投资环境的重要组成部分，在1997年完成整个生活区规划设计方案，建设牡丹路、荷花路的基础上，按照“统一规划、统一设计、统一监督、统一施工、统一管理”的原则和高起点、高标准的要求，开工建设生活区B组团。规划建设局组织专门班子，加强现场管理，严把材料关和质量关，有效地保证了工程质量和工程进度。B组团完成主体封顶以及管道安装，中云乡农民小康示范区正在进行前期准备工作，按照建成“全市一流样板小区”的目标要求，建筑面积1.28万平方米的富康花园城和建筑面积8800平方米的新光居住区1999年全面开工建设。

〔**体制改革**〕 按照连云港市委、市政府关于开发区要增创体制新优势、率先形成现代化新型管理体制的要求，同时考虑到优惠政策弱化后，必须通过体制创新增强吸引力，促进经济发展，1998年，连云港开发区在管理体制改革方面进行了积极而有益的探索，着重抓了三项改革工作：

抓好党政机关改革工作。依据市党政联席会议讨论通过并上报省委、省政府的《连云港经济技术开发区行政管理体制和机构改革试点方案》，积极稳妥地开展机构职能调整工作：一是调整机构设置，核定编制。全区党政机构只设置9个，比原有机构精简了43.8%，并根据开发区现有发展规模和行政管理工作量，暂定开发区机关编制100人。通过机构调整，不仅精简了机构，而且理顺了部门之间的关系，明确了部门职责，为今后创造体制优势打下了较好的基础。二是改革干部管理体制。在坚持“党管干部”原则的前提下，主要抓好部门正职配备，部门副职和部门助理由部门正职提名。妥善地安排了一批老同志，破格晋升了一批非领导职务，设立了待岗制度。干部管理机制的改革增加了干部的压力,增强了干部队伍的活力,有力地促进了工作,得到了干部的拥护,进行得十分平稳。

抓好事业单位改革。为了与党、政机关职能调整相配套,使事业单位更好地适应面向社会、面向市场经济的要求,为开发区经济和社会发展提供优质、高效的服务,形成机制新优势,1998 年连云港开发区对全区事业单位进行了改革,成立了事业单位改革领导小组,按照"时间服从效果"的原则,确立了部分单位先行试点,在试点的基础上,全面推开。

抓好企业改制。按照党的十五大精神和市委、市政府的有关要求,1998 年,开发区有计划、有步骤地开展了企业改制工作。已完成直属企业改制 7 家。从已改制的几家企业看,共净增资产 854.8 万元,其中职工入股 395.8 万元,为企业发展增添了后劲。工业发展总公司改制后,企业运行机制更加灵活,决策工作向科学化、规范化迈进了一步。该公司自筹 30 万美元与宇研公司办成了一个合资项目,为企业下一步的发展打好基础。

〔**社会事业**〕　计划生育、教育、文化、卫生等社会事业都取得了较好成绩。全区人口出生率、计划生育率都达到市、区规定的目标要求。教育方面,投资 240 万美元新建了中学综合楼和运动场;投资 250 万元对全区薄弱学校进行了改造;投资近 500 万元,开工建设校舍 7300 多平方米。社会治安综合治理得到加强,公安干警结合开发区实际,开展了"破案防范百日会战"活动,有力地保证了开发区社会稳定。工会、共青团、妇联组织动员和带领广大群众在经济建设主战场建功立业,做出了新的贡献。中云乡经济和社会事业取得了新的成绩,较好地完成了全年目标。海关、商检、工商、税务、金融、供电、邮电、自来水等进区机构积极、主动地开展工作,有力地促进了开发区的经济发展和社会进步。

〔**党建工作**〕　1998 年,全区各级党组织认真组织党员、职工学习邓小平理论和党的十五大文件,较好地统一了全区上下的思想认识。结合机构改革,加强机关和企事业单位的领导班子建设,增强了领导班子的战斗力。加强了干部队伍建设,尤其是加强了中青年干部和业务骨干的培养和使用,提高了各部门、各单位的整体素质。继续做好各类人才的招聘引进工作,全年共引进招聘各类人才 160 多名,为开发区的发展增添了新鲜血液。加强了党的基层组织建设,举办了第二届党建工作研讨会,促进了党建工作水平的不断提高,增强了基层党组织的凝聚力和战斗力。加大了对各类违法违纪案件的查处力度,进一步建立和完善了一系列规章制度,促进了经济运行的规范化和干部的规范化。

南通经济技术开发区

〔**概况**〕　1998 年是南通经济技术开发区实现区域经济新发展、环境面貌大变样的一年。在这一年里,面对亚洲金融危机的冲击以及雪灾、洪水等自然灾害带来的压力,全区广大干部群众以邓小平理论为指针,全面贯彻党的十五大精神,大力弘扬"开明开放、争气争先、求实求高、更快更强"的开发区精神,振奋精神,迎难而上,团结拼搏,锐意进取,两个文明建设取得了新的成绩。全年完成国内生产总值 14.21 亿元,比上年增长 18%;工业总产值 35.72 亿元,比上年增长 13.83%。实现财政收入 1.9 亿元,比计划增长 10.8%。出口创汇 2.96 亿美元,比上年增长 5.45%,其中一般贸易出口 1.1 亿美元,比上年增长 19.89%。基本完成了年初确定的各项经济指标。

〔**招商引资**〕　1998 年,全区上下坚持以项目为中心,形成了更为浓烈的招商引资氛围。一是在上海、南通、北京举行了三次规模较大的投资项目说明会。这些活动,尤其是北京投资项目说明会规模之大、层次之高、客商之多,都创下了建区以来招商活动之最,得到了各方面的充分肯定。通过这三次活动,宣传了开发区,结交了新朋友,获取了新信息,拓展了新渠道。二是推进ABS等项目论证报批工作，落实了项目跟踪服务责任制。三是狠抓招商引资基础工作。进一步扩充了招商项目资料；完成了新的开发区资料片拍摄制作和新版《投资指南》印制；完善了招商网络，增加了客商名录。四是加快在建项目建设。东丽一、二期增资项目，三期聚酯项目，帝人二、三期项目，申华，正大等项目相继竣工投产，热电厂项目取得重大进展，成为区域经济的新增长点。五是在大力发展外向型经济的同时，把吸引内资，发展个体、私营经济作为扩大经济总量的一项重要工作，精心组织引导，强化管理服务，全区内资，特别是私营经济发展呈现良好势头。全年新办外商投资企业11家，总投资2.01亿美元，协议利用外资1.77亿美元，实际利用外资1.6亿美元。新办三资企业单体平均投资额达1828万美元，投资主体主要来自欧美国家的跨国公司，项目的技术含量进一步提高。全年兴办内资企业119家，注册资本2.08亿元。

〔**投资环境建设**〕 1998年，南通经济技术开发区紧紧抓住创建卫生社区这一契机，以建设花园式开发区为目标，坚持基础设施建设与创建工作有机结合，优化投资环境，提高区域生活质量，建设区域新形象，增强对外吸引力。全年市政、水利等基础设施投资4650万元，完成“六路两桥”建设，实现新建工业区域的道路环通，大规模拆除中心区域内和疏港路两侧违章搭建，加强卫生设施配套，推进居民小区改造、河道整治、江堤达标、新开镇镇区改造、强化市场管理，使开发区环境面貌焕然一新。分级筹集资金1000多万元，全面实施农村改水工程，使群众用上了自来水。把绿化和景点建设作为环境建设的重头戏来抓，全年新增绿化面积16万平方米，人均绿化面积从上年的11.5平方米上升到30.2平方米。在大规模的创建工作中，南通经济技术开发区党工委、管委会采取了市场化、企业化、社会化的运作方式，提出只交任务、只提要求，不教具体办法，充分发挥基层干部和广大群众的智慧和创造性。居民小区改造、资金供求、力量组织、农村改水等热点和难点问题，由于找到了与群众要求的结合点，取得了群众的理解和支持，改变了以往政府一头热的状况，不仅完成了预定任务，而且得到群众的好评和社会的认可。南通市委、市政府于6月下旬在开发区召开了创建工作现场会，总结推广创建经验。

〔**体制完善**〕 在学习借鉴兄弟开发区经验和调查研究的基础上，南通经济技术开发区积极稳妥地进行了机关内部运行机制的完善优化工作，从1998年下半年开始按新机制试运行。通过优化机构设置，进一步明确岗位职责，实行干部聘用制度；按岗位和工作实绩，适度拉开收入差距，完善分配制度；明确工作指标和要求，实行工作考核责任制度等措施，进一步增强了机关干部和工作人员的责任感，初步形成了全区以经济建设为中心，以项目为生命，机关人人背指标，个个有责任，千斤重担众人挑的工作局面。

〔**精神文明建设**〕 组织广大党员干部认真学习邓小平理论和党的十五大精神，明确提出了“面向新世纪，争当排头兵”的党建工作主题，开展系列党课教育活动，党工委、管委会领导带头讲授。分别明确了机关、企业、村镇、街道党建工作任务，做到有目标、有重点、有针对性，尤其是对新经济组织党建工作的方式、方法进行了有益探索。针对开发区处在改革开放前沿这一特定环境，在党建工作中着力提高各级党员领导干部的执法水平。协调有关方面，处理了征地劳动力管理问题，劳资纠纷问题，一些对开发区带来较大影响的具体经济问题也已得到或正在妥善解决之中，有效地保证了社区的稳定。继续抓好党风廉政建设，按照上级有关部门的要求，结合开发区的实际，对干部住房、通讯工具使用进行了清理。对开发区投资的部分基础设施进行了审计。切实加强精神文明建设和民主法制建设，开展青年志愿者服务、向灾区人民献爱心、文体比赛等一系列具有特色的精神文明建设活动，推动区域文明水平进一步提高。

（沈树新　执笔）

上海闵行经济技术开发区

〔发展概况〕 上海闵行经济技术开发区总面积3.5平方公里,是全国14个首批国家级经济技术开发区中面积最小的一个。

闵行开发区成立10多年来,在邓小平理论指引下,努力开拓,艰苦创业,探索一条积极、合理、有效利用外资的新路,在昔日的一片农田上建起了一个在国内外具有相当影响的外向型、现代化的工业园区。特别是1992年春,邓小平同志、江泽民同志先后视察开发区,极大地鼓舞了全体员工,开发区抓住机遇、乘势而上,经济得以猛增。据统计,1992年至1997年的6年中,新增项目62个,新增投资总额达12.55亿美元,是开发区前6年(1986~1991年)投资总额的2.53倍;实现销售收入555.59亿元,利润65.83亿元,上缴税收41.43亿元,创汇35.64亿美元,分别是前6年的10.96倍、9.38倍、23.19倍和10.78倍。

1998年,闵行开发区有3家企业:中美上海施贵宝制药有限公司、上海施乐复印机有限公司、上海三菱电梯有限公司通过了ISO14000认证;有20家企业通过了ISO9000认证;有5家企业入选中国最大500家外商投资企业:上海三菱电梯有限公司(19),上海申美饮料食品有限公司(41),上海百事可乐饮料有限公司(200),上海施乐复印机有限公司(438),上海闵行联合发展有限公司(472)。

据上海市外资委资料统计,1998年闵行开发区外商投资企业约占上海和上海主要18个开发区(国家级、市级)外商投资企业总数的0.7%和3.4%,合同外资总额的5.1%和11.8%,但其销售收入却占5.4%和12.7%、利润占16.9%和35.4%、税收占11.1%和40.2%、外汇收入占10.6%和21.7%,取得了名列上海18个开发区的销售收入第三位、实现利润第一位、上缴税收第一位、出口创汇第二位的显著业绩,在全国开发区中,形成了"地域虽小收益高、项目虽少规模大"的特色。

〔综合经济〕 1998年,闵行开发区的各项主要经济指标完成良好。年销售额达158.6亿元,同比增长1.7%;外汇收入8.8亿美元,同比增长15.7%;实现利润12亿元,同比增长1.6%;上缴税收14.1亿元,同比增长8.7%;人均劳动生产率56万元。

至1998年底,开发区累计引进外商投资项目数142个,总投资额17.8亿美元,注册资本12.2亿美元,投资国别(地区)18个。

在开发区3.5平方公里的土地上,按单位面积计算,1997年、1998年均达到每平方公里约50亿元工业产值。

先进型企业和产品出口型企业共87家。其中技术先进型企业28家,产品出口型企业59家。

总投资额超过1000万美元的企业共38家。

〔跨国公司云集〕 闵行开发区着眼于"增强经济实力、促进技术进步、注重产出效益",选择产品有市场、项目有前途、技术水平高、发展后劲足的企业进区。已引进的外商投资企业中,有40多家是国际著名的跨国公司和大企业集团投资的,如美国的施乐、强生、施贵宝、格雷斯、可口可乐、百事可乐、联合碳化、英国索兰、莎拉莉等公司,在全美排名500家大公司中名列前茅。其他如日本的三菱、YKK,瑞士的苏尔寿、诺华,英国的联合利华、卜内门,德国的博朗电器、凯士比,瑞典的金宝医疗,荷兰的胜家等。至1998年,全球500强公司在闵行开发区投资的企业有28家。大多数企业具有层次较高、技术含量高、投资额高、投资回报也较高的特征。

成功企业的增资、扩展也增强了闵行开发区的发展后劲,1998年区内有6家企业增资,合计增资额3535万美元,至1998年底累计共有60%企业增资103次,合计增资10.37亿美元,占投资总额数的59.3%,增资超过500万美元的有32家。美国强生公司是闵行开发区的增资大户,从1997年的1.7亿美元增加到2.3亿美元。法国圣戈班集团公司投资的企业从1家发展到4家。外方总裁表示，要扩资就要在闵行开发区。如今不但增资一倍多，而且在开发区内另外要了3万多平方米的土地，建造新厂房。

〔**发展前景**〕　负责闵行开发区开发、建设和经营管理的上海闵行联合发展有限公司(简称闵联公司)将充分利用一期开发经验，加快二期开发建设，加快引进项目、招商引资步伐，使二期开发的1.37平方公里土地尽快填满项目。

在实施闵行开发区发展目标的进程中，闵联公司要全面贯彻党的十五大和十五届四中全会精神，围绕上海新一轮发展的重点和要求，拓宽新的经济增长点的思路，立足闵联、跨出闵联、发展闵联，要参与上海重点项目的建设、参与上海教育事业的发展；参与上海房地产事业的开发建设；参与上海国有企业战略性改组；参与闵行开发区周边地区的开发建设，为“二次创业”再创辉煌。

为进一步完善闵行开发区的投资环境，闵联公司认真贯彻《中国21世纪议程》对环境保护的要求，坚持走可持续发展之路，对闵行开发区总体环境进行全面规划和整治，以当今世界环保新观念、新办法加强生态环境保护和现代环境管理，不断提高开发区的环境素质和总体投资环境，尽快把闵行开发区建设成为投资环境优良、产业结构优化、经济效益突出、生产环境优美的高新技术洁净工业园区。

上海虹桥经济技术开发区

〔**经济与发展**〕　1998年虹桥开发区着重抓了上海世界贸易商城，天宇中心，万都中心等项目的建设。

上海世界贸易商城项目一、二期工程已于年底完工并正式交付使用。三期建设正在抓紧进行。

天宇中心项目和万都中心项目，由于受亚洲金融危机因素影响，项目建设资金短缺，工程的建设进度受到严重影响，开发区想方设法帮助其解决问题，推动了该项目的建设进程。现天宇中心项目已接近建设尾声，万都中心项目已结构封顶。

领馆建设有了新的进展。日本领事馆的办公楼于5月落成，7月6日正式迁入办公。澳大利亚领事馆的官员公寓于9月24日落成入住。

虹景花苑项目是古北路西侧的内销商品房，设计新颖、布局合理、风格独特、设施齐全、环境优美，建设质量上乘，销售对象为中外企业中的白领阶层。1996年底开工，1998年5月提前竣工，年底楼盘全部销售一空。

〔**投资环境**〕　完成了万山路的电缆排管、下水道疏通、领事馆基地的场地清理、领事馆区的Ⅳ型变电站改造工程和开发区路灯改建设计。

抓好基础设施建设和区政管理是提高开发区整体形象的需要。虹桥开发区大部分项目已建成开业，为加强开发区的管理，起草了《设立虹桥开发区区政管理办公室的协议》、《虹桥开发区区政管理暂行条例》和《虹桥开发区区政管理的设想》，并与长宁区公安分局签订了《上海虹桥开发区内治安、交通、消防管理》的补充协议书；与新虹桥警署、长宁区交警支队研究提出展览期间加强交通车辆组织分流方案。同时加强开发区环境卫生的管理和广告整治工作，强化了区内楼宇灯光的管理。

〔**利用外资**〕　1998年引进项目8个，合同投资总额21996万美元，其中合同外资21656.8万美元，营业收入47.16亿元人民币，上缴税金3.71亿元人民币，利润总额3.01亿元人民币，外汇总收入3.88亿美元。

1985年到1998年累计引进中外项目102个，累计合同投资总额25.87亿美元，其中合同外资21.23亿美元。累计营业收入222.48亿元人民币，上缴税金12.91亿元人民币，利润总额22.52亿元人民币，外汇总收入22.8亿美元。

〔**对外经济贸易**〕　国际国内展览方面，开发区全年共举办各种类型的国际国内展览50多个，努力强化开发区以外贸中心为特征的功能,同时也推动了区内宾馆餐饮业的发展。

在物业管理经营方面,根据市场变化和开发区办公楼、商住楼十分集中的特点,采取一系列营销策略,如改善软硬条件,提高服务质量等,来占领市场份额。从而使总体出租率保持在80%左右,高的达90%以上。

在宾馆餐饮方面,采取"散客要跑量,会议求突破,团队保质量,长包房须巩固"的销售策略,在稳住已有客源市场的基础上积极探索,大胆创新,出了许多新招,营业收入虽比去年略有下降,但仍高于全市平均水平。

(朱德茂　执笔)

上海漕河泾新兴技术开发区

〔综合情况〕 1998年,漕河泾新兴技术开发区在开发建设和经营方面继续保持良好的发展势头,已逐步发展成为具有良好的科技创新环境、健康的技术发展形势、集聚的社会经济规模效应的开发区。其高技术和支柱产业涉及信息(微电子、光通讯、计算机软件和信息网络)、新材料、现代生物与医药等。

至1998年底,开发区已有各类经济成分企业675家。其中,来自16个国家和地区的高科技生产项目及研究开发机构234家。项目总投资14亿美元,其中外商总投资9亿美元。世界排名前500位的28家国际高科技跨国公司已在开发区内设立了35家企业。科技人员创办的技工贸一体化的科技开发型企业300余家,注册资金2亿元人民币。还有50多家国有企业和20多家国家科研院所。

开发区现有4.3万名员工,其中外商投资企业员工2.2万人。大专以上的各类专业技术人员占40%,年龄在35岁以下的职工占51%。

1998年,漕河泾开发区销售收入达到126亿元,比上年同期增长了2.5%;利税14亿元,其中上缴税收5.6亿元,比上年同期上升12%;出口额6.2亿美元,比上年同期增长51%。特别在集约土地利用率、通用厂房租售率、单位面积土地产出率和人均经济效益等方面,列全国开发区前茅。

作为上海发展高新技术及其产业的基地,1998年漕河泾开发区经市政府认定的高新技术企业167家,占上海市高新技术企业总数的22%,高新技术产业的销售收入达90亿元,占开发区工业销售总收入的72%,占上海市高新技术产业销售收入的12%。

到1998年底,开发区已累计实现销售收入750亿元,创造利税80亿元,出口创汇20亿美元,累计租售厂房45万平方米。

〔利用外资〕 在引进外资方面,漕河泾开发区外商投资项目中的高科技跨国公司,已有美国朗讯科技(LUCENT TECHNOLOGIES)、三茂(3M)、通用电气(GE)、英特尔(INTEL)、安普(AMP)、瑞侃(RAYCHEM)、杜邦(DUPONT)、法国液化空气(AIR LIQUID)、荷兰飞利浦(PHILIPS)、瑞士科莱恩(CLARIANT)、加拿大北方电讯(NORTEL)、日本东芝(TOSHIBA)、电报电话(NTT)、三井物产(MITSUI)等。这些公司所建立的企业总投资额5亿美元。其技术涉及信息产业(微电子、计算机技术和光纤通信)、新材料、生物工程及医药等领域。

1998年,新批准外商投资企业16家,总投资额7086万美元。开发区利用外资的主要特点有:(1)继续引进智力密集型、技术密集型、资金密集型项目,这些项目涉及信息(微电子、计算机软件和现代通讯)、新材料和现代生物医药等高新技术产业,如日本独资的上海安得可数据处理有限公司、美国独资的易比克网络(上海)有限公司等。(2)项目总投资额迅速增长。1998年外商投资企业总投资比1997年同期上升了2倍,其中千万美元以上的大投资项目有3个,包括英国的味全(中国)投资有限公司、美国的上海基康生物技术有限公司等。(3)引进项目的重点继续放在高技术的、具有研究开发功能的中小型项目。到1998年底,开发区内具有研究开发(R&D)功能的外商投资企业已达60多家。如美国Lucent

Technologies(朗讯科技)、Dupont(杜邦)、3M(三茂)、INTEL(英特尔),RAYCHEM(瑞侃),加拿大的 NORTEL(北方电信)、日本的 NTT(电话电报)等。(4)外资企业的经济效益稳步增长,在开发区整体发展中越来越起到举足轻重的作用。1998 年,外资企业销售收入达到 87 亿元,占开发区总销售收入的 70%;实现利润 6.5 亿元,占开发区的 80%;上缴税金 4.3 亿元,占开发区的 77%。

〔**发展特点**〕 综观漕河泾开发区 1998 年的发展,主要特色有:

第一,形成了信息、新材料、现代生物与医药三大高新技术支柱产业。信息产业(微电子、计算机软件和现代通讯)销售收入达到 62 亿元,占全区总销售收入的 50%。新材料产业销售收入 17 亿元,比去年同期上升 31%。现代生物与医药产业销售收入 3 亿元。三大支柱产业的销售收入占全区的总销售收入的 65%,并已形成了集研究、设计、开发、中试、生产、销售为一体的产业构架。

第二,营造科技创新环境,积极扶植科技型企业,促进科技成果产业化。漕河泾开发区在引进国际高技术跨国公司项目的同时,紧紧抓住高新技术成果转化这一主题,努力创造适宜高新科技转化的环境和条件,完善开发区科技创业环境。到 1998 年底,开发区已有近 2 万平方米的孵化基地,能为不同类型的科技企业提供咨询、商务、中介及工商、税务、外经贸等"一站式"服务。孵化基地内已集中了 45 家从事信息、新材料和生物医药等产业的科技企业。1998 年,先后有 5 家企业达到了孵化器的毕业标准,顺利毕业。在上海各类开发区中,1998 年开发区科技创业中心,成为首家被国家科技部批准为上海国际企业孵化基地和国家级高新技术创业服务中心的孵化器。在创业中心中,留学生回国创办企业有 15 家,就业人员达 200 人。区内共有 300 多家科技开发型的民营科技企业,注册资金 2 亿元。1998 年技工贸总收入达 8 亿元。

第三,进一步推进开发区的配套建设,提高服务水平。成立了具有法人资格的"漕河泾开发区企业协会",为开发区与区内企业之间的沟通、区内企业之间的沟通、开发区与外界的沟通开辟了新的渠道。同时,开发区的环境建设和整治有较大的突破。开发区建成了属上海'98 三大公园建设工程之一的"漕河泾开发区公园",总投资 1100 万元,占地面积 60 亩。还成立了开发区警察署,为进一步改善区内社会治安状况、保持全区稳定创造了有利的条件。

〔**外贸出口**〕 尽管受到东南亚金融危机的影响,开发区 1998 年的外贸进出口继续保持迅速提高的态势,全区进出口产品总额达到 10.3 亿美元,比上年同期增长了 40%。其中,出口产品总额达 6.2 亿美元,同比上升 51%。出口产品以大规模集成电路、光通信设备、计算机软件和电子元器件等为主,出口额 500 万美元以上的企业有 15 家。其中从事大规模集成电路研究开发生产销售的上海朗讯科技通讯设备有限公司出口总额达到 1.4 亿美元。漕河泾开发区已成为上海高新技术产品出口的主要基地。

通过国际间的进出口贸易,开发区引进了一批先进技术,还促进了一批留学人员回国为国服务。现在,区内已有 25 家留学生企业,留学人员达 500 人,有力地促进了开发区乃至上海高新技术产品进入国际市场,促进了技术出口及高技术含量的产品出口。1998 年,开发区直接的技术出口遍及世界 20 个国家。

〔**发展方向**〕 1999 年是开发区迎接新世纪到来,开创二次创业新局面的关键一年。为了使开发区适应新的形势和新的要求,漕河泾开发区将努力做好以下几个方面的工作:

第一,坚持对外开放,从开发区的产业结构出发,抓跨国高科技项目,抓研发机构。进一步引进具有研究和开发功能的国内外项目,着力扩大和提高信息产业、新材料产业、现代生物与医药产业的规模和水平。

第二,进一步改善科技创新环境。内资项目的引进重点放在民营科技企业,力争引进一批知名度较高,处于迅速上升期的民营科技项目。在开发区内创造对科技企业的政策环境和服务环境,吸引更多的中小型产业化项目进入开发区,强化开发区的产业化氛围以及规模效应和集聚效应。

第三,完善开发区服务环境,其中着手开发区计算机局域网建设,为开发区内高技术企业提供活跃的信息流,并使企业的技术发展、产品生产和销售情况等信息得到充分共享。

第四,着力推进开发区"西区"(虹梅路以西1.89平方公里)的开发建设。力争尽早尽快形成"滚动开发"的新格局。

经过10多年的发展,漕河泾已形成了信息、新材料、现代医药与生物工程等高新技术支柱产业群体,成为上海对外开放的重要窗口和发展高新技术、促进科技成果转化的重要基地。漕河泾开发区将坚持高新技术产业化、国际化、商品化的方向,努力实现从引进、消化、吸收国外高新技术,到开发、转化,形成具有我国自已特色的高新技术产业群体,有效地塑造开发区二次创业的新形象,把漕河泾开发区建成一流的科技工业园区,成为上海发展高新技术产业的窗口和辐射地。

(上海市漕河泾新兴技术开发区发展总公司　供稿)

宁波经济技术开发区

〔**综合经济发展**〕　1998年是宁波开发区全面贯彻落实党的十五大精神,加快实施实业立区战略的重要一年。一年来,在市委、市政府的正确领导下,全区上下齐心协力,开拓进取,务实苦干,努力克服亚洲金融危机、土地冻结、配额限制等不利因素的影响,确保经济稳定增长,综合经济实力进一步增强。

1998年,全区实现国内生产总值51亿元,比上年增长13.8%。其中第一产业增加值0.59亿元,比上年增长3.4%;第二产业增加值33.8亿元,比上年增长20.7%;第三产业增加值16.6亿元,比上年增长2.9%。实现工业总产值150亿元,比上年增长23.2%;工业企业销售收入130.6亿元,比上年增长14%;工业企业利润总额3亿元。比上年下降46.4%。其中外商投资企业实现工业总产值60.06亿元,比上年增长19.3%;销售收入57亿元,比上年增长47.8%。实现财政收入5.96亿元,比上年增长6.2%。

〔**投资环境**〕　年内开发区提出并实施"招商、安商、富商"工程,努力改善区域环境,为项目生存和发展创造良好条件。

基本建设投资进一步增加。全区共完成固定资产投资53.71亿元,比上年增长16.7%。其中基础设施投资30.73亿元,比上年增长37.4%;外商投资企业投资19.72亿元,房地产项目投资1.64亿元。当年开工面积和竣工面积分别为97.76万平方米和55.04万平方米。完成国土开发面积1.58平方公里,历年累计达到21.41平方公里。

基础设施建设进一步完善。至1998年,累计建成高等级路面136万平方米、60公里;新增绿地面积15.9万平方米,绿化覆盖率和绿地率分别达到24%和23.2%。动工兴建了辽河路二期工程、嵩山路东延工程,建成了长江路、明州路形象工程,辽河路一期和东河塘路拓宽工程。小山公园已对外开放,开发区综合服务大楼——商务大楼土建基本竣工。

社区配套功能增强。"四个一"科教文卫设施工程进展良好,宁波中专开发区分部、联合开发区域幼儿园已于9月份开学,开发区中心医院、联合开发区域实验小学正抓紧建设。华山小学土建基本完成,长江中学已进入土建建设。同时,区内学校软件建设也上了一个台阶,北仑中学已跨入省一级重点中学,东海实验学校已成为省级实验学校。

投资软环境建设力度进一步加强。在全市率先实行"一个窗口收费",取消税外收费项目18项,降低收费标准项目11项,全年减免税外收费1450万元;全面推行政务公开,实行两次终结办事制;开通管委会主任值班电话;在重点职能部门、重要窗口实行A、B角制度等。

合理利用土地资源，努力盘活存量土地。结合开发区产业特点，统筹安排各项用地，完成了1997～2010年《土地利用总体规划》修编工作。在中央继续实施冻结占用耕地情况下，为了满足开发建设用地需求，宁波开发区积极引导利用存量土地，对闲置土地依法收取闲置费，督促限期开发建设，直接或间接促成盘活存量土地项目12项，用地面积5.52万平方米。

〔利用外资〕　1998年，我国利用外资总体形势十分严峻，使宁波开发区一些传统资金来源国陷入严重的经济衰退，给招商引资带来极为不利的冲击。面对重重困难，宁波开发区坚定利用外资信心，积极研究招商引资新思路、新对策，全力以赴拓招商。全年批准外商投资企业17家，总投资1.87亿美元，协议利用外资1.41亿美元，实际利用外资1.56亿美元。历年累计批准外商投资企业442家，总投资39.44亿美元，协议利用外资31.94亿美元，实际利用外资10.54亿美元。

投资来源进一步扩大，全年新引进2家德国公司，分别是投资梅塞尔阳光的德国赫司特集团和投资德马格公司的德国曼内斯曼集团，这是德国企业首次在宁波开发区投资，而且这两家德国企业都属于1997年度全球500强企业，从而使外资来源地扩大到31个国家和地区。全年共有22家企业增资，追加投资总额达9982.07万美元。

外资实际到位率明显提高。全年共有34家企业有实际外资到位，其中26家企业的实际外资到位率为100%。实际外资到位周期缩短，实际外资到位率提高，是宁波开发区引资工作取得进展的重要表现。

在建项目进展良好。1998年宁波开发区在建千万美元以上重点项目有13项，投资总额12.36亿美元。其中工业性企业8家，投资总额为11.07亿美元；第三产业企业1.29亿美元。当年投试产千万美元以上大项目有6个，包括金光食品、亚洲纸管纸箱、亚洲纸器纸品、埃索浙江、宝新不锈钢和金光码头等。历年建成的千万美元以上大项目有36家，投资总额14.39亿美元，占全区总数的36%，其中工业性企业29家，第三产业企业7家。

〔发展外贸〕　1998年宁波开发区实现进出口总额5.68亿美元，其中出口总额3.78亿美元，比上年增长16%。

外商投资企业出口进一步加快，加工贸易成为主要出口渠道。1998年外商投资企业出口总额为2.01亿美元，同比增长16.5%。占全区出口总额的53%。加工贸易出口总额达到1.44亿美元，占外商投资企业出口额的71.8%。其中国成塑料等8家企业加工贸易出口额均在500万美元以上。进料加工成为主要方式，全年进料加工出口1.13亿美元，占加工贸易出口额的78.6%，来料加工出口额3067.1万美元。

外贸公司出口继续增长，出口市场得到进一步拓展。全年外贸公司完成进出口总额2.15亿美元，其中出口1.77亿美元，比上年增长15.4%。外贸公司开拓欧美市场成效显著，向欧洲市场出口额达4721.5万美元，占其出口总额的26.5%；出口美洲市场4017.9万美元，占其出口总额的22.6%。区进出口公司出口市场达89个，形成了以亚洲为中心，以欧洲和北美为两翼的市场格局。出口市场还拓展到拉美、澳大利亚、新西兰等地。

出口产品结构进一步优化。全年机电产品出口达1.2亿美元，占出口总额的31.8%，比上年提高4.4%，在全区出口产品中已占重要地位。

〔经营管理〕　1998年，宁波开发区按照建设社会主义市场经济体制的要求，加大经济体制改革力度，继续全面深化综合配套改革。

直属企业改革进一步深化。基本完成了直属全资、控股企业产权制度改革。制定并出台了产权制度改革总体方案，在抓好清产核资、资产评估、产权界定、重组等各个环节的基础上，基本完成了8家直属全资、控股企业股份制、股份合作制、承包、破产等多种形式的改革。制定改制后企业融资担保的管理办法。加强对全资、控股及参资企业的资产监管。制订了向全资、控股企业委派财务总监的试行办法。

抓住机遇,开拓资本经营。受让了宁波地产公司开发区分公司在浙甬钢铁投资公司的10%股权,向宁波东方国际航空旅游服务公司参资50万元人民币,继续做好杨公山码头股权转让后期工作。

资金管理工作进一步加强。根据国务院整顿金融秩序的要求,结合企业改制实际情况,加大对直属企业借款回收力度,全年累计收回贷款1495万元,办理实转借款4580万元,归还各种借款和拆入资金2050万元。

〔**党建和精神文明建设**〕 1998年,宁波开发区围绕经济建设中心,进一步加强党建和精神文明建设。

进一步深化理论学习。深入学习邓小平理论和党的十五大精神,以理论知识考试和知识竞赛的方式,兴起"学理论、创新业"活动。抓好党工委中心组理论学习,形成领导干部带头学理论的良好风气。召开"真理标准"报告会和纪念改革开放20周年暨建区14周年理论研讨会,举办各种理论专题讲座。

加强党风廉政建设。以"三提倡、三反对"为主题,全面落实中纪委关于制止奢侈浪费8条规定,建立健全各项规章制度,开展"小金库"专项检查,清理直属企业领导公款购房,进一步增强艰苦创业意识。切实搞好勤政廉政建设,严格执法执纪,加大监督、查处力度。

干部队伍建设进一步加强。完成第二轮机关干部聘任聘用工作。引入竞争激励机制,选拔任用了一批年轻领导干部。认真抓好妇女干部队伍建设,制定出台了《1998～2000年宁波开发区培养选拔女干部、发展女党员三年规划》。加强干部队伍建设,举办中青年干部培训班。加大人才引进力度,全年共引进各类人才527名,其中硕士生7名。

组织建设进一步加强。大胆探索"空白点"企业发展党员新路子,全年新组建党支部18个,成立党总支1个,改选党支部16个,发展党员43名,培训发展对象62人。宣传教育活动广泛开展。邀请新华社、人民日报、香港《大公报》等新闻单位来区进行联合集中采访活动,扎实办好"一个展厅、两个阵地、三份外宣品",印制《宁波经济技术开发区》第一本影集。牵头举办了"宁波市首届外语卡拉OK大奖赛",参加了全国开发区文艺汇演,举办了"开发区首届足球联赛"、"开发杯乒乓球邀请赛"和巾帼建功等群众性活动,宣传、扩大了开发区知名度,丰富和活跃了干部职工的精神生活。

对口帮扶和爱心工程继续推进。加大对贵州兴仁县、万县五桥区五桥镇、奉化班溪镇的扶贫力度。组织赈灾捐款活动,共募集价值400多万元的物资、87万元的现金和5万件衣被送往灾区。

温州经济技术开发区

〔**经济与发展**〕 1998年是温州经济技术开发区快速发展的一年。根据开发区管委会提出的"解放思想、扩大开放、迎接挑战、开拓奋进"的指导思想以及年初制定的工作目标,全区以完善投资环境、扩大招商引资、推动科技进步、促进经济发展为重点,各项工作取得较好的成绩。尽管外部经济环境偏冷,但温州开发区积极发挥自身优势,经济继续保持良好的发展势头。全年实现国内生产总值12.53亿元,比上年增长30.52%;完成工业总产值29.03亿元,比上年增长25.02%;工业销售收入27.76亿元,比上年增长23.16%,产销率达95%;第三产业营业额25.81亿元,比上年增长24.09%;财政收入16164万元,比上年增长24%,其中地方财政收入9870万元,同比增长31%。各项经济指标增长幅度均高于全市平均增幅水平。

经济结构进一步得到优化,重点企业的骨干作用日益发挥。172家生产企业,产值在1000万元以上的有55家,5000万元以上的有

15家,超亿元以上的有5家。开发区年产值在500万元以上的工业企业的产值已占全部工业企业产值的67.16%,对全区经济发展起到了重要的支撑作用。企业科技意识显著加强,科技素质不断提高,产业导向作用日益明显。以丰源激光、海都传感器的成功引入为标志,企业同高校的科技合作渠道进一步拓宽。科技计划申报成果丰硕,有1项产品列入国家级火炬计划,1项产品列入国家级重点新产品计划,2项产品列入省级新产品计划。到1998年底,温州开发区累计已有国家火炬计划项目2个,省级火炬计划项目4个,国家级新产品试制计划项目5个,省级新产品试制计划项目12个。这些数字表明温州开发区已集聚一定规模和数量的高新技术产品。企业技术改造进展良好,1998年在建技改项目13项,计划总投资14639万元,实际完成11998万元,竣工技改项目3个,可新增产值20430万元。产品质量稳中有升,并向以名牌兴业为主的纵深方向推进,全年共创省级名牌5个,市级名牌5个,有8家企业通过ISO9000系列标准认证。

历经一年多的前期筹建工作后,省级温州高新技术产业园区已由浙江省科委批准创建。温州高新技术产业园区位于温州经济技术开发区及其南面扩展区内,规划面积4.33平方公里,主要引进高科技项目,发展高新技术企业,加速科技成果产业化。温州高新技术产业园区管委会同温州经济技术开发区管委会实行二块牌子,一套班子,进行统一开发、统一规划、统一管理。

〔**投资环境**〕 狠抓配套基础设施建设,投资环境日益完善。当年新开工基础设施项目25个,年内竣工10个,续建项目30个,年内竣工20个。全年投入基础设施建设资金10353万元,比上年增长39.5%。目前,开发区东片的基础设施建设已基本完成,初步形成了现代化工业区的形象。中片民营工业区经各方协调,已进入全面开发阶段。西片1997年已先后建成了污水泵房2座,水泥路面35828平方米,以及开工纬二路慢车道、1号桥和住宅小区配套等工程项目,基本达到了“五通一平”的要求。通过规范基建管理,确保开发区的建筑工程质量,同时认真开展了“百日安全生产”活动,对施工工地进行三次文明施工、安全生产大检查,消除了安全事故隐患。全区房建工程开工项目30个,开工面积155226平方米;竣工项目35个,竣工面积155575平方米。完成投资额9842万元。工程质量稳步提高,工程合格率达到100%。优良工程6个,优良率达28.2%。在开发建设的过程中,温州开发区严格按照总体规划实施,认真贯彻落实《土地法》,共按政策出让土地592亩。对那些不能按期进场并确实不能上马的项目进行了清理,共收回地块72亩。依据《规划法》对区内的违章建筑进行了治理,共查处违章建筑19875平方米,拆除违章建筑1118平方米。房产管理逐步走上规范化轨道,认真做好建房审批、发放房屋产权证、产权交易登记、办理企业抵押贷款登记、办理租赁手续和开展白蚁防治工作,并依照《温州市城建房屋装修管理办法》,对室内装修进行了全面管理。在环境保护方面,认真贯彻“预防为主”的方针,积极推行“环评审批制度”,全年对新进区的79个项目全部进行环境影响评估,审批率达100%。严格把好设计关、施工关、竣工验收关,落实环保“三同时”制度,圆满完成“二区”(噪声达标区和无黑烟区)建设任务和市长任期环境治理目标责任项目,并通过省、市环保验收组的检查验收,使全区环境整体合格率达到国家标准要求。

在建设投资硬环境的同时,温州开发区继续抓紧软环境建设。机关政务公开工作全面展开,建立了督查室和各部门服务窗口,设置了办事咨询导向台。通过机关作风整顿,健全岗位责任制,办事效率有了进一步提高。开发区各职能部门和驻区机构以扶持企业发展为己任,不断优化服务质量。开发区海关简化通关手续,方便货物进出。1998年通过开发区海关的进出口货物总值17126万美元,减免税值1521.5万元。清费减负工作取得实质性进展,共取消收费项目7个,调整收费项目5个,变更收费项目1个,切实减轻了企业负担,开发区劳动管理部门认真贯彻实施《劳动法》,继续推行全员劳动合同制,推动劳动制度改革,共鉴证劳动合同3417份。人事部门进一步做好人才引进和调配工作,组织举办了"'98温州经济技术开发区人才供需洽谈会"等4次人才交流会,聘用人才149人次,其中中级职称以上62人次,解决了企业人才急需。开发区管委会还积极开展创建平安社区和第五个综治年活动,大力加强社会治安综合治理工作,维护了开发区的社会稳定。城市管理进一步健全制度,坚持集中整治和日常相结合,狠抓绿化、美化和净化工作。

〔**利用外资**〕 由于1998年总体偏冷的经济大环境及亚洲金融危机的影响,加上开发区发展空间的制约,地价和开发成本的上升,招商引资面临的形势非常严峻,工作难度很大。在这种情况下,温州开发区采取积极有效措施,化解不利因素的影响,继续贯彻实施"二三产业并举,外引内联并举,大中小项目并举,致力于引进高科技项目"的方针,采取各种方式,使招商引资的渠道和领域有了新的拓展。开发区管委会先后组团赴日本、美国、澳大利亚、德国、英国、法国等地进行招商,并充分利用温州市政府组织的10月8日金秋旅游节暨首届温州商品交易会开展招商,取得了较好的效果。管委会还强化了项目的跟踪服务工作,在项目洽谈中,及时捕捉投资信息,并落实专人跟踪负责,对项目引进过程中的各个环节实施"一条龙"服务。对项目引进碰到的具体问题和困难,开发区招商引资领导小组都及时进行讨论研究,促成了项目的最终落实。经过各方共同努力,开发区全年共引进项目78个,总投资12.23亿元,是年初计划的3倍,为历年之最。其中外资项目9个,投资4413万美元,协议利用外资2947万美元,内资项目69个,投资8.4亿元。大项目引进取得新的突破,总投资2900万美元的中外合资企业浙江安泰克斯电子有限公司已落户开发区。项目档次也有了新的提高,温州卫国电子有限公司生产的超大规模集成电路芯片处于世界先进水平。截至1998年底,温州开发区已累计引进项目565个,总投资59亿元,其中外资项目130个,投资2.715亿美元,协议利用外资1.428亿美元,内资项目435个,投资35.4亿元。

〔**出口和转口贸易**〕 1998年,温州经济技术开发区实现进出口总值1.61亿美元,比上年增长63.45%。出口总额1.02亿美元,比上年增长34.8%,其中外商投资企业出口3811万美元,比上年增长30.87%;进口总额5900万美元,比上年增长158%。出口创汇额在100万美元以上的企业有19家,比上年增加5家,200万美元以上的有11家,其中时代集团有限公司和力泰隆制药有限公司出口额达500万美元以上。尽管受东亚金融危机影响,对亚洲的出口受到相当大的影响,在力保日本、香港及东南亚国家市场份额的同时,积极扩大在东欧、西欧、中东、北美地区的销售,出口增长幅度比上年增加16个百分点。1998年,温州开发区出口数额比较大的商品主要有鞋类、箱包、皮件、药品、雨具、机械、五金、工艺品、水彩笔9大类,其中机电产品出口上了一个新档次,由人本集团生产的精密轴承在前几年替代进口的基础上,成功打入国际市场,当年出口创汇额达241万美元。

萧山经济技术开发区

〔**发展概况**〕 1998年,萧山经济技术开发区加快基础设施配套步伐,着力改善投资软环境,突出招商引资,优化服务质量,强化依法管理,促进经济总量的快速增长和质量的不断提高。全年新批外资项目及办理增资项目共19个,总投资7315万美元,实际利用外资4089万美元;新批内资项目及办理增资项目共19个,总投资2.49亿元。新投产企业21家。实现工业产值30.5亿元,税收9326万元,利润8541万元,出口创汇1.43亿美元,其中自营出口1.07亿美元,分别比上年增长46.3%、

88.3%、26.6%、17.4%和46%。至年底，全区已累计引进项目184个，其中外资企业133个，总投资7.98亿美元，合同外资3.58亿美元，实际利用外资2.2亿美元；批准内资企业51家，总投资8.5亿元人民币。开发区作为现代化工业园区的雏形已经形成，萧山对外开放"窗口"、外向型经济"龙头"和新经济增长点的作用进一步发挥。

〔内外并举招商取得新成效〕 招商政策环境不断改善，萧山市人民政府出台了《关于鼓励到萧山经济技术开发区投资的若干政策意见》，从税收、规费、户粮迁入等多方面给予扶持。招商引资力度不断加大，先后在北京举办了对日投资说明会，参加了省市组织在北京、上海、福建、广东等地举行的投资招商会和赴日本、比利时、台湾的招商活动；接待了来自11个国家和地区的42批630多人次的投资考察客商，加大了项目信息库存量；落实信息跟踪制和项目责任制，促进信息向成果的有效转化。加强联络、协调，促成了闲置多年的"中联生物"、"钱江机电"项目和两幢标准房的厂房转让、租赁；先后为进区企业编报项目资料25套，加速新项目定位，促进了"以外引外"，使台湾华越家具、日本太阳机械和英国联盛电器配件等项目最终落户开发区。注重吸引内资，钱江摩托、远见数字设备、华科精细化工、传化集团、金义集团等一批省内有影响的内资企业落户区内。

〔出口创汇持续大幅增长〕 面对亚洲金融危机直接冲击和影响，国内出口贸易下降的形势，区内企业注重研究国际市场行情和市场需求的变化，不断开发新产品、新品种，提高产品质量，扩大出口渠道。1998年全区有50余家出口创汇企业，出口创汇1.43亿美元，比上年增长17.4%。其中，自营出口达1.07亿美元，增长46%，占萧山市三资企业出口总额的74%。浙江庆丰纺织印染有限公司、浙江华欣家俱工业有限公司、杭州汇丽绣花制衣有限公司出口额分别达到3965万美元、2453万美元、1964万美元，被列入浙江省1998年度出口创汇50强企业行列。

〔加大基础设施建设步伐〕 在对开发区总体规划进行部分调整修改基础上，完成了区内绿化工程规划的方案设计。22个项目规划定点，颁发25个项目的《建设用地规划许可证》和18个项目的《建设工程规划许可证》，审批建筑面积16.1万平方米，竣工11.2万平方米。签订《国有土地使用权出让合同》38份，报批建设用地967亩。建成道路及管网1710米，，河岸驳坎750米，铺设人行道41000平方米；更新和新增了部分电力线路、输水和供气管网。建设四路、市心北路北伸、5—1支路及建设三路地下管线敷设及北塘河公路开发区段拓宽工程、桥南区2座泵房工程、110千伏变电所工程建设进展顺利。

〔安置"农转非"劳力有新突破〕 从5月下旬开始，集中时间，采取多种安置形式，投入资金2493万元，共安置"农转非"劳力2277名，其中为45周岁以上人员办理养老保险2027名、招工录用52名、办理自谋职业156名、其他安置方式42名，占应安置6268名的36.3%。同时，积极发挥优势，安置萧山市失业、下岗人员190名，吸纳城镇临时工200余名，完成萧山市政府下达安置任务的3倍多。吸收大中专毕业生340名，占当年萧山市总量的30%。此外，区内企业清岗腾位503个，供市内下岗失业人员就职。

〔加大依法治区力度〕 在各项管理上，加大执法力度。对各职能局、室工作提出规范化要求，制订工作职责，逐步实行了政务公开。建立了开发区地价管理、工程建设招投标管理两个领导小组，规范地价确定行为。对建设、绿化工程项目全部实施了公开招投标，强化工程质量管理，清退了一家工程监理公司。依法对企业进行统计、用工、消防、劳动安全等监督管理。临时工办证率达95%，合同制职工签约率达98%，调处劳动纠纷25件，失业保险扩展到58家企业。加大社会治安综合治理和计划生育工作力度，确保了区域稳定。加强城建、土地、市容的监察力度，查处各类违章建筑

2000平方米,督促拆除违章建筑物1748平方米。出台了市场管理办法,统一布置营业场所,取缔无证摊点。主要道路交叉口启用红绿灯,对过境煤车加强监管,区容区貌得到明显改善。

〔**展示精神文明建设成果**〕 开发区不仅是萧山对外开放基本国策教育的重要基地,而且也是精神文明建设的一个示范区。7月间,持续高温使萧山精神病院的大半病人中暑,区内明成制衣、新艺服装、东岱珠宝、大地网架等三资企业获悉后,主动捐资7万余元,使精神病院及时改善了防温防暑条件。8月份的赈灾活动,区内企业和员工捐款、捐物热情高涨,东岱珠宝、太子陶瓷2家外资企业的总经理在第一次捐赠后,再次将4万元现金送到市民政局。据统计,全区共捐款捐物261万元,居萧山各系统之首。

〔**启动管委会机构"三定"方案**〕 7月份启动实施的党工委、管委会职能配置、内设机构、人员编制的"三定"方案,在两个方面取得了突破:一是撤部设局,撤消了商务部、规划工程部、综合管理部,设立经济发展局、国土规划建设局、人事劳动局、社会事业发展局,将原党工委办、管委会办合署;二是各局、室的职能范围更广泛、更具体,政府职能得到强化。在"三定"方案实施中,引入了竞争机制,按照"公开、平等、择优"的原则,"三定"方案额定的8个副局级职数和14个科级职数,全部实行竞争上岗。竞争上岗的两级领导,年龄、知识结构更趋优化,政治、业务素质较好。与此同时,党工委、管委会领导班子得到充实加强。

〔**确定后5年发展目标**〕 5月份管委会分别举行建区5周年纪念会和开发区工作会议,提出了"把一个充满生机和活力的外向型工业园区带入21世纪"的庄严口号,确定了后5年(2003年建区10周年)开发区的发展目标:开发面积达到8平方公里;累计引进外资12亿美元,实际利用外资5亿美元,引进内资10亿元人民币;完成年工业产值120亿元,销售收入100亿元;利税总额3.5亿元,出口创汇3亿美元。

〔**开发区世纪影城、医院启用**〕 由萧山电影发行放映总公司投资800万元兴建的,于12月20日试营业的开发区世纪影城,占地4.75亩,建筑面积4100平方米,内设450个座位、多声道立体声放映设备的影剧院,250个座位、300英寸大型投影设备的录像厅,150平方米国际标准英式斯纳克台球室,以及歌舞厅、溜冰场、游戏机房等,是目前开发区内最大的多功能娱乐设施。开发区医院10月30日正式对外就诊。由解放军117医院萧山分院投资1100万元兴建,占地面积4132平方米,医疗用房建筑面积2520平方米,设内外科、骨伤、泌尿、肛肠、五官、口腔、妇产、美容等10多个门诊科室及拥有37个病床的住院部,医务人员43人,中高级职称的医师占50%以上。世纪影城及开发区医院的启用,不仅丰富了区内职工和周边群众的文化生活,方便就医看病,而且对于进一步改善开发区投资环境,增强服务功能,将发挥积极作用。

〔**浙江庆丰纺织印染有限公司增资2000万美元**〕 该公司系香港独资企业,投产运行两年来,在国际面料市场激烈竞争中,以雄厚实力、可靠质量和良好信誉优势,勇立潮头。1998年实现产值3.4亿港币,出口额达3965万美元,在"三资"企业出口创汇中名列浙江省第三和杭州市第一。1998年底,该公司在原投资3000万美元的基础上,增资2000万美元,增资后产值、出口额可增加1.5倍。同时,为搞好印染中产生的污、废水处理及碱回收,公司将增资额中1500万元用于环保。环保设备从美国、瑞士、德国等进口。

〔**"浙江华越"当年筹建当年见效**〕4月20日,开发区管委会与英属维京群岛雷斯蒙公司签署协议,雷斯蒙公司在开发区独资设立浙江华越家具工业有限公司。该项目一期投资600万美元,注册资本300万美元,用地85亩,主要生产室外中高档钢塑家具及配套阳伞,产品全部直销欧美等国家。公司仅花了一个月零5天就领取了营业执照和批准证书,6

月开工奠基,4.666万平方米新厂房于11月竣工,公司转入正常生产。

由于开发区良好的投资环境和优质的服务,使该项目筹建顺利,投产快、效益好,从而增强了外商增产、扩产的信心。同年12月20日公司再次增资,将总投资额扩大到885万美元,注册资本500万美元,并受让土地16亩,扩建生产用房1.6万平方米。二期项目将于1999年9月投产,届时年出口创汇可达3000万美元。该公司在短短几个时间,实现了销售额8121万元,出口创汇981万美元,一举跃入萧山开发区1998年度"十佳出口创汇企业"行列,并获杭州市出口创汇"金龙奖"。

(高解明　执笔)

福州经济技术开发区

〔**经济与发展**〕　福州经济技术开发区位于台湾海峡西岸闽江入海口处的马尾,是福建省省会城市福州的水上门户,也是全国唯一集国家级开发区、保税区、台商投资区、高科技园区与地方行政区于一体的特殊开放区域。该区琅岐岛还辟有国家农业部、对外贸易经济合作部和国务院台办确定的海峡两岸农业合作示范区、福建省旅游休闲度假区和蔬菜副食品基地。福州马尾港被国家交通部确定为海峡两岸货物定点直航试点口岸。

1998年,福州开发区努力克服亚洲金融危机,以及闽江特大洪水灾害等负面影响,继续开拓进取,全面推进新一轮创业,实现了经济持续、快速、健康发展,促进了社会全面进步。全年实现国内生产总值66.5亿元,比上年增长25%,增幅位列福州市各区(市)县之首,分别高于福建省、福州市平均水平的13.6和7.5个百分点。其中第一产业完成2.67亿元,增长3.4%;第二产业完成40.37亿元,增长27.2%,第三产业完成23.26亿元,增长19.1%。全年完成固定资产投资18.8亿元。全区财政总收入4.98亿元,其中区本级财政收入3.6亿元,比上年分别增长10.2%和15.9%;财政支出3.95亿元,增长2.1%。全区完成工业生产总值129.31亿元,比增29%;其中工业产值达千万元以上的企业70家,比上年增加5家,工业产值达亿元以上的有19家。城乡人民生活进一步提高,社会消费品零售总额11.12亿元,比增19.1%;城市居民人均可支配收入8550元,增长8.1%;农民人均纯收入4010元,增长15%;城乡居民储蓄存款年末余额10.99亿元,增长15.9%。

1998年,福州开发区继续深入开展创建全国科技先进县(区)活动,"科技创先"工作通过省级验收,并经国家科技部审定,被评为"全国科技工作先进区"。1998年全区高新技术企业完成产值50亿元,开发新产品42项,有6项列为国家级火炬项目,11项列为省级火炬(星火)项目,其中有6项科技成果获得省科技进步奖;有7家企业被认定为高科技企业。中银公司的智能语音电脑被列入国家"863"计划;实达集团建立博士后工作站,成为福建省唯一一家民营企业博士后工作站。年内继续把教育事业放在优先发展的战略地位,实施教育体制改革,全面推行素质教育,巩固"两基"成果,"两基"工作通过省、市跟踪复检;加大教育经费投入,福建师大二附中综合楼、实验小学综合楼、儒江小学教学楼相继建成并投入使用,大大改善了办学条件。全区人口出生率稳中有降,人口自然增长率控制在2.74‰,计生工作通过全省考核验收。文化、卫生、体育、广播电视、新闻等各项社会事业进一步发展,中国近代海军博物馆、开发区医院门诊大楼、青少年活动中心相继建成投入使用;在福建省11届运动会上,福州开发区夺得6枚金牌,1人4次超3项世界纪录;《海峡时报》由区内发行转向全国发行;广播电视实现了与福州市的光纤联网,全区有线电视网络经过改造,各项技术指标达到国家标准,并实现村村通有线电视的目标。

〔**利用外资**〕　面对严峻的国际经济形势和国内宏观政策的调整,福州开发区坚持"项目就是生命线"的指导思想,从年初开始就采取积极的应对措施,把招商引资贯穿全年工作的全过程。除了参加'98福州国际招商月和第二届中国投资贸易洽谈会等大型招商活动外,还依靠自己的力量,先后举办了1月18日电子招商会、1月20日农业招商会、3月26日旅游招商会、9月10日电子招商会和9月12日旅游招商会等专场招商活动,同时加强项目创意,做好项目储备工作。全年新批外资项目108个,总投资4.13亿美元,合同外资3亿美元,实际利用外资1.9亿美元,分别比上年同期增长8%、31.9%、64%、21%,上述4项指标均列福州县(市)区之首。项目利用外资的平均规模明显增大,投资规模超过1000万美元以上的大项目6个,平均单项合同外资额为638.7万美元,比上年提高59.2%。投资者涉及美国、澳大利亚、日本、英国、加拿大、新西兰等12个国家和地区。产业和行业涉及基础设施、工业、农业、保税区贸易、仓储、旅游、娱乐等众多领域。长安小区正式投入运营,已签订项目12个,总投资9400万美元;福州海峡两岸农业合作实验区琅岐示范区共引进项目17个,总投资4238万美元。

〔**投资环境**〕 福州经济技术开发区至台湾基隆港149海里,至高雄港248海里,区内马尾港是交通部确定的台湾海峡两岸直航试点口岸之一——福州港的主体港。马尾港南至香港492海里;西距福州市中19公里。马尾港历史悠久,现有万吨级码头泊位10个(其中集装箱专用泊位2个、国际客运泊位1个)、5000吨级泊位2个,已开辟至日本、新加坡、香港等30多个国家和地区的航线。至台湾高雄港的试点直航于1997年开通后,两岸投入试点直航营运的船舶经营状况良好。其中马尾轮船公司"闽台88号"轮1998年共航行104航次,运载集装箱16897标准箱,142689吨货物。

开发区所在位置交通十分便利。福(州)马(尾)一级公路在开发区北缘横亘而过,与104国道连接,分别向广东、浙江两省延伸。纵贯祖国南北的沿海大动脉"同三线"(即黑龙江同江到海南三亚高速公路)福州段建设进入筹备阶段。在建的福州至马尾江滨大道将于1999年国庆节前建成通车,使马尾与福州旧城区连成一体,大大缩短马尾与福州市中心的距离。福(州)马(尾)铁路可通往全国各地,筹建中的温(州)福(州)铁路将从马尾向浙江延伸。福州义序机场距马尾30公里。福州长乐国际机场设计规模为年吞吐量4500万人次,一期工程已于1997年竣工通航,机场连接马尾的过江大型斜拉桥——青洲闽江大桥于1998年5月动工,总投资14多亿元人民币,预计2001年元旦建成通车。

至1998年底止,福州开发区累计投入基础设施建设资金近40多亿元,通信、供电、供水、供气、道路、排污、防涝等主要设施配套完善。现建有万门程控电话母局1座,程控电话可直拨国内外各主要城市和地区。邮政枢纽已开展国内、国际特快邮件传递业务。装机容量为140万千瓦的华能火电厂与开发区隔江相望。区内建有变电站3座,总容量42.6万千伏安。闽江淡水资源丰富,建有日供水10万吨的自来水厂1座,可满足生活和工业用水的需要。快安燃气站、BOC工业气体已建成投入生产,新建日处理1.5万吨和日处理2.5万吨的两座污水处理厂项目已相继建成,福州开发区供气和污水处理设施将进一步完善。为改善饮用水源水质,年内已动工建设第二水源——白眉水库。此外,为区内生产、生活服务的商业、金融及其他公共设施已具规模。1998年福州开发区继续配合福州市创建国家卫生城市活动,加大城市管理、创建卫生城市和园林绿化工作力度,市容卫生环境明显改善,人均公共绿地面积冠居福州市各区之首,被评为福建省最佳环境区。

经过12年的开发建设,福州经济技术开发区已初步形成较为完善的投资软环境。制定并施行包括《福州市经济技术开发区条例》在内的各种法规条例、规章和行政管理规定30多项,真正做到"为投资者提供服务,让投资者依法赢利"。建立健全符合国际惯例的一系列投资项目的运作规范和程序,在全区推行工商项目登记制、一个“窗口”收费制、办事限时制、机关政务“红灯”呈报制等制度，简化办事程序，提高办事效率，做到“马尾的事，特事特办、马上就办”。1998年，福州经济技术开发区继续健全各项行政法规，投资软环境进一步完善。

〔**出口与转口贸易**〕　1998年，福州经济技术开发区努力克服亚洲金融危机对外贸出口的不利影响，趋利避害，保持了外贸出口继续稳定增长，全区外贸出口总值5.65亿美元，比1997年增长11.6%，是建区以来外贸出口最多的一年。

外商投资企业在扩大出口中的作用更加突出，全区出口型三资企业53家，虽然总数比1997年减少5家，但出口企业整体抗风险能力增强，1998年三资企业出口3.86亿美元，比上年增长35.31%。从出口产品来看，初级产品、低附加值产品出口降幅较大，而高技术、高附加值产品出口保持较快增长。出口商品有电子、轻工、饲料、食品、机械、纺织、建材、石化、医药和冶金等十大类44个品种，其中出口300万元以上的商品有13个品种，即彩色显示管、单色显示管、电子枪、音箱、运动鞋、冰鞋、灯具、石板材、皮手套、普通人造革、腈纶纱、望远镜和微型线圈。从市场结构来看，多元化市场已经初步形成，但仍然主要集中在少数国家和地区。全区三资企业出口国，新增荷兰、加拿大、澳大利亚3个国家，使出口国家和地区的总数达到13个，但出口仍然主要集中在东南亚国家和地区。其中，对香港出口达2.5亿美元，占全区出口总额的65.7%，台湾3849万美元，占全区出口总额的10%；日本2766万美元，占全区出口总额的7.2%；马来西亚、泰国3808万美元，占10%。与1997年相比，东南亚国家和地区的出口比重均有所下降，而对欧美国家的出口有所上升，1998年全区对欧美国家出口2641万美元，占全区出口6.8%。

区属国有外贸公司出口业务受亚洲金融危机的影响较大，全年出口仅3300万美元，比1997年下降52.56%。从出口的商品来看，虽然品类繁多，品种丰富，但主导出口商品少。出口市场也呈多元化趋势，新开辟了欧盟、海湾及非洲等出口市场，出口的国家和地区从1997年的36个发展到1998年的44个，但60%的商品仍以香港和日本为市场。

劳务输出有所增长。全年派出人数306人，主要派往新加坡、柬埔寨、斐济等东南亚国家和地区。

（林矗　任南腾　执笔）

广州经济技术开发区

〔**概况**〕　1998年，广州经济技术开发区完成工业总产值231.5亿元(1990年不变价)，比上年增长16.63%；合同利用外资7.54亿美元，增长5.17%；实际利用外资4.31亿美元，增长6.24%；实现出口总值5.85亿美元，增长16.51%；完成财税收入26.74亿元，增长9.5%；完成固定资产投资45.83亿元，增长22.45%；新批准投试产企业32家。

广州高新技术产业开发区实现技工贸总收入92.10亿元，比上年增长24.54%；工业总产值44.40亿元(现价)，增长36.8%；出口创汇7794万美元，增长10.73%；实现利税总额8.35亿元，增长36.44%；新增科技企业124家。

加强指导，改进服务，全力促进经济增长目标的实现。这一年，面对亚洲金融危机的影响，工业生产市场需求不足，国家调整传销政策，以及一批骨干企业减产或停产的困难局面，开发区党委、管委会多次召开专题会议研究应变措施，制订鼓励增长创收的奖励政策。同时，积极协助企业开拓市场，举办开发区产品交易会，组织企业参加国内外展销活动。区党委、管委会加大对企业的协调、服务力度：年内区党委组织8个工作组，到区内骨干企业进行现场办公；全区广泛开展“我就是投资环境”的宣传整改活动；区企业筹建领导小组先后召开现场办公会12次，工作指导会4次；各有关职能部门加强与海关、工商、供电、供水、通讯等部门的协调,积极协助安利、仙妮蕾德两家企业销售转型;各直属总公司有效落实各项工作部署。一系列措施的实施,不仅使两区工业产值完成了年度计划,工业增长的质量和水平也有新的进步。重点企业稳步增产,中小企业活力增强,产值利税大户明显增多。开发区全年产值超10亿元的企业有4家;产值超亿元的企业由32家上升到57家;产值超5000万元的企业由51家上升到91家。

加大发展高新技术产业的工作力度。1998年,广州经济技术开发区、广州高新技术产业开发区认真贯彻科技发展战略,工作力度大,举措多,成效显著。年内,顺利实现两区合署办公,完成广州高新技术产业开发区管委会的挂牌和广州科学城的奠基,组织科技发展思路研讨会,探讨两区科技发展战略措施;对广州科学城进行全面规划;成功地承办了"首届中国(广州)留学人员科技交流会"。同时,加大对高新技术项目的投入,创办留学人员广州创业园,发布有关发展高新技术的扶持政策,认证并引进了一批高科技项目。广州经济技术开发区新认定先进技术企业13家,高新技术企业30家。

财政税收的运筹管理进一步规范。开发区财政工作围绕增收节支、加强管理、科学运筹、提高效益的指导方针,采取积极有效的措施:一是抓纳税大户,对占全区税收总额80%以上的纳税大户进行重点跟踪,加强征管,稳住现有税源。二是抓稽查,组织开展税收大检查和欠税专项检查,加大票证管理和税收稽查力度,全年追缴欠税入库款达1000多万元。三是抓节支,严格控制一般预算外支出和经营性支出,实行财政投资设备的竞投制,实现了行政经费压缩10%的要求。注意优化财政支出结构,重点保证基础设施和重点工程项目的建设。四是抓管理,重点抓好基建财务管理,预算外资金管理,土地资金管理及融资规范管理,较好地控制了资金风险和融资成本,提高了资金的使用效益。与此同时,积极稳妥地开展资本经营,盘活10多亿元国有存量资产,组建了广州凯得控股有限公司,并开始运作。

基层党组织战斗堡垒作用进一步增强。这一年,广州经济技术开发区辖内符合建立党组织的外资企业党组织的组建率达到97%。在党风廉政建设和反腐败工作方面,加强了防范制度建设,领导干部廉洁自律、党性党风党纪教育、案件查处、纠正部门和行业不正之风、效能监察和审计工作取得新成果。

精神文明建设和各项社会事业取得新进步。以区域环境美化、场所净化、服务优化和管理规范化为主要内容的文明区创建活动收到明显成效,一批样板工程和形象工程建设得到加强。公、检、法机关在维护社会稳定、维护中外当事人的合法权益,完善法治环境方面取得新成绩;工会、共青团、科协等群团组织的作用得到较好的发挥,外资企业的工会、共青团组织的组建率分别达到96%和71%。街道、城管工作全部达标。

1998年的工作中仍存在一些困难和问题。主要是国有企业改革难度增大,部分企业尤其是直属国有企业经营效益不好;直属总公司潜在的金融风险和负债问题仍比较突出;开发建设的资金缺口比较大;社会治安综合治理仍有一些薄弱环节;一部分干部的精神状态和机关的工作作风,与任务的要求和群众的愿望仍有差距。

〔招商引资和外贸出口〕　针对亚洲金融危机影响扩大,招商引资和外贸出口受到严重挑战的情况,区党委、管委会及时提出了"巩固东南亚,加强欧美台"的招商策略,出台了新的出口奖励政策,加强对招商部门和出口企业的组织协调。这一年,全区招商引资规模有新的突破,合同使用外资达到历史最好水平;外资项目来源国家有新突破,新引进了西班牙、土耳其的投资项目;科技招商有新的突破,引进了阿托芬得利胶粘剂、裕胜、世享等一批高技术含量的项目,并首次引进了迪森工业设备等民营高科技项目。对外贸易取得建区以来最好成绩。广州经济技术开发区的外贸出口实现了11.6%的高增长，广州高新技术产业开发区也实现了8.57%的快增长，均超额完成年度出口计划。中共广州市委、市政府在全市外贸工作会议上推广了两区的经验。

〔国企改革〕 国有企业改革围绕年初对直属国有企业确定的“收缩”、“转制”、“放活”和“加强监管”的改革思路稳步推进。对经营不善的广州经济技术开发区新技术开发总公司、广州宜发公司进行了停业整顿；对原广州经济技术开发区新区总公司进行了调整；对近20家国有小企业进行了“关、停、并、转”；对直属总公司加强了监督管理，完善了总经理年薪制。区律师事务所与管委会脱钩，成为广州经济技术开发区第一个走社会化路子的事业单位。

〔广州经济技术开发区与广州高新技术产业开发区合署办公〕 为进一步促进广州高新技术产业的发展，充分利用广州经济技术开发区的优势，经国家有关部门和省、市批准，广州经济技术开发区与广州高新技术产业开发区于1998年合署办公，实行一套管理机构、两块牌子的新管理体制，两区的政策互通、资源共享。两区合署办公后，有利于两区优势互补，增强广州招商引资的力度。1998年12月28日，在广州经济技术开发区管委会大楼平台举行了广州高新技术产业开发区管委会挂牌仪式，朱森林、黄华华、林树森等省市领导以及国家有关部门领导出席了挂牌仪式。

〔广州科学城奠基〕 广州科学城于1998年12月28日在广州高新技术产业开发区内奠基。科学城与广州经济技术开发区东区相邻，规划面积22.74平方公里，起步区4平方公里为核心区。广州科学城的建设，将带动并形成母城(服务中心)——科学城(创新中心)——广州开发区(产业中心)联片配套的高新技术产业开发带。

广州科学城将按功能定位和地形特征，分为专业产业区、商务交易区及休闲住宅区三大功能区。实现科技成果的孵化、中试和产业化，并配套发展包括科技成果的展示、交易、推广，以及信息咨询和金融服务在内的第三产业。科学城将建成具有高质量的居住环境的产、学、研、商、住一体化国际性多功能新区。

〔首届中国(广州)留学人员科技交流会〕 由广州市人民政府主办、广州经济技术开发区承办，于1998年12月29日至31日在广州中国出口商品交易会展览馆举行。来自美国、澳大利亚、日本等27个国家和地区的303名留学人员(其中博士230人)带来200多个科技项目，与来自广州、上海、天津、南京、武汉、大连等18个地区的高等院校、科研单位、机关部门、企业，进行了人才、科技项目的交流活动。此次交易会在人才、项目交流方面都取得了显著成果。共洽谈项目394个，接洽人数1245人次，签订合作意向6个，合同金额达500万美元。

〔广州经济技术开发区首届产品交易会〕 7月15日至26日在中国出口商品交易会展览馆举办，旨在化解亚洲金融危机造成的不利影响，帮助企业拓展国内外市场，进一步扩大招商引资。全区共有84家企业参加，参展产品逾400种。接待境内外客商及群众12万人次，实现成交合同额1.86亿元，意向合同额9380万元，零售额88.5万元。

〔广州经济技术开发区第二次创业发展思路研讨会〕 4月8日在广州召开，各方面专家学者及省、市领导，国务院有关委、办负责人等120人参加。与会的专家学者对广州经济技术开发区的经济、科技和社会发展若干重要问题进行了深入积极的探讨，提出了第二次创业的若干发展思路。会议在一些重大问题上取得了共识，明确了任务，鼓舞了斗志，对指导全区的工作具有重要的战略意义。

广州南沙经济技术开发区

〔综合发展概况〕 广州南沙经济技术开发区位于广东番禺市东南部，珠江出海口虎门水道的西岸，具有毗邻港澳，地处珠江三角洲中心的区位优势和交通枢纽等优势。南沙自1993年5月12日经国务院批准设立为国家级经济技术开发区后,经过几年的开发建设,基础设施已初具规模,营造了一个良好的投资环境。1996年7月23日,国务院批准南沙为一类对外开放口岸;1997年11月20日,国家批准在南沙设立全国高技术产业化中试配套(南沙)基地;同年,南沙又跻身于全国投资环境优秀开发区50强行列。得天独厚的地理位置,优越的自然条件和良好的投资环境,吸引了许多中外客商前来投资。目前,南沙开发区已迎来18个国家和地区的206家外商投资企业,其中包括美国通用电气、德国巴斯夫等世界著名的跨国公司。南沙开发区正逐步成为区域经济发展"龙头"和推动珠江三角洲经济发展的一个杠杆支点。

1998年,是南沙开发区实施第二个五年开发建设计划的第一年。区党委、管委带领全区人民团结奋斗,克服了种种困难,保持开发区经济的持续增长,招商引资规模扩大,企业改革稳步推进,坚实地迈出第二个五年计划的第一步。

主要经济指标完成好。1998年实现社会总产值26.6亿元、国内生产总值12亿元、工业生产总值20.5亿元,比上年分别增长13.4%、13.6%、16.4%;进出口总值分别达1.27亿美元、1.63亿美元,比上年分别增长21.2%、10.3%;财税收入1.41亿元,比上年增长4.2%。

工业生产发展快。骨干企业产值增长较快,占南沙全区工业总产值四成的美国通用塑料(中国)有限公司,年产值达8.69亿元,比上年增长34%。1998年新增工业企业相继投产,实现总产值5800万元。能源工业有较大的发展,全年发电量达到3.2亿千瓦时,比上年增长14.4%。

进出口贸易增值多。受金融危机影响,1998年上半年区内出口贸易增长放缓,进入下半年呈增长势头。由于近年投产的新企业增加交货值,促进了全区进出口额的不断提高,如凯斯五金厂全年累计出口总额达430多万美元,比上年增长4万多美元;美国通用塑料(中国)有限公司出口交货值达6.79亿元,比上年增长33.1%。

市场、旅游迈新步。商品消费继续保持增长的好势头,全年社会商品零售总额1.89亿元,农贸市场成交额5640万元,比上年分别增长15%、25.6%。全年接待旅游人士达25.5万人次,比上年增长10%。

企业改革试点取得新经验。1998年以来,南沙开发区把企业转制工作作为经济建设工作的首要任务来抓,并结合实际,抓住重点,认真组织实施。首批对工业公司下属的18个企业进行了转制工作,并先后对自来水总公司下属的泰安消防工程有限公司实行了股份制改革,建筑公司完成了公司的资产评估工作,实行转制后的规范运作。上述公司作为区内企业改革试点,其工作进展较顺利,并取得一定的效果,积累了新的经验。泰安消防工程有限公司经过改革之后,仅上半年就一举扭转了过去的亏损局面。区管委会将在这一基础上稳妥地推进面上的企改工作。

〔利用外资〕　在国家调整外经贸政策,招商引资形势相当严峻的情况下,南沙开发区紧紧抓住招商引资这个中心,采取全民化、任务化、主动化、多样化、对外谈判专业化的"五化"措施,使招商引资工作取得新成效。全年共引进项目31个,投资总额1.9亿美元,协议利用外资1.2亿美元,实际利用外资2075万美元。其中,审批项目26个,投资总额1.2亿美元,协议利用外资8514万美元,比上年分别增长18%、216%和146%。引进项目的质量和技术水平有新的提高。全球五大化工公司之一的德国巴斯夫正式落户南沙。

〔东部港口新城区〕　开发区与霍英东基金会合作开发南沙东部,早期建成的项目投入使用后运作正常,在建的各个项目有序地进行。年内南沙客运港进出境人数达79.6万人次;万吨级码头货运量在大幅度递增,货运量7.46万标准箱,比上年增长47.74%,全年总货运量86.7万吨,比上年增长25.2%;汽车渡轮渡运车辆393.91万车次;天后宫接待游客

15.62万人次。在建的项目大部分已完成土建工程,联合码头下游的400米护岸工程已完成,全长5.6公里的新港大道已开始动工,新技船厂生产的第二艘双体高速客船已建成下水,第三艘正在制造中,该厂生产的船舶,被国家列为全国开发区的国内高新项目"十最"之一。在筹建中的南沙资讯科技园是霍英东基金会与香港科技大学、番禺市政府合作兴建的具有世界先进水平的资讯科技园区。该项目占地200公顷,计划投入30亿港元,分三期建设,2008年全面建成。目前,该项目的前期筹备工作进展顺利。

〔**房地产业**〕 1998年,南沙房地产业出现了复苏。一是办理了一批房地产权的确认工作。二是目前最具规模和档次的逸涛雅苑第一次在香港销售就达80多套,为南沙的房地产业的发展开了一个好头。三是总投资13亿元,占地3000多亩的以养生为核心,集保健医疗、休闲娱乐、信息咨询、社交商务为一体,同时融入高科技和房地产业开发的多元服务的广东狮子洋(国际)中心首期工程(投入3.5亿元)已于1998年10月奠基,将给南沙的开发建设带来新的推动。

〔**投资环境**〕 提前完成了区内的珠电路建设工程,并通过了验收正式投入使用,全面完成了环市路西部工业区路网的建设,环市西路塘坑至林场、林场至南横三姓围段的道路建设工程分别完成了总工程量的97%和60%。与霍英东先生合作的新港路工程已破土动工。在市政道路筹建中,有关拆迁政策落实较好,及时解决了各类拆迁问题,共拆迁房屋214间,搬迁人数856人。投入30多万元,重点对进港大道等主要道路进行了整治、绿化、养护。对人民路、江南东路、珠江西路的人行道重新铺设;对旧镇实行了封闭式排水;重点对区内5个项目进行环保评价,对13个重污染源的排污情况进行了有效监测,使环保工作与开发建设同步进行。

各项社会事业也得到了进一步的发展。1998年,开发区管委会认真贯彻科教兴区方针,积极开展"科技活动月"活动,干部群众的科技意识进一步提高。基础教育在稳步提高中实现了新的发展,南沙二中筹建工作正在进行,小学教育质量稳中有进,南沙中心小学等8所小学被番禺市评为全优小学。文化体育活动蓬勃发展,举办了全区第二届体育运动会,掀起了全民健身活动的高潮。积极开展创建省卫生先进镇(区)工作,区内卫生工作六大系统52项指标顺利通过省检查组织的验收,被评为省卫生先进区。

计划生育继续达标。出生率、合理率、多孩率三大指标达到市政府的要求,金洲、大岭、深湾、板头、塘坑、东井、九王庙等管理区和黄山鲁林场、南沙示范场等单位达到省计生合格村(场)的要求。南沙开发区连续20年完成人口计划各项指标任务,被评为番禺市计划生育先进单位。

社会治安综合治理得到进一步加强,全区社会治安状况比上年有所好转。发案率比上年略有下降,破案率比上年有所提高,对进一步优化投资环境起到积极的作用。在'98粤港经济合作座谈会上,卢瑞华省长对南沙的投资环境给以充分肯定,指出南沙这个边陲小镇如今已成为连接珠江三角洲两岸、贯通港澳深穗的重要交通枢纽,并将构筑成为突出现代民族文化特点的新型城市的一个样板,为广东的地方发展增添光彩。

(钟水木　执笔)

广东大亚湾经济技术开发区

〔**综合经济发展**〕 1998年,大亚湾经济技术开发区把握机遇,振奋精神,克服困难,稳步推进,经济和社会各项事业都取得了一定的成绩。经统计,全年实现国内生产总值96147万元,比上年增长19%;完成地方财政收入5202万元,比上年增长23%。全区经济继续保持了比较好的发展势头。国内目前最大的中外合资项目——南海石化项目框架协议2月16日在荷兰海牙正式签署后,中外双方有关整个项目的谈判工作都在有条不紊地进行,进展顺利;东风汽车城虽然主项目移师广州,但仍在大亚湾建设大型的汽车、摩托车零部件和组装车生产基地,全年实现产值1.02亿元;首期投资60亿元人民币的天然气发电厂项目3月底完成可行性研究及报告评审,4月份将立项报告报送国家计委。工业全年完成总产值55287万元,比上年增长19.57%。全年工业发展势头良好:一是引进外资项目呈现投资大、规模大的特点;二是内联工作有成效;三是在建项目进展顺利;四是工业园区建设初具规模,配套设施基本完善;五是引进的项目技术含量不断提高;六是企业产品质量不断提高,有三家企业通过国际知名认证机构的质量认证。

〔港区及市政建设〕　惠州港(不含澳头港区)全年完成吞吐量512万吨,比上年增长21.6%,港口投资总公司实现营业收入3900万元。荃湾港区投入建设资金2850万元,并促成了若干有关港区建设的合作意向,追加投资2160万美元扩大东马港库区,建成2个5万立方米的储油罐,整个库区的库容量达40万立方米。市政建设方面,全年共投入800多万元用于道路建设,400万元用于城市公用工程建设,5066万元用于供水、通讯及电力建设,开发区投资硬环境得到进一步改善。

〔对外经贸〕　由于受亚洲金融危机的影响,项目引进工作更显艰难,在这种不利的情况下,开发区采取调整招商策略、优化政策环境、搞好跟踪服务等积极措施,使招商引资工作没有出现大的波动,保持了较好的发展势头。全年引进外资项目20个,比上年增长33%,实际利用外资9080万美元,比上年下降9.9%,外贸出口总额4051万美元,与上年基本持平。

〔农业〕　农村各项工作稳步向前,全年实现农村社会总产值7.5亿元,比上年增长6.9%;农村人平年纯收入3212万元,比上年增长2.7%;完成水产总值9790万元,比上年增长11.5%;畜牧总值4670万元,比上年增长15%;实现乡镇企业总产值34976万元,比上年增长3.1%;新上项11项,总投资8000万元。

〔旅游〕　1998年,大亚湾开发区加大对现有旅游资源的开发力度,推出夜海捕鱼、百岛风情等特色旅游项目,取得了较好的成绩,全年共接待国内外游客5.2万人(次),旅游收入300多万元,省、市领导对开发区的旅游工作给予了较高的评价。与此同时,开发区积极开展旅游项目的引进工作,与北京国安公司签订了合作意向书,计划首期投资5000万元开发小径湾海滨沙滩旅游区,第二期投资8亿元建设以"南海长城"和"天下第一城"为主的人造景观旅游区。

湛江经济技术开发区

〔综合经济发展〕　1998年,湛江开发区确立了"大开放、高文明、高服务、高科技、高效益"的工作方针,重点抓了"两项改革"(行政事业单位机构改革和企业体制改革)、"两个改善"(改善软环境和硬环境),着力构建社会主义市场经济架构,进一步拓宽招商引资渠道,积极推进经济建设和各项工作,全区经济建设和各项事业保持了平稳发展。

各项经济指标完成情况:工业生产总值(不变价)48.982亿元,同比增长8%;出口创汇8360万美元,同比下降23%;实际利用外资6972万美元,同比增长34%;企业利润2.5977亿元,同比下降4%;财政收入9626万元,同比增长19%。

〔招商引资〕　年内在招商引资方面重点抓了以下几项工作:一是努力扩大经贸合作,拓展招商引资业务。开发区组织区内近30家企业参加了西安、郑州、重庆、武汉、南宁等地的展销及项目洽谈会,累计签订合同金额达5.2亿元,并与重庆经济技术开发区结成了友好经济技术开发区。同时采取了"走出去"的招商引资方法,进行多元化、多渠道、多层次的对外招商工作,与120家科研机构、外国商社、政府机构进行业务联系;主动到北京、上海、广州等地与外商进行商务交往，与广东招商局进行了工作交流。全区新签订项目15个，其中一部分当年立项，当年投产。

二是跟踪落实已批项目、已签合同的执行情况，促使项目尽快落实和上马。对已批准的项目进行筛选排队，对圣华玻璃、新中美化工、凯米拉复合肥、建龙混凝土、亚太药业、富地工业气体、冠龙纸业、正丽装饰材料8家技术含量高的项目进行重点跟踪、扶持、检查和督促。其中5个项目已建成投产。

三是加强引进科技产业，指导企业朝着发展科技产业方向发展。对26家科技型企业进行调查摸底，了解企业科技发展状况，同时向上级部门推荐区内高科技项目和产品，争取列入火炬计划、星火计划、新产品试验计划和"988科技兴湛"计划，争取上级科技部门的资金扶持，协助有条件的企业申报省、国家级高新技术企业。已协助正丽公司的低发泡PVC板材，司力公司的多孔聚氨脂免充气轻型车轮胎上报省、国家"火炬计划"。世联集团的数字激光复印机、彩色打印机两项目列入国家机械工业局新产品发展计划，冠豪公司的无碳复写纸和微胶囊，裕鑫公司的台式离心机被列入湛江市1998年新产品试产计划。全区有18个项目被列入湛江市"988科技兴湛"计划。通过发展科技产业，增强了企业招商引资的竞争力。

〔体制改革〕 1998年，湛江开发区全面铺开行政机关机构改革和国有企业改革，建立精干高效的管理体制和适合市场经济要求的国有资产营运机制，向建立社会主义市场经济体制迈出了坚实的一步。

年内，行政机关机构改革基本完成，全区行政机构由原来的28个减少12个，分流人员达79人。这次行政机构改革，体现了政企分开和精简、统一、高效的原则，转变了职能，理顺了关系，提高了工作效率，逐步建立起与社会主义市场经济相适应的行政管理体系。从新机构运行情况看，办事效率提高了，部门职责权限明确了，整体素质提高了，初步达到预期效果。

国有企业改革初见成效。开发区的国有企业改革，体现了转变观念，勇于探索，大胆实践的特色，改革取得了初步成效，全区24家直属企业已有21家进行了改制、改组、改造。一厂一策，因企制宜，用了9种不同的改革方式，改革面达到87.5%，企业改革走在全市前列。与此同时，初步探索出国有资产经营的路子，成立了公有资产管理委员会和公有资产营运公司，在全市最先形成了公有资产管理、经营新体制。

不断加大配套改革力度，切实解决国有企业下岗职工问题。制定并颁发了《湛江经济技术开发区转制、兼并、破产职工和离退休人员社会保障试行办法》、《湛江经济技术开发区建立再就业机制实施方案》等一系列措施、办法。调动了劳动、体改、工商、保险、工会、民政等多个部门，共同做好下岗职工的再就业和社会保障工作，全区国有企业608名下岗职工中，通过多种形式分流安置了307人，并对一部分没有安置的职工发放了基本生活费，保证了企业改革的顺利进行。

〔投资环境〕 1998年，湛江开发区投资环境进一步优化，社会各项事业和精神文明建设取得新的发展。

基础设施建设方面，投入1300万元建设录华路，路基工程基本完成，并完成了龙潮东路的绿化工作和开发区一中的征地、平整工作。此外，与广大干部切身利益相关的住宅小区建设也于年内动工。

"软"环境建设方面，切实抓好"窗口"单位的行风建设，公安、工商、税务、国土等部门结合本部门、本行业的实际，不断纠正行业不正之风，改善机关服务质量，工商分局还制定和实施了《开展基层窗口单位行业作风整顿工作实施方案》。全区各行政事业单位的服务意识和服务质量都有了明显提高。

教育、文化、卫生、计生等工作做出了新的成绩。教育方面，办学体制改革初见成效，平乐、龙潮两学校成立了校董会，实行了分级办学、分级管理的新办学体制,办学条件不断改善。教师队伍的素质和教学质量都稳步提高。文化方面,狠抓了“扫黄打非”净化文化市场工作,组织筹办了开发区纪念十一届三中全会召开20周年专题文艺晚会。卫生方面,结合迎接第四次全国城市卫生检查评比,全区共组织了多次大规模的卫生活动,净化、美化了全区的环境。计划生育工作方面,切实抓好清理党员、干部违反计生政策问题工作,全区参加自查的党员干部共1048人,其中违反计生政策的93人,通过清查,使全区党员干部提高了对计划生育重要性的认识,接受了一次党纪、政纪的深刻教育。广泛宣传落实新修订的《广东省计划生育条例》,加强基层计生机构和服务网络建设,使全区的计生工作上了一个新的台阶。

建设安全文明小区,保持社会稳定,保证经济建设有一个安定的环境。1998年,开发区配合中央工作组以及省市认真抓好打私工作,成立了开发区打私工作领导小组,在中央和省市的统一部署下,积极开展了反走私斗争。公安机关和综治部门按照上级机关“严打”斗争部署,依法从重打击各种刑事犯罪活动,创建安全文明小区方面,全区又有4个小区被评为市模范小区,有效促进了全区安全文明小区建设工作的开展。

(周耿 执笔)

昆山经济技术开发区

〔经济与发展〕 1998年是开发区实施二次创业的关键一年,也是开发区整体建设与各项工作取得显著成效的一年。年初以来,面对不断发生变化的内外环境和工作中遇到的各种困难和挑战,开发区各级党政组织紧紧围绕市委、市政府年初提出的工作重点及开发区年内工作目标,坚持以经济建设为中心,把加快发展放在首位,团结协作,务实奋进,开拓创新,使开发区整体建设和各项工作都取得了新的进展。全年累计新批三资项目53个,批办增资项目32个,总投资额6.99亿美元,协议利用外资6.64亿美元,实际利用外资3.74亿美元。其中千万美元以上项目20个。龙灯博士摩、复盛运动、百利盖等32家三资企业相继开工投产,区内投产三资企业累计达到273家。全区完成国内生产总值56亿元。实现工业销售收入157.8亿元,比上年增长39%。全区出口创汇8.7亿美元,实现利税6.8亿元,分别比上年增长23.9%和55.9%。三产企业完成增加值2.2亿元,比上年增长66.7%。农业秋粮喜获丰收,水稻总产量672.7万公斤,平均亩产576公斤。财政收入完成3.77亿元,比上年增长29%。基础设施和市政配套建设完成1.15亿元工程量,为年计划的115%。批准建设项目137项。投入动迁资金4600万元,新建动迁房6.5万平方米,动迁农户159户,基础设施及市政配套建设全面完成年内计划。党建工作、精神文明建设得到进一步加强,各项社会事业协调发展,社会保持稳定,两个文明建设都取得了显著成效。

〔招商引资〕 年初,工委、管委会针对开发区优惠政策不断弱化、外部竞争日趋激烈和亚洲金融危机负面影响等不利因素,坚持把招商引资作为各项工作的重中之重来抓。一是优化招商体制,充实招商队伍。通过组建招商局,使一批素质较高的年轻人踏上招商岗位,有效地增强了招商队伍的实力。同时又投入大量财力、物力,确保了招商手段的多样化和现代化。二是健全招商网络,扩大招商信息。先后在上海、深圳、北京设立了办事处,在美国、法国、丹麦增设了招商联络处,有12名外商相继被聘为开发区经济发展顾问,使开发区的招商阵地不断拓展,项目信息日益增多。三是强化招商措施,搞好招商活动。开发区在招商引资过程中坚持主动出击,先后在深圳、北京、上海、台湾、欧洲、美国等境内外成功举办了多次招商洽谈会,都收到了较好效果。特别在10月份的招商月活动中,各项工作准备充分,招商取得丰硕成果。整个招商月期间,共邀请境外投资考察团组80多个,接待客商300多人次,签定项目11个,合同利用外资9920万美元,批租土地385亩。通过招商月活动,不仅较好地推介宣传了开发区良好的投资环境,而且在与众多客商的接触中掌握了大量信息,形成一批项目投资意向,为开发区今后的招商引资工作打下了良好的基础。四是转变招商机制,落实招商责任。对招商任务进行了分解,通过落实目标责任制,调动各招商部门工作人员的积极性,形成了以招商局为主体、相关部门共同参与的整体招商新机制,取得较好成效。新批合同利用外资占全市的60.4%,外资实际到位占全市的62.3%,在外向型经济发展中的龙头作用进一步凸现。新批项目中,欧美有4家,合同外资2189万美元;台湾有24家,合同外资2.24亿美元,分别占新批项目和合同外资总额的50.9%和37%,"立足台资,面向欧美"的招商引资策略得到较好体现。

〔投资环境建设〕 围绕加快开发区建设的指导思想,工委、管委会始终把优化区域整体投资环境作为增强开发区对外吸引力和竞争力,加快开发区建设的重要举措。1998年,在努力提高七通一平保障质量的基础上,坚持功能开发和形象建设并举,区域整体投资环境进一步完善。一是开发区服务功能得到进一步增强。通关点自3月9日试运行以来,年内共办理进出口货物57384吨,进出口集装箱6159只,货值达到4.26亿美元。经过积极争取,9月份省政府正式批准设立昆山经济技术开发区陆路二类口岸,使开发区拥有了口岸功能。外商投资企业服务中心通过强化管理机制,服务范围有了新的拓展,服务质量得到进一步提高。开发区外商投资企业协会组建后,积极开展各项活动,努力为外资企业服务,工作取得较好成效。二是出口加工园建设取得新的进展。出口加工园建设作为年内一项重点工作,经过多方努力,正逐渐成为开发区利用外资新的增长点。园内基础设施及配套建设已全面展开,首批近4000平方米标准厂房主体工程年内已经竣工。首期2.5万平方米的中华园动迁小区即将完成。今浩电子、中荣弹簧等4个项目先后在园内落户,总投资4660万美元。作为"园中之园"的留学生创业园也有3个项目进驻。负责加工园开发建设的投资开发公司通过土地运作,总资产累计达到1.55亿元。出口加工园报批工作取得一定进展,国家5个部委的批转已告一段落,正积极向国务院申报。三是以创建文明城市和招商月活动为契机,区容、区貌得到进一步美化。围绕创建国家文明城市和'98昆山金秋经贸招商月活动的开展,全面加大了形象工程建设力度,累计投入资金近千万元用于改善区容区貌。完成了开发区区徽的设计,东入口锦绣广场和南入口通关点公园雕塑相继建成,对前进东路、青阳路、顺帆路、黄浦江路和长江路等五条主干道路环境进行了整治,折除了一批违章建筑。对部分道路实施了绿化、亮化、美化工程。结合城市改造和农村建设,对农夹居地区进行整治并实施规范长效管理。有7个村成为省级卫生村,1个村通过市级卫生考核验收。通过形象工程建设,区容区貌得到较大改观,开发区投资环境进一步完善。

〔经营管理〕 1998年根据经济工作目标,管委会各部门及各条线分支机构紧紧围绕经济建设这个中心,不断强化服务意识,努力提高服务质量,区域经济运行质量进一步提高。外向型经济主导地位进一步巩固。1998年为外资企业办理项目变更59家,办理进出口许可证37家。审批设立分支机构27家,审批进料加工申请1766份,来料加工申请46份。完成二类企业考核18家。主动为外资在建项目做好配套服务工作,全年新开工投产企业32家,为年指标的160%。外资企业在开发区的投资信心进一步增强,有15家企业相继办理了增资手续。全年三资企业实现销售收入137.6亿元,出口创汇8.55亿美元,实现利税5.7亿元,分别比上年增长49.2%、23.1%和87.6%,在全区经济总量中的占比分别达到87%、98.4%和83.8%,进一步拉动了对整个区域经济的发展。内资企业转制步伐加快,转制工作取得一定进展。区内所属211家三产企业中,半数以上已完成转制工作,转制率为52.6%,其中物资供销公司成为第一家顺利完成转制任务的三产大公司。存量资产逐步盘活,外向配套稳步发展。以生产要素优化配置为目标,以改组、改制为手段,内资企业的调整改造得到加强。通过租赁、拍卖等多种形式,盘活存量资产7000万元。同时充分利用外向型经济发展较快的优势,积极组织引导内资企业和村级经济走外向配套之路,全年外向配套完成销售额2.4亿元,上缴税收1600万元,实现利润1800万元。发展个体私营经济力度加大,步伐加快。开发区私营企业协会、开发区个体劳动者协会和开发区个体私营企业联合工会相继成立。到年底区内有个体工商户1142家,私营企业230多家。富民私营经济投资区通过不断完善基础设施建设,提高配套服务质量,年内已有5家企业落户,总投资额2500万元。据初步统计,1998年区内个体工商户和私营企业共完成营销额近5000万元,实现利税约1000万元,个体和私营经济已逐步成为开发区经济发展新的增长点。

〔各项工作整体推进〕　1998年,工委、管委会在认真抓好经济建设的同时,坚持以点带面,以面促点,各项工作整体推进,协调发展。一是党群工作进一步加强。年内结合基层党委换届选举工作,对118名党政干部办理了任免手续。新组建基层党支部5个。发展党员40名,对75名入党积极分子进行了培训。表彰了20名优秀党务工作者和36名优秀党员。举办党员培训班8期,青年人才培养和后备干部队伍建设得到加强。出版《昆山开发》12期,报纸编发质量不断提高。与报社、电台联合编写的《昆山开发区百家三资企业风采录》正式出版。新建和筹建工会20家,工会组织不断健全,协调保障作用日益增强。二是各项社会事业协调发展。顺利通过了苏州市"教育现代化示范区"的考核验收,国际学校二期工程、成教中心电脑培训基地相继建成投入使用,教育事业逐步走向规范化、科学化。计划生育全面完成任务。法律服务、民政工作广泛开展。发动区内116家企事业单位参加抗洪救灾募捐活动,共募集捐款245万元。征兵工作和基干民兵军事训练圆满完成。举办下岗职工劳务专场5场,安置分流下岗职工579人;建立劳动力资源信息库,举办劳动力市场95场;与市人事局联合举办大型人才市场两期,引进接收各类人才660名。军转安置和征土工安置工作进展顺利。社会治安综合治理着重建管并举,社会保持稳定。三是条线机构工作成效显著。工委、管委会进一步加大指导协调力度,重视发挥条线机构的作用。各条线部门认真履行工作职责,积极为开发区建设献计出力。财政分局想方设法,组织协调资金,保证了开发区建设资金和各项经费的开支。国税、地税分局加大税收征管力度,圆满完成了开发区税收任务。公安分局在强化区域社会治安、防范各类案件发生、抓好外来人口管理等方面做了大量工作,为经济建设和社会稳定做出了贡献。土地分局积极配合管委会做好存量土地调整、土地运作和出让金催收等工作,保障了新批项目用地需求。工商分局在加强企业登记管理、商标广告管理、经济合同管理、市场管理、消费者投诉查处、经济检查、搞好区内企业服务、扶持个体私营经济发展等方面成效显著,得到区内中外企业的好评。特别是,各条线部门在抓好部门管理、规范工作程序、加强队伍建设、坚持文明执法、优化服务质量等方面都已逐步形成规范,展示了开发区机关良好的精神风貌。

〔形成良好工作氛围〕　年初以来,工委、管委会在认真分析国际、国内形势的基础上,针对开发区建设面临的各种困难和问题,把解放思想、振奋精神放在各项工作的首位,使广大干部群众从原有的优势感中清醒过来,从成功经验的束缚中解放出来,从面临的困难中振作起来,不断开创开发区建设和发展的新局面。

坚持创新意识,努力构筑新的优势。工委、管委会从开发区的实际出发,以四个创新为动力,推出了一系列新思路、新办法。在开发模式上,加快建设"区中园"及"园中园";在管理体制上,全面推行目标考核制;在用人机制上,推广试行机关行政职务聘任制;在招商引资中,推行全民招商,做到人人参与;在环境建设中,着重形象工程建设,强化开发区名牌效应;在经济运行中,积极探索资本运作新的途径和方法。这些措施的贯彻实施,构筑了开发区新的优势,加快了开发区的建设发展。

坚持务实奋进,努力增强工作实效。一是搞好工作分工,明确工作职责。年初工委、管委会对领导分工和各部门的工作职责进行了调整,做到各司其职,各尽其责。二是搞好工作协调,及时解决问题。通过召开现场会、碰头会及专题研讨会,深入了解工作情况,发现问题及时解决,促进了各项工作的顺利开展。三是搞好任务分解,坚持责任到人。通过实施目标考核责任制,将任务量化分解到部门,落实到个人,既调动了各部门的工作积极性,也增强了个人的工作责任心。四是搞好工作督查,推进工作开展。工委、管委会对年内的重点工作实行定期检查、听取工作情况汇报、填报招商引资情况统计表和工作指标落实情况表,及时了解各项工作的进展,推动各项工作的开展。坚持团结协作,努力营造互相支持、互相配合的工作环境。

尽管开发区取得了一定的成绩,但也存在不少问题。一是招商引资过程中,缺少投资数额大、技术档次高、对区域经济有拉动作用的龙头项目。二是区域经济发展势头有所减缓,经营体制和管理机制落后于形势,经济运行质量有待提高。三是部分规划建设工程与计划脱节,区域建设与开发区发展要求不相适应。四是创建工作需加强,尤其是长效管理。五是村级经济发展不平衡,管理方面存在明显薄弱环节,对新一轮发展缺乏新的思路。在区域建设协调管理、开发区建设调研、工作信息通报、机关工作作风、加快人才培养、社会事业发展等方面,也不同程度地存在一些问题。

(黄承圯　执笔)

营口经济技术开发区

〔经济与发展〕 1998年是营口经济技术开发区高举改革旗帜,在管理体制、干部任用制度、企业产权制度等方面改革取得突破性进展的一年。一年来,开发区以落实项目为龙头,深化改革为动力,优化环境为基础,搞活商贸为重点,班子建设为保证,提高效益为目标,不断解放思想、锐意改革,抓住机遇,开拓前进,促进了全区的改革开放、经济建设和社会各项事业的发展。

国民经济稳中有升,国内生产总值实现18亿元,比上年增长4.8%;工业总产值实现38亿元(含港务局、电厂),比上年增长9.32%;社会消费品零售总额实现8.6亿元,比上年增长4.7%;地方财政收入实现8288万元,比上年增长7.7%;税收实现10121万元,比上年增长6.1%;出口创汇1.2亿美元。

各项改革取得新突破。一是认真贯彻辽宁省委关于理顺开发区管理体制精神,本着“精干、高效、务实”的原则,营口市委、市政府出台了理顺开发区管理体制方案,于12月2日对开发区的领导班子做了重大调整,对原有的机构进行了合并与重组,明确开发区管委会行使市级管理权限,代表市政府对开发区的经济、社会发展和行政事务实施统一的领导和管理,突出招商引资和基础设施建设的领导职能,以及区政府的主要职能是为开发区及港口建设提供服务和保障。在新体制下的新一届管委会、党工委实施了大刀阔斧地改革。党政机关、人大、政协内设机构由原来的26个精简到17个,精简了34.6%;其中,政府直属机构由原来的14个精简到3个,精简了78.5%,精简后的政府机构下设3个办公室;区直事业单位由14个精简到5个,精简了64.3%,党工委、管委会、政府机关、人大政协内设机构,群团组织领导职数由78个精简到49个,精简了37.1%;干部编制总数由255个精简到191个,精简了25%;对机关长期借调的47名人员全部清退。同时,进行了干部任用制度改革。对领导干部和一般干部的使用坚持了六项原则,即:公开、公正、公平的原则,竞争择优的原则,群众公认的原则,注重实效的原则,党管干部的原则,依法办事的原则。在具体工作中坚持按章办事、按律而行。在人员分流上坚持按章精简、有情安置。引入竞争机制,实行领导干部聘任制,一般干部合同制,能者上,平者让,庸者下。这在开发区干部任用史上是第一次。二是进行了企业产权制度改革。全区拟改制区直企业40户(省统计口径),已改制36户,改制面达90%,按时完成了省、市下达的改制任务。改制主要采取了股份制、股份合作制、兼并、破产、合资、租赁、出售七种形式。

〔**精神文明建设**〕　以"讲文明、树新风"活动为主线,以创建省级文明示范城区为目标,突出开展了"三大创建"活动。创建省级文明小区1家,市级文明小区2家,省级文明单位4家,市级文明单位12家;"三制"试点单位20个,"五好"文明家庭4432户,"十星"级文明户3991户。开展"增新绿、献爱心"活动,全区共收到捐款50多万元,设立了精神文明建设基金,并对彩霞小区、长江路等重点区域进行绿化改造。在抗洪赈灾活动中,全区共捐款135.8万余元,捐衣物2万余件,列全市之首。

民主与法制建设进一步加强。管委会、区政府认真接待群众来访、来信,并对一些具体问题进行了妥善处理,改进政府工作,提高民主化、科学化决策水平。积极开展普法教育,有效推进依法治区进程。加强"创安"工作,强化综合治理,有2个生活小区被评为省级文明小区,1个村被评为省级安全文明村。认真开展"严打"斗争和专项斗争,重点整治非法宗教、"黄赌毒非"。"110"报警服务系统更加完善,为稳定社会治安秩序做出了积极贡献。

社会事业全面发展。认真实施"科技先导"战略,不断改善办学条件,素质教育稳步推进,教师队伍整体素质明显提高。强化科普宣传,因地制宜地推广科技项目成果,申报3项专利,实施2项星火计划。医院和"三站"建设有了新进展,医疗卫生条件得到改善,技术水平和服务质量有所提高。计划生育基础工作进一步加强,计划生育率达99.89%。积极开展多种形式的文化艺术活动,丰富人民群众的文化生活。群众体育工作健康开展,在市九运会上,共获奖牌26枚,团体总分名列第四。新闻工作发挥了舆论宣传和舆论监督作用。

〔**投资环境**〕　按照"坚持规划、多元投入、突出重点、树立形象"的指导思想和"建管并重、边建边管、专群结合"的原则,城市建设与管理得到进一步加强。完成了长江路等一批地区环境规划,调整并重新编制了全区总体规划。

年内,共完成城市基础设施建设投资2139.8万元,加强了重点部位的形象工程建设。开工建设了青龙山北线等供电线工程和望海等通讯线路工程。

在城市管理上,加强市容市貌管理,开展客运、出租车文明服务竞赛活动,打击假冒伪劣商品和价格违法行为。

〔**利用外资**〕　1998年,营口经济技术开发区针对国际形势不利、招商载体不多等问题,调整招商重点,在不放弃对日、韩招商的前提下,将招商重点转移到欧美和港台地区;积极培育有效载体,搞好项目包装和储备,坚持走出去、请进来,组团分别赴美国、加拿大、新加坡、澳大利亚、新西兰进行招商,取得一定成效;强化项目服务,建立项目全过程跟踪负责制,及时召开项目协调会,定期召开外企座谈会,协调解决投资者生产、生活中的实际问题;适时调整和完善政策,推行29条财税优惠政策,吸引投资者。年内共引进外资项目16个,其中当年批准、当年开工、投产的5个,近3000万美元的大项目5个,外商追加投资项目1个;协议投资总额12621万美元,其中协议外资额10825万美元,分别比上年增长12.8%和31.9%;外商追加投资500万美元;实际利用外资3028万美元,比上年增长10.1%。引进内资项目投资总额24020万元,资金实际到位9650万元。

威海经济技术开发区

〔**经济建设与发展**〕　1998年,全区国民经济继续保持发展适度、质量好、效益好的良好态势。全年完成国内生产总值达到13.81亿元,比上年增长18%。其中,第一产业增加值0.88亿元,增长13.5%,比重下降0.5个百分点;第二产业增加值9.05亿元,增长13.8%;第三产业增加值3.88亿元,增长31.4%,比重上升3.1个百分点。产业结构进一步优化,第一、二、三产业占国内生产总值的比重分别为6.37%、65.53%、28.09%。工业生产快速发展,全年完成工业总产值21.1亿元,比上年增长24.3%;实现工业销售收入18.7亿元,增长35.7%;工业企业经济效益综合指数为81.8%,工业产品销售率为97.8%。国内消费市场繁荣活跃,全年实现社会消费零售总额2.29亿元,增长66.13%。对外贸易快速发展,全年外贸进出口总额1.15亿美元,增长38.7%,其中,出口额5364万美元,增长4.5%;进口总额6145万美元,增长93.9%,全年批准外商直接投资项目19个,合同利用外资8373万美元,增长50.2%。

农村经济得到长足发展。"城乡经济发展一体化、城乡建设一体化、干部队伍一体化",改革为城乡经济建设注入新的生机和活力。1998年,全区农村完成社会总产值18.8亿元,比上年增长7%;完成销售收入13.8亿元,增长14%;实现利润2.01亿元,增长7%;农民人均纯收入4000元,增长11%。城乡建设投资大,步伐快,面貌新。全区各村紧紧围绕青岛路、齐鲁大道、海滨路等黄金地段进行城乡建设开发,共投资近1亿元,开发住宅楼3万平方米,整修道路3万平方米,绿化面积4000平方米,2200多户农民住上楼房,生活质量进一步提高。全区农村投资460万元,拓宽新建了曲阜路6200米,为改变曲阜片8个村的落后面貌奠定了基础。

在第三产业和非公有制发展方面,坚持"国有、集体和个体私营经济同时并举,一齐上"的方针,按照"发展大商业、搞活大流通、培育大市场"和"政府搭台、企业唱戏"的思路,加大培育扶持力度,非公有制经济发展不断加快。全区登记注册的个体工商户3856户,比上年增长205.3%,注册资本、产值和销售额分别增长332.5%、291.6%和152.3%。私营企业344户,增长67%,注册资本、产值和销售额分别增长66.2%、131.2%和17.6%。个体私营经济从业人员达16339人,占全区人口29.5%,比上年增长16.2个百分点,个体私营经济发展速度居全市之首,并成为开发区新的经济增长点。10万平方米汽车交易市场、4万平方米的威峰市场、4万平方米的建材市场、1.2万平方米的齐鲁食品城、6万平方米的华客隆商城相继建成投产,总建筑面积近30万平方米,年交易额达3亿元。开发区对个体私营经济发展中涌现出来的先进典型,分别授予"十佳私营企业"、"十佳个体工商户"、"十佳专业户"的称号。

〔**投资环境**〕　开发区坚持"大配套一步到位,小配套围绕项目集中进行"的方针,不断优化投资环境,进一步增强城市综合服务功能,在全区初步形成布局合理、功能完善的4个群体小区。即以皇冠小区、中心商贸区、国贸大厦为主体的金融、贸易、生活居住、行政办公、文化娱乐中心区;以汽车、机械、电子、食品、纺织、医药等行业为主体的高科技工业园区;以华客隆商城、汽车批发市场、金都农贸市场、建材批发市场为主体的商业批发贸易区;以通用码头、散货码头、液化码头、电厂为主体的港口动力区。1998年全区完成固定资产投资14.69亿元,比上年增长10.4%。其中,基本建设投资13.52亿元,增长5.7%;房地产开发投资1.02亿元,增长176%。

基础设施日趋完善。市政,全年硬化路面12万平方米,修建、加固桥涵7座,铺设给水管线6000米,污水管线2000米,雨水管线1200米,完成绿化面积19.5万平方米,完成市政基础设施投资1800万元。建筑开发,完成建筑业总产值1.25亿元,实现建筑业增加值0.4亿元,全区施工面积18.96万平方米,竣工面积1.14万平方米。供电,全年完成售电量8730万千瓦时,在全省售电量普遍下降的情况下,比上年增长6%;实现经营总收入670万元,增长175%;完成大宇汽车、祥光机械35千伏变电线路改造和宅库线、海埠线、天东线10千伏电网改造,安装新都小区、凤凰小区630千伏变压器,加装海埠线、宏泰线SF6开关,完成10千伏宅库线、海埠线、红山线路大修,并在全区全面推行一户一表用电制度。电信,完成铁路——岳家庄,建材市场——牛角沟等5条主线路工程8760米,开通海埠支局1000门、592局扩容2000门及开关电源配套工程,新增长峰、海埠两个移动电话基站,建成管委、威东日食品、大宇汽车、公共汽车公司、交行开发区支行、太阳药业、蒿泊、杨家台8个虚拟网,区内电话普及率达到30部/百人,比上年提高7.52个百分点。邮政,全年完成邮政业务收入160.17万元,业务总量111万元;加强储蓄代缴话费业务,发放绿卡104张;开办邮政储蓄点,储蓄余额完成3189万元。供热,完成大宇汽车零部件厂、东山化工厂、长峰大修厂、杨家滩小区、中兴小区供热设施配套和第一供热站4号锅炉安装工程,全年供热292900百万千焦,使集中供热面积达30万平方米。

开发区继续以提高工作效率为中心,以提高广大干部职工素质为目标,全面加强软环境建设,不断完善投资环境:1.加大机构改革力度。在人事调整中,坚持"把三关"、"过三关"。"把三关"即新调入人员关、干部新提拔关、职数编制关。全年撤销科级事业单位14个,压缩行政事业编制174个,减员195人。"过三关",就是在机关、事业单位中全面实行双向选择,竞争上岗,每位干部都要过民主关、竞争关和组织考察关。全年调整处级干部38名,科级干部60名,接收100多名大中专毕业生进区工作,与30多名硕士以上学历的人员达成初步进区意向,引进12名外籍专家进区进行技术指导。2.搞好优质服务。开发区坚持"服务就是招商,效率就是效益"的宗旨,实行"一座楼办公,一站式审批,一条龙服务"的工作方法,在依法行政的前提下,简化办事程序,提高办事效率,调整服务方法,提高服务水平,优化服务质量,收到很好的效果。3.加强廉政建设。在土地转让、财务收支、人事任免聘用等经济和政法生活中,相继建立土地转让竞争拍卖、建筑队伍进区竞争投标、人才选用招聘竞争上岗等多种制约机制,廉政建设实现了经常化、制度化,树立了开发区干部职工的良好形象。4.社会秩序稳定。开发区坚持"抓班子、带队伍、促工作、保平安"的工作思路,不断强化忧患意识和政治敏感性,进一步加大治安行政管理力度,加强对流动人员规范管理,全面打击走私、贩私活动,有力地保障了开发区的一方平安。全年侦破刑事案件100起,破案率为79.4%;查处治安案件476起,查处率达100%。

〔招商引资〕 1998年,威海经济技术开发区克服亚洲金融危机的不利影响,招商引资工作取得较好成绩。全区引进内外资项目295个,其中利用外资项目248个,总投资9669万美元。合同利用外资额8373万美元,占全市的36.5%;实际利用外资3764万美元,占全市的20.8%;人均实际利用外资693美元,居全市首位;全区实现进出口总额1.16亿美元,比上年增长39.2%。"三资"工业对全区工业发展的拉动作用明显增强,共完成产值5.51亿元,增长57%,增幅比全区平均高32.7个百分点。1998年利用外资的主要特点:一是工业项目所占比重较大,达到全部利用外资项目的76%。二是项目规模大,投资总额在500万美元以上的项目有30个,投资总额在500万—1000万美元的项目有21个,分别占总数的15%和10.5%。其中,大宇汽车、大宇电子、威东日食品、东源食品、豪顿华机械、海轮橡胶、爱威制药、沃克哈特医药项目投资都在1000万美元以上。三是项目的创汇能力较强,在引进的外资项目中,具备"两类企业"条件有61家,已投资的外商投资企业出口创汇率达到78.6%。四是产业结构趋向合理。全区以外商投资企业为骨干,已培植形成了汽车、机械、电子、食品、纺织、化工、医药、建材八大行业。

在招商引资工作中,面对亚洲金融危机的不利影响,全区坚持"以效益为中心,项目是生命线,招商引资并建立相应的群体形象工程作为考核各部门政绩主要指标"的方针,积极引进国际、国内两种资金,全面开拓国际、国内两个市场,招商引资区域不断扩展,初步实现由以韩国为重点,向欧美日等经济发达国家转移的目标,六年累计合同利用外资6.39亿美元,累计实际利用外资2.39亿美元,骨干企业和名牌拳头产品在国际市场上竞争力不断增强,知名度不断提高。

招商引资工作主要是"强化四个机制",抓住"五个重点"。强化"四个机制"即,强化招商引资责任制、强化奖励激励机制、强化一条龙服务机制、强化资本运作机制。突出"五个重点"是指抓好区域招商重点,继续巩固对韩招商工作;抓好国内招商重点,围绕大专院校、科研单位、上市公司加大招商工作力度;抓好引进项目重点,积极引进规模大、技术含量高、出口创汇多的项目进区;抓好人才引进重点,加大对出国留学人员的吸引力度,鼓励带项目进区搞开发;抓好已投产企业的服务和管理。在大力发展外商投资企业的同时,内资企业继续保持稳定发展的势头。全年新增内资企业47家,注册资本3720万元。至年底,全区有各类内资企业1305家,注册资本25.9亿元。

〔**改革**〕 在企业改革中,全区按照"产权清晰、权责明确、政企分开、管理科学"的总要求,坚持"三改一加强"(改制、改组、改造、加强管理)的方针,立足转变机制,搞活经济,完成改制企业51家,累计完成改制企业221家,改制面达87.4%。

在机构改革中,坚持"精简、统一、效能"的原则,按照"一撤、二并、三减"的工作思路,全面实施双向选择、竞争上岗制度,全年撤销科级事业单位14个,压缩行政事业单位编制171个,减员195名,调整处级干部38名,科级干部60名。

在农村改革中,在全区积极实施"村务公开,财务公开,建章立制,依法治村"和"通过微机联网,实行村帐处管"的做法,以股份合作制和出租土地、厂房为村办企业主要改制形式,确保农村集体资产的发展壮大。进一步加强基层民主法制建设,按照《中华人民共和国村民委员会组织法》的有关规定在37个村进行了村委会换届选举,选出了令群众满意的村委会领导班子,为全区农村稳定、发展奠定了基础。

〔**科技开发**〕 1998年,全区科技教育事业有新发展。"科技兴区"战略意识明显增强,高科技产品档次不断提高。王氏海带面、指接机等四项科技成果申报了国家专利,红螺养殖列入了科技兴海项目,非PVC项目列入省重点科技攻关项目,低频脉冲项目列入市级科技攻关计划,国家兴海办公室确定的贝类养殖示范基地和市级蔬菜培育基地全面筹建,由开发区投资公司与清华紫光集团共同开发生产高科技生物保健产品卵磷脂,全年实现产值1200万元,取得良好的经济效益。1998年,全区安排技改项目28个,完成技改投入3.5亿元,比上年增长40.4%,科技对经济贡献率达65%,比上年提高5个百分点。全区累计引进各类人才2000多名,其中具有中高级以上职称和研究生以上文凭的300多名,累计投资8000多万元对干部进行了教育和培训。

〔**教育卫生**〕 教育事业进一步发展。1998年,开发区围绕提高教育质量,在全区初中教师中全面实施定编择优选聘上岗制度,对197名任课教师进行考核,选聘上岗171人。全区投资近160万元,购置70台微机、8000册图书、76套教学仪器,改善办学条件;投资300多万元建起一幢3200平方米的多功能厅,绿化、硬化校园面积2.1万平方米。皇冠小区、机关幼儿园的教学管理达到省级标准。计划生育各项工作继续保持较高水平,获"市计划生育先进单位”称号,是全市唯一连续五年计划生育无上访的市区。加大卫生管理力度,重点加强村级卫生室的管理,使20个村卫生室达到市级规范化管理标准。

〔党建和精神文明〕 年内增设了外资企业、机关、私营企业的企业党工委,新建党委1个,充实和调整党的基层组织50个,发展新党员139名,各级党组织的凝聚力和战斗力不断增强。健全妇女组织41个,在全区广泛开展双学双比、巾帼建功、帮困济贫活动,增强妇女自我保护意识和法律意识,3个基层组织获市级先进称号,涌现出各类巾帼标兵200名。认真做好民政工作,组织动员全区干部群众为灾区捐款92万元。全面做好城乡社会保障网络建设,拿出4万多元对176户特困户、困难户给予重点救济,并为105名下岗职工重新安排了工作,再就业率达85%。加强民兵预备役建设,健全民兵组织47个,高标准完成全年征兵任务,有2人获市级“武装工作先进工作者”称号。

福清融侨经济技术开发区

〔综合经济发展〕 1998年,融侨开发区继续以经济建设为中心,集中全力进行开发建设,勇敢面对亚洲金融风波,综合经济实力继续增强。

1998年,亚洲金融危机的影响在改革开放前沿阵地——开发区日益凸现。从项目引进到企业营销,从产品订单到资金回笼,都出现了前所未有的困难。融侨开发区努力迎战金融危机,采取增加产量,降低成本和价格,拓展国内外市场特别是国内市场等一系列措施,使全区经济总量继续保持增长态势。1998年工业产值越过百亿元大关,达到101.5亿元,比上年增长12.44%;出口交货总值7.96亿美元,比上年增长16%,上交税金1.31亿元,比上年增长18.6%。综观全年经济发展过程,上半年经济出现明显滑坡,企业生产经营普遍感受到金融危机的滞后影响,而下半年在国家政策调控下,企业生产逐步止跌回升,个别重点企业生产、销售反弹明显。开发区1998年经济综合发展呈现以下特点:一是电子行业块头增大。全区11家电子企业完成产值48亿元,占全区总数的47.29%;完成税收0.44亿元,占全区税收33.83%。二是产业出现一体化增长态势,形成了以冠捷电子为中心,福强、冠钧、景翔、大朋等10数家企业为骨干的电子产业群体;以太平洋、明达为主体的塑胶群体;以福曼、益丰、齐翔为主体的烤鳗业群体,群体间经营互动性、互补性增强,已见一体化增长雏形。三是增资额大大超过投资额。全年引资总额1.13亿美元,其中新投资22家,计3566.26万美元,增资19家,计7756.79万美元,增资额增长118%。

〔投资环境〕 在软环境投资方面,于3月份组织了对外经委、税务、建委、银行、工商、海关等10多个涉外部门和130多位领导及经办人员进行民主测评,由三资企业派出代表从工作态度、服务质量、廉政等三个方面进行无记名投票评议,对测评最差的5个单位和5位工作人员予以通报批评,并调离原工作岗位。以此为契机,一年内,该区注意抓好五个方面的工作:一是全面贯彻落实国家和地方政府的各项方针、政策,要求开发区干部面对困难不气馁,热心服务注真情,顾大局讲奉献,不争利益争服务,力求实实在在地帮助企业解决一些难题。比如积极协助冠源彩盒厂搞好交通伤亡事故的善后处理;主动协调有关部门帮助诚丰公司解决土地过户税赋问题。二是以机关作风整顿为契机,开展以“人人都是投资环境”为主题的优质服务活动,通过设立人员“去向留言牌”、“招商项目联动”等措施进一步充实投资服务体系。三是狠抓项目跟踪责任制,突出抓好重点项目成龙木业、丰盛鞋业等项目的跟踪服务,同时强化招商后服务工作,确保项目履约率、到资率与开工率。四是寓管理于服务,切实帮助企业搞好安全生产、环境保护、卫生防疫、档案等工作,在全市档案执法评比中获得好评,连续五年取得好成绩,还帮助24家三资企业建立了档案室。协助太平洋公司等企业办好干部培训班。五是认真做好清理税外费工作,严格按照上级规定,及时向区内企业转发情况通告,发动企业踊跃举报违规单位,为清理税外费工作做出不懈的努力。

在投资硬环境方面,坚持"统一规划,项目牵头,分步实施,逐步配套"工作思路,注重搞好开发建设规划,认真对开发区闲置地块进行梳理,积极为"二次招商"和"'98 贸洽会"做好前期准备;抓紧进行福政大道工程测量设计,编制福人大道石门村路的预算方案;积极协调有关部门处理成龙木业用地置换问题;想方设法进行管委会新大楼配套建设,为管委会迁址办公做好准备工作;为迎接卫生城市总评活动,还进行较大规模的环境绿化美化,想尽一切办法,创造一切条件,努力改善投资环境。

〔**利用外资**〕 由于受亚洲金融危机影响,开发区招商引资工作继续面临严峻的形势。为此,全年招商引资工作力求创新应变。在招商策略上,采取多元化的招商战略,立足东南亚,积极拓展日欧美,利用赴京、沪举行项目推介会、参加"'98 贸洽会"和举办各种展销会等机会,积极将招商触角延伸到欧美国家,而其中又突出对跨国公司的招商攻势。目前全球最大500 家企业中已有 3 家在区内落地发展。在招商方式上,突出三个"强化"。一是强化以商招商,这是建区十年得来的重要经验,通过互惠互利的合作,建立良好的关系,许多公司自愿充当海外义务招商员,另一方面这些企业本身也不断追加投资,扩大规模。二是强化网上招商。上网招商已成为国际上流行、便捷的招商方式,代表了未来的发展趋势,虽然开发区在利用因特网招商方面的起步较晚,但是仍然积极尝试迎头赶上。三是强化社会招商,充分调动国内外中介机构、海外商会、社团组织的作用,不断延伸招商触角,取得一定效果。

〔**精神文明建设和党建工作**〕 1998 年,融侨开发区精神文明建设与往年明显的区别,在于工作纳入了新成立的开发区党委工作计划,使精神文明建设贯穿了党建这个主线。融侨开发区党委于 1998 年 8 月底经中共福清市委批准成立,10 月 6 日组建完成,并正式开始运作。10 月 16 日召开了首届党员代表会议。一年来,该区精神文明建设和党建工作主要突出"五抓":一抓学习。年初即制定详细的学习计划,出现讲学习的良好局面。本年度分批、分期安排干部参加电脑培训和业余函授学习,以及新公务员培训、领导干部学习班等。总之,通过各种学习,提高了干部的综合素质,进一步使全体干部思想统一到邓小平理论和党的十五大精神上来。二抓创建。本年度继续抓好外资企业基层党组织建设,加大党建宣传力度,努力完善各支部"十簿三册",在全省先进党建县(市)工作的检查评比中,福强和福耀两个党支部各项工作突出,受到省、市有关领导的充分肯定。三抓活动。通过开展党建研讨、七一表彰、赈灾献爱心等活动,全区共向长江洪灾区捐款 300 多万元,其中福耀公司捐240 万元,融峰公司捐 30 多万元衣物。各党支部还针对企业工作特点,灵活机动地开展各种活动,加强对党员的管理教育,增强党员的荣誉感和责任感,进一步增强党的凝聚力和向心力。四抓队伍。加强"三讲"工作,提高公务员素质,同时狠抓各企业党组织的政治学习,并通过基层党组织的辐射、吸引作用,把各企业政治觉悟高、业务能力强的骨干吸引到党组织周围,本年度各支部共培养考察建党积极分子 28 名,发展预备党员 7 名。五抓扶贫。开发区成立扶贫帮困小组,多次深入挂钩村,帮助挂钩村搞好村两委组织建设,协助村委开展计生专项工作,筹资修筑村道、兴办实业,给挂钩村以物力和智力的支持。

为了增强开发区员工素质,为企业提供合格人才,开发区还与福清龙华职专等开展联合办学,积极为学校和企业牵线搭桥,推荐学生到企业就业,以争取"双赢"效果。

东山经济技术开发区

〔**综合经济发展**〕 1998 年,东山经济技术开发区认真贯彻党的十五大和省、市开发区工作会议精神,积极实施县委、县政府提出的“依港兴区、贸工强区、富区载旅”的发展战略,以“增加总量,扩大规模,树立形象,提高档次”为目标,经过全体干部、职工的开拓进取,扎实工作,努力拼搏,取得了建区以来最好的成绩。全年完成国内生产总值 8.55 亿元,比增 29.74%;实现工业总值 15.28 亿元,比增 25.55%;其中,外资企业工业产值 10.11 亿元,比增 22.1%;内资企业工业产值 5.17 亿元,比增 32.9%;实现工业销售收入 14.93 亿元,比增 31.89%;出口创汇 7462 万美元;财政收入 8540 万元,比增 8.79%;税收 6424 万元。完成固定资产投资 1.8 亿元。

〔**招商引资**〕 1998 年,面对着亚洲金融危机的影响,东山开发区灵活调整招商策略,拓宽招商渠道,通过扩大宣传、上门招商、积极参加各种经贸活动和开展优质服务等手段,增强了投资吸引力,各项经济指标取得建区以来最好水平。全年批准项目 57 个,其中外资项目 33 个,完成年计划的 330%,比增 4.5 倍,占全县项目数的 91.9%;合同外资额 7236 万美元,完成年计划的 160.8%,比增 80.4%,占全县总额的 94.7%;实际利用外资 5163.8 万美元,完成年计划的 103.3%,比增 48%;内资项目 24 个,完成年计划的 240%,比增 100%,总投资 1.2 亿元。主要的工作有:1. 扩大宣传,增加招商影响力。一方面在境内外较有影响的报刊推出开发区系列报道,宣传投资环境和优惠政策。另一方面,积极参加各种经贸洽谈活动,先后组织参加了“4·8”第二届厦门对台出口商品交易会、“4·9”漳台经贸恳谈会、北京招商项目推介说明会、福州国际招商月和“9·8”中国投资贸易洽谈会等经贸活动,组织区内部分项目上联合国工业发展组织和美国全球商业发展网络招商,扩大知名度和影响力,招引美国、比利时、新加坡、台湾、香港等国家和地区客商 10 批 100 多人次到开发区实地考察,洽谈项目近 50 个。同时,组织多次项目奠基剪彩活动,邀请境内外客商前来参加,营造了开发区建设浓烈的气势,取得了良好的效果。2. 主动出击、敲门招商,提高招商工作的实效性。管委会领导率先垂范,亲自参与招商,先后组织人员分赴深圳、东莞、北京等地招商,并在厦门经济特区设立招商办事处,通过老客户、台商协会等渠道,接触一批新客户,以招商说明会登门拜访、座谈交流等形式,宣传东山开发区优势,变入区项目在选择上的被动性为主动性。3. 以高新技术项目为目标,努力改善招商结构。为突破开发区项目发展层次的局限,开发区管委会以引进电子项目为突破口,积极联络北京华广卫星有线电视、广东金圣马、台湾台林通讯、新谊电子等先进技术、资金雄厚的企业,果断采取灵活措施,招引了部分大型科技项目进区落户,为开发区的产业升级、结构优化打下了基础。4. 强化后招商工作,提高项目跟踪服务质量。开发区把搞好后招商服务作为招商引资工作的重要手段,行之有效地开展工作,提高了签约项目的履约率。全年签约项目的履约率达到 90% 以上。开发区管委会组织工作人员深入企业,切实帮助企业协调解决建设和生产中的各种实际问题,保证项目建设、生产的顺利进行,先后为华农烤鳗厂、海魁水产集团公司等大型重点项目解决建设资金、设备进口资金和配套项目建设资金 3000 多万元,有力地支持区内项目的建设。5. 建立项目储备库,做好前期工作。根据国家的产业政策和开发区的规划要求,经过认真筛选、充分论证,建立近百个招商项目的储备库,项目涉及基础设施、工业和第三产业等产业类型。通过建立项目储备库,适时在各种经贸会、招商会上推出招商项目,做到“有备而战”。

〔**基础设施建设**〕 全年投入资金 5000 多万元,完成 4 条道路 5 个路段的建设,即东环路 A 段,西环路 A 段,石坛路 A、B 段,东西一路 C 段等道路工程建设并通过验收投入使用,西环路与东环路、东环路与东西一路、西环路与石坛路实现路路相通。保税加工区、食品加工区、轻型工业加工区等小区的路网基本形成。

投入资金403万元，征用项目用地647亩，移走两座山，完成12个项目的土地平整，土石方工程量达到37.4万立方米，拆迁2300平方米，迁坟墓1550多座，保证项目建设的需要。投入资金60多万元，实施绿化精品工程，完成东西一路、新城路、东西二路、东环路、西环路和糖厂三角点的绿化工作，使开发区的投资环境得到明显改善。完成区内主干道排水、排污管道工程建设和区内电力专线的方案设计工作，并着手实施。

〔**项目建设**〕　开发区注重以加强规划管理、土地管理和服务管理带动项目的建设。加强科学规划，先后邀请同济大学、天津大学、北京大学专家到开发区指导规划工作，提高规划及管理意识。增加规划投入，成立规划设计部，严格规划管理，实行科学分工，责任到人。通过科学规划，促进项目的建设速度。同时，加强项目的跟踪促建工作，并对原批准的未建项目进行清理，盘活土地存量。依照有关法规收回项目用地12块100亩，保证新投建项目的用地需要。对进区项目实行主要领导定点挂钩制度和项目分工责任制，保证每个项目入区后都有一名主要领导分工负责，一名主要经办人员跟踪落实，协调解决项目建设过程中的各种困难，项目建设速度明显加快。全年有华农烤鳗厂、新加坡美林蓓园艺公司、义芳鞋业等10个项目投产，是建区以来项目投建、投产最多的一个年份，项目质量、档次有所提高，区域建设规模不断扩大，全区呈现前所未有的建设繁忙景象。项目建设速度的加快，拓宽了就业渠道，劳动就业问题得到有效解决，先后解决劳动就业2000多人，其中下岗工人200多人，有效地配合再就业工程的实施，使开发区成为全县再就业工程的重要基地。

〔**党建和精神文明建设**〕　1998年，东山开发区把深入贯彻十五大精神和学习邓小平理论作为开发区党建工作和思想政治工作的核心。坚持解放思想、实事求是、大胆实践，加强党纪党风和廉政建设，弘扬艰苦创业精神，激发党员干部和职工爱岗敬业、无私奉献，推动了开发区招商引资、形象建设和社会、经济效益长足发展，涌现出一批先进个人和单位，有两位同志被县委评为优秀共产党员和优秀党务工作者，有三位同志被县总工会评为“工会工作先进工作者”和“再就业先进工作者”，市政工程公司被评为“先进职工小家”，英特食品公司被评为“再就业先进单位”，有九位同志光荣地加入了中国共产党。同时，积极稳妥地在区内企业中建立了两个党的基层组织，充分发挥企业党组织、工会的积极作用，促进企业健康发展。制订管委会各局、办、公司的年度考核和奖惩办法，完善工作目标责任制。建立健全各项规章制度，如《开发区青年干部职工实践锻炼基地的工作方案》、《开发区企业对职能部门民主评议制度〈试行〉》等规章制度，为开发区的各项工作创造了良好的氛围。

沈阳经济技术开发区

〔**综合经济发展**〕　1998年是沈阳经济技术开发区实现经济持续快速发展和社会事业全面进步的一年。全面完成了1998年经济发展计划的各项主要指标，工业总产值突破100亿元，比上年增长35%；实际利用外资实现2.2亿美元，比上年增长67%；社会总产值147亿元，比上年增长23.5%；实现利税总额10.84亿元，比上年增长19.1%；出口创汇1.57亿美元，比上年增长12.1%；税费收入7.6亿元，比上年增长50.9%。在主要经济指标大幅度增长的同时，开发区的经济运行质量进一步提高。一是支柱产业规模壮大，水平提高，初步形成了汽车、化工、医药、食品四大支柱产业，这四大产业全年实现产值和利税已分别占全区的54.5%和67.2%。二是外向型经济特征明显，三资企业已成为沈阳开发区经济的主导力量，全年实现产值和利税分别占全区工业的56.9%和55%。三是财政税收运行状况渐趋好转，税收来源日趋稳定且不断增长，财政收支结构得到改善，债务结构趋于合理，基本建设投资刚性有所增强，行政费用支出得到有效控制。

〔**招商引资**〕　1998年受亚洲金融危机的影响,1998年成为沈阳开发区成立10年来招商最为困难的一年,但在全区齐心协力下,工作取得了长足进展。一是果断决策,及时调整招商战略。年初,针对东南亚金融危机带来的不利影响,管委会及时组织有关部门对形势进行认真分析,提出相应对策和措施,在招商区域上实现战略转移,把招商重点由亚洲转向欧美国家。从1998年招商成交项目看,批准进区的欧美国家的项目占全部进区项目的42.4%,同时储备了一批项目,这一战略转移的决策已见成效。在招商方式上,突出了代理招商、中介招商、使领馆招商和海外顾问招商的作用。在政策上,重新调整出台了"优惠政策19条",增强了对投资者的吸引力。二是内外并举,摸索出吸引内资项目新途径。对市30户易地搬迁改造项目进行跟踪,引进工业锅炉厂搬迁等项目;大力扶持民营企业进区发展,现区内已有盛发、天亿等10多家大户民营企业建厂经营;加强了市场建设,对已建成和正在建设的家电、家私、食品三个市场统一管理,给足政策,积极扶持,促其发展,收到了良好效果。1998年批准进区项目117个,其中三资项目85个,协议投资总额63.8亿元,比上年增长2.7%;协议利用外资额2.3亿美元,比上年增长1.2%;实际利用外资额实现2.2亿美元,比上年增长67%。年内有53家企业建成投产,62家企业开工建设。在'98沈阳国际经贸洽谈会上,沈阳开发区主要指标名列沈阳市榜首,获得沈阳市政府授予的"最佳贡献奖"、"最佳布展奖"和"最佳组织奖"。

〔**投资环境**〕　1998年沈阳开发区集中精力,狠抓投资环境建设。一是把满足企业生产经营需要的硬环境建设作为重点,加强了给排水设施和公用设施建设。二是在软环境建设上重点抓了三项工作:第一是规范行政事业收费。为了进一步优化投资环境,减轻企业负担,从1998年6月份开始,由有关部门组成清理小组对虽符合省、市收费规定,但外商反映较大,按照与国际接轨的要求,将来也要清理的行政性收费项目,进行调查摸底,提出了清理意见,为1999年全面清理整顿收费奠定了基础。第二是主动为外商搞好服务。经贸局先后走访40余家企业,征询外商意见和建议,帮助其解决生产经营中出现的问题,保证了三资企业生产和经营的顺利进行。市公安局在开发区设立了外国人出入境管理办公室,极大地方便了外商出入境管理。开发区法院设立了定点服务的外商投资企业200多家,地税分局和检察院等单位聘请外企人员担任廉政建设监督员和执法执纪督查员,均收到良好效果。第三是强化了政务公开工作,增强了办事透明度,优化了法制环境,提高了办事效率,方便了投资者。

〔**精神文明建设**〕　1998年沈阳经济技术开发区在社会主义精神文明建设方面成果显著。举办了建区10周年大型文艺晚会,提高了沈阳开发区的知名度;机关和企事业单位积极为遭受洪涝灾害的受灾地区捐赠款物,体现了开发区人的精神风貌;管委会机关各部门和驻区单位,积极开展"扶贫解困献爱心"活动,为稳定社会、助人向上做出了贡献;团工委开展的"爱沈阳开发区,建好沈阳市"的宣传活动,收到了良好效果;认真落实"四新"要求,机关建设得到加强;继续开展"公仆杯"、"形象杯"竞赛活动,提高了机关干部的文明素质和服务水平。党建方面,以讲学习、讲政治、讲正气为中心环节,注重加强领导班子建设和基层党组织建设。一是加强领导班子建设。从跨世纪的需要出发,大胆启用了一批优秀的年轻干部,充实各级领导班子,为班子建设注入了活力。各级领导班子注重自身建设,讲政治,顾大局,勤政廉政,团结向上,受到群众一致好评。二是加强政治思想建设。着眼于提高素质和增强活力,利用各种形式对全体党员和干部进行经常性的政治思想教育,广大党员和干部的思想道德修养和敬业精神明显增强。三是加强基层党组织的建设,进一步增强了基层党组织的战斗力。中外合资企业黎富服装有限公司党支部和天星计算机外部设备有限公司党支部分别被辽宁省委和沈阳市委命名为省、市先进党支部，可口可乐饮料有限公司生产部被评为沈阳市学雷锋先进集体。四是加强反腐倡廉工作力度，坚持把反腐倡廉工作贯穿于开发建设的全过程。1998年年初，开发区党委召开了开发区反腐败工作会议，对反腐败工作做出全面部署，以落实中央“八条规定”为重点，加强各级领导干部廉洁自律工作；严格执法，加大查办案件的力度；落实纠风治乱的各项措施，进一步优化投资环境；加强制度建设，注意从源头上防止腐败现象的发生。五是工会和共青团的桥梁和纽带作用进一步发挥，在保证社会稳定和促进社会主义精神文明建设方面发挥了重要作用。

哈尔滨经济技术开发区

〔综合经济发展〕 主要经济指标持续增长。全年实现工业总产值48亿元，比上年增长12%，占全市的7.9%。税收3.9亿元，比上年增长6%。财政收入4.2亿元，比上年增长20%，占全市的9.7%，有力地拉动了全市经济的发展。

全年筹措建设资金1.2亿元，比上年增长4%，完成基础设施建设投入1.1亿元，比上年增长10%。

新开工面积31.5万平方米，比上年增长30%，竣工面积36万平方米，与去年持平。

出口创汇676万美元。

新增劳动就业人数1500人。

〔招商引资〕 招商引资继续取得重大进展。新批三资企业30家。协议外资额7400万美元，比上年增长2%，占全市的50.7%。外资到位额5084万美元，比上年增长21%，占全市的33%。新批内联企业137家，总注册资本5.7亿元。一年来，针对亚洲金融危机带来的影响，适时调整了招商工作思路，加大了对欧美国家的招商力度。发挥北京办事处、驻外联络处的窗口作用，不断拓宽招商渠道。先后参加了“德国在亚太”、“厦门投资洽谈会”、“中国高科技国际周”等经贸交流活动。组团在欧盟各国开展了为期一个月的巡回招商。这些举措取得了较好的效果，签署了一批投资协议。并把内联工作重心放在国内有实力、有影响、需要扩大生产规模的大型外资企业上。统一食品、4G1发动机、哈飞汽车配套件等大中型生产项目落户开发区。突出了对高新技术企业项目的招商，汽车尾气净化器项目、海绵铁生产等项目相继进区。这些新批项目全部达产后，可新增产值40亿元。

〔基础设施建设〕 征地和基础设施建设任务全面完成，在省、市政府和金融部门大力支持下，全年筹资1.2亿元，其中92%的资金投入了各项基础设施建设。为统一食品等新批大型生产项目的投产，超前进行了供电、供热、给排水等区域配套。在省市计划、土地、规划等业务部门的通力合作下，全年新征土地73万平方米。完成了两片开发区域部分路段的绿化、美化和路灯工程。完善了仓储区库房和站台建设，铁路专用线进入正常运营。

〔对俄出口加工园区〕 对俄出口加工园区全面启动，成为关注的新热点。在香港、深圳、厦门、汕头等沿海城市举办的投资说明会上，用好加工园区政策和区位优势，共同拓展俄罗斯市场的重大课题，引起中外客商高度关注。一年来，已有中外30余个经贸团组，100余人次前来考察、洽谈。目前，伊达药业、哈飞实业汽车配套件等项目已落户加工园区。

〔项目建设〕 进度明显加快。一年来，从项目立项、可研等审批环节着手，严把审批关，防止了“挖坑占地”、“开而不发”现象的发生。新批的10多个大型建设项目，均做到了当年入区、当年开工建设。工程质量优良品率占总面积的60%，占项目数的33%。恒达建筑工程公司连续4年荣获工程质量管理先进单位和安全生产金牌奖单位称号。综合工业区建设呈现了突破性进展，顶益食品、旺豪玉米糖等项目已完成主体厂房建设，哈飞汽车配件、斯林百兰床垫、志阳汽车尾气净化等项目已建成投入生产。统一食品当年洽谈、当年建设、当年投产,创造了开发区大型生产项目建设速度新记录。管理服务区房地产业持续发展。昆仑商城二期续建、隆马特超市、丰田汽车维修中心等项目相继投入使用;金马大厦已完成主体框架;名都高尔夫球场也完成了包括草坪在内的大部分工程。区内不断建成和在建的新项目,充分展示了现代化城市新都心的雏型和形象。

〔**企业发展情况**〕 产业规模逐步形成,经济实力进一步增强。初步形成了以哈飞微型车和东安发动机及其配套厂为代表的汽车产业,以统一企业、上好佳食品、顶益食品、可口可乐饮料、森永奶粉、旺豪玉米糖为代表的食品加工产业,正在形成的有以伊都锦制衣、裕隆漂染、继嘉抽纱等为代表的服装加工产业和以侨航通信、光大激光、众邦远程医疗为代表的电子技术产业。在管理服务区,昆仑商城、新加坡大酒店、梦幻乐园、隆马特超市、名都高尔夫球场等已初步构成了高级第三产业的框架。截至年底,进区企业开工开业 681 家,占全部企业的 56%,比上年增加了 1 个百分点。这些企业中,年产值超亿元的 5 家,超千万元的 20 家,出口创汇超百万美元的 4 家。东安微型发动机有限公司获得中国开发区最佳企业形象荣誉称号。高美印刷公司被列入三资企业效益20 强。高新技术企业实现技工贸总收入 33.4 亿元,比上年增长 12%。中美合资奔可达轮胎翻新有限公司、东方医疗器械有限公司等6 家企业被认定为高新技术企业。海格北燕公司生产的新型桑拿浴房荣获省科技进步奖。志阳集团生产的汽车点火器和康恩玉米深加工项目已被国家科委列入国家级火炬计划项目。

直属企业中,基础设施建设公司、仓储公司全面完成了承包指标。开发建设总公司在行业不景气的情况下,实现利润 300 余万元。集团公司所属纸箱厂和同发市政公司,开业半年来,已初见成效。对外经贸公司在出口不畅的形势下,下半年效益大为改观。

〔**党建工作**〕 党的建设和精神文明建设进一步加强,有力保障了开发区经济快速发展。深入贯彻落实党的十五大精神,狠抓了党员干部和职工群众的理论学习。广大党员、干部运用邓小平理论解决改革开放和经济建设实际问题的能力有所提高。狠抓了以思想政治建设为重点的领导班子建设。加强了各级班子的管理和考核,提高了班子思想政治素质和整体能力。加强了开发区干部队伍建设,推行干部竞聘上岗,深化了干部人事制度改革。基层党的建设大力加强。旺豪集团、新加坡大酒店等 12 个合资和民营企业组建了基层党组织。通过开展"创建规范化党支部"、"双学"、"三讲"、"争优创先"、学东莱等活动,很好地发挥了基层党组织在开发区经济建设中的政治核心、战斗堡垒作用。党员的先锋模范作用更加突出。涌现出 12 个先进基层党组织和党风建设先进集体;40 名优秀党员、模范党务工作者和党风建设先进个人。组织召开了开发区第三次党建工作研讨会,积极探索基层党建工作的新途径;积极加强党风廉政建设,改善开发区投资环境,树立开发区良好社会形象。开发区管委会继续保持了"市级文明单位标兵"的荣誉称号。到目前为止,开发区已拥有市级文明单位标兵、市级文明单位、区级文明单位标兵、区级文明单位 26 家。在特大洪水面前,开发区党工委组织开发区广大干部和群众积极参加抗洪抢险、拥军支前和重建家园工作。组织捐款 2300 多万元,物品 4000 多件,捐建 11 所希望小学,为全市抗洪救灾做出了突出贡献。在扶持巴彦县的抗灾自救、重建家园工作中,工作效果显著,受到了市里的好评。开发区无顺集团、金马集团荣获市抗洪抢险先进集体称号。

(蔡兆华　执笔)

长春经济技术开发区

〔**经济与发展**〕 1998 年,在国家及省、市各级党委、政府的正确领导下,面对亚洲金融危机冲击以及国内关于开发区宏观政策调整所带来的新问题和新困难，长春经济技术开发区及时调整了工作思想和策略，强化了对策措施，加大了招商引资、项目建设和企业管理等方面的工作力度，较好地克服了因国内外经济形势变化所带来的不利因素和影响。经过全区干部群众的共同努力，取得了企业建设、经济发展和社会各项事业持续、稳步发展的新成果。

为了奠定“五年具规模”开头阶段的良好基础，实现预期的开发建设目标，1998 年初长春经济技术开发区领导班子针对新的严峻形势和任务目标，提出了 1998 年的指导思想和工作思路，即：在党的十五大精神指导下，高举邓小平理论旗帜，开拓进取，争取实现“一个增长”、“两个加强”、“三个突破”的奋斗目标。“一个增长”，就是招商引资要保持新的增长势头；“两个加强”，就是软环境建设和硬环境建设要进一步加强；“三个突破”，一是在企业效益上争取新突破，二是在财政收入上争取新突破，三是在新区总体形象上(包括新区环境、社会各项事业、精神文明建设)争取新突破。

年内实现社会总产值 160 亿元，比上年增长 77.8%。其中，工业总产值实现 130 亿元，比上年增长 114.5%。建筑业实现产值 80951 万元，比上年增长 110.9%。交通运输业实现产值 12663 万元，比上年下降 57.8%。商贸餐饮业实现产值 133743 万元，比上年增长 2.9%。服务业实现产值 51815 万元，比上年增长 107.3%。国内总产值实现 53.16 亿元，比上年增长 35.4%。企业利税总额实现 24.5 亿元，比上年增长 69%。全区财政收入实现 6.12 亿元，比上年增长 17.9%。

个体私营经济也得到较快发展，共实现增加值 3.1 亿元。安排就业人员 12043 人，分别完成市里下达计划指标的 104.2% 和 138%。在国务院“三为主”建区方针指导下，长春经济技术开发区充分发挥本省、本市及周边地区的工业基础优势、人才科技优势和自然资源优势，通过引进资金、技术，加大扶持措施，有力地推动了以汽车零部件加工、玉米深加工、电子工业、新型建材和精细化工为主导的五大支柱产业的发展，全年产值达到 87.95 亿元，占全区工业总产值的 67.65%，从而带动了相关产业的同步发展。

农业和农村工作深入地贯彻了“服从服务开发”和“兴区富民”的指导方针，较好地解决了居民征地动迁和剩余劳动力安置等问题，调动了广大城乡群众的生产积极性，推动了科技农业、乡镇企业和第三产业的齐头并进。“菜篮子工程”坚持了开发科技农业、立体农业的方向，蔬菜生产喜获丰收，农业总产值实现 3472 万元，在耕地相对减少的情况下，仍保持了增长 2% 的水平。乡镇企业坚持了内引外联、促进企业转型升级的发展方向，总产值实现 76934 万元，比上年增长 46.7%。第三产业适应开发建设需要，在运输、餐饮、商贸、服务等方面取得长足发展，总产值达到 25740 万元，比上年增长 56.6%，从而为剩余劳力安置开辟了新途径。为了办好新区的农业和各项社会事业，投入学校供热、给水改造工程资金 40 多万元，投入建设教师住宅楼资金 228 万元，投入“菜篮子工程”支农资金 18 万元。还投入 4000 多万元修建了居民动迁楼 11 栋。目前，区内 6 所中、小学全部达到“花园化”标准，其中一所被评为全市“花园式”标准校。新区的城市管理、街政管理，以及计划生育、爱国卫生、拥军优抚、扶贫助残等各项工作，也都健康有序地开展，取得很好成果。

〔投资环境〕 1998 年，长春经济技术开发区站在跨世纪长远发展的战略高度，并从招商引资和企业建设与发展的实际需要出发，继续夯实基础，加大工作力度，在改善投资环境方面取得了新的成效。

在硬环境建设方面，总计投入资金 25037 万元，是建区以来资金投入最多的一年。重点实施了供电、供热及其他公用设施为主的基础设施工程。其中：供热工程投入 6803 万元，兴建 1 座区域性供热厂和 4 个换热站，敷设供热管道 4300 米。供电工程总投入 4290 万元，兴建了 1 座 2 号二次变电所，其中包括 66 千伏高压线路改造、箱变电缆敷设和开闭所的兴建。道路工程总投入1114万元,新建道路6条,总铺设面积8万多平方米。给、排水工程总投入738万元,扩建调压站2座,敷设管道1100米。绿化工程总投入1328万元,完成了2个广场、10条街路的植树绿化和完善了整个新区的草坪建设。通信工程总投入287万元,重点用于设施配套和顶管安装。伊通河防洪工程总投入50万元。其他公用设施及住宅工程总投入5859万元,兴建了居民回迁楼、教师住宅楼、副食基地、中学校舍、海关监管中心和一些物业设施等工程。新建的赛得广场、翔鹤广场的建设以及包括1处居民小区在内的3座雕塑工程,总计投入400多万元。这些新区景点的建设,有助于提高开发区新区环境的精神与文化品位。此外,用于居居拆迁补偿、征用土地、市政维护、环卫设计以及规划设计等方面的资金总计4355万元。

在改善硬环境的建设工作中,开发区各有关部门、单位在管委会的统一指挥调度下,协调运作,紧密配合,创造性地开展工作,保证了基础设施工程的快速推进。规划审批部门坚持严格把关、优质服务的工作原则,积极主动为项目单位提供全程跟踪指导和服务。工作人员经常徒步进行现场勘察,做过细的工作。加强了对项目建设的招投标管理,加大了对违规项目的监管整顿工作力度,保证了总体规划的严格实施。土地管理部门坚持原则,依法办事,通过政策宣传和思想工作化解矛盾,保证了建设项目征用土地工作的顺利进行。全面加强了对土地资源的科学规划与管理,做到计划用地、节约用地、科学合理用地。全年共征用土地120万平方米,出让土地104.48万平方米。建筑设计部门引入竞争机制、强化内部管理,较好地调动了工作人员的积极性、创造性,使设计服务的质量与水平有很大提高。全年完成的281个项目设计都达到了较高水平。在全省同级设计院综合实力评比中排名第一,并荣获"长春市十佳优秀设计院"称号。电气工程公司、工程建设总公司等直属企业发扬敢打硬仗的艰苦奋斗作风,以企业需要为第一工作目标,经常加班加点,连续作战,及时保证了电子城、供热厂等一系列重点工程项目的快速实施,为开发区的硬环境建设作出突出贡献。

开发区责成政策调查研究室等职能部门把国家、省、市赋予本区的优惠政策,连同自定的一些优惠措施进行了全面、系统地梳理、汇总,在结合实际、深入调研论证的基础上形成了29条鼓励进区投资的优惠政策,其中涉及外商投资的14条,涉及内资的15条。这个"29条"既简明扼要,又便于操作执行,在招商引资工作中发挥了重要作用。

为了解决长春市改革开放在软环境方面存在的问题,同时给开发区创造一个更加宽松有利的投资环境,中共长春市委、长春市人民政府不断加大改善投资软环境的工作力度。1998年5月,长春市委、市政府专门召开了改善经济发展软环境工作会议,针对软环境方面暴露出来的思想观念、行业作风、执法执纪等方面的问题提出一系列整改措施,同时责成市委督查室负责督查执行情况。为了有效解决阻碍开发区企业发展的软环境问题,推动开发建设的更大发展,中共长春市委、长春市人民政府下发了《关于对开发区实行封闭管理的决定》(长发[1998]27号),具体规定了对开发区企业实行封闭式管理的保护性措施,同时对于到企业乱检查、乱收费、乱罚款的个别职能部门和工作人员的违纪行为做出处理的规定。从而使开发区软环境建设上升到以法治区的高度,进一步为招商引资和企业建设扫除了障碍,加快了全区对外开放和经济发展的步伐。一个整洁、优美、现代、文明的经济新区正在驶入健康发展的快车道。

〔利用外资〕 1998年,面对亚洲金融危机的冲击和国家宏观经济政策调整的影响,特别是在有关开发区优惠政策弱化、国内外引资竞争不断加剧的严峻形势下,长春经济技术开发区及时研究、调整了招商引资的工作思路和策略,使招商引资工作以变应变,逆境中求发展。一是拓宽思路,调整策略。面对亚洲金融危机的不利形势,长春经济技术开发区审时度势,及时把招商工作重点转移到欧美等经济活跃地区,开拓了新领域,打开了新局面。在招商方法上,又通过聘用境外招商代理人、借助激励措施"以外引外"的方法取得新进展。已聘用15位招商代理人,工作取得初步成果,全年介绍外商33人,洽谈项目22个,签订了13个意向性协议书。二是完善政策,突出优势。在汇总梳理和科学论证的基础上形成的鼓励内外商投资29条优惠措施,既便于操作执行,又突出了本区政策的比较优势。三是抓住有利时机,积极开展招商活动。1998年5月到9月间,长春经济技术开发区利用庆祝建区5周年、第四届中国长春电影节和'98中国厦门经贸洽谈会等有利时机先后在长春、北京、厦门、珠海等地举办了4次投资说明会,签定项目协议23个,项目投资总额2.8亿美元。特别是7月份在北京由中国外商投资企业协会、中国开发区协会和长春经济技术开发区联合举办的中国利用外资政策答疑暨长春经济技术开发区投资说明会,邀请了30多位驻华使馆官员和100多位国外企业界、金融界人士参加,当场签定项目协议9个,合同利用外资6057万美元。这次投资说明会进一步扩大了长春经济技术开发区的影响力和知名度。年内还派人员和组团参加了在美国、欧洲等国家和地区的境外招商活动,参加了在珠海、珲春、长沙等地的境内项目洽谈活动,总计洽谈项目333个。四是群策群力,全员招商。为了推动招商引资工作开展,年初成立了专门领导和协调招商引资工作的领导小组,制定了促进招商引资工作的具体措施,召开了全区性的招商引资动员大会。会上以签责任状的形式把招商引资的任务目标分解、落实到管委会机关、各直属企事业单位和驻区机构,通过激励性措施,较好地调动了方方面面的积极性。五是利用互联网招商,提高工作效率。在网上发布招商信息100多个,收到外商投资咨询的电子信件200多个。通过国际互联网先后与联合国TIPS组织、欧洲MBA信息顾问团、西班牙使馆等进行了项目洽谈。还组建了包括笔记本电脑、便携式投影仪、国际标准展架在内的多媒体招商演示系统,在招商洽谈会上发挥了很好的作用。六是继续扩大对外联络,加强项目库建设。1998年,长春经济技术开发区进一步巩固、发展了与国家、省、市有关部门、有关方面的联络与合作。负责招商工作的具体职能部门经贸局先后有100多人次深入到"三大"(大企业、大科研单位、大专院校)、"三委"(科委、经委、外贸委)、"三办"(台办、侨办、外办),收集并筛选项目200多个,编入开发区信息库中,为招商引资工作的顺利开展奠定了基础。由于社会各界的大力支持,全区上下的共同努力,1998年长春经济技术开发区共批准外商投资企业52户,项目总投资13.44亿美元,合同利用外资6832.5万美元。外商实际投资达到6180万美元。年末,已有22个国家和地区的客商到长春经济技术开发区投资兴业。投资额超千万美元和预计产值超亿元的大项目总计50多个。其中已建成投产的28个。

1998年,长春经济技术开发区通过招商引资启动建设项目83个,其中续建项目32个,新建项目51个。项目总投资28.68亿元。到1998年底,已有35个项目建成或基本建成,并陆续进入安装设备和试生产阶段。其中,建成和基本建成的规模较大项目和高新技术产业项目有10多个,比如:总投入4000万美元的长春罗兰电器有限公司年生产20万台全自动洗衣机项目;总投资5亿元、年产值可达1.59亿元的吉林紫晶电子公司的STN液晶显示器项目;总投资10亿元的吉林省电子集团的TFT彩色液晶显示器项目;总投资2亿元的吉林省电子集团的高路华空调机项目等等。

优越的投资环境和丰厚的利润回报,使一些生产经营中的"三资"企业开始扩大生产经营规模。1998年,长春百事可乐饮料有限公司根据市场需求,增资440万美元,新上了易拉罐生产线。新合木业有限公司增资322万美元,添置了技术设备,扩大了生产规模。大成玉米开发公司也积极筹划开发下游产品。总的看来,长春经济技术开发区正呈现出招商引资和企业建设蓬勃发展的良好势头。

〔**出口和转口贸易**〕 1998年,长春经济技术开发区由于坚持贯彻国务院提出的“以工业为主,利用外资为主,出口创汇为主”的“三为主”建区方针,在产业政策、优惠措施、服务管理等方面都采取了一系列倾斜性举措,从而加快了“三资”企业、特别是外向型企业的发展步伐。截至1998年末,出口创汇企业已达到19户,其中14户为“三资”企业。建区五年累计实现出口总额9171万美元。

由于长春经济技术开发区地处内陆省会城市,缺少沿海地区的出海港口优势,出口创汇企业的发展受到一定制约。同时,由于东南亚金融危机的影响,原来定向出口的一些企业的产品销量严重缩减。为了在困境中求发展,1998年长春经济技术开发区的一些出口创汇企业及时调整经营策略,开拓新的市场,取得了出口创汇稳定增长的好成果,企业出口创汇总额达到2478.2万美元,比上年增长了3.9%。出口产品远销欧洲、北美、澳大利亚、日本、韩国、南非以及东南亚的28个国家和地区。主要出口产品包括:医疗器具、电动工具、汽车零部件、建筑材料、电子产品、摩托车、纺织品、汽车零部件、玉米深加工产品等10余种。主要的出口创汇企业有:长春长铃摩托车有限公司、长春大成玉米开发有限公司、长春皮尔金顿安全玻璃有限公司、长春海拉车灯有限公司、阿特拉斯(长春)电动工具有限公司、长春美华医疗器械有限公司、长春爱尔铃密封件有限公司、吉林紫晶电子有限责任公司等19户企业。出口产品中占比重较大的是:汽车零部件加工产品、电动工具产品、医疗器具产品和玉米深加工产品。

(长春经济技术开发区政策调查研究室 供稿)

杭州经济技术开发区

〔**综述**〕 1998年,是杭州经济开发区坚持以邓小平理论和党的十五大精神为指导,认真贯彻落实浙江省、杭州市对外开放工作会议提出的各项任务,把握大局、抢抓机遇,开拓进取,加快发展,经济建设取得新进展的一年;是在国内外经济环境比较严峻的形势下,知难拼搏,利用外资总额有较大幅度提高的一年;是大力推进新一轮土地开发并取得重大突破,三大重点公用工程相继竣工投入运行,投资环境和形象工程建设又创新成绩的一年;是进一步加强党的建设,推进各项社会事业不断发展的一年。

1998年,浙江省、杭州市政府高度重视对外开放工作,先后于年初召开专题工作会议,出台了鼓励外商投资的一系列优惠政策,为开发区的建设和发展创造了良好的外部条件。国务院体改办主任刘仲藜、人民日报社社长邵华泽等领导先后考察开发区,省、市领导更是关注开发区的建设与发展,多次赴区调研和现场办公,指导、帮助和协调解决开发区难以逾越的关键问题,使开发区人备受鼓舞,促进杭州开发区1998年经济建设和社会发展迈上了一个崭新的台阶:工业总产值首次突破百亿元大关,达100.42亿元,利税11.06亿元,财政收入4.73亿元,出口创汇1.83亿美元,分别比1997年增长67%、78%、115%、35%,充分显示出开发区经济增长的强劲势头。开发区工业总产值已占杭州市总量的5.04%,增量部分占全市增量的18.49%;财政收入占全市的5.44%,增量已占全市增量的19.95%;财政收入增幅高于工业总产值增幅。杭州开发区已成为杭州市乃至浙江省经济最具增长活力的区域之一。

经过几年努力,至1998年底已集中了一批高起点、高科技、高投资的工业项目,主导产业发展开始形成规模优势。一年来,开发区继续重视培育和发展具有自己特色的支柱产业,不断增强区域经济的特色优势和综合竞争力。在已形成的机械电子、生物医药、高科技化工、纺织印染、轻工食品五大支柱产业中,除一直占主导地位的食品行业有所下降外,电子、化工、医药、纺织等行业得到快速发展,完成的工业总产值已占全区总量的56.4%,反映出开发区以高技术、高附加值、高关联度产品为着力点,加快推进电子信息、生物医药、新型材料等高新产业发展,开始出现良好的上升趋势。全区已有9家企业被浙江省外经贸委认证并授予"先进技术企业"称号。

1998年,杭州开发区继续完善"三个中心"(项目推进中心、项目建设中心、项目投产中心)的运行机制,着力抓好"三个一批"企业(即招商一批,开工一批,投产一批),随着区域经济运行质量的进一步提高,入区工业项目投入产出的速度明显加快。截止1998年底,全区已有73家企业投入生产,职工1700人,劳动生产率达58.8万元,人均创利6.24万元,人均出口折合人民币7.83万元。1998年全区有17家企业产值超亿元,其中超5亿元的5家,超10亿元的3家。针对亚洲金融危机带来的国际市场的变化,开发区采取积极应变和帮助措施,有力地推动西沙电器、泰尔茂医疗器械、旭化成纺织、松下马达、相良塑料、神林电子、得力纺织等出口重点企业的发展,从而在国际环境不太理想的情况下,仍保持了开发区对外出口的上升势头。

〔经济与发展〕 1998年,开发区管委会以推行"政务公开"为抓手,不断强化机关管理机制和服务功能,推进经济和社会的协调发展,工业总产值跃上百亿元新台阶,综合经济实力明显增强,社会事业得到进一步的扶持和发展。

上半年,在认真贯彻省、市对外开放工作会议精神的同时,结合开发区实际,提出了《进一步改善投资软环境的实施意见》,进一步强化了"三个中心"(项目推进中心、项目建设中心、项目投产中心)的工作职能,减少审批环节,保证各环节服务一条龙到底。委机关各局室在公开办事程序的基础上,继续完善服务内容,落实工作目标责任制和岗位A、B角制,努力转变机关工作作风,提高工作效率,主动接受进区企事业单位的监督和考评,《意见》的推出和实施,受到了区内投资者普遍关注和欢迎。

为适应全区经济和社会发展各项事业的需求,在省市人事部门的指导下,结合"三定"方案,在管委会机关推行国家公务员制度,落实事业单位体制改革的各项工作,面向全国招聘引进各类专业技术人员及管理人员。一年来,区机关各部门有效发挥政府管理职能,继续加强房地产、环保、统计、技术监督、物价、劳动就业、安全生产、卫生防疫、计划生育、市容环境的长效管理。同时充分发挥公安、工商、城建监察在依法治区方面的重要作用,重点强化社会治安的综合治理,严厉打击各类违法犯罪行为和开展"扫黄打非"专项整治活动,成功破获大案要案,及时处置群众性社会性事件。有效发挥基层治安网络的联防作用,加强对外来人口的管理,从而成功维护了区域的社会稳定和企业的正常生产,为杭州开发区经济、社会健康发展提供了强有力的保障。

为确保重大基础设施项目顺利实施,以及大规模土地开发对建设资金的需求,开发区一手抓融资,一手抓财政税收,通过积极工作,在入区金融机构的大力支持下,一年中新增各类融资信贷3.7亿元。同时不断完善财政管理体制,依法行政,抓好税源,使全区财政税收工作取得明显成效,财政收入与上年相比成倍增长。与此同时,加强对机关内部的资金审批和使用环节的监管工作,降低建设成本,提高投资效益。

通过对投资软、硬环境全方位的改善,区域运行水平和质量得到提高,同步促进了入区企业的运行日趋成熟。1998年,开发区以工业为主的经济运行呈现出一些突出特点:一是产值超亿元的企业大为增加,达到17家,比上一年增加5家,占投产企业总数的24%;完成工业总产值86.2亿元,占全区总量84.9%,比上一年提高5.3个百分点。二是工业企业生产行业结构进一步转变,逐步向发展高新技术、高附加值行业转化。全区食品饮料行业总产值占全区比重为41.2%,比上一年下降18.3个百分点,首次降至50%以下,而化学化工行业和机电仪表行业开始崭露头角，其工业总产值占全区比重分别达到26%和26.2%，医药行业占全区比重也占了4.2%。三是当年引进并投入生产的项目贡献突出。1998年当年投产的15家工业企业共完成工业总产值26.8亿元，占全区总量的26.6%，为全年工业经济总量的跳跃式增长发挥了重要的作用。四是入区工业企业运行质量进一步提高，全年实现利润5.9亿元，比上一年增长43.8个百分点。全区工业企业全年新增总资产58亿元，累计已达到106.6亿元，投产工业企业固定资产净值达40.8亿元，占资产总量的38.3%；投产工业企业总体负债率为49.44%，保持在较好水平。

截至1998年底，杭州开发区已累计批准709个项目。其中，外商投资企业102家，总投资16.22亿美元，协议利用外资11.47亿美元，实际到位外资5.21亿美元，内资工业和商贸企业607家，总投资41.31亿元人民币。

1998年，杭州开发区管委会直辖的北方总公司和下沙实业总公司也紧紧围绕全区工作目标，在推进企业改革和发展上取得可喜成绩。北方总公司实现年度总产值1.5亿元，利税696万元，利润443.93万元，分别比上年增长81.73%、86.58%和76.25%。1997年组建的子公司建筑工程公司运转良好，经济效益显著，主导产业战略初见成效。其他管理性公司、经营性公司也积极探索市场发展路子，加大经营开发力度和强化服务意识，取得较好的经济和社会效益。总公司顺应市场变化，积极调整下属企业结构，努力开拓新兴产业，1998年以产业投资和参股合资的方式，组建"杭州朝阳橡胶有限公司"和"杭州久新塑胶有限责任公司"，以解决总公司支柱产业薄弱，发展后劲不足的问题，培育新的经济增长点。下沙实业总公司按照建立现代企业制度的要求，继续深化下属企业改制，改革机关机构和人事制度，加强经营管理，培育企业参与市场竞争和抗风险能力，同时发挥本乡本土优势，积极发展第三产业，通过多方积极探索和努力，改革发展取得明显成效。

〔利用外资〕 1998年初，浙江省、杭州市分别召开对外开放工作会议，旨在进一步扩大利用外资规模和利用外资水平。杭州开发区抓住这一有利契机，一年来继续坚持"项目是开发区生命线"的招商宗旨，在对国际市场变化和产业转移趋势实施"细分化"策略的基础上，进一步明确利用外资的主攻方向和工作重点，千方百计拓展招商渠道，从而使利用外资工作从相对低迷的1997年步入了一个新的增长期。1998年，引进外资投资项目18个，总投资3.52亿美元，协议外资1.9亿美元，实际利用外资1.12亿美元，分别比1997年增长175%、140%和8.7%。同时，利用外资的三项指标分别占杭州市总量的35.4%、35%和29.2%，继续走在全省、全市招商引资工作的前列。

1998年在积极探索全方位招商引资思路上有了新的变化，并呈如下特点：

一是果断调整人员，扩充一线招商力量，以试点方式，率先在经贸局设立商务一科、商务二科和综合管理科。在完善组织机构的基础上，加强工作目标考核，较好地将全年利用外资指标分解到科，落实到人，从而有效地强化了竞争氛围，调动了积极性，也为分配中实行倾斜政策提供了相应的依据。

二是加大对外宣传力度，扩大对外交往，争取让更多的外商增强对开发区的认识和了解。全年先后组团赴奥地利、法国、德国、意大利、日本、台湾、香港等国家和地区开展招商活动或举办大型投资说明会，广泛宣传杭州开发区的投资环境和落户企业的发展成就。同时，还热情接待了来自13个国家和地区的673名境外客商赴区参观考察和洽谈投资意向，为对外交流和经济合作开辟了新的领域。在宣传载体方面，除了传统的宣传画册、录像专题片以外，还较多地利用国际互联网络、境外宣传媒体和开发区境外办事处等拓展外宣覆盖面。1998年，还启动了CIS系统工程和集宣传性、资料性、工具性于一体的CD-ROM光盘工程，以期进一步塑造杭州开发区整体形象，为外商来区投资提供更多的便利。

三是面对招商市场的激烈竞争，进一步挖掘和强化各项服务功能，更加注重及鼓励区内优势企业扩大投资。1998年内，共有9家外商企业追加投资，新增投资额达1.5亿美元，占全年引进外资总额的42.6%。大企业、大项目的扩大投资，给来区考察的外商起了良好的示范效应，引进的松下厨房电器、顶信纸业、斯莱特泵业、朝阳橡胶等项目都具有较大投资规模，同时还在立项审批罗纳化工、新华电子、安得泊车等10个项目。在投资领域和国别上有了新的突破，增加了加拿大、新西兰、泰国等国家，使杭州开发区的外商投资主体增加到15个国家和地区。

四是继续完善工业园区建设，一为集聚产业优势，吸引和推进相关引资工作；二为发挥产业横向关联度高的特点，促进配套企业加入产业链；三为以工业园区的筹建为纽带，与省有关厅局携手招商，拓宽招商渠道和领域。一年来，医药、轻纺两园区继续得到长足发展，电子工业园区已开始启动建设，高科化工园区在年初启动后，已有6个项目落户，其中2个项目正式破土动工。实践证明，工业园区筹建及取得的实质性进展，为1998年利用外资数量的增加和质量的提高，都发挥了重要的作用。

此外，依据国家宏观政策的指导，杭州开发区已开始筹划组建出口加工区和高等教育园区的有关工作。

〔**投资环境**〕 以重大基础设施建设和新一轮土地开发为龙头，带动配套设施及机构的建设，是杭州开发区在1998年进一步改善投资环境的重要举措。经过几年的艰苦奋战，总投资近2亿元人民币的11万伏10万KVA第二轮变电工程和管径1200毫米的第二供水干管，在5月胜利竣工投入运行，使开发区供电装机容量从4万KVA猛增到10万KVA，日供水从2万吨扩大到10万吨，不仅大大地满足了已入户企业的能源需求，还为21世纪初的发展奠定了水、电两大“硬件”基础。与此同时，总投资1.9亿元的开发区热电厂一期工程历经准备、单机及分系统调试、联合调试三个阶段后，于7月正式结束筹建期，进入投产期。三大基础设施建设的顺利投运，为广大企业提供了可靠的能源保障，大大提升了杭州开发区投资环境的美誉度。

此外，开发区污水处理厂、自来水厂等一批新的重点公用工程筹建工作进程加快。由开发区参与联建的杭州市污水处理厂首期30万吨项目工程已开始实施；开发区自来水厂已配合杭州市南星桥水厂改建，完成了取水口及泵站选址工作，开始铺设抗咸超越管的施工。

根据杭州市委、市政府对城市总体规划的决策，以杭州开发区为核心的东部地区将成为全市发展二产为主的城市副中心。一年来，开发区外围交通的改造建设进度加快，01省道（艮山公铁立交桥至八堡）的拓宽改造已雏型初现；八堡至开发区的下沙公路已确定幅宽98米，这一宽度已创杭州市公路之最，前期各项工作已全面展开；钱江六桥及横贯开发区的高架高速公路工程，已进入前期工程的启动阶段，预计1999年下半年将正式投入兴建；开发区还按高标准、高质量的要求，协助完成了钱塘江标准海塘下沙段新的工程建设。与此同时，为实现全区可持续发展，储备必要的开发地量，在国家出台新的《土地法》，清理整顿土地管理工作的背景下，本着实事求是的原则，各部门通力协作，连续作战，争取到极为宝贵的时间，使申报省重点项目的20个大型项目均获批准，从而为开发区招商引资和实现跨世纪发展战略目标，争取到相当数量的可供征用、开发的土地储备。

为把开发区建设成为花园式的现代化工业城市，1998年区管委会加大工作力度，投资1800万元，新增绿化面积21万平方米，是全区前4年绿化总面积的1.5倍。新建的区口广场占地60亩，分南北两大部分，布局合理流畅，设计新颖独到，配以两组大型喷泉、群雕和不同植被组合的绿化图案，在各投资国国旗、大型立柱灯箱以及周围大面积草坪的交相辉映下,气势恢宏的区口广场已成为杭州开发区对外开放的一道亮丽的风景线。加上近年已建成开放颇具江南特色的锦鳞公园、怡乐公园,以及主要道路、河渠两边的立体绿化,使该区的建成区块内花园锦簇、绿树成荫,构画出一个现代气息浓郁、生机盎然的绿色世界。

与此同时,一年中该区社会配套工程亦日趋完善。首家室内农贸市场已正式开业,开发区医院(即杭州市第十人民医院)门诊大楼已经结顶,开发区邮政大楼、公交开发区调度站已破土动工。经协调,浙江育英文理专修学院已整体受让原钱江高级中学筹建的校区,同年列入全省高考的招生序列,1998 年 9 月 1 日正式开学。至此,杭州开发区开始初步形成小学、初中、高中、大学四个阶段的教学体系。投资环境的进一步改善,对促进招商引资,促进全区经济发展和社会进步发挥了极为重要的基础作用。

武汉经济技术开发区

〔综合经济发展〕 1998 年是武汉经济技术开发区不平凡的一年。全区上下高举邓小平理论的伟大旗帜,全面贯彻落实党的十五大精神,经受了亚洲金融危机蔓延、特大洪涝灾害和国内市场疲软三大考验,实现了经济快速增长、结构不断优化、功能进一步提升三大突破,两个文明建设取得了长足发展:

经济发展跃上了新台阶。面对复杂的国内外经济形势和严重的洪涝灾害,全区上下按照工委、管委会提出的“保大局、保目标、保发展”和“一手抓抗洪抢险保平安,一手抓生产目标保发展”等要求,克服种种困难,全面完成了政府工作目标。当年,实现国内生产总值 30.21 亿元,增长 47.73%;完成工业总产值 100.21 亿元,增长 40.60%;实现财政收入 5.2 亿元,增长 81.18%。这标志着开发区经济发展跃上一个新台阶,具有一定的经济实力和基础,进入了健康发展新时期。

各企业为开发区经济发展作出了重要贡献。神龙公司面对市场激烈竞争、资金短缺等困难,开发出商务用车、电喷车和三厢车等系列品种,以产品新、性能好、质量优不断扩大市场占有率,全年生产轿车 36240 辆,销售 33364 辆,分别比上年增长 20.66% 和 19.04%。晨鸣汉纸资产重组后,使原来亏损严重的国有企业焕发出勃勃生机,实现工业总产值、销售收入分别比上年增长 107.65% 和 81%,实现利润 6700 万元,名列开发区工业企业首位。一批企业开始实现了规模产出,有 13 户企业产值过亿元,有神龙、万通、汉能、可乐、顶益、晨鸣 6 户企业上缴税收突破 2000 万元。一批企业超额完成了全年目标,其中绿之源、南洋彩印、东风冲压件、紫江、顶津等 17 户企业产值增幅在 50% 以上。香满楼、华中菲罗多、清诚、三高百利恒等 10 家企业在 1998 年(试)投产,成为新的增长点,目前开发区投产企业已达 61 家。天诚、惠典等在建项目和华新、长光等技改项目进展顺利,即将成为新增长点。

招商引资仍保持了上升势头,超额完成全年目标。全年共注册企业 152 家,其中外商投资企业 17 家,合同投资额 15160 万美元,实际利用外资 1.31 亿美元,引进了彩印、清诚食品、广厦枸杞等项目。抓住武汉市与法国波尔多市缔结友城的良机,积极推进法国工业园建立。在扩大招商引资的同时,促成 9 宗土地使用权转让。

在 1998 年特大洪涝灾害面前,开发区经受了严峻考验,面对既要抗洪抢险,又要确保生产经营目标,同时又要为招商引资和三资企业生产经营创造安全、良好投资环境的多重压力,工委、管委会加强对抗洪斗争的领导,在基本不动用区内企业人力、物力的前提下,建立了区、街两级防汛指挥系统,制订了科学的防洪预案,精心部署,靠前指挥,形成了坚强有力的组织领导。全区 1 万多抗洪大军在 8.9 公里长的大提上,奋战两个多月,风餐露宿,顶风雨,战酷暑,斗洪魔,严防死守,死保死守。出动各类车辆4万台次,运送土石方30万立方米，抢筑“土撑”160米，压浸台4.1公里，克服了一个又一个的困难，排除了一次又一次险情，先后战胜了长江八次洪峰，确保了大堤万无一失，成功地保卫了开发区和人民生命财产的安全，保卫了改革开放的巨大成果。

按照农业现代化、农村工业化、乡村城镇化、城乡一体化的发展方向，加大乡镇企业改革力度，加快工业园区建设，加速农业产业化和城镇化进程。在遭受百年罕见的洪涝灾害的情况下，实现企业产值8.89亿元，实现农业产值3867万元，农村人均收入达到2861元。工业园区建设步伐加快，新引进项目31个，引进资金5258万元，壮大了经济实力。

〔投资环境〕 1998年，全区累计完成固定资产投资22.8亿元，其中开发区财政投资1.85亿元，主要用于堤防、体育中心和道路、排水管网建设。新建道路2562米，排水管网11820米。为体育中心、新江汉大学和客运中心等项目新征土地3011亩。

开发区以树立开放形象、提升城市功能、营造投资环境为目的，全面启动以“绿、洁、亮、美”为主的形象工程建设。318国道新民河至沌阳大道绿化样板工程已基本完成，沌阳大道至外南环路绿化工程开始实施；神龙路、南环路、东环路等主要道路的绿化带基本形成；新辟了多处游园憩地，汤湖公园已开工建设，对部分闲置土地进行了大面积绿化；大型雕塑“太阳鸟”和法国工业园园标落成，一批公益广告牌和商业广告牌已在国道两侧和几个主要干道设立；内环线路灯建设基本完工；开通585专线车，建成19座公汽站点；将神龙路、沌阳一路等架空电线改为地下敷设。

区内各企事业单位十分重视形象工程建设。神龙公司在神龙路段建成大型花坛11个，形成了壮观的绿化街景。一些企事业单位在搞好院内绿化的同时，认管了一批公共绿地。神龙公司、云鹤公司、发总、劲松公司、海关、法院、检察院、公安分局、三角湖度假村和东方酒店等单位实施了亮起来工程，神龙小区、东方花园、绿岛花园、天鹅湖假日山庄加强物业管理和形象工程建设，神龙小区还获“省优秀物业管理小区”称号。农行大厦、工行大厦已装饰完工，建行、中行、金湖大楼正在装修。两街加大环境整治和违章建筑拆迁力度，加快农民新区建设步伐，面貌有了较大改观。

〔外经外贸〕 武汉经济技术开发区在省、市的关心、指导下，克服亚洲金融危机、国内宏观经济环境继续适度从紧及长江发生的百年未遇洪水等不利因素影响，紧紧围绕全年工作目标，抓住招商引资这个中心，坚持加快发展不动摇，抢抓机遇，克服困难，各项工作均取得了一定成绩。全年批准三资企业18家，批准企业增资3家，合同投资总额12099万美元，合同外资金额4215万美元，实际使用外资13117万美元。其中，神龙公司利用法国政府混合贷款9739万美元，引进内资项目16个，项目总投资52743万元。企业出口创汇约1000万美元，其中神龙富康轿车出口实现零的突破。

在招商引资策略上，武汉经济技术开发区一方面对重点项目加强跟踪、推进，实施两级责任人制；另一方面，在招商引资工作中强调“服务为本”的思想，力求做到有问必答，有求必应，想投资者所想，急投资者所急，创造更好的投资环境。

为了加快开发区引进国内外资金、技术的步伐，借助社会力量为开发区招商引资，开发区聘请了一批特约招商单位和招商顾问，并出台了《武汉经济技术开发区引资奖励实施办法》、《武汉经济技术开发区鼓励直属公司、特约招商单位和招商顾问引资奖励试行办法》，收到了一定的效果。

注重做好招商引资的基础性工作。完成了招商专题片《投资的热土》中英文版，并已制成VCD散发，编制了新的招商项目库，利用国际互联网宣传开发区，收集投资信息。这些宣传工作收到了很好的效果。办好现有外商投资企业是宣传开发区良好投资环境的最有力的证明，靠良好的服务去赢得公司的信任，争取投资方兴建更多的项目。

坚持外引内联并举，在大力引进外资的同时，加强内资项目的引进。瞄准国外跨国公司、大财团，引进高科技产业项目，促进开发区高新技术产业高起点、跨越式发展。重点吸引国内有实力的大公司、大集团和上市公司来开发区投资。进一步强化以外引外，以商引商，推进开发区产业的升级换代。充分利用开发区的市场优势、产业优势，逐步把与神龙、万通配套的企业吸引到开发区来投资。做好入区企业的服务工作，鼓励和促进企业的规模扩张和产业配套，重点引进生物医药、新材料等高新技术项目，提升外资项目的技术含量，加大培养新的产业群，提高自主产业的升级换代能力。进一步优化开发区的投资环境，发挥开发区在引资竞争中的综合优势。加大投资力度，形成更完善的基础设施环境；提高办事效率，建立优质、规范、方便的服务体系，促进企业快速、健康发展，增强吸引投资的示范效应。

重庆经济技术开发区

〔**经济与发展**〕　1998年是重庆经济技术开发区在深化改革、加速发展进程中取得显著成效的一年。

一年来，开发区在重庆市委、市政府的正确领导下，在国务院原特区办的关心、帮助和全市各有关部门的大力支持下，高举邓小平理论的伟大旗帜，深入贯彻落实党的十五大精神，按照“营造投资环境，抓好资本经营，提高两个素质，创造一流新区”的工作思路，以团结、务实、开拓、进取的开发区精神，顶住了亚洲金融危机的强烈冲击，克服了招商引资工作的激烈竞争和历史遗留的沉重债务负担等困难，各方面工作都取得了良好的成绩。1998年引进外资项目投资总额1.42亿美元，协议引进外资4018万美元，实际到位外资8318万美元，分别较上年增长58.1%、12.75%、20.36%；完成国内生产总值19亿元、工业总产值49亿元，分别较上年增长24%、25%；实现税收4.78亿元、财政收入1.37亿元，分别较上年增长42%、194.06%；出让土地1346亩，收取土地出让金8144万元，土地出让金的收取为上年的248.63%。进出口总额由于受到国际大环境的影响，完成了9813万美元，较上年下降52.5%。各项主要经济指标中，除进出口总额比上年有一定下降外，其他指标都有较大幅度增长，且增长幅度高于全市的增长水平。

〔**投资环境**〕　为进一步增强开发区的吸引力，加大了改革的力度，加快了改革的步伐，从软硬两个方面入手，狠抓投资环境建设。

在硬环境建设方面，坚持土地开发和配套建设的基础地位，适度超前土地开发，着力完善工业区内基础配套设施的建设，全年完成固定资产投资6.2亿元，其中基础设施项目投资1.3亿元。一是回龙工业区首期开发取得重大进展，完成了690亩土地的征地、补偿、拆迁、安置工作。实施了130万立方米工程量的平场工程，在回龙工业区形成了400余亩可供出让的工业用地，为项目进入做好了充分的准备。二是在丹桂工业区内完成了H线道路、白鹤路东段、六小区支路等道路建设，修建了丹桂工业区3号开闭所和光电路天燃气管道，实施了光电路、花园路1万余平方米的道路绿化及江苑路路灯工程，丹桂工业区的基础配套设施得到进一步完善。三是进行了重庆市重点工程鹅公岩长江大桥及海峡路建设用地的征用、划拨工作，为大桥工程的顺利建设做出了重大贡献。鹅公岩大桥一旦建成，将极大地改善开发区的交通状况和投资环境，增强开发区的吸引力。四是开发区海关正式建成开关，完善了开发区的管理功能。

在软环境建设方面，开发区党工委、管委会认真贯彻落实党的十五大精神，坚持走改革的道路，按照重庆市委、市政府的部署，把各项改革工作提上了重要的议事日程。一是进行了管委会机关的机构和人事制度改革工作，取得了显著成效。按照精简、统一、效能的原则，将党工委、管委会原21个工作部门精减为10个职能部门，机构减少了52%。推行了公务员制度，严格按照国家推选公务员的政策和要求，采用考核与考试相结合的方式，双向选择、竞争上岗、择优录取，使机关工作人员由241人精减到78人，减少了67.6%。处级领导干部由44人减少至20人，减幅达55%。通过机构和人事改革工作，充实了各部门和岗位的工作，明确了工作职责和责任，减少了扯皮、推诿和人浮于事的现象，提高了开发区机关的办事效率，受到了来往客商的好评。二是注重法治建设，积极推进依法治区工作进程。对《重庆经济技术开发区管理条例》的修改进行了大量的调研、论证和协调工作，为提交重庆市人民代表大会讨论做好了资料准备。落实了开发区行政执法主体资格，组建了执法队伍，制定了规范行政执法的办法。成立了重庆市环保局经济技术开发区办公室，理顺了长期不畅的环保管理体制，开展了日常的环境监督、执法工作。完善了开发区内企业的劳动合同管理制度，全年共签证劳动合同4000余份，妥善处理劳动争议案40余件，指导90多户企业完善了劳动用工制度，对100余户企业进行了劳动安全检查，加强了劳动安全保护工作。三是加强了对在区企业的后续服务工作，确保进入开发区的企业进得来、留的住，并使企业能够进行正常的建设和生产经营活动。为此，开发区成立了由分管领导负责，由主要职能部门牵头，各有关部门参加的为企业服务和项目建设协调小组，从组织上落实和加强了对企业进区后的服务工作。按照对企业“无事不插手、有事不撒手”的工作原则，全年共组织企业召开各类座谈、交流会22次，及时协调解决了企业在建设、生产经营过程中出现的水、电、气供应等问题。重视高新技术企业和高科技产品的扶持、培育工作，全年推出两家企业获得高新技术企业称号，7个产品评为高新技术产品，两个产品系列被评为1998年重庆市名牌产品，3个产品获得1998年重庆市用户满意称号。

〔**利用外资**〕 由于亚洲金融危机的冲击，使开发区招商引资受到不同程度的影响，来区投资的势头明显减弱，以至于影响到开发区招商引资任务的完成。针对这种情况，开发区党工委、管委会积极认真地分析了所面临的形势，在着力加强软硬投资环境建设的同时，强调招商引资的龙头地位，把项目引进作为生命线，将招商引资工作摆在了突出的地位。在招商引资工作中，根据世界经济格局的变化，将招商重点转向欧美市场，加大对世界著名公司的跟踪力度，争取世界500强的企业落户开发区。同时在全区上下形成了一个人人关心和参与招商工作的新局面。在具体的做法上，一是建立和完善了招商项目、在谈项目、客商联络和开发区基础情况4个资料库，加强了项目的管理，提高了招商工作效率。二是积极参与国内的各种招商活动，并于1998年3月在北京成功地召开了’98重庆经济技术开发区投资信息发布会，邀请了在京的5家外国驻华使馆和38家世界级知名企业代表出席会议，联络了老朋友，结交了新朋友，扩大了开发区的宣传和影响。三是主动出击、登门招商。1998年开发区先后派员出访了美国、欧洲和台、港地区，积极上门招商，并回访了曾经来区考察和有意投资的企业，为长期的招商战略打下了坚实的基础。四是热情接待每一位来访的客商，极尽可能地向客商提供所需的各种资料，全年共接待海外投资考察团89批，共961人次。通过一年来的艰苦努力，开发区的招商引资工作除全面超额完成了重庆市下达的计划任务外，投资2988万美元的美国标准洁具公司、投资7259万美元的瑞典ABB公司和投资2900万美元的爱立信公司已落户开发区，达到了年初党工委、管委会关于招商引资工作实施战略转移的目的。这些进入世界500强的大企业进入，将对开发区内企业技术含量的提高和产业结构的优化起到极大的推动作用。

〔**财政状况**〕 由于多年来的举债开发，开发区背上了沉重的债务负担。至1997年底，开发区的负债余额达5.2亿元人民币，年息达18%。巨额的本息支出，使得开发区的财政支出捉襟见肘，基础建设举步维艰。鉴于此，管委会在1998年初提出了“增收节支、减债降息”的工作目标。通过努力,将开发区的建设项目纳入了重庆市重点建设计划,获得了正常的融资渠道;严格财政预算管理,对机关和直属事业单位实行预算包干、超支不补的办法,在1998年全年财政收入有较大增长的情况下,行政事业费支出较上年有较大减少;加强土地出让金的收取力度,全年收回土地出让金8144万元,是上年的2.48倍;“限息融资”、“置换高息”,以降低利息支出,1998年偿还借款本金6000万元,支付利息8000万元,借款余额的年息率降到12%以内,减少利息支出2760万元。自此,开发区的财政困难得到了较大缓解。

〔党建工作和精神文明建设〕　1998年,开发区在抓经济工作的同时,也切实注重了党的组织、作风建设,加强了政治思想工作。在组织建设和政治思想工作方面,一是根据机构设置情况重新组建了10个机关党支部和4个直属事业单位党支部,成立了机关党委,健全了民主生活会、支部大会制度,党支部的战斗堡垒作用得到充分发挥。发展了14名新党员,吸收了新鲜血液,壮大了党的队伍。二是加强政治思想工作,党工委一班人坚持了中心组学习制度,带头学习邓小平理论和党的十五大精神,激发了全区干部、群众学理论、学文化、学科学的积极性。三是定期举办了由党工委、管委会领导轮流主讲的形势报告会,开展了“知区、爱区、兴区”知识竞赛活动,振奋了广大职工的工作热情。在廉政建设工作方面,制定和实施了《实现党风廉政建设责任制》、《直属企事业单位法人代表离任审计制度》等7项制度;完成了公费住宅电话和移动电话的清理、处理工作,规范了电话费用的报销制度;对机关的办公包干经费和直属企事业单位的财务收支情况进行了定期审计;实施了基本建设预算审计包干使用办法;对固定资产投资实行了项目必审制度。通过这些措施,控制了支出,压缩了投资,防范了腐败。

加强了开发区精神文明建设和社区建设工作,进一步增强了开发区的凝聚力。1998年内,开发区与重庆《经济日报》联办了“开发前沿”新闻竞赛,在报纸上刊发了有关开发区的报导90余篇,宣传了开发区的新成就,扩大了开发区的影响;制作并散发了反映开发区建设成就和投资环境的资料片——《充满希望的热土》VCD光盘;成功地举办了“第三届开发区之春”文艺演出、第四届“泰达杯”足球赛、民营企业卡拉OK赛、区内职工书画作品展等活动,丰富和活跃了开发区内的文化生活。结合“创建卫生城市”工作,开展了全区的爱国卫生、健康教育宣传活动,加强了区内垃圾站、公厕、绿化等基础设施建设,全面整改了“脏、乱、差、野”的建筑施工地,使全区的卫生状况得到了极大改观。通过这些工作使开发区的风貌得到了进一步的展现,一个功能完善、效率快捷、管理规范、设施配套、环境优美的开发区新形象已见雏形。

(王晓黎　执笔)

芜湖经济技术开发区

〔经济与发展〕　1998年是芜湖经济技术开发区建设和发展承前启后、继往开来的一年。一年来,芜湖开发区在中央、省、市各级领导关心、重视和支持下,克服亚洲金融危机、国内需求不足等各种不利因素的影响,奋力开拓,锐意进取,坚持加快发展不动摇,开发开放和经济建设继续快速发展,是开发区建区以来发展最快最好的一年。

1998年芜湖开发区共引进项目150个,协议投资总额14.3亿元,核批合同三资项目15个,合同利用外资额3041万美元,投产开业企业104家,全区实现工业总产值38.8亿元,进出口总额4015万美元,其中自营出口额1431万美元,完成固定资产投资额达8.1亿元。1998年芜湖开发区经济继续保持全面快速发展,呈现出以下几个主要特点。

工业生产快速增长　着力于进一步完善投资环境,强化协调和服务,积极为企业营造优良的生产经营环境,全区工业生产迅猛增长,出现建区以来生产经营形势最好、增长最快的局面。一汽扬子汽车厂、可耐福公司、海螺型材公司、华亚塑胶公司、正大饲料公司等一批已投产重点工业企业生产形势不断趋好,产品产销两旺;威迪欧汽车仪表、美的空调、实达电脑、百江能源、华辰网业等一批高科技、高附加值项目陆续投产运营,这些重点企业设计生产能力大,达产速度快,生产规模和效益同步增长,已迅速成为芜湖开发区工业生产新的重要增长点。1998年芜湖开发区对芜湖市重点工业企业产值的增长贡献率达77%。

利用内资取得新突破　由于亚洲金融危机的影响,利用外资明显受阻。针对这种形势的变化,开发区及时调整了招商策略,一方面加大引进外资力度,稳住外资项目;另一方面根据"东方不亮西方亮,外资不足内资补"的方针,强化内资项目的引进工作。内资项目进区形势较好,一批国内知名大企业纷纷进区投资兴办实体,如广东美的集团、福建实达集团等,分别进区建设25万台的空调和20万台的PC机生产线,并迅速形成批量生产。这些项目投资规模大,投产显效快,产品档次高,推动了全市产业结构的调整和产品的升级。

高新技术产业发展上台阶　继续大力实施"科技兴区"战略,大力发展高新技术产业,着力于以高新技术的发展来推动经济的发展,1998年全区技工贸总收入7.6亿元,比去年同期增长3.3倍。海螺型材公司被批准为高新技术企业,华星真空技术应用公司、华亚塑胶公司、可耐福新型建材公司、实达电脑科技公司已申报高新技术企业。国家级标准的高科技创业中心筹建工作取得积极进展,即将正式动工建设。

固定资产投资力度加大　根据"加大投入,扩大内需"的要求,进一步加大固定资产投资力度,继续保持较强的投入态势。国信大酒店、海螺型材二期和三期、华辰网业、威迪欧汽车仪表、美的空调、实达电脑、百江能源、山江化学、海螺彩印、太平洋液化气、沥青中转站等一批重点项目已竣工投产运营。海螺型材四期、招商燃气、朱家桥水泥、荣事达注塑、九条道路等一批项目正在加紧建设。开发区投资力度的加大,为启动内需做出了贡献。

功能配套开发进一步推进　1998年开发区功能配套开发实现较大突破,标志着开发区全面综合发展已初见成效。三星级标准的国信大酒店正式营业,开发区警署正式进区运作;裕安西路、裕安东路、珠江中路、珠江南路、延安北路等九条道路开工建设并陆续建成使用。开发区综合配套能力进一步增强,投资环境进一步完善。

此外,开发区进一步加强了机关内部的管理,理顺了内外关系;对区内的环境进行了全面的整治,全区面貌焕然一新。在全区范围内开展了"文明单位"评选活动,"七·一"前开展了"评先评优"活动。在基础管理、创建文明新区、精神文明建设等方面也取得了较大发展。

〔招商引资〕 芜湖开发区利用外资的主要来源地为东南亚地区,亚洲金融危机对开发区吸引外资产生了明显的不利影响。针对形势的变化,开发区及时调整招商策略,一方面加大引进外资力度,稳定外资项目,另一方面按照"外资不足内资补"的方针,强化内资项目的引进工作。全年累计协议引进项目150个,协议引进资金14.3亿元。

利用外资保持了一定规模。年初,管委会就把招商引资列为工作的重中之重,加大力度,针对东南亚地区引资难度不断加大的情况,"东方不亮西方亮",多次组织小分队赴欧、美等地开展一系列的招商活动,邀请德国在沪机构和企业代表到开发区进行考察,开展了一系列探索性的工作,并取得了一些阶段性成果。全年核批合同外资项目15个,合同利用外资3041万美元,实际利用外资3747万美元。

外资企业增资扩股继续成为利用外资的重要渠道。近年来,开发区着力做好对区内企业的服务工作,简化办事手续,提高办事效率,赢得了众多投资者的好评,三资企业外方增资扩股不断增多,成为区内利用外资的一条重要途径。1998年增资扩股的外商投资企业有可耐福石膏板公司、GEA川崎制冷公司、芜高产业公司等,增资扩股额达1300万美元,占全部合同利用外资额的42.7%。

外资不够内资补,利用内资成为招商引资的主渠道。近年来,开发区紧紧抓住国内产业结构调整、沿海一些大集团、大公司加速扩张的机遇。狠抓内资引进,取得了显著成效,内资已成为区内资金的主要来源。1998年引进内资资金多达10亿元。其中广东美的公司和福建实达公司实现当年投资,当年投产显效。另外,合肥荣事达集团、云南汉德集团等国内知名企业也来区投资兴业,形成了"以内补外"的新形势。特别值得一提的是,前几年在区内投资的一批老企业也纷纷增加投资,如一汽扬子汽车厂增加投资,新上了豪华型中巴车底盘和整车生产线;海螺型材公司再增加3亿元投资建设二、三、四期工程;美的公司和实达电脑公司两家企业也积极筹划二期扩建项目。

北京经济技术开发区

〔综述〕 1998年是北京经济技术开发区建区6周年,开发建设、招商引资取得较好成绩。全年经济运行呈稳步增长态势,综合经济实力进一步加强,经济效益有了新的提高。全区产品销售收入、新批准入区企业、引进合同协议投资总额和财政收入都取得建区以来最好成绩,增长幅度都比较大。

综合经济指标稳定增长。1998年全区实现国内生产总值(GDP)8.7亿元,比上年增长108%,到1998年底投产企业累计83家,其中工业投产企业57家,有12家是当年投产,全年实现工业增加值8.3亿元,比上年增长109.6%。全年完成工业总产值33.47亿元(现价),比上年增长28%,其中外商和港、澳、台地区投资企业完成32.9亿元,占全区工业总产值的98.3%。全年完成产品销售收入32.4亿元,比上年增长34.4%,工业产品的销售率97%。全区就业人数10023人,其中职工9661,外方人员110人,聘用留用人员252人。按工业增加值计算,全员劳动生产率为11万元/人年,按工业总产值计算,全员劳动生产率为45万元/人年;全年进出口总值1.84亿元,其中出口总值6647万美元,比上年下降11%。财政收入完成4.03亿元,比上年增长86%;

1998年完成固定资产11.1亿元,比上年下降23%,自建区以来累计完成固定资产投资70.3亿元,其中由开发区管委会建设基础设施等投资23.3亿元,占总投资33%,入区企业投资47亿元,占总投资67%。1998年全区开复工总面积61.7万平方米,竣工总面积31万平方米,累计开工建筑面积127.7万平方米,累计竣工建筑面积83.8万平方米。建成投入使用面积为93万平方米。截止1998年底累计完成各种道路总长45.3公里,面积52.42万平方米,各种管线总长207.91公里。

招商引资取得新成绩。1998年新批入区企业114家,比上一年增长119%,合同协议投资总额3.86亿美元,同比增长14%,其中三资企业28家,合同协议总投资1.37亿美元,同比下降40%,外商增资项目13个,增资总额1.94亿美元,同比增长205%,审批内资入区企业86家,同比增长230%。1998年招商引资创开发区建立以来最好成绩,使北京开发区累计批准入区企业达294家,合同协议投资总额为16.55亿美元,每个企业平均投资额为563万美元。其中三资企业为128个,协议投资额达14.74亿美元,占总协议投资额的89%,每个三资企业平均投资额为1151万美元。入区内资企业累计为166个,协议投资额为15亿元人民币,占总协议投资额的11%;1998年实际利用外资0.5亿美元,累计实际利用外资6.4亿美元。

增强招商引资力度。1998年在亚洲金融危机不利影响下,全体员工特别是直接从事招商引资工作的同志克服各方面困难,扎实工作,拓展思路,采取措施,使开发区招商引资成效显著。一是发挥新出台政策作用。4月,开发区出台了《鼓励内资企业入区经营的规定》,使入区内资企业明显增加。二是实施全员招商。出台《关于项目引荐奖励办法》,对国内外中介机构、社会团体、经济组织和个人为开发区引介项目给予奖励,取得良好效果。三是广开渠道,积极引进高新技术企业进区。组织四次项目推介会,向投资者介绍好项目情况。四是主动上门实行“敲门招商”,建立一批经常联系客户。五是加大对外宣传,通过各种媒体,发表消息300余篇,宣传开发区投资环境和成就,提高知名度。

合理利用土地。1998年完成中国硅谷城项目征地31公顷,自建区以来累计征地6.17平方公里。对外签订土地使用权出让合同14个,出让面积合计50.33公顷,其中工业用地合同7个,出让面积26.02公顷;住宅用地合同6个,出让面积21.88公顷;学校用地合同1个,出让面积24.67公顷。自建区以来累计出让面积200.42公顷。1998年实际收到土地款2.55亿元。土地利用率74.93%。

〔**投资最大企业和路雪**〕 合资企业和路雪(中国)有限公司年内增资7000万美元,累计合同协议总投资达到2.5亿美元,成为北京开发区内外商投资最大企业,是北京市最大前5名外商投资企业之一,1998年销售收入1.4亿元。和路雪是英国、荷兰联合利华集团与北京群星公司的合资企业,联合利华在全球74个国家都设有子公司,年销售额超过400亿美元,是世界工业500强之一,主要产品是食品、个人用品和洗涤剂等。联合利华也是世界上最大冰淇淋制造商,在35个国家有子公司,全球市场占有率为15%,是第二位竞争对手的3倍。

〔**销售额最高企业朗讯**〕 北京朗讯科技光缆有限公司1998年销售收入为4.779亿元,员工总数128人,人均销售收入373.36万元,成为开发区内人均销售收入最高的企业。1997年朗讯人均销售额为200万元,也是开发区最高水平。北京朗讯公司主要产品是通讯光缆,属世界领先水平,1998年被北京市认定为高科技企业。北京朗讯科技光缆有限公司是1993年6月进入北京开发区的,合同协议总投资2403万美元。北京朗讯科技光缆有限公司是美国北京光缆通讯公司,原为美国电报电话公司与邮电工业总公司北京综合投资公司的合资公司。美国电报电话公司是世界工业500强跨国公司之一,年销售额376亿美元。

〔**开发区支柱企业**〕 高新技术企业和工业支柱企业已成为推动开发区经济发展的重要基础。1998年通过北京市认定的外商投资高新技术企业北京开发区有9家,协议外资1.6亿美元,分别占北京市外商投资高新技术企业总量的22.5%和10.7%。已投产的8家高新技术企业,1998年实现产品销售收入9.27亿元,占全开发区产品销售收入的30%,实现利润6127万元,占全区企业利润的35%;开发区已投产的工业支柱企业有11家,年工业总产值都在1亿元以上,1998年工业总产值和产品销售收入分别占全区企业总产值、销售收入的76%和75%。

〔**简化用电报装程序**〕 北京供电局亦庄供电局是专为开发区中外企业、客户供电服务的专供局,为了改善开发区投资环境,为企业服务,简化用户报装手续,尽快做到与国际接轨,1998年供电局将过去分专业部门分散接待用户方式,改在一个营业室内一条龙服务,供电局内部互相衔接、程序性流程就由供电局内自己办理,不要客户再传送,提高了办事效率。为方便用户,还将报装手续、电量计算、收费标准、服务承诺均公布上墙,同时设置中英文电脑咨询触摸屏、电话咨询、中英文服务指南供用户使用。对到营业室客户,备用一次性水杯、冷热水饮水机、不同度数花镜、休息桌椅等用品、用具,对一个电源有多用户或集中用户报装复杂,则供电局集中力量上门服务,办理用电报装手续。

〔**实现用电量远程采集系统**〕 区内亦庄供电局在实现电力地理信息系统之后,在1998年又实现10千伏永久用电户电量全部远程采集,改变多年来抄表人员到户抄表读数的做法,节省时间、节省人力。新方法是通过采集器将用户电能表显示电量的数字采集送回到供电局电脑内进行处理、显示。采集器可以每小时采集一次或几次,方便、快捷、准确,增加供电部门售电电量、收费的透明度。开发区企业北京资生堂丽源化妆品有限公司也已采用这套设备,企业可以随时了解自己用电量和费用,对企业经济分析起到一定作用。

〔调整体制〕 北京开发区自建区起到1998年底,工委、管委会和开发区投资开发总公司一直是政企合一管理体制。经过调查研究,并参照兄弟省市开发区的经验,1998年11月管委会决定调整管理体制,政企分开,理顺三方面关系:一是调整领导体制,明确工委、管委会、总公司三套班子的职能、范围,在工委统一领导下,管委会、总公司机构分开,各司其职,日常工作按各自议事规则分开运作,重大问题按程序集体决策。二是调整土地开发核算体制,改变建区以来一直由总公司负责土地开发核算的体制,经集体讨论决定,调整为管委会负责土地开发核算体制,并从1999年1月1日起实行。三是调整招商管理体制和部分单位的机构设置,将招商引资职能和机构由总公司负责划归管委会直属管理,并把招商引资相关机构、职能进行部分调整合并,进一步理顺内部关系,减少工作程序和环节,提高工作效率。同时,对总公司运行机制和管理部门也进行完善调整,在总公司原下设财务部、建设部基础上增设投资管理部,财务部调整为计划财务部。总公司在管理上也制订规范措施,实行独立法人,独立核算,严格成本核算,加强资金管理,加速清产核资,界定产权,理顺总公司与各个公司责权利的运作关系。

〔依法治区上新台阶〕 依法治区是改善投资环境的首要条件。1998年初市政府颁布《关于实施〈北京经济技术开发区条例〉办法》,这是市政府在市人大常委会颁布《北京经济技术开发区条例》之后一项很重要的行政规章。管委会及时组织各职能部门学习,提出要求。行政管理要依法行政,又要为企业服务、为国内外投资者服务、为纳税人服务,进一步完善管理措施,不断改善和提高投资环境的质量。法制办同市政局、公安分局等6个部门紧密配合协调,先后制订出《关于开发区各单位内部绿化管理办法》等9项行政管理规章。有一些部门内部为了加强工作规范化管理,也陆续制订管理措施,有的部门在一年之内就制订6个管理规定。北京开发区经过6年多的法制建设,依法治区的主要地方法规、政府规章及管委会制订的各项必要的行政管理措施都已颁布实施,共20多件,并汇编成册,使各行政管理部门根据国家、地方法律、法规、政府规章和开发区的规章措施,加强行政管理,有法可依,遇事有章可循,为加大执法力度创造有利条件。1998年开发区规划土地环保局认真进行规划检查,依法查处违法建设45处,市政局会同有关单位开展开发区环境综合整治活动,城乡建设局开展整顿建筑市场活动等。

〔双重优惠政策区〕 经过各方面共同努力,北京开发区已经被国家科技部批准享受新技术产业开发试验区政策,使北京开发区同时享受吸引外商入区投资优惠政策又享受高科技园区的优惠政策,成为北京地区唯一的双重优惠政策区,使开发区投资环境更加优化。这将有利于吸引外商投资的高科技项目入区,也有利于吸引国内高新技术企业入区投资。

〔政策引导内企踊跃入区〕 在调查研究,总结经验,积极宣传、贯彻现有招商政策的基础上,管委会又制订了《鼓励内资企业入区经营的规定》和《内资企业财政返还实施办法》,吸引了一批国内大型企业入区投资,如北京纬晓生物工程开发有限公司、大宝化妆品有限公司、北京国际电气工程有限公司等。1998年批准入区的内资企业达到86家,合同总投资4.594亿元,为建区以来前5年总和,创建区以来最好水平,其中纬晓生物工程开发有限公司是最大投资企业,投资合同金额为1.5亿元。

〔转变观念优化服务〕 这是开发区优化投资环境的又一项重要措施。一年来管委会始终把为入区企业服务作为开发区管理的大事来抓,动员管理机关全体人员要努力改善投资环境,创造符合国际投资要求的投资软环境。年初管委会组织入区企业对机关18个职能部门评议、打分,提出许多好建议和中肯批评,针对评议结果,管委会及时召开改善投资环境工作会议,对好的表扬,差的批评,强调建设好投资软环境的必要性和重要性,提出增强服务意识,改进工作作风和服务方式,提高服务水平。管委会和各职能机构向入区企业做出服务标准并公开承诺,各部门内部也纷纷制订措施,使工作面貌发生可喜变化。7月份又进行第二次改善投资环境调查,并将结果通告各单位。这些都有力促进职能部门上门服务、走访企业、听取意见,使开发区环境更加优化。在年终,再次通过企业测评时,结果反映工商、地税、财政、海关、公安、劳动人事、市政、计划、供电等局及房地产、社保部门都认真履行承诺,工作有明显改进,获得企业好评。跟踪服务办公室全年受理企业反映的问题27项,到年终已解决或初步解决的有24项,其余正在解决中。

〔盘活土地资源缓解资金紧张〕 在投资管理部、经济发展局、规划土地环保局等部门的共同努力下,对闲置二年多不用的葆祥项目40万平方米工业用地,经过多方协商,退给管委会,缓解管委会工业项目招商用地不足问题;在对外招商引资工作中,抓紧机遇,成功地引入了鹿鸣苑住宅小区等4个房地产项目,盘活已闲置五年的全部住宅用地约31万平方米,其中对外出让住宅用地21.88万平方米,使开发资金紧张得到缓解。另一方面,抓紧妥善处理以往在土地出让中合同纠纷遗留问题,避免经济损失。

〔绿化美化新发展〕 开发区在已经开发的5.65平方公里内,沿路两旁、中间隔离带及公共绿化区内,已到处绿茵盖地。1998年绿化美化工作又有新发展,全年完成公共绿化6万平方米,种植各类乔木、灌木、木本花卉等观赏树种1.51万多株。几年来开发区坚持种、养绿化原则,新老绿化区都保持树木成活常青,草地常绿,年年三季有花。到1998年底公共绿化面积累计达28万平方米,种植各类乔木、灌木、木本花卉11.4万多株。工业区和公共办公生活区之间,有40米宽1200多米长的绿色隔离带,已绿树成荫,绿地成片。园中花池、步道、曲径、休闲椅都修建完成,已成为园林式绿化区,为人们工作之余散步、观花、赏景之地。公共绿化同企业内部绿化都严格按照规划执行,绿化面积必须达到总用地面积的30%以上。绿化管理严格科学,按照市园林局一级养护和施工质量标准逐条检查落实,并请专家来区讲课指导。自建区以来公共绿化每年都列入管委会的年度计划,并抓检查落实。

〔市政设施管理加强〕 1998年管委会市政管理局顺利接收建成的第五批市政设施、路灯、电源、道路等。1998年底开发区市政管理工作范围达到:道路累计达到23条,总长为20.1公里,面积为30.66万平方米,步道面积为5.06万平方米,道路清扫面积为41.68万平方米。雨污水管道长4.74公里,检查井1513个,雨水口896个,路灯386座,电源站系统5座等。市政局对上述设施开展每天巡查、养护、修复等工作,并参加新开市政工程方案审查和技术交底,以保证新建市政设施完好、正常运行,保证新工程质量。为了加强市政市容的管理,经市政府批准成立了市政市容综合执法大队,依法执行昼夜巡查任务,发现问题及时处理。全年依法立案共4起,实行简易程序处罚79起,罚款2.48万元,有效遏制损害市政市容设施、违章违规案件的再发生。1998年支出市政维护费1124万元。

〔公共交通发展良好〕 北京开发区开发建设时没有公共交通直达市区线路,也无直开市区公共交通车辆。在市主管部门的统一规划、协助下,开发区在1992年4月就开工新建从南三环路成寿寺直达开发区65米宽7公里长道路。1997年开发区自管运营公共交通专线通车。1998年运营状况良好,发展迅速。开发区专线公共交通车全年运行73万公里,接送乘客43万人次,每天从早6点到晚8点半运行42个班次,根据客流量和方便乘客的需要,在1998年12月又做出调整措施,每天从早6点到晚8点半共开57个班次,增幅35.7%。早班客流高峰加开快车,每10分钟就有一辆车开出,非客流高峰时也在15分钟间隔有车开出,有利乘客,有利改善开发区投资环境。为减少交通事故,进一步完善区内交通设施,1998年市政局与区公安分局共同对新建道路及区内重要道路增设交通标志、标线、设施,完成道路划线约48万延米,增设交通标志68个,使区内各种交通标志牌达到232块,还增设路口交通信号灯两组,新建交通指挥岗一座。

〔企业环保三同时率百分之百〕 1998年北京开发区内有26个新入区工业项目,经过区环保局的环境影响评价,其中,北医联合制药、病毒生物技术国家工程中心等三个项目还编制了环境影响报告书,并对8个项目进行了环保验收,结果表明,无论是新审批的建设项目,还是验收投产项目,都严格执行了环保"三同时"制度,使开发区企业的环保"三同时"执行率一直保持在100%。北京ABB电气传动有限公司还于1998年1月成为北京开发区首家也是北京市第二家通过ISO14000环境质量管理体系认证的企业,并由国家环保局的领导亲自到会颁发了ISO14000证书。11月4日由前国家环保局副局长叶汝求带队,中国环境与发展国际合作委员会环境贸易工作组中外专家14人到开发区参观考察,对开发区领导重视环保工作,积极推行ISO14000的实施给予肯定,并参观了拜尔医药保健公司的污水处理设施。

〔严把工程质量关〕 依法加强工程质量管理,狠抓工程监理负责制。1998年区城建局除在开发区内继续推行工程监理制外,同时推行1998年刚开始的总监负责制。5月份城建局对区内施工现场进行检查,并检查总监负责制执行情况,要求总监理工程师必须到位并持有建设部或市城建委核发的上岗证,由总监领导各专业人员对工程质量进行监督,使1998年工程监理做得较好,有效保证建筑工程质量。区城建局对区内安姆科包装公司钢结构厂房工程存在质量问题,进行跟踪监控和妥善处理,避免意外事故的发生。此工程1994年6月开工,1996年初完工,完工后两年多来未办竣工验收手续,并违规投入生产,经权威部门三次质量检测,钢结构存在严重质量问题,厂房随时有倒塌危险,为此区城建局组织建设、施工、设计、监理单位和市质监总站多次协商,对钢结构螺栓全部更换和屋顶保温等结构进行改造,保证了厂房的安全。

〔天然气供热制冷方案〕 1998年经过调查研究、确定在开发区中部工业区采用天然气、供热、制冷方案,与燃煤供热制冷方案配合使用,已经管委会审查通过,并报市公用局批准同意。此方案是用天然气做燃料,以分散形式在冬季采暖、夏季制冷供企业使用。经论证表明,其初投资成本稍低于燃煤-供热-制冷大型集中式热力厂的初投资,但它可以随着建筑设施发展而分步投资建设,在建设期内节省运行费用,更重要的是用此清洁燃料有利改善大气环境质量,解决开发区现在大气中二氧化硫和总悬浮颗粒有时超标问题。这将在开发区形成两种供热制冷系统。

〔海关用计算机监管企业进出口〕 北京海关驻北京开发区办事处用计算机监管开发区企业SMC(中国)有限公司进出口料件,是全国第一家使用这种管理手段,取消多年沿用手册监管方式。这项新技术从1997年11月开始试用,经1998年运行证明,这种保税监管模式缩短了货物进出口周期,提高了企业和海关工作效率。此项技术已经北京海关和国家海关总署检查认可,准备向全国推广应用。SMC(中国)有限公司在北京开发区投资近9000万美元,生产经营各类气动元件,95%左右产品出口世界各地,年出口种类达到975种,进口料件达到1064种。每出口一批产品成品,从准备资料、报表到拿到监管手册大约需要两周时间。从实行企业、海关计算机联网监管企业进出口以来,使企业在任何时候都可以出口,开发区海关可以打开计算机随时进入 SMC 计算机管理系统，对企业生产、贸易活动进行全过程动态式监督管理，加强了海关管理，又提高了通关率，也方便了企业。

〔**地税分局获全国最佳单位**〕 1998 年 5 月北京市地税局开发区分局荣获“全国最佳办税服务厅”称号，在北京市地税系统中是第一家。开发区地税分局建局 5 年来，连年超额完成征税任务，开展文明服务、让纳税人满意活动，取消专管员管户制度，建立企业自核自缴纳税申报，重点稽核的征管模式。地税分局除实行计算机征收管理外，还提供全方位服务。在服务厅内公开纳税内容、税收法规、纳税指南、填写样本、纳税程序、纳税人权利、义务及地税分局的廉政制度。在纳税厅设滚动式电子显示屏、问答式触摸屏和外汇牌价显示屏，在现场能看到税收宣传、通知、公告、外汇牌价等，并请银行进驻服务厅，方便税款交纳。地税分局开通全市第一条中文电话语音咨询服务系统和本市第一家英文专用语音咨询服务系统，还为纳税人提供专用电话、举报电话、无偿复印、传真服务、局长长期接待值班制、给纳税人提供生活上便利和预约上门服务等。

〔**企业参加工商年检全部通过**〕 1998 年 1 至 4 月北京开发区企业按规定参加一年一度工商年检，应参加年检的内资、三资企业 188 户，实际参加工商年检 180 户，年检通过率 100%，另有 8 户企业未参加年检，已依法妥善处理；为维护国家利益和保证企业正常经营，工商分局对三资企业入资情况加强监督，经过催缴有 6 户企业及时补缴注册资本。1998 年区内企业入资率为 94%，高于全市平均水平。

〔**改革人事制度**〕 1998 年机关人事制度改革做了三方面工作：一是颁布实施了《机关人员调入管理办法》和《下岗人员暂行管理办法》；二是组织了科级干部竞争上岗培训。154 名干部参加任职资格考试，其中 64 名干部获得科级任职资格，42 名干部参加上岗竞争，根据公开、平等、竞争、择优的原则，经过公开报名、资格审查、面试答辩、领导审批等程序，有 25 名同志被 11 个部门聘任上岗；三是加强处级干部考核、考察、交流工作，根据考核结果，结合工作需要，一年内有 15 名处级干部进行了轮岗交流。

〔**接待工作顺利完成**〕 北京开发区是北京市外办定点的外事接待单位之一，外宾、国内领导人、团体和投资客商来访量大、面广。为此，开发区管委会专门成立外事处负责接待工作。1998 年共接待来自美、日、德、蒙等 28 个国家及地区的各类来宾 150 余批，近 3000 人次。其中外宾 80 余批，近 1000 人次。来宾中有蒙古总统、白俄罗斯众议院主席和部分国家的副总理、外长、副外长等国宾、党的首脑、政府代表团、经贸团体、专家学者。接待中还有英国、瑞典、新加坡、日本等国大使和高级商务官员。来自许多国家和地区的投资者和考察团体也有 500 多人次，需要外事处接待。全国人大、监察部、北京市领导及国内外部分机关、团体、大专院校企事业单位来检查、来访也较多，如国际劳动组织负责人、澳大利亚侨领、阿联酋青年代表团、全国人大视察团、中央党校等，在半年之内就有 97 个来访团体，2200 人次参观了展室。全年接待各种大小会议 1900 多次，参会人数近 3.5 万人次，全年接待工作及时、顺利、安全。1998 年北京开发区再次被市外办评为北京市对外接待先进单位。对外接待先进企业有：SMC(中国)有限公司、北京四通松下电工有限公司和北京航卫通用电器医疗系统有限公司。

（谷晓先　执笔）

乌鲁木齐经济技术开发区

〔**综合经济发展**〕 1998 年是乌鲁木齐经济技术开发区完成“三年起步”建设，步入“五年发展”阶段的一年。一年来，在上级党委、政府的正确领导下，开发区党工委和管委会以邓小平理论和党的十五大精神为指针，认真贯彻江泽民总书记视察新疆时的讲话精神，带领广大干部群众发扬“艰苦奋斗、锲而不舍、团结实干、开拓进取”的开发区精神,各项工作再创新业绩,超额完成了年初确定的各项奋斗目标,为“十年建成”创建双文明示范区的目标奠定了基础。

1998年,开发区按照年初制定的目标方针任务,进行了基础设施建设。以东引沿海地区企业的投资为重点,以开拓中亚市场为吸引力,洽谈了一批外引内联新项目。'98乌洽会上招商引资成效显著。加大了基础设施投入,基本建设投资完成2.3亿元,基础设施建设日趋完善。对重点企业进行了扶持,多种经济成份在发展中不断成长壮大。1998年开发区经济继续保持了快速稳定增长的发展态势,年内实现工业总产值5亿元(现价),较上年增长22.2%;其中外商企业实现产值3.12亿元;完成销售收入4.8亿元,比上年同期增长35.4%;出口创汇达2656万美元,较上年增长75.8%。工业增加产值超过1亿元,财政收入增长1800万元,出口创汇增长1145万美元。圆满完成了增长“三个一”(产值增长1亿元,财政收入增长1000万元,出口创汇增长1000万美元)的目标。在保持高速建设发展的情况下,做到了财政收支的基本平衡,有效地发挥了改革开放实验区的作用。

〔**招商引资**〕　1998年在宏观经济形势偏紧的情况下,乌鲁木齐经济技术开发区适时调整招商战略,紧抓招商引资这一生命线,采取四面出击、重点突破的方式和利用英特网发布招商信息,明确了各局、各部门对口项目追踪分工,不断调整充实招商引资项目库,加强了对投资者的引导。先后三次组团赴东南沿海地区招商,积极参加了'98厦门中国投资贸易洽谈会,成功地筹办了中西部战略研讨会和全国开发区工会工作会议,加强了联系,广泛地宣传了开发区的投资环境。办理境外邀请23批38人次,接待外宾24批236人次,接待了哈萨克斯坦共和国总理、吉尔吉斯斯坦外交部长、泰国国会主席及以色列驻华大使率领的商贸代表团等官方参观团组、贸易团组。接待国内客商、各级领导、参观团组3000余人。认真准备并积极参加'98乌洽会,狠抓了宣传与招商引资,'98乌洽会开发区签约18项,其中对外经济合作项目5项,增资合同1项,内联项目5项。对外经济技术合作项目总投资3829.2万美元,占全市签约外商投资项目的63%。内联项目投资总额7326万元,协议资金6746万元。外商投资项目落实4项,投资总额3598万美元,占协议金额的94%;内联项目也落实了4项,投资总额5326万元,占协议金额的72.7%。加大了招商力度,以开拓中亚市场为吸引力,实行重点突破,洽谈了一批外引内联的新项目,1998年在受到东南亚金融危机影响的情况下,进区项目仍然呈现了增长的势头。

1998年新批准进区项目244个,投资总额118928万元,比上年增长196%;注册资金71615万元,比上年增长103%,其中外商投资企业8家,投资总额7563.2万美元,比上年增长657%;注册资本3298万美元,比上年增长266%,协议利用外资金额2245万美元,比上年增长470%。实际利用外资275万美元。

在进区项目中,新批工业项目34个,投资总额86725万元,注册资本39412万元,引进外省资金5866万元,其中高新技术项目10个,投资总额4.5亿元,注册资本3.94亿元。超额完成了全年的任务。年内投产企业4家,其中外商投资企业2家。

建区以来,开发区累计批准企业697家(不含已注销企业),其中外商投资企业61家;投资总额370879万元,其中外商投资25420万美元;注册资本25亿元,其中外商投资企业15329万美元;协议利用外资金额8513万美元,实际利用外资5150万美元。

对进区重点企业进行了扶持,狠抓了进区企业的生产和达规模,重点扶持了广汇石材、美克家私、烟用材料、广材塑料等出口企业,对广汇石材企业股票上市给予了大力支持。年内多种经济成份共同发展,工业生产继续保持了高速增长的发展态势,外商投资企业增长幅度较大,在开发区全年实现5亿元工业产值中,外商投资企业完成产值达 3.12 亿元,比上年增长 47.2%;销售收入完成 4.8 亿元,产销率达 96.43%,产销基本平衡。1998 年外商投资工业企业的产值已占全市外商投资企业产值的 34%,实现了"三分天下"的目标。

建区以来,累计投产工业企业 39 家,其中外投资企业 16 家,其中总投资 1000 万美元以上的项目 5 个;累计实现工业产值(现价)12.23 亿元,其中外商投资企业 6.53 亿元。

截至 1998 年底,开发区已有高新技术企业 4 家;累计取得科技成果 12 项,开发新产品 10 项;在国内领先项目有两项:稀土硅化物精细化工项目和镁冶炼还原罐项目;1998 年高新技术产值达 2.4 亿元,已占到全区工业产值的 47%。

对外贸易迅速发展,出口创汇快速增长。实现进出口总额 3070 万美元,其中出口创汇 2656 万美元,比上年增长 75.8%。外商投资企业出口创汇 1539 万美元,比上年增长 18.8%。年出口创汇已占市属企业出口的 35.8%,在出口创汇上业已实现了占全市"三分天下"的目标。开发区出口的产品远销美国、日本、澳大利亚、加拿大、德国、丹麦、挪威、泰国、哈萨克斯坦、俄罗斯、希腊、意大利、沙特阿拉伯等国家和香港地区。受东南亚金融危机的影响,年内开发区企业新疆啤酒有限公司出口泰国的啤酒有 2000 多万元货款难以回收,致使企业陷入困境。

截止 1998 年 12 月,开发区累计出口创汇 5243 万美元,其中外商投资企业出口 3623 万美元。

〔投资环境〕 1998 年,乌鲁木齐经济技术开发区投资环境建设成效显著。重点实施了卫星广场建设、国际旅游购物市场的筹建和光明工程、绿色工程等"一一二"工程建设。卫星广场规划及前期准备工作已完成并动工实施。开发区国际贸易旅游购物市场建设、招商工作进展顺利,按照年初制定了"一手抓工厂、一手建市场"的工作思路,从人力、物力、财力上加大了对国际旅游购物市场的建设和启动口岸的投入,并积极组团赴内地沿海地区招商,在 9 月初成功地举办了市场暨口岸新闻发布会,吸引了众多疆内、疆外商户,前来开发区了解市场有关情况,预定铺面近 600 间。广货商城、同升和、浩通三个市场已具雏形,为 1999 年招商开业奠定了基础。开发区口岸委经自治区人民政府正式批准成立,并于 9 月 18 日试开关,通关后运行良好,日过货量逐步增加。光明工程于 9 月 1 日全面完成。在'98 乌洽会"至国庆节期间每天晚上开发区到处灯火通明,给中外投资商、贸易团组和参观者留下了良好的形象,促进了招商引资工作。在市委、市政府统一指挥下,年内彻底治理了 312 国道阿勒泰辅道两侧乱摆乱建的"脏、乱、差"地段,使乌鲁木齐窗口地带更加明净、整洁、优美。基本建设投资继续增长,投资硬环境进一步改善。1998 年市政建设完成道路 2578 米,累计修建道路 36 条、29.7 万平方米;给水工程 2627.7 米;排水工程 1682.5 米;热网工程 1461 米,改造农渠 835 米。1998 年新建的 2×29MW 的 2 号集中供热站主体工程已完成,1999 年冬季供暖,可增加供热面积 68 万平方米。截止 1998 年 12 月底,开发区累计完成基本建设投资 11.2 亿元,其中基础设施投资 17334 万元。进区企业新建和跨年度工程共 114 项,总建筑面积 31.3 万平方米;其中新建工程 58 项;面积 15.12 万平方米;竣工工程 46 项,面积 13.28 万平方米,其中优良工程 14 项,面积 6.3 万平方米,是开发区历年来竣工面积最多和优良工程最多的一年。

本着"见缝插绿"的宗旨,根据实际进行绿化美化,确保绿化面积不断增长。年内共完成绿地建设面积 3.2 万平方米。其中完成公共绿地建设 1 万平方米,单位专用绿地 2.2 万平方米。栽植乔灌木品种 18 个,共计 7449 株,使开发区的绿化建设有了较大改观。为迎接"五一"、"七一"、乌洽会、国庆节,相继在主要街道、景点摆设盆花 1.5 万盆,各种花钵 318 个,五色草字幕 80 平方米,使开发区都展露在生机勃勃的绿色中。

为更好地改善开发区的环境质量,安排200万元资金拆迁了对开发区污染较重的乌县合合冶炼厂,安排2000万资金开始建设开发区二号集中供热站项目,对开发区空气环境质量进行定期监测。还对近百家饮服企业,22家施工工地进行了排污申报登记,共清运垃圾2200吨,冰雪清扫任务9万平方米,开发区的空气环境质量比市区高一个等级。

〔**党建和精神文明建设**〕 1998年开发区各级党组织紧紧把握经济建设这一中心,坚持"两手抓,两手都要硬"的方针,按照"解放思想、更新观念、强化管理、提高效益"的工作要求,不遗余力的狠抓了党的思想建设、组织建设、作风建设和党风廉政建设,切实加强开发区党的领导。

坚持以邓小平建设有中国特色社会主义理论指导实践,结合实际,围绕中心工作认真组织了党的十五大精神、江泽民同志在新疆视察中的重要讲话精神的学习和马克思民族理论为主要内容的干部理论学习,邀请市委党校的教授举办了7次的专题辅导讲座,成立了开发区业余党校,加强了党员的阵地教育。针对干部职工的思想状况,开展了开发区区情教育活动,开发区两委及部门领导干部,走上讲台,紧密结合开发区和各部门工作实际,分别进行了9次有关开发区工作的专题讲座,使广大干部进一步了解了开发区,增强了紧迫感、责任感。把领导干部"三讲"教育、"三个一"教育工程、开发区"区情教育"进行有机结合,在干部职工中着力培育和弘扬开发区"艰苦奋斗、锲而不舍、团结实干、开拓进取"的精神,努力进行了开发区人"廉政、高效、透明、服务",讲求"效率、效益、效果"形象的塑造。进一步加强了基层党组织建设,按照属地管理原则,努力提高基层党组织组建率和覆盖率,目前已批准成立的基层党委1个,街道党工委1个,党总支2个,党支部23个。发挥基层党组织战斗堡垒作用和党员先锋模范作用。进一步加强干部队伍和各级领导班子的建设,加强党风廉政建设,认真抓好纠风塑形和干部廉洁自律工作,认真落实中央、自治区关于制止奢侈浪费行为"双八条"规定,认真清理了通讯工具,利用正反两个方面的典型,进行党风廉政教育。对开发区发生的违法违纪案件都进行了严肃的查处。

以提高人的素质,优化美化区容区貌,广泛开展群众性创建活动为总体目标,开展了以企业爱职工,职工爱企业,评选爱企业优秀职工,爱职工的优秀厂长的"双爱双评"活动,以及创建"青年文明号"、"青年文明岗"、妇女"巾帼建功"等活动。加强街道、居(家)委会基层政权建设,认真开展民政优抚、征兵、民族宗教、社区管理服务等工作。认真实施了计划生育目标管理责任制,计划生育各项指标均达标。全面实施了精神文明建设"五项建设工程",提高了全区精神文明建设整体水平。群众性精神文明创建活动取得了显著成效,各单位创建意识有了明显增强,创建文明单位面有了进一步扩大。目前,全区创建的自治区级文明单位1家,市级文明单位7家,开发区级文明单位37家。

苏州工业园区

〔**概况**〕 1998年,苏州工业园区面对亚洲金融危机的影响,在中央、省、市的关心和支持下,正确分析形势,及时调整思路,坚持中新合作大局,坚定不移推进开发建设,全面实现了当年确定的10项重点工程目标,园区发展形成了健康良好的势头。招商引资工作取得显著成绩。基础设施进一步完善,配套服务功能上了新台阶。社会事业协调发展,科教文卫工作全面展开。园区辐射带动效应不断增强,周边乡镇经济加快发展。努力实现提速增效,园区经济实力明显增长。借鉴新加坡经验工作继续积极稳妥向前推进,新的管理体制和运行机制进一步健全。坚持两个文明一起抓,党的建设和精神文明建设不断取得新的成果。

〔**招商引资**〕 1998年苏州工业园区新增合同外资9.5亿美元,新增实际利用外资12亿美元。面对国内外经济形势和激烈的竞争，园区管委会进一步突出招商引资工作“龙头”地位，及时组织形势分析，调整招商策略，不断加大工作力度；继续坚持中新联合招商，加强管委会和新加坡经发局、中新苏州工业园区开发有限公司的工作协调，同时进一步增强中方招商主动性；规范政府行为，认真清理整顿收费项目和标准，全面实施社会服务承诺，营造更加良好的投资环境，使全年的招商目标得以超额实现。截至1998年底，苏州工业园区累计实现合同外资58.84亿美元，累计实际利用外资25.63亿美元。名列世界500强的国际著名跨国公司有25家进入园区投资发展。

年内，新批外商投资企业53家，新增开工工业企业47家，新增投产工业企业51家。到1998年底，批准进入中新合作区内的外商投资企业已达136家，累计开工工业企业90家，投产工业企业66家。

〔**基础设施建设**〕1998年完成了一批新的重点建设工程，进一步完善了园区的基础设施，为今后的开发建设创造了有利条件。园区220千伏星港变电站和二区110千伏变电站先后竣工投用；沪宁高速公路连接线工程和苏春东路建成通车，苏州工业园区立交互通正式开通；苏州市消防指挥中心和金鸡湖路消防站交付使用；苏州工业园区华能发电厂超额完成年度基建任务，资金投入达11.3亿元；中远国际城2.5万吨级1号码头顺利建成，首航日本成功；金鸡湖整治取得明显成效，湖西岸形成了10多万平方米的湖滨草坪。

房地产业加快发展，新建成商住和公益设施16.3万平方米，累计建成35.9万平方米。国际大厦结构封顶，海关大楼基本竣工。加城大厦和加城花园1号商住楼也已基本建成。园区首期开发区内以净化、亮化、绿化为重点的环境整治工作取得了初步成效，园区良好的整体形象开始展现。

经海关验收，苏州进出口货物分流中心于5月12日投入运行。分流中心总规划面积93公顷，首期建成5.4公顷，设有海关监管仓库、保税仓库共1万平方米，集装箱堆放场1.3万平方米，1幢用于海关、三检及办公的3000平方米综合大楼。苏州企业的进出口货物、企业办理通关等，只需在位于园区沪宁高速公路唯亭互通的沪苏口岸直通式监管点办完手续，即可直接委托承运人越境提取或发运进出口货物。1998年9月1日，江苏省人民政府正式批准苏州工业园区设立二类陆路口岸。

沪宁高速公路苏州工业园区立交互通于6月30日正式开通。这一工程包括连接线工程全长3.6公里，青秋浦大桥1座、小桥6座、通道2座、涵洞8个，总投资1.8亿元。该工程的启用，大大缩短了从上海进入苏州工业园区的路程，而且该工程的连接线路直通苏州市区的主干道干将路，使苏州工业园区和苏州古城区的交通更为便捷。

经国家电力公司批准，规划总容量为120万千瓦的大型燃煤火力发电厂——苏州工业园区华能发电厂一期工程(30万千瓦×2)于5月6日正式开工建设。华能发电厂是园区最重要的基础设施配套项目，被国务院列入第一批利用国内结存外汇购买国产设备发展电力工业的试点项目。由中国华能集团公司、苏州工业园区股份有限公司、中新苏州工业园区开发有限公司、江苏省电力公司、江苏省国际信托投资公司和太仓市能源开发公司6家公司投资组建的苏州工业园区华能发电有限责任公司高效、扎实推进工作，至1998年底已投入11.3亿元建设资金。按照计划进度，华能发电厂第一台机组将于1999年底以前建成投运。

由中远(集团)总公司投资兴建的江苏太仓中远国际城一号码头于12月28日正式开港，中远(集团)总公司所属中远集装箱运输有限公司的日本线班轮“丽涛”号在此首航。中远国际城地处长江经济带与东部沿海开放带“T”型交汇点，是长江三角洲的重要出海通道。中远国际城一号码头投资额6亿美元，2.5万吨级，泊位长270米，前沿宽50米，陆域纵深800米，堆场面积7.6万平方米，拆装箱库2700平方米,年装箱吞吐量可达5万标箱,件杂散货40万吨。中远集团是苏州工业园区股份有限公司的股东之一,中远城的启动,进一步完善了苏州工业园区的基础设施配套功能,优化了园区投资环境,成为园区与世界各国进行贸易往来的一个新的重要窗口。

苏州工业园区第一个大型邻里中心——新城花园邻里中心经过一年建设,于5月30日正式投用。苏州工业园区邻里中心是结合我国国情借鉴新加坡在社区服务、商业网点布局和经营管理方面的经验而建的,它把第三产业与社会公益事业有机结合起来,集商业、文化、社区服务于一体,为周边居民提供综合性、全方位、多功能的生活服务。邻里中心的新城大厦建筑面积1.8万平方米,设有银行、邮政、超市、专卖店、医疗保健诊所、书店、阅览室、影剧院、歌舞厅、棋牌室、儿童游乐中心、餐饮、茶室、美容美发、浴室、干洗店、彩扩中心、菜市场、修理铺、健身房、旱冰场、网球场、桌球房、保龄球馆等。大厦附近还有已建成的新城花园小学、幼儿园和邻里公园等。大厦开业以来,受到了园区和市区居民的广泛欢迎。

新苏国际大酒店位于苏州工业园区金鸡湖西岸,占地10万平方米,一期工程投资2.4亿元,按五星级标准设计、建设,建筑面积约2.4万平方米,除主楼外,还有4幢中式别墅和5幢西式别墅,共有客房88间(套)。在试营业5个月后,新苏国际大酒店于2月27日正式开业。

〔**经济发展**〕　1998年,苏州工业园区实现国内生产总值50.3亿元,完成财政收入4.02亿元,自营进出口总额达到13.15亿美元,其中出口额为2.65亿美元。苏州工业园区综合经济实力有了明显增强。

按照建立社会主义市场经济体制的要求,苏州工业园区结合国情,借鉴新加坡和其他开发区的成功经验,积极探索园区开发建设新路子。1998年,管委会组织13批计195人次赴新加坡接受培训,并重点在人力资源、公积金、大众住房、邻里中心和职业培训等方面展开借鉴工作,组织编制了《建筑工程质量管理规定》、《加强园区社会治安管理工作的若干意见》等8个管理办法和实施细则,其中6项已经各级政府批准试行。

园区内各乡镇(场)共实现国内生产总值22.2亿元,乡镇企业完成利润1.31亿元,入库税金1.7亿元。乡镇分区开发建设取得新的进展,当年新增合同内外资1.77亿美元,实际到账8991万美元。农民人均纯收入达到5420元,同比增长12.2%。各项农业重点工程提前实现年度目标,现代农业科技示范区建成3500亩,唯亭特种水产基地建成,跨塘蔬菜园艺基地基本建成,农机服务中心土建完工。乡镇企业产权制度改革稳步推进,548家企业完成改制,占企业总数的80.7%。创建工作取得明显成效,胜浦镇建成园区第一个省级卫生镇。

〔**教育发展**〕　《1998～2010年苏州工业园区教育发展规划》于2月通过专家论证。这个规划以确保教育事业优先、加快和超前发展,建立与社会主义市场经济体制相适应的教育体制和运行机制,全面提高全民的思想道德和科技文化素质为目标,要求在坚持改革发展教育的同时,继续强调扩大教育对外开放的步伐,积极加强与国际教育机构的交流与合作,大胆吸收和借鉴世界发达国家和先进地区教育发展和管理的经验,形成具有中国特色、园区特点的现代化教育体系。

苏大附属苏州工业园区娄葑中学是参照新加坡教育新概念标准,按现代化示范中学要求设计建造的。学校第一期投资5200余万元,建有装有闭路电视视听系统的教育楼、科技楼、实验楼、图书楼、行政楼和微机室,多媒体语音室,电化室,体育馆等。学校行政管理、教育管理、后勤管理全部实行计算机化。

借鉴新加坡南洋理工学院办学和管理经验建立的苏州工业园区职业技术培训学院,规划面积4.8公顷,总建筑面积3万平方米,首期投资1400万元,建筑面积3200平方米。1998年度开设“工业电子”和“机电一体化”两个专业的高级技工班。9月1日,首批72名具有中专毕业文凭的学员人校学习,一年后将获得高级技工证书。

〔**社会事业**〕 1998年,苏州工业园区全面加快各项社会事业的发展步伐,取得了良好成效。教育工作进一步加强,新城花园小学及其附属幼儿园按期开学,并被中央教科所命名为“教育实验研究中心实验学校”。职业技术培训学院“工业电子”和“机电一体化”两个专业开班,并顺利组建了学院董事会。乡镇普通教育进一步发展,升学率明显提高。医疗卫生事业不断进步,苏州工业园区疾病防治中心建成投用,农村初级卫生保健工作深入展开,合作医疗制度全面推行,血防工作成果不断巩固,医政、药政管理工作得到加强。公积金制度继续完善,中新合作区内在建和投产企业已全部纳入公积金体系,至1998年底,会员企业累计168家,会员人数达到8416人,归集公积金1.22亿元。园区公积金的收缴、支付、管理和服务工作不断完善,单位缴交率全年保持100%。此外,园区广播电视、劳动管理、计划生育、民政等工作也都取得了新的成绩。

苏州工业园区各对外办事部门及其下属承担公共管理服务职能的各类机构,于10月23日起正式实施社会服务承诺。社会服务承诺的宗旨是“便捷高效,文明周到,透明公开,廉洁勤政”。社会服务承诺的主要内容有:(1)各项行政性审批时间一般不超过3个工作日,最长不超过7个工作日;(2)各类行政事业性收费严格按标准执行,中介机构专控项目收费实施限价;(3)及时答复咨询和来信,最长不超过7个工作日;(4)24小时即刻处理紧急事件;(5)园区公用事业服务项目一般故障处理不超过24小时,重大故障处理不超过72小时;(6)实行透明的办事制度;(7)受理与承诺制相关的各类投诉。

〔**党的建设和社会主义精神文明建设**〕 1998年,苏州工业园区紧紧围绕纪念改革开放20周年及园区中心工作,掀起了学习邓小平理论新高潮,党的建设和精神文明建设得到全面推进。工委中心组采用专家讲课、座谈交流等学习方法,效果明显改善;管委会组织干部参加各类理论培训班,思想水平不断提高。组织建设进一步加强,按照德才兼备原则和四化标准,选拔一批年轻干部担任机关部门和乡镇领导,建立了后备干部队伍,新经济组织中建立党组织和工会工作取得新的进展。党风廉政建设得到加强,规章制度进一步完善,增强了领导干部廉洁自律和查案执纪工作的力度。农村开展了创建示范村、整顿薄弱村工作,普遍实施了村务公开,加强了基层党组织和民主建设。开展了一系列文化、体育活动,成功地举办了中小学生运动会、首届游泳比赛等活动。此外,军民共建、厂校共建、帮困助学、公益慈善等各项活动都开展得有声有色。

(沈小鹰 谈小汶 执笔)

宁波大榭开发区

〔**综合经济发展**〕 1998年是大榭开发区不平凡的一年。亚洲金融危机爆发,国内有效需求不足,第一轮财政优惠政策到期等因素,都给大榭开发区各项工作的开展带来了很大的困难。一年来,大榭开发区在国务院有关部门、地方各级党委和政府的关心支持下,以党的十五大精神和邓小平理论为指导,通过全体干部职工的齐心协力,团结进取,攻破困难,取得了较好的成绩。全年实现财政收入5.78亿元,财政支出4.87亿元;完成固定资产投资3.2亿元,其中基本建设投资2.6亿元;实现工业总产值9.1亿元,出口交货值2亿元;开发土地面积41万平方米,其中工业用地26.4万平方米,合同转让土地使用权16.44万平方米;引进外资项目总投资368万美元,协议利用外资230万美元,实际利用外资558万美元,新引进企业122家。

〔**投资环境**〕 至1998年底,大榭岛开发最关键的基础设施——跨海公铁两用大桥一期工程已累计投入资金2.11亿元,完成投资总额近60%;主桥、北仑侧引桥及引道、大榭侧立交桥及引道三部分分别完成总工程量的65%、40%和51%,计划2000年6月底主桥合拢,两岸引桥完工,届时大榭岛将成为大陆的延伸。在抓好大桥工程顺利进展的同时,不断对跨海浮桥进行加固、保养,确保在大桥通车之前,陆岛唯一的交通枢纽正常运行。为配合华东液化石油气(LPG)基站项目和油品储运中转基地项目,修建了关外路、榭东路、田湾路一期、榭南路、榭南路延伸段,并相继竣工通车。至此,大榭开发区新修、改建道路约20公里,基本上形成了环岛公路网络的雏形,极大地改善了岛内的交通条件。供电设施逐步改善,供水管线不断扩展,供水能力达到2万吨/日;在通讯方面,程控电话交换机容量已增至8000门;在房产开发方面,全年新开发各类房产2.11万平方米,高层商住楼、居民小区已初成规模;不断扩大绿化面积,1998年底绿化面积达26800平方米,大大改善了开发区的市容市貌。

在加强基础设施等硬件环境的同时,大榭开发区不断完善投资软环境。各部门紧紧围绕招商引资这个中心,在对入区项目的咨询、审批、登记注册等环节的服务方面采取"一条龙"服务,简化办事程序,提高工作效率。出台了一系列鼓励投资的政策性文件和有关管理规定,力求在大榭开发区投资、办事有法可依,有章可循。同时,加强宣传力度,强化服务意识,使人人都投入开发建设之中,形成"人人都是开发软环境"的观念和氛围。

〔重大基础性工作〕　1998年,大榭开发区经过周密的部署,做了大量的工作,争取了宁波市、浙江省、国务院有关部门以及有关部队的支持,顺利完成了事关开发建设全局的几项重大工作:

第一,浙江省政府征得南京军区等有关部队同意后批准了大榭岛对外开放范围(包括水域、陆域、锚地、航道),为今后口岸开放打下了基础。

第二,国家环保局批准了大榭开发区委托中国环境科学研究院编制的《大榭开发区环境影响评价报告书》。

第三,经过积极争取,财政部、国务院批准了今后三年比较有利的新一轮财政体制,为大榭开发区培植稳定的财源赢得了时间,为今后几年的开发建设提供了资金保障。

除了上述几项工作以外,1998年大榭开发区还完成了其他一些基础性工作。在争取划定大榭岛对外开放范围的同时,对下一步口岸开放工作以及争取港口管理方面有关政策开展了调研并制定了方案。为配合今后招商以及项目建设的需要,及早编制完成了《大榭岛东北海域岸线利用规划》、《扫箕山附近岸线整治方案》、《榭南岸线总体布局规划》、《榭东北港区防洪防潮规划》、《榭北控制规划》、《启动区中心区域详规》等,为科学合理地开发利用大榭开发区港口资源以及为今后项目建设提供了依据并做了准备。

〔招商引资〕　受国内外经济形势不利的影响,1998年大榭的招商难度很大,但是大榭开发区拓宽思路,采取"大中小并举,内外资并举,各种所有制并举"的方针,招商工作仍取得了较好的成绩。

在大项目招商方面,为已引进的华东液化石油气(LPG)项目做好配套服务,完成一系列配套设施,将土地交给投资方,使该项目顺利开工建设。大榭开发区与宁波港务局就油品储运中转基地项目经过多轮洽谈达成了协议,并取得积极进展,已开始进行有关前期工作和争取项目审批工作。对复合肥、子午线轮胎等项目与投资者进行了深入的探讨。与日本三菱信托银行、日商岩井株式会社以及比利时的威特龙、荷兰的泛奥文伦等国外企业加强了业务联系,并与三菱银行、日商岩井签订了合作协议。

加强了国内中小型工业项目的招商,与周边地区有发展潜力的企业建立了广泛的联系,加大了宣传力度。针对第一轮优惠政策到期的情况,制定了《关于进一步鼓励企业发展有关优惠政策的规定》,明确了1998年以后企业仍能享受一定的优惠政策,还制定了《宁波大榭开发区鼓励引荐投资项目的奖励办法》，发动管委会、公司职工及社会力量参与招商。1998年，榭西工业区新引进生产性企业10家，转让工业用地5万平方米，新投产企业5家，4家企业开工建设，为今后生产性企业、内资企业上岛和调整税源结构、培植新税源打下了基础。

大榭开发区根据党的十五届三中全会精神，抓住机遇，与浙江省乡镇企业局经过多次商讨，建立了规划面积为3平方公里的“浙江乡镇企业示范园区”，由大榭开发区提供优惠政策，乡镇企业局负责帮助引进科技水平及管理水平高、外向型的乡镇企业，使这些企业在示范园区形成整体优势，成为大榭新的经济增长点。

〔社区事业〕　大榭开发区有2万多农民，维护社会稳定，推进社会各方面事业的发展对开发建设具有十分重要的意义。1998年，按照让社区农民参与大榭开发、共同繁荣大榭的思路，大力发展社区工、农业，并注重教育、文化、卫生等各方面事业的发展和精神文明建设。

大榭的乡镇企业对解决农村富余劳动力就业、增加农民收入起着重要作用。因国际、国内经济形势不利，以及本身存在产品档次不高，管理水平比较落后等问题，这些乡镇企业不同程度地面临困难。除了对骨干企业进行重点扶持外，大榭开发区着手研究对企业进行产权制度改革，改变经营管理者只享受权力不承担责任，职工吃企业大锅饭的局面，引导企业走出困境，进行第二次创业。制定了《关于推进乡镇企业产权制度改革的若干意见》，成立了乡镇企业产权制度改革工作领导小组，领导这项工作的进行。1998年已有一家试点的企业完成了改革。为了扶持岛上个体、私营企业逐步集中成片发展，有利于开发建设规划的实施，1998年还专门为本岛个体、私营企业建立了“榭北工业园区”，对进入园区的企业实行优惠政策。

对社区农业发展，确定了大榭的农业生产应该与开发相适应，发展高附加值、高科技含量的农业，推进农业产业化的思路。制定了《关于加快推进大榭开发区农业产业化的若干意见》，财政专款安排60万元的农业发展基金，并且通过走出去考察以及请专家上岛指导等方式，开展农业产业化工作。1998年，开发区内农民群众较大规模地改良茶叶和桔子品种，饲养长毛兔、水貂、狐狸和商品猪，种植大棚蔬菜，发展海水、淡水养殖，对萝卜干进行精加工，农业产业化逐渐起步。全年实现农业总产值4200万元。

除了发展工农业以外，在社区文化、教育、卫生事业发展以及农村基层党组织建设、精神文明建设等方面都做了大量工作，社区群众的精神面貌发生了可喜的变化。建立了大榭职业高中和成人教育学校，为提高群众文化素质创造了条件。大榭有线电视台与宁波市有线电视台实施了联网，并改造了岛内线路网络，增加了频道，加强了新闻采编制作，定时播出大榭新闻，丰富了群众的文化生活，逐步提高了群众的整体素质。　（胡作亚　执笔）

厦门海沧台商投资区

〔招商引资〕　1998年，海沧台商投资区紧紧围绕“项目引进”这条开发区的生命线，突出重点抓好招商引资工作，加快项目引进步伐，提高引进项目质量。围绕项目配套推进基础设施建设，创建优良投资环境，加快项目建设和重点区域开发建设步伐，促进项目落地生根和重点开发区域尽快成型。理顺投资区开发建设体制和管理体制，加强社会治安综合治理，理顺开发建设方方面面的关系，以形成良好的开发运行机制，取得了开发建设的新成绩。

全年共引进外商投资企业20家，增资企业4家，新批合同投资总额1.12亿美元(不含PTA项目6.9亿美元，柯达项目6.5亿美元)，合同利用外资1.06亿美元，外资实际到资1.83亿美元(含柯达1.14亿美元)。批准国内客商投资项目41项，投资总额31.06亿元。至1998年底，海沧已累计引进外商投资企业116家,投资总额30.82亿美元,合同利用外资25.51亿美元(含柯达6.5亿美元、PTA项目6.9亿美元)。累计批准国内客商投资项目171项,总投资68.28亿元。特别值得一提的是,在市委、市政府领导的高度重视和市直各部门的大力支持下,投资区引进重点大项目取得突破性进展。PTA项目于1997年底得到国家计委正式批准后,1998年进行了项目前期工作,目前配套工作进展顺利。柯达胶卷于1998年6月正式开工建设。这两个项目的引进大大提升了投资区项目引进质量,建成投产后将大大提高投资区的工业增加值,加速海沧石化支柱产业的形成。在抓好项目引进的同时,大抓项目建设和生产。1998年新开工工业项目19个,相继有5家工业企业投入生产。1998年投资区实现国内生产总值19.98亿元(不含村镇),比增17.1%。其中第二产业增加值17.65亿元,第三产业增加值2.33亿元。全年实现工业产值47.07亿元,比上年同期增长19.7%。实现税收(不含关税)2.07亿元,比增10.7%。其中中央级1亿元,地方级1.07亿元。

〔投资环境〕　全年完成社会固定资产投资17.24亿元,比增87.8%,其中基础设施投资2.87亿元,比减22%。管委会基础设施投资2.83亿元,比减6%。下半年根据市委市政府提出的关于“加大投资力度”和“增投”的要求,结合海沧实际,追加投入,提前实施兴港路、南海一路路面、滨海大道围堰造地、PTA、专利园区、电网建设及国道改线、马青路延伸段等工程。投资区基础设施建设得到了省市的高度重视,海沧铁路、污水处理厂、柯达配套供电、供水工程及PTA配套工程被列为省、市重点工程。总投资约2亿元、全长17.6公里的海沧铁路和总投资1.7亿元、日处理污水10万吨的海沧污水处理厂一期工程,在1998年先后开工建设,将于1999年建成投入使用。柯达配套供水供电工程和PTA配套工程根据项目需要协调推进。投资区还投入近5000万元用于市政配套建设,主要包括完善兴港路、南海一路路面和建设沧一路延伸段,兴建生活区二、三号排洪渠及生活区小区配套等。投入近8000万元,继续完善新阳工业区水、电、路、场平、排洪、截洪等基础设施配套工程。房地产开发投资完成1.28亿元,比上年增长48.8%,建成商品房面积5.13万平方米,售出4.92万平方米。1998年基础设施建设呈现如下特点:一是建设规模扩大。下半年根据“增投”要求,调整了财政收支预算,提前实施部分基础设施项目,“增投”工程投资额达6000万元。二是建设性支出占投资区财政支出比重大。全年财政支出93.16%用于基础设施建设和债务开支。三是重点项目投入大。直接为新阳工业区、港区重点区域、柯达、PTA、厦新电子、世佳化工、通士达、德彦纸业等重点项目配套资金占基本建设支出的90%以上。

〔重点区域开发〕　1998年海沧开发的重点区域仍是港区和新阳工业区。港区建设主要以完善配套、促进港口生产力的形成为着眼点,认真搞好港口泊位的规划和建设。一期规划10个万吨级码头,其中2、3号泊位陆域设备安装完成,已正式投入运营,开始接驳集装箱船。1997年厦门港被辟为两岸间船舶直航试点口岸以来,作为厦门港重要组成部分的海沧港区,相继开辟了通往台湾、香港、日本、韩国和西欧的航线,进出港区的货物逐年增加。2、3号泊位全年完成货物吞吐量60.8万吨,比增146%。连同嵩屿电厂3.5万吨级煤码头和博坦10万吨级油码头等,整个海沧港区1998年共完成货物吞吐量309万吨。新阳工业区经过3年努力拼博,到1998年底,一期开发用地7平方公里的开发建设已基本成型。3年来,管委会投入新阳的征地及基础设施配套建设资金达5.8亿元,完成430多公顷土地平整,区内水、电、路、场平、排洪、截洪等基础设施配套基本完善。引进了柯达胶卷,厦新电子,世佳化工,明达塑胶,PVC管材,管件等70多个项目,投资总额11亿美元(含柯达6.5亿美元)。其中明达塑胶,PVC管材、管件,金达威维生素,华恒纸容器等19家工业企业已建成投产,1998年实现工业产值近10亿元。预计到2001年柯达、厦新等项目建成投产后,新阳工业区年工业产值将达到70亿元以上。

〔**健全开发体制和运行机制**〕 投资区几个事关发展全局的政策、体制性问题在1998年取得突破性进展,基本得到解决。《海沧台商投资区条例》在征得全国人大法工委同意后,已经厦门市第十一届人民代表大会常务委员会第七次会议审议通过,正在抓紧组织实施。海沧台商投资区机构改革试点方案及"三定"方案已分别由省、市编委批复。根据批复,认真搞好管委会内设机构设置和职能界定,配合上级组织对各局班子和处以上干部进行了全面考核,重新确定了干部级别,按"四化"方针和德才兼备的原则,选拔了一批年轻干部,向公务员过渡的准备工作也已基本完成。投资区总体规划及各分区规划已完成调整和审查,总体规划已经市政府正式批复。港区总体规划已通过市政府审查并上报交通部审批。港区口岸单位编制和机构已落实,一关四检机构1999年上半年可陆续到位。海沧码头对外轮开放、开展集装箱业务经过多方协调,也已获批准。同时,通过近两年"调思路、理关系",投资区密切了与区内区外上下左右的关系,与行政村挂钩工作逐步走向制度化,并逐步由初期主要靠资金挂钩转向靠智力、政策挂钩。各单位结合挂钩工作,注意帮助镇村解决一些实际问题,认真协调工程建设中与当地村民发生的各种矛盾、纠纷。春节期间深入村镇访贫问苦,慰问村老干,教师节召开座谈会,为区内中小学、幼儿园解决实际问题等。通过帮助当地村兴修水利、排洪设施,保证了当地群众台风季节安全渡汛。在各方的努力下,安居工程首期教师安居房按期完工,179户教师将喜迁新居。同时,投资区安居工程建设在一期500套的基础上,1998年又新增500套指标和配套贷款,建成后将进一步缓解投资区教师和其他单位职工的住房紧张问题。继投资区教育体制理顺之后,海沧医院在市政府、市卫生局及市第二医院的支持下,体制问题得以理顺和解决,并于1998年上半年正式对外门诊,6月份开展病房收治业务,解决了投资区及当地村镇群众就医难的问题。计划生育工作密切与区镇配合,通过摸底调查建台账,建立了覆盖投资区机关和企事业单位的计生管理网络。

〔**社会环境和社会治安综合治理**〕 坚持"严打"斗争,全年共破获刑事案件105起,其中特重大案件70起,抓获并及时打击处理违法犯罪嫌疑人314人,摧毁违法犯罪窝点4个,追回被盗价值30多万元赃物,有效地扼制了区内刑事犯罪案件的上升势头。同时,紧紧围绕开发建设,严格治安管理,共查处治安案件165件,314人,调解民事纠纷118起,群体性事件19起。大力开展安全社区创建工作,推出了18个达标片区。加大社会管理力度,营造良好社会环境。认真贯彻中央关于土地、森林资源保护有关文件精神,把投资区土地、森林资源保护管理摆上重要工作日程。对上级有关规定制定了具体贯彻措施,组织在全区范围内对非农用地、森林资源情况进行清查、摸底,进一步规范了用地审批程序。继续加强地材管理,通过法规、政策宣传,成立地材管理小组,明确地材由区、镇统一管理,建立健全地材管理制度,完善规范供应合同,建立村民代表监督机制等综合治理措施,使投资区地材市场进一步规范、有序,保证了工程建设的顺利进行。加大城监管理力度,强化区容区貌的整治和违章建筑的清查工作。根据区内开山采石管理混乱,严重影响环境保护和项目建设的状况,开始对区内开山采石进行全面整治,1998年底关闭了分布在新阳工业区的采石场,1999年底前将进一步关闭南部工业区和生活区内的采石场,并拨付专项资金做好植被恢复工作。健全劳动管理,着重强化新、改、扩建项目的劳动安全卫生"三同时"工作,建立健全安全生产责任制。加大劳动监察力度,做好劳动合同鉴证,开展工资发放,招用民工专项检查,保障投资区企业、员工双方的合法利益。进一步深化养老、工伤和医疗保险制度改革,社会保险覆盖面达85%。社会保险三项基金收入达

380万元,基金收缴率98%。

〔**党的建设和精神文明建设**〕 坚持政治学习制度,深入学习邓小平理论和党的十五大、十五届三中全会精神,大力开展以“三讲”为主要内容的党性党风教育,全面落实党建责任制,积极开展创建党建工作先进区和先进单位活动。外商投资企业党建工作逐步走向轨道,党建工作进一步规范。台资翔鹭公司支部党建工作多次得到市委组织部肯定和表扬,世佳化工支部也即将成立。继续强化艰苦奋斗教育,搞好党风廉政建设。认真贯彻落实中央关于艰苦奋斗、制止奢侈浪费的8条规定,成立了反腐败工作领导小组和6个专项工作小组。完成了副处级以上干部住宅电话情况的摸底上报和机关事业单位25部移动电话的作价拍卖处理。严格执行公务接待标准,全年接待费用比上年下降24%。进一步巩固清房成果,严格按规定调整、分配住房。健全监督机制,全面开展执法监察工作,重点开展了效能监察、工程招投标执法监察和财务审计执法监察等工作,对个别违纪违法人员做了严肃处理。认真落实《厦门市“九五”期间社会主义精神文明建设规划》,深入进行爱国主义、集体主义、社会主义、职业道德教育,大力开展“讲文明,树新风”的群众性精神文明创建活动。1998年长江、嫩江流域和省内南平地区发生洪涝灾害,投资区干部职工、外资企业和村镇干部群众积极开展献爱心募捐活动,合计捐款130多万元,衣物2000多件(套)。1998年投资区还有100名干部职工参加了全市无偿献血。

(范首春　温普华　执笔)

岳阳经济技术开发区

〔**经济与发展**〕 1998年,岳阳经济技术开发区全体员工一手抓稳定,一手抓发展,较好地完成了年初确定的各项任务,开发区的开发建设取得了长足的发展。一是招商引资取得较快发展。这一年,岳阳经济技术开发区组团参加了“湘交会”、98龙舟经贸洽谈会以及98中西部地区对外经济技术合作洽谈会等一系列重大招商活动,通过高层招商、上门招商与网络招商等途径,对外发布招商信息,把招商引资的重点转移到国际大公司、大财团和国内企业集团上,招商引资取得明显成效,全年共完成招商引资协议总投资5.47亿元,合同利用外资3076万美元,超额完成岳阳市政府下达的目标管理任务。跨国公司——世界三大气体公司之一的美国普莱克斯公司独资994万美元的二氧化碳项目,已到位资金125万美元,300万美元的进口设备已签定合同。山东龙丰集团与在铁总公司合资5000万元的方便面项目,已到位资金1300万元,现在正加紧建设。上述两个项目预计1999年上半年投产,可形成年产值2.5亿元,年税利1600万元。10月18日,在98中国中西部地区对外经济技术合作洽谈会上,泰国亚洲珠宝有限公司投资2980万美元的蔬菜、肉食、水产深加工项目也正式签约。此外,财保大楼已全面动工,寿保大楼已完成方案会审和选址工作。二是区内经济保持了稳定的增长。1998年,全区完成国内生产总值10.8亿元,工业总产值9.6亿元,实现财政收入6032万元,分别比上年增长10.2%、7.9%和11.9%。民营高新技术企业鼎立重阳科技有限公司已完成工业产值2700万元,实现利税700万元。中辰建筑陶瓷公司抓住建材需求回升契机,提高质量,拓展市场,增产增收,一举见效,日产量由3000平方米上升到4500平方米,产品供不应求。上市公司岳阳正虹饲料厂,实现了资本重组和低成本扩张,强强联合收到了明显成效。泰和商城、通海公司与平江天一泵业也于年底实现了捆绑联合上市。与此同时,开发区管委会还狠抓个体私营经济的发展,下发了《关于加快个体私营经济发展的决定》,制定了《岳阳经济技术开发区行政事业性收费(基金)项目及标准》,全面推行“税外费负担卡”和“税外费登记卡”制度,对进区个体工商户,实行先上车,后购票,各类证照统一上门办理,创造了一个比区外更为宽松便捷的市场环境,商贸区日趋繁荣。开发区商贸区已形成各类专业市场12家,商贸面积27.62万平方米,其中1998年新增4万平方米,门面摊位近1000个,区内个体工商户发展到2828户,安排就业人员5949人。泰和小商品批发市场、商业城家俱市场、钢材批发市场跻身市区六大市场行列,全年共完成市场成交额3.5亿元,是1997年的2倍。全区社会商品零售总额达11.4亿元,比上年增长21%。

〔**基础设施新进展**〕 在基础设施建设方面,全年完成了巴陵东路路灯工程、通海南路、站东路水泥路面浇筑工程以及桐子岭路、八字门路近10万立方米的土石方推填工程,完成投资总额近1000万元。处理荒芜闲置土地37宗,收回土地使用权17800平方米,受理土地出让18宗,共195亩,收取合同出让金483万元。为了确保京珠高速公路岳阳连接线的顺利开工,开发区特事特办,大事速办,仅用3天时间就拆迁腾地100.79亩,使连接线如期开工。电力供应及时充足,全年完成供电量2.27亿度,售电量2.2亿度,比计划增长15.8%。新架10KV电力电缆21.9公里,新上变压器19台,共计容量4010KVA。

〔**重大事件**〕 1998年7月,长江和洞庭流域遭受了超历史的特大洪水袭击,水位居高不下,给全市抗洪救灾工作带来了严峻的挑战。开发区积极动员号召全体党员干部迅速投身到抗洪救灾工作中去,并由管委会领导带队,组织机关40名得力干部成立抗洪抢险督查队,在洞庭湖水位居高不下的危急时刻,开发区先后3次派遣突击队前往危险地段进行抢险。8月15日晚11时,接市防汛指挥部命令,开发区抗洪抢险督查队奔赴云溪区永济垸万粟堤段督查。领导身先士卒,干群奋勇争先,在20多个日日夜夜,督查队员们头顶烈日,脚踏洪魔,斗狂风、搏暴雨,扛沙袋,处险情,处危急,栖地而眠,干粮充饥,始终未离大堤半步。共处理大险5处,小险110余处,筑起了一道宽4米、长100米的防洪子堤,调集块石、泥沙2000余方,编织袋30000余条,防浪彩条布4000余米,加固堤脚护坡,以高度的责任感击退了一次又一次洪峰,出色地完成了市政府交给开发区的督查任务。在抗洪抢险斗争的同时,管委会还积极发动全区上下为灾区捐钱捐物,奉献爱心。据统计,全区共向灾区捐款12.1万元,捐物价值60万元。其中机关员工捐款2.4万元,捐衣被850余件套。此外,还完成了41万元防洪保安资金的征收任务。

(姜献平 执笔)

成都经济技术开发区

〔**投资环境**〕 成都经济技术开发区位于成都市东郊13.6公里的龙泉驿,规划面积9.94平方公里,开发区区位优势突出,成渝、成昆铁路环绕开发区,并有6个火车站,绕城高速公路、城环路紧邻开发区西区和东区,成渝高速公路,成渝公路,成龙、成洛、成(都)南(充)高速路呈扇状辐射开发区,同时紧靠四川省二级公路口岸,距成都双流国际机场仅30公里。开发区依托的成都市是四川省的省会,著名的历史文化名城,西南地区交通、通讯枢纽,科技、金融、商贸中心,具有交通便捷,信息灵通,科技力量雄厚,金融贸易发达,人才素质高,基础设施完善配套等优势。

截止1998年底,开发区投入基础设施的资金已逾10亿元人民币,已形成内部道路网络30多公里,建成110千伏220千伏变电站各一座,日供水能力为15万吨,日供天然气能力达40万方以上,区内通讯、邮政、电视台、中小学校、医院、宾馆、商贸、专业市场等市政服务设施相互配套,基础设施及市政服务设施已经具备了大规模建设和发展的条件,是四川省投资硬环境条件最好的开发区。开发区作为四川省和成都市对外开放的重点,工业化、城市化的基地,享受国家扶持中西部地区和四川省重点开发区的一系列优惠政策,特别是“只收税,不收费”的优惠政策,受到了进区各商家的一致好评。开发区管理委员会实行“封闭式管理,开放式运行,一站式服务”,投资软环境条件良好,是中外客商理想的投资场所。

〔经济与发展〕 1998年,成都经济技术开发区新开工项目11个,有金松集团成都电器有限公司,中港合资龙丰亚洲食品成都有限公司,三联电机公司等7个项目建成投产,完成固定资产投资1.8亿元。截止当年底,开发区建成投产项目累计已达169个,以机械、电子、冶金、新型建材、精细化工、食品加工为主的产业结构基本形成,规模效益进一步扩大。机械及汽(摩托)车工业,光学电子,新型建材已成为开发区优势产业。中日合资华川,雅马哈摩托部品制造有限公司,中美合资晶华光学制品集团公司,中奥合资川威塑料管材有限公司,四川华型建材有限公司等一批骨干企业已成为开发区纳税大户。中日合资四川华川·雅马哈摩托部品制造有限公司,四川航天工业公司燎原无线电厂,铜江机械厂等7家企业,进入'98四川工业企业综合实力500强行列。1998年,开发区共实现工业产值24亿元,工业增加值5.14亿元,利税8900万元,其中税收4500万元,创汇1560万美元。

〔利用外资〕 1998年,成都经济技术开发区,坚持对外开放与对内开发并重的工作思路,加大招商引资力度,通过举办中国成都第十二届桃花会招商引资洽谈会,组团参加'98西安中国东西部合作与投资贸易洽谈会,'98厦门经贸洽谈会,'98长沙中国西部合作与贸易洽谈会,'98杭州中国东部经济合作洽谈会等重大招商活动,进一步扩大了招商引资成果。当年,开发区共引进项目18个,其中,外资项目4个,协议资金3.65亿元,到位资金1.34亿元,实际利用外资680万美元。引进了投资上亿元的杭州金松集团成都电器有限公司,投资3500万元的安都集团扩建工程,投资2000万元的成都新高技术产业发展有限公司,投资3000万元的成都正泰新材料有限公司,投资980万元的四川超人螺旋藻开发公司等一批有影响的好项目、大项目。

呼和浩特经济技术开发区

〔经济发展综述〕 1998年呼和浩特经济技术开发区狠抓了经济结构调整和扶持高新技术产业发展工作,使全区工业经济运行质量不断提高,整体业绩稳中有升。全年共完成工业增加值1.6亿元,比上年增长2.53%,工业产品销售率达96%,出口创汇完成471.3万元。1998年完成财政收入4208万元,比上年实际完成数增长78%,其中地方财政收入完成3171万元,比上年增长75%,可用财力达到1509万元,比上年增长93%,增长速度位于全市之首。全年投入基础设施建设资金200多万元,使开发区投资环境又有一定程度的改善。1998年,如意开发区坚定高新技术产业兴区的观念不动摇,扶持、培育高新技术产业发展工作得到进一步重视,使如意开发区科技与经济结合的进程不断加快。全年有金双歧、亚麻籽胶、沙棘油、奇灵康、降解树脂、超高压液压系统等6个项目分别被列入国家有关部委、自治区有关部门的产业化计划和火炬计划,为这些项目早日形成规模效益增添了新的活力。此外,管委会积极引导企业走求大求强的发展道路,一批企业通过不同的资产重组和运营方式先后组建了集团公司,带动开发区整体经济上了规模上了档次。注重对入区企业的服务,促其早建设、早投产,先后有精炼油、大豆精粉、福斯德门业等10个在建、续建项目投入了生产。

〔招商引资新进展〕 1998年如意开发区进一步突出和强化了招商引资工作的重要地位。全区上下以思想解放为先导,积极开拓,狠抓机遇,使招商引资工作呈现出两个特点:一是呈现出规模大、数量多、领域宽的新格局。全年共引进项目172项,内资项目165项,外资项目7项。其中引进的内蒙古国信寻呼有限责任公司,注册资本达1亿元,这个项目的入区,填补了如意开发区无亿元项目的空白。二是招商引资工作还呈现出二、三产业同步进区,工业区、生活区共同开发,土地转让掀起热潮的特点。

〔依法治区进程加快〕 狠抓了依法治区工作,按照"两手抓、两手硬"的要求,认真开展了依法建区、依法治区工作,投入了一定的人力、物力、精力开展了"百日法制"宣传活动,与此同时,加快了充实、完善开发区法规体系的步伐,经过努力,全区员工的法制意识、法制观念明显提高,年终在接受市依法治市领导小组办公室的考核验收中获得好评。重视社会治安综合治理工作,为开发区的持续、健康、快速发展创造了良好的外部环境。

(赵俊生 执笔)

石河子经济开发区

〔综合经济发展〕 1998年,开发区认真学习贯彻江泽民总书记视察新疆时的讲话和十五大精神,以项目建设为中心,突出基础设施建设重点,强化服务职能,超额完成了全年经济发展的各项任务。

全年实现国内生产总值13676.5万元,其中第一产业604万元,比1997年增长30.45%;第二产业11734.9万元,比1997年增长60.66%;第三产业1338万元,比1997年增长37.88%。全年实现工业总产值3.94亿元,比1997年增长33.92%,比建区前增长4.02倍,年均增长38.11%;完成工业增加值1.225亿元,按可比口径计算比1997年增长1.42倍,比1993年增长9.1倍,年均增长58.68%;实现税收3048万元,比1997年增长59.3%,比1992年增长14.5倍,年均递增56.2%。

六年累计上解税金4787.7万元,为同期各级财政、财务给开发区投资额的2.1倍。

目前,开发区工业经济总量和税收总量已占农八师石河子市的八分之一强和五分之一强,名副其实地成为石河子垦区最具活力的新的经济增长点。

1998年是石河子开发区建设资金到位率和完成年度投资较多、工程进度较快、竣工投资项目最多的一年。全年共完成固定资产投资10224万元。其中:新建项目25个,完成总投资6305万元。当年竣工投产的工业项目主要有年产8000吨白酒的新安酒厂移地技改工程;年产1万吨高档葡萄酒项目(一期工程);年产1.5万吨的钾肥造粒混配肥厂;年产66万米麻片的金河工贸公司和彩砖预制厂。

续建项目6个,完成投资3919万元。其中:单班年产2万吨饲料的天康公司、石河子—浙江大学联合开发中心中试厂、淡水良种场、天河烟草加工厂二期工程和东热电厂二期扩建工程竣工投产。

〔投资环境〕 吸引外资,基础设施建设是必备的条件,为改变石河子开发区基础设施滞后这一状况,管委会确定了基础设施建设要高起点、超前性、面向二十一世纪的建设方针,把它作为形象工程的突破口来抓。

鉴于此,1998年,开发区进一步解放思想,实施负债开发计划,多方筹资5520.2万元,开展了建区以来规模最大的基础设施建设。新增道路19.5公里;新铺设供水、排水等外网配套管线8.2公里;架设路灯103盏;新修建路基6公里。加大绿化美化投入,新增绿化面积7.4万平方米,植树1378棵,栽植花卉4.8万株,铺植草坪4.2万平方米,绿化面积比1997年增长150%。到1998年底,开发区累计完成基础设施建设总投资2.86亿元;区内一期开发的北三路以北5.3平方公里"六通一平"基础设施建设已基本完成,项目承载能力进一步提高。基本实现了开发一片、建成一片、收效一片、滚动发展和低成本开发的目标。

在抓硬环境建设的同时,狠抓了软环境建设。一是依照市场经济规律,对开发区管委会的职能进行定位——管理与服务相结合,把服务放在第一位,处处为企业着想。二是坚持依法治区,不断优化开发区的法制环境。一年来,根据自治区人民政府及农八师、石河子市党委有关文件精神,参照内地开发区的成功经验,相继制定和实施了20多项区域性行政管理制度,覆盖了工商税务、环境保护、劳动人事、房产市场管理等各个方面,逐步形成和完善了开发区的法制环境,做到有章可循、有法可依。严格加强对行政性收费和罚没收入的管理,实行收支两条线,坚持杜绝乱收费、乱罚款、乱摊派。三是逐步健全社会保障体系。成立了专门职能机构,先后出台了《开发区养老保险暂行办法》、《开发区失业保险暂行办法》,逐步形成社会统筹与个人账户相结合,管理服务与社会化的养老保险体系,社会保险覆盖面不断扩大,参加养老失业保险的企业已占全区企业总数的90%。四是财税部门以组织收入为中心,积极开展挖潜增收工作,本着放水养鱼的原则,为6家企业办理返还税收57.64万元。五是帮助企业谋求产品出路,开拓市场、优化资本结构和产品结构,实现资产重组、技术创新和产业升级,全面提高了开发区经济运行质量。六是通过强化"人人都是开发区形象,人人都是开发区投资环境"的意识,狠抓"开拓进取,文明服务,廉洁高效,依法治区"区风建设,开发区工作人员的文明素质、业务水平不断提高,形成了"讲学习,讲政治,讲正气"的良好局面和不设卡、多促进,不推诿、多协调,不拖延、多服务的良好风气。较好地做到了"一支笔"审批项目,"一座楼"办好各种手续,"一条龙"全程跟踪服务,"一站式"管理到位,基本达到了让投资者满意的要求。七是形成了"两手抓,两手硬",党群工作一体化的工作机制,紧紧围绕经济发展的目标进行精神文明建设。涌现了一批先进人物和集体,通过大量具有创造性的活动载体,使精神文明建设丰富多彩,硕果满枝。1998年开发区管委会在连续三年获石河子市精神文明单位称号的基础上,被评为自治区级精神文明单位。此外,社会治安综合治理、市政建设、园林绿化和双拥等工作都受到自治区和石河子市的表彰和奖励。

〔利用外资〕 1998年,开发区牢固树立"不求所有,但求所在"的指导思想,进一步探索招商途径,拓宽招商引资的思路,取得了招商工作的新突破。

首先,按照建设具有农垦特色开发区的发展思路,在将资源优势转化为经济优势上,取得了突破。中基公司万吨葡萄酒厂、天康饲料科技有限公司、天河烟草复烤厂、神内食品公司等一批"农"字号的内外资企业相继落户开发区,规模效益明显。这批"农"字号企业的迅速发展,不仅有力地推进石河子经济结构的调整、农业产业化的进程,而且有力地推进了开发区农垦特色支柱产业体系的形成。

其次,在培育和发展开发区名牌产品,增加在国内外市场的知名度及占有率上取得了突破。开发区虽有已投产工业企业73家,但真正享誉市场的仅有几家,且因规模较小而难有作为。针对这一情况,管委会采取各种形式,实施名牌战略,一方面要求企业自身要创名牌,狠抓产品质量;另一方面,各职能部门加大扶持力度,为企业想办法、出主意,提供宽松的政策环境,营造创立名牌、占领市场的社会氛围。神内食品公司依托石河子大学科研成果,不断开发研制系列绿色食品——胡萝卜汁饮料市场潜力巨大。为了使之早日形成产业规模,创出名牌,管委会利用神内公司现有的品牌优势和先进技术与实力雄厚的石河子总场强强联合,组建石河子开发区神内"北泉"食品有限责任公司,盘活存量资产,扩张市场。1998年,开发区利用玛纳斯河流域为世界三大酿酒葡萄宜植地区之一的地理条件和种质资源优势,引进国际先进酿造及罐装设备、当年建成年产3000吨"西域"牌高档葡萄酒项目。该项目一期工程总投资2亿元,总规模15万吨,将于2001年全面建成,达产后可实现工业产值6亿元,实现税收1.5亿元。西域干红(干白)葡萄酒的品质在上海国际葡萄酒博览会上受到国内外客商的一致好评,成为目前开发区创中国名牌最有希望的产品之一。

第三,在总结以往招商引资经验的基础上,实现了从政策招商、感情招商、资源招商到产权招商的突破。1998年,开发区以产权招商的形式完成了科林蕃茄酱厂整体产权的转让,实现了国有资产的资本流动,通过资本运营,不仅确保了国有资产的保值增值,而且又引进了一个投资逾亿元、年产2万吨蕃茄酱的屯河科林蕃茄制品公司。

到1998年底,全区已累计批准注册企业252家(工业85家,建筑业9家,其它企业158家),注册资本6.833亿元。其中,批准外商投资企业19家,实际利用外国、外地资金2.46亿元,其中:外资878.29万美元(折合人民币6892万元),外地资金1.77亿元。全区累计完成各类项目总投资11.77亿元,其中:固定资产投资8.81亿元,比建区前净增8.04亿元,占农八师、石河子市1993年~1998年固定资产投资的18%,已投产和即将投产的工业企业73家,形成工业加工能力15亿元。目前,开发区已经形成了食品、棉纺、建材、精细化工、医药、饲料等工业门类,企业累计进出口总额达2132.19万美元,其中进口1719.65万美元,出口876.54万美元。

湖州经济技术开发区

〔**招商引资**〕 1998年,湖州经济技术开发区招商引资工作克服竞争愈来愈激烈、亚洲金融危机的影响日渐明显等不利因素,负重拼搏,主动出击,使利用外资工作取得了较好成绩。湖州经济技术开发区当年新批进区项目54个,计划总投资12.7亿元,其中利用外资项目8个,协议利用外资3500万美元,实际到账外资2378万美元。

招商重点正向欧美国家转移。湖州经济技术开发区1998年先后组织或参加了多次境内外招商活动。由于亚洲金融危机的影响,使湖州经济技术开发区主要投资来源地区的经济出现波折,对外投资能力下降,尽管1998年陆续有部分亚洲企业落户,但不可否认的是:来自亚洲的投资势头正在衰退。为此,1998年湖州经济技术开发区招商工作的重点是向欧美转移,7月份,组织区内企业赴欧洲招商,直接与欧洲企业接触,起到了加深了解、宣传湖州的目的;11月份,完成向欧美企业推荐项目21项,并将在1999年邀请一批欧美企业家到湖州举办投资洽谈会。1998年,来湖州经济技术开发区考察访问的外商共有500人次,其中来自欧美的115人次,占31%,较往年大幅度上升。

着力办好现有三资企业,达到"以外引外",提高利用外资质量。湖州经济技术开发区现有三资企业(项目)涉及美国、日本、香港、台湾等十几个国家和地区。湖州经济技术开发区着力办好现有三资企业,热心为企业呼吁和解决实际问题,降低企业社会交易成本,提高投资回报率,促进区内三资企业的裂变壮大,谋求"以外引外",提高利用外资质量。1998年,湖州经济技术开发区内三资企业增资980万美元。

接轨上海战略取得实质性突破。湖州经济技术开发区坚持做好"接轨上海"这篇文章。在'98"湖州在您身边"上海投资贸易洽谈会上,开发区共签订了4项合作意向,在洽谈会结束后,开发区加强对意向性项目的跟踪联系,锲而不舍,取得了实质性的进展。随着一批上海企业在开发区的落户,湖州开发区接轨上海工作正展现出充满希望的前景。

致力提高区内产品科技含量,积极申报高新技术产业园区。1998年,湖州经济技术开发区招商引资工作由以往以项目招商为主的单一化招商转变到结合企业科技投入、技术改造、新品开发和营销网络的多元化招商,注重通过招商引资工作实现经济增长方式的转变。1998年区内企业完成技改投入2.2亿元,在全市同期技改投入中占相当比例。全区列入各级科技计划项目21个。在区内高新技术产品、项目逐渐增加的同时,开发区积极申报省级高新技术产业园,反复论证高新技术产业园可行性研究报告,为报批工作提供充足的依据。

〔**经济与发展**〕 1998年,湖州经济技术开发区全区实现工业总产值18.22亿元,比上年增长39.24%,第三产业销售收入1.33亿元,比上年增长64.2%。与此同时,对外贸易也比上年有大幅度攀升,区内各类企业直接出口3910万美元,比上年增长128%,全区出口交货值3.8亿元,比上年增长78.8%。到年底,全区从业人员达36356人。从1998年全年经济运行情况看,湖州经济技术开发区通过积极的招商引资,保持了良好的发展态势,正逐步成为全市经济新的增长点,一批新兴产业群体正在形成,目前已初步形成了以新型建材、电子信息、包装印刷、精细化工、纺织丝绸、精密机械等为主的产业群体。

〔**基础设施建设**〕　1998年,湖州经济技术开发区进一步强化科学规划的指导作用,加大基础设施投入,坚持高起点规划、高品位建设。1998年着手进行了仁皇山分区(即旄儿港以北)、西塞分区的规划编制,并对部分局部街景进行了规划设计,还对凤凰立交桥、凤凰公园、外环北路等省市重点建设工程项目进行了委托设计,以科学合理的规划保证开发区建设的高起点、高品位。围绕重点工程建设,完善建成区路网和道路质量,全年新开工道路2289米,修葺道路1.18万平方米,使开发区基础设施建设呈现出新的面貌。

〔**服务保障工作**〕　建立优质高效的服务保障体系是开发区重点工作之一,更是开发区建设的立身之本。在创新制度、改善投资软环境方面,1998年,湖州经济技术开发区重点开展了政务公开,对开发区对外办公的各个环节予以公开,明确各个工作岗位的职责,设立监督电话,接受社会监督。继续完善"一个窗口对外、一条龙服务、一站式审批"的运行机制,正式开展"一卡一口"收费试点工作。进一步完善开发区管委体制,设立了湖州市财政局、湖州市地税局、湖州市国有资产管理局湖州经济技术开发区办公室,设立了湖州市工商行政管理局湖州经济技术开发区办公室,初步建立起开发区财政体制。

1998年,湖州经济技术开发区经济建设和社会发展继续保持了良好的发展势头,为在"二次创业"中的快速发展奠定了基础。1999年,湖州经济技术开发区将面临新的任务,迎接新的挑战,向"外向型、多功能、高技术的产业新区"的目标努力前进。

(徐国晟　执笔)

长沙经济技术开发区

〔**概况**〕　长沙经济技术开发区是1992年12月经湖南省人民政府批准,按照国家"三为主"方针积极开展招商引资,大力兴办实业而建立起来的新型开发开放区。开发区位于湖南省会长沙市东郊星沙镇,地处319国道与107国道及京珠高速公路交汇处,距长沙市中心、长沙火车站、黄花国际机场、湘江长沙码头均约8公里,规划修编后控制面积为38.06平方公里。该区既是湖南省级重点开发区,长沙市整体规划中的卫星城,又是湖南省星沙特别招商区,长沙(国家)高新技术产业开发区星沙工业高科技园和长沙县新县城所在地,具有广阔的开发开放前景。

建区以来,开发区坚持"起点高、立意新、功能全、环境美"的规划建设原则,按照"自力更生、以地生财、自我积累、滚动开发"的发展战略和"开发一片、建成一片、投产一片、收益一片"的建区方针进行开发建设,取得了长足发展。区内已完成基本建设总投资32.4亿元。成型主干道28条,硬化道路60公里;21层高的邮电大楼提供10万门数字程控电话;2座自来水厂日供饮用水10万吨;2座11万伏变电站年供电能力达9.6亿度;各项公益设施基本完善配套。已引进中外投资项目282个,到1998年底止,区内累计实现总产值110亿元,实现利税10.8亿元,已成为湖南省经济发展的一个新的增长点。

〔**经济发展新进展**〕　1998年,长沙经济技术开发区管委会围绕"舞活规划龙头,优化投资环境,大力招商引资,强化综合管理,实现经济增长,保持社会稳定"的工作目标奋力拼搏,取得了新的成绩。

1. 规划修编顺利完成。随着开发区建设的快速发展,1992年编制的总体规划已不能适应新城建设形势的需要。修编后的总体规划期限为1998年—2015年,规划控制用地为38.06平方公里(原规划20平方公里),其中建设用地15平方公里,农业生态绿地7.04平方公里,林业生态绿地15.45平方公里,对外交通用地0.11平方公里,水面0.46平方公里,人口规模为15万人,人均用地100平方米。

2.开发建设成绩显著。全年完成基础设施建设总投资6200万元,狠抓了水、电、路、话的完善配套以及区内绿化、亮化、美化等方面的工作,使区内水、电、路、话等基础设施进一步完善,绿化、亮化、美化工作迈上了一个新的台阶。

3.招商引资卓有成效。全年签订招商项目合同12个,合同资金26700万元,实际到位资金4116万元,其中三资项目3个,利用外资127万美元。成功地引进了日本隆志株式会社高科技项目、香港合众电子新科技项目、湖南力元新材料项目,湖南金鑫邮电UPVC项目、荷兰T.C.H公司肠衣食品项目等一批高科技项目。

4.综合管理不断加强。着重加强了规划、制度、财务、企管、信息和素质等方面的管理,制订完善了《开发区各项管理制度》和《开发区干部职工岗位职责》,使建设严格按规划实施,工程全部实行招投标制,工程测量、设计、监理、验收、审核严格按制度进行,各方面的管理进一步规范化。

5.经济效益明显增强。区内全年完成总产值40.5亿元,实现利润3.87亿元,税收9575万元,出口创汇368万美元,与1997年相比,各项经济指标都有较大的增长。

6.社会发展持速稳定。区内全年征用土地1996亩,拆迁农户80户,房屋77栋,动迁人口246人,支付土地补偿费1100万元,发放生活费272.8万元,保证了工程建设的顺利进行和拆迁农户的生活安定,通过多种形式的普法宣传和文明教育,全体市民的法制观念和文明意识不断增强,区内呈现出社会稳定、人心安定的祥和局面。

〔**城市规划、建设与管理**〕 经过七年的开发建设,长沙经济技术开发区成功地实现了蓝图变现实的大飞跃,开创了招商促繁荣的新局面,获得了投入出效益的好收成,迎来了滚动求发展的好形势。七年时间,星沙人在一片丘岗山地上建起了一座既具有现代化风格又具有山水园林风光的新城,引进了近三百个中外投资项目,完成了30多亿元的基本建设总投资,累计实现110亿元的总产值,10.8亿元的利润和税收,奠定了发展的坚实基础,树立了新城的良好形象,赢得了世人的赞赏。星沙的成功除得益于天时、地利、人和等有利因素外,它在规划、建设与管理方面的独特之处也是其成功的一个重要因素。

1.规划突出了星沙新城的特色。星沙,既是湖南省会长沙市整体规划中的卫星城市,又是湖南省星沙特别招商区、长沙经济技术开发区、长沙(国家)高新技术产业开发区星沙工业高科技园和长沙县新县城所在地,具有广阔的开发、开放前景。如何规划星沙的未来?把星沙建成一座什么风格的城市?星沙的特色是什么?决策者和专家学者们经过反复论证后认为,必须按照“起点高、立意新、功能全、环境美”的要求,按照“六区一场一园”(新型工业区、商贸金融区、文化教育区、行政办公区、居民住宅区、旅游别墅区、星沙大市场、科技园)的总体布局,把星沙建成既具有现代风格又具有山水园林风光的新型城市,星沙的特色就要突出一个“绿”字。根据这一指导思想,1992年由湖南大学建筑规划设计院编制了星沙新城的总体规划,并在此基础上高标准编制了道路交通、给水排水、电力电信、园林绿化等专业规划。这个规划在规范星沙各项建设、明确功能分区、推动招商引资等方面起到了极其重要的作用。为了适应形势发展的需要,1998年星沙又投资300多万元对总体规划进行了全面的修编工作,对城市性质、规模、用地、生态环境、发展战略、产业结构、企业发展、市民素质与生活质量、人居和就业等与城市形象相关的问题进行了调整,特别强调:城市绿地面积要占总面积40%以上,真正体现了“城在山中、房在林中、人在绿中”的星沙特色。

2.建设体现了城市美的涵义。城市美有两层涵义。广义的城市美,是从城市的社会、文化角度来理解的,可概括为生态健全、人文景观优美和谐、生活方便舒适三个方面。狭义的城市美,是从城市形式美的角度来分析的,即建筑物与建筑群的美、自然环境的美、城市美学的客观标准与规律等。星沙新城的建设处处蕴含着城市美的内涵,体现了完美和谐的统一。

一是具有高效、便捷、灵活、完备的道路系统。两座雄伟壮观的立交桥、五座大型跨线桥托起整个城市,城区北郊呈弧型,南郊呈格型的28条主次干道纵横交错,连接着城外的国道、铁道、水上航道和空中通道,把整个城市与外界紧密连结起来。

二是水、电、气、热供给配套,邮电通信设施齐全。南北中3个11万伏变电站保证生产、生活用电,2座日供水10万吨自来水厂将清泉送入万户千家,星沙污水处理厂日处理生产、生活污水达8万吨,管道液化气站源源不断地为生产、生活提供新的能源,行政办公区安装大型中央空调实现冬暖夏凉,有线电视全面开通,21层高装机容量为10万门的邮电通信大楼能满足日益发展的信息社会的需要。

三是公益设施齐备,第三产业发达。中小学校、医院、车站、宾馆、娱乐场所等合理布局,商业区、住宅区和旅游区科学安排,使生活在这里的人们真正感到衣食住用的舒适、方便。

四是具有园林化与现代化相结合的城市空间。城区绿化面积达40%以上,西部一万多亩自然风景林区在长沙与星沙之间形成一道天然绿色屏障,把大城市酸雨、粉尘、热岛效应自然隔离。松雅河风景区、五处大面积的公园绿地、6万多平方米的星沙中心广场、生活区设置的各种小憩园以及公路、街道绿化带,形成点、线、面的结合,给人以清新的空间。

五是顺应地理条件,形成“六区一场一园”的合理布局。新型工业区的兴旺,商贸金融区的繁荣,文化教育区的生机,行政办公区的整肃,居民住宅区的恬静,旅游别墅区的秀美,星沙大市场的雄姿,科技园的魅力,无不给人以深深的启迪,令人留连忘返。

这就是星沙人在研究、探讨城市美的过程中,将城市整体美法则、特色美法则、发展变化美法则以及空间尺度美法则运用到星沙新城建设之中的一种成功的尝试。星沙这座既具现代化风格又具有山水园林风光的新型城市,可以说是一件将城市总体艺术布局之美、自然环境之美、历史文化之美、现代建筑之美、园林绿化之美、街道景观之美融于一体的时代建设精品。

3.管理增添了城市的光彩。星沙人把“规划一张图、建设一盘棋、管理一部法”作为行动的准则。城市规划一经编制,通过人民代表大会审查通过,即具法律效力,任何单位和个人无权擅自修改。城市建设严格按规划实施,违法违章建筑坚决予以拆除,毫不迁就。所有建筑工程一律按照建筑法进行规范化管理,从而有力地促进了星沙城市建设健康、有序地向前发展。

为了加强市容的管理,星沙人以“绿化、亮化、净化、美化”为管理目标,开展了卓有成效的工作。建立了领导负责,具有权威、协调统一的管理班子——城市管理委员会,建立健全了各方面的管理制度,强化了规划设计、建筑施工、公用设施、交通道路、环境卫生、市场秩序、绿化美化等方面的管理,花大力气根治了城市的脏、乱、差现象,使星沙新城真正在有效的管理中绿起来了,亮起来了,美起来了。

管理增添了城市的光彩,星沙新城的形象也就在管理中树立起来。1998年,星沙被评为全省文明城市,星沙人正在努力创造条件,向国家级文明城市迈进。

中关村科技园区

〔概况〕 前身为北京市新技术产业开发试验

区,1988年5月10日国务院颁布《北京市新技术产业开发试验区暂行条例》划定,以海淀区中关村为中心的100平方公里范围。1994年4月,经国家科委批准,昌平园区、丰台园区为"国家级高新技术产业开发区",北京市新技术产业开发试验区成为一区三园。1997年11月,成立北京市新技术产业开发试验区管理委员会,作为市政府的派出机构,主管北京市新技术产业开发试验区工作。1998年底试验区的一区三园(海淀园区、丰台园区、昌平园区),有6057家高新技术企业,其中外资企业1047家;高新技术企业技工贸收入总额达到513亿元,是1988年的37倍,年均增长43%;从业人员17.3万人,人均技工贸总收入达到40余万元。1998年,北京市新技术产业开发试验区对全市工业增长的贡献率达到54%。

目前,中关村科技园区为一区五园,即海淀园、昌平园、丰台园、电子城科技园和北京经济技术开发区亦庄科技园。中关村科技园区中心区规划面积约75平方公里,发展区规划面积约280平方公里。

〔经济与发展〕 1988—1998年,北京市新技术产业开发试验区重要经济指标一直保持快速增长的态势。1998年,北京市新技术产业开发试验区克服了国内外经济环境的诸多不利因素的影响,仍保持较大幅度的增长。在保持稳定、持续、健康发展的基础上,产业规模与能力增长突出,对全市的工业拉动作用明显,已成为首都工业经济发展重要推动力。新技术企业出口增势不减,充分体现出高新技术产业的竞争优势。当年新技术企业实现增加值157亿元,同比增长20.9%,占北京GDP总量的7.8%;其中:工业增加值71.32亿元,同比增长15.7%。

技工贸总收入突破500亿元大关,达513.86亿元,同比增长35.7%。其中自产产品销售收入为270.8亿元、商品销售收入为159.8亿元、技术收入为71.2亿元,分别占总量的52.7%、31.1%和13.9%。试验区产品销售收入已连续三年超过技工贸总收入的50%,形成了良好自主创新的产业基础与前景。

工业总产值(不变价)完成332.53亿元,同比增长42.4%。工业生产快速增长的主要支柱是试验区300余家工业企业。自1998年6月以来,试验区工业企业各月度对全市工业增长的贡献率持续保持在50%以上。利润总额31.4亿元,同比增长62.5%。

1998全年实现利税总额52.6亿元,占技工贸总收入的10.2%;平均税负为4.1%,实现了规模与效益的同步增长。

出口创汇3.34亿美元,同比增长10.4%,其中三资企业出口占总量的76%;其中直接出口2.71亿美元,比上年增长171%。产品主要出口香港、欧美、日本和东南亚等国家和地区。

〔投资环境〕 中关村科技园区的海淀园,北京西北三环路、白颐路穿越其中;丰台园紧邻南四环路和京石高速公路;昌平园距京昌高速公路1公里;电子城科技园区紧靠北京市东三环;亦庄科技园区位于京津塘高速公路起点,紧贴规划的五环路。这些园区通过环线和高速公路,在30分钟至1小时内可抵达首都国际机场,在15分钟至1小时内可抵达北京各大火车站,在1—2小时内可到达天津新港。

中关村科技园区海淀园的范围大部分是建成区,具有较为完善的各种市政基础和服务设施。海淀园上地信息产业基地、丰台园区、昌平园区、电子城科技园区和亦庄科技园区,具有良好的供水、供电、供气、供热、通讯等市政基础和服务设施。

中关村科技园区已经和即将实行一系列鼓励性的优惠政策。1988年,北京新技术产业开发试验区就开始实行了国务院颁布的《北京高新技术产业开发试验区暂行条例》,对新技术企业(含外商投资企业)实行减免企业所得税的优惠:即减按15%的企业所得税税率,自企业开办之日起,前三年内免征,后三年减半征收。

自1997年起,北京市政府制定了《北京市鼓励外商投资高新技术产业的若干规定》、《北京市鼓励在京设立科技研究开发机构的暂行规定》、《北京市鼓励跨国公司在京设立地区总部的若干规定》等,这些政策对跨国公司地区总部、外资在京设立的研发机构及投资高新技术项目,在经营范围、企业所得税、关税、土地使用费、设备的进口权、产品的出口权、产品内销比例、外汇管理、签证、保税库、保税工厂的设立等方面都作出了优惠性规定。《关于进一步促进高新技术产业发展的若干政策》,在吸引、凝聚高素质创新和创业人才,多渠道筹集资金,加大资金支持力度,推动高新技术成果转化,扶持和培育高新技术企业持续发展等方面,作出了有关优惠性规定。

另外,建设中关村科技园区作为增强我国综合国力的重大措施,伴随着国家改革开放的进程,部分拟向全国推广的政策将首先在中关村科技园区试行,中关村科技园区将成为推动科教兴国、实现两个根本转变的综合改革试验区。

〔经营管理〕　"建设中关村科技园区领导小组",由北京市刘淇市长任组长,科技部徐冠华副部长、教育部韦钰副部长和中科院陈宜瑜副院长任副组长。领导小组成员还有市政府分管科技教育的副市长林文漪、分管城市建设的副市长汪光焘、专职分管中关村科技园区的副市长刘志华,以及北京大学校长陈佳洱(后改为许智宏)、清华大学校长王大中和市科委主任、中关村科技园区管委会主任、海淀区区长。领导小组下设办公室,刘志华副市长兼任办公室主任。

中关村科技园区管理委员会和建设中关村科技园区领导小组办公室合署办公。

中关村科技园区一区五园,实行市、区两级管理体制。中关村科技园区管理委员会首先要履行建设园区领导小组办公室"调研、策划、协调、督办"的八字职能,全面策划并协调推进中关村科技园区发展的总体工作。

各园区管委会负责园区内面向企业的日常管理和服务工作,接受所在区县政府行政领导,接受中关村科技园区管委会的业务领导。

〔利用外资〕　1988～1998年10年里,北京新技术产业开发试验区(按一区三园统计)累计认定外资新技术企业1047家,其中外商独资企业307家,合资企业712家,合作企业28家。累计投资总额16.4亿美元;累计协议引进外资额10.4亿美元。

1998年北京新技术产业开发试验区(一区三园)新批三资企业107家,外商投资企业投资额2.6亿美元,协议引进外资额1.25亿美元。

1998年,北京新技术产业开发试验区在引进外资持续增长的同时,在引进的结构方式上发生了很大的变化,主要表现在:(1)引进外资的来源国家、地区上发生了重大变化,由以往的亚太地区转向了欧美地区。目前,按投资国别分别为:港澳台493家,美国239家,日本73家,新加坡48家,其他194家,分别占总量的47.1%,22.8%,7%,4.6%和18.5%。与上年相比,欧洲国家和港澳地区投资企业数量增幅最大,分别比去年增长了19%和3.8%。(2)引进方式发生了变化,即从原有引进项目注册三资企业的方式到跨国公司R&D研发机构的直接进入。

合肥经济技术开发区

〔经济发展综述〕　1999年是合肥经济技术开发区为跨世纪发展奠定坚实基础的决定性一年。在邓小平理论和党的十五大精神指引下,在市委、市政府的领导下,开发区从实际出发,遵循"三个有利于"的原则,解放思想,实是求是,正确处理好改革、发展和稳定的关系,继续按照已确定的"四个坚持"的发展思路和建设十大园区的新举措,拓展多种产业、多种经济发展空间,拉动三大产业全面发展,经济发展取得新的进展,为跨世纪的发展奠定了坚实的基础。

一、招商引资成效显著。一年来,开发区始终牢牢抓住项目引进"生命线",充分发挥新体制的优势，发挥现有入区企业的影响带动力，推出一系列有针对性的招商引资新举措，把引资、建设和服务有机结合起来。一方面，扩大对外开放，盯住重点项目不放手，另一方面，扩大对内开放，盯住内资项目不松手。全年计划引进内外资项目22个，总投资6000万美元，协议外资4000万美元。截止10月底，已新引进内外资项目18个，其中外资项目7个，合同总投资额893万美元，协议利用外资533万美元；内资项目11个，总投资额3.2亿元人民币。全区累计已引进项目147个，其中外资项目65个，内资项目81个，投资总额100亿元人民币，投资外资涉及15个国家和地区。

二、基础设施建设更趋完善。一年来，随着开发区经济建设的加快发展，基础设施建设也在加速发展。截止10月底，全区基础设施建设完成3200万元，新建区内市政道路6.2公里，供水干管2.3公里，高压供电线路2.5公里，通讯管线3.9公里，绿化460亩。全区累计完成基础设施总投资5.72亿元，市政道路总长40.8公里，供水干管总长21.3公里，供电线路总长22.5公里，通讯管线总长28.85公里，绿化总计2100亩，6平方公里起步区全部实现“五通一平”。基础设施的进一步完善，满足了项目建设和投产运行的需要。

三、加快项目建设速度，经济增长步入快车道。为了促使入区投资项目快建设、早投产，开发区管理委员会实行领导项目跟踪负责制，千方百计为项目单位提供便捷、高效、周到的服务，区属各部门相互配合，在项目建设的各个环节上，促进项目建设顺利发展。截止10月底，共有13家新入区项目开工建设，7家项目投产运行。已实现工业总产值20.9亿元人民币，进出口总额1.34亿美元，其中出口总额3884万美元，进口总额9397万美元，综合财政收入1.7亿元人民币。经过六年多的建设发展，佳通轮胎、正大饲料、日立挖掘机、可口可乐饮料、统一食品、中德彩印、华新电工等一大批区内企业已陆续投产，产生了良好的经济效益。与此同时，第三产业也有了新的拓展，继明珠广场、乡村花园、明珠国际保龄球馆、国际花卉中心、芙蓉宾馆、教育中心、行政学院、汉斯卡丁车馆等一批三产项目已产生效益外，明珠国际大酒店、少儿活动中心、国际会展中心等正在加速建设。短短的六年时间，合肥经济技术开发区已在一片岗冲上初步展现一个现代新型文明工业区的轮廓。

〔**发展思路**〕合肥经济技术开发区的发展思路体现为“四个坚持”，即：坚持办区宗旨，重点不变，壮大支柱产业；坚持工业和农业一起抓，以工业拉动农业；坚持城区和农村一起抓，以城区带动农村；坚持在家庭承包经营的基础上，大力推进农业产业化和农村城镇化。

建设“十大园区”是开发区加速经济发展的新举措，即；加快推进以吸引外资为主的工业区建设，增强开发区经济实力，带动和辐射周边区域的发展；加快推进五个社区建设，加速农村城镇化进程，拉动二、三产业和新兴行业的发展，带动区域农民尽快致富；建立现代化农业综合示范园区，以科技为先导，走种养加一条龙、贸工农一体化的产业化经营路子，为实现传统农业向现代化农业转变，发挥示范作用；辟建民营科技工业园区，大力吸引私营、民营企业和科技人才进区发展，使科技与产业联动，创立开发区新的经济增长点；新建外贸仓储区，围绕出口加工、现代化仓储和外贸三大基本功能，开发高科技出口产品，拓展外向经济；建设旅游观光区，营造新的旅游景点，促进旅游业大发展。

〔**经济发展的基本经验**〕　开发区自创办以来始终坚持以现代工业为主，以利用外资为主，以出口创汇为主，致力于发展高新技术产业的办区宗旨，把外向型经济作为发展的主导方向，注重发挥自身的特点和优势，促进开发区外向型经济快速发展。

一、扩大开放，以开放促引资，促建设。开发区是在开放中诞生，也是在开放中发展。为了进一步加快发展，必须进一步加大开放，只有加大开放力度，才能促成招商引资的良好势头,只有不断地引进项目,才能加快启动和发展。扩大开放要扩展眼界和思路,既对国际开放,又对国内开放。在引资招商上,实行"以外引外,以外带内"和"以内引内,以内促外"的内外并举方略。外资招商的重点向欧美倾斜,内资招商的重点是抓住国内企业重组、改制的机遇,加大工作力度。在引资项目上,抓住大的,同时也不放过小的,大、中、小项目一起上,工业项目、农业项目和三产项目一起抓,国营、集体、民营、私营等多种所有制项目一同引进。

二、深化改革,以改革增优势,增活力。1997年底完成的开发区行政管理体制和机构改革试点,为开发区的发展创造了新的体制优势,新体制的效果已明显得到体现。在此基础上,开发区继续深化改革,为经济发展增优势、增活力。一是加快改革,完善新体制和运行机制,加强具有创新的开发区"小政府、大社会"的服务体系,加大公务员队伍建设和市场机制运作。二是加快政企分开,建立和完善现代化企业制度。对区属企业通过改革将国有资产的所有权与经营权分离,加强对国有资产的管理和监督,建立监督、激励和约束机制,赋予企业充分的经营自主权,采取兼并、重组、股份合作等方式,扶强、扶优、劣汰,规范管理、强化经营,促进企业发展壮大。

三、加大安置,以安置促稳定,促发展。开发区农民的住房、就业安置工作是加快经济建设的一项重要内容,只有把农民的"两个安置"问题解决好,开发区的投资环境才能从根本上改观,立足于土地资源优势的"低门槛"土地出让政策就能顺利执行,经济建设速度和社会稳定就有了保证。解决两个安置问题,一是加快社区(即小城镇)建设,积极探索社区建设新途径,加快进度。开工建设恢复楼及开发房屋12万平方米,完工10万平方米,社区开发面积达到1平方公里,确保安置户拆迁户住房得到安置。二是加强区内劳务市场管理,对区内企事业单位用工,严格实行"先区内,后区外;先征地劳力,后其他劳力"的原则,优先安排区内被征地劳动力就业,计划安置3000名。三是加快农村经济和农业产业化的发展,减轻两个安置任务,增强农村经济实力。

四、依法治区,以法促规范,促效率。依法治国是我国建设发展的基本方略之一。开发区要加快发展速度,必须加大依法治区的力度,创造更好的非经济因素的优势,一是深入学法,全体人员特别是各级领导带头学习法律知识,增强法制观念,提高依法行政的素质。二是规范执法,加强对执法人员的培训和执法队伍建设,明确执法程序、执法主体和执法依据,使全区各项执法工作真正做到严格、规范、有序。三是抓好普法,在全区范围内,特别是广大农村,广泛开展"三五"普法工作,开展普及法律知识的宣传教育,形成开发区良好的学法、懂法、守法、用法的社会氛围。

九江经济技术开发区

〔综合情况〕　1998年是九江开发区建区史上极不平凡的一年。面对继续实行适度从紧的宏观经济调控政策和百年不遇的特大洪水侵害,全区干群和广大投资客商坚定信心,同心同德,克服各种困难,努力优化投资环境,加大企业改革及各项改革力度,不断提高企业经济效益,拓展招商引资渠道,积极培植新的经济增长点,取得了社会主义物质文明建设和社会主义精神文明建设、抗洪抢险、灾后重建等方面的可喜成绩。

1998年,开发区注重深化区内企业特别是国有企业改革,调整产业结构,积极盘活存量资产,努力提高企业经济效益。在开发区遭受洪水灾害的情况下,全年仍实现国内生产总值1.56亿元,其中第二产业1.41亿元,所占比例超过了90%;第三产业实现国内总产值902万元,约占全区国内生产总值的5.78%,第三产业比重有了较大提高。全年实现工业总产值5.05亿元。实现农业总产值924万元。完成税收1729万元。实现财政收入1736万元。基本实现了经济建设的可持续发展。

〔招商引资〕　开发区始终坚持将招商引资工

作视为生命线,不断优化投资环境,探索科学有效的引资方法,拓展招商引资渠道。全年新批入区项目12个,总投资9317万元人民币,实际利用外资263万美元;新开工项目5个,竣工和投产项目7个。截止1998年底,开发区累计进区各类企业160家,项目总投资27亿元人民币,其中"三资"企业86家,投资额超过20亿元人民币。

〔**投资环境**〕 已建成城区面积2平方公里,4.5平方公里已达到"五通一平"。区内主干道九江大道已竣工通车,使市区的出口变得更为宽敞通畅;长江大道延伸工程的立项、筹资等工作进展顺利;京九路(西三路)、长城路(西一路)等5条次干道和支路已完成设计、预算工作。全年新开工各类房屋建筑面积达35000平方米。

九江开发区已在《中国经济信息网》、《中国网》等互联网络上制作了自己的网页、设置了自己的网址,并与国际互联网联通,能方便快捷地发布招商引资信息,介绍区情区貌及有关政策、收发电子邮件。加强了对外联络、扩大了对外影响。

1997年由省政府舒圣佑省长签发的54号省长令即《江西省九江开放开发区管理办法》的颁布实施,标志着九江开发区已纳入了法制化、制度化、规范化建设和管理轨道。受市政府委托,开发区管委会起草了《〈江西省九江开放开发区管理办法〉实施细则》。同时,开发区管委会根据国家法律法规及有关政策规定,对开发区的投资优惠政策进行了修改补充,使区内投资人的合法权益有了可靠的保障。

〔**精神文明建设**〕 适应文明新区建设的要求,加强了思想道德教育,广泛开展了讲文明、树新风活动,认真学习、宣传《市民文明手册》、《市民文明公约》。积极开展文明新区、文明单位、文明行业、文明小区、文明楼院等群众性的精神文明创建活动,产生了2个省级文明单位,8个市级文明单位,39个区级文明单位及1个"全国青年文明号"。

在'98抗洪抢险斗争中,全区广大干群,舍小家,顾大家,团结一致,奋力拼搏,取得了抗洪抢险、灾后重建的重大胜利,谱写了一曲激人奋进的抗天歌。

为创建文明新区,开发区加大了市容环境的管理和投入,注重硬化、绿化、美化、亮化工程建设。洪灾过后,把灾后重建工作与恢复开发区形象较好地结合起来,使灾后不见灾。努力搞好计划生育工作,全年"四项手术"合计340例,综合节育率为96.1%,人口出生率为9.84‰,自然增长率6.33‰计划生育率为100%,晚婚晚育率达98.5%,全面完成了市里下达的各项指标任务。文卫、民政、统计、劳动人事、社会保障等各项工作均得到进一步加强和完善。

(廖晓洪　卢友华　执笔)

聊城经济技术开发区

〔**经济与发展**〕 聊城经济技术开发区于1992年12月由山东省人民政府批准成立,经过两年多筹建,于1995年10月8日正式成立。下辖一镇一办事处,共64个行政村,4.7万人,行政管辖面积72平方公里。1995年12月,山东省人民政府批准在开发区内设立聊城对外加工贸易区。两区合一,实行一套机构,两块牌子。

开发区成立之初,财政收入仅有275万元,上级提供了100万元启动资金。在这种情况下,开发区在大力进行基础设施建设和招商引资工作的同时,努力发展经济,使地方财政收入连年增加,农业、工业和第三产业不断发展。实现国内生产总值1.65亿元。其中,第一产业增加值9470万元,第二产业增加值3547万元,第三产业增加值3500万元,分别比上年增长19%、11%、12%、一、二、三产业结构比例为57:22:21。固定资产投资总额6200万元。农民人均纯收入2166元,比上年增长111元。

个体、私营经济发展较快。1996、1997、

1998三年分别上交税金260万元、300万元、330万元。个体私营经济从业人员达6000多人,约占开发区总人口的1/8。

〔**工农业和基本建设**〕　规划区内已有生产性企业17个,主要为电子、机械、建材等行业,其中电子类企业2个,机械类5个,建材类4个,印刷类3个,其他3个。职工总数2300多人,工业总产值2.7亿元,销售收入2.9亿元。开发区实有耕地7.2万亩,农业机械保有量4700台套,农业生产总值1.8亿元。主要粮食作物有小麦、玉米、大豆等,产量分别达到1.8万吨、1.5万吨、1.2万吨。宜林面积7万亩,林木覆盖率13%。畜产品主要有牛、猪、羊、鸡等,存养量分别达到1.07万头、1.20万头、1.71万只、35万只。500只以上规模养鸡场42个,存养量约14万只。路、电、邮政、电信、排水等配套设施逐步完善,起步区内达到了"五通一平"。特别是已完成高标准道路12条。"六纵六横"的道路框架基本形成。房地产开发投资累计完成6000万元,住宅楼竣工面积8万平方米,施工面积4万平方米。

〔**利用外资和对外贸易**〕　累计投资项目已达106个,合同投资总额10.7亿元,利用外资3113万美元。

因开发区成立时间短,创汇额较少,仅有15万美元。

富春江经济开发区

〔**经济与发展**〕　1998年是浙江省富阳富春江经济开发区实行"体制调整、五个统一"运作的第一年。一年来,开发区管委会认真贯彻落实市委、市政府提出的加快全市经济发展战略目标的任务,立足自身优势,逐步完善管理体制,强化招商引资,把招商引资当作全年工作的重中之重来抓,继续推行各级一、二、级工作目标考核制度,促使全年各项工作稳步发展。

全区实现工业生产总值13.89亿元人民币,与1997年相比递增8%。引进项目27个,与1997年相比减少14.8%,其中,引进外资项目4个、工业项目16个、旅游娱乐项目4个、房地产项目3个,其他项目4个,合同引进项目投资总额6.83亿元人民币、合同利用外资总额4488万美元,实际到位外资681.2万美元。动工项目24个、竣工项目16个、投产项目11个,全年完成财政收入1700万元人民币。富春江经济开发区被浙江省人民政府评为1998年度全省开发区利用外资先进单位。

〔**投资环境**〕　投资环境制约着开发区生存与发展,改善投资环境同样影响着一个区域的整体经济发展。为此,市委、市政府十分重视关心指导开发区的工作,全方位扶植,用足、用好、用活各项优惠政策,真正把开发区培育成为全市新的经济增长点。富春江经济开发区位于临近杭州市郊20公里,320国道东西两侧,南靠富春江,依山傍水、环境优雅,有"天下佳山水、古今推富春"之美称,首期开发面积8平方公里。开发区作为发展外向型经济的一个窗口和示范区,投资环境的建设显得尤为重要,1998年,在投资环境建设中具体做好以下几项工作。一是切实加强干部职工队伍建设。举办开发区首期政治业务知识培训班,参加人员65人,重视人的素质教育,提高整体工作人员业务知识水平,把倡导优质服务、公开办事程序落到实处。二是开展"竞争上岗、双向选择"活动,实行人员结构最佳配置。为调动和发挥广大干部职工工作积极性,打破用人任职终身制,采取中层干部实行竞争上岗,一般岗位双向选择。通过群众推荐、民主测评、组织统盘考虑,使23名中层干部得到聘任,探索和积累了用人任职制度改革的初步尝试。三是加快旧城改造进度,提高城市品位。开发区承担富阳镇沿江西区块旧城改造任务,历时四年,先后完成商品房开发面积4.1万平方米和沿江路堤结合工程、恩波二桥基础设施建设。1998年又完成城市道路延伸工程——江滨西大道、苋浦南路,全长1280米,江滨西大道被市民誉为富阳的"上海滩",已建成为市民休闲、娱乐的好去处;四是为城市扩展延伸,完善商贸区块的基础设施配套。农民城区块位富阳镇西侧，又是城郊结合部和城市发展延伸区域，全年完成区间混凝土面路浇注工程，全长1830米。五是完成开发区域水、电、路基础设施配套。架设富通、紫云电力专线、完善5号供水系统、九龙大道东段路面工程。全年开发区投入基础设施建设资金1511万元人民币，为投资客商营造良好的投资环境。

〔**利用外资**〕由于受亚洲金融危机的影响，以引进东南亚地区外资为主的富春江经济开发区，招商引资工作面临着严竣的挑战。开发区领导班子理清工作思路，统一思想认识，回顾总结分析了五年来的工作实践和经验教训，一致认为开发区应该在利用外资的合作领域、招商对象、引资方式有所突破，保持自身优势，扬长避短，加大宣传力度，进一步扩大招商引资领域，抓好重点项目的招商引资。1998年9月由市人民政府组织在福建厦门举行'99富阳经贸洽谈会，会上，由杭州西湖休闲事业有限公司与西萨摩亚宝隆东方饭店合作经营的杭州富春湾旅游开发有限公司CHE-DI杭州度假酒店合同得到签约，项目投资总额2000万美元，建成后将成为具有国内一流水准的休闲度假酒店，与已建成的富阳国际高尔夫球场相得益彰珠联壁合。同时，积极广泛地与欧洲企业家协会保持密切的联络。派员参加在法国举行的'98欧洲企业家协会年会，广交各界商客，及时掌握经济全球化进程信息。1998年11月接入国际互联网并推出招商主页，为发展外向型经济打开了新的视野。

为更好地吸收和利用外资，富春江经济开发区制订《一九九八年招商引资和项目开发建设考核办法》，目标任务量化分解，层层落实，纳入年终二级目标考核，对招商引资有功人员实行奖励政策等措施。推出全市一大批工业、商贸、旅游房地产、基础设施等重大项目建议书，对全市产业结构调整、提高科技含量、产品升级换代具有普遍的指导意义。杭州富通集团公司成功地与日本昭和公司合作经营杭州富通昭和光通信有限公司，项目总投资额2200万美元，生产经营光纤、光缆及其他光通信产品，年产单模光纤75万公里，光缆60万芯公里，成为全市通信产业的佼佼者。

〔**出口贸易**〕 为了积极鼓励扶植引进企业发展对外贸易，开发区热情搞好服务，公开办事程序，推行首问责任制、承诺制，树立良好的对外形象。在浙江省出口贸易较低增长或持平的情况下，开发区保持了较高的增长速度。全区出口贸易企业16家，1998年外贸出口交货值8004.25万元人民币，与1997年相比递增78%，出口总额761.96万美元，与1997年相比递增238%。出口贸易产品有服装、电器、机械、纺织品、工艺、竹制品等。其中，杭州富中机械有限公司出口交货值2857.7万元人民币，杭州新富美时装有限公司出口总额492.86万美元。

（董永财　沈文忠　执笔）

廊坊经济技术开发区

〔**综合经济发展**〕 1998年，是廊坊开发区解放思想、抢抓机遇、克服困难、开拓奋进，使各项工作继续保持良好态势健康发展的一年。廊坊开发区坚持以邓小平理论和十五大精神为指导，紧紧围绕实施项目带动战略，沉着应对各种困难和挑战，不断解放思想、务实求真、团结奋进、艰苦奋斗、抢抓机遇、创造性地工作，使对外开放工作以及各项事业的发展又取得很大成绩。

全年新注册企业164家，累计已达543家，计划总投资达117.3亿元；其中新引进配置土地资源的项目58个，累计已达219个，总投资达到87.33亿元。在占用土地资源的项目中，内资项目119个，投资额45.34亿元，占51.9%，外资项目100个，投资额5.07亿美元，占48.1%，投资国涉及美国、日本、韩国、瑞典、加拿大、英国、俄罗斯、香港、澳门等23个国家和地区。按投资规模划分，投资在1000万元以上的项目达到139个，投资额83.8亿元，占96%，其中投资亿元以上的项目23个，投资额43.91亿元，占50.3%；工业企业项目155个,投资额56.96亿元,占65.2%。截至年底,累计内外资到位73.12亿元,资金到位率83.7%,其中,外资累计到位30340万美元,内资累计到位48亿元。全年实际利用外资5085万美元,比上年增长3%,占全年任务的101.7%;实际引进内资74114万元,比上年增长57.9%,占全年任务的185.3%。固定资产投资完成11.2亿元,比上年增长11.7%,占全年任务的118.8%。基础设施投入完成6622万元,比上年减少46.6%,占全年任务的138%。

〔招商引资〕 1998年共审批项目58个,计划总投资13.2亿元,其中,工业企业项目44个,计划总投资10.1亿元,引进瑞典胶粘配件产品有限公司等一批高新科技项目;审批外资项目21个,总投资6146万美元,合同利用外资3018万美元。主要项目有中新合资联通阳光寻呼项目,总投资2400万美元,从事无线寻呼及专用设备的生产销售,预计投产后年产值3.15亿元,创汇1141万美元。审批内资项目37个,总投资8.1亿元,主要有中纺羊绒纱拟投资9243万元项目,河北北方电力开发有限公司拟投资8883万元从事电力生产、高新技术产品开发项目,东伦科技实业有限公司拟投资8494万元生产水刺非织造项目等。克服亚洲金融风波等国内外一系列不利因素的影响,全年完成工业销售收入12.5亿元,比上年增长38.8%,完成工业总产值13.2亿元,比上年增长31.6%,出口总额完成4812万美元,比上年增长87.8%;完成财政收入9646万元,比上年增长55.3%。

年内有东伦科技实业有限公司、香港佑昌(中国)有限公司、北方赤晓组合房屋有限公司等16家企业开工建设,开工建设面积54万平方米;有中油管道京磁新磁材料有限公司、杨协成华北饮料有限公司、华创天实业发展有限公司等14家企业已建成投产,竣工面积14万平方米;投资1.2亿元、建筑面积3.3万平方米,集餐饮、娱乐、会议、展览、经贸洽谈、签约、写字间、商务中心、信息中心为一体的多功能、现代化的智能型会展中心已竣工,并于1998年6月正式投入使用。同时,抓住春秋两季绿化有利时机,加大绿化、美化力度,区内绿化水平又有提高。一个现代化的新型工业区已见雏形。

〔投资环境〕 开发区把加强软环境建设、提高管理和服务水平,作为再造招商优势的重要措施。进一步加强了机关管理规章制度建设,推行办事承诺制度,坚决贯彻执行国家和省市有关规定,坚决取消不合法、不合理的收费项目,降低收费标准,杜绝区外单位进区收费,为企业生产、经营创造宽松环境,实施安商、富商工程,使“一站式”办公效率和全程式服务水平进一步提高;适时组织了10家企业的产品参加了国内外举办的商贸洽谈会,组织了16家企业申报了河北省高新技术企业,15种产品申报了高新技术产品,帮助企业上等级、打市场;大力实施“发展注册商标创名牌战略”,广泛开展“重守”企业活动和普法教育活动,使开发区内67家企业拥有自己的注册商标达到266件,发展“重守”企业总共达到31家,为企业提供法律服务510余次,提高了企业品牌意识、信誉意识和守法意识。同时投资380多万元,筹建了廊坊市规模最大、在我国北方也颇具规模的高层次、高标准的人力资源市场,应用现代管理手段进行运作。通过举办人才交流活动,为企业招聘人才530多人,进行人事代理1600多件,在引进人才、促进人才合理流动和优化配置工作中发挥了显著作用,进一步完善了开发区服务功能。

1998年被列为开发区形象建设年,创造以形象招商和以绿色招商优势。一是在继续完善区内市政设施和社区服务功能的同时,把建设的重点放到会展中心和绿化美化上。在资金非常紧张的情况下,我们多方筹措资金6000万元,克服各种困难,加快会展中心建设进程,于1998年6月份投入使用,既保证了廊坊市科技经贸洽谈会的按时顺利召开,又解决了开发区管委会没有办公地点和洽谈地点的问题。同时投入绿化资金480万元,植树3万多棵，种草15万多平方米，使开发区美化绿化总投资达到2000万元（含区内项目单位投资），植树15万棵，植草坪25.7万平方米，草花3.4万盆。区内28条道路已绿化33公里，绿化率达到84.6%，为创造以绿招商优势打下坚实的基础。二是深入开展以“塑形象、创环境”为主题的城区综合治理“百日活动”，组织区内机关、企事业单位、驻区部队、学校共2000多人参加集中整治活动，并依法清除了所有马路摊点、自由市场、非法广告牌等，使开发区容貌焕然一新。

北京天竺空港工业区

〔**概况**〕 空港工业区于1994年1月经北京市人民政府批准成立。总规划面积6.6平方公里，首期开发3平方公里。京密公路将工业区分为A区和B区。

空港工业区位于首都机场西侧1000米处，与机场之间建有专用的货运通道相连。工业区内各种车辆，可直接通过货运通道，到达机场。京密公路从工业区之间穿过，915、916、918、359等多路公共汽车从北京东直门出发，途经工业区开往周边各区县。从工业区出发，5分钟即上机场高速路，沿东四环和京津塘高速公路，两小时到达天津海港。空港工业区所依托的空港和海港两大运输通道优势是发展外向型经济最为重要的条件。

空港工业区在总体规划上，突出以“工业为主，带动全局，功能齐全，布局合理”的原则，在首期开发的3平方公里范围内，按照功能主要分为生产加工区、仓储保税区、综合服务区和住宅区。四大区域既分工明显，又可相互配套，现在均已实现正常运行。工业生产用地已出让六成，开工、竣工面积达到34万平方米；仓储用地全部出让，已建和在建各类库5.2万平方米；兴建配套住宅29万平方米；综合公建区内银行、保险、展示中心、写字楼及餐饮、娱乐等服务功能，近期内将全部完成，建筑面积达到3万平方米。另外，区内还建有海关报关大楼。A、B两区共4.4万平方米的标准厂房，已经投入使用。

首都机场作为国家一类航空口岸扩建后的国际影响及所形成的巨大的客流、物流能力为外向型经济发展，特别是为那些高科技、高附加值、交货时间短的商品进出国门提供广阔的舞台。按照北京市总体规划，2010年以前，机场西侧将发展成一个拥有30万人口的空港城。空港工业区地处空港城的核心地带，周边的大型别墅区，高尔夫球场、赛马场等服务行业也已兴起，随着我国加入世贸组织日期的临近，未来十年内，机场周边将迎来一个飞速发展的黄金时期。

〔**招商引资**〕 空港工业区依托空港、海港两大优势，在招商引资上重点面向国内外大公司和科技含量高、外销比例高的企业。而中外客商也把进出国门方便与否做为选择投资地的重要条件之一。经过五年多的发展，空港工业区已形成了跨国公司云集、外向型企业多、空运比例高的特点。

空港工业区累计吸引入区投资项目55个，投资总额达到8亿美元，项目平均投资额达到1428万美元，吸引来自13个国家和地区的外商投资企业入区，成为本市众多开发区中，外资投资比例大、出口供货额多、增长速度快，产品结构最具特色和发展潜力的开发区之一。属于跨国公司的有22家，其中包括10家世界500强企业。日本的索尼、松下、村田、JVC、西铁城、伊腾忠、奥冠英，韩国的LG，美国的摩托罗拉、皇冠制罐，普惠联合技术，欧洲空中客车，瑞典爱立信，英国多米诺，德国德尔格，法国雷必德等都在这里投资建厂。再加上国内知名的企业中国国际航空公司、中国航空油料总公司、中国航空器材总公司、北京万科城市花园等大公司也入驻。空港工业区已投产的25家生产性企业中，直接出口的有14家，间接出口的有6家，外向型企业比例高达80%，一批以大进大出为特点的出口加工型企业入驻，使空港工业区出口加工规模迅速增大。如：北京JVC电子产业有限公司生产的录相机和摄录一体机、西铁城(中国)钟表有限公司的手表、北京奥冠英有限公司生产的滑雪服和登山服、兆丰顺和塑料制品(北京)有限公司生产的航空塑料制品全部返销国际市场,1998年外销额达到1.38亿美元,仅北京JVC一家就达到8249万美元,在北京市同行业中名列第二。根据空港工业区的特点,为进一步发挥北京市国际交往中心和对外开放窗口的作用,促进首都对外贸易的发展,市政府已向海关总署和国务院提出申请,准备在空港工业区建立“出口加工区”和中国第一家“空港保税区”。届时,空港口岸的吸引力和凝聚力将大大增强。

作为首都经济中第一大支柱产业的电子信息产业,在空港工业区已蓬勃兴起。区内电子信息类企业占入区企业总数的30%,销售收入占据了区内工业企业销售收入的78%、外贸出口的94%。北京JVC、松下电容、村田、索鸿、爱立信、华民智能卡6家企业被北京市科委认定为外商投资高新技术企业。现在,工业区形成了一套产品上下游相互支撑的产业体系。从零配件到整机,从生产到配套服务,运输物流,一应俱全。随着北京市对外开放脚步的加快,在短期内空港工业区必将发展成为全市重要的电子信息产业基地、电子科研开发中心、电子产品集散中心、商情网络信息中心。

仓储保税业在空港工业区也已蓬勃发展起来,在工业区规划的仓储保税区内,已建成和正在建设的普通库、监管库、保税库面积达到5.2万平方米,以北京空港国际仓储有限公司、大通国际运输有限公司、中国对外贸易运输总公司为代表的仓储、运输公司在空港工业区内累计建设的各类库总面积将达到15万平方米。美国联邦快递太平洋公司与天津大田航空代理公司在工业区内合作,成立大田—联邦快递有限责任公司,准备经营快递及仓储业务。2~3年内,空港工业区将形成北京最大的库群之一,为外向型企业的发展提供了便利条件。

〔经营管理〕　高效优质的服务质量是空港工业区能够实现持续发展所依赖的重要条件,也是工业区依托空港优势,坚持以人为本创造出的新优势。空港工业区在体制上实行党委、管委会、总公司三位一体的管理形式,最大限度地减少了部门之间的摩擦,提高了工作效率,入区企业从立项到领取执照,从征地到开工建设,各种手续均由工业区指定部门负责。为了给企业解决生产、生活的后顾之忧,空港工业区于1998年成立了物业集团。按照绿化保洁、安全保卫、供热、供电、配餐等功能设置了6个服务性公司,为入区企业提供全方位服务。物业集团已形成了一支有500多人的物业管理队伍,基本上实现了入区企业后勤服务的专业化和社会化。同时,也锻炼出一批懂经营、善管理、爱岗敬业、乐于奉献的管理队伍。这也是空港工业区在事业发展的同时创造出的宝贵财富。1998年,空港工业区被评为北京市各类开发区中唯一一家优秀物业管理小区。空港工业区根据当地的实际情况,创造出的由“派出所、巡逻大队、保安大队”相结合的“三位一体”社会治安综合治理体系,受市政法、公安部门领导高度赞许,为全区的健康发展提供了强有力的社会保障。

(王鹏　执笔)

北京市延庆经济技术开发区

〔概况〕　延庆,素有北京夏都美称,八达岭长城卧居其西南部,地处北京上风上水,土肥水足植被好,空气清新,林木覆盖率达55.4%,是我国第一个接受考核验收的国家级生态示范县。1992年8月,北京市延庆经济技术开发区在北京市政府关怀下建立,规划面积6.56平方公里,座落在延庆县城南城,毗邻风光秀丽的妫水湖,位于众多旅游景点的交汇处。以发展无污染的现代科、工、贸企业为主,同时发展住宅、别墅、娱乐、公共公益设施等。致力于建设成为与延庆城市功能相协调,与旅游卫星城建设相适应的花园式科技工贸园区。

为实现这一目标,开发区制订了多元化的产业定位,重点发展健康产业、生物工程、环保工程、新医药等。

开发区地处北京沟通中国西北乃至欧亚大陆的重要交通通道和人流物流干线上,铁路延庆南站位于开发区中心,京包铁路连接欧亚大陆桥;大秦铁路是晋煤外运的生命线。110国道把京、津二市与西北内陆的广大腹地连接起来。这些公路铁路网架起了开发区对外联系的便捷桥梁。延庆至德胜门的八达岭高速公路和八达岭至延庆的快速路更使开发区到北京的时间减少到40分钟。

〔**综合发展**〕 几年来,开发区人围绕“开发、建设南城”这个中心,抓住“改善环境、招商引资”两个重点,力争用好人才、土地、政策三大资源。在“系统整合”中求更大效能,在“重组改造”中求更高效益,在“合作开发”中求更好效果,在“借力扩张”中求更快发展。管委会反复强调要“不争所有,追求所在”,“千方百计调动千军万马,组织各种社会资源,引外部资金,走合作开发之路”,提出延庆经济不应是延庆的所有经济,而应是延庆所在经济,管委会的工作就是要“为企业入区服务,为入区企业服务”,“不但要让企业来,而且要让企业起来”。开发区实行特惠地价,制定了财政支持政策和投资保护政策以及“投资入区办理进京户口”政策。入区企业在开发区的扶植下迅速膨胀,如北京第四制药厂延庆药厂在入区之前连年亏损,拖欠银行巨额贷款,入区后,该厂不但还清了银行的贷款,而且每年上缴税金以30%~40%的速度递增,成为延庆县的龙头企业。

经过建设者的不懈努力,开发区内投资环境得到了极大的改善,一期开发的土地已经全部达到六通一平,110千伏变电站,90吨位供热中心,万门程控电话,污水处理厂,花园式住宅小区等配套设施的建设为投资者安家建业提供了良好的硬件保障。全方位“一条龙”服务、优惠的扶植政策、家人般的亲情合作氛围使投资者在享用这一方天地的同时,发财、发展、发达。

良好的投资环境使开发区招商引资工作取得了一系列重大进展,由北京雪莲羊绒有限公司投资1.8亿元在区内建立的生产基地“北京庆雪羊绒有限公司”已部分投产,投资到位1亿元,分梳车间的羊绒分梳能力在亚洲首屈一指;由北京第四制药厂延庆药厂(万辉药业集团固体剂型生产基地已确址开发区),北京匡达制药厂、北京九龙制药厂组成的药业基地初具规模,另外,区内微电子、食品加工、服装加工业等行业也有不同程度的发展。

辛勤的工作和不懈的努力结出了丰硕的成果。1996年以来,开发区实现各项经济指标连年翻番:

1996年,开发区打破了一个年度无人入区的僵局,当年实现税收相当于前三年总和的两倍。

1997年,新增入区企业相当于前四年总和的1.6倍;实现税收相当于前四年总和的7倍;当年盘活资产额5000余万元。“雪莲”公司等一批知名企业落户开发区,壮大了开发区的主体规模,扩大了开发区的影响。

1998年,新增入区企业,新增资本额,完成技工贸总收入,上缴税金在1997年基础上又翻了一番。其中技工贸总收入与1997年同比增长157%;实现税收总额与1997年同比增长149%。在全县财政收入中所占比例提高到11.9%。开发区内完成基本建设投资1.5亿元。

一系列切实有效的措施的出台使开发区主要经济指标在1998年基础上更上一层楼。1999年,开发区预计完成销售收入与1998年同比增长51.9%,实现税收预计与1998年同比增长68%。累计有258家企业落户开发区,注册资本总额6.1亿元。基础设施投资累计完成8000余万元;一期开发土地全部实现六通一平;住宅小区开复工面积达到17万平方米。这些成绩的取得得益于管委会抓整体运作中的重点突破。招商引资、基础设施、房地产开发、物业管理四个主要环节互相促进、互为因果,造就了全方位、滚动式的发展模式。

贵阳白云经济开发区

〔概况〕 白云经济开发区是贵州省省级开发区之一,位于贵阳市地域的中心地带,总面积270.37平方公里,总人口15.44万。常年平均气温14℃左右,气候温和,境内交通发达,通讯便利,能源充足,矿产资源丰富,工业基础雄厚,农业和第三产业发展迅猛,城市化水平较高,开发已初具规模,配套服务较为完善,具有宽松的投资环境。人均国内生产总值和人均财政收入在全省各区、县(市)中名列第一,是新兴的现代化城区,全国最大的铝工业基地,素有"中国铝城"的美誉。

〔投资环境〕 开发区区位优越,位于贵州高原的中部,地处省会贵阳市的西北郊13公里,距4D级龙洞堡国际机场20公里,位于贵遵、贵黄两条高等级公路的扇面上。交通方便,贵阳东北绕城环线、210国道穿境而过,拟建的西北绕城环线在区内与东北绕城环线汇合。区内还有自成体系的厂矿专用铁路线与川黔铁路线交汇接轨。

区内集聚了特大型铝工业企业贵州铝厂、铁道部贵阳车辆厂、中国有色金属第七冶金建设公司、贵阳耐火材料厂等一大批国有大中型企业,开发区成立后又引进了贵阳水泥有限公司、中国航空工业标准件制造公司等一批国有企业及300家各类企业,工业基础雄厚,对白云的经济发展起到了辐射、带动作用。已形成有23个门类,以铝加工、建材等支柱产业和铝型材、氟化盐、生铁、水泥、锌、生物制药、化工等拳头产品为骨干的工业体系。区内在专业技术和管理方面可谓人才济济。

白云经济开发区自1992年建立以来,在历届区委、区政府的大力支持和领导下,开发区管委会按照全方位、高起点、超常规的要求,坚持"统一规划、成片开发、建设一片、收效一片、滚动发展"的路子,确定了以发展铝加工、建材、轻工、机械、冶金为重点的产业导向,规划了重点开发的"二线四小区",前后共投入了上亿元资金,用于开发区基础设施"四通一平"的建设,粑粑坳、麦架两个重点开发小区已实现水通、电通、路通、通讯通和场地平整。如今,白云经济开发区已形成了两线四小区连片开发。

1998年以区委书记申晓庆、区长秦如培同志为主要领导的新一届班子掀起了白云经济建设又一轮高潮。为给客商进一步提供良好的投资硬环境,在缺少资金的情况下,区委、区政府通过拍卖"的士"和"面的"、土地使用权,筹集资金近千万元。安装并更新了白云路、同心路4000米的不锈钢护栏和168个果皮箱,更换了1万米人行道板,在区政府所在地和白云公园安装了两盏高杆灯,新增城市绿化面积1万余平方米;为丰富市民的饮食文化生活,在区内分别建起了长山路夜市一条街、朝阳路小百货夜市及长宁健身一条街……走进白云到处干净整洁、车水马龙,入夜四处灯火辉煌,美食飘香,洋溢着现代都市气息。

经多年开发建设,全区现有日供水10万吨的供水系统1个,日供水1万吨的供水系统3个,有西南地区最大的50万伏变电站和省内最大的22万伏鸡场变电站;邮政、电讯设施完善,城市人均电话普及率为每百人22部,程控电话容量2.3万门,仅IC电话就达136门;全区通车里程172.4公里,有厂矿铁路专用线54公里。煤气主管道已铺设完毕,正在铺设入户管道。区域内学校、医院、公园、体育场(馆)、影剧院及商业网点等公共设施齐全,分布较合理,投资硬件环境良好。

为了给投资者营造一个宽松的投资软环境,开发区管理委员会努力为投资者提供"高效、全程、一流"服务,实行"一站式"的项目审批制度,即区工商、规划、环保、土地、审计5个部门进入开发办联合办公,已逐步建立起完善、高效的运行机制,并先后推出了一系列有利于投资者的优惠政策,对投资者在土地和税收等方面实行全面优惠。根据申报项目的投资规模、科技含量、市场前景及产业导向等按白云区基准地价给予10%~40%的优惠,按协定时间一次性足额交清使用权地价的，再给予10%～20%的优惠，可谓是“买一送一”；经营期限在10年以上的企业在税收方面一般都享有“免二返三”的优惠政策，即两年内免征所得税，第三年至第五年企业交纳的所得税由同级财政部门全额返还给企业。对优势项目、重大项目、异地扶贫项目及重点第三产业等项目，除享受明文规定的优惠政策外，还可专项洽谈，实行“一项一策”，享受更加优惠的待遇。

〔招商引资〕 区委、区政府充分认识到要发展区域经济就必须吸纳大量的资金，精心部署和组织招商引资，同时充分认识到搞开发人才是基础，采取育内才引外才的方式，除大胆启用年轻干部外，1998年起通过面向全国各大高校公开招考录用应届本科生、硕士生，充实干部队伍，提高了办公人员的整体素质。由此，在实现了对资金和人才的引进的同时，又提高白云知名度，打响了开发区的牌子，产生了良好的社会效应。

为加强自身的宣传，开发区走在时代的前沿，通过现代传播媒介不断加大对外宣传力度，在全省经济开发区中率先在国际互联网上设立白云开发区主页，广泛宣传白云区内、外投资环境和优惠政策，为招商引资的顺利发展奠定了坚实的舆论基础。

花香引得蝶飞来。良好的投资环境，极为优惠的投资政策，一流的服务，超前的发展意识，吸引了众多的有识之士前来白云投资。白云经济开发区共引进375家企业，协议引资额达22亿元，到位资金达7.6亿元。

新一届班子紧扣时代脉搏，从白云的基本区情和跨世纪发展的要求出发，确定了全区经济和社会发展的方向：发挥比较优势，抢抓发展机遇，以建设经济强区、推进城市现代化和城乡一体化进程为重点，按照“二三一”产业的发展格局，调整优化经济结构，大力发展非公有制经济和混合所有制经济，支持国有大中型企业深化改革、加快发展。改善投资环境，加大招商引资力度。加强引进高科技企业的力度，调整产业结构。依托大都市构造，全面启动白云城区西南移的开发和建设，加强规划、增强城市功能。积极实施“开放带动、科教兴区和可持续发展”三大战略，提高经济社会发展的质量和水平，提高对外开放水平，推动经济增长方式的转变，促进经济社会协调发展。

江苏省江浦经济开发区

〔基本概况〕 江苏省江浦经济开发区是1993年12月经江苏省人民政批准成立的省级经济技术开发区。规划面积4.61平方公里。开发区位于江苏省省会城市南京西郊，距南京长江大桥8公里。

开发区交通便捷，基础设施配套齐全，管理服务机构精简、高效，为入区企业提供全方位、全过程的服务。已有180多家中外客商进区创办独资、合资和内资企业，累计投资总额1.7亿美元。其中，英国考特尔兹、美国嘉吉、比利时英特布鲁、新加坡大渊、台湾胜利等世界著名跨国公司、企业集团，已纷纷进入江浦开发区投资、创业和发展，获得了丰厚的经济效益。

〔投资环境〕 开发区位于南京市西郊，长江北岸，地理坐标为：北纬32度04分、东经118度35分，南临长江，北靠国家级老山森林公园。年平均降水量为1025毫米。年平均温度15.3℃，最热月份平均气温28.15℃。区内地壳稳定，无晚期活动构造。大气环境优于国家二级标准，供水合格率为100%。312国道穿区而过，区内主干道经高速公路与104国道、沪宁高速公路和南京绕城公路等相连接。到2001年，长江二桥建成和长江三桥开工建设，交通将更加方便、快捷。开发区距浦口火车站8公里，距南京火车站16公里。距南京禄口国际机场60公里，机场专用公路线直达南京城。距新生圩国际货运港口30公里，距浦口长江内河港口8公里。

开发区电力来源于华东一级电网，并采用双回路供电，电力供应充足稳定，区内设有一座110KV变电站，规划建设第二座110KV变电站。日产10万吨自来水厂确保区内企业生产、生活用水。区内建有通讯大楼,装机容量5万门的程控电话通讯系统和DDN服务,直接承担国际、国内通讯业务。

开发区管理机构努力强化服务意识和亲商意识,加强对入区企业产前、产中、产后全过程服务。一是做好企业在进区时可行性报告,工商、税务等相关手续上实行高质量的“一条龙”服务,以帮助企业尽快投产、开业。二是企业入区生产中,开发区实行跟踪服务,领导主动走访企业,征求意见,只要是企业的合理要求,在开发区都能体现,坚持节假日和工作日午间值班接待制度,发现问题及时解决。三是企业投产后,更注重企业享受优惠政策的兑现,企业政策返还工作及时,全额兑现到位。

〔优惠政策〕 基础设施方面:免交城市设施配套费、商业网点开发费、自来水增容费。

土地方面:“三资”和“内联”企业可依法取得土地使用权,并可依法转让、出租、抵押。土地出让价格依据土地等级和基础设施条件,比省规定价格优惠30%～40%,对于投资规模大、科技含量高的项目,土地价格还可以从优。土地使用费按国家规定标准5年内减半计征,在建设期只收取25%(最多不超过3年)。征地管理费、土地用途变更费、土地出让业务费的县内留成部分减半计征。

技术先进型和产品出口型创汇企业(以下简称“两类”企业),自批准用地起土地使用费实行“五免五减半”,即前五年免征,后五年减半征收。

税收方面:1.“三资”企业、横联企业实际交纳增值税和营业税,三年内新增部分分别返还企业6.25%和30%,所得税从获利年度起实行“五免五减半”。2.进入开发区的“三资”企业所得税率按15%计征,“两类”企业所得税按10%计征。3.“三资”企业从取得的利润直接再投资于该企业增加注册资本,或者作为资本在本县投资开办其他企业,经营期不少于5年的,经申请批准,全部返还再投资部分已交纳所得税税款。4.横联企业固定资产投资方向调节税免征:土地使用税按“三资”企业土地使用费的减免年限和减免比例的优惠政策执行。

湖北省襄樊汽车产业经济技术开发区

〔经济与发展〕 湖北省襄樊汽车产业经济技术开发区于1992年元月经湖北省人民政府批准正式成立,是全国唯一的一家突出汽车产业品牌的省级开发区,全区控制面积48平方公里,人口4.5万人。

开发区地处素有“七省通衢”、“南船北马”之称的中原重镇——襄樊市的东北部,南离长江最大支流的汉江4公里,东距襄樊飞机场10公里,316国道、襄新(湖北襄樊—河南新野)、樊魏(湖北襄樊—河南魏集)公路纵横全境,并处于正在建设中的襄荆(湖北襄樊—荆州)、汉十(湖北武汉—十堰)两条高速公路大互通交汇点上,焦柳、汉丹、襄渝三条铁路干线在区内交汇,交接处的襄北铁路编组站是全国11个路网级大型编组站之一。全区水陆空立体化交通网络已经形成。建区7年来,开发区紧紧抓住东风汽车公司实施“重心东移”和“百万辆工程计划”的机遇,遵循“服务东风、依托东风、共建车城”的办区宗旨,坚持“以高新技术产业为先导,以汽车工业为主体,以高效农业和第三产业为两翼”的产业发展方向,大力实施“项目兴区”战略,经过全区人民包括东风襄樊基地广大职工的艰苦创业,在昔日的黄土岗原上建成了一座初具规模的汽车城。

—项目与投资:截止1998年,共引进开发出86个项目,固定资产投资累计达到59.3亿元,其中产业投入达38.54亿元,企业总数达到107家,其中投资过亿元的企业有7家,汽车工业及汽车配套项目累计达到46个。建成了亚洲最大的汽车试验场,中法合资30万辆富康轿车机加工厂,中美合资年产6万台B系列和年产3万台C系列的康明斯柴油发动机厂,还有规模为15万辆轻型车总装厂,年产3万吨铸件的铸造三厂,科研设施处于国内领先水平的轻轿开发中心等项目。

——产业与产品:按照开发区和东风汽车公司的产业框架设计,已经形成汽车动力、轻型车整车制造、轻型车轿车研制开发、汽车零部件制造四大基地。主要产品已形成轿车发动机、变速箱、车桥、轻型车(包括改装车和面包车)、康明斯柴油发动机、风神7200轿车、汽车铸造、汽车零部件、汽车材料、汽车油品化工十大系列。累计生产汽车整车6万辆,汽车各类发动机21万台,柴油发动机、轻型车、富康轿车发动机、变速箱、铸造件、轮胎钢帘线等主导产品都分别以每年30%～70%的速度增长。1998年,轻型车在全国同行业中市场占有率位居第一。

——主要经济指标:1998年全区完成工业产值36.44亿元,同比增长44.55%,比建区前1991年增长46.23倍,年均递增64.06%;实现GDP6.21亿元,同比增长40.39%,比1991年增长了28.05倍,年均递增61.82%;完成财政收入7062万元,比1991年增长了16.72倍,年均递增42%。

〔**利用外资**〕 开发区建区以来,累计实际利用外资1.6亿美元,共注册18家外资企业。包括东风公司与法国雪铁龙公司、美国康明斯公司合资项目和美国康明斯公司的独资项目,其中神龙公司在开发区已投入23亿元,建成了神龙襄樊机加工总厂,一期工程全部竣工,形成了20万台轿车发动机和15万辆份车桥、变速箱总成的生产能力。生产设备全部由法国进口,工艺设计采用国际先进的工艺和雪铁龙成熟的新工艺、新技术。目前部分产品已开始返销法国。康明斯B系列、C系列柴油发动机项目已建成投产,产品质量已达到进口原装机水平。投资1900万美元的美国康明斯机加工独资项目正在建设之中,已到位资金达到890万美元。

〔**投资环境**〕 开发区一直按照全国较大城市的标准进行规划和建设,已形成了一座产业先进、环境优美、功能完善的新兴汽车城框架。开发土地面积从原来的6平方公里扩大到10.68平方公里,基础设施投资累计达到17.9亿元,除东风襄樊基地自主开发的部分外,开发区的中心区、第三产业区、工业起步区三大区全部实现了“五通一平”。全区公路总条数为23条,总长度为37331米,货运量74万吨,建成了两条供水系统、两条10KV供电专线和一座110KV输变电站,形成日供水10万吨、年供电量为1.5亿度的能力,开通了1万门程控电话,排水、供热、供气设施一应俱全。交通、电信、金融、商贸、教育、卫生、物业等社会配套服务体系亦日趋完善,城市功能日益健全,完全具备了吸纳大产业、大项目的能力。美国的康明斯公司、法国的雪铁龙公司等国际大财团看好开发区这片热土,反复追加投资。在软环境建设方面,先后制定了一系列鼓励投资的优惠政策,并按照市场经济的要求与国际惯例接轨,建立健全了服务承诺制、执法公示制、收费许可制、企业挂牌保护制和项目实施保证体系。

横琴经济技术开发区

〔**概况**〕 横琴是1992年经广东省批准建立的经济开发区,是珠海市五大经济功能区的重点功能区,行使市一级经济管理权限,经开发建设,内连市区的横琴大桥和外接澳门的莲花大桥已建成通车,正以其崭新的面貌和知名度屹立于南海之滨。横琴位于珠海市南部、珠江口西侧,南濒南海,东与澳门氹仔、路环隔河相望,相距只有200米,毗邻香港36海里,距台湾仅1.5小时航程,处于“一国两制”交汇点和“内外辐射”的结合部。国家一级口岸——横琴口岸的建成使用,使横琴成为内地通往澳门的第二条陆路通道,“一国两制”交汇点的地缘优势更加凸现。

〔**投资环境**〕 横琴县有海陆空现代化的交通优势,距国际航线大西水道4海里,至珠海港34公里;周边40英里半径范围内,有香港、澳门、广州、深圳四大国际机场和珠海、佛山两个国内机场;正在建设中的广珠铁路、京珠高速公路横贯横琴并在岛内设站而抵达澳门,环岛路、海滨大道等高等级道路贯通全岛并与内陆相连,四通八达。

土地是横琴岛的一大资源,全岛四面环海,滩涂连片,建区后围海造地20平方公里,成为珠海百岛之冠。今后仍可继续造地30多平方公里,全岛面积将从原来的47平方公里扩大至96平方公里,土地成为横琴发展的一大优势。

横琴岛处于亚热带季风区,海岛岸线76公里,大海环绕,海湾片片,沙滩绵延,礁石嶙峋;地形有低山、丘陵、台地,全岛最高峰脑背山海拔为457米,植被茂盛,未有污染,空气清新;岛上还有古时宋兵、元军在水域开展海战的遗迹。一派山海田园连成一体的自然景色,形成一个天然的旅游休闲度假胜地。

横琴是珠海市区的一个组成部分,其规划科学、合理,建设起点比市区高,经大规模建设,目前岛内交通畅顺、水电充足、通讯发达;今后将继续高标准建成四通八达的高等级路网,架设特大桥与珠海机场和西部地区相连,扩充供电负荷达25万kV,日供水量至20万立方米,国际程控电话有16万门的现代化城区。

〔**招商引资**〕 横琴坚持外向发展战略,凭借与澳门一桥相连的独特区位优势,与澳门实行优势互补,把横琴办成澳门优势产业延伸发展的腹地。开发以旅游业为龙头,综合发展商贸、饮食、金融、房地产等业。旅游业发展突出海岛特色,以中西文化交汇为主题,向度假、休闲、娱乐、会展购物等全方位发展,使横琴成为一个国际性的、开放型的、综合性的风景旅游区。

横琴对外来投资者实行"一条龙服务、一站式管理、一个窗口对外"的运作模式,经济发展以第三产业为主,非公有制经济为主,外向经济为主。实施全面放开和适当让利的政策措施。软、硬投资环境的日臻完善,给横琴注入了新的活力。由澳门和台湾财团投资的珠海横琴东方体育度假世界、美国太平洋沿岸发展有限公司的影城等一批投资额超10亿元人民币的大项目进展顺利;由中华世界门有限公司投资兴建,总投资达4.5亿美元的中华世界门和澳门新建业集团公司投资2亿元人民币的新建业花园等一批项目已于澳门回归前奠基。

日照经济开发区

〔**经济建设与发展**〕 山东日照经济开发区于1991年8月正式开工建设,规划面积40平方公里,起步区10平方公里,建成区5平方公里,人口4万。区内设有国家级民营科技园和新亚欧大陆桥东方桥头堡对外加工贸易储运区,并先后被中编办、国务院特区办列为全国22个开发区行政管理体制和机构改革试点单位,被国务院特区办列为全国9个省级开发区特别联系点,被山东省政府列为全省8个重点扶持的省级开发区之一。建区以来,开发区党工委、管委会积极贯彻上级关于扩大对外开放、加快经济发展的一系列指示精神,坚持"三为主"的工作方针,抢抓机遇,开拓进取,开发建设不断取得新进展。先后与日本、美国、韩国等20多个国家和地区的客商建立了经贸合作关系,国内十几个省市地区也在开发区兴办企业、设立办事处,开辟窗口。累计批准内联外引项目536个,其中外资项目102家,实际利用外资3.3亿美元。一批高新技术项目和大中型骨干项目已在区内安家落户。国家863计划重点推广项目贮氢电极材料和省级火炬项目陶瓷复合材料活塞、凝血酶等高新技术项目、投资1.6亿元的十万吨水厂、投资52亿元的日照电厂和投资2.75亿美元的黄海木浆项目都已经投产或开工建设。全区经济保持了较快增长,国民生产总值以年均21.2%的速度递增。

近两年来,开发区根据形势的变化,进一步理清了发展思路。在发展方向上,提出努力建设"三区一基地",即管理体制上的经济特区、以工业为主的高新技术园区、城市规划建设的样板区和高层次人才的培养输出基地。在发展目标上,提出力争工业产值和出口创汇一两年翻一番,国内生产总值两三年翻一番和财政收入三四年翻一番。在发展道路上,提出内涵外延并举、以外延扩大为主的观点和加快膨胀总量、先把盘子做大的思路;在发展重点上,提出突出高科技、突出外向型、突出民营经济;在工业发展上,提出"三分靠现有企业,七分靠新建项目";在发展手段上,提出充分运用和发挥市场机制的作用加快发展;在发展策略上,提出做出眼前的牺牲,付出一定代价,谋取长远发展的观点和借助外力发展自己;在工作的总体把握上,提出一手抓招商引资,一手抓环境建设。实践证明,这些思路是符合开发区实际的,促进了开发区经济的快速发展。

〔**投资环境**〕 坚持高标准高起点加强城市建设,营造配套完善的城区环境。建区以来,先后投资10亿元用于基础设施建设,起步区实现了"五通一平"。特别是1998年,以现代城建观念为指导,以提高内涵、建设精品为目标,以绿化美化为重点,突出"大绿量、开放型、生态化、花园式"的城市特色,下大气力抓城市建设,两年共新增硬化面积40万平方米,绿地40万平方米,起步形成了北京路、中心公园等亮点,开发区市容市貌明显改观。

大力改善软环境,营造良好发展氛围。按照综合、效能的原则,设立了精干高效的管理服务机构,在机关推行了打卡考勤、统一着装、戴证上岗制度,加强机关制度化、规范化建设;建立全程服务制度,对进区项目实行领导成员项目分工负责制,一个项目一个工作组,靠上跟踪推进,各职能部门实行大开间办公,提供"一站式"审批和"一条龙"服务,外商只要走进管委会大门,就能办妥有关投资手续;实行承诺服务和客商投诉制度,凡开发区明确规定应享受的优惠政策要使企业真正享受到,凡符合政策规定应该办的事,有关部门必须及时办理,对到企业吃拿卡要的工作人员,一次投诉即予调离,严重的予以开除;在广大干部职工中广泛深入宣传"借助外力发展自己"、"外商赚钱我发展"、"不求所有但求所在"的观点,教育引导干部职工进一步确立开放、发展意识;在招商策略上,实行"低门槛"政策,在土地价格、建设费用、税费上大幅度让利客商。同时,注重感情招商,靠"诚信"招商,真心实意地与客商交朋友,赢得了客商的信赖,增强了客商的投资信心。在搞好服务的同时,开发区党工委坚持"扶、推、考、引、让、管"六措并举,加快选人用人制度改革,将一批知识层次高、业务能力强、群众威信好的年轻干部选拔充实到部门领导岗位,干部队伍年龄结构和知识结构明显优化,为开发建设事业发展提供了有力的组织保证。

〔**招商引资**〕 几年来,开发区始终把招商引资作为经济工作的重中之重,全力以赴加快项目引进和建设。

第一,突出抓好对重点国家和地区的招商。国外,突出韩国、日本、香港等国家和地区。每年都在韩国组织2~3次招商活动,并加强同中国驻外使领馆和中介机构的联络,开展委托招商,取得了较好效果。目前开发区内的外资企业中,90%以上都是韩资企业。国内,加强对陆桥沿线城市和国内大企业、大集团的招商。河南、西安、山西等12个内陆省市在区内设立了办事处、创办了公司,胜利油田、齐鲁石化等大企业也在区内设立了分公司。内联企业对开发区财政的贡献率已达到30%以上。

第二,积极扶持帮助现有外资企业发展,树立外商赚钱的旗帜。把客商的困难和问题当作自己的困难和问题来对待,真心实意地帮助客商解决在厂房建设、员工招聘、水电配套、生活服务等方面遇到的实际困难,保证企业健康发展,促进了以商招商。技宝、成信、大原等韩资企业在建设、生产过程中,我们实行全过程跟踪服务,特别是在亚洲金融危机最严重的时候,管委会对他们以诚相待,帮助解决生产、出口等方面的困难,并减免有关费用,帮助企业降低生产成本,使企业顺利渡过危机,保持了较快发展,许多企业都多次增资扩大生产规模。技宝电子公司已成为亚洲最大的电子谐振器生产厂家，2000年出口创汇可超过1000万美元。

第三，大力引进出口加工项目，提高经济外向度。目前区内对外加工贸易型企业已达到69家，实现的工业增加值占到全区的2/3，出口产值占全区新口径工业产值的70%。

重庆高新技术产业开发区万州科技工业园

〔**概况**〕　重庆高新技术产业开发区万州科技工业园是为贯彻李鹏同志“把重庆国家级开发区的优惠政策辐射到库区”的指示精神，于1998年7月经重庆市政府批准成立。以重庆市渝东开发园区观音岩万安、明镜、青龙、石峰4个村3.75平方公里作为其起步区，以渝东开发园区现有的开发优势为依托，实施高新技术引进开发。

开发园区位于重庆市万州区城郊观音岩，园区两条主干道与万州城联为一体，正在修建的五桥机场、长江深水港码头紧邻其旁，达万铁路穿区而过，园区内邮电、通讯设施完备，水、电、气充足，交通方便，医院、学校、幼儿园等社会公益设施和公园、广场、各类专业市场等公共设施已相继建成或正在动工兴建；重庆金泰花园、怡风花苑、爱迪都市花园、索特花园等一批高中档住宅小区开发已全部启动，为吸引科技人才进区创造了良好的条件。园区管委会坚持“一站式”服务和集权开发模式，政策优惠、办事公开，对重大项目实行特事特办。

〔**招商引资**〕　一批科技含量高、经济效益好的外来企业和移民迁建企业相继到开发园区落户。引进项目64个，协议投资总额达7亿元，其中外来投资3.5亿元。已建成工业企业29户，年工业总产值达4亿元，税利3800万元。其中，生产型企业占70%，技术先进企业占40%，产品出口企业占14%。开发园区初步建成了以皮毛、肠衣、生漆、桐油为主的外贸加工区，以万州区人行、工行、中行、商业银行为主的金融贸易区，初步形成了以盐气化工、高新技术产品加工、建材、医药、轻工、机械为依托的工业体系。建成的重点企业有重庆索特集团、万光集团、重庆东方制药股份有限公司、鱼泉榨菜股份有限公司等。

无锡国家高新技术产业开发区

〔**招商引资**〕　1998年，无锡国家高新技术产业开发区建设步伐加快，开发开放形势良好，年内被评为中国投资环境优秀开发区50强之一；荣获1998年度全国火炬计划开发区优秀管理奖。开发区管委会始终把招商引资的重点放在着力于提升基础，创新招商思路和盯强抓新、招大项目、引高科技上，坚持全方位、宽领域地推进招商引资工作，全年新批外资项目22个，投资总额3.04亿美元，其中超千万美元大项目4个，实现合同外资2.8亿美元，比上年增长129.8%，到位外资2.05亿美元，比上年增长88.1%。截止年底，已有128个企业落户开发区，投资总额达13.41亿美元，累计合同外资9.38亿美元，到位外资6.6亿美元，其中超千万美元的企业有32个，3千万美元左右的大企业有18个。全年开发区实现国内生产总值12.7亿元，同比增长85.7%。

〔**投资环境**〕　以重点工程为突破口，不断完善基础设施建设，长江南路高浪路、珠江路、岷山路等4条道路8月18日正式开工建设，与此配套的征土拆迁工作进展顺利，珠江路、岷山路的路基已全部完工，各种管线已铺设到位。平整土地70万平方米，铺设彩色道板42000平方米。对每条道路两侧的绿带进行了精心设计，并培育了国道东侧池杉林带、高浪路香樟林带、铁路沿线水杉林带等。在312国道沿线和区内主干道叉路口构筑高品位绿化景点，种植102棵大规格乔木，提高了开发区文化品位。与国际接轨的新型标准厂房破土动工。选择小刘巷作为近期新区农居工程二期规划选址目标，为加快征土拆迁工作，推动开发区城市化进程做了准备。旺庄乡撤乡建镇工作正在积极进行中，太湖花园已正式划归新区管理。配套工程发展迅速,水、电、气、通讯等各种基础设施一次到位。供配电网计划逐步实施。6号、8号开闭所已开工建设。新建3个移动通信基站,模块交换设备扩容2480门,22万伏变电所和污水处理厂即将开工建设。推出"三个一"工程,即一站式服务、一个头收费、一个窗口对外。年内,已有来自市局和管委会25个单位的53名特派员进驻"一站式"服务中心,实现跨部门、跨行业联合办公"一条龙"服务,真正实现"小机构、大服务";外资企业承担的行政性收费已从128项减少到19项。

〔实施3项工程建设〕 开发区以"优化环境树形象"为重点目标,实施"3项工程"建设。一是基础工程。对黄山路以北的地块进行大面积平整,确保日本洋马农机、台湾中石化、德国西门子、瑞典阿斯特拉、美国柯达等大项目的如期开工建设。二是形象工程。按照"绿化、洁化、亮化、美化"的要求,开展全民绿化活动,种植各种观赏林木,扩大绿化面积;同时还注重形象工程的整体配套,全面铺开围墙筑砌、彩色道板铺设以及灯箱广告、大型宣传标志牌等工程建设。三是配套工程。为强化功能开发,开发区积极开源节流,从有限财力中挤出资金,实施配套工程建设,重点启动了道路、外商公寓、住宅小区、学校等建设,优化了园区的投资环境。

(杨祥妹　胡晓明　执笔)

无锡新加坡工业园

〔概况〕 1998年,无锡新加坡工业园克服亚洲金融危机带来的不利影响,各项工作都有新的进展,开发建设继续保持较快的发展势头。

进一步完善二期基础设施,新建一批标准厂房。工业园二期2E地块的基础设施工程已全部完工。二期地块内已完成3栋B型厂房、8栋C型厂房、1栋C1型厂房和10栋D型厂房,竣工面积4.63万平方米;在建3栋C1型厂房、1栋C型厂房。至年底,工业园一、二期工程已授标66个合约,授标金额8.4亿元。

〔招商引资〕 1998年工业园招商引资的一个明显特点是增资项目多。年内,早期落户的多个大公司在良好投资回报的驱动下纷纷增资。希捷国际科技(无锡)有限公司总投资从3000万美元增资至1.2亿美元,马佳利机械(无锡)有限公司总投资从2700万美元增资至9000万美元,无锡阿尔卑斯电子有限公司总投资从2700万美元增资至5600万美元,默洛尼卫生洁具(无锡)有限公司总投资从400万美元增资至2880万美元,无锡恩福油封有限公司总投资从500万美元增资至1000万美元等。年内,无锡新加坡工业园共新批外商投资项目10个,总投资17280万美元,合同外资17137万美元,实际到位外资9648.8万美元。历年累计,无锡新加坡工业园共引进项目56个,总投资8.9亿美元,合同外资8.19亿美元,实际到位外资3.36亿美元。

园内企业新开工项目进展顺利。上半年,早期落户的企业增资项目开工建设的有无锡开益喜电子有限公司新厂房、默洛尼卫生洁具(无锡)有限公司新厂房、无锡阿尔卑斯电子有限公司新厂房,下半年开工建设的还有马佳利机械(无锡)有限公司新厂房。年内,落户工业园二期的新开业企业还有唐纳森(无锡)过滤器有限公司、旭英机件(无锡)有限公司、凯模制冷配件(无锡)有限公司等8个企业。

〔综合经济发展〕 园区经济继续保持良好发展态势。1998年,无锡新加坡工业园共完成社会总产值117亿元(同口径);工业总产值114.4亿元(同口径),同比增长43%;国内生产总值19.39亿元,同比增长21%;园内企业自营出口10.16亿美元,同比增长45%。至年底,工业园内企业共有员工12000人。

无锡新加坡工业园开发建设成绩受到国家领导人和国际投资界的充分肯定。无锡新加坡工业园连续第三次被权威的英国《企业测位》杂志(1998年第7/8期)评为亚太地区优秀工业园区综合投资环境第一名。

希捷国际科技(无锡)有限公司成倍增资。

希捷国际科技(无锡)有限公司总投资从3000万美元增资至1.2亿美元的增资方案于1998年4月8日经国家发展计划委员会批准。至此,该公司成为无锡新区投资额最大、销售额最大、自营出口额最大的外商投资企业。同年7月24日,公司隆重举行了累计出口产品1000万台暨增资庆祝活动。江苏省副省长王荣炳、无锡市委书记洪锦炘等省、市领导应邀参加庆祝活动。1998年,公司自营出口突破9亿美元。

（杨二观　执笔）

中国宜兴环保科技工业园

〔概况〕　1998年,中国宜兴环保科技工业园全年新批入园项目52个,总投资4亿元。其中工业项目32个,总投资2.86亿元;环保项目9个,总投资1.2亿元;高科技项目6个,总投资171亿元;三资项目5个,总投资1140万美元。协议利用外资1040万美元,实际到帐外资1018万美元。新增建设项目9个,总投资1.95亿元;新增竣工项目19个,总投资7100万元。投入资金500万元,完成龙池路东端半幅路面的水泥路面的铺浇;完成龙池路西段、九南路及南河路的路基工程和地下工程;铺设绿园路人行道彩砖;改造创业中心广场、太平洋大厦广场,搬迁机关总部,改善了投资环境;围绕新长铁路的开工建设,完成拆迁9000多平方米。

全园区完成技工贸总收入12.8亿元,其中工业总产值9.7亿元,工业销售9.2亿元,实现利税总额8780万元,完成自营出口680万美元,完成外贸供货额6230万元,自营出口创汇302万美元,比上年增33.5%;园村两级企业改制全面完成。

全年流通销售额1.5亿元,实现利润415万元,房地产开发开工建设面积4.96万平方米,竣工面积3.625万平方米。

精神文明建设得到有效推进,编印《园民公约》、《文明园民守则》6000多份,下发全园每家每户。3月,为配合市创建全国卫生城市工作的深入进行,强化园属村民素质教育,广泛开展"与旧俗告别万人签名活动",全园1.2万多人参加签名活动;3月20日,在山门村举行由各村办企业主要负责人参加的首签仪式。开展"五星级文明家庭"、"文明单位"、"文明机关"的评创活动,有9个单位被评为市级文明单位,8个单位被评为园区文明单位。

〔第二届环科园省级专家组在宁成立〕　元月10日,第二届环科园省级专家组在省科委第一会议室举行成立仪式,副市长、管委会主任王敖盘代表宜兴市人民政府向专家颁发聘书。专家组由省政府参事、原南京大学环境科学研究所金洪钧教授任组长,国家环保总局南京环科所副所长钱谊、省环保局科技处处长何基栋、省科委高新处副处长张少华任副组长,在宁大学、科研院所吕锡武教授等14位专家组成,聘期2年。专家组在园区规划建设、投资信息、对外宣传、招商引资、项目论证等方面起到了积极的作用。

〔全国环保新技术展示交易会在园举行〕　5月7～9日,由国家科学技术部市场管理办公室、中国环保产业协会、中国科学院南京分院、宜兴市人民政府主办,宜兴市科委、科协承办的'98宜兴全国环保、新材料、新技术展示交易会在环科园环保科技创业中心举行。这次展示会的技术供方来自全国16个省市30多个高等院校、科研机构及有关企业137个;高级工程师、副教授以上专家234人;提供项目1240多项,其中在国内占领先地位的技术成果达200余项;该市参展企业1000余个;展出展板300多块,展示实物100余台(套)。展交会期间,共签订各类技术成果转让合作协议120多项,技术和产品成交总额近1亿元。

〔举办环保技术合作洽谈会〕　5月6～8日在"第六届中国宜兴陶瓷艺术节"期间,园区邀请到会中外客商40多人,推出合资合作项目18个,除参加市统一组织的大型活动外,单独举办了"中国宜兴环保科技工业园投资环境(项目)洽谈会"、"'98香港—宜兴环保技术合作研讨会”,新签外资项目5个,总投资2940万美元,合同利用外资2456万美元。10月8～10日,参加’98宜兴秋季对外经济贸易合作洽谈会,期间新签外资项目2个,总投资1000多万美元。

〔**绿色产业工程启动**〕 年内,园区充分利用山林资源优势,有步骤地进行综合利用和开发,先期落实了一批投资风险小、市场潜力大、社会需求多的短、平、快绿色产业项目,其中,梅东村与宜兴市陶都园林工艺有限公司出资300万元开发的百亩珍稀苗木种植园,先期3.3公顷已进行开发种植;氿滨村投资200万元,占地13.3公顷的’反季节大棚草莓”项目已有2公顷形成规模。

〔**重点项目入园建设**〕 年内,对已与园区有合作意向和已签订协议的客商,强化联系,加大项目推进力度,使一批重点项目入园建设。主要有台湾三会开发有限公司投资1000万美元的新宏扬环保项目、瑞典凯米拉公司投资500万美元与净化剂厂合资的环保药剂项目、加拿大沃里恩斯药业有限公司和香港凯辉实业有限公司与富强公司合资1000万美元的PU制品及聚氨脂切片项目、德国汉堡威泰克环保研究所投资700万元的威泰克环保科技项目、投资1200万元的金久电力工程有限公司项目、总投资1000万元的博大环保集团有限公司项目、总投资6000万元的立霸PVC项目等。投资2850万元的鹏鹞橡塑有限公司已建成投产。

(张文铭 执笔)

无锡太湖国家旅游度假区

〔**概况**〕 1998年,度假区建设、促销、管理等各项工作又上一个新台阶。景区景点建设持续推进。灵山胜境景点配套逐步完善;龙头渚自然文化公园完成了整理性开发,10月1日开园迎客;生态农业观光园在5月被国家发展计划委员会批准立项,7月又被国家旅游局确定为面向21世纪的43个优先发展的旅游项目之一。

环境建设全面展开。闾江口至灵湖码头旅游主干道绿化带基本形成。完成了十里明珠堤部分绿化改造、梅梁路南侧补绿增绿、雪云路疏林草坪、灵湖路行道树种植及灵山胜境内部绿化工作,全年共植树6.2万株,铺种草坪近11万平方米。开辟无锡、上海、常州至灵山数条旅游专线,联结区内外的大交通格局初步形成。

旅游宣传促销成果显著。以长江三角洲为中心的近距离市场全面启动,远距离市场也有所拓展。全年进入灵山胜境、龙头渚公园、月亮湾度假中心等景区景点的游客首次突破200万人次,年内先后有280余名省部级以上领导来马山考察工作。

景区管理全面加强。成立了灵山景区管理领导小组,建立了一支管理专业队伍,有效地解决了围、追、拉客等有碍观瞻的突出问题。以创建中国优秀旅游城市为契机,推动了景区和其他“窗口”行业的软硬件建设。

灵山胜境带动效应初步显示。景区周围逐步形成一个较为齐全的餐饮、商业、交通市场。啤酒花园、月亮湾度假中心、绿波湾度假村、碧波花园度假村等各旅游服务单位的业务量比上年有大幅增长。“灵山”系列旅游工艺品、纪念品和旅游食品的开发工作起步良好。1998年度假区、马山区三产增加值5.22亿元,比上年增长26%,占马山区国内生产总值的45%,其中旅游业占三产比重达到25%。

〔**全年进区游客突破200万人次**〕 灵山大佛落成开光后,度假区把旅游市场的宣传促销作为工作重点,先后5次组团,分赴沪、宁、杭等10个城市以及新加坡、马来西亚、日本、香港等国家和地区宣传促销。全年在中央电视台、各省市和香港凤凰卫视台播放电视新闻及专题片800分钟,共有26个省、市、自治区130余个新闻单位报道了度假区的开发建设情况。为期45天的’98灵山历史文化旅游节取得圆满成功,公众参与热情空前高涨。强有力的宣传促销使以长江三角洲为中心的近距离市场全面启动,远距离市场也有所发展。灵山胜境已成为华东地区新的旅游热点,全年进区游客首次突破200万人次,为上年2.86倍,出现社会效益、经济效益、生态效益共同提高的可喜局面。

(孙正川　执笔)

江苏省江阴经济开发区

〔**概况**〕 1998年,江阴经济开发区开拓奋进,抓住招商引项龙头,全力推进开发建设步伐,各项工作取得较好成绩。年内,新批进区项目27个,合同利用外资1.1亿美元,实际到帐外资6359万美元,分别比上年增68.75%、376.79%、23.63%。开发区经济发展势头强劲,主要指标增幅较大。1998年,进区企业业务收入60.8亿元,比上年增55.32%;实现利税2.77亿元,比上年增107.2%;自营出口11981万美元,比上年增92.71%。区内经济运行质量较高。一批科技含量高、外向化程度高、产品竞争力强、发展后劲足的企业已成为开发区经济的支柱,这些企业的工业总产值占全区总量的47%,利税占全区总量的76.5%。

〔**招商引资**〕 受亚洲金融危机影响,招商引项难度增大。开发区采取有效措施,招商引项工作做到目标准、方法灵、机制活。在招商目标上,开发区根据国际经济形势变化情况,把美国、加拿大和欧洲定为招商主攻目标。在招商方法上,采取网上招商、直接招商、委托招商、联合招商和加快区内企业增资扩能、合资嫁接、配套合作等多种方法,全方位、多层次、宽领域开展招商工作。4月、8月,开发区分别与联通集团、兴澄集团联合组团,赴新加坡、美国进行重点项目跟踪;9月、11月,开发区分别组织2支精干小分队赴美国、加拿大、欧洲地区进行招商,均取得了较好的效果。年内,开发区开通因特网,进一步扩大对外联系。在上年的基础上,开发区又新发展招商代理及中介机构成员6个,使委托招商网络更加健全。区内外资企业增资扩能势头较好,台湾独资新和桥化工有限公司在一期2000万美元的基础上,增资1000万美元进行二期扩建。一、二期投资已超过1亿美元的贝卡尔特钢帘线有限公司,又制订了增资2980万美元进行三期扩建的计划。另外,天星毛纺、振华东方船业、滨江热电也纷纷增资扩能。区内骨干厂、村积极寻求合资嫁接、配套合作之路,黄山船舶配件厂与日本海友合资,长山轧钢厂与上钢一厂联营合作,长山拆船厂为贝卡尔特工程部和上海振华进行配套合作,江虹村为兴澄特钢项目配套都取得了成功。

〔**完善招商引资奖励措施**〕 年内,开发区完善了《江阴经济开发区招商引资奖励意见》,鼓励社会各界为开发区引资引项。又本着"开渠引水"、"放水养鱼"的思想,制订《关于加快江阴经济开发区私营经济工业园建设的若干规定》,由市政府作为文件印发至全市各级各部门,进一步增强了开发区的对外吸引力。

〔**进区项目滚动推进**〕 年内,开发区进区项目呈"四个一批"(即竣工投产、开工建设、立项审批、重点跟踪各一批)滚动推进的格局。其中,竣工投产的项目有:总投资1033万美元的天星毛纺项目、总投资7000万元的重胶沥青项目、总投资2000万美元的南荣液化气仓储码头项目。开工建设的项目有:总投资1000万美元的申龙激光电雕项目、总投资1000万美元的新亚纸业项目、总投资6000万元的滨江国家粮食储备库项目、总投资1280万美元的南荣二期项目、总投资1000万美元的新和桥二期项目、总投资100万美元的申利针织面料项目。正在立项审批的项目有:总投资2.09亿元的江南模塑塑机项目、投资2980万美元的贝卡尔特三期项目、投资1000万美元的新和桥三期项目、投资4亿元的区域水厂一期工程项目以及大东港运二期项目。重点跟踪的意向项目有:总投资2000万美元的法国绍尔集团巧克力项目、总投资3500万美元的100万吨高级沥青项目、总投资3000万美元的新加坡新东洋高级餐巾纸项目、总投资5000万美元的东海粮油项目、总投资6000万美元的台湾威京集团高档复合肥项目、总投资1000万美元的意大利布尔公司高级打印机项目、总投资1000万美元的韩国韩宇包装项目以及PAD船舶配件项目。

〔**投资环境建设**〕 开发区坚持硬件投入与软件建设同步，坚持形态开发和功能开发并举，完善投资环境，树立良好形象。一方面，加大硬件投入，创优美环境。1998年，开发区完成硬件投入3000万元，继续完善区内基础设施及重点配套。重点抓了长江路开发区段的建设工程、长山集镇农贸市场建设、长山小学扩建，滨江路、肖山路等骨干路段翻修及造绿、补绿工程。同时，论证确定了滨江路改造方案，砂山路完善方案和长江路绿化方案，为进一步优化开发区区容区貌打下了良好的基础。另一方面，加快软件建设，强化服务功能。开发区狠抓投资软环境建设，初步建立了为外商和项目进区提供优质服务的各项制度，做到项目进区方便快捷，出现问题解决及时，优惠政策落实到位，得到外商投资企业的高度评价。

〔**拆迁安置和社保工作**〕 1998年，开发区共拆除房屋1.1万平方米，安置拆迁户57户，安置征地劳力197名，实行老年保养315人。同时，开发区采取管委会贴一部分，个人出一部分的办法，解决了119名征地劳力的社会养老保险问题，确保了区内稳定。

（李红　执笔）

江苏省宜兴经济开发区

〔**概况**〕 宜兴经济开发区是一个既承担着开发建设职能，又同时履行乡镇管理职能的省级开发区。至1998年12月，共批准进区项目203个，总投资19.5亿元。其中外商投资项目35个，总投资15.9亿元。建区以来，实际到帐外资1.0246亿美元；通过多种渠道，共投入水、电、路、邮等基础设施建设资金4.3亿元。区内已形成三纵（陶都路、宝阳路、宁杭国道）、三横（通蜀路、湖光路、川埠路）、一环（全区环路）的道路格局，3.8平方公里启动区内全面实现了"五通"（通电、通路、通信、给水、排水）、一平（土地平整）"。此外，还开发了标准厂房、同乐新村、金都公寓、紫砂花园、天龙花园、华东建材商城等生产、生活、娱乐设施8.5万平方米，直接投入资金4500万元，还建造了全市一流 的老年康乐中心，建成了中学教育楼和教工宿舍，搬迁了中心小学，建设了成职教中心，创建了广播电视站、环卫所和计生服务站，累计投入资金1000万元。一个现代化新城区的雏型已经基本形成。

1998年，全区完成国内生产总值54343万元；农业总产值9987万元，农业增加值5451万元；工业总产值110993万元，工业增加值32084万元，工业应税销售59505万元，利税总额7052万元；三产增加值16808万元，流通销售额54834万元，流通应税销售20527万元，流通利润1001万元；外贸供货额5390万元，自行出口创汇239万美元，协议利用外资830万美元，实际到帐外资908万美元。实现财政收入1520万元，全区人均收入4531元。

开发建设有效推进。先后组织人员赴美国、法国、瑞典、澳大利亚、香港、台湾等国家和地区以及上海、北京、深圳、厦门、苏州等大中城市进行招商活动，精心组织客商参加中国宜兴第六届陶瓷艺术节和宜兴市1998年金秋经贸洽谈会，全年落实意向项目5个，新签利用外资项目5个，总投资2460万美元；新批进区企业30个，总投资8609万元（其中外资企业2个，总投资6225万元），其中竣工项目17个，总投资6152万元，在建项目6个，总投资1472万元，待开工项目7个，总投资985万元。进区企业增资扩股求发展。1998年，开发区所有进区企业纷纷增资扩股，并且取得了实质性进展。联合陶瓷有限公司在总投资1000万美元的二期扩能项目竣工投产的基础上，建造了三期工程1.8万平方米的钢结构厂房；亨鑫通信线缆有限公司投资947万美元，开发RF高频通信电缆，该项目科技含量高、市场潜力大，已完成建设审批手续，392万美元的设备和仪器已向美国、奥地利订购;华丰陶瓷有限公司投资150万美元的二期扩能项目也于年末全面竣工投产。

〔**投资环境**〕 省、市重点工程——投资5000万元的220千伏变电所和投资2000万元的垃圾填埋场分别于12月和8月竣工投运;实施道路硬化8.3公里,其中宝阳路2.2公里,头阳—潜洛—新村道路2.8公里,查林路1公里,赵庄路2.3公里;完成市下达的安装600门电话的任务,实现了电话区,建造了移动电话机站;全面完成新长铁路开发区段7公里、63户、总面积1.3万平方米的房屋拆迁任务;花大气力对区内燃煤型窑炉企业进行技术改造,最大限度地对烟尘污染进行控制和治理。为改善投资软环境,年底成立投资服务中心,以满足进区企业加快建设的要求。

〔**企业改制**〕 对区办企业实施改制,其中转股份制1个,拍卖10个;实行对村办企业的二次改制和直属流通公司的改制工作。通过改制,集体资产增值1000万元,盘活闲置资产2000万元,实现技改项目18个,投资总规模1.25亿元。

私营经济成为开发区经济新增长点。区管委会把发展私营经济作为加快开发建设和全区经济发展的重要途径,加大工作力度,在湖光路两侧辟出土地33.3公顷,设立私营工业小区,成立管理办公室,修订出台《鼓励发展私营经济优惠政策》,确立全年发展目标,并召开全区动员大会,向机关部门和村企下达任务书,促进了私营企业的迅猛发展。全年新增私营企业56个(含改制转私),投资总规模2183万元。年底,全区累计拥有私营工业企业200个,投资总规模超1亿元大关。私营企业已涉及陶瓷、耐火、机械、建材、电线、电缆、非矿深度加工等行业,其产品已渗透到工业经济各个领域。年内私营工业完成产值4亿元,销售3亿元,利润1200万元。私营经济已成为全区经济的新增长点。

紫砂村成为旅游新景点。紫砂村原名上袁村,是宜兴紫砂的发源地,是中国已故著名工艺大师顾景舟的诞生地。家家户户以制壶为业,自产自销,全村农民很快走上了致富道路。最具特色的是由村民委员会统一规划,由农户自行投资600万元建造的38幢中西合壁的别墅式小楼群,集住室、制壶、商贸于一体,不仅成为村中之村,而且成为中外客商旅游购物和国内外名人要人视察的新景点。1998年,该村共接待来自美国、英国、德国、韩国、泰国、以色列、意大利、菲律宾、荷兰、日本、澳大利亚、马来西亚、香港、台湾、澳门等30多个国家和地区的客商以及来宜参会、活动的国内客商85批次,计8000多人次。购物成交额120万元。

(汤金洪 执笔)

江苏省锡山市经济开发区

〔**概况**〕 1998年,锡山经济开发区管委会调整思路,制定新的招商政策,改变招商方式,创造性地开展工作,综合投资环境得到进一步优化,招商引资取得新的突破。开创新的招商局面。锡山经济开发区先后组织了欧、美、澳洲、港台和上海、南京、厦门、广州、温州、重庆等一系列招商活动,使招商引资取得新的进展。1998年接待来区客商100多批,300多人次,批准进区工业项目94个,其中外资项目10个,协议利用外资6000万美元,实际到位4500万美元,私营企业84个,注册资金1.12亿元。3月正式启动建设的私营科技工业园首期启动面积0.5平方公里,水、电、路、通讯、排水等配套设施全部到位,并集中供热。园内建有3种规格标准厂房,供进区企业购买或租用。一期工程2万平方米厂房,不到年底就全部招租完毕。外资后续项目不断增加,年底有25个项目正在跟踪洽谈,预计总投资可达1亿多美元。客商遍及欧、亚、美、加地区,出现了历史上从未有过的好局面。

〔**经营管理**〕 企业经济运行质量不断提高。开发区开发总公司采取改革企业内部机制等措施,企业效益增加700多万元,比上年增长

78%;888商城利用享受私营工业园的优惠政策,积极开展招商活动,使原有存量资产大部分盘活,全年增加效益200多万元;金锡房地产开发公司利用房改有关政策,强攻房地产市场,盘活了多年积压的商品住宅房,销售收入创历史最好水平。随着私营工业园的启动,五洲工业城标准厂房也开始盘活。全区累计盘活商品房1.7万平方米,商业用房3万平方米,标准厂房2500平方米,累计盘活存量资产经济总量达7000多万元。全年工业产值、销售收入和实现利税分别比上年增长19.2%、24%和31.9%,企业发展开始步入良性循环轨道。

〔**投资环境**〕 为了进一步加快功能开发,改善投资环境,管委会结合创建全国卫生城市和为民办实事工程,加大了基础设施的投入。除投资1500万元建造私营科技工业园一期厂房2万平方米外,还投入900万元建起了用电所;投入3240万元新建柏庄新路、友谊南路等4条道路;投入3500万元建起了锡山商贸城、柏庄集贸市场两个现代化大型商城;投入850万元建设城区柏庄实验小学;投入资金1930万元完成了市政府为民办20件实事中的改水工程、路灯改建工程、绿化工程、建造垃圾中转站等实事;各项工程累计投入资金1.113亿元。

对在开发区建设过程中发生的涉及群众切身利益的各种矛盾和问题,进行了妥善的处理。凡群众因征土、拆迁、环保、规划等因素诱发事件,当面解释政策,化解矛盾,做好群众的思想工作,使事件解决在萌芽状态。全年,接待来访群众500多人次。兑现劳力安置费、粮油菜价格补贴、老年社员助养金、土地补偿费共1300多万元,千方百计安置征土工200多名,保持了社会的稳定。

初步理顺内部管理体制。年初,开发区建立了工商、国税、地税、公安、土管、财政等6个分局及电力管理站、劳动服务所,内部机构进行了调整。开发区建起了一级财政和区金库,对企业的工商、税务登记和统计工作进行划转和实施有效管理。

江苏省无锡蠡园经济开发区

〔**综合发展**〕 1998年,蠡园经济开发区招商工作取得新的进展。全年接待国外客商150多批,引资到位4023万美元,其中外资到位2420万美元。新批进区企业105个,包括三资企业5个。国民经济实现了快速健康发展。完成国内生产总值2.623亿元,比上年增长15.2%。实现经济总量13.9亿元,增长16%。完成外贸进出口额3.5亿元,比上年增长49.7%。非公有制经济迅猛发展,全年引进注册资本金在30万元以上的非公有制企业81个,注册资本金共计5071万元。到年末止,开发区已有非公有制企业173个(不含转制企业),注册资本1.3亿元,占内资企业总资本的36%。1998年个私企业的销售达2.5亿元,比上年增长75%。完成增加值5000万元,占开发区国内生产总值的19%。渔副业紧贴市场需求,扩大特需品种养殖面积,特需品种产量实现翻番,经济效益稳步增长,完成水产品34166担,实现净收入557万元,增长15.8%。工业运行质量进一步提高。全年完成增加值1.7亿元,比上年增长12.6%。完成销售7.2亿元,增长19.6%。实现利润4600万元,增长25.3%。随着无锡托林顿轴承有限公司滚针轴承车间的正式投产,华贝精工电器、贝斯特精机的扩产建设,开发区以精密机械、电子信息及轻纺为支柱的工业格局进一步形成。三产保持较快增长。全年完成增加值8650万元,比上年增长22%。完成营业收入6.6亿元,增长13.8%。实现总产出1.65亿元,增长35.2%。实现利润1250万元,增长20.5%。房地产、信息服务、旅游休闲业进一步成为开发区第三产业的主导行业。

〔**投资环境**〕 围绕改善开发区的政策环境,进一步扩大开发区的管理权限。大力推行养老统筹和失业保险制度,扩大了开发区养老统筹和失业保险的覆盖面。基础设施建设进一步完善。加强绿化工作,完成植树8280株,新铺草坪41000平方米。完成望湖路西侧石驳工程、纬二路西端沥青铺设工程、工业路加宽工程,渔港片区自来水从4英寸管增容到6英寸管,供电容量也得到了扩大,保证了该地区生产生活用电、用水的供应。加强用电管理,保证开发区良好的供电质量。围绕创建国家卫生城市,大力开展环境卫生综合治理,加强开发区内道路和环境的保洁管理,广泛开展全民健康知识宣传教育,开展除四害活动和五小行业整顿,完成管粪改厕工作,全面实行垃圾袋装化,垃圾一条龙处理进一步推开,对有关河道进行清淤整治,有力地改善了开发区的区容区貌。社会事业发展水平进一步提高。围绕完善开发区社区服务功能,积极开展各项社会事业建设。进一步完善教育设施,加大教育基础投入,渔港小学、幼儿园通过教育基本现代化验收和市乡镇教育现代化验收。计划生育率达到100%。建办了开发区中西医结合医院。加大社会治安综合治理落实力度,保障了开发区的社会稳定。不断完善社会保障体系,认真实施扶贫帮困工程。实施再就业工程,建立村、企再就业网络,筹集开发区再就业基金,全年11次组织进区企业参加再就业洽谈会,全面完成了上级下达的再就业安置指标。

〔渔港片区开发取得重大突破〕 年内,蠡园开发区充分发挥沿湖优势,加强渔港片区的招商引资力度,使渔港片区的开发取得重大突破。广东今日集团投资的无锡乐百氏食品有限公司落户渔港片区并于4月投产,总投资6000万元,主要生产乐百氏纯净水,成为渔港地区投资规模最大的工业项目。沿湖特色旅游项目取得突破,总投资300万元的水上渔楼于11月28日建成对外营业;渔港湾度假村开始启动太湖人家工程建设,一期项目总投资2810万元,建设主体是以经营太湖湖鲜为特色的18条水上航舫;建筑面积为5000平方米的大港宾馆二期工程于9月竣工,进一步增强了渔港片区的旅游服务能力。占地2公顷的光华学校三期工程完工,学校设施进一步完善。

〔进区企业不断发展壮大〕 1998年,进区企业克服东南亚金融危机带来的不利影响,多数企业取得了较好的发展。无锡微研有限公司获省高新技术企业称号,开发出大屏幕彩电电子枪精密模具,全年实现销售收入5257万元,利税1100万元,人均创利税7.33万元;光洋公司通过ISO 9002认证,全年实现销售收入1.3亿元;华贝公司的电子储纬器开发成功,达到国际先进水平;雷华—环球公司开发国家级新产品——电缆电视激光传输设备;天然纺织公司重视产品开发,生产出高档的丝光棉、丝光麻面料。金藤公司针对市场特点及时开发新品,内销外销一齐抓,全年赢利150万元。

〔产权制度改革〕 开发区的97个改制企业全年完成改制90个,改制面达到93%。其中,二产列入改制企业51个,完成48个,完成94%;三产列入改制企业46个,完成42个,完成92%。改制企业的产权更为明晰,资本结构发生根本性的变化,增强了企业发展的内在动力。18个转为股份合作制的工业企业,总股本金为1161.5万元,集体股本金77.2万元,占总股本金的6.6%,个人资本金1084.3万元,占93.4%。企业改制后,属于集体的房屋、土地从企业资本中剥离出来,进行租赁使用,政府不再负担企业亏损,极大地降低了开发区集体资产的风险。

(沈辉　执笔)

惠阳三和经济开发试验区

〔概况〕 惠阳三和经济开发试验区筹建于1992年,1997年3月经广东省人民政府批准设立。截至1998年底,全区开发建设累计投资达11亿元人民币,其中基础设施投入2亿元;开发面积104万平方米;1998年工业总产值为26.2亿元;预计1999年试验区的经济指标完成总量可达40亿元,其中工业产值38亿元,建设投入2亿元。

惠阳三和经济开发试验区位于秋长镇莲塘面村和淡水镇拾围村地段、淡水城区北郊6

公里处，规划面积为8平方公里。南距惠州港18公里，北距惠州机场24公里，毗邻香港、深圳、东莞等地；惠澳疏港大道、惠淡公路、深汕高速公路、陈澳铁路在此结网；西枝江惠淡、东江惠深引水工程管道及22万伏、50万伏输变电站高压走廊经过该区；四面山峦相拥，淡水河南北贯穿其中。试验区区位优势相当明显，发展潜力巨大。

〔**投资环境**〕 1992年3月，完成了全区60米高程以下的土地总体规划和控制性详细用地规划；1998年对试验区东区进行了规划修编；1999年着手西区的规划修编工作。区内道路、桥梁、给排水、供电、通讯等市政设施已设计完毕，形成了完整的城市功能网络系统。按总体规划要求，试验区分四期进行建设，做到了开发一期、建设一期、收效一期。试验区的规划建设具备了较强的超前意识。

截至1998年底，全区已投入超亿元资金用于区内市政、通讯、水电等基础设施建设。已建成桥梁两座共220米延长，建成1.5公里的二环路城市一级干道；三和大道城市主干线、莲塘北路、十美大道等已进入建设期；开通了960门程控电话；完善了日供水量3万吨的水厂设施，建成3条1万伏双回路高压线路；1999年计划在区内兴建一个22万伏输变电站。同时，积极配合市府推进惠淡公路试验区段的公路扩建工程建设。在不断优化试验区投资环境的过程中，善于探索创新的三和人，充分利用土地资源优势，采取以地换路、换桥等方式做活了土地文章。走出了一条以盘活土地存量促进基础设施建设，以基础设施建设优化投资环境，以良好的投资环境招商引进项目，以项目建设带动土地开发的新路子。

试验区管委会自1998年3月挂牌运作以来，紧紧围绕省府[1996]7号令，根据惠阳府[1997]13号文《关于惠阳三和经济开发试验区暂行管理办法的通知》精神，管委会在试验区行使市一级政府管理权限，对区内事务实行“五个一”；统一领导、统一规划、统一管理、统一收费、统一发证。并依照惠阳府办[1998]74号文《惠阳三和经济开发试验区管理委员会职能实施办法》，在短期内把管委会各部门职能落实到位，初步实现了“一个窗口收费、一站式管理、一条龙服务”的“三个一”职能落实目标。同时，相应地设立了“两委”办公室(党委、管委)、经贸办、规划建设办、财税办、劳动服务公司和城监中队等职能部门，简化办事程序，提高了工作效率。管委会政府管理职能的落实和机构设置，为进一步完善试验区的服务和管理体系打下了坚实的基础。与此同时，管委会重视工作人员综合素质和业务水平的提高。把倡导学习之风作为培养高素质干部队伍的重要途径，通过建章立制，深入开展“三讲”教育和机关创“五好”活动，树立公仆形象；发扬爱岗敬业精神，以高度的责任感和使命感去铸就试验区“务实进取、精简高效”的群体形象。

〔**招商引资**〕 惠阳三和经济开发试验区管委会围绕稳中求进、有效增长、有效管理、提高效益的工作思路，做到量力而行，以点带面，滚动发展。几年来，试验区在加大招商引资工作力度，推进项目建设方面取得了可喜成绩，初步形成了以高科技、外向型工业为主导的发展格局。

——联想科技园。科技园占地80万平方米，自1993年落户试验区以来，已开发了28万平方米土地，建成厂房面积16万平方米，园区现有员工3000人。科技园发展势头迅猛，初步具备了大规模的生产开发能力。已形成了年产电脑主机板300万块、PCB板400万平方英尺、100万台电脑整机生产线的大型企业集团。目前，占地1.2万平方米的QDI厂房正在建设之中。联想集团计划在此基础上建设国际科技工业城，实施推进试验区河东52万平方米的土地开发。1998年科技园工业产值26.2亿元，成为试验区内的“龙头”企业。

——和宏电子工业园。位于试验区河东片，占地27万平方米，建筑厂房及配套生活区16万平方米，计划总投资1.5亿元人民币，分三期进行建设。工业园由香港百利宏公司、三和管委会、拾围村委合股兴建。园区建成后，全部租给香港中建电讯有限公司,主要生产电话机、无绳电话机、传真机、稳压器和注塑产品,计划生产设备投资2亿港元。工业园1999年7月份止,已完成首期投资8000万元,建成厂房及生活配套10多万平方米,并将于1999年8月投产;当年计划用工6000人,实现销售产值6亿元人民币。和宏电子工业园建成后,可实现年销售产值15亿元人民币。

——南凯实验学校。位于试验区河东地段,占地面积13万平方米,总投资300万元人民币。是广州南凯实业有限公司助资兴建的省一级标准学校。设立幼儿部、小学部和中学部。属民助公办性质,实行九年义务教育。学校建设定于1999年1月5日奠基,9月1日前,小学部可投入使用。南凯学校的建设,对改善试验区投资环境、推进经济和教育事业的发展,必将起到重要作用。

几年来,三和试验区在市委、市政府的直接领导下,靠良好的投资环境和社会形象,完善的服务、管理体系,促使试验区两个文明建设朝着持续稳定、快速健康的方向发展。试验区开发建设所取得的业绩得到了各级政府的充分肯定,1997年3月,顺利晋升为省级经济开发试验区。如今,三和试验区这方历尽改革开放大潮洗礼的热土,呈现出勃勃生机。

(周建明　执笔)

台州经济开发区

〔**经济与发展**〕　1998年,台州经济开发区管委会全体干部职工在市委、市政府的领导下,根据市委、市政府提出的实施三大工程、实现三个转变的总体要求,开拓拼搏,扎实工作,招商引资开始启动,经济平稳增长,道路骨架进一步拉开,征地、拆迁力度加大,基础设施日趋完善,新城建设有所突破,商业街建设进展顺利,总公司实力不断增强,其他各项工作都取得了一定的成绩。

积极拓宽渠道,招商引资工作开始启动。一年来,开发区参加、参与了北京、厦门等地招商会,接待了来开发区洽谈项目的境内外客商29批次165人。同时,开发区从做好项目的前期准备工作入手,建立项目库,目前已形成20个项目。专门抽调各部门骨干组建了"项目报批服务中心",切实为客商服务。全年,区内共引进项目12个,其中外资项目4个,总投资4020万美元,协议利用外资1658万美元,实际到位外资1250万美元,在全市利用外资工作中处于领先地位。内资项目8个,总投资22350万元人民币。

强化管理服务,经济速度平稳增长。一年来,开发区强化了区内企业管理服务工作,为企业无偿提供各种服务,积极为企业创造良好的外部环境,促使企业有更快的发展。全年,区内共完成技改投入1.22亿元,实现工业产值7.6亿元,比去年同期增长49%;实现销售额5.28亿元,比去年同期增43%;出口交货值3.03亿元,增64%,出口比率为57%。区内企业开发省部级新产品4个,通过ISO 9000质量认证企业1家。

〔**投资环境**〕　道路骨架进一步拉开,基础设施日趋完善。一年来,管委会累计完成区内基础设施支出2.32亿元,其中土地征用、拆迁支出1.33亿元,各类工程支出9818万元。为确保工程进展顺利,共收取土地款及配套费1.51亿元。先后完成三批共19个标段的道路、桥梁工程项目(道路总长6706米,桥梁4座)的招投标工作。目前,中心大道南延、市府大道西延二条道路(砂石路)、开发大道沥青路已通过竣工验收。市府大道东延、白云山路一期、经中路、康平路、东海大道的6号桥、开元桥、经中桥等工程已全面进入扫尾验收阶段。中心大道、市府大道一期工程通过竣工验收,并被评为优良工程。

为建设单位做好服务,西区新城建设有所突破。为尽快形成核心城区,开发区积极创造条件,吸引各单位搞建设,促使区内项目的全面启动。在催促进区建设单位开工建设的同时,集中力量抓了建设单位用地选址落实、土地征用报批、民房拆迁、青苗附着物的处理、临时用水用电的配套等工作。一年来，开发区共征用土地1910亩，协议出让土地1342亩，拆迁民房2.87万平方米，安排选址用地1601亩，选址项目55个，规划建筑面积95万平方米。区内开工项目27个，建筑面积48万平方米，竣工项目15个，竣工建筑面积19.5万平方米。西区总工会、中保财保、工商局、邮电枢纽中心、边防、公安、台州日报、中级法院、国税、爱华房产公司等10家单位已动工建设，累计总建筑面积16.6万平方米。实验中学、职教城已开始打桩。台州中心医院于年底前完成立项和土地征用报批工作。目前，还有19个单位在西区落实选址，总建筑面积21.3万平方米。在服务建设单位的同时，积极扶持经济发展总公司成为开发的排头兵。总公司全年共实现产值9300万元，创税利350万元。为吸引民资，集聚人才到开发区，同时为加快新老城区的连接，带动一方经济的发展，开发区总公司筹建了开元路、经中路“T”字型商业街，已完成方案设计和招商工作，路基、桩基工程全面完成，地上建筑全线动工。商业街的开发共集聚民间资金2.5亿元。商业街的建设为我们提供了一条吸纳民资搞开发的新思路。由开发区总公司承建的台州市一期6万平方米的安居工程，通过建设者的共同努力，已如期完成。

〔**经营管理**〕 1998年3月7日，原国务院特区办正式发文同意将台州经济开发区列为特区办重点联系的开发区(列国家级开发区后)。4月3日，台州高新技术产业园区可行性报告通过省、市专家论证。6月29日，经省政府同意，省科委发文批准创建台州高新技术产业园区，主园区设在台州经济开发区内。一年来，开发区根据市委部署的“抓好本级带全市，我为腾飞做贡献”为主题的“三讲”活动的总要求，结合管委会干部职工队伍的实际，开展了“想全局、当主人、比贡献”系列主题活动。这项活动总揽了全年、全体干部职工的思想作风建设。在这项活动中，一抓学习，采取读、看、听、议相结合的方法。读《邓小平文选》、十五大报告，听市委领导报告、理论辅导、知识讲座，收看电视教育片，组织“开发区三年规划”讨论、改善投资环境讨论，开展“我为开发区献一计”活动，制订中心组和周一学习制度。二抓制度建设，继续建立健全了各项规章制度，从原来的17项制度增加到22项制度。三抓骨干队伍建设，在全面考核、民主测评的基础上，调整充实了各办、局的班子，提高了战斗力。

总之，一年来，开发区形象进一步树立，各方面的工作都取得了一定的成绩，这与全体同志的共同努力分不开，与市委、市人大、市政府、市政协的关心、支持分不开，也与市级各有关部门及椒江区的支持、理解、合作分不开的。同时，我们也应该看到所面临的困难和问题不少，招商引资的难度很大，征地、审批、拆迁的困难多，工作效率不够高，资金短缺的矛盾非常突出等。在新的一年里，竞争会更加激烈，形势更逼人，我们必须保持清醒的头脑，知难而进，努力工作。

北京顺义三高科技农业示范园区

〔**概况**〕 顺义区位于北京东北部，东经116°40′，北纬40°04′，城区距北京市区30公里，总面积1025平方公里，总人口54.8万人，属暖温带半湿润大陆性季风气候，全年无霜期198天，有效积温4500℃，全年降雨量660毫米。顺义区有农田76万亩，其中粮田45万亩，蔬菜11.25万亩，其它经济作物19.75万亩。农机动力85千瓦/百亩，粮食生产实现了机械化、喷灌化。多年来，尤其是改革开放以来，顺义是全国产粮、产肉大县(区)，每年为首都市场提供的各种副食品生产量占北京郊区四分之一以上，其中北京鸭每年上市500万只，占据北京市场2/3以上。

为使顺义农业持续高效发展，进一步提高农业现代化水平和富裕农民，1995年1月，北京市人民政府批准建立北京顺义三高科技农业示范园区(以下简称科技园区)。科技园区位于顺义城东北,距城中心6公里。这里地势平坦,土壤肥沃,水源丰富,具有得天独厚的进行高科技农业开发的地理优势。科技园区立足于高效益、高科技,以高新农业科技为先导,以首都雄厚的科技力量为依托,以国内、国际市场为导向,以加快农业科技成果转化为中心,以农业的高产、优质、高效为宗旨,以建立灵活的经营管理机制为手段,以提高农业现代化水平和富裕农民为目的,广泛吸收国内外资金、技术、人才,走种、养、加、贸、游相结合,销、供、产一体化的农业发展新路子。

总体发展目标是:到2010年,科技园区将成为国内现代高新农业成果转化中心,成为世界农业现代化和工厂化先进技术的展示窗口,成为顺义乃至全市农副产品商贸中心,成为高效农产品加工和精品农业种植、珍奇动物养殖基地,成为北京郊区一个观光旅游的新景点,为本世纪中叶建成具有世界一流水平的现代高科技农业园区奠定基础。

科技园区总占地1991亩,规划为四个功能区:现代农业示范推广区,高效农产品加工区,精品农业、珍奇动物种养区,管理服务区。

经过几年的滚动发展,目前科技园区已引进资金1.5亿元,引进项目25个。1997年底,被国家科委命名为北京地区5个"工厂化农业示范区"之一,被北京市政府命名为"现代科技农业试验示范区",1998年4月,被国家科委评为国家级A类城郊型持续高效农业示范区。

〔投资环境〕 科技园区西侧沿潮白河一线建有北京国际高尔夫球场、乡村高尔夫球场、乡村赛马场、龙苑、华中园、阳光花园、恒丰花园等别墅区,大龙世界水上游乐场、向阳闸等,西北紧邻怡生园国际会议中心,距101国道5公里。

在顺义区政府的领导下,科技园区管理委员会(以下简称管委会)不断加强与首都科研单位、大专院校的合作力度,通过农业科技专家学者的介入,推进农业与科技的结合,加快农业科技成果转化的步伐。科技园区先后聘请了40位农业专家作为技术顾问。

为了给入区企业营造一个良好的投资软环境,顺义区政府制定了关于北京顺义三高科技农业示范区若干优惠政策,有关职能部门推出了服务承诺制度,提高了为企业全方位服务水平。在区公安分局的支持下,管委会与南彩、北小营两镇派出所,加强了社会治安综合治理,为入区企业人员提供了安全的生产、生活环境。为了给入区企业创造一个优良的投资硬环境,几年来,科技园区投入了1600余万元,用于基础配套设施建设,基本上满足了项目发展的需要。

〔招商引资〕 科技园区内企业具有所有制形式多样化、投资主体多元化、经营机制灵活化,企业的科技含量高、市场前景好、经济效益佳的特点。

科技含量高。北京三益园艺有限责任公司是顺鑫农业股份有限公司顺科分公司(以下简称顺科公司)与香港建凯公司组建的合作公司。公司建有一座建筑面积为2500平方米的现代化植物细胞组织培养中心,设计能力为年产1000万株蝴蝶兰、大花蕙兰等花卉种苗,为北京、大连、太原、哈尔滨等地蝴蝶兰种植基地培育优质种苗。北京长青蔬菜有限公司,是顺鑫农业股份有限公司与加拿大德尔塔公司组建的合资公司。公司引进加拿大海卓诺弗公司的温室设备及深池浮板栽培技术,生产绿色无公害叶类鲜活水菜。14000平方米联栋温室,从生产、管理、包装到销售,只需20个人,蔬菜生长过程包括病虫害防治,全由计算机控制。北京兴绿原三高科技有限公司,是北京兴绿原农牧发展有限公司与顺科分公司组建的合作公司,公司在科技园区内建一座胚胎移植研究中心,建筑面积1250平方米,利用中国科学院畜牧所的三元杂交科技成果,通过人工取精、冷冻精液、人工授精、胚胎移植等技术,实施优质肉羊产业化工程,到2005年,肉羊存栏50万只。

动物乳腺生物反应器,是二十世纪九十年代初在世界上才出现的一种利用动物乳房作为生物发酵工厂来大规模生产昂贵的可供人类医疗和保健使用的药用、食用蛋白的生物技术。北京兴绿原三高科技有限公司,依托中国科学院畜牧所、中国农业大学动物科技学院和食品学院的设备、人才、科技成果,通过转基因羊的乳房进行生物制药。

经济效益好。北京长青蔬菜有限公司年产波士顿生菜约2000吨,年利润约900万元。蝴蝶兰种植温室经济效益1999年约3000元/平方米,三利果树园艺中心在温室里返季节种植德国大樱桃,春节前产品投放市场,价格200元/斤。

经营机制灵活。科技园区的企业所有制形式多样化,有国有、集体性质的,有外资企业,有民营企业;投资主体多元化,有国有资产投入,有上市公司投入,有民营企业投入,有外商投入;经营机制灵活化,空中花园环境工程公司、三利果树园艺中心等民营科技企业,按照民营科技企业的自主经营、自负盈亏的经营模式运行,北京兴绿原三高科技有限公司、北京三益园艺有限责任公司等合作企业,顺科公司以资本运营的模式参与运作,按照投资额每年获税后利润,不参与经营。合作方独立经营。双方成立董事会,经营方定期通报经营状况,不参与经营的出资方从财务分析等方面进行有效监督。北京长青蔬菜有限公司是中外合资企业,依照现代企业制度进行管理,成立了董事会、监事会和以总经理为代表的经营管理机构,企业的管理人员实行公开招聘。

科技园区注重建立灵活高效的经营机制,管委会主要职能是依照有关法规对入区企业进行规范化管理。完善基础设施建设,为企业提供全方位的优质服务。加大宣传及招商引资力度,吸引科技含量高、经济效益好的项目入区。同时,不断探索专家与企业、农业结合的路子,为企业高效发展搭好舞台。科技园区企业经营的发展方向是所有制形式多样化、投资主体多元化、经营机制灵活化、经济效益最大化。

安庆经济技术开发区

〔**投资环境**〕 安庆经济技术开发区选址在老城的北郊,南濒与老城紧密连接的大湖风景区,距客货运港口和外贸码头仅4公里;北依火车客货运站,距民航机场4.5公里;西临沪蓉高速公路,东靠206国道及长江公路大桥下河线,总体规划面积7.2平方公里的开发区四周已构筑起"海陆空"立体化交通网络。同时,充分利用和依托老城现有各项基础设施条件,30000万程控电话和邮政电信局,第一、第二自来水厂,煤气及交变电所等设施环绕唇依,各项投资开发条件均充分具备。

安庆开发区在市委市政府等市领导机关的关心重视,各部门和全市上下的广泛支持下,随着健康有序的进展,已形成吸引客商积极投资的良性循环。先期开发的东片3.5平方公里已实现"八通一平"(道路、供电、供水、煤气、邮电、通讯、排水、排污、有线电视、土地平整),为投资者创造了优越的条件。地面开工建筑面积80多万平方米,竣工面积60多万平方米,建成道路15公里,主支干道绿化、厂区绿化、路灯设施和省级生活小区——回祥新村的国际化标准营造水平等,已成为开发区崭新的亮点。随着开发区站南路(市外环路)、菱湖北路的即将投入兴建、沿大湖风景区别墅群的开发建设,7.2平方公里总体规划在新的一年里基本构成明晰框架。同时,在充分利用老城现有各项基础设施条件,按现代化新城区的规划要求,较好地体现了开发与建设、经济效益与社会效益、环境效益相结合的原则。

作为安庆市改革开放的龙头和对外开放的窗口,开发区始终以"营造一流投资环境、建设现代化新区"为建区宗旨,依照国际惯例灵活运作,按照"小政府、大服务"的高效运行机制,在投资软环境上下大力气。开发区除了管委会机关工作机构外,还设立了工商、税务、土地、公安、财政等市分支机构,建立了金融、会计、律师、公证、社会保险等中介服务机构,实现了“一幢楼办公、一站式管理、一条龙服务”。区内还设有新华社卫星电子信息网络中心,兴建了两座三星级宾馆;学校、幼儿园、医院等社会服务体系配套完善,从功能上基本构成了现代化新区的初步框架。风景这边独好!

1992年8月8日奠基始建的安庆经济技术开发区,作为城市建设拓展、开放兴市窗口、重要经济增长点、与国际市场的对接点和机制改革试验示范区,在市委市政府坚强领导和方方面面的鼎力支持配合下,以较明晰的发展思路、强烈的开放意识、超常规的工作效率、扎实的建设步骤和稳健的发展步伐,一年一大步、年年有发展。在全省23个省级开发区中名列前茅,得到了国务院特区办等有关部门和省领导的充分肯定。具体地说,安庆经济技术开发区是在大力改革开放,坚持实事求是,立足自费开发,通过自我加压,加快建设发展中快速崛起的:围绕一条主线(再造新安庆、建设跨世纪现代化新城区),实施两个战略(外向带动、科技兴区),突出三个要素(出形象、出成果、出效益),辟设四个园区(台资区、国家民营科技企业示范区、扶贫工业园区、回祥新村省级示范生活区),形成五个支柱产业(精细化工、新型材料、机电一体、轻工建材、电子信息),强化六个服务(政策优惠咨询、办事优质高效、主动上门解难、信息准确及时、文明热情亲商、放权企业自营),显现七个效应(对外开放的窗口效应、新经济增长点的增速效应、现代城区的示范效应、科技进步的聚集效应、新区配套的功能效应、民营企业发展的群体规模效应、崭新运营机制的改革效应)。基本上实现了“初步发展”、“调整快进”、“第二次创业”的阶段发展思路,健康有序地把开发区建设一步一步推向前进。

〔投资产业导向及重点招商项目〕　根据国家产业政策,结合本区实际情况,安庆经济技术开发区规定:优先发展基础设施建设,重点发展石油化工、纺织、电子与信息等产业,鼓励发展汽车及机械、生物工程及医药、新材料、新能源、环境保护、第三产业等,欢迎发展国家及省、市产业政策允许的相关产业和项目。

重点招商项目主要有:

1.安庆市外环路及附属市政工程,总投资约15843万元,投资回收期4.11年;

2.PTC过热、过流保护热敏电阻(合资),总投资约440万美元,投资回收期4年;

3.年产100万只轿车、轻型汽车转向节(合资),总投资约1995万美元,投资回收期5年;

4.GZZ-Ⅲ型光照治疗仪(合资、合作),总投资约1000万美元,投资回收期3年;

5.利用奥里油生产高等级道路沥青(合资、合作),总投资约4310万元,静态投资回收期2年;

6.石油磺酸(WPS)扩能改造(合资、合作),总投资约4000万元,静态投资回收期3.85年;

7.三聚氰胺复合强化地板(合资生产),总投资约4642万元,投资回收期4.9年;

8.UV油墨系列产品(合资、合作),总投资约530万元,投资回收期7个月;

9.氯氧镁防盗井盖(合资、合作),投资总额5000万元,投资回收期2.54年;

10.氧化物系精密陶瓷粉体与制品(合资、合作),总投资约2700万元,投资回收期2年。

(胡树旺　执笔)

招商局中银漳州经济开发区

〔概况〕　招商局中银漳州经济开发区总体规划面积40平方公里,位于福建省九龙江出海口、厦门湾南岸,距厦门东渡港3.5海里,距台湾高雄港、台中港分别为140海里和120海里,处在上海、台湾、香港三大经济区的中间地带,依托中国东南沿海一带经济最为活跃的厦漳泉金三角,地理位置得天独厚,是福建省建设海峡西岸繁荣带——闽东南的重要组成部分。建港条件优越,深水岸线长达10余公里,区内漳州港招银港区是国家交通部确定的首批对台直航口岸。

〔投资环境〕 漳州开发区自1992年12月28日奠基开工以来，在省、市各级党委、政府的重视支持下，建设者们开拓进取、艰苦奋斗，取得了阶段性的成果，累计投资10多亿元人民币。

建成漳州港首期3.5万吨级多用途泊位1个及后方配套设施；建成2.5万吨货主码头1个；漳—厦车客渡滚装码头1个；在建万吨级泊位2个，预计2000年底竣工投入使用；正在申报建设的有两个3.5万吨级泊位；

基本完成启动区域内1—9号山的土石方平整工程，形成“六通一平”可供项目建设用地4.17平方公里；

区内建成四通八达的道路网络，绿化、照明、地下管网一次配套，疏港公路可接省道、324国道及漳厦高速公路，为港口运输和开发区的建设提供了便捷的交通条件；

建成招商广场一期、港务大楼暨口岸联检中心、标准厂房、凌波苑、珊瑚苑等一批办公、生产、生活用房，这些项目的建设改善了开发区的工作和生活条件，也为入区企业提供了必要的配套；

市政配套设施基本完善，建成日供水4万吨水厂，80MVA输变电站及线路，程控电话交换系统首期容量5000门，启动区内排洪、排污管网建设全部完成。

〔招商引资〕 开发区坚持边建设、边开发、边招商，一批来自德国、新加坡、台湾等国家和地区 的客商入户开发区，树立了开发区形象，加快了建设和发展的步伐。累计引进项目70余家，合同外资额6.5亿多美元，内资6亿多元人民币。

面对全球经济一体化的大趋势及知识经济浪潮，随着中国加入世贸组织步伐的加快，漳州开发区决心抓住机遇，趋势而上，计划用3～5年左右时间的努力，以临港工业和中转仓储业为主导，增物流、旺人气、带三产，形成较为完善的投资环境；扩大引进和利用外资，滚动开发。抓龙头，加快港口建设，尽快形成规模。再用3到5年时间，通过产业政策引导，在开发区建立并形成良好的产业结构，形成以港航业为主体，高新技术产业为龙头的产业格局，实现规模经济，使之逐渐成为经济繁荣、功能完善的港口工业区。

五华县经济开发试验区

〔基本情况〕 五华县位于粤东韩江上游，东南邻丰顺、揭西、陆丰，西南接河源、紫金，西北界龙川，东北连兴宁。全县总面积3226.1平方公里。

五华县是一个有百万人口的大县，又是广东省有名的老区、山区、穷区。1992年，邓小平同志南巡谈话，使五华县委、县政府思想解放，观念更新，认为一个山区大县，要实现经济腾飞，就必须选择区位优势明显、投资环境良好的区域建立经济开发区，作为本县改革开放的窗口，更好地接受沿海经济发达地区的辐射，更好地吸引外资、技术、人才和设备，兴办基地，加快改革开放和经济建设的步伐。为此，决定并呈报市、省人民政府批准，在北部古镇——华城设立五华县经济开发试验区。

〔投资环境〕 经济开发区所在地具有优越的经济地理条件；一是具有悠久的历史。古长乐设治几百年，至解放初期为该县政治、经济、文化、商贸活动中心，且名胜古迹众多，有明清建筑狮雄古塔、长乐学宫、状元故居等。二是具有优越的交通条件。国道、省道、广梅汕铁路穿城而过，走205国道东至梅州74公里、汕头200多公里，西至广州358公里、深圳340公里，火车至广州、深圳5小时车程，汕头2小时车程，是梅州市各县(市、区)通往广州、深圳等发达地区的门户。乌陂河、五华河、潭下河三江汇合。三是具有良好的能源、通讯条件。开通了万门程控电话、传呼机、移动电话，供水、供电设施好，能力强。四是具有丰富的资源。铜、钨、稀土、瓷土、煤矿等含量高、储量大，有占地200多亩的天然湖泊，有狮雄山、益塘水库等丰富的旅游资源可供开发利用。

〔优惠政策〕 五华县委、县政府结合本地实际制定了《五华县鼓励投资优惠办法》、《五华县鼓励引进项目资金优惠办法》等与开发区建设相配套的政策，明确规定对前来开发区投资的客商在税收、土地出让、转让、项目审批、对外劳务合作签约等方面给予特殊优惠政策，并实行项目审批、原材料供应、供水、供电、配套贷款等九个方面优先和固定资产投资、厂房设备出租、转让"两不限制"的规定，真正做到让利、让市场。

〔**服务体系**〕　试验区管委会在营造良好投资硬环境的同时，制定了一系列优质、高效的服务体系。对每一位投资商做到：

——在立项审批、资产评估、供水、供电、安装电话9天内办妥；

——环保、消防出具意见；

——工商、税务登记备案5天内办好；

——银行开户、申办进出口物资和外商暂住证随到随办；

——搞好社会治安的综合治理工作。

〔**建设情况**〕　开发区管委会勇于开拓、大胆探索，闯出了一条以地生财、以地换路、以地招商、滚动发展的路子。在开发建设和招商工作中，坚持做到"四先四后"、"三个结合"，以诚实态度，廉洁、高效的服务，吸引大批投资者。到目前为止，共引进项目32个，实际投入资金6亿元，已竣工投产的项目有西湖温泉大酒店、西湖批发市场、金湖纯正花生油厂、西湖消防器材厂、广东荣华建材有限公司，爱地饲料厂、梅州洁力日用化工有限公司的洁力洗衣粉厂等22个项目。开发区建设日新月异，城市化程度日益提高，二、三产业蓬勃发展，当地经济快速增长。开发区的发展，辐射和带动了该县经济的全面发展。

〔**发展方向**〕　根据开发区的地理位置和自然优势，按照总体规划和各小区的功能设置，确定了今后的发展思路和发展目标。发展思路是：完善设施配套，优化投资环境，加大招商引资力度，走以效益为中心，内涵发展的道路，实现开发区的二次创业，再次飞跃。发展目标是：把开发区建设成为融科、工、贸、旅游、娱乐于一体的文明新城，改革开放的试验基地和新的经济增长点。为实现上述目标，将采取切实有效的措施，在加快工业区基础设施建设的同时，积极发展，上好一批科技含量高、市场前景好的工业项目，加速中心城区的建设步伐，使之早日成为一个布局合理、功能齐全的中心城；完善金河小区、金山小区、高塘小区的配套建设，优化环境，强化管理；同时充分利用资源，引进资金，发展旅游业，加大对重点项目的综合开发利用的力度。

辽宁本溪经济技术开发区

〔**概述**〕　本溪经济技术开发区是1992年1月经中共本溪市委、本溪市人民政府决定设立，1993年3月15日被辽宁省人民政府正式批准为省级经济开发区。开发区设管理委员会(以下简称管委会)，是本溪市人民政府的派出机构，代表市政府对开发区的经济、社会事务和有关行政工作，实行统一领导和管理，行使市级经济管理权限(含外资项目审批权限)。管委会下设经济技术发展局、财政局、劳动人事监察局、工商物价管理局、土地规划建设局、社会事业管理局、工委办公室、管委会办公室、新办企业联审办公室、农林水利处和经济技术合作总公司，囊括市级政府的全部管理权限，执行管委会规划、服务、协调、监督、管理等基本职能。

本溪开发区位于本溪市北部石桥子镇，距母城21公里。地处辽东半岛经济开放带腹地、辽宁中部城市群中心，具有得天独厚的区位条件。年平均气温7～8℃，年降水量800毫米，属温带季风气候，无霜期160天左右。自然环境优美，空气清新，气候温和宜人。地理位置十分优越，距省会城市沈阳市43公里，距新兴工业城市辽阳市61公里，距中国石化基地抚顺市45公里，距钢都鞍山市80公里，可充分吸收辽宁中部城市群的辐射作用和聚散效应，是发展机械、电子、钢铁、化工、建材等行业的理想之地。

交通便捷，区内有沈丹铁路、沈丹公路(304国道)和小小公路纵穿横贯，与周边城市紧密相联。另有沈本高速公路在本溪经济开发区纵贯南北，区内设三个出入口和一个大型服务区。通过沈丹铁路、沈丹公路与丹东港相通，经沈大高速公路与营口港、大连港连接，北行31公里可抵桃仙国际空港。陆海空中一体的交通条件构成本溪经济开发区立体交通网络。

本溪经济开发区有可依赖的丰富资源和雄厚的地方工业基础。母城本溪具有丰富的矿产资源(以煤、铁、建材为最)，植物资源(辽宁主要林地之一)，水利资源(辽宁三大河流之一的太子河流经全域)，旅游资源(国家级风景名胜区——本溪水洞风景区)。本溪作为国家重要原材料工业城市，钢铁、建材、有色金属工业发达，机械、电子、医药、化工等工业有较好基础和发展前景。丰富资源和较好的经济技术基础，为本溪经济开发区发展提供有力保障。

本溪经济开发区作为本溪对外开放的窗口，以实施外向牵动战略为主线，着重抓好四个重点：突出招商引资，深入政策研究，完善软硬环境建设，加强执法监督。同时，坚持"开发一片，建成一片，收效一片"的滚动开发方针，坚持"以内引外，以外引外，内外结合"的招商策略。坚持以"外向型为主、高科技项目为主、三资企业为主"的建设原则。1997年新批三资项目3个，协议外资额183.55万美元，税收1.105亿元，出口供货额4500万元，出口创汇160万美元，基础设施投资1248万元，完成工业产值3.5亿元，工商销售收入16亿元。

精神文明建设，注重在镇村开展好"十星级文明户"活动。党风廉政建设、援灾、扶贫、希望工程均有明显进展。

安全、消防、文化、卫生、计划生育、工程质量、环境保护、环境卫生等工作进一步深化，本溪经济开发区规划确定的工业区、商业区、医药园区、住宅小区已具雏形，社区环境稳定。

〔经济实力快速增强〕 本溪经济开发区创建伊始，在基本没有国家投入的情况下，依靠自身努力广辟财源，增加实得财力，制定出台适合自身实际情况的各类管理办法，加强财政预算及资金管理，强化预算分配监督职能。在资金原始积累阶段，大力组织财税收入，严格控制各项支出，加强第二预算管理，强化财政监督控制环节，加大征收力度，严肃财经纪律，把有限的资金用于基础设施建设，改善投资环境，为建设和发展创造必要的物质基础。1997年末完成工业总产值3.5亿元，是1993年8215万元的4.26倍，年平均增长41%；1997年工商销售收入16亿元，是1993年1.5亿元的10.7倍，年平均增长48%；1997年财政收入1.17亿元，是1993年156万元的76.5倍，年平均增长106%，上解中央和省由1993年的36万元到1997年的3379万元，5年累计上缴国家7140.9万元。1997年区本级财政收入8323.5万元，区本级财政实得收入1484万元，出口供货额4500万元，比1993年75万元增长60多倍，1997年出口创汇160万美元；5年出口累计完成584万美元。本溪经济开发区经济发展速度居全市之首，已成为本溪经济发展新的增长点。

〔招商引资内外结合〕 每年安排近140万元的招商资金，组织国内外招商活动，吸引外资和港澳台地区的企业到开发区投资。走出去，请进来，增强客商对本溪经济开发区的了解。先后组织团组到韩国、马来西亚、泰国、香港、厦门、北京、沈阳、大连、上海、深圳等地举办招商会、投资说明会、洽谈会，组织参与各种经贸洽谈活动，发宣传资料，介绍投资环境，通过会议接触客商。进一步与韩国、美国、澳大利亚、孟加拉、智利、德国、荷兰和台湾、香港等国家和地区客商、外国驻华使馆和商社建立联系。出台本溪经济开发区招商引资中介服务奖励政策，对招商引资中有突出贡献者给予嘉奖，并予以免税等优待。改进招商形式，从依靠政策招商转为项目招商，从部门招商转向全员招商，实施部门招商责任制。调动现有各方面的招商引资积极性，加大招商引资工作的力度。

主动为企业牵线搭桥,促成了一些合资、独资和内资企业到开发区落户。同时,抓住老工业基地改造调整机遇,争取市内更多异地改造企业进区。通过卓有成效的积极工作,星技种子公司、斯美达台球公司、大圣针织公司、芳林木业公司、大一机械公司等合资企业率先进区投产经营。管委会先后为银河木器公司、斯美达台球公司等牵线组建合资企业。石油化学厂破产后与山西运城联办南风日化公司,山西方面投入2800万元资金因无账户难以注入,开发区及时协调使资金迅速到位。市轴瓦厂从市区搬迁到开发区,在尚未缴纳土地出让金的情况下,开发区出让3万平方米土地后补办手续,用不到一年时间便完成厂房建设。市联化公司与美国YSC公司合资的工业酒精项目,开发区用不到10天时间便办理了立项审批和工商注册。优惠的投资政策以及良好的投资环境吸引大批中外投资者在本溪经济开发区安家落户。星技种子公司、斯美达台球公司、大圣针织公司、芳林木业公司、钢威包装公司、防腐制品公司等企业已经建成投产,三株集团与本溪三药联营设立销售中心和结算中心,美国任士兰公司与六药厂合资兴办了中美合资迪安药业有限公司。到1997年底,在开发区注册的各类企业达816家,注册资本20.13亿元。全区共引进内外资生产性项目186个。其中,内资项目163个,项目总投资额为2.33亿元;外资项目23个,项目总投资额2.67亿美元。实际利用外资400万美元。

〔**强化硬件基础设施**〕　本溪经济开发区总体规划面积27.8平方公里,起步区面积0.5平方公里,新区开发面积1.49平方公里,已建成0.8平方公里,项目建筑面积27万平方米。1997年管委会投入基础设施建设资金1248万元,截至年底管委会累计投资4000多万元人民币,用于基础设施建设。管委会和地区企业累计完成固定资产投资6.5亿元,其中基础设施建设累计投资1.16亿元,建成了比较完善的基础设施。建成一批供水、排水、供热、供电、道路、通讯等工程项目,区内基本实现"六通一平"。根据项目进区发展情况,集中有限资金加强重点基础设施建设。修建平台子跨河大桥,与市交通局携手拓宽改造了中心路。完成道路路灯、绿化和边沟等配套设施,达到水、热、电24小时不间断供应。

主要基础设施配置情况为:

供水,日供水能力2万吨,供水管线15公里,其中镇自供水管线10公里;

排水,5公里沙河防洪堤,10条排水明渠,9千延长米,5公里集中排水管线,直径0.6～1.2米,给、排水完全满足近、中期的发展需要;

供电,总变电容量近2万千伏安,其中,歪头山1.2万千伏安、石桥子0.63万千伏安;

通讯,区内设有邮电支局,已开通2500门程控电话,在建2000门程控电话,同国内外联网,国际传真;

供热,供热能力现已达到70蒸吨/小时,其中工业区50蒸吨/小时,管线3.5公里,供热面积40万平方米;

燃气,现有两个液化气站,供气量2吨/日,可满足近、中期需要;

路网,铁路,石桥子站,5条编组线,日编组50车,日通行能力110列(现在70～80列);

高等级公路,途经本溪经济开发区10公里,共设响山子、石桥子、边牛三个出口站,一个大型石桥子服务区;

区内道路,新建5公里,旧镇原有公路40公里。

〔**优化软件完善政策**〕　本溪经济开发区实行省级开发区的政策,享受与沿海经济特区和经济开发区等同的各项优惠政策。本溪经济开发区管委会享有市级经济管理权限。在坚持"以内引内,以内引外,以外引外"招商方针的同时,结合本地区实际情况,对已有的各项政策用足、用活,又制定更加灵活的地方性的优惠政策,并不断地加以配套、完善,使得本溪经济开发区实行的政策不仅优惠性强,具有可操作性,而且还能够保持其连续性和稳定性。根据招商项目进展实际，以及企业生产经营的状况，不断完善税收等优惠政策，并及时出台一些新政策，在保持原有政策的连续性和可操作性的基础上，又使政策具有了配套性、适时性和超前性。先后出台了开发区招商引资中介服务奖励政策，市内企业进区搬迁改造政策，“先上车，后买票”减轻企业创建阶段经济负担政策，鼓励改造旧镇和开发“三闲四荒”政策，鼓励镇村经济发展政策，土地出让、出租办法，鼓励外商和企业投资兴建基础设施的补偿办法，组建企业集团的优惠政策，流通企业免税期满后再投资办生产性企业，继续享受开发区优惠政策等一系列政策。

〔**服务体系成龙配套**〕 优化软环境，牢固树立服务观念，简化手续，提高效率，建立了优质高效的服务体系。努力提高全员服务水平，加强岗位业务知识培训、微机培训，人员招聘考核，轮岗交流，争创最佳服务窗口。公开办事程序，降低管理费用标准。坚持企业是开发主体的原则，以优质、高效、快节奏的作风，为企业服好务。对外商投资企业，本溪经济开发区提供更加高效优质服务。进一步同国际通行规则接轨，建立了灵敏快速的信息系统，提供高质量的咨询服务，建立了以政策法律为依据，以利益为纽带，以服务为宗旨的投资保障体系。进区企业基本上可以按国际惯例进行正常的生产经营活动，使投资者心理上有安全感和稳定感，同时也使其合法权益得到保障。通过协调努力，国税、地税、审计、建设银行、农业银行、信用联社、保险、公证等都在本溪经济开发区设有分支机构，外部环境更加宽松。引进外资程序简化、规范，对项目审批，实行联合办公，分别盖章，同步操作，一次完成的“一条龙”全过程服务，提高了办事效率，特殊情况可“一事一议”，也可“先上车，后买票”，极大地方便了投资者。1996年4月成立集咨询、导办、代办、监督、管理职能于一身的联审办公室。进区项目只需在管委会内即可基本办理完入区的手续，并由管委会人员对其全过程跟踪服务。对大项目实行立项、审批、工商注册、税务登记联合办公制度，中小项目只需企业出具完备手续，由开发区有关部门实行代办制。联审办自成立以来，先后为230余人次提供咨询、导代办服务，累计召开联审办公会16次，审批项目15个。

〔**社会事业健康发展**〕 本溪经济开发区的科教文体卫、医疗、教育等社会公共公益设施日臻完善，在加强社会综合治理工作的同时，促进了文化、教育、卫生、体育、计划生育、民政、社会福利事业等方面管理工作的健康发展。

普及九年义务教育，现有学校8所，总占地40564.82平方米，平均服务半径1.78公里，教学班55个，在校生1617名，教职员工106人。开发区、镇、村、个人共出资130多万元，对现有办学设施进行改造，适龄儿童入学率为100%，残疾儿童入学率100%，在校生辍学率为0，教育完成率100%，教师学历达标率100%，岗位合格率100%，专用教室设置达标率100%，小学图书册数14981册，生均9.5册，毕业生毕业率100%，体育合格率100%，学生行为规范合格率100%，经省教委验收一次全部合格，成为“普九”达标地区，给予很高评价。

开发区组队参加市第六次全民运动会，获县区组全体总分第五名。

设立地区有线电视，并与市有线电视网联结，既宣传报道了开发区的大政方针、新闻消息，又丰富了群众业余文化生活。

建立地区卫生管理体制，接收地区医院，通过加强管理，改善了医院面貌。强化地区预防保健工作，卫生监督、卫生监测、健康教育覆盖率达100%，环境卫生达到爱卫会标准。

〔**农村经济城乡一体**〕 强化农业基础地位，推进农业产业化，加大对农业的投入，以农业增产、农民增收、农村集体实力增强为目标，建立三级投入体系。以开发区的开发建设带动当地农村经济全面发展，促进农业生产产业化、商品化。坚持城乡一体化发展战略，推进农村乡镇城市化进程。大力发展绿色产业，加大新品种、新技术、新项目推广工作，加强农田基本建设。建好7个基地,重点抓好棚菜、畜禽、林果3个产业基地建设,日光温室大棚,蔬菜粮果基地建设,搞好农副产品深加工,提高农产品商品率。加大乡镇的改革力度,转变企业经营机制,强化企业管理,深化产权体制改革。合理规划村镇工贸小区,大力发展贸工农一体化的经济实体。1997年,粮食生产141.3万公斤;蔬菜生产2976万公斤,猪、牛、羊饲养量和肉、蛋、水产品产量均比上年有明显增长;地区造林690亩,新栽各种果树0.8万株,果园面积已发展到3625亩。农业总产值实现5049万元,农民人均收入达到2718元,乡镇企业总产值37557万元。

〔**私营经济异军突起**〕 本溪经济开发区自成立以来,私营企业所占比例呈不断上升趋势。私营企业户数占本溪经济开发区各类企业比例由1993年16.5%上升到1997年54.5%,占全市20%。注册资金比例由1993年3%上升到1997年87.8%。另外还有一些有待清理的挂靠集体的私营企业。从进区生产型企业情况看,凡属私营企业如斯美达台球公司、野山力饮料公司等都是决策快、建设快、投产快。在国有、集体企业处于困难和转制阶段,新办企业也必然主要来源于私营经济。引导、扶植私营经济加快发展已成为本溪经济开发区经济工作的重要方面。党的十五大以后,经济体制改革必将更加深入,为此本溪经济开发区于1997年底出台了《关于加快本溪经济开发区私营经济发展的初步意见》,提出发展私营经济的主要目标、具体工作和主要政策措施,作为对今后实际工作的指导和保证监督。

(辽宁本溪经济技术开发区管委会办公室供稿)

广东省茂名市茂南城郊经济开发试验区

〔**概况**〕 广东省茂名市茂南城郊经济开发试验区于1992年12月经广东省人民政府批准成立,为省级开发试验区。面积23平方公里,人口1.3万。茂南城郊经济开发试验区位于美丽的南方油城——茂名市的城区南面,属茂名市城市建设规划区范围。地理位置优越,交通十分便利,区内道路纵横交错,东接高水一级公路,北面通过人民南路、站前路、光华南路与市区连成一片,西面有茂南大道与环市一级公路相通;国道207线、325线以及建设中的广湛高速公路横贯东西南北;由高水一级公路往南20公里便是国家一级口岸——茂名港,从茂名港可达全国以及世界各地港口;茂名市茂东火车站也在开发区内,三茂铁路和河茂铁路在此交汇,通过铁路网,可以东抵广州、深圳,西达大西南各省,与全国连为一体。邮电设备先进、通讯发达,供水、供电、通讯均与市区并网接轨。

茂南城郊经济开发试验区自成立以来,利用靠近茂名市的政治、经济、文化中心以及位于中央两个特大企业之间的优越地理位置,确立了以利用外资为主,以工业为主,以外向型经济为主,致力于发展高新技术产业的经济发展思想,制订了一系列的优惠政策来吸引投资者到开发试验区投资置业。目前,开发试验区掀起了新一轮的投资建设热潮。

〔**投资环境**〕 茂南城郊经济开发试验区党委、管委还制订了《茂南城郊经济开发试验区干部岗位责任制》、《茂南城郊经济开发试验区机关干部工作责任追究制》等有关制度,转变了机关作用,改善了服务态度,提高服务质量。在搞好软环境建设的同时,开发试验区几年来先后投入资金3亿多元进行基础设施建设。现已开发近2平方公里的土地,南北方向连接市区光华南路的45米宽的天桥路,连接市区人民南路的30米宽的站南路,连接环市西路和高水一级公路的45米宽的茂南大道西段,已建成通车;路两旁和中心花坛都种上了绿化美化的花草树木,且全部接通了路灯;铺砌了市政水泥道路40多公里,做到了每个小区道路畅通。

良好的投资环境,吸引了众多的客商到开发试验区投资置业,先后兴办了高科技工业园、农副产品加工基地、乙烯后续加工区等工业项目,发展了一大批房地产、商贸、旅业、饮食娱乐服务业等第三产业项目，石油深加工、乙烯后加工及饲料加工工业已成为开发试验区的支柱产业和特色工业。

〔“三高”农业建设〕 开发试验区党委、管委还利用地处城郊结合部的优势，大力发展城郊型“三高”农业。根据茂名市作为全国最大的水果生产基地，储良龙眼、白糖罂荔枝、红阳杨桃、无核黄皮等都是全国名牌水果的特点，发动部分未被征地的农村居委开展改林种果，调整农业结构，大大发展“三高”农业。印发了《关于加快农业结构调整，大力发展“三高”农业的决定》，制定了奖励“三高”农业发展的具体措施和目标责任制考核制度，逐步建立起一批果、菜、鱼、肉、禽、畜、蛋等“三高”农业基地。

茂南城郊试验区随同茂名市正向着江泽民同志题词的“把茂名市建成美丽的现代化的海滨城市”的目标迈进。

湖北省葛店经济技术开发区

〔概况〕 葛店开发区按照“全面规划，分期实施，滚动开发，讲求效益”的开发方针，实行基建与招商同步、硬软环境建设同步和基础设施与生产生活设施建设交叉，外部配套与内部配套建设交叉的“两个同步、两个交叉”的办法，立足高起点、高速度、高效益，开始了大规模建设，投资环境得到了进一步的改善和优化。1997、1998年各项经济指标、基础设施建设和综合实力居全省27家省级以上经济技术开发区前茅，连续被省政府评为开发区建设先进单位。

开发区总体规划面积26.5平方公里，已完成了5.34平方公里范围内“六通一平”，修建了区内大小道路70万平方米，建成了工业厂房、宿舍、医院、写字楼等生产、生活设施160余栋85万平方米；建成了日供水能力3万吨的自来水厂和110千伏安的七甲山变电站；建成了总装机容量300万千瓦的鄂州电厂一期工程，已正式并网发电。葛店开发区已具备了兴办大型工业项目的基本条件。

建区以来，以国际惯例为准则，以建立健全与社会主义市场经济体制相适应的管理体制为目标，建立了开发区优质高效的运行机制的服务体系。在机构设置上，按照“精简、效能”的原则和“小机构、大服务”的要求，管委会设置一室八局职能机构，管委会根据省、市赋予的有关权限，开发区内的各项工作实行封闭式管理。在项目服务上，管委会实行“一栋楼办公，一支笔审批，一条龙服务，一个窗口对外”，从立项到投产经营，为客商提供全程陪同式服务，让客商真正感到“政治上有宽松感，人身、财产上有安全感，生活上有舒适感，工作上有方便感，经济上有实惠感”。在法制建设上，管委会在执行国家和省制定的有关法律、法规的同时，制定了48个配套的管理法规和规章，使开发区建设和管理逐步走上法律化、规划化的轨道。

〔招商引资〕 建区以来，先后接待了美、加、德、日、意、新、港澳台等20多个国家和地区的客商万余人次，储备项目信息471条；批准立项185个，合同总投资23.2亿美元，共引进项目110个，总投资5.8亿美元，注册资本3.8亿美元；已投产工业企业64家，其中“三资”企业28家，实际利用外资1.79亿美元，引进市外国内资金3.7亿美元。成功地引进了富特波尔、兴达食品、元极基地、中鄂制漆、玻璃棉等一批产值过亿元的大型骨干企业和武汉大学科技工业园、省化研所科技工业园、省医工院科技工业园等四大高新科技工业园区，初步形成了新材料、生物医药、电子与信息、光机电一体化等四大支柱产业。

葛店高新区作为湖北省发展高新技术产业的示范区，经过一年多的建设和发展，引进了一大批高科技项目，培植了一大批高科技企业。区内拥有国家级火炬计划项目2个，国家级星火计划项目2个，国家成果推广项目1个，国家级新产品推广项目1个，专利项目4个，属国际领先水平和国内首创及产品替代进口项目8个。初步形成新材料产业板块、生物医药产业板块、电子与信息产业板块、光机电一体化产业板块,开发区逐步步入高科技、产业化、规模化的良性发展轨道。已经成为促进长江经济带开放和湖北经济迅速发展的重要组成部分,开始成为长江中游地区一个新经济增长点。

〔**发展趋势**〕 开发区抢抓机遇,进一步加大力度,实施“项目立区,科技兴区,机制活区”发展战略,进一步突出开发区的高新技术特色,着力筹划大项目,建设大产业,改善大环境,推动大发展,创造新世纪的辉煌。

第一,实施“项目立区”战略,引进大项目。项目是开发区的生命,没有项目就没有开发区,没有大项目就没有开发区的大发展。要把招商引资工作摆在重中之重的位置,突出招商重点。一是瞄准大公司、大财团,加强与跨国公司驻华办事机构的联系,面向有经济实力、技术水平高、竞争实力强的海外跨国公司,捕捉投资信息,做好敲门招商,重点抓住美国波尔、英国远景等大公司、大财团,集中力量展开招商攻势,把握其投资方向,以高新项目引巨资。二是瞄准大专院校、科研院所。目前,大专院校、科研院所都在寻找基地将科研成果产业化,我们要紧紧抓住这个机遇引进一批院所产业化项目。尽快建成全国重点化工科技工业园、省医工院高新工业园等一批高新技术项目。发挥“中国博士后鄂州产业基地”的作用,推进博士后科研成果与企业间的结合,形成产、学、研一体化格局,推动全区高新技术产业发展。三是瞄准民营经济。民营经济拥有大量资本,我们要善于捕捉机遇,通过多种方式,吸引民营企业家到开发区投资办厂,为开发区产业发展注入新的活力。

第二,实施“科技兴区”战略,发展高科技。新材料、生物医药、电子与信息、光机电一体化四大产业,是开发区发展的方向和重点,围绕四大产业做文章,不断加大科技投入,拉长产业链,加快建立四大高新技术产业园区(湖北省化学研究所科技工业园区、武汉化工学院新材料工业园区、武汉大学科技产业园区、湖北省医药工业研究院高新工业园区),使之成为开发区经济发展的“新生点”和技术成长的“孵化器”。

第三,实施“机制活区”战略,创造良好的投资环境。推进机制创新,形成适应高新技术发展的机制优势,创造一个对高科技项目有巨大吸引力、对高新技术产业成长有推动力的优良软硬环境。

(许崇华　执笔)

海安经济开发试验区

〔**概况**〕 海安经济开发试验区,总面积25平方公里,位于中国大陆最南端,地处广东省徐闻县,地理位置得天独厚。东临南海,西濒北部湾,南连琼州海峡,和海南经济大特区隔海相望,是大陆通往海南省最为便捷的通道,距离仅为18海里。

海安港是全国最大的汽车轮渡港口,年货吞吐量达400多万吨,客流量500多万人次,车流量80多万辆次。

海安试验区水陆交通发达。海上可到达国内各沿海港口,可通往越南、马来西亚等东南亚国家和地区。陆地207国道直贯全境,粤海铁路和湛海高速公路正在建设之中,未来两年内可望通车。

海安试验区物产资源丰富。盛产珍珠、龙虾、鲍鱼、青蟹、黄花鱼等优质水产品,出产菠萝、香蕉、木瓜、良姜、白糖、山羊等土特产。随着亚热带农业示范区的高标准建设和海洋经济的可拓发展,物产资源将得到进一步开发。海安海湾绵长,环境优美。阳光、沙滩、椰林、海风、涛声、绿水,如诗、如画、如乐,旅游资源开发前景十分诱人。

〔**投资环境**〕 海安经济开发试验区依托海安港的区位优势,以海南大特区为依托,充分发挥本地资源优势,加强基础设施建设,投资环境日臻完善。目前,试验区完成了总体规划和各功能小区的详细规划,并完成了莲花、永康两个小区的道路框架建设及绿化;完成了对海安港的改造与扩建工程,并完成了对海安新港码头的前期勘探与设计工作;完成了对进港路的改造、绿化及对207国道的新建与绿化工程;建成金涛、金海等多家上星级宾馆,建成海安大型客运车场,完善了多项服务配套设施;设立了中华人民共和国徐闻海关海安办事处,开道了5000门程控电话;建成天海城、小桃园娱乐城等多家外商投资项目。

海安经济开发试验区将以一座交通发达,商贸繁荣,旅游兴旺,环境优美的现代化外向型滨海新城的发展姿态,迎接五湖四海的有识之士前来投资,共享繁荣。

海陵岛经济开发区

〔**概况**〕 海陵岛经济开发试验区1992年6月18日经广东省人民政府批准成立,辖海陵、闸坡两镇,总面积107.8平方公里,人口8.6万人。开发建设几年来,海陵岛经济呈现出超常发展态势,各项经济指标迅速增加。1998年,全岛国内生产总值11亿元,比1992年增加4.5倍;人均国内生产总值12600元,比1992年增加3.9倍;工农业生产总值8.97亿元,比1992年增加2.5倍。

海陵岛位于广东省阳江市西南端,形似海螺,故原名螺岛。自1279年宋太傅张世杰葬于岛上后,遂取"海上陵墓"之意,称海陵岛。1992年7月8日,海陵岛试验区正式挂牌成立,拉开了开发建设序幕。

〔**投资环境**〕 海陵岛地处南亚热带,四面环海,山海兼优,年平均气温22.3℃,年降雨量1816毫米,年晴天310天,没有奇寒酷暑,气候宜人。岛上拥有众多的自然景观和人文景观,除宋太傅张世杰庙址和陵墓、古炮台、镇海亭、北帝庙、灵谷庙、观音岩、新石器文化遗址等名胜古迹外,还有10多处沙滩可供开发为海水浴场,享有"东方夏威夷"、"南方北戴河"之美称,是一颗镶嵌在南中国海岸上的明珠。海陵岛渔业资源丰富,素有广东鱼仓之称,有全国十大渔港之一的闸坡渔港,有捕捞价值的鱼种300多种,有各类捕捞渔船727艘,拖、围、刺、钓等多种作业并举;海水滩涂养殖潜力大,养殖品种多,鱼、虾、蟹、贝、藻类一并俱全。渔业后勤配套设施完善,生产、加工、渔船修造、机械维修、补给等能力不断增强。

1992年以来,海陵岛人民树立敢"闯"敢"冒"敢为天下先的勇气和精神,在基础差、底子薄的情况下,不畏艰苦,积极探索,勇于实践,全社会固定资产投资累计完成38亿元,使全区的社会经济面貌发生了深刻的变化。基础设施方面,建成了从阳江市区到海陵大堤全长28公里的进岛一级公路,岛内建成了全长12公里的环岛东公路,全长13公里的环岛西公路以及银湖路,建成了日供水量6万立方米的江闸供水工程;兴建了11万伏输变电站,完成了原来两个5万伏供电站的增容改造,更新、改造、架设了一批供电线路;开通了江闸光纤电缆,全岛程控电话容量增到2万门,"大哥大"、BP机覆盖全岛。旅游开发方面,全区先后开辟大角湾——马尾岛风景区、十里银滩风景区及金沙滩风景区,各景区先后开发了冲浪、水上快艇、碰碰车、骆驼沙滩游、激光射击、情侣车、升空伞、沙滩骑马、沙滩足球、海上水球、沙滩文艺表演等项目。全区共有宾馆、酒店、大排档100多家,按星级标准建设的宾馆28间,每天可接待游客2万人次,具备食、住、行、游、购、娱等6大功能。招商引资,方兴未艾,香港智仁公司,马来西亚国家石油公司、日本岩井株式会社等国内外投资客商纷纷进岛投资,全岛累计签订投资合同资金90亿,成为继深圳、珠海特区的又一投资热点,全岛基础设施和旅游配套设施日臻完善。1989年5月,大角湾——马尾岛风景区被省人民政府批准为广东省风景名胜区;1994年,十里银滩海滨浴场被上海大世界吉尼斯总部评为中国最大的海滨浴场,入选大世界吉尼斯之最;1994年5月,海陵岛又被列为首批省级旅游度假区。自1997年起,进岛观光度假游客每年都保持在90万人次以上。

茂名市水东经济开发试验区

〔概况〕 茂名市水东经济开发试验区成立于1992年3月,同年6月被广东省人民政府批准为省级经济开发试验区。试验区位于南海之滨的南海半岛上,三面环海,面积80平方公里,人口6.5万,北距茂名市中心28公里,有高水一级公路相连接;西距湛江市96公里,有325国道连接。区内茂名港是国家对外开放一类口岸。区内的中国第一滩是省级旅游度假区,洁白的沙滩和沿海防护林带绵延20公里。1996年被广东省人民政府特区办评为“十佳开发区”并名列榜首。1998年实现国内生产总值5.20亿元,工农业总产值13.12亿元。

〔旅游资源〕 以“绿色长城”,沿海防护林带和洁白的海滩为基调,以龙头山、虎头山、放鸡岛、童子湾、晏镜岭为景点。结合景观大道,形成东西走向连绵20公里的景观走廊“中国第一滩”。

东侧的龙头山与中部的虎头山遥呼相对,雄距北岸,虎视南天,气势磅礴,雄伟壮观。山上顽石堆叠,陡壁悬崖,实乃自然天工之巧雕。山下海滨浴场长达12公里,沙滩坡度平缓,海水晶莹,温度适宜,一年四季均可畅游,是优良的天然浴场,享有“南方北戴河”的美称。西侧的晏镜岭,岭下有一个风光秀丽的海湾——童子湾。那里海湾平缓秀长,怪石奇特,千姿百态。有“黄牛吞水”、“金龙吐珠”、“蟾蜍出洞”、“金狮守门”、“剑石”、“乌龟观海”、“童子观音”等奇异的自然景观。这是粤西地区唯一集山、海景于一体的风光秀丽的地方。

隔海相对的放鸡岛,面积1.9平方公里,是国家规划的全国第一个潜水旅游基地。岛周围海水清澈透明,据专家鉴定,水底能见度达8米,居世界第二位。海底景物奇异,能欣赏珊瑚,海松及多种鱼类、贝类。岛上植物繁茂,四季如春,风光绮丽。登临此岛,前可观大洋,后可览内港,令人顿生飘然神游之感。中国第一滩旅游度假区已形成海上运动、海滨浴场、中心广场和海滨度假4个功能区。海滨度假区现已拥有宾馆酒店15家(共有客房400多间,床位800多张),高级别墅160多幢,各类商铺和购物点40多间。还建起了一大批健身娱乐设施和多种观光游乐项目。初步形成一个集游览、娱乐、度假、会议、购物为一体的海滨旅游度假区。

〔工业〕 区内工业经济基础好、发展快,形成了以化工为主体、选矿、食用油、电子、胶片、造船、食品、皮鞋、仓储运输等多行业、多门类、多品种的综合性工业体系。并产生了台南矿业集团、南洋油脂集团、东菱集团、昌和集团和德成化工公司等一批重点骨干企业,创出了超细高钼度锆英粉、三公牌食用油、爱克发X光胶片和海奴、皮亚斯牌皮鞋等10多个拳头产品。以海洋渔业为特色的农业产业化发展迅猛,海水养殖、海洋捕捞和山地养殖产量产值连年增长,1998年全区农业总产值达到1195亿元。以旅游业为龙头的第三产业发展态势良好,1998年全区共接待中外游客109万人次,旅游综合收入4200万元,饮食服务、商业贸易繁荣活跃。

〔投资环境〕 公路建设发展迅猛,区内已基本形成“三纵六横”的现代化城市交通格局,与茂名市连接的高水一级公路横贯全区直达港口码头,并与325国道交汇、与三茂铁路连接。区内的茂名港是国家一类对外开放口岸,已建成500吨级至25万吨级各类码头11个,年吞吐能力达1732万吨,是拥有原油、化工燃料,杂货、集装箱渔业等码头的现代化综合性全国大港。加上正在筹建的进港公路、广湛高速公路、茂名水机场,该区即形成水路、铁路、公路纵横交错的十分方便的海陆空交通运输网络,进而形成中国大西南联系港、澳、台以及东南亚各地的交通枢纽之一。邮电通信条件完善,拥有全省较大的县级电信综合大楼,已开通程控电话、移动电话和无线寻呼2万多门,同时开通了视聆通、因特网等多媒体通信,巨大的电信网覆盖了全区。供电方面,全区电网与市区并网,目前电价:大工业用电0.42元/度、一般工业用电0.84元/度、生活用电0.68元/度。供水方面,由市第二水厂和投资1.2亿元建设的供水工程直接供给。这一切,为海内外投资者创造了良好的投资环境。

〔**发展规划**〕 未来5年,水东开发区的发展目标是:努力把该区建设成为经济发达、文化繁荣、环境优美、社会文明、人民富裕,集工业、科技、商贸、旅游、储运、金融于一体的美丽的现代化的海滨新城区,以逐步实现茂名市城市总体规划沿高水一级公路自北向南靠海发展,形成乙烯片——新港区滞状组团式布局,成为茂名市高科技产业、现代化服务的经济开放区域,成为茂名市的"龙头"和"窗口",并辐射整个茂名市,为实现江泽民同志提出的"把茂名建设成为美丽的现代化的海滨城市"奠定坚实的基础。

山东明水经济开发区

〔**投资环境**〕 山东明水经济开发区于1992年3月经省政府批准设立。该区座落于山东省章丘市,西连省会济南,东靠丝绸、陶瓷之都淄博,南接泰山,北依黄河,规划面积14.5平方公里,起步区面积2平方公里。目前区内已具备良好的投资环境,成为国内外有识之士争相开发的一块热土。

开发区的管理机构为开发区管理委员会(正市〈县〉级),下设办公室、农村工作局、规划建设局、经济发展局四个职能部门,负责为进区的客商提供全方位服务。

开发区距济南国际机场35公里,胶济铁路大动脉横穿开发区东西,新扩建的明水、枣园、普集火车站担负着进出口货物的疏运任务,距济青高速公路15公里,济王公路、济青公路、国道071线、章莱公路经过开发区,交通运输极为便利。

开发区与旧城区紧紧相连,区内已实现"六通一平"。有日供水5万吨的贺套水厂、琅沟电厂110千伏变电站,装机容量2.4万千瓦的琅沟电厂二期工程已交付使用,5000门程控电话已开通,广播电视大厦座落在开发区内,可办理新闻宣传、广告等各种业务。区内新铺高标准路面30公里,形成了四纵四横的公路网络,学校(初中、高中、大学)、医院、商业、金融、娱乐等服务功能配套齐全。

〔**生活环境**〕 从开发区放眼望去,南有五岳之尊—泰山、北有母亲河——黄河、西有省会济南、东有古代名人柳宗元的故居——淄博,市内山青水秀,文物古迹众多,有济南72名泉之一的百脉泉,国家重点保护古迹——城子崖遗址。章丘还是宋代著名女词人李清照的故乡。实是人们休闲、旅游、娱乐的天堂和创业的宝地。

〔**优惠的投资政策**〕 外商投资优惠政策主要有:1.外商投资的农业综合开发性企业,免征地方所得税,外方投资额在100万美元以上的农副产品加工出口企业,自正式投产之日起,增值税地方留成部分,前三年全部返还,后二年返还50%;2.外商投资的农业综合开发创汇农业以及经省科委认定的高新技术项目企业,缴纳的地方所得税可实行先征后返还给企业的优惠政策;3.外商投资兴建的农业综合开发项目应缴纳的企业所得税,在执行完国家规定的免、减税收优惠后,经企业申请,开发区管委会批准,在5年内将征收的企业所得税超过15%的部分,实行先征后返还给企业的优惠政策;4.外商投资从事高新技术产品开发项目、转让专有技术、成果及其他技术服务性收入,经济南市科技部门鉴定认可的,所得税可先征后返;5.经济南市以上科技主管部门认定的高新技术企业引进的技术消化、吸收项目投产后,2年内免交所得税,3年内减半征收;优惠期满后,凡当年企业出口产值达到总产值70%以上的,返还其交纳所得税的50%;6.高新技术企业所征用土地的耕地占用税、非耕地开发费、公路建设附加费地方留成部分,经开发区管委会批准,实行先征后返;7.凡投资规模在200万美元以上,并且投资回收期在10年以内的基础设施项目,在国家规定的减免企业所得税优惠期满后,经企业申请,开发区管委会批准,在5年内将征收的企业所得税超过15%的部分,实行先征后返;外商投资基础设施建设项目免征地方所得税,对所征用土地的耕地占用税、非耕地开发费、公路建设附加费地方留成部分,经开发区管委会批准后,实行先征后返;8.外商根据国家有关政策可承包、租赁区内企业,并享受内资企业的有关优惠政策,外商购买区内国有、集体和乡镇企业,凡出资额达到该企业注册资本25%以上并办理法定手续的,企业享受外商投资企业的优惠待遇。

外地客商投资兴办企业优惠政策指来我区独资办厂或控股经营,其增量部分享受优惠政策的各类企业(以下简称引办企业)返还税金的,包括:引办企业缴纳的增值税,已缴地方留成部分,前三年全部返还,后二年返50%;引办企业缴纳的所得税,前三年全部返还,后二年返还50%。上述税收的返还,由开发区财政按实际上缴数额每年返还企业。

减免费用的,包括:减半征收城建配套费、规划管理费;先征后返所征用土地的耕地占用税、非耕地开发费、公路建设附加费地方留成部分;利用荒山、荒地、荒滩建设的项目,除适量征收土地补偿费外,其他费用全部免交;减半征收供水增容开口费,先征后返水资源管理费及水土保持费;减半征收电力增容费,免交用电保证金;减或免费为企业安装通讯设施。需要集中供热的企业,减半征收开口增容费。

为引办企业提供优质服务,项目前期筹建工作实行"一条龙"服务,具体事宜由开发区管委会经济发展局承办。内容包括:承办项目的立项审批手续;承办外资企业批准证书等报批手续;协助项目单位选择场址、规划定点并负责承办手续;承办土地征用手续;承办项目建设施工手续;承办水、电、通讯等基础设施配套完善手续;承办工商企业营业执照报批手续。承办上述项目前期筹建手续费由项目单位负责。

上述优惠政策以外的事宜,可根据企业的投资规模、项目技术含量等情况,采取一事一议,一厂一策的方式协商解决。

〔**发展前景**〕 目前,明水经济开发区已初具规模,列入了山东省外向型经济发展规划,呈现出强劲的发展势头,现已完成总体规划和详细规划,将具有独资工业园区、个体私营工业区、高科技工业园区、绿色工业园区、仓储区、科技文教区、生活居住区、旅游度假村八大功能区。区内鼓励发展:能源交通、机械制造、电子仪表、轻工纺织、食品饮料、新型材料、服装玩具制作等行业。区内企业已达183家,其中外资企业40家。

贵州都匀经济开发区

〔**概况**〕 开发区位于贵州南部政治、经济、文化中心黔南自治州首府都匀市西北郊,规划面积80.5平方公里。1995年经贵州省委、省人民政府批准设立省级经济开发区,从此,一个充满活力、潜力巨大的新的经济增长点在不断建设发展之中。

开发区紧接云贵高原"桥城"都匀市,区内环境优美,江河环绕,地势平坦,视野开阔,是投资居家的理想之地。都匀市是贵州的南大门,是黔南公路交通运输中心,320、321国道及丹桂、都惠等多条省道交汇于此,黔桂铁路及320、321国道贯穿开发区,即将全线开通的大西南出海通道重(庆)北(海)高等级公路在开发区北端设立交分岔进入开发区中轴街道,国家拟立项建设横跨黔、桂、湘、赣、闽四省一区的贵(阳)福(州)铁路,省政府已决定在都匀接轨;相距130公里的贵阳市新开通的4D级龙洞堡国际机场,有全天候航班通往全国各地。重(庆)北(海)高等级公路开通后,从时间上和空间上近一步缩短了这条出海通道,从都匀北上到贵阳只需要一个半小时,当天即可抵达重庆;南下南宁只需要半天时间,当天亦可抵达广西北海市。都匀经济开发区处于大西南、大西北至闽、粤、桂、琼等沿海经济特区和港口城市最近通道上的咽喉地段,是云、贵、川、渝南下出海最短路线的必经之地。加强都匀经济开发区建设,对贵州发展与沿海地区,特别是两广和港澳地区的经济技术交往,具有重要意义。

都匀气候宜人,资源丰富,开发潜力巨大。境内有烟煤、无烟煤、铅锌矿、赤铁矿、褐铁矿、砷、汞、莹石、重晶石、水晶石、硅石、大理石等矿藏,储量丰富,具有很大的开发价值。经济作物种类繁多、产量丰富,主要有茶叶、烤烟、油菜、油桐、银杏等,其中"都匀毛尖茶"为全国十大名茶之一、贵州名茶之首。都匀民俗风情浓郁,名胜颇多。市内商业网点发达,公共设施完备。都匀水系发达、水网密布,旅游资源丰富,已被列为全国优秀旅游争创市。

〔**投资环境**〕 都匀市通过国家十几年来不断建设,从一个经济落后、封闭的农业地区崛起成为新兴的工业城市和旅游城市。依托地处大西南出海通道咽喉地段的区位优势,抓住国家"西部大开发"重大举措的发展机遇,以及经省政府批准设立经济开发区以来的不断建设,都匀经济开发区已形成得天独厚的投资环境,商机无限,是黔南大地上难得的一块投资宝地。

为了在大开放、大开发、大建设、大发展中创造未来,开发区不断投资新建和完善区内基础设施,为投资者提供良好的投资硬环境。一期开发的9平方公里范围内的水、电、道路、通讯、市场、学校、医院等基础设施建设已逐步完成。区内交通方便、通信发达,配套服务设施日臻完善。在大规模进行基础设施建设的同时,为进一步改善开发区投资软环境,开发区管委会制定了一系列投资优惠政策和简捷高效的内部办事程序,到开发区投资办企业已切实做到一个窗口对外、一站式审批、一条龙服务。同时,开发区管委会强化集中规范管理,并制定了相应的办法和规定,通过制定法规、加强管理、明确职责,改善服务态度,强化开放意识,以提高办事效率和服务质量。

〔**招商引资**〕 随着西部大开发的到来,全国交通大动脉的逐步建成运营以及全球信息共享大趋势进程的推进,作为距离东部沿海地区较近的西部城市,都匀客观上承担着东西产业转移、人才转移和市场转移的中驿功能,为此,市委、市政府提出了"通过开发区建设,扩大城市功能区域,让利开展外引内联,加大城市增量,不断增强发展后劲"的发展思路,都匀经济开发区将进一步扩大和完善开发区市政建设,广泛引进资金、技术和人才,实行超高定位造势,创建投资融资规模效应,超范围发挥都匀市在西部大开发中的中驿功能作用,把都匀开发区建设成为大西南出海通道上对外开放的窗口和经济发展的基地。

为实现经济和社会发展的腾飞,按照社会主义市场经济体制的要求,借鉴国内外开发建设的成功经验,结合本地实际情况,都匀经济开发区坚持走"资源配置靠市场,开发建设借外力,投资主体多元化"的建区新路子,促使业主投入、国内外企业投入、国家投入等多元化的投资融资机制不断完善。开发区完善各职能服务机构,愿与各地客商、八方朋友在工业、房地产业、第三产业、生态业等方面进行广泛合作。

愿提供一切可以提供的优惠条件,牺牲一切可以牺牲的自身利益,创造一切可以创造的投资环境,竭诚为广大投资者铺平一条发展、发财、发达之路。

泉州市肖厝经济开发区

〔**概况**〕 1996年7月11日,肖厝经济开发区管委会成立,从此,在福建加快闽东南开放开发这一战略上,肖厝将成为福建石化支柱产业的"龙头",以拥有大型石化工业,建为全国六大石化基地,其发展前景广阔,可望成为世界级的石化基地。肖厝被誉为"世界不多,国内少有"的天然良港,有"东方第一大港"的美称,将建成全国四大国际中转港口。肖厝规划建设为湄洲湾南岸以石油化工为主导的现代化港口城市,到21世纪中叶,将建成世界一流的现代化港口工业和滨海花园城市。随着福建的改革开放,省委、省政府把石化产业列为全省经济发展的支柱,泉州市委、市政府把发展肖厝石化列为大泉州经济发展战略的四大经济区域之首。

自1996年以来,肖厝开发区的国民生产总值每年以二位数的高速持续增长,其速度超过国内年均增长速度。全区已发展有企业2416家,实现工业产值78.75亿元,乡镇企业产值35.56亿元,比1996年翻了一番。中心工业区、岭口开发区、福二化工业区、前黄开发小区、界山泉州北大门开发区、海洋港口开发区6个功能齐全、配套完善的工业小区已基本形成,以石化工业为主导,海洋化工、石材出口、纺织刺绣、食品药业、鞋业服装、水泥制品、创汇农业为重点的8大支柱已凸现在肖厝热土上。

近三年多来,肖厝在做好城市总体规划的基础上,以城市起步区为主攻目标,实施整体推进战略,向城市中心区滚动开发。已建有管委会居住区、办公楼、锦祥商住区、田里生活区一条街、前黄火车站等一批项目;在建的有金山街、新民街,并快速推进南北三路、南北五路、驿沙路中段、海南路、公园东路等道路两侧的开发。中心工业区开发1000亩,已建33幢现代化标准厂房和5幢商住房,成为海内外客商的投资热土;港站区加快5万吨煤炭多功能码头建设,着手抓好港后区、口岸园区和生活区及港站的服务配套建设,充分发挥肖厝的一类口岸作用。经肖厝36万人民的艰苦创业,一个现代化的石化港口城市已凸现雏形。

1996年以来,全区外引内联项目达384个,投资额近77.6亿元,新批外商投资项目79个,投资额22891万美元,其中1998年外引内联项目213个,投资额35.79亿元,其中新增投产项目51个,投资额4.33亿元,在建开工项目58个,投资额6.22亿元。

〔项目建设〕 1997年6月,福建炼化公司投资3亿元经技改,年加工原油扩至400万吨。投资6.5亿元的年产7万吨的聚丙烯项目于1998年5月建成投产,投资2500万多元的华星低温液化气库,已成为全国第三个最大的拥有现代化低温液化气冷储存设施的石化基地,年低温液化气吞吐量为50万吨,年创产值6亿元。泉昱鞋业利用丙烯为原料,生产鞋底、胶料出口创汇,又新建了创昱模具厂,年计产值2亿元。1996年底福二化提出战略转移,迁往肖厝石化区,首期投资6.8亿元,兴建4万吨烧碱、2万吨环氧丙烷和2万吨聚醚等项目,2000年可望投产。第二期将于乙烯工程同步,建设年产30万吨聚氯乙烯项目,规模将挤进国内同行前列,着眼于参与未来世界石化业竞争。汕头海洋集团已在肖厝投建大型化工项目,总投资3000万美元。计划第一期兴建年产10万吨聚苯乙烯项目,将填补福建PS生产厂的空白,二期兴建年产38万吨苯乙烯单体项目,三期为扩容及其配套设施项目。项目投产后年可增工业产值7亿元以上。该项目的建成将推动福建电子、电器零件加工,计算机和冰箱、彩电壳体,建筑、装饰板材、玩具等一大批加工业的发展。此外,经国家批准兴建的,还有一批石化龙头项目,其中有与外商洽谈合资兴建的大型炼化项目,将福炼原油加工能力提高到1200万吨/年,新建60万吨乙烯裂外装置,45万吨聚乙烯装置及30万吨聚氯乙烯装置及相关的流通与销售设施。

〔基础建设〕 随着石化业的发展,港口码头建设独领风骚。目前已建有万吨杂货码头,10万吨原油码头,5000吨、3000吨、1000吨成品油码头各1座,油码头为我国目前第二大油港。5万吨级煤码头建设快速推进,一期工程今年可望竣工交付使用,5万吨级粮食中转码头、5万吨集装箱码头、3万吨级和5万吨级化工码头及25万吨油码头正在筹建中。现年港口吞吐量约700万吨,进入国家中型港口行列。同时,与港口口岸相配套的基础设施也日臻完善。国务院已批准肖厝港为国家一类口岸,并通过国家级验收对外国籍船舶开放。海关、商检、卫检等联检机构正在建设中,各项配套服务网络已形成。

肖厝从现代化城市规划入手,以加强基础

设施建设先行，一步一个脚印，迈得坚实而稳健。累计全区投入水、电、路、通讯等基础设施项目达几十个，包括交通工程、港口建设、引水工程、邮电通讯、市政基础设施等，投入资金达20多亿元。漳、泉、肖铁路通达肖厝，并设有两个火车站和通往港口的两个铁路专用站；福泉高速路穿越肖厝境内达19公里，建有两座立交桥和两个出入口；5万吨多功能煤码头正在加快建设，今年内可望投入使用；已建的有投资3.2亿元的湄洲湾引水工程和日供水2.5万吨的自来水厂；投入运行的有年产4万吨和9000吨的自来水厂，两个110千瓦的变电站及一个220千瓦的输变电站。已建投入使用的城市公路有：驿峰公路、南北三路、南北五路、川沙路，在建的有南北四路、海南路、驿沙路、通港路等，全区已形成了两横两竖的城市道路和5平方公里的市政路网框架，全长达120公里。

据统计：全区自1996年以来共拆迁420座房子，面积达6.3万平方米，迁去坟墓2万个，开发荒坡地约3000亩，新建安置房、住宅楼和厂房200多幢。

（郑其明　执笔）

三都澳Z经济开发区

〔**概况**〕　三都澳是世界著名天然深水良港，其地理位置正扼台湾海峡北口，处于中国南北岸线中点，居长江、珠江三角洲和台湾省三个经济发达区之间，依浙赣两湖中原腹地，并占距离环球货柜航线日本大阪至香港段只有32海里的特殊优势。航道宽2.5公里以上，深20～125米，30万吨巨轮可畅通无阻。深水岸线达72公里，是北伦港的5倍，可建设1～50万吨泊位50多个。锚地面积达84.4平方公里，也是世界少有。三都澳地形特优，口小腹大，避风条件好，不冻不淤，具有建设亿吨大港的潜在优势。三都澳除了具备建设大港口的优越条件外，还因拥有95平方公里临海平原，93平方公里可开发利用的滩涂及年径流量达131亿立方米的淡水资源，非常有利于发展临海工业群。三都澳风光优美，素有"海上天湖"之美称，旅游资源十分丰富。此外，三都澳还拥有丰富的砂石资源。为了使三都澳的资源优势尽快转化为经济优势，促进当地经济发展，国务院于1993年9月批准三都澳城澳港作为一类口岸，对外国籍船舶开放。同年12月福建省委、省政府领导在闽东现场办公会议上确定建设城澳港"是本世纪末及下世纪初福建社会经济发展的战略重点"。

〔**投资环境**〕　三都澳经济开发区是国务院批准三都澳城澳港作为一类口岸对外开放以来，为实施城澳港的开发建设而设立的港口开发区。1998年3月省政府正式批准三都澳经济开发区为省级开发区，享受省级开发区的有关优惠政策。同年9月省编委批准三都澳经济开发区管委会升格为副处级单位，内设经济发展局、社会事业发展局、国土规划建设局、财政局和办公室五个职能机构，核定编制25人。

三都澳经济开发区由城澳港区、漳湾临海工业区两个区域组成，城澳港区陆域23平方公里，海域32平方公里。按照规划城澳港对外开放的7.5公里岸线可建设1—30万吨级泊位25个，分设集装箱泊位区、散杂货泊位区、矿石泊位区、煤炭泊位区及石油泊位区等五大作业区，远期吞吐能力可达18400万吨；港区用地规模322.47公顷，规划人口容量为5万人，并附设保税区。城澳港区内的青山、斗帽、鸡公山等岛屿风光优美，景观奇独，是规划中的"海上天湖"旅游开发区。

漳湾临海工业区陆域面积43平方公里，地处霍童溪下游，淡水资源丰富，可利用滩涂面积大，海陆交通便利，港口条件好，是布局建设临海大型工业项目的理想选址。

经过几年努力，三都澳经济开发区基础设施已逐步配套。城澳港口岸联检机构已全部建立运行；投资1.61亿元人民币，年吞吐能力50万吨的万吨级多用途码头已开工。计划两年内建成投产、从罗宁高速公路接城澳港的一级疏港公路，全长17.6公里，总投资1.01亿元,已完成前期工作,即将开工建设。港区程控电话已开通,用电问题已解决,到达漳湾临海工业区的公路已通车,日产水8000吨自来水厂,已完成初设,定于2000年上半年动工,投资环境正日趋完善。

三都澳经济开发区城澳港口规划区内花岗岩储量丰富,开发区管委会引进4家企业进区开发花岗岩毛角石出口,开发投资已达6000万元人民币,建成8000吨级石料码头1个,在建8000～12000吨级石料码头3个,当年已成功出口10万多吨,到2000年底将有6个石料码头投产,形成年开发出口石料500万吨生产能力,三都澳经济开发区将成为我国东南沿海最大的石料出口基地。

三都澳经济开发区海域内大黄鱼人工养殖发展迅猛,现养殖网箱已达4.5万个,产量达5400吨,成为全国最大的大黄鱼人工养殖基地。

三都澳优美的自然风光引来了许多游客和中外客商,已有两家中外企业决定投资开发青山岛、斗帽岛旅游资源,"海上天湖"景区建设也将全面启动。

贵州省红果经济开发区

〔概况〕 红果位于贵州西部,是攀西——六盘水资源综合开发区的重要煤仓和能源供应基地。北接四川,西邻云南,南出广西北海,素有"江南煤都门户"之称。总面积270.5平方公里,人口8万。1992年成立开发区,1998年盘江煤电(集团)公司与盘县党政机关迁入红果。这些千载难逢的机遇,将红果送入了高速发展的快车道,红果开发区正以崭新的姿态,励精图治再铸辉煌,努力建设一个功能齐全、设施完备,环境优美、经济繁荣的21世纪新城。

红果地处滇黔桂三省结合部,东距贵阳360公里,西达昆明280公里,北上成都500公里,南下北海700公里,现已形成西南腹地物资集散中心及交通新枢纽。境内南昆铁路、贵昆铁路、水柏铁路在此交汇;320国道与盘(县)百(色)高等级公路也在此交叉,形成一个有利于生产及经营的"十"字型交通网络。红果是西南腹地出海口的便捷通道,有利于东南沿海的资金技术与大西南的丰富资源形成互补、交流与合作。

位于"江南煤都"中心的红果,煤炭储量达20亿吨,且质优易开采,发热值高,低灰低硫享有市场免检的特殊地位,红果境内的盘江矿务局区现已列为国家煤炭部20个综合发展的煤炭基地之一。浅层煤层气储量巨大,勘探表明储量在1000亿立方米以上,国家计委已经立项在贵州西部含气地带首期勘探开发红果的浅层煤层气;'同时还有铜、铁、铅、锌、铝、汞、大理石、冰洲石、石灰石、粘土等矿藏,特别是建筑材料十分丰富,有极高的开发利用价值。红果现已形成以煤电产业为主,化工、冶金、建材等相关产业共同发展的独特工业体系,成为江南重要的能源和原材料供应基地之一。拥有江南最大的煤炭生产企业盘江煤电(集团)公司,装机100万千瓦的盘县发电厂等大企业。此外,红果气候温和、水热条件好,生物资源丰富,适宜种植烤烟、大豆、花生、蔬菜、药材等多种经济作物及银杏、板栗、核桃、杜仲等经济林木,现已走出一条以信友公司为龙头的"公司+基地+农户"的绿色产业通路。在以老黑山为中心的高海拨地区特别适宜发展林业和畜牧业,待建的海河花农业综合基地、黑山养殖场具有很大的开发价值。

〔投资环境〕 红果开发区自成立以来,城市基础设施建设明显加快,综合服务功能不断完善,区域性中心城市的地位进一步强化。现已完成城市建设投资13.6亿元。几年来,红果开发区工委、管委围绕着水电路及通讯等基础设施建设,加大招商引资力度,促进开发建设步伐,红果现代化新城规模日趋凸现:

东区以盘江煤电(集团)公司驻地为中心,建成容纳2万余人的"国家安居工程六盘水市盘江示范小区",建成住、商、贸、游一体化的盘江宾馆、盘江商贸大厦、盘江大道及城中翠屏公园与别墅小区;西区是盘县、红果开发区及红果镇党政机关所在地,成片的办公楼及安居工程小区正在建设之中,铺通了50米宽的“金三角”大道,拉通了40米、30米、25米、16米、9米宽的街道路网,城区雏形已现,商业日渐繁荣;南区以预计投资10.7亿元年产设计量180万吨的金佳煤矿为依托,带动周边地区进步;北区以红果火车站为中心,促进了第三产业的蓬勃发展。

红果,基础设施日臻完善,通讯服务日益方便。1998年已安装5000门程控电话,开通了手机和BP机,电话、电报、特快专递等通讯电信手段,为中外客商提供了极为便利的条件。

红果是“全国综合改革试点镇”和“贵州省级开发区”,享有诸多优惠政策,为外商、外地投资者创造了宽松、优良的投资环境。近年来,红果经济持续快速发展,综合经济实力显著增强,红果人民大力弘扬“团结拼搏、负重奋进、自加压力、敢于争先”的红果精神,开创了改革开放和现代化建设的新局面。全区呈现出钱增粮增人口降,人人奋力奔小康的可喜局面。

“九五”及2010年期间,国家将以盘江矿务局为基地实施煤、电、铝综合开发战略,新上项目有:金佳煤矿、松河煤矿、响水煤矿、金佳坑口电厂、金佳筛选厂、盘江焦化厂、盘江水泥厂、黄磷冶炼厂、电解铝厂等,总投资达130亿元。

随着加快中西部地区开发步伐,中西部地区发展的黄金时期即将到来。红果开发区定将抓住历史机遇,依托大企业,大力实施综合配套改革,建立一支“统一、效能”的公务员队伍,转变行政管理职能,强化规划管理和城镇基础设施建设,推进第三产业及非公有制经济的发展,把红果建设成为按市场经济体制运行的,具有稳固的农业基础,煤炭、电力、化工、建材多产业共同发展的新兴工业城市。

(邓忠启 执笔)

清濛科技工业区

〔**概况**〕 清濛科技工业区是泉州市委、市政府为实施《泉州市城市总体规划》,培植市级经济新的增长点,树立全市投资软环境建设示范区而开发建设的城市工业区,工业区首期开发面积为5.5平方公里,二期规划面积为12.5平方公里,远期规划20平方公里。计划以工业项目为先导,以商贸商住为配套,建成拥有城市人口5万人以上,就业人口4万人,工业产值超百亿元的现代化、城市化、园林化的工业新区。

1996年初,泉州市委、市政府作出“开发清濛工业区,建设泉州南大门”的战略决策,并于同年10月正式启动建设。经过近三年来的开发建设,一座初具规模的现代化的工业新城区正崛起在泉州的南大门。三年来,工业区已投入资金16亿元,有70家企业建成投产,70家企业正在动建;1999年创工业产值近5亿元,税费总额2000万元;1998年3月被省政府批准确认为省级开发区,8月被国家计委列入全国重点市政基础设施投资计划,9月被省政府列为全省重点建设工程项目,12月清濛党工委、管委会挂牌成立。所有这些标志着工业区开发建设上了一个新的台阶。三年来,清濛科技工业区的各项建设事业取得阶段性的成果。

〔**投资环境**〕 工业区已完成场地平整近4500亩,土石方开挖400万立方米。已完成总长35公里、总面积30万平方米的区内道路建设,同时铺设了邮电、供水、排污、排水等管线,以三纵二横为主,环绕式联系的基础设施网络基本形成。在水、电、通讯等方面,重点规划建设了日供水1.5万吨的清濛供水公司,220KV的清濛变电站,装机容量3万门的邮电模式局等一批基础设施工程。通过大规模高标准的基础设施投入开发,为企业入区办厂提供良好的投资硬环境。

清濛工业区为了完善城市功能,创造良好

的投资软环境,与市直各部门通力合作,协调组建了工商银行、建设银行、警署、城监大队、邮电局、劳动工作站、人才交流中心、质监站、会计师事务所、公证处、律师事务所等一批社会及行政机构,为企业提供优质服务。同时,按照城市化、园林化的标准,在区内规划学校、医院、酒店、商务中心、体育中心、别墅区、住宅区,并已陆续动建。在开发建设中工业区注重促进区域农村的现代化发展,在做好征地拆迁中劳动力安置的同时,积极帮助周边村镇进行新村建设,为中心城市建设奠定坚实的基础。

〔**科技兴区**〕 为提高工业区的可持续发展能力,培植新的经济增长点,工业区在把好引进项目的科技层次的同时,把推进入区企业的技术创新工作作为科技兴区战略的重要举措。目前,投产企业申请国家、省、市技改项目近30个,创建技术创新示范企业2家,省CAD技术应用示范企业1家,高新技术企业4家,正在申报高新技术企业称号的企业3家。为加快高新技术产业的聚集和发挥科技企业群体效应,工业区内设立了高新技术成果推广应用、高新技术转让、民营科技发展示范和股份制企业科研示范等4个基地。工业区逐步走上以科技进步为依托的内涵式发展道路。

新的世纪,面对新的机遇和挑战,清濛工业区将瞄准高科技、奏响招商曲、念好服务经、实现新跨越。以"四区"(高科技园区、高校创业区、国家级出口加工区、西片新区)建设为载体,拓展发展空间提高开发桃次;以直销式、促销式、网络式招商为主线,实现投资主体的"多元化";以技术改造和质量认证为抓手,促进产业结构升级、以企业的需求为中心,提高服务管理水平。清濛工业区将本着"以诚立人、以信立业、开拓进取、务求必胜"的宗旨,把一个以科技为先导的现代化、城市化、园林化的工业新区推向二十一世纪,使清濛工业区成为台湾海峡西岸一颗耀眼的明珠。

保税区篇

福田保税区

〔**综合经济发展**〕　1998年是福田保税区建设快步发展的一年，两个文明建设又取得了新的成就。全体干部员工认真贯彻执行党的十五大和中共深圳市委二届八次全会精神，围绕“稳中求进、有效增长”的工作思路，针对亚洲金融危机等不利因素的影响，充分调动各方面的积极性，及时采取了一系列积极措施，加大招商引资力度，大力扶持高新技术产业发展，加快局属企业改革步伐，不断改善投资环境，坚持“两手抓、两手都要硬”，克服外部环境的种种困难，扎扎实实开展各项工作，有力地推动了全区经济持续快速健康发展，各项任务和经济指标均完成或超额完成，为拉动全市经济指标做出了应有的贡献。全年完成工业总产值30.4亿元，比上年增长364.4%；进出口贸易总额27.17亿美元，增长81%，其中外贸出口额12.19亿美元，增长84.1%；国内生产总值24.15亿元，增长42.4%。新设立企业86个，合同外资金额1.52亿美元，实际利用外资1.89亿美元；固定资产投资19.61亿元，出让和出租土地29.26万平方米。福田保税区外贸出口、工业产值、国内生产总值的增长幅度大大超过了全市的平均值。

〔**投资环境**〕　1998年，福田保税区继续加强基础配套设施建设，新开工房屋建筑面积22.5万平方米，竣工面积29.4万平方米，配套生活区建设基本成形，完成了污水处理厂设计方案和三号桥以西11.8万平方米生活用地规划，海关宿舍楼已交付使用，边检宿舍楼和综合服务楼等开发建设项目进展顺利。区内供水、供电和通讯网络的质量可靠性及保障能力进一步提高。

运作软环境继续完善。驻区海关EDI系统正式投入使用，通往香港的保税区一号专用通道实现了自动化监管。驻区边检正式挂牌办公，进一步促进了企业的有效运作。积极争取并得到了广东省公安厅的支持，将福田保税区原有50个小汽车标志牌的总量限制放宽为每年60个指标的动态管理。新办和续办行驶标志牌363个，其中小车73个，比上年增长17.7%。全面清理区内收费项目，将经市政府核准的收费项目和标准造册公布，并加强管理和监督，从源头上杜绝了乱收费的发生。

〔**经营管理**〕　按照社会主义市场经济体制的要求，坚持深化改革，加大体制创新力度。以改革审批制度为突破口，对原有15项审批事项，只保留企业设立、土地使用权出让、固定资产投资立项等三大审批事项，减少审批环节，简化手续，实行“一站式”审批，一个公章生效，进一步强化了保税区管理局作为市政府派出机构的协调和服务职能。深化行政体制改革，按照“精简、高效、统一”的原则，组建了机关服务公司，实现生活服务职能与机关行政职能分离,精简了机关工作人员。劳动服务中心实行相对独立运作,为区内投资者的招调工提供更为完善的服务。改革和规范国有资产管理体制,围绕建立现代企业制度,在现有12家具有独立法人资格的局属专业公司的基础上依法组建了具有国有资产经营功能的深福保集团有限公司。同时将原由保税区管理局投资经营的项目授权集团公司经营,加大了集团公司的经营责任和职权,实现了政企分开。深福保集团公司及所属专业公司以启动和繁荣房地产、区内贸易、物业管理三大市场为重点,在为驻区企业提供全方位优质服务的同时,进一步拓展业务。全年实现经营收入2.5亿元,出口创汇180万美元。

〔**利用外资**〕　在亚洲金融危机严重影响保税区经济发展的严峻形势下,福田保税区按照深圳市关于建设经济中心城市和产业升级的总体部署,加大高新技术工业的发展力度,将扶持高新技术产业发展作为提高对外开放水平、抵御亚洲金融危机冲击、适应全球经济一体化挑战的重中之重来抓。出台了加强招商引资工作的12项特别措施,加大了对高新技术工业项目的招商力度,继续在土地出让价格、赴港出国审批、人才引进等方面对高新技术项目给予政策倾斜,主动出击,努力吸引附加值高、市场占有率高、技术含量高、"两头在外"的大型工业项目入区,建立面向国际市场的生产基地。6月份,组团参加了由国家外经贸部主持的'98中国香港投资洽谈会,签订了6个项目合同,其中5个属高新技术项目,合同投资总额占深圳市的80%。8月份,赴美国、加拿大参加'98广东高新技术洽谈会,签订了4个高新技术工业项目,合同投资总额占全市的64.7%。全年共引进工业项目12个,包括美国IBM硬盘磁头、德国柏狮半导体引线框架、新加坡MMI公司硬盘托座、台湾宏基电脑和美国BTR集团公司电子感应器等一批先进工业和高新技术生产项目。IBM、MMI、宏基电脑等项目实现了当年签约、当年投产,产销率100%。经过两年的产业结构调整,目前全区的工业企业投资额占全区合同投资总额的48%,高新技术工业产品产值占全区工业总产值的86.4%,高新技术工业在全区经济增长中的支柱地位已初步确立。工业、仓储、国际贸易三大产业的比重达到49.9∶8.1∶42.0,正向工业占60%、仓储占25%、贸易及其他占15%的目标迈进。

〔**功能开发**〕　1998年,福田保税区在重点吸引投资额大、技术含量高的高新技术项目的同时,稳步发展保税仓储和其他贸易服务业,扩大保税区功能开发。针对亚洲金融危机对出口的严重影响,组织了一场出口攻坚战,大力改善服务和通关环境,保出口大户,促加工贸易发展,进出口和转口贸易提前4个月完成全年任务,为拉动深圳市出口增长做出了贡献,受到深圳市政府的充分肯定。万乘储运、深九国际物流、日通国际物流、近铁国际货运、易妥发仓储服务等5家企业被评为深圳市出口先进企业,并受到了奖励。一般贸易发展良好,全年海关关税及代征税2.29亿元,比上年增长10倍。在商贸功能开发方面,中央进一步赋予了福田保税区试验权,1998年初,海关总署批准福田保税区开展进口汽车展销业务。以此为契机,成功举办了中外名优产品展销会,开展看样订货和贸易洽谈,取得了良好成果。驻区外商投资企业全年实现销售(营业)收入68.28亿元,实缴工商税金6265万元,出口创汇5.19亿美元。

〔**精神文明建设**〕　1998年,福田保税区管理局致力于建立各种制度和操作办法,实行党务公开、政务公开,保证了机关为企业提供一流服务,企业从加强管理中提高效益,以此推动全区精神文明建设的展开。加强队伍建设,认真开展"讲学习、讲政治、讲正气"活动,通过每周五下午集中政治学习等形式,深入学习邓小平理论和党的十五大精神,干部职工廉洁自律和勤政廉政意识不断增强。开展了整顿机关作风活动,针对存在问题提出整改措施,努力提高工作效率和服务水平。加大培训工作力度,共组织各项业务培训15批次,培训人员620人次。大力推进依法治区工作。根据市政府部署依法开展了投资软环境和硬环境治理工作,使全区上下形成了一种遵纪守法、依法行政、按章办事的良好法制氛围。创建文明单位、档案综合管理、支持农村基层组织建设20多项工作都获得省、市级先进荣誉称号。

（曾崇富　执笔）

汕头保税区

〔**经济与发展概况**〕　1998年,汕头保税区受东南亚金融危机扩大化的影响,招商引资和企业经营运作遇到较大的困难。在这一年里,汕头保税区党委会、管委会带领广大干部职工迎难而上,团结拚搏,努力推进"实业兴区"发展战略,引进了一批高新技术生产项目;加强经营管理,功能开发趋于深化,促使区域经济健康平稳发展,较好地完成年度工作任务。全年完成工业产值6.7亿元(1990年不变价);进出区贸易总值5.36亿美元,其中保税仓储货值1.8亿美元,进出口贸易3.56亿美元(进口2.26亿美元,出口1.3亿美元);财政收入6086万元,其中税收收入775万元。批准成立外商投资企业31家,投资总额9133万美元,合同利用外资6693万美元;批准内资企业152家,注册资本3.8亿元人民币。党建工作和精神文明建设得到加强。全年新建基层党支部2个,发展新党员8名,有34人(次)分别被中共汕头市委和保税区委授予优秀共产党员、优秀党务工作者和先进工作者光荣称号。为长江流域、嫩江流域、张家口等灾区人民捐款(物)总计58万元。

〔**投资环境**〕　在这一年,汕头保税区的投资环境进一步完善。全年全区投入建设资金5365万元,完成建设总值6064万元。批准出让土地项目7项,面积315亩。竣工项目8项,建筑面积11万平方米。4月20日,管委会投资3800万元,总面积为16500平方米的大型仓库竣工交付使用,成为保税区深化保税仓储功能开发,发展国际货物分拨业务主要基地之一。进一步完善水、电设施配套,协调供电部门在区内设立供电公司,方便企业办理有关用电手续;解决重点生产企业对供电质量的要求。在各有关部门支持配合下,市政府将广澳深水港划入保税区管理体制,为实现区港连动创造条件。完成1.2公里长的海边挡风墙二期工程建设,种植树木31207株,保持良好园林绿化环境,再次被评为市绿化先进单位。

切实加强党建工作和机关精神文明建设,进一步优化软件投资环境。保税区党委会、管委会班子注意抓好自身建设,坚持开好民主生活会和中心组学习会,不断加强党的建设和廉政建设,努力树立奋发向上的精神风貌,增强干部职工的向心力和凝聚力,激发广大干群做好本职工作的积极性。根据特殊区域对工作人员的特殊要求,坚持以人为本的原则,致力加强机关干部业务知识的培训和再教育。全年全区参加市级党校培训班学习8人(次);与汕头大学商学院联合开办国际贸易、外贸英语学习班,聘请专家教授讲授国际贸易实务、国际金融、涉外经济及外语等专业课程,举办利用外资、港澳经济研究、东南亚金融风波等专题讲座,72名干部职工完成培训课程。组织干部职工进行计算机知识培训,38名干部职工通过初级计算机操作资格考核。号召全区干部职工树立"人人都是投资环境"的爱岗敬业思想,不断提高办事效率和服务质量,努力为企业办好事、办实事。

〔**招商引资**〕　1998年,汕头保税区继续推进"实业兴区"发展战略,不断开展多形式、多层次的招商引资活动,扩大引资规模,巩固招商成果。全年全区洽谈引进生产性项目36项,协议投资总额3.6亿美元。这批项目中,高新技术项目8项,当年开工建设14项。在这一年里,汕头保税区注重顺应国内外经济形势的发展变化,及时调整对外招商策略和方式,扩大招商引资成果。一是将招商重点转移到西欧、北美地区,先后派出小分队赴德国、美国、加拿大、法国、荷兰以及香港等地,参加广东省及汕头市组织的经贸洽谈活动，拓展与国际财团、大企业的合作。11月10日参加汕头特区（达拉斯）投资环境介绍会，与美国11家跨国公司接触探讨项目投资和贸易协作的事宜。二是先后派出小分队赴西安举办政策与投资环境介绍会；到哈尔滨以及周边市县宣传保税区政策，开展项目对口洽谈活动，探索利用保税区政策优势与国外的资金、内地的技术及资源优势相结合的新路子。三是开展项目签约、开工活动，先后参加和举办了“1·2”、“4·20”和“6·5”三场签约、开工仪式，共有18个项目参加活动，投资总额3.15亿美元，其中生产项目12个，高新技术项目7个。四是采取上网发布信息和赠送、邮寄资料等形式，向海内外客商广泛宣传汕头保税区的优惠政策和建设成就，提高知名度，扩大影响。共向海内外大中型企业邮寄信函及宣传资料5000多份，赠送投资指南、录像介绍卡3000多份(套)，回复投资咨询100多件（次）。美国贝恩（中国）有限公司、美国安永国际咨询公司等，在收到保税区寄发的招商信息之后，派员专程到保税区进行实地考察。五是建立项目跟踪责任制，加快项目上马建设的速度。管委会把任务分解到副局级以上干部，重点项目由管委会领导亲自抓，各有关部门同时介入，主动协助解决企业建设过程碰到的问题。汕头超声电子（集团）公司在保税区投资1.65亿元人民币，兴办超薄及特种覆铜板生产项目，设计年生产能力300万平方米，产值5亿多元。管委会在申报立项、用地、银行开证及电力保障等方面为其提供优质、高效服务，使该项目于1月2日签约征地，4月20日就开工建设。对有投资意向的客户，管委会领导及有关职能部门主动登门宣传政策，促成项目签约；对受亚洲金融危机影响未能按时履约的项目，保持热线联络，稳住客户。

〔经营管理〕　汕头保税区1998年全年完成进出口贸易3.56亿美元,其中进口2.26亿美元,出口1.3亿美元;实现保税仓储货值1.8亿美元。国税、地税等各类税费收入1736万元,比上年略有增长。

在这一年里,保税区管委会围绕加快经营运作,加强经营管理,推进区域经济发展的工作主题,广泛开展调查研究,并将调研成果用于指导经营实践,取得了较好成效。一是紧密结合保税区的实际,开展经贸形势、项目引进、财政税收、外汇管理、水电设施等7个专题调研,对区域建设中的重点难点问题进行深入调查研究,并将调研成果转化为决策,付诸实施。二是指导企业研究运用政策,正道经营,提高经济效益。管委会领导班子与海关多次举行专场联席工作会议,共同研究贯彻落实《保税区海关监管办法》的具体措施,优化通关环境;在这基础上召开企业经理座谈会,把政策交给企业,要求企业认真学习,正道经营,促进经济发展。同时,协调争取外汇、银行等有关部门的支持,解决生产企业进口设备用汇开证问题。三是采取有效措施加强管理,增收节支。财政部门认真做好工程结算审计工作,全年审核工程8宗,核减造价566.3万元。税务部门与区内银行电脑联网,切实加强税收征管工作,增加税收收入。贯彻执行中央关于厉行节约、反对奢侈浪费的规定,严格控制各项行政经费支出,核减行政经费包干标准,改革机关用餐及对外接待制度。

〔“4·20”投资项目签约(开工)活动〕　4月20日,汕头保税区隆重举行投资项目签约开工活动。中共汕头市委书记庄礼祥、市长周日方和各部门领导,德国巴斯夫集团、英荷铁行渣华船务公司、美国柯达公司、荷兰丹南风能公司等9家跨国公司的代表以及其他海内外嘉宾共300多人应邀出席。新华社、人民日报、香港文汇报、大公报等海内外新闻媒体13个单位31名记者莅会采访报道。参加活动的项目共有13项,其中开工项目3项,投资总额4600万美元,设计年产值8.6亿元人民币;签约项目6项,投资总额1.15亿美元。通过这次活动,汕头保税区向海内外客商和社会各界人士汇报了招商引资的阶段性成果,展示了配套完善的投资环境，提高知名度和影响力，取得了“以商引商”，吸引海内外客商前来考察投资的宣传效应。

象屿保税区

〔**综合情况**〕 1998年是象屿保税区开关运作五周年。象屿保税区在各相关方面的关心支持下，紧紧抓住经济建设这个中心，积极推进各项事业。首先是以招商引资为先导，加大招商引资力度，为保税区经济的发展输入新鲜血液。象屿保税区管委会聘请了一批在海内外工商界有一定影响的人士作为招商顾问，并出台了招商奖励政策。同时，把对外招商与对内经济功能的辐射结合起来，加强向周边地区招商。全年共新设企业80家，投资金额为4700多万美元。其中，外商投资企业20家，外商投资金额为1477万美元；内资企业60家，投资金额为3200多万美元。其次是以推动保税区功能开发为重点，努力促进保税区的良性发展。象屿保税区进一步突出仓储功能的开发，新引进2家仓储企业入区开展货物仓储业务。同时引进了2家加工性企业，使象屿保税区在拓展出口加工功能方面取得了新的突破。在推进区内贸易功能的开发方面，象屿保税区采取种种积极措施，加强政策协调，并在区内实行扶优限劣的政策，对经营得好的企业实行政策扶持，而对经营差或长期未从事业务经营的企业予以取缔。由于政策到位，确保了区内贸易的健康发展。全年进出境货值达到4.1亿美元，其中进境货值为3.34亿美元，出境货值为0.76亿美元。同时，进出区货值达到2.73亿美元，较好地发挥了保税区的经济辐射作用。其三是以建成“花园式”的保税区为载体，继续抓好基础设施建设，为区内经济的发展创造更好的环境和设施。象屿保税区对区内的道路、管道及其他基础设施进行扩建或完善，还实施了区内环境艺术工程，并强化了区内的环境保护、创卫工作。其四是以增强经济实力和开发建设能力为基点，积极完善财税管理，大力组织财政收入。象屿保税区管委会采取积极措施，在努力培植新税源的同时，积极开展税源调查，防止“跑、冒、漏”，并协助区内企业建立健全内部管理监督机制。由于采取了一些有效措施，保税区财力大大增强。据统计，1998年象屿保税区地方级税收收入达到3200多万元，较上一年有较大幅度增加。其五是以实现“两个文明”协调发展为目标，在认真开展物质文明建设的同时，大力抓好精神文明建设，促进保税区投资软环境的进一步改善。象屿保税区坚持把“先行先试，更快更好”作为保税区精神加以倡导和恪守，为保税区人注入了新的精神动力。以实施《关于加强象屿保税区社会主义精神文明建设的意见》为契机，积极开展优质服务窗口创建活动及精神文明建设创先进评比活动。以创建全市文明机关为契机，进一步搞好廉政、勤政教育，倡导文明办公、优质服务。由于认真搞好精神文明建设，象屿保税区管委会获得了厦门市“创文明机关，做人民公仆”先进单位称号。

〔**经济与发展**〕 1998年，象屿保税区的经济发展面对的形势相当严峻：1997年7月开始爆发的亚洲金融危机导致国际、国内经济陷入极度不景气，极大地影响了外商特别是港、澳、台及东南亚投资商对保税区投资。同时，国家为因应亚洲金融危机而对保税区政策做了重大调整。然而，象屿保税区以认真贯彻落实党的“十五大”会议精神为契机，面对严峻的经济形势，努力克服重重困难，采取积极措施，推动经济发展，全年进出口总额达到4.1亿美元，基本接近1997年的水平。其中，进口为3.34亿美元，较上一年增长5%；出口为0.76亿美元，较上一年下降26.4%。其主要特点：一是保税仓储占很大比重，在进出口总额中，保税仓储达3.5亿美元，占85%；二是加工贸易成为区内进出口经营的一支重要生力军。加工贸易额达5000万美元，新引进的两家加工贸易企业，实现当年引进当年投产；三是进出口国别地区结构有所改善。区内企业积极拓展欧美市场，区内对美国的贸易在全区进出口总额中的比重较上一年提高了4.3个百分点。据统计,到1998年底,象屿保税区累计进出口额已逾30亿美元。另外,作为象屿保税区经济发展的支柱企业——象屿集团也得到较好地发展。在获得市国有资产管理机关授权开展资产经营一体化的基础上,象屿集团成功地兼并市内一家效益较差的工业企业,使象屿集团在向实业化发展方面又迈出了一大步。象屿集团在进出口经营方面也取得了较好的业绩。全年进出口总额达到1.12亿美元,在"全国进出口额最大的500家企业"中排名第306位,并获得了国家外经贸部授予的1997、1998年度"全国外经贸质量效益先进型企业"称号。象屿集团的成员企业——象屿物业、象屿工程监理公司均在省内同行业中率先通过了ISO 9000质量标准认证。

在严峻的经济发展形势下,为创造保税区的更好发展空间,象屿保税区未雨绸缪。1998年4月,针对象屿保税区与码头区域直接连体的实际情况,象屿保税区积极争取各相关部门的支持,研究制订了象屿保税区战略性发展思路,即《象屿保税区实行区、港合一运作研究报告》,使象屿保税区未来发展方向更加明确。该"报告"若获实施,象屿保税区的政策功能将延伸到与其连体的保税区专用码头,同时,象屿保税区将直接享有港口的业务功能,从而在保税仓储、转口贸易、加工贸易等功能和业务开拓方面将更具有利条件。

〔**投资环境**〕 1998年,象屿保税区的投资环境得以不断改善。一方面,象屿保税区的硬件设施更为配套、完善。投资600多万元的保税区新大门以其新颖、大方的造型成为厦门市的一道亮丽的新景观,而且为保税区货物进出的有效监管提供了必备的硬件设施。投资约一亿元新建仓库、厂房、堆场及其相关基本设施,保证了"筑巢引凤"式的招商引资工作的顺利开展。象屿保税区专用码头工程也在加快推进。其中,与外商合资建设的13#泊位已可做辅助靠泊。14#泊位的陆域回填工程也已基本完成。15#、16#泊位开工准备工作也基本就绪。区内道路、绿化等基础设施也更加完善。另一方面,象屿保税区的投资软环境也得以进一步完善。象屿保税区以贯彻落实《厦门市改进行政机关作风和提高办事效率的规定》、《中国共产党党员领导干部廉洁从政若干准则(试行)》、《中国共产党纪律处分条例(试行)》等相关规定为重点,认真抓好勤政廉政教育,坚持做到优质服务、文明办公,使行政管理机关形成清正廉洁、办事高效的良好风尚。保税区管委会发挥自身的协调作用,在相关政策做出较大调整的情况下,及时加大协调力度,使区内企业更快适应新的政策,保证企业的正常运作。保税区管委会领导还经常性地深入基层调查研究,及时了解并协调解决企业生产经营中的问题和困难。象屿保税区想方设法降低企业经营成本,提高企业经济效益。象屿保税区在向企业返还近100万元营业税的同时,取消收取保税区大门出入通行证工本费,并规范区内仓储、报关、物业管理等服务性收费。象屿保税区还建立了货物出入的绿色通道。通过落实并促进保税区专用车队的运作,提高了货物通关效率,降低了企业经营成本。保税区管委会还邀请相关方面的专家为区内企业讲解亚洲金融危机的成因及对策、普惠制及ISO 9000认证等方面的知识,增强企业抗风险意识,提高其市场开拓能力。

〔**利用外资**〕 1998年,象屿保税区把招商工作视为生命线,努力营造"人人都是投资环境,个个参与招商引资"的良好氛围。在大力改善投资环境的同时,采取有效措施推动招商引资工作的开展。一方面,对招商班子进行整合,把政府的招商工作与开发商的招商工作有机地结合起来,科学地配置招商资源;另一方面,制订并实施了《引进项目奖励办法》、《关于加大力度,促进招商工作的若干规定》,对项目的引进者,按引进资金的多少予以相应的奖励,并将引进项目的任务分解到机关各处室及相关单位,调动区内外社会各界人士推动保税区招商引资工作的积极性。由于采取了一些积极措施,象屿保税区利用外资工作在极为艰难的情况下取得了新的进展,全年利用外资金额达3300多万美元。其主要特点:一是外商直接投资仍然是象屿保税区利用外资的重要方式。1998年,象屿保税区新设立外商投资企业20家,投资总额为1477万美元,占当年利用外资总额的43.75%;二是利用外国政府贷款成为利用外资的一种重要形式。在有关方面的支持下,象屿保税区取得了荷兰政府贷款1500万美元,占当年利用外资总额的44.43%。其将用于象屿保税区专用码头15#、16#泊位的建设;三是外商投资企业增资成为利用外资的有效形式。全年外商投资企业增资金额为399万美元,占当年利用外资的11.82%;四是新设立的外商投资企业全部为外商独资,并以港、台商投资为主。据统计,港、台商投资项目占新设外商投资企业数的六成,其涉及金额占新增外商投资金额的79.69%;五是与往年外商投资企业基本上都是仓储贸易企业不同,外商在象屿保税区投资加工业取得新的进展,新引进两家加工性企业。

海口保税区

〔**综合经济发展**〕 1998年,海口保税区不断深化改革,扩大开放,大力开展招商引资,在继续抓好区内基础设施建设的同时,进一步优化软环境,针对东南亚金融危机蔓延和加深产生的不利影响,及时调整招商引资重点,出台新的优惠政策,特别设立了"企业发展奖励基金",对一般工业企业和高新技术企业,分别按企业交纳增值税额的10%和12%、地方税税额的18%和25%奖励;对商业企业和其他行业企业,按企业缴纳增值税额的8%、地方税缴纳税额的15%奖励;对年缴纳增值税800万元以上的纳税大户,缴纳增值税额超出800万元的部分,按15%奖励,使保税区在招商引资竞争激烈的情况下,依然保持了经济的稳定增长,除进出区货物量下降外,工业产值、财税收入、入区企业数目、固定资产投资均有增加,基本实现了1998年的经济增长目标。

据统计,到1998年底为止,保税区的各项投入达1.72亿元,其中基本建设投资1.22亿元,更新改造投资4961万元,实现工业总产值67120万元,比1997年增长29%;新增入区企业92家,注册资本达4.52亿元人民币,其中内资企业89家,外资企业3家;实现工商税收5035万元,比上年增长56.9%。全年出口货物总值560万美元,进口货物总值3041万美元,比上年有较大幅度的下降。

〔**招商引资**〕 在新的优惠政策的鼓励下,区内的重点项目有较大进展,保税区的经济发展保持一定后劲。这些重点项目包括:际中海脉素、圣宝人造血浆、大华电脑光盘、爱普热水器、国泰子午线轮胎等,这些项目正顺利实施,全部建成投产后,保税区的生产能力将实现跳跃式的提高,初步形成包括精细化工、生物制药、信息通讯在内的、以高新技术为主的产业群,成为我市新的经济增长点。另外,海口保税区公共保税仓项目已在港口破土动工,这将为保税区仓储贸易的发展注入新的活力。

新的优惠政策还吸引了一批新的高新技术项目进入保税区。主要的有:由天津环球磁卡股份有限公司与海南华安实业总公司投资2亿元在保税区建设IC卡生产基地的项目已办好了土地出让手续。北大青鸟天意计算机有限公司投资8000万元生产组装电脑的项目正着手安装生产线。由印度太阳制药有限公司、新加坡爱补佳有限公司和海南泽盈医药保健有限公司三家合作,投资1000万美元在保税区生产医用缓释剂的项目签订了合同。此外,投资8.3亿元人民币建立日产500吨浮法玻璃厂、投资1240万美元建设三合木地板块厂、投资200万美元建设无纺布生产厂、投资1.8亿元生产龟灵液等大项目正在进行商务谈判和进行前期准备当中。

〔**发展思路**〕 1999年海口保税区发展将以邓小平理论和党的十五大精神为指导,结合市委九届二次全体会议关于经济结构调整的总体要求,以"开拓进取,有效增长"为指针,以强化功能开发,加大工业投资,完善投资环境为重点,力争在招商引资方面有新的突破,努力把保税区建设推向一个新的阶段。

继续利用各种大型招商会、交易会和领导出访的形式,认真准备、精心组织、积极参与,加大宣传保税区的力度,造成一定声势,走出去,再请进来,增强外商对保税区的了解,强化新闻媒体宣传,使保税区的知名度不断提高。明年要注意选择重点招商对象,特别加强对国际跨国公司招商力度,要重点抓好一批有全局影响的大项目,如北大青鸟与美国佰德公司的合作项目,发挥“以外引外”的示范作用,让外商现身说法,带动相关协作配套的外资项目落户。

努力改善软硬投资环境,进一步完善水、电、路、通讯及其他社会化服务设施,为中外客商提供较好的工作和生活环境,最大限度地改变保税区的外观形象。按照市委布置的创建文明机关的要求,大力推行“三制”,切实转变职能,改进作风,进一步规范对区内企业的服务和管理,实行从项目洽谈、审批、土建、企管等一条龙全程优质服务。

强化内部管理,提高招商引资的质量。要着力加强招商队伍建设,提高招商人员综合素质,充分调动其招商工作的积极性和创造性。着力加强基础工作,促使保税区的招商引资工作进入科学化、规范化管理的轨道,建立和完善项目资料库和外商名录库,重点引进一批有实力的中外加工贸易企业,扩大出口加工规模,提高保税区的外向经济水平。

抓好现有项目的建设,促使其尽快发挥效益。保税区目前正在进行的际中、圣宝、大华、爱普、子午线轮胎等重点项目,是保税区未来的经济骨干,对这些项目实施中遇到的各种困难和问题,我们必须全力以赴帮助其解决,促使其尽快建成投产,早日发挥效益。要加快秀英保税仓储项目建设步伐,着手设立“保税生产资料市场”和“货物分拨中心”,使保税区的保税仓储和转口贸易功能充分出来。

（葛耀　执笔）

天津港保税区

〔经济与发展〕　1998年是天津港保税区深化改革、扩大开放、迎难而进,各项事业保持较好发展势头的一年。在各驻区机构大力支持下,经过全区上下共同努力,克服了亚洲金融危机给保税区带来的不利影响,圆满完成了全年各项工作目标和任务,使区域继续保持了快速、健康发展的势头。

主要经济指标圆满完成全年任务。国内生产总值16.2亿元,为年计划的101.2%,同比增长34.7%。协议吸引投资总额7.9亿美元,为年计划的112.8%;协议利用外资额5.02亿美元,为年计划的100.4%。实际利用外资额3.05亿美元,为年计划的101.7%。内联引资额2.5亿元,为年计划的113.6%。进出区货物总值47亿美元,为年计划的102.1%,同比增长14.6%。通关出口额7.2亿美元,为年计划的119.3%,同比增长9.6%。税收2.66亿元,为年计划的133.2%,同比增长45.6%。利税总额4.67亿元,为年计划的122.8%,同比增长32.4%。销售收入130.1亿元,为年计划的100.1%,同比增长43.4%。

区域经济实现高速增长。区域经济发展的各项主要指标实现了较高速度增长,全年国内生产总值完成16.18亿元,按可比价格比上年增长34.71%,总量和速度都超额完成计划指标。包含中远散货运输公司,全区国内生产总值为23.48亿元,增长33.29%。在市政府考核的七项指标中,有三项同比增长30%以上,四项同比增长20%以上,随着保税区经济规模的快速增长,为天津市和滨海新区经济发展的贡献率有了显著提高,国内生产总值占全市和滨海新区的比重分别提高了0.3和1个百分点。

随着贸易、运输仓储、金融服务等的加快发展,保税区的第三产业的比重有较大上升,区域的物流、贸易特色进一步突出,产业结构日趋合理。全区第三产业实现增加值22.31亿元,增长44.8%。第三产业占国内生产总值的比重由上年的88%上升为95%。随着一些比较大的运输仓储企业的落户,保税区的物流功能进一步深化,运输仓储业创造增加值12.52亿元,比上年增长47.2%,占国内生产总值的比重由上年的51%上升到53.3%,增加了3.8个百分点。随着区域经济的发展,金融服务业实现快速增长,区内金融机构年末存款余额达到27.9亿元,比年初增加10.1亿元;年末贷款余额达16.2亿元,比年初增加4.4亿元,全年金融业增加值增长了1.7倍。

税收实现较大幅度增长。全年税收完成2.66亿元,比上年增长了45.6%,其中增值税增长69.6%,营业税增长59.7%,各种企业所得税增长4.5%。随着通关进出口规模的扩大,保税区实现海关关税及代征税20.68亿元,比上年增长28.77%。其中保税区企业缴纳的关税和代征税为4.7亿元,增长30%。天津港保税区做为滨海新区新的经济增长点正发挥着越来越大的作用。

功能运作进一步深化。1998年,管委会进一步明确了国际物流运作区的发展定位,围绕扩大和畅通物流,进一步完善了国际贸易、仓储物流、出口加工三大功能体系,区域功能优势日益突出,连接国内外两个市场的窗口作用和对腹地经济的辐射带动作用日益明显。围绕物流运作各环节,开展了调研和服务工作,在海关、外管、三检等部门的大力支持下,进一步畅通了绿色通道,方便了国际物流进出保税区,物流量持续快速增长,进出区、进出口和进出集装箱数量都呈持续增长态势。全年进出区货物总值达到46.97亿美元,比上年增长14.6%;进出区集装箱达到11.75万标准箱,增长87%;保税库进出区货物总值达28.3亿美元。实际通关进出口总额11.75亿美元,增长12.8%,其中通关出口7.16亿美元,增长9.6%。保税区已同世界上100多个国家和地区有物流往来,货物涉及汽车、电机电器、机械设备、铝锭、服装等两千多个品种,仅汽车全年进出区达5.56万辆,货值5.18亿美元,显像管1.1亿美元,服装2.6亿美元,铝锭1.7亿美元。

在进出区货物中,保税区企业经营的占42%,天津市其他企业占17%,华北地区(不包括天津市)占23%,西北地区占7%,东北地区占5%。保税区对天津市和三北地区的辐射带动作用进一步增强。

市场建设取得新的进展。全年市场交易额完成33.8亿元,同比增长49.5%;市场体系培育走上正轨,市场交易规则不断完善;国际商品综合交易市场重新调整后开业,东兴国际汽车市场和农膜原料市场建成并收到良好效益。汽车市场自3月份开业,全年成交汽车1400多辆,价值3.5亿元,机械、纺织原料等专业市场开始起步。

加工功能得到加强。亚实履带、加德士、德达捷能、骏达、瑰嘟啦咪等一批加工项目投产或开工建设。

功能拓展从区内功能的完善开始向区外延伸,通过积极运作,保税港试点和空港保税区建设的筹备工作都取得了一定进展,为保税区创造新优势,更好地发挥对区域经济的辐射服务作用奠定了重要基础。

〔利用外资〕 面临亚洲金融危机给保税区带来的影响,保税区管委会始终把招商引资摆在各项工作的龙头地位,确定了以抓物流项目、抓市场项目、抓加工项目为工作重点;改革健全了招商工作体制,优化了人力资源配置,成立了三个专业招商办公室,加强了招商工作力量;制定和完善了吸引投资的配套措施,重新整理发布了十三条优惠政策,提高了区域吸引投资的竞争力;进一步优化了招商工作的方式,注重了招商各部门的配合,实现了招商工作环节的有效衔接和运转,深化招商目标责任制,压力传递、责任到人;制定了内部人员招商引资奖励制度,调动了全员招商的积极性;完善了招商工作制度,增强了工作的计划性和有效性;在吸引外资的同时,不放松内联引资工作和外资到位工作,采取有力措施,取得了较好成果。

全年新注册企业1037家,协议吸引投资总额7.9亿美元。其中外商投资企业427家,协议外资额5.02亿美元,占全市吸引外资的七分之一。外商投资主要投资国别(地区)以美国120家居第一位,其次为香港87家、日本37家分居第二、三名,总额500万美元以上的企业18家,外商投资企业项目平均投资额为117.15万美元。全年外资实际到位3.05亿美元,比上年增长了1.55%。内资招商取得好成绩,全年注册内资企业610家,比上年增长3.4倍;投资总额2.34亿美元,增长1.51倍;注册资本2.5亿美元,增长1.65倍;内联引资2.5亿元,增长21.3%。招商的各项指标全部完成了年初下达的任务。

〔**投资环境**〕 服务体系不断完善。牢固树立服务是立区之本的宗旨,天津港保税区管委会始终把服务工作贯穿于各项工作的始终。狠抓了大服务体系的完善,增强了服务工作主动性,各驻区机构和各部门都制定了限时服务制度,使服务工作走向规范化、制度化;会同海关、商检、外管、税务,公检法等驻区机构,制定了工作制度和联系制度,形成了整体服务、全程服务的态势,覆盖全区的服务网络基本形成;坚持"三个联动"的服务思路,多层次地为北京市、中央各大部委、中西部,特别是我市各条战线、各个区域的服务,增强了服务工作的有效性。

1998年面对亚洲金融危机影响和世界性的经济不景气,管委会加强了对企业出口各环节的服务力度,出口企业积极开拓新市场,采取各种措施力保原有市场,扭转了上半年出口下降的局面,全年保税区企业的出口规模达到了一个新的水平,实现了较大幅度的增长。保税区企业自营出口完成2.58亿美元,比上年增长18.43%。出口额增速比全市和滨海新区分别高7.1和2.5个百分点,占全市和滨海新区的比重也比上年分别提高了0.3和0.16个百分点。企业出口中一般贸易出口2.24亿美元,比上年增长33.3%;来进料加工出口1724万美元;转口1660万美元。保税区企业进口额达4.54亿美元,涉及到2032种商品。通过服务,企业获得了发展,效益相继提高,全年实现利税4.67亿元,同比增长32.4%。

基本建设工作成绩喜人。坚持"两个衔接配套"和建设国际化自由贸易区的要求,继续进行了总体规划修编以及路网、管网、通讯、照明、绿化、能源等专业规划和各小区规划,规划水平进一步提高。

三大工程建设全面展开,区域形象明显改观。水、电等大项目能源配套工程的前期工作已基本完成,为正式开工打下良好基础;全年基础设施投资完成8182万元。重点小区建设进展顺利,特别是小区的生活服务配套设施全面启动,小区标志落成受到各方面高度评价。

中轻腾发、中银大厦、物资招商、速达综合贸易等相继竣工,亚实履带、北星汽车、瑰都啦咪、骏达纺织、加油站、美克公寓、电信大楼等十多家企业相继在区内开工建设,使区内建设再掀高潮。全年区内固定资产投资完成5.6元,比上年增长9.8%。总投资约2.5亿的加德士润德油项目,至年底已完成投资1.3亿元,预计将于1999年4月竣工投产;总投资2.5亿元的亚实履带于1998年5月动工,至年底已完成投资1.12亿元,预计将于1999年7月竣工;骏达纺织、中轻腾发已竣工投产;投资规模8800万元的北星汽车,已完成投资7600万元,施工面积8072平方米;美克公寓已完成投资4000万元,主体已完工;瑰都啦咪、电信、保发、银泰等都已开工建设。加油站、职工公寓基本建成,文体活动中心、黄金海岸世贸中心已开展前期建设。

区域形象工程成绩显著,新建绿地10.32万平方米,种植乔木6676株,完成了管委会门前广场、高速路延长线绿化、金融贸易区简易绿化工程,进行了区容环境集中整治,使区域面貌上了一个新的台阶。

(董维忠　执笔)

青岛保税区

〔**综述**〕 1998年青岛保税区管委会认真学习邓小平理论,深入贯彻落实十五大精神,紧紧围绕保税区的政策和功能优势抓队伍、树形象、拓功能、促招商,保证了青岛保税区的持续、稳定、健康发展。

招商引资取得新进展。青岛保税区全年共批准项目191个,总投资1.16亿美元,合同利用外资8144万美元,确保完成了全年任务,过千万美元的项目4个,实际利用外资6000万美元,比上年增长103%,批准外资项目88个。其中欧美项目32家,合同外资1792万美元,分别比上年增长145%、160%;批准内资项目103个。其中私营企业65家,注册资本1000万美元,占内资企业总数的65%、52%。保税区累计批准项目1162个,总投资10.12亿美元,合同外资5.32亿美元,实际利用外资2.57亿美元。

功能开发稳步拓展。青岛保税区全年共完成进出口总额2.2亿美元,其中离境出口9000万美元,比上年增长140%;圣元奶粉、德宝地板、诸城饲料等三家生产性企业投产,使区内生产性企业达到26家,实现工业总产值4.5亿元,工业销售收入3.5亿元;新开办仓储企业2家,使区内仓储企业达11家,室内仓储面积达10万平方米;建成分拨中心两家,2000多平方米的煤炭矿山器材市场展示厅已开始展示,橡胶分拨中心全年分拨橡胶2万吨,另外初步形成的船用油漆分拨中心初步首批800吨油漆已分拨至荷兰、丹麦等国家。

土地开发稳步进行。青岛保税区新开工基建工程项目4个,建筑面积3.6万平方米,竣工面积4.1万平方米,全年完成基础设施投资6700万元,完成了前三、前四路,区内路灯,为颐中、松下供热、供电,区内热力管网、110KV变电站等新建工程项目,并对区内主要道路进行了绿化、美化;成立了物业管理中心,对区内环卫、园林、供热等设施进行了全面检修,为1999年保税区外部形象的全面改观打下了良好的基础。

加强教育,强化考核,全面提高人员素质。青岛保税区管委会十分重视队伍建设,在实际工作中,一是抓培训,针对国际国内形势的变化和国家对保税区政策的调整,坚持了每周一个半天的学习制度,为使机关人员及时了解保税区现行政策,加强了对新政策、新法规的学习,管委会先后聘请了市出口退税分局、保税区海关、商检、国税、工商、开发区外管局、地税局等职能部门的业务人员为全体工作人员授课达100余课时,使大家及时了解国家有关政策调整后对保税区的影响及应采取的对策,为及时调整招商引资的策略,解答客商的疑问起到了较好的作用。二是抓考核,在春节后机关整顿的基础上又于第四季度开展了"加强和改进工作作风,确保完成全年工作目标"活动;调整了考评领导小组,制订了严格的考核办法,结合工作实际,对工作进行量化考核,每月及时进行总结评议,对完不成任务的实行一票否决,有效地调动了工作人员的积极性,提高了工作效率,为各项工作的顺利开展奠定了基础。

〔**经济与发展**〕 青岛保税区1998年实现工业总产值4.5亿元,工业销售收入3.5亿元;圣元奶粉、德宝地板、诸城饲料等三家生产性企业投产,使区内生产性企业达到26家,新开办仓储企业2家,使区内仓储企业达11家,室内仓储面积达10万平方米;建成分拨中心两家,2000多平方米的煤炭矿山器材市场展示厅已开始展示,橡胶分拨中心全年分拨橡胶2万吨,另外初步形成的船用油漆分拨中心初步首批800吨油漆已分拨至荷兰、丹麦等国家。新开工基建工程项目4个,建筑面积3.6万平方米,竣工面积4.1万平方米,全年完成基础设施投资6700万元,完成了前三、前四路,区内路灯,为颐中、松下供热、供电,区内热力管网、110KV变电站等新建工程项目,并对区内主要道路进行了绿化、美化;成立了物业管理中心,对区内环卫、园林、供热等设施进行了全面检修,为1999年保税区外部形象的全面改观打下了良好的基础。

青岛保税区管委会在1998年经济工作中重点抓了以下工作:

采取有效措施,促进出口加工企业的开工投产。为了充分发挥保税区的出口加工功能优势,青岛保税区一是加强了政策宣传的针对性,采取区内外政策对比、投资成本对比等方式,利用青岛经贸洽谈会等活动和香港《大公报》等知名度较高的报刊予以广泛宣传;二是强化项目责任制,责任到人;三是搞好服务,主动上门,急事急办,特事特办,注重效果。同时加大考核力度,促进了出口加工项目的引进和开工投产。1998年引进出口加工项目8个,开工5家,投产3家,投资2000万美元的颐中冲压件项目和投资24亿日元的松下电子部品项目进展顺利,预计明年将投产。

加强企业管理与服务。青岛保税区管委1998年工作的重点之一就是搞好企业的管理与服务,搞好安商、富商工程。为此重新建立规范了已批准企业项目库,排查企业现状,掌握企业实际情况;并公开办事程序,制定了《服务公开制度》、《定期走访企业制度》、《企业统计制度》等,并积极予以落实。协调市出口退税局等单位基本解决了企业出口退税问题,解决了因开发商原因导致租房企业用电不正常及个别企业劳工纠纷等企业实际问题,协调外管局积极为企业解决因外汇管理政策变化带来的困难,保证了企业生产的正常进行,并加大安全生产规范力度,确保了区内企业文明安全生产。

加快综合配套建设,完善基础设施。基础设施的改善是促进保税区发展的关键。1998年管委会加快了基础设施建设步伐,先后投资2700多万元,完善了区域内的热力、道路、三水、配电等设施,协调供电局共同投资3000多万元建成了110千伏变电站,保证了二期项目的正常建设用电;为规范对土地规划管理工作,组织对一期、二期的土地进行了统计核查,完成了二期控制性详规的初步编制及一期控规的调整;为尽快发挥保税区的功能优势,积极推进业主码头建设,按照前湾港总体规划的思路,组织完成了环境影响的评审工作;在建设市场管理上,重点抓了招标管理,本着公平合理、节省投资、保证质量、缩短工期的原则对区内比较大的基础设施项目全部实行了公开招投标,使实际投资与计划投资相比节省500余万元,工程一次验收合格率100%,优良品率62.5%;并对保税区注册房地产开发企业资质进行全面审查,共查处违规开发单位24家,责成6家具备开发条件的单位办理了相应的资质手续,为今后规范区内房地产开发行为开了个好头。

〔**投资环境**〕 青岛保税区位于青岛市胶州湾西海岸的青岛经济技术开发区内,紧临前湾港区、黄岛油港,依托青岛港。二期规划即可实现港区对接。前湾港区拥有2200万吨的煤炭、矿石、杂货码头和510万吨的5250集装箱码头,以及全国最大的20万吨级矿石码头;黄岛油港拥有3000万吨的原油、成品油码头;青岛港与世界上130多个国家和地区的450多个港口有贸易往来。

青岛保税区交通条件便利。与青岛老市区之间,陆路有全长66公里的胶州湾高速公路相连,海路有间隔30分钟的轮渡和间隔15分钟的快船相通。另外,胶州至黄岛42公里长的胶黄铁路连接青岛至济南的胶济铁路线,通达国内各地。保税区距离青岛国际机场仅50公里,机场航班通达国内30多个大中城市,并开通了香港、韩国汉城,日本大阪,福冈,新加坡的航线。

青岛保税区区域规划总面积2.5平方公里,分二期开发建设,首期0.86平方公里开发区域已完成"七通一平"(通讯、通汽、通电、通路、通水、通污、通暖、地面平整)建设,区内建起了隔离网及"三水"管网,区内道路四通八达,主干道绿化工程全面竣工,并建成110KV双回路输电线路、两座3×35KVA变电站和能安装5万门程控电话的邮电大楼,目前首期基础设施完备,投资环境优越,区内建有各类大型仓储物流中心、标准厂房和写字楼、商品展示中心等，建筑面积45万平方米，固定资产投资超过10亿元人民币。二期1.64平方公里基础设施配套已经完成，日本松下电子部品有限公司已经入区开工建设。

青岛保税区管委会坚持按国际惯例办事，以为客户提供优质服务为宗旨，推行高效的专家型服务。区内设有保税区海关、三检合一的保税区商检办事处、保税区国家税务分局、工商分局，所有批准手续均可在区内办结。区内还设有会计师事务所、审计师事务所、律师事务所、报关行、货代、船代等，为企业融资、结算、汇兑、报关等经营活动提供服务。同时，管委以《保税区海关监管办法》、《山东省保税区管理条例》为基础，进一步完善各项制度，坚持依法管理，照章行事，为保税区投资客商的合法权益提供了有效保障。

〔利用外资〕 青岛保税区全年共批准项目191个，总投资1.16亿美元，合同利用外资8144万美元，确保完成了全年任务，过千万美元的项目4个，实际利用外资6000万美元，比上年增长103%，批准外资项目88个。其中欧美项目32家，合同外资1792万美元，分别比上年增长145%、160%；批准内资项目103个。其中私营企业65家，注册资本1000万美元，占内资企业总数的65%、52%。青岛保税区累计批准项目1162个，总投资10.12亿美元，合同外资5.32亿美元，实际利用外资2.57亿美元。

在实际工作中，青岛保税区管委会一是转变方式，突出重点，促进了招商引资工作。由于形势的变化和政策调整使保税区在亚洲的主要投资伙伴投资力度减小，在加工项目引进上保税区优势弱化的不利情况下，管委会认真分析形势，及时转变策略，将招商重点转向欧美国家，放在发挥保税区功能优势的商品展示、市场分拨上。在招商方式上加强了以商招商，加强与中介机构的联系；加强完善项目库建设，及时推出重点招商项目；注重内外结合，吸引内资。同时注意发挥区内企业示范带动作用，使其在招商中发挥滚动效应，收到明显效果。通过以上措施使全年的招商引资工作呈现出新的特点：1．欧美项目增多，为去年的1.5倍；2．贸易性大项目增多，3个过千万美元项目均为国际贸易项目；3．增资项目增多，有4家企业增资，增资额达1300万美元；4．私营企业发展迅速，区内首次出现私营经济发展速度高于同类集体企业发展速度。

二是加快市场建设，带动仓储和贸易的发展。充分利用保税区是国际国内两个市场的前沿结合部的优势，重点抓了煤炭矿山器材和橡胶分拨中心两个市场的建设。目前煤炭矿山器材市场，经与国家、省煤炭总公司、兖州矿务局等单位多次联系，主动为其解决筹建过程中存在的问题，使该项目进展顺利，近2000平方米展示厅已开始展示，主要为华东地区各矿务局提供进口设备易损件。橡胶分拨中心，已初具规模，全年分拨橡胶2万吨，以主营橡胶为主的中外合资企业丰捷公司注册资金由100万美元增至1000万美元，该公司计划在保税区内筹建现代化交易厅，以形成大型橡胶分拨中心能力。此外，海虹化工(烟台)有限公司“老人头”牌船用油漆和集装箱油漆分拨中心已开始分拨，该项目每年可分拨油漆二千余吨；保税区启迪贸易公司在市区开办的电子市场，考特贸易公司引进韩国大宇计算机零部件建成的生产线开始组装生产，两条生产线年产计算机6万台，展示和销售初具规模。与美国IMEX公司商谈的国际展览中心等项目正在洽谈中。市场建设步伐的加快，有效地带动了仓储和贸易的发展，区内出现3家总投资过1000万美元贸易企业，出现了首家集仓储、加工、贸易于一体的综合性公司，如诸城外贸集团设立的凤祥国际贸易公司是从美国进口玉米，边仓储边加工饲料，销往区外养殖企业，现已形成日加工500吨能力。仓储企业仓储货物均达储存能力的80%以上。

〔出口和转口贸易〕 青岛保税区全年共完成进出口总额2.2亿美元，其中离境出口9000万美元，比去年增长140%。1998年因保税区外汇政策的调整,使保税区出口面临严峻形势,因此,青岛保税区管委会在工作中,一是加大了引导力度。管委会根据企业遇到的实际困难想方设法予以解决,并切实加强对企业的引导,增强企业抵御和化解风险的能力。二是组织企业学好规定,用足政策。青岛保税区定期组织召开政策吹风会,切实搞好政策宣传,严格执行国家政策。同时积极帮助企业学好、用足、用活当地的扶持政策,变优惠为优势,充分发挥相关政策的推动作用,扩大出口。三是大力拓展出口市场。在巩固扩大日本、韩国及东南亚等传统市场的基础上,通过组织参加交易会、博览会等形式,密切联系重点客商和驻外机构,积极开拓拉美、东欧等市场取得较好效果。四是重点扶持骨干企业。管委会确定了10家出口重点企业,责任到人,主动服务,在信贷、退税等方面予以积极协助,帮助企业拓展市场,扩大出口范围,带动其他企业创汇,并为逐步形成有竞争力的出口创汇群体打下了良好基础。

张家港保税区

〔**概况**〕 进入90年代,随着我国改革开放的深入,党中央及时作出了“以上海浦东开放为龙头,进一步开放长江沿岸地区”的重大战略决策,江苏省委的领导同志紧紧抓住千载难逢的历史机遇,大胆提出了与浦东接轨,创建江苏省保税区的经济战略构想,1992年10月16日,国务院正式批准设立张家港保税区,规划面积4.1平方公里。至此江苏省张家港保税区成为我国改革开放整体战略的重要组成部分,成为全国唯一的内河港型、区港一体化的保税区。

张家港保税区的设立,使昔日荒滩成了“黄金”宝地,独特的区位优势使中外客商看到了诱人的开发价值。它有优越的港口条件。与著名的国际性商港——张家港唇齿相依,港口深水贴岸,不冻不淤,避风安全,集装箱、化工、杂货、煤炭、粮油等专用码头配套齐全,已建有25个万吨级泊位。地处上海、苏州、无锡、常州、南京等大中城市的怀抱之中。有发达的立体交通网络;有一个发展潜力很大的市场。因此这里成了投资者的热土。至1998年底,已累计批办各类进区企业1200家,投资总额达17.3亿美元,合同利用外资11.3亿美元,到账资金8.2亿美元,投资客商遍布香港、台湾、美国、日本、英国、加拿大等十多个国家和地区。

〔**投资环境**〕 6年来,张家港保税区共投入基础设施建设资金7亿元,完成了保税区内外道路、水电、通讯、桥梁、绿化等工程,保税区3座万吨级专用码头,保税区热电厂、自来水厂、邮电大楼、热力管网、输变电配套设施和60万平方米的商品住房及标准型厂房相继建成投运,区内已实现了“六通一平”。短短几年,这块神奇的土地发生了历史性的巨变,昔日的芦苇荒滩、乡村田野,如今已是高楼林立,车水马龙,过去的农民变成了城市居民,与保税区、港口配套的海关、边防、商检等涉外机构一应俱全,宾馆、商业、学校等社会公共设施新颖别致,布局合理,一座现代化的国际港城正在崛起。

〔**经济与发展**〕 几年来,张家港保税区始终以“三个有利”为标准,加快发展不动摇,坚持出口加工、国际贸易和保税仓储三个轮子一起转。先后兴建了5万平方米钢结构仓库,常年储存几十种保税物资,年货物进出库总量突破2亿美元;兴建了5万立升保税化工专用码头和万吨级杂货码头,年外贸货物吞吐量突破20万吨,优越的经营环境,使保税区成了中外客商兴业发展的乐园。目前保税区完成进出口贸易额12.7亿美元、工业贸易销售达182.8亿元,上交国家税收11亿元,其中关税7.88亿元,不仅中外客商在保税区得到了实惠和发展,而且保税区经济总量和经济效益实现了大幅度增长,对国家的贡献份额越来越大。1998年完成的工业贸易销售额为1994年同期的64.9倍,财税收入为1994年的55.3倍,全区呈现出一派奋发向上的勃勃生机。

〔**招商引资**〕 张家港保税区的开发建设像春风唤醒了这块沉睡的土地，给这里带来了勃勃生机和活力，人民群众像当年支援解放军渡江一样，支持保税区的开发建设，保税区的发展又给当地人民带来颇丰的回报，如东海粮油集团所在地的高东村，去年该村从东海公司得到的净收入可达630多万元。

几年来，保税区领导始终把发展一方经济，富一方人民作为已任，啃住招商引资不动摇，不断加大发展经济的力度，使一大批高档次、科技型、规模型的项目纷纷落户保税区。其中有美国的雪佛龙、ADM、优尼科公司，日本的光王电子、伊滕忠、日清公司、台湾的统一、和鑫、南港、顺德集团公司和香港的南联、长江制衣、鹏利集团等一批国际著名跨国大公司，目前超2000万美元以上的大项目就有11个。总投资1.3亿美元的东海粮油项目已投产见效，总投资4亿美元的南港轮胎项目、总投资超亿美元的美国雪佛龙聚苯乙烯项目、投资5000万美元的美国优尼科化工项目、投资5000万美元的统清粮油加工项目、顺德电子文具项目和日本的不二制油、光王电子项目等9个大型加工项目相继开工建设，保税区一派热火朝天的兴旺景象。1999年1至5月份，保税区各项主要经济指标再创历史新高，实际利用外资、工业产品销售、利润总额分别比去年同期增长333%、70%和244%。大项目的兴建，使这块中国开放度最高的特殊经济区域成了新的经济增长点。

除此之外，张家港保税区始终坚持立足区内、辐射区外、服务全国、面向世界的指导思想，充分发挥保税区优势，着力推动区域经济的发展，在保税区的带动下，沿江一线有10多个码头正在兴建，港口岸线从5.5公里迅速扩展到了15公里；国内有20多个省市及中央部属大企业集团来保税区投资兴业，张家港保税区为江苏乃至长江流域的经济发展起到了积极的辐射推动作用。

（胡剑鹏　执笔）

福州保税区

〔**综合经济发展**〕 1998年是福州保税区经济发展关键的一年，在亚洲金融危机蔓延并继续加深，国际金融市场持续动荡，世界经济受到严重影响以及国家对保税区政策调整造成保税区经济工作面临严峻复杂局面的情况下，管委会认真贯彻党的十五大精神，高举邓小平理论伟大旗帜，全面落实年初区委工作会议精神，坚持项目是生命线方针，克服招商引资中各种不利因素和困难，加快保税区各项功能开发步伐，积极发挥经济龙头作用，取得了一定成绩。全年共批项目91项，完成年计划130%，项目总投资7220万美元，完成年计划103.14%，进出区货物总值30712万美元，完成年计划61.42%，进出口货物总值1321万美元，完成年计划66.59%，社会生产总值27196万元，完成年计划118.24%，财政收入2430万元，完成计划81%。

〔**招商引资**〕 一是突出重点，加大招商引资力度。在东南亚金融风波的负面影响以及保税区政策调整的情况下，树立信心、克服困难，突出打台球、抓港澳、促增资的基本思路，以功能开发为导向，加大招商宣传力度，全方位多渠道地开展招商引资工作，取得了好成绩。共引进项目91项，总投资7220万美元。在招商引资中，重点推出省市重点建设项目之一的海峡经贸广场，加快了其开发步伐，并配套了相应政策措施，海峡经贸广场现已按照计划逐步开展工作，预计明年动工并完成主要工程。海峡经贸广场的建设将大大促进两岸经贸交流合作，进一步发挥保税区仓储、展示贸易功能，同时，也规范了企业经营管理秩序，为保税区深层次高质量的招商引资工作创造良好、便利的环境。在5月福州国际招商月期间，邀请了80多位外商来区洽谈，共有37个项目落户，总投资达3568.89万美元，协议外资3458.48万美元。同时，还建立了一批项目库，建立了重点项目跟踪服务制度，为保税区能够保持旺盛的生命力培植了肥沃的土壤。

〔**清理用地**〕 清理用地,盘活土地,搞好二次招商。由于保税区企业大多存在所购土地闲置,土地利用率低的情况,从3月5日开始根据省市有关文件精神,全面开展已批用地清理工作,至4月末,共向区内15家购地企业发出清理闲置土地通知书,其中对3家土地款已全部交清、业务正常进行的企业给予“延期使用土地,收取土地闲置费,限期动工建设”的处理;对7家全部或部分拖欠土地款,又没正常运营的企业依法收回土地97亩;对4家拖欠部分土地款已动工运营的企业,给予限期交清土地余款和滞纳金的处理。通过对已批用地的清理,盘活土地存量,用于生新招商。

〔**改善环境**〕 改善环境,扶持企业发展。把扶持搞活企业增加经济总量作为工作重点,出台了《福州保税区管委会关于搞活企业的意见》、《福州保税区查案制度实施细则》,从各个方面上为企业经济总量的增长创造条件。同时,积极改善软环境,强化为企业服务的力度和质量:一是公开公布报关行服务有关规定,实行企业监督,提高服务质量和办事效率;二是对区内各职能部门与保税区有相关业务的科室负责人及经办人员的工作进行民主测评,并将测评情况向全区通报,有效地督促了全区干部职工的服务力度;三是强化协调力度,共召开企业现场办公会、企业解忧排难研究会、新项目协调会及海关专门问题协调会20多场,为企业解决了一批发展经营过程中存在的问题和难点,促进了新项目落地进度。四是抓重点项目的前期协调服务工作。在为企业的整个服务过程中,列出重点项目,着重于这些项目自始至终的协调服务。如经贸广场以及高迪诗冰酒等项目的协调服务,为新项目的落地排忧解难。

〔**功能开发**〕 强化政策研究,促进功能开发。保税区的功能能否充分开发关系到政策出台和实施的力度,1999年以来,在加大功能开发的同时,积极进行各项配套政策的研究出台。为进一步拓展福州保税区对台经贸优势,正式启运了台货专用堆场,并完善了各个实施环节,为海峡两岸开展经贸活动、促进两岸直接通商创造便利条件,出台了《关于促进保税区海峡经贸广场建设、加强企业法定地址管理的若干规定》及其实施细则,既保护了我区税源又规范了企业经营管理秩序,使海峡经贸广场成为福州保税区贸易、仓储、展示的基地和中心,并将极大程度地促进福州保税区1999年经济建设顺利、稳步发展;出台了《福州保税区有关增值税、消费税政策若干规定》的草案,它将促进保税区企业开展贸易、加工、仓储的积极性。

〔**加强宣传**〕 进一步加强宣传研究工作,提高保税区在境内外的知名度。今年以来,通过新闻媒介等加大福州保税区宣传工作力度,让外界更多更深入地了解掌握福州保税区的性质功能、作用和优势,很好地配合了保税区招商引资工作的开展。全年共计在中央、省市及香港较著名报刊发表有关福州保税区的文章50多篇,扩大了宣传,收到了良好的效果。同时,针对保税区这几年来的发展形势需要,创办了《保税区信息》,现已出刊七期,加大了与兄弟保税区及中央省市的信息交流和沟通。另一方面,针对东南亚金融风波及保税区政策调整的形势,根据福州保税区的自身特色积极进行政策研究工作,《福州保税区发展前瞻》、《建立福州保税港的思考》等课题的研究成果均被市委《闽都通讯》刊物所采用。同时,还将近几年来福州保税区出台的政策法规汇编成册,发放给投资者

〔**创安创卫**〕 积极开展“创安”、“创卫”工作。今年以来,把创安、创卫工作摆上重要议事日程,同区内企事业单位签订了年度安全工作目标管理责任书,三次组织派出向段警、保安队、服务公司等部门对全区单位进行安全大检查,发现安全隐患7处,并勒令整改,整改率达100%;对全区的电源临时线路进行全面整改,全年全区无发生火警、火灾、治安刑事案件及劳动伤亡事故。同时,于年初在人员少、工作任务重的情况下,专门抽出了3人,由办公室

一名副主任带队到出头村包计划生育包创卫。保税区的创卫工作和出头村挂点包干创卫工作都顺利的通过省级验收。

〔**经营管理**〕　加强自身建设,提高工作效率和干部素质。在抓经济建设的同时,也积极进行抓自身建设。一是根据保税区经济发展和功能开发的需要,从强化保税区管理功能出发,进行保税区管理机构机制研究探讨,初步拟定了保税区管委会下属机构的分布设置以及局室设科方案,成立了保税区物业管理站,加强了保税区经济开发、企业管理、公共事务工作。二是加强干部队伍的自身建设工作,办公室和党支部定期组织全体干部职工认真学习邓小平的中特理论,相互交流学习心得,提高自身素质。同时,严格要求全体干部职工增强公仆意识,树立人人都是投资环境思想,全面提高全体干部职工的精神风貌。进一步完善办公室各项规章制度,从考勤制度管理、财务制度管理、安全用电制度管理及车辆制度管理等方面要求全体干部职工认真遵守;再次公布了《保税区岗位服务公约》,要求人人要严格要求自己,努力争创一流工作业绩。通过自身建设的加强,我们在1999年国际国内经济环境困难的背景下,取得了招商引资工作好成绩,同时,积极认真完成了区委各个时期部署和中心工作,如抗洪救灾工作、创全国文明卫生城市工作等等。

（夏克活　执笔）

洋浦经济开发区

〔**简况**〕　洋浦经济开发区是1992年3月经国务院批准成立,1993年3月全面动工,是我国首例外商成片开发区,也是国内唯一享受保税区政策的开发区。开发区现有面积31平方公里,人口3.5万人,其中原居民3万人。开发商是以熊谷组(香港)有限公司为主的7家中外企业组成的洋浦土地开发有限公司。由于中国光大集团已控股熊谷组,因此,从1998年6月开始,洋浦已由光大集团主持开发。洋浦开发区管理局是海南省政府派出机构,代表省政府对开发区及邻接海域实行统一的行政管理。

〔**投资环境**〕　洋浦经济开发区自开工建设以来,已投入了50多亿元人民币,其中开发商投入了约40亿港币的资金,对开发区进行了高标准、大规模的基础设施和市政公用设施建设。现已建成31.55万千瓦电厂一期工程及油码头,并已与省网并网发电;平整土地18平方公里,建成区内道路43公里及大部分排水工程,中心区基础设施建设全部完成;完成了11.4公里海关隔离网和三座海关检查站;邮电通讯一期工程已交付运营,目前程控电话、模拟移动电话、无线寻呼台和数字移动电话网均已开通。洋浦港一期工程已建成两个两万吨级泊位和一个三千吨级工作码头,年吞吐能力120万吨,并已对外开放。洋浦港二期工程投资7.8亿人民币,建设3个3.5万吨级泊位,目前开工报告已获国务院批准,主航道疏竣工程已动工。二期港建成后,洋浦港年吞吐量将达250万吨。

洋浦是国务院正式批准的实行保税区税收政策的国家级开发区,集特区、保税区、开发区的政策于一身,是目前我国开放度最高、政策最优惠的区域之一。特别是1995年国发34号文件发布以后,洋浦开发区比特区和其他开发区的政策更加优惠。尽管国家最近恢复对内外资企业高新技术项目进口设备免税待遇,但是洋浦开发区在发展工业项目方面仍具有较大的政策优势。这些优惠政策主要有:凡是区内企业自用的机器、设备、基建物资、办公设备等,免征进口税、免领许可证;对于企业自用的原材料、仓储货物、转口货物,实行保税;开发区内进出口货物实行登记备案制;对区内产品运至非开发区的,只对所含进口料件补征关税等。对于境内外投资者来说,洋浦开发区以其保税区政策,有着强大的吸引力。

〔**经济发展**〕　1998年开发区经济保持了快速增长。国内生产总值预计完成19499万元,同比增长18.7%;工业生产大幅度上扬,总产值完成30174万元,同比增长376.4%;农业保持较好的增长势头,总产值完成11731万元,同比增长21%;海关进出口总额基本与去年持平,预计完成3943万美元,其中进口2177万美元,出口1766万美元;地方财政收入完成4664万元,同比增长16.5%;港口吞吐量43.8万吨。洋浦经济开发区国内生产总值的快速增长,主要是靠工农业生产的强力拉动。其中工业生产大幅上扬的主要原因是洋浦金岛精米厂的投产,改变了几年来洋浦工业只有发电和桉木切片的历史,为洋浦工业注入了强大的活力。农业生产增长的原因是开发区农业以海洋渔业为主,今年管理局在财力十分紧张的情况下,拿出360万元财政周转金用于引导、扶持和组织居民因地制宜发展海洋捕捞业和养殖业,新购入48艘渔船陆续投入生产,使海洋捕捞生产能力增加4399千瓦,渔业产量得到显著提高,全年海洋渔业总产量10604吨,产值10882.33万元。

〔**社会事业**〕 1998年在财力十分紧张的情况下,管理局拿出1263万元(占本年度开发区财政预算的23%),为群众办"十件实事",即扶持居民转产就业,兴建"三校"(实验学校小学部、新英湾小学、夏兰小学)"三院"(中心医院、干冲医院、敬老院),建设机关幼儿园、教师村和居委会文化站等,有力地促进了各项社会事业的稳步发展。教育工作积极完善和深化教育体制改革,切实加强师资队伍建设,努力推动"两基"、"两全"工作,使教育工作迈上了一个新台阶。全区建立6个文化站和1个海上渔民文化室,购置图书、文体器材、影音设备等,一站多能,使群众文体工作有了阵地,深受群众欢迎,并得到省委宣传部、文体厅的肯定和表扬。居民搬迁安置阶段性任务初步完成。区内居民搬迁安置分两阶段,第一阶段是1993年初开始施工,1994年初结束,共修建了10栋连排式多层住宅楼,总建筑面积2.9万平方米。第二阶段是1994年12月动工,1995年11月竣工,共建成连排式独户独院低层住宅1066套,98108平方米,公建3252平方米,可安置搬迁居民921户,5662人,占全部动迁安置计划的35%。

〔**管理机构**〕 洋浦开发区管理机构比较精干、高效。洋浦经济开发区管理局作为海南省政府的派出机构,1993年4月挂牌成立,代表省政府对开发区和邻接海域行使管理权,管理局下设若干办事机构。现在管理局下设"八局一办",即办公室、人事局、财政局、规划局、经济发展局、社会发展局、交通局、税务局和公安局。此外,管理局还成立了5个事业单位和3个街道办事处。开发区还设立了两级法院和两级检查院,行使中级法院和中级检查院的职能。

〔**招商引资**〕 1998年初,省委、省政府提出"洋浦启动在1998"。因此,招商的力度不断加大。光大集团控股熊谷组调整了开发思路和经营思想,1998年启动项目的建厂条件大大改善,使得项目进区有了新变化。目前区内已投产工业项目1个,开工项目8个(工业项目5个,基础设施项目3个),待开工的项目6个。

已开工项目有:洋浦港二期工程。该工程由国家投资公司投资,建1个3.5万吨级多用途泊位和2个3.5万吨级通用泊位,总投资7.8亿元人民币,设计年吞吐能力120万吨,2001年建成投产,工期为三年半。目前疏浚工程已完成工程量的60%。水工主体工程及陆域土石方工程也于9月26日开始施工,今年计划完成投资7000万元人民币。

西线高速公路洋浦连接线工程。洋浦连接线全长25.938公里,总投资1.5亿元人民币,采用平微一级公路标准,路基宽24.5米,水泥混凝土路面。设计时速100公里/小时,建设工期11个月。项目于10月13日正式开工,计划1999年9月30日完工,向国庆50周年献礼。

供水工程。该工程一期动态投资3.1亿元,由洋浦管理局牵头组建供水公司。工程设计采用以松涛水库作为水源,直接用管道输送到洋浦开发区,输水管道采用d1600预应力钢筋砼管为主,部分用钢管,原设计全长约63公里,后经充分讨论,缩短了11公里。日供水规模一期25万立方米,二期45万立方米,水价控制在0.628元/立方米。于10月28日正式动工,一期建设工期为两年。

60万吨/年纸浆项目。该项目是1997年12月20日国家计委批准立项的外商独资项目,总投资12.83亿美元,注册资本4.28亿美元。项目育林地及开发区内1000亩区外5720亩建厂用地均已落实,该项目已于今年12月17日正式开工,建设期为两年半,1999年计划投资15亿元人民币。

电脑笔记本组装项目。该项目由海南省公共信息网络公司及台湾的神宝等四家公司兴建。首批50台工业用电脑已经到达海南,近期开始在洋浦进行组装,随后还将350台工业用电脑和400台电脑笔记本运到洋浦进行组装,并以此为契机,正式启动电脑组装项目。该项目已于1998年底开工。

橡胶加工项目。该项目由洋浦忠诚实业有限公司兴建,总投资3257万元人民币,其中固定资产557万元,流动资金2700万元,年加工橡胶2.4万吨,该项目已于1998年12月份动工,产品全部出口。

此外,还有1996年开工的高速线材厂、1997年开工的镶木地板厂等。

计划开工的项目有:光纤光缆项目。该项目是1997年8月8日国家计委批准立项,投资17.3亿元人民币,注册资本3.828亿元,年产114吨预制棒、60万公里光纤。1.3亿美元通过日本输出入银行贷款已落实,3.3亿元人民币资金向国家开发银行申请贷款。目前已完成评估报告和环评报告,开发行贷委会已通过,即可报国家计委审批可研报告,等待国家批准。

全玻化仿花岗岩墙地砖项目。该项目资金、技术、市场三头在外,年产1000万平方米,1997年在洋浦立项。与其同步的还有钢结构制造项目,首期投资1.98亿元人民币,中意合资。原计划9月份动工。目前正在落实合同阶段。

精炼植物油项目。该项目于1998年在省计划厅立项,投资1.46亿元人民币,年产6万吨精炼油。项目用地及管道走向已初步选定,1000万美元的国际商贷指标已下达。企业自筹资金正在落实。

面粉加工项目。该项目于1998年10月19日国家计委批准立项,生产规模50万吨/年,总投资约10亿元。由洋浦金岛粮油有限公司与中国粮油总公司、洋浦港合资兴办。待美国融资得到落实,项目即可动工。

〔落实朱总理视察洋浦指示〕 朱总理在1998年12月21日视察了洋浦,对加快洋浦开发建设发表了重要指示。洋浦工委、管理局进行了认真学习贯彻,并研究了具体落实措施,主要:

大力改善洋浦开发区投资环境。总理在视察时指出,洋浦开发要下大力量改善投资环境,既积极改善硬环境,更要大力改善软环境。在改善硬环境方面,主要抓好以下几项工作:(1)高质量完成基础设施配套工程。主要包括高速公路洋浦连接线工程,要按照总理指示按期建成高等级公路确保今年9月30日通车;洋浦港二期,按原定规划在2001年建成投入使用;供水工程,首期工程应与纸浆厂建设同步进行,在2000年底完工,日供水25万吨。此外还有铁路改线,从海口直接修到洋浦;环岛天然气管道洋浦段建设等,应主动与有关部门积极配合,落实总理指示。(2)区内市政设施建设与完善。主要包括区内道路,近期修建、改建区内4条主要道路;区内污水与净水处理厂,1999年内要开工,在两年建成投放使用;区内大市政污水管与小区污水管衔接,解决区内各小区排污问题;抓好区内的垃圾处理,在区外确定永久垃圾处理厂。(3)规划小区的建设。近期重点抓好4个规划小区建设,主要有中心区、高科技园区、纸浆厂区的建设与完善,这三个地段的市政形成配套,达到发展工业项目的基本条件。此外,选择建设一个标准居住小区,逐步建设一批配套的社区设施,形成社区中心,满足区内现有居民对公共设施的需求,为入区工业就近发展职工生活基地创造条件。(4)居民安置区的整治。其中包括旧区改造,调整居民搬迁计划,对凡属不用拆迁的居民区,要立即着手改造;安置区的清理,已建好的居民安置区,不允许居民私自拆建,凡属必要的拆建要按统一规定进行,彻底整治安置区乱建、乱摆放、乱装饰的现象。(5)办公区与港区的整治。对办公区与港区进行彻底整治,临时建筑要统一规划,经过主管部门审批,拆除妨碍市容、交通等违章建筑,严禁乱倒垃圾,严禁在办公区内养家禽等。(6)绿化与美化。主要抓好规划区道路两旁绿化、美化、功能小区绿地建设、办公区内绿化、港区内绿化和居民安置区和原农民居住区绿化,各单位门前实行绿化承包;海关关口附近完善,包括与高速路衔接部分的水泥路面、关门的整修、关口周围绿化、美化;建造标语、口号牌等;修建两栋高楼中心广场、管理局门前广场,还要建设区内仙人掌公园等;加强区内牛、羊圈养管理,确定一个具体的过度区实行圈养,不允许在野外或大街上放牧。绿化的树种、花草及造型,原则上统一确定。还要强化环境管理,要建立一支经常的环境卫生队伍。

全力抓好招商引资和项目建设。首先要明确招商工作指导思想。招商引资是洋浦开发区中心工作,要抓住当前有利时机和条件,加大招商力度,集中力量引进一批高科技、高附加值、高效益和市场前景好的大项目。只要符合国家利用外资政策和产业方向,不破坏资源,不污染环境,不是重复建设的项目,都可以引到洋浦来。第二,确定招商任务。1999 年完成招商项目投资额 50 亿元人民币,力争开工的工业项目达到 20 个,投产的工业项目达到 8 个。第三,明确双方各自职责。招商工作以开发商为主体,管理局做好密切配合、服务工作,切实发挥政府推动作用。在项目审批、注册登记、报建等方面,由管理局为业主提供具体的服务。第四,明确招商措施。建立和完善招商机构。设立高层协调委员会,由海南省政府领导和光大集团主要领导参加,每月召开一次会议,通报各自情况,研究决定招商工作中的重大问题;聘请国内各方面的专家,对洋浦的项目进行包装,从中选择 30 个有前景的项目,经过评估后上门招商。第五,确定项目引进政策。1999 年招商继续实行“双优惠”政策,对进区开工的前 30 个工业项目,按照不同产业给予一定的优惠。在建厂条件方面,开发商对地价实行优惠价,电价按海南省电网价,水价经过测算后尽快确定。第六,组织配合。管理局要建立适应新形势的用人机制,要知人善任,把有事业心、有责任心、肯钻研、办实事和懂业务的人充实到招商引资第一线。对确定的项目,每一个项目都要有专人跟踪负责,一直到落实为止。

(滕利贵　执笔)

边境经济合作区篇

黑河市边境经济合作区

〔**经济与发展**〕 1998年，由于受大环境影响，黑河市边境经济合作区经济工作面临困难较多，但合作区党委、管委会认真贯彻落实市委一届八次全委扩大会议精神，以《黑龙江省边境经济合作区管理条例》实施为契机，带领全区广大干部职工，开拓思路，抢抓机遇，知难而进，求真务实，团结一致，努力拼搏，使经济工作稳步发展。国内生产总值实现8976万元，同比增长15.15%，比计划提高6.2个百分点；三产增加值8834万元，占国内生产总值比重98.42%，比计划提高6.8个百分点；乡及乡以上工业总产值1691万元，同比下降5.58%，比计划下降73.1个百分点；旅游收入2041万元，同比增长196.7%，比计划提高189个百分点；基本建设投资3884万元，超计划完成884万元；外贸进出口总额14354万美元，比计划提高42.9个百分点，财政收入按分税制口径实现505万元，同比下降17.75%，比计划提高0.82个百分点。其中，除工业经济指标未完成外，其他经济指标均超额完成。

为确保1998年度经济工作目标的顺利完成，合作区管委会重点采取了以下措施：一、大力推进贸易和旅游；二、加大招商引资工作力度；三、提高存量资产利用率；四、抓好直属企业管理；五、广辟财源增收节支。在管委会的正确领导和组织下，全年经济工作任务圆满完成并取得了积极成果：

招商引资取得了明显成效。合作区管委会在重新调整优惠政策、奖励办法和引资项目的基础上，采取了政府招商与企业招商、部门招商和个人招商相结合的激励约束机制，取得了明显效果。共引进各类项目5个，其中工业项目2个，引进资金1600万元，超计划完成100万元。对俄贸易有所好转。在俄罗斯出现严重经济危机，边贸形势不畅的情况下，对俄贸易进出口总额仍突破1亿美元，同比增长166%。旅游业发展势头强劲。全年旅游总收入和利税总额均创合作区旅游业发展的历史最好水平，利税总额达228万元。旅游业已成为合作区新兴经济增长点。合作区海外旅行社进入1998年度全国国内旅游百强旅行社行列，其营业额和利税在全市旅行社排名居首位。工业经济格局日臻合理。轻重工业比重逐步趋同，轻工业完成产值871.4万元，同比增长27.4%，重工业完成产值819.8万元，同比下降26%。国有工业产值比重继续下降，现占整个工业经济的4.68%。高新科技企业有了长足发展。高科技企业金珠实业有限公司全面投入试生产,该企业生产的高科技产品大豆粉末磷脂和其延伸产品“好男好女”止痘养肤软胶囊销售情况良好,预计明年利税可达500万元,该企业将成为合作区立区支柱企业之一。企业改革工作进展顺利。完成了对直属企业建设开发公司的改制工作,对该企业的产权进行了重新界定,国有资产进行了重新评估,将其改制为有限责任公司,严格按照公司法的要求整章建制、规范管理。龙飞企业集团按照国家有关规定进行了清理整顿,理顺了集团公司与下属企业的关系。兴和实业公司与龙飞企业集团重组进一步增强了集团实力,龙飞集团公司的业务范围现已拓展为贸易、房地产开发、商服、保税仓储和加工等,其中,房地产开发和商服业务已发展到俄罗斯市场。该集团成为合作区最具潜力的跨国集团。建筑工程质量明显提高。狠抓了建筑工程质量管理工作,1998年完工的8项工程,工程质量全部合格,其中优良工程7项,优良率87.5%,达历史最好水平。直属企业管理得到加强。对龙飞集团公司多年经营亏损的分公司停办护照,进行清理整顿,加强了对商贸大厦等直属企业的经营管理。房地产工作有了突破性进展。开展了房地产初始登记工作;对已出让但逾期闲置未开发的土地采取果断措施、发出限期开发逾期收回的通知,加快了土地开发建设的进程;全面推进了房屋制度改革、办理房改40户,收回售房资金60万元。财政继续实现收支平衡。1998年是财政面临形势最为严峻的一年:旧财源萎缩,硬性支出加大。合作区财政在继续涵养老财源的基础上,广辟渠道大力培植新财源,同时加强税收征缴力度和企业清欠税费工作。使合作区在超预算支出90%的情况下,仍实现了收支平衡并略有节余。至此,合作区财政已连续5年收支平衡,为整个经济的良性循环和健康发展提供了重要保证。

合作区的经济工作虽然取得了一定成绩,但存在的问题仍然很多:工业企业产值急剧下滑,出口加工基地尚未形成;企业多数亏损,财政回报率低;基础设施不配套,招商引资环境未得到根本改善;开发建设资金短缺等等。合作区管委会正确分析了工作中存在的问题和不足,准备在下步工作中迎难而上,采取积极措施把经济工作推上新台阶。

〔投资环境〕　1998年,黑河边境经济合作区抓好基础设施建设、完善政策体系、强化优质服务、加强民主法制建设和市场体系建设,为合作区的二次创业营造了良好的投资环境。

基础设施建设不断加强。几年来,合作区累计投资21,528万元用于基础设施建设,在目前合作区7.63平方公里规划面积中,3.4平方公里起步区域已达到“三通一平”,通江路两侧1.7平方公里重点区域已达到“六通一平”,总投资1.4亿元四星级酒店商留大厦、5200平方米工业标准厂房、占地10万平方米保税仓库已投入使用,具备了良好的投资条件。在财力十分紧张的情况下,合作区多方筹集资金3884万元进行基础设施建设,开工面积45291平方米,主要进行了大黑河岛路面升级改造和王肃街东段排水工程等项目,使合作区内基础设施、综合配套设施和商、饮、服、娱等服务功能得到进一步加强。

优惠政策体系不断完善。一是抓住《黑龙江省边境经济合作区管理条例》自3月1日起实施的有利时机,结合市政府颁布《〈黑河市边境经济合作区管理条例〉实施细则》的机会,根据合作区的实际情况制定了《黑河市经济合作区招商引资优惠政策》和《黑河市经济合作区引商奖励办法》,进一步完善了优惠政策体系,同时加大宣传力度,全年共在报刊、电台、电视台发稿70余篇,发放各种宣传材料10,000份;二是从强化职能、加强服务入手,各有关部门强化职能、理顺关系、减少障碍,积极开展优质服务活动,区主要领导和各职能部门确定了企业包扶对象和包扶任务,经常深入企业为企业发展排忧解难,如在财力十分紧张的情况下,为大豆磷脂厂解决财政周转金50万元,树立了合作区良好的形象,形成了招商、容商、亲商、扶商的投资环境;三是加强行政执法工作,各有关部门严格按照法律程序办事，加大行政监督和行政执法力度，执法人员持证上岗、依法行政，为合作区营造了良好的法律氛围，使合作区走上了依法治区的轨道；四是通过思想政治工作、职业道德教育和“三讲”教育，广大干部职工的素质普遍得到提高，服务意识得到增强，树立了清正廉洁、艰苦创业、开拓进取、乐于奉献的精神，形成了“人人是投资环境，人人为招商引资做贡献”的良好风气。

市场体系不断发育。为了给广大客商生产经营营造宽松的条件，合作区大力健全和发育市场体系。一是按照“外辟市场、内建基地”的原则大力开拓俄罗斯市场，在俄罗斯布拉戈维申斯克市注册了中方独资公司并开始经营进出口业务，在俄罗斯叶卡捷琳堡市注册了“龙狮贸易公司”，由中方合作伙伴“上海狮城经贸公司”组织国内名优产品出口，通过开辟市场，带动了相关产业的发展，为广大投资者在合作区投资兴业奠定了良好的基础；二是利用大黑河岛边民互市贸易区成立的契机，以互贸区为龙头，以俄罗斯市场为导向，通过对近年来海关出口产品、大黑河岛民贸过货品种以及目前俄市场需求进行充分调查论证，结合合作区实际，编制了《项目册》，确定了纺织、食品、电子、建材等4大类21个新项目，减少了投资风险；三是对原工业小区规划进行了重新调整，在王肃街东段基础设施条件较配套的16公顷4块土地上摆放工业项目，并允许在通江路两侧100米外建一些工业项目。

绿化美化不断改善。按照“建到位、管到位”的原则，加强合作区建成区环境卫生和区容区貌管理，加强基础设施的保养和维护，由合作区公用事业管理局的100多名保洁人员负责道路的养护和清扫，全年共清运垃圾和脏冰积雪2000多车，确保了道路整洁和居民区内的环境卫生；对通江路两侧121盏双臂灯杆进行了粉刷和维护；在通江路两侧种植丁香1,250丛，种植桃红1,100株，移栽花苗6,000株，美化了合作区的环境；加强城管监察，对辖区进行依法整治，杜绝了乱堆乱放等脏乱差现象。

绥芬河边境经济合作区

〔**招商引资**〕 1998年，是绥芬河边境经济合作区积极实施《黑龙江省边境经济合作区管理条例》，大力开展“招商引资年”活动，完善投资环境建设，加大辟建中俄互市贸易区和论证自由经贸区工作力度，合作区的“二次创业”又跃上了一个新台阶。

1998年，合作区继续完善投资环境建设，招商引资工作新机制启动。年初，合作区管委会向市委、市政府提交了《理顺招商引资管理体制，完善招商引资工作机制的意见》，受到了绥芬河市委、市政府的重视。绥芬河市把招商引资工作作为一把手工程来抓，把招商引资工作列为重中之重，全市领导干部进一步解放思想，深化认识，科学确定了招商引资新思路。5月份，绥芬河市委、市政府成立招商局，与合作区管委会合署办公。根据绥芬河市委下发的《绥芬河市1998年招商引资工作方案》，合作区管委会迅速制定了招商局运行规范和工作计划，建立了《投资审批“一站式”工作规则》、《投资项目建设工程审批程序》、《投资项目全程服务制度》，同时，对投资额较大的项目实行“例会制”，实现了高起点、高效率，深受客商的好评。台商高明华先生仅用5天时间就办完了旅游娱乐中心项目手续，对合作区管委会的工作效率赞叹不已，连称“名不虚传，实在没想到”。

合作区管委会针对客商反映较强烈的问题，先后进行了投资政策、收费等多项调研，经绥芬河市政府批准出台了《绥芬河市开发房地产业优惠政策》、《绥芬河市工业园区政策》，大胆尝试在法律允许的范围内以求变通的开放策略，形成了具有特色的政策环境，并认真兑现落实，增强了对客商的吸引力；同时，合作区管委会配合全市有关部门开展了“治乱减负”战役，取消建设项目收费16项，建立实行了《绥芬河市投资企业收费卡》和《绥芬河市投资企业收费监督卡制度》,规范了投资企业收费问题。为进一步保护投资者利益,合作区管委会(招商局)实行了《投资商身份证》制度,对来绥芬河投资的客商颁发投资商身份证,形成了客商近悦远来的小气候。

1998年,合作区管委会(招商局)"招商引资年"活动取得了丰硕成果,招商引资工作创历史新高。合作区管委会在市委、市政府领导同志的指导和带动下,积极拓展招商引资渠道,采取多管齐下,有的放矢,多元化开展招商引资活动。

一是搭台招商。利用绥芬河灯节洽谈会、哈尔滨经贸洽谈会、牡丹江金秋节洽谈会之机,合作区管委会邀请俄罗斯、台湾、山东、辽宁、浙江等地的中外客商洽谈投资合作,签订了保龄球馆、集装箱生产等一批立市立区项目。

二是上门招商。合作区管委会4次派人随绥芬河市政府招商团赴沿海等地招商,并加大跟踪服务力度,促进了保龄球馆、虎豪皮装、万杰标牌等一批项目进区立户。

三是以商招商。合作区把做好现有企业的服务工作作为根本,通过投资成功者的示范、辐射、吸引更多的客商纷至沓来。

四是感情招商。为了帮助建材商寻找市场,5月13日,合作区管委会召开了建筑企业和建材企业参加的供需对接会,牵线搭桥,受到客商高度评价。同时为企业召开协调会,解决工程进行中发生的纠纷;协调有关部门为企业办理护照近百本,解决了客商子女的入学问题。做到了亲商、安商,促进了招商引资工作的落实。

五是上网招商。合作区在市委、市政府的关怀支持下,积极开展了在国际互联网开设绥芬河市招商电子信箱的准备工作,9月上旬设备安装调试,10月招商电子信箱试运行,发布绥芬河市招商信息。

1998年,绥芬河市引进各类项目80个,实际到位资金23965.3万元。合作区引进项目20个,实际到位金额7550万元。

合作区引进项目的突出特色是项目投资规模大、质量高。如通亚集装箱有限公司兴建黑龙江省第一家集装箱制造厂,总投资5910万元;哈尔滨商联投资股份有限公司与东宁县吉信经济贸易公司联合投资4000万元,建立我国第一家进口木材交易市场;还有哈尔滨建国集团公司与绥芬河市发利达公司合资4000万元兴建的直升机场,台湾祥狮集团投资4000万元兴建保龄球馆项目等。

1998年,合作区进一步提高开放水平,营造区域新优势。把贯彻实施《黑龙江省边境经济合作区管理条例》(以下简称《条例》)确定为1998年的工作重点。通过报纸、电视等多种新闻形式,大力宣传《条例》,制定了《贯彻实施〈条例〉工作方案》,不断提高以法治区水平。黑龙江省人大执法检查团莅临检查《条例》实施情况时,对绥芬河边境经济合作区给予了充分肯定。

〔对外贸易〕 互市贸易区辟建和论证申办自由经贸区工作富有成效。1998年,在互市贸易区的辟建上,合作区管委会明确了工作主攻方向,以简化俄罗斯公民进入绥芬河互市区(市区)一侧的手续为重点,加大了"双促"(促上促外)工作力度。先后向黑龙江省政府呈送了《关于简化俄罗斯公民进入绥芬河互市区手续的请示》、《关于加快"中国绥芬河—俄罗斯波格拉尼奇内"边民互市贸易区开通进程的请示》,提出了既符合互市区通行规则,又具有绥芬河特色的操作方案,得到了上级领导的支持。同时,合作区管委会把自由经贸区的论证和申办工作作为大事来抓,代绥芬河市政府向黑龙江省政府呈报了《关于辟建绥芬河边境自由经济贸易区的请示》,并与黑龙江省沿边开放办一同赴京向国家体改办进行了专题汇报。目前,绥芬河市跨世纪开放新格局已日趋成熟。

(王志忠　执笔)

珲春边境经济合作区

〔**投资环境**〕 1998年是珲春边境经济合作区开发建设取得显著成效的一年。党工委、管委会带领全区干部职工，团结广大外来客商，解放思想，深化改革，以提高开发效益为中心，以抓好工业经济为重点，改善投资环境，强化招商引资，加强社会主义精神文明建设，使珲春边境经济合作区的经济步入了超常规发展阶段。

1998年，珲春边境经济合作区实现国民生产总值15800万元，比上年增长95%；工业总产值36129万元，比上年增长156%；实现财政收入1880万元。

珲春边境经济合作区开发建设以来十分重视硬环境建设，千方百计筹措资金进一步完善基础设施，取得了重大进展。截止1998年，合作区累计投入2亿多元人民币，按照高标准对基础设施进行了开发和建设，现已开发土地约3平方公里，起步区及边缘基本形成了"六通一平"基础设施网络。其中，完成道路总长17公里、55万平方米，铺设水泥路面11.8万平方米；建成一座日供水量5,000吨的自来水厂，建设中的二期供水工程结束后，可形成1万吨的供水能力，铺设供水管网19,622延长米，铺设排水管网40,122延长米；建成一座集中供热中心，一期工程供热能力为30吨/小时，二期工程供热能力增加到80吨/小时，锅炉房扩建工程正在实施，铺设供热管网11,250延长米；建成一座容量为6.3万KVA的二次变电所，架设高低压线路总长50,750延长米；建设面积7,298平方米的邮电通讯枢纽大楼已经投入使用，铺设通讯线路9,868延长米；平整场地141,704平方米。同时，还兴建了保税仓库、边贸市场、标准厂房、娱乐城、学校、办公楼、综合写字楼等一批生产生活服务设施。目前，全区累计开工项目130多项，总建筑面积70万平方米，固定资产投资超过10多亿元。

在加强硬环境建设的同时，珲春边境经济合作区十分重视软环境建设。1998年，重新研究制定了税收优惠政策，其程度可比全国其他经济开发区、边境经济合作区更为优惠。此外，珲春边境经济合作区各项收费标准低，尤其是土地出让价格同其他国家级开发区相比十分低廉，而且对投资额大、技术先进的工业项目，土地价格和其他费用还可再优惠。珲春边境经济合作区具有高效精干的管理机构，在土地出让、项目审批等方面享有省级管理权限，区内还设有专门帮助外来客商办理手续的服务机构，可提供热情周到的服务。

〔**外向型经济**〕 1998年，珲春边境经济合作区大力开展招商引资，积极落实工业项目，抓住'98图们江地区国际投资贸易洽谈会在合作区召开的有利契机，全年审批项目20个，计划总投资17亿多元，已有铝塑复合板和弹力织物两个工业项目开工建设，计划投资达11,409万元。

在抓招商引资落实工业项目方面，合作区管委会主要领导亲自抓，分管领导专门抓，项目局重点抓，形成了全员抓招商、抓项目的良好局面。为了进一步扩大对外影响，提高了合作区在国内外的知名度。先后派团赴美国、韩国、意大利等地进行招商宣传，聘请了6位国内外高级经济顾问，与美国"爱珲会"及国内外各界建设了长期合作伙伴关系，收到了良好效果。在新闻媒体上大力宣传合作区开发建设情况，重新编印了《珲春边境经济合作区投资指南》和其他宣传资料，进一步完善了招商引资基础工作。

经过几年的发展，合作区初步形成了外向型经济发展格局，为合作区今后的发展奠定了基础。特别是韩国双铃株式会社独资兴建的纺织、针织、服装加工等项目，同已建成投产的东一针织有限公司及与之相关配套的一批中小企业一道，作为纺织服装加工行业成为合作区最主要的支柱产业。

1998年，珲春边境经济合作区在企业经营管理上以解放思想为先导，采取积极措施，不断深化区属企业改革,在国有资产管理工作上取得了突破。一是将合发集团管委会彻底分离,实行政企分开。二是出台《合作区中小企业改制方案》按照统筹规划,因企制宜,全面推进的原则,进行企业改革,全年完成了14户区属企业的改制任务,取得了明显效果。三是以审计局为核心,通过盘点,核实评估等方式,对企业的资产、负债等情况进行了全面的调查清理,找出存在的症结,为企业发展奠定了基础。

〔**发展前景**〕 珲春边境经济合作区经过7年的开发建设,在改善投资环境、强化招商引资、落实工业项目、提高企业效益、加强社会主义精神文明建设等方面取得显著的成果,进入了超常规发展的新阶段。

从国际合作开发图们江下游地区态势来看,周边国家均加大了开放步伐,经国务院批准,将原"中国图们江地区开发项目前期研究协调小组"更名为"中国图们江地区开发项目协调小组",成员单位由过去的国家6个部委增加到13个部委,加大了协调力度。俄罗斯和朝鲜加大了对这一地区的政策倾斜力度,朝鲜进一步加强了罗—先经济贸易区的基础设施建设;俄总理两次发布政府令,批准在扎鲁比诺和波谢特港建设国际海陆联运口岸和至珲春的国际联运通道。这对于发展双边贸易和借港出海极为有利;一些与东北亚地区开发有关的国家逐步在开发图们江下游区域形成共识,携手开发的合力正在形成。1998年,珲春对外开放取得进展,对外通道建设、口岸建设取得重大突破,珲春边境经济合作区经过多年的开发建设,已完成了由基础设施建设向招商引资、落实工业项目的过渡,各项工作正在向纵深发展,已呈现出美好的发展前景。目前合作区已累计投资16亿元,开工项目130多项,总建筑面积达70万平方米。审批各类项目600多个,建成的工业企业31家,其中外资企业24家。合同利用外资9462.2万美元,实际利用外资7930万美元,已形成纺织服装加工、建材加工、金属加工制造、食品、电子等工业行业格局。

今后,珲春边境经济合作区将继续以落实工业项目,发展产业优势为重点,致力于发展高科技、高附加值、高市场占有率的外向型项目。合作区的发展目标是:到2003年,全面完善2.28平方公里的开发建设,区容区貌有重大改观,工业总产值达到18亿元人民币,使合作区成为本地区重要的出口加工基地和物流中心,成为珲春乃至延边州、吉林省重要的经济增长点;到2010年,基本完成24平方公里规划区的开发建设,使珲春边境经济合作区与老市区融为一体,成为工业基础雄厚、海陆运输发达、内外贸易活跃、基础设施完善的现代化国际城市。

满洲里边境经济合作区

〔**经济与发展**〕1998年满洲里边境经济合作区以党的十五大精神为指针,以探索新机制,培育新优势为主题,按照"三个有利于"的原则,紧紧围绕"抓好项目基础工作,吸引项目入区"这一中心,解放思想,牢固树立大开放、大服务意识,充分发挥经济合作区改革开放试验地,对内对外双向开放"对接器"和招商引资项目"孵化器"作用。克服资金短缺、基础设施不完善、优惠政策兑现不足等困难,发扬团结、拼搏、务实、创新精神,进一步加大招商引资工作力度,改善区域投资软硬环境,积极寻找和营造发展机遇,全面培育各类经济增长点,区域经济呈现出良好的发展局面。全区固定资产投资完成2117万元,其中:生产性项目完成投资230万元,基本建设项目完成投资1750万元,基础设施项目完成投资137万元;开工建设项目12项,开工建筑面积21086平方米,峻工面积19686平方米;新建工业总产值(不变价)完成805万元,增长41.2%;乡镇企业指标现价总产值完成3806万元,增长0.2%;就业人数1012人,增长1.2%;全区财政收入完成1687.8万元,增长12.5%,其中:新增财政收入完成1383.5万元;社会商品零售总额完成43726万元;对外贸易进出口总额达230.3万美元(其中,出口额完成111.1万美元,进口额完成119.2万美元),增长15.2%。

推进项目立区战略,招商引资工作有新突破。合作区把引进、嫁接和转换俄罗斯技术作为重要课题,加大市场调研力度,优化引资环境,培育扶植项目,全力推进招商引资工作。一是明确招商新思路,加大招商引资工作力度。第一、积极探索招商引资新思路。从合作区的区位特点、历史和现实的实际情况出发,明确招商引资工作必须经过原始积累、市场培育而后走向成熟这一必然过程,广开招商门路,放手发展包括工业项目在内的贸易合作和第三产业项目,全方位多渠道招商引资。第二、建立完备的招商项目库、健全的信息网络,根据国家的产业政策,结合满洲里市的特点,制定适应合作区经济发展的产业发展规划,并以此为依据选定招商项目的主攻方向。在此基础上,做好国内外两个市场调研,建立完备的招商项目库以供投资者选择。二是确定招商项目重点,积极广泛寻找合作伙伴。合作区以主要依靠本身的招商力量转移到调动各种力量招商上来;从盲目项目招商转移到确定目标抓住重点;从过去等客上门招商,变为主动出击,走出去,把随机性和主动性结合起来进行招商。合作区组团11次20余人赴俄罗斯及内地进行招商活动,取得了可喜的成果。进区项目27项,总投资额2810万元,其中:工业项目10项,总投资811万元;房地产项目7项,总投资1530万元;公益项目7项,总投资344万元;商贸项目1项,总投资100万元;农牧项目2项,总投资25万元。在引进项目工作中我们做到主动出击,热情服务,如北京松川公司来满考察,管委会主要领导亲自赴海拉尔接站,并客观真实介绍满市及合作区情况探讨兴办可行性项目,真诚的服务感动了松川公司,投资100多万元兴办了松川精品商场项目。湖北幸福集团意在合作区兴办金属冶炼项目,合作区推荐给市酿酒厂,利用闲置厂房兴办,由于不具备环保条件,合作区又积极联系推荐给其他老企业,目的是把项目能留住。三是在发展科技含量高的项目上下功夫。合作区成立了区科技项目领导小组,制定全区科技发展规划,注重研究和引进科技项目。同时先后组团参加了“首都29所高校科技成果推广及转化洽谈会”、“全国石油、化工高新技术成果交流洽谈会”、“轻工产品新成果、新技术发布会”、“中国东西部投资合作贸易洽谈会”、“内蒙古赴京招商引资洽谈会”、“联合国工业组织投资项目洽谈会”,并与相关的科研院所建立项目协作关系,拟定了联合开发项目。

大力发展个体私营经济项目,增强新经济增长点的活力。一是坚持“政策扶持、规范服务、让利在先、放手发展”的原则,进一步发挥非国有经济在全区经济发展中的主力军作用,大力培育各类新的经济细胞和经济增长点,1998年进区个体私营户20户。二是注重引导个体私营业户从流通领域向规模经营发展,辟建私营工业城,制定土地使用优惠政策,吸引项目进入私营工业城,如个体业主投资110万元兴建的格瓦斯饮料和俄罗斯风味面包加工厂,厂房已完工。合作区还通过“让利再先”引进了个体私营业主对华通综合楼(半截子工程)进行重新设计开发卜留克加工项目,为了增加透明度让利部分,由主任办公会商定,具体部门承办,带动了个体户进区投资兴办塑钢门窗项目、汽车维修仓储项目、保鲜湿面项目。三是通过资金、政策积极扶持从公司分流出来的职工及下岗职工开展内外贸易和兴办加工项目。同时采取投入资金兴办项目让个体私营者去经营,实行所有权、经营权分离,促进了区域经济结构优化,增强新经济增长点的活力。

推进区域企业改制增效,促进区域经济健康发展。按照市委、市政府对企业改制的工作部署和要求,对区直属企业改制增效工作合作区坚持抓好三个结合,即企业改制与企业搞活提高效益相结合;企业破产与盘活资产、职工再就业相结合;改制与促进企业发展相结合。为使工作更好地落到实处,合作区专门成立了企业改制领导小组,使企业改制工作得到扎实有效地展开。通过企业改制,提高了企业的竞争实力,并取得了显著的成效。一是加强监督、强化管理。清理企业资产,解决了过去企业一放就乱,一管就死的问题。同时,规范企业经营,清晰产权,促进了资产重组和效益提高,彻底实行政企分开,使管委会资产得到保值、增值,开始步入资本运营新阶段,促进企业走向市场。合作区还结合实际制定了企业厂长、经理产生办法,加大了企业职工民主监督的力度和选择企业厂长的权力,使企业真正成为市场经济独立主体和兴办项目的载体。二是采取多种方式,加快企业改制工作步伐。根据企业不同情况采取相应的改制办法,为企业卸掉包袱,通过清产核资清理资产1176万元,回收资产1088万元,给企业卸包袱324万元。通过改制减轻企业债务1738万元,安置职工80余人,全区10个直属企业已有8个改制为民有民营或股份制企业,由原来的只有两家企业盈利到1998年底区直属企业全部实现扭亏为盈。

〔**投资环境**〕抓好环境建设,创造良好的招商引资氛围。一是树立合作区对外开放形象,提高机关工作人员大服务意识。转变工作作风,克服门难进、脸难看、事难办、推诿扯皮的不良风气,提倡马上就办的工作作风,提高工作效率和效果,以"团结、拼搏、务实、创新"精神为动力,按《机关工作人员行为规范》真抓实干,着力在造就一支高素质的干部队伍上下功夫,不断改革和完善经济管理体制,形成纵向分工明确、横向互相衔接,全局协调配套的优质高效管理服务体系。二是以"优化软环境建设,营造发展新优势"为主题。实行挂牌上岗,提高服务质量,一个窗口对外,一条龙服务,做到人人都是投资环境,服务意识和水平不断提高,确保进区项目顺利实施,从而达到了以软补硬,以软取胜的效果。三是坚持政策扶持,制定《招商引资奖励办法》和《引智办法》,充分调动招商人员的积极性,同时通过规范服务、让利再先、放手发展的原则,为私营经济进区创造良好的环境建设。

培育新的发展优势,促进区域经济发展。由于满洲里面对的是俄罗斯人口少、市场分散的远东地区,加之俄罗斯政局不稳,市场不确定,因而投资者信心不足,尤其是外商投资项目较少,国内投资者对俄罗斯市场缺乏调研,对投资项目首先要求在俄罗斯能有稳固的销售渠道,才有可能兴办。针对现状合作区提出了"项目立区、引人入区、市场兴区"三大战略,积极营造发展新优势——为投资者培育投资项目市场。

一是调研两个市场,确定市场培育重点。第一,掌握市场的有利与不利因素,避免培育市场的盲目性。从不利条件看,由于俄罗斯金融危机短期内不可能恢复,政局不稳,市场不确定,经济秩序不佳等因素的影响而使市场成长速度不高,因此市场培育工作只能以市场为导向循序渐近,突出重点,不可一哄而起。从有利条件看,满洲里与俄蒙毗邻拥有我国最大的陆运口岸,从进出口规模、口岸设施和功能来看满洲里口岸仍然占有较大的区位优势,在中俄贸易陆路运输中具有举足轻重的作用和影响,为大力发展进出口商品为主的商品市场和生产资料市场提供了条件和可能。其次,中俄两国贸易具有很强的互补性,俄罗斯具有广阔的消费市场和丰富的自然资源,为内地企业开拓独联体市场和利用俄罗斯资源提供了市场机遇。因此,合作区围绕进出口贸易和商品来完善培育专业市场和要素市场吸引投资项目。第二,在市场培育工作中要做到一个遵循、二个结合、二个服务、一个促进。一个遵循是培育市场主要自觉遵循客观规律,不刮脱离实际的市场风,要做到合理规划布局,有利于市场成长。二个结合是专业市场和要素市场相结合,即走以培育专业市场为基础,逐步发展要素市场,健全市场体系;政府引导办市场和调动社会力量建市场相结合,本着谁投资谁得利的原则,鼓励个人、集体参与市场培育建设工作,在培育建设市场过程中培育市场经营主体,这是建好市场的关键环节。二个服务是培育市场要为招商引资工作服务;为企业开拓市场搞活经营服务。一个促进是促进项目发展和招商引资工作。第三,做好市场培育,促进项目进区的基础工作。健全信息网络,加入英特耐特互联网。用现代化手段开展信息搜集和招商工作,提高合作项目成功率,根据俄罗斯市场的需求大力发展为兴办出口加工项目服务的果菜市场、建材市场,为兴办进口材料加工项目服务的木材市场、化工市场、废旧物资市场。同时积极加强与国内外专业市场的联系与合作,建立联营联销网络和信息网络体系,开展信息交流。加强信息库和项目库建设实行一条龙服务,为市场成长和项目进区提供扎实的基础工作。加强国内外大专院校、科研院所的联系,积极开展高科技和专利产品的开发研究,设立科技发展风险基金。要加强引智引商工作,强化市场主体的培育,积极创造条件吸引各大专业市场的经营大户来合作区市场建立销售分部并与他们建立广泛联系,让他们在营销商品的同时,带来市场经济营销观念和营销策略,带动全区市场经营主体的成长。

二是提高管理服务质量,进一步优化区域环境。构成软环境的要素很多,合作区要在投资市场竞争中以软取胜,针对软环境中存在的问题采取有效措施,运转体制、办事效率、投资服务、人才等因素,一个一个地去抓,切实加以改进,创造一个优质服务,依法办事、依法行政的良好环境,营造新的发展优势。第一,树立“硬件不足,软件补,政策不足,服务补”这一指导思想,坚持以软补硬,把搞好国内外客商投资企业的服务作为合作区塑造良好投资环境的重点内容,把优化对投资者的服务作为合作区求生存、求发展的重要环节。第二,为保证对投资者招得来,留得住,集中人力、物力、财力,积极为投资者做好配套服务工作。第三,确立“寓招商于服务之中”的建设指导思想,把强化服务作为坚定信心,增强合作区吸引力,加大招商力度的一项重要举措,逐步形成以商引商、以小引大的招商势头。

完善基础设施建设,优化美化区域环境。抓好以301国道为中心的城市建设工作,完成301国道路灯安装744.5延长米和体育路、建设路路灯1700延长米工程,结束了建设路40年没路灯的历史,为老百姓办实事,深受区内居民的好评。同时积极吸引资金兴建了占地面积20000平方米“中心广场”、“金三角”绿地4185平方米,植树4723棵,种植草坪7100平方米,平整场地92600.5平方米。

(张建明　执笔)

丹东边境经济合作区

〔**综述**〕 合作区成立7年来,经过历届领导班子和全体干部职工的努力,取得了很大成绩,整个开发建设形成了一定规模,经济有了一定发展。由于亚洲金融危机的滞后效应直接影响了合作区对外招商引资,使交付后的韩国仁川丹东工业团地一直没有企业入驻,国内各地进一步对外开放、招商引资竞争激烈,加上合作区开发一直是自筹资金、负债建设和采取“先筑巢后引凤”的做法,致使房地产积压较大,“半截子”工程较多,大量沉淀资金无法得以盘活,影响全区发展。1998年初,于怀乐同志调合作区任党委书记、管委会主任。他在组织区委和管委会领导班子成员通过调查研究,对合作区情况有了新的认识。通过学习邓小平理论和党的十五大精神,对照先进找差距,正确认识合作区情况,增强了大家的危机感、紧迫感,统一认识,坚定了信心。由此,提出了1998年全年“一二三四”的指导思想和任务目标。即坚持一个中心(以经济效益为中心),突出两个重点(招商引资和盘活存量),搞好三个环境建设(强化硬环境、理顺外环境、改善软环境),实现四个一的目标(招商引资1亿元,全区入驻企业达到1千户,全社会固定资产投入1亿元,财政收入1亿元)。1年来,全区上下紧紧围绕上述目标和要求,积极开展工作,取得了丰硕成果。

〔**经济建设与发展**〕 管委会及时掌握和定期

分析全区经济运行情况,采取积极措施,确保经济健康发展。严格财政预算管理,搞好生财、聚财、用财、理财;加强税收征管,对利税大户实行重点户政策,培植税源,涵养税源;加大资金筹措力度,通过各种方式,融通资金9800万元,支持各项事业发展;开展优质服务,帮助企业用活政策,不仅使沉淀企业重新营业,而且又新发展注册一批企业。从而使全区的主要经济指标均比上年有较大幅度增长:GDP实现73500万元,完成年计划100%,同比增长8.8%;全口径财政收入完成10063万元,完成年计划106.5%,同比增长15%(其中国税完成4567万元,完成年计划112.4%,同比增长14%,地税完成5,517万元,完成年计划的102.4%,同比增长16%;全社会固定资产投资11946万元,完成年计划119%,同比增长19%;驻区企业总户数达1041户,完成年计划的104.1%,全年新增加181户,同比增长21%。对外贸易仍保持增长势头:进出口总值达6500万美元,完成年计划105%,同比增长4.8%。其中,外贸出口总值1,905万美元,完成年计划158%,同比增长30.4%;边贸出口总值4580万美元,完成年计划109%,同比增长9%;出口创汇3600万美元,完成年计划106.5%,同比增长6.5%。

〔**招商引资**〕全年招商引资1.87亿元,超额完成市计划的55.8%,其中房地产出售出租收入6126万元,超额完成计划111.4%,引进工业项目13个,超额完成计划8.3%。协议外资额2365万美元,实际利用外资额832万美元,超额完成计划15%,全年盘活资产存量10592万元。主要做法为:一是积极启动对全区发展有牵动作用的大项目。对占全区存量资产较大的华丽酒店、百花大厦、欧洲花园小区、月亮岛开发等几个大项目,由主要领导亲自抓,分管副主任包干具体抓,直至抓出成效。二是修订完善了目标责任状。实行全员风险抵押金制度,奖罚分明。对各部门除了要求完成本职工作外,突出考核"四个一"指标完成情况,将招商引资和盘活存量作为重中之重。全市招商动员大会以后,将指标由1个亿调整到1.2亿,并将指标层层分解到部门,到人头,变压力为动力。三是重新修订28条招商引资政策和12条奖励办法,并通过媒体对外公布,突出政策吸引力,调动招商积极性。四是加强检查调度。各部门定期分析目标完成情况,全委实行月调度会制度,加强协调、检查,督促落实。五是进一步扩大招商渠道。走访了国家工业口有关部委、省有关厅局,走访了面临机构改革和企业转制的企事业单位,在上海、浙江等地召开投资说明会。管委会派员参加了厦门经贸招商洽谈会,并与省代表团一起到欧洲招商,建立了与欧洲的联系点。借助丹东与韩国仁川市通航的机会,几次到韩国举行投资说明会。利用9.18丹东经贸洽谈会广泛接触客户。六是对前几年遗留的沉淀存量资产通过磨账、抵顶工程款和动迁费、以税顶租等办法进行盘活,全年盘活资产存量10592万元。七是以商招商。通过改善软环境,赢得了驻区企业的好评和信赖,他们积极宣传合作区,帮助招商,先后引来了马克西姆、北大方正集团、辽宁证券公司、东大阿尔派等企业。

〔**投资环境**〕 按照国际市场要求和国际惯例办事,不断改善投资环境。在保效益、保形象、保重点、保配套、保收尾的思想指导下,在资金不足的情况下,积极筹集4762万元资金,加强硬环境建设。主要有:投入230万元参股,确保丹东与仁川顺利通航;投入250万元,建成了花园河大桥,为北京中教房地产的开发和合作区下一步发展,创造了条件;投入450万元,完成了口岸贸易区变电所和锅炉房等配套设施,全面完善了口岸贸易区的功能,使该区房屋达到了出售标准;投入130万元,完成了合作区江桥入口外桥洞;开辟和道路拓宽改造,改善了合作区形象,改变了交通拥挤的状况;投资500万元,完善了江湾工业区配套设施、道路改造、后勤服务系统;投资100万元,栽树种草、架灯立牌,美化了区容区貌。

以服务为标志的投资软环境得到了全面改善。主要抓了十件事:一、制订了《合作区进一步改善外商投资软环境实施办法》,将委机关的各项职能,以量化的形式对外公布,公开机关办事内容、程序、标准和期限。各部门按照要求全部实行了职能公示制、服务承诺制,认真为驻区企业服务。二、组织清查和整顿了对企业乱收费、乱摊派、乱检查等问题,取消企业不合理负担。三、采取重点保护措施。对区内重点企业、利税大户公开挂牌重点保护,未经批准,有关行政管理部门,不得到这些企业检查和收费等,依法保护企业合法权益。四、聘请"重点保护单位"的法人代表为义务监督员,监督和帮助合作区改进工作。五、实行委领导接待日制度,每月定期接待驻区企业答员投诉。六、设立投诉值班电话,及时反馈和解决企业提出的问题。七、培训行政执法人员,颁发执法证件,依法持证上岗。八、重新修订了招商引资优惠政策和招商奖励办法。九、继续纠正行业不正之风,杜绝吃拿卡要报现象的发生。并通过抓班子带队伍、抓队伍带工作、抓典型带全面的做法,加强机关队伍建设,提高整体素质,为软环境建设创造条件。十、加强精神文明和文明城区建设,搞好社会治安综合治理工作,全年没有发生一起火灾事故和重、特大案件。先后获得丹东市安全文明模范单位和社会治安综合治理先进集体称号,为客户创造安全、文明、优美、高雅的投资经营环境。在改善软环境同时,合作区还进一步理顺了外环境,主动与市直有关部门协调、理顺关系。经过8个月的上下多协调,《丹东边境经济合作区管理办法》经丹东市政府第12次常务会议讨论通过,正式颁布施行。《办法》主要是落实辽宁省人大颁布的《辽宁省经济技术开发区管理规定》,对丹东合作区发展规划、产业导向、职责权限和财税管理等有关问题做出规定,确定管委会为市政府派出机构,行使地级市经济管理权限,从而使合作区在今后建设发展中走上了有法可依、依法治区的良性轨道。

〔研究和论证今后发展思路〕 根据党的十五大以后全国上下改革开放新形势,特别是国家决定投资治理包括鸭绿江在内的大江大河防洪工程和实行拉动内需的积极财政政策,结合合作区实际,于怀乐同志经过一段时间详细调研,于1998年10月提出抓住当前机遇,拓展合作区发展空间,沿江开发从花园河口到五道河口一带,从1999年到2002年,用4年时间,使全区的经济总量、效益总量、开发总量翻一番,实现再造一个合作区的目标,进而完成合作区第二次创业。经过全委几个月的论证,上下达成一致共识,以此变成了鼓舞和激励全体干部职工奋斗方向和行动。在此基础上,根据总目标分解提出1999年计划目标:招商引资24000万元,增长33%;注册企业增加10%,达1145户;全社会固定资产投资18000万元,增长50%;全口径财政收入11000万元,增长10%;GDP值79000万元,增长8%;工业总产值22900万元,增长9%;出口创汇3150万美元,增长8.6%。为实现上述目标,提出从思想观念转变、进一步改善投资环境、多元化招商、用足用活政策、加强机关队伍建设、提高服务水平等七个方面措施。

(谭兆玉 执笔)

新疆伊宁市
边境经济合作区

〔投资环境〕 1998年伊宁市各族人民进一步解放思想,转变观念,推进改革,扩大开放,发挥优势,继续巩固和发展了社会政治稳定的局面,促进了国民经济快速、健康的发展,社会各项事业都取得了新成就。1998年全市辖区内实现国民生产总值14.2亿元,完成工农业总产值10.19亿元,其中工业总产值7.24亿元,实现财政收入1.29亿元,社会商品零售总额7.83亿元,外贸完成进出口总额7673万美元。

1998年合作区坚持"以边贸为突破,工业为重点,商贸、住宅等配套设施建设为辅助"的发展方针,紧紧抓住国家政策向中西部倾斜的历史机遇,立足区情,积极思进,充分发挥政治优势、地缘优势,不断调整和优化经济结构,抓好重点项目和基础设施的建设,大力发展对外贸易和工业、商贸、房地产开发业,使国民经济保持良好发展态势。1998年合作区内工业企业实现产值2873.51万元(现价);实现工商税收473万元;实现财政收入697.25万元;外贸完成进出口总额159万美元;内贸完成销售额267万元。

1998年合作区管委会十分重视搞好区内基础设施建设,在已投资7000万元,基本完成0.65平方公里内“六通一平”基础设施的基础上,根据项目建设和发展的需要,又积极筹措资金130多万元,铺设完成了福州路至北京路的直径400毫米的排水管网761米,完成福州路树木和北京路花草栽植以及辽宁路绿化带的改造工程,续建完成2×10吨集中供热锅炉房主体工程,使区域内基础设施逐步完善。

区内配套服务设施不断完善,已建成的总占地面积为90.58亩,四个涉外运输货物储验场已形成规模,伊宁口岸管委会“一关四检”、环保、交警等职能部门进入合作区办公。已建成可容纳280名儿童的幼儿园,使合作区整体投资环境得到进一步改善。

〔**招商引资**〕合作区管委会一直把招商引资和项目建设作为推动合作区经济发展的中心工作来抓,充分利用电视、广播、报刊、杂志、宣传资料等媒介和通过积极参加对外贸易洽谈会的方式向外介绍伊宁市和合作区的优势,有重点地开展招商活动,走出去,请进来,加强了与国内外客商的交往和合作。1998年共接待来访洽谈的经贸团组80余批1000多人次,使进入合作区的项目越来越多。1998年新增注册企业16家,注册资金688.3万元。已投入建设项目12个,计划投资8627.6万元,已完成投资6239万元,已峻工房屋面积4.2万平方米,投资1.65亿元,年产1.7万吨木浆新闻纸厂即将投入生产,房地产开发走上了良性循环,截止1998年底,累计商品房竣工面积74184平方米,已完成投资7534万元。销售收入达3243万元。其中:1998年商品房施工面积3.4万平方米,竣工面积1.4万平方米,完成投资1597万元,实现经营收入1662万元,上缴税金138万元。投资1.65亿元年产1.7万吨木浆新闻纸厂即将投入生产,正在积极筹建的项目有农产品深加工(浓缩果汁)、山葵种植与加工、涉外宾馆、商贸批发市场、公用保税库、10万吨玉米深加工、制药厂、农贸市场、休闲度假村、保鲜库、学校、医院等项目。招商引资工作和项目建设的顺利进行,促进了合作区的发展。

〔**经营管理**〕为使合作区的各项管理规范化、制度化,做到有章可循,经多方努力,合作区管理条例于1997年12月30日正式颁布实施。《条例》的颁布实施,为合作区进一步搞好招商引资,扩大对外经济技术合作,加大依法治区力度,加速合作区经济发展提供了宽松的环境,为使条例落到实处,发挥好作用,一方面合作区积极宣传《条例》,学习《条例》,依据《条例》赋予管委会的职能,充实完善各部室、分局的管理机制,建立和健全各项规章制度,使对合作区行使的管理工作趋于正轨;另一方面,加强职工队伍的自身建设,提高政治业务素质,强化服务意识,做好管理服务,改变工作作风,提高办事效率,树立良好的对外开放的形象;第三方面,积极做好与市政府各职能部门的协调工作,争取得到他们对合作区工作的支持,同时,多次召开专题会,研究解决合作区发展中的问题,统一思想,形成合力,使服务意识和管理水平不断提高。

合作区工商分局、地税分局、公安分局等各职能部门结合自身实际,进一步提高服务质量,将管理寓于服务之中,各项管理服务工作不断加强,有力促进了合作区经济的繁荣与稳定。

合作区注重加强对直属企业财务管理和监督,1998年合作区管委会组成审计小组,对直属企业几年来的生产经营和财务情况进行了认真的审计,并对企业财务工作中出现的问题提出了整改措施,促进了企业健康的发展。

为加强合作区管委会档案管理,逐步实现档案管理工作的规范化、制度化和科学化,管委会健全了档案管理的有关制度,建立了综合档案室，并对历年来形成的各门类载体档案进行了整理、立卷、归档，实行了档案集中管理，经多方努力，经地区档案局组成的评审小组验收达到了自治区档案管理工作二级先进单位的标准。

〔党建和精神文明建设〕　1998年合作区工委按照要把党建设好的总体要求，注重加强党的建设和精神文明建设，坚持“两手抓，两手都要硬”的方针，充分发挥党组织的战斗堡垒作用。一是，建立周三、五政治学习制度，认真组织广大党员、干部、群众深入学习邓小平理论、党的十五大报告及江总书记在新疆视察时的重要讲话，学习党的基本路线，不断提高党员、干部、职工政治素质；二是，注重加强基层党组织和党员队伍的建设，坚持“三全一课”制度，重视对入党积极分子的培养和教育；三是，抓好党风廉政建设，领导干部以身作则，清正廉洁，办事公正，按章办事，认真开展批评与自我批评的民主生活会和党员民主评议工作；四是，积极做好对外宣传工作，不断拓宽对外宣传的渠道和空间。通过名种报刊、杂志和自办的《伊宁开放简报》、黑板报等媒介开展对外宣传，并在全国中小城市市长会议召开期间，在广播电台和有线电视台利用民汉两语言，举办了合作区联办节目，播放了合作区专题片，组织编印了《伊宁市边境经济合作区管理条例》、《合作区投资指南》和宣传合作区小册了，扩大了合作区的影响；五是，开展爱国主义、社会主义、集体主义的教育，弘扬新时期艰苦创业的精神，掀起学先进，赶先进的良好风气；六是，举办多种形式的联谊会和群众性文化体育活动，丰富和活跃广大职工业余文化生活；七是，重视双拥工作，积极开展军民共建活动，利用节假日亲切慰问8661部队和武警官兵，捐款捐物总价值10000余元。在我国发生历史上罕见的洪水灾情时，合作区广大职工积极向灾区人民奉献爱心，损款损物总价值2.5万余元，开展一帮一扶贫活动，向贫困户捐助救济款和物品总价值9000余元；八是，大力开展社会治安综合治理工作，建立健全群防群治网络和社会治安防范管理体系，维护了合作区良好的社会治安环境；九是，有效地开展计划生育工作，确保基本国策在合作区顺利进行。

〔发展目标与思路〕　1999年开发区要高举邓小平理论的伟大旗帜，以十五大精神为指针，以江总书记考察新疆时重要讲话为动力，以经济建设为中心，以提高经济效益为目的，发挥好合作区在对外开放中的窗口和桥梁作用，面向国际、国内两市场，依托当地资源和地缘优势，强化招商引资，坚持以边贸为突破，工业为重点，商业住宅、服务等配套设施为辅助的发展的方针，大力发展多领域、多形式的经济技术合作，抓好项目引进和建设，提高服务质量，使合作区尽快形成一个功能配套的新型经济区域。

1999年合作区发展的目标是：新增建设项目不低于5个，其中生产性项目2个，工业产值与1998年比翻一番，达到6000万元；工商税收完成400万元；外贸完成进出口总额400万美元；内贸完成销售额300万元；实现财政收入495万元。

为确保上述任务的完成，合作区工作思路是：(1)充分利用地缘优势和中亚、东欧市场广阔的特点，以国贸市场为突破口，发挥好已建成商业城、国际贸易货场作用，加快发展合作区的对外贸易和经济技术合作，使合作区内尽快形成一个功能配套的面向中亚、东欧市场的重要的出口货物集散地；(2)紧紧抓住国家开发建设的重点向中西部倾斜的机遇，利用好伊宁的资源、地缘和政策优势，研究市场，加强在沿海发达地区的招商工作，促进其资金、技术向伊宁转移，尽快在合作区内发展一批产品适应国外市场的出口加工企业；(3)发挥优势，加大宣传力度，改变招商策略，挖掘一批具有一定规模的项目，面向国内外招商，特别是做好玉米深加工、果制品加工等资源开发项目的招商工作，争取每年有1～2个上等级的项目投入建设。(4)积极做好投产项目和在建项目的管理和服务工作，促使投产企业积极进入市场，发挥更大效益，确保各项基本建设工程顺利进行;(5)进一步优化投资环境,认真贯彻落实合作区管理条例,不断提高业务人员的自身素质和服务意识,提高办事效率,发挥好管委会“小政府、大服务”的管理职能,确保合作区各项开发建设事业顺利进行;(6)加强合作区党的建设和精神文明建设,积极推进“三.五”普法教育,强化依法治区意识,建立健全企业工会组织,促进企业民主化管理,搞好民族团结教育,维护合作区良好的社会治安环境,有效地开展计划生育工作,使合作区物质文明建设和精神文明建设同步进行。

(伊宁市边境经济合作区管理委员会　供稿)

新疆博乐边境经济合作区

〔投资环境〕 科学规划是搞好边合区建设的先导和基础。博乐边合区依据博乐市总体规划,依托老城建设新区,有商贸、工业、生活、仓储四大功能区。完成了7.83平方公里地质勘探和地表测量,完成了合作区规划及小区详规。目前,合作区内学校、医疗卫生、粮油供销、文化娱乐、金融、通讯、各类市场等功能齐全。0.79平方公里起步区已具备了“六通一平”和招商引资条件。合作区在抓好硬环境建设的同时狠抓了软环境建设,体现了小政府大服务,突出办事效率和提供优质服务,制定了《合作区管理办法》,为今后依法治区奠定了基础。

〔建设成就〕 合作区建设以来,新建项目143个,建筑面积26.41万平方米,实际完成投资2.1亿元。累计实现工业产值28743万元;实现税收总额9037.78万元;边贸进出口总额441.17万美元;1999年招商注册生产加工大的项目1个,投资2000多万元,年产2500余吨蕃茄酱,产品90%出口;引进私营企业大众汽车维修服务中心,投资约100万元。

〔经营管理〕 深化企业改革,积极创办现代企业制度,开展“三改一加强”,使我区企业经济效益明显提高,区直属8个企业,改制3个企业,有5个企业实现了盈利,通过改制,使区内企业有了活力,经济效益不断提高,在企业改革上主要做了以下几方面的工作:

明确总公司与各公司的产权关系;实行政企分开,管委会不再与各公司发生经济往来关系,发挥管委会的服务、协调、检查的职能;明确年初企业改制目标及时完成改制的任务;加强企业管理。

〔发展战略〕 合作区以“沿边、沿桥、外引内联、东联西出”的发展方针,强化服务功能,面对国际、国内两大市场,以口岸为依托,重点突出“边”和“合”字,做到全方位、多层次开放,发挥当地资源优势,解放思想,加大招商引资力度,以工业为主,以出口加工为主,大力发展多领域、多形式的经济合作,发展开放型经济,把合作区建成工贸结合型的经济区域,带动边境地区的经济发展。

〔精神文明建设〕 合作区始终把精神文明建设摆在突出的位置,强化对精神文明建设的工作指导,建立健全了精神文明领导机构,加大对精神文明建设的投资力度,以创建文明单位为契机,开展综合治理、普法依法治区,深入开展爱国主义、社会主义、集体主义,特别是民族团结教育等不同形式的宣传。弘扬一种精神,以招商引资为主,不断推进文明单位升级工作。抓好军地、兵地等共建活动,使合作区两个文明建设得到不断发展。

凭祥市边境经济合作区

〔投资环境〕 凭祥市边境经济合作区是国务院特区办于1992年9月26日批准建立的,核定面积7.2平方公里。该合作区位于凭祥市南面,与越南国界最近距离为1公里,北京至越南河内的铁路线,南宁至友谊关的南友322国道,贯穿合作区的南北。交通十分便利。凭祥市边境经济合作区分为旧城区(母城区)和新开发区两个区域。旧城区为母城区的南区,面积为2平方公里,原已建有生产、生活所需的基础设施,并新建了西园住宅小区,投资环境相当优越。新开发区位于旧城区南面,与旧城区紧紧相连，首期开发面积为1.2平方公里，累计开发面积2.2平方公里。已完成通水、通电、通路、平整场地等“三通一平”的工程基础设施建设。新开发区内现已建有保税仓库、国贸、边贸一体的进出口商品验货场，一座11万伏送变电站，一所希望小学，生产、生活服务设施齐全的南园商业住宅综合小区，两栋建筑面积共11000平方米的标准厂房等。1998年，凭祥边境经济合作区利用外资兴建了一座水果保鲜冷藏库，一座纺织织造厂。中越车辆出入境管理所，水果、干果批发市场等项目审批手续已经办妥，可望很快即可破土兴建。市里决定把希望小学扩建成含小学、中学为一体的实验学校，并已动工扩建。合作区的基础设施已日臻完善。

凭祥市边境经济合作区不仅重视基础设施建设，同时也重视软环境的建设。合作区本着务实、高效的原则，使管理工作走向规范化、制度化、科学化，真正发挥“小政府、大社会、大服务”的作用。合作区通过加强领导，强化管理，营造服务优势来吸引客商投资。1998年，合作区为加强对工作人员的业务培训和思想政治素质教育，派员外出学习先进的管理经验，选拔人才到高等学府进行深造，不断提高工作人员的业务水平和素质，更好地为客商提供优质服务。该区还通过简化办理投资程序，提高办公效率，以及代投资者办理投资手续等做法来营造环境优势。凡到合作区投资的企业都可以享受到当地给予的优惠政策，并得到该合作区积极提供多种帮助和优质服务。譬如帮助投资商搞好投资前期的各项工作，协助客商解决在投资过程中遇的困难和问题等。使投资者享受到最大的优惠和实惠，以及最好的服务，充分体现出该合作区投资环境的优越性。合作区还特别重视搞好精神文明建设，做到两手抓，两手都要硬，使物质文明建设和精神文明建设取得双丰收。

〔招商引资〕 招商引资工作一直是凭祥市边境经济合作区的中心工作。1998年，凭祥市边境经济合作区充分发挥沿边优势和边贸优势，采取有力措施，加大招商引资工作力度，吸引资客商投资。合作区一是采取走出去广泛宣传主动出击招产引资。1998年，市里多次组团参加自治区、内地和港澳地区举行的招商引资活动，宣传了凭祥，提高了凭祥市边境经济合作区的知名度。二是采取举办交易会、旅游节等多种形式进行招商引资。1998年，凭祥市政府成功举办了’98凭祥第六届对越边境贸易展览会、第一届中国凭祥边关旅游节“一会一节”，让前来参加“一会一节”的客商真实感受到凭祥的沿边优势、边贸优势、政策优势和服务优势，看到了越南及东南亚的广阔市场，提高了凭祥的吸引力。成功的进行招商引资。三是实行领导责任制，给主要领导下招商引资指标，完成任务与否做为当年领导的主要政绩评定。四是营造环境优势，特别是软环境优势。1998年，合作区在增加基础设施建设投资，完善投资硬环境的同时，通过强化管理，简化办理投资手续，并做到项目边投资兴建边审批办理，以及项目跟踪服务，协助客商解决在投资过程中遇到的困难和问题等做法，提高办事效率，营造服务优势，赢得客商，解决投资客商的各种顾虑，让投资者御下包袱，放心投资。通过采取这些有力措施，1998年，到凭祥市边境经济合作区投资办实业的客商由1997年的1家增加到4家。其中，针对中越两国季节差水果市场互补且广阔的特点，引进加拿大客商投资兴建了一座水果保鲜冷藏库，针对越南需要大量进口我国的布匹这一市场而引进台商投资兴建了针织织造厂，还有大型停车场，水果、干果土特产批发市场等一批利用外资的项目也都办妥有关手续，可望很快破土动工兴建。1998年，合作区还与外商签订了一批投资意向协议，招商引资工作走上正轨。

〔发展规划与前景〕 凭祥市委、市政府对凭祥市边境经济合作区的开发建设非常重视，一直把合作区的建设作为该市经济发展的重点和新增长点来培植。凭祥市边境经济合作区总的发展思路是：以党的十五大精神和邓小平理论为指针，以市场为导向，充分发挥自身的区位优势和政策优势,采用外引内联,广招客商,全力开拓策略,把合作区开发建设成为以转口贸易和出口加工贸易为主,融边贸、仓储、保税为一体的经济合作区。特别是利用与越南毗邻的区位优势,抓住最近越南边境县市的同登、新清等地被批准为经济试验区并实行一系列的优惠政策的机遇,加强与越南在经济、贸易和技术等领域的交流与合作,创办一批面向越南乃至东南亚国家有互补性的商品加工、装配企业,以形成合作区的支柱企业,促进合作区的经济建设与发展。

凭祥市边境经济合作区下一步的工作重点是:一是继续加大宣传和招商引资工作力度,多渠道开辟招商引资渠道,提高招商引资的科技含量和质量;二是紧紧围绕自治区开放带动战略,全力搞好投资软环境的建设;三是发展加工、边贸业;四是组织人员深入企业搞好调研工作,及时调整、制定相应的政策措施;五是深入基层,帮助现有企业解决生产中遇到的困难和问题,搞好生产;六是加快正在建设项目的建设速度,把好质量关;七是加强与越南的经济交流与技术合作,兴建一批与越南及东南亚各国有互补性的加工、装配企业。

随着越南加入东盟以及东盟各国市场的相互开放,以及最近越南批准靠近凭祥市的边境市县地区列为该国的经济试验区,并赋予一系列的优惠政策,势必将对我国的技术需求、设备需求、商品需求等大量增长,地处中越两国结合部的凭祥市必将是沟通中国与越南乃至东南亚各国商品技术交流的中枢,凭祥市边境经济合作区将会建设成为面向越南及东南亚各国的出口贸易加工基地。

(刘明东　执笔)

二连浩特边境经济合作区

〔投资环境〕　二连浩特边境经济合作区总控制面积3平方公里,起步区1平方公里,位于二连浩特市区北侧防风林带以北,距市中心1公里,距国境线2.5公里,这一地段环境质量较好,地势平坦,坡度仅为1‰,便于开发建设。

二连浩特边境经济合作区从成立到1998年底,先后投资近千万元,进行了“四通一平”基础设施建设。1999年,在1平方公里的起步区内,继开发大街、南北弯道等道路建设的基础上,又投资200多万元,修建了一条长3000米,宽8米的疏港公路,进一步改善了合作区的交通状况,现在,合作区内道路纵横交错,非常方便;进一步修缮了供水管道,日供水能力达2000吨;供电、通讯纳入城市总体规划,主要线路均已入区。合作区内具备了基本的生产、生活条件,有了比较良好的投资硬环境。

1998年底,国家给予合作区的大部分优惠政策均已过期,而全国的开发区大部分已经进入“二次创业”阶段,将逐步从依靠政策优势向开发自身功能优势转变。二连合作区还没有真正启动,还将在国家政策允许的范围内,制定出比特区更特别、更灵活的地方优惠政策,以吸引更多的投资者,充分在“边”字上做文章,在开放上下功夫,在开发专业市场上搞突破,真正达到“你投资、我发展,你赚钱、我受益”的目的。

二连浩特是中国通向蒙古国、俄罗斯最捷近的陆路口岸之一,与蒙古国扎门乌德市隔界相望,它具有年换装350万吨的铁路运输能力,具有一流服务的公路口岸。自从1992年开放以来,每年通过二连口岸的进出境人数、进出口贸易额、进出境货运量都在大幅度增长,形势喜人。从中国首都北京经二连口岸抵达俄罗斯首都莫斯科较满州里口岸近1300多公里。二连浩特是欧亚大陆桥上一座名符其实的桥头堡,多年来,由于历史的原因,中俄国际贸易铁路运输一直是运费与运距成反比关系,存在一定的“结症”,但随着中蒙睦邻友好关系的进一步发展,中俄面向二十一世纪战略性协作伙伴关系的进一步加强,这一“结症”必将消除,它必将成为中国通向中亚及东欧各国最重要的陆路口岸,它的发展也必将呈现出勃勃生机，再度辉煌于祖国的正北方。

〔**经济与发展**〕　二连浩特边境经济合作区经过几年的艰苦创业，到1998年底，在合作区内登记注册的内联企业6家，三资企业3家，注册资金4000万元人民币，取得了一定的成绩，但相对于全国一些发达地区的开发区、合作区，仍有很大差距。

二连浩特边境经济合作区的发展，概括起来可以说是"起步晚、起点低、发展慢、效益低"。它是在1993年才经国务院批准而设立的，这时全国各地大部分沿边沿海地带已经开放，处于大开大放的时期，"开发区"热已经到了高潮，国家级的、省区级的、地市级的开发区到处都是，所以二连合作区的设立，相对来说是晚了一些；二连合作区的选址，表面上是全市一个不可多得的黄金地段，但实际上是离市区较远，基础设施非常薄弱，没有母城依托，起点自然低；二连合作区设立之初，才像以前那些已经启动了的开发区，按部就班地进行地基勘探，基础设施建设，而且由于资金不能及时到位，工程进展速度慢，工期长，管委会为了保证工程质量，在这方面做了大量细致扎实的工作，但贻误了招商引资的大好时机，另外，宣传工作投入人力、物力、财力不足，没有形成应有的宣传效应，同样失去了很多发展的机遇；二连市主要针对蒙古国开放，而蒙古国属于不发达国家，而且人口较少，消费能力偏低，市场潜容量不大，再加上一些初级资源（废钢、废铁、库存皮张等）的逐步匮乏，很多客商认为针对蒙古搞投资建设，发展潜力不大，信心不足，影响了合作区的发展；由于发展慢经济效益自然低，基础设施建设投入的大量资金，在近期内还难以靠批租土地来收回，存在一个很大的时间差。

二连合作区的开发建设，也曾"三起三落"过。第一次是刚刚设立之初，就有多家客商入区注册，投资立项，但因全国开发区热的影响，商家大有选择余地，由于气候、交通等不利条件，二连合作区招商引资的竞争力相对来说要弱一些，持续不久，便停滞不前了；第二次是根据国务院（1996）2号文件精神，二连市将合作区东区隔离，并与金桥商城一块封闭，设立了试运行的边民互区市贸易区，但因配套措施没有跟上，各方面缺乏统一协调，又导致不到一月即宣告流产；第三次是1998年拟在合作区内建立一个大型专业性修理市场，但目前尚在论证阶段。

1999年上半年，二连合作区管委会经过认真调查研究，提出了第四次启动构想，即针对蒙古国对我国每年都出口大量的皮毛和木材，将通过一定的政府行为和优惠政策的调整，在合作区内建立一个皮毛专营市场和一个木材专营市场，从而全面带动合作区的发展，拉动全市经济的增长。

（何占军　执笔）

专　稿　篇

解放思想　开拓创新
努力把青岛开发区建成
特区式开发区

青岛经济技术开发区工委书记、管委会主任　刘建华

党的十五大把邓小平理论确立为党的指导思想,对开放工作做出了更全面、更深刻的论述,在许多方面有了新的突破。作为开发区的建设者,当务之急要进一步明确开发区发展的定位和方向,这是事关开发区今后发展的一个大问题。

一

经济技术开发区经过十几年的发展,取得了令人瞩目的成绩,在推进我国改革开放进程中发挥了重要作用。到 1998 年底,国家首批 14 个沿海经济技术开发区(以下简称开发区)基础设施建设累计投资 500 多亿元,已开发的总面积约为 200 平方公里。面积仅占我国国土的 0.002%,而累计吸收的外商直接投资达 218 亿美元,占全国外商实际投资总额的 10% 左右,世界前 500 名跨国公司约有 160 家在开发区投资,一些城市外商直接投资的 30%～40%都集中在开发区;1998 年首批 14 个开发区共创工业产值约 2000 亿元,完成税收 234 亿元,出口创汇 98 亿美元,平均每平方公里的工业产值达 10 亿元、创造税收 1.1 亿元、创汇 5000 万美元,每投入 1 亿元人民币引进外资 4000 万美元、创造 4 亿元的工业产值,单位面积的收益率和投入产出比均达到或高于国际上通行的出口加工区水平。国家级经济技术开发区已成为我国外商投资最集中、经济发展速度最快的区域之一。与此同时,各开发区努力简化办事程序,提高办事效率,初步形成了既适应国际市场要求,又符合国情的经济运行机制和管理模式,成为体制新、机制活、效率高的区域,成为实践邓小平同志改革开放理论的“试验田”。实践充分证明,党中央、国务院关于举办经济技术开发区的决策和邓小平同志

关于“开发区大有希望”的论断是完全正确的。

随着实践的不断深入，开发区也出现了一些新的困难和问题。突出的表现是，在首批国家级开发区成功实践的示范作用下，1992 年以后一度出现了“开发区热”，在一定程度上影响了开发区在国内外的声誉和形象。1995 年开发区进入“第二次创业”后，国家为建立统一的社会主义市场经济体制，相继对开发区关税、财税政策进行了某些必要调整，开发区发展的政策环境发生了变化。基于以上两方面的事态演变，在开发区今后如何发展的问题上出现了一些模糊认识。思想认识不统一，必将带来实践上的偏差，直接制约国家级经济技术开发区的进一步发展。面对这样的形势，开发区今后究竟应该向何外发展？路该怎么走？

一种选择，就是继续局限于原有单纯工业区的发展模式。但是，随着开发区不断发展壮大，其局限性越来越突出。主要表现在：一是发展空间受到局限。二是服务功能受到局限。只有在继续抓好工业的同时，十分注重为生产、生活服务的第三产业的发展，不断完善区域的功能，向现代化、多功能的新城区目标迈进，才能较好地解决这一矛盾。

另一种选择，就是滑向一般行政区。开发区的设立和发展，不仅引进了国外的资金和技术，推动了生产力的发展，而且在适应国际通行惯例的原则指导下，在经济和社会管理上得以借鉴许多发达国家的先进经验，改革行政、社会和经济管理方面诸多不适应生产力发展的弊端，形成了一些新的管理机制和模式，对我国的改革起到了积极的引导和推动作用。开发区的管理体制和运行机制只能沿着改革的道路继续向前推进，而不能后退。

再有一种选择是将开发区取消。这是断然不可取的。如果将开发区取消，就影响了我国对外开放格局的完整性，进而也会影响到邓小平对外开放理论的系统性。目前首批国家级开发区还处在建设发展之中，但对国家的贡献已凸现出来。以青岛开发区为例，前十年享受国家财政留用政策所得财力仅为 1.01 亿元，而 1998 年上缴国家财政收入就达 2.78 亿元，一年贡献远远超过十年所得优惠。对于前几年曾经一度出现的“开发区热”，要用一分为二的辩证观点来对待，对于各种形式的开发区不能一概而论，要区别对待，对不符合条件的坚决清理整顿，对已具有良好发展基础的国家级开发区，不但不能因为出现了“开发区热”而简单地否定，而且要继续给以大力支持，切实解决开发区目前所面临的各种问题，为其创造一个更加宽松的发展环境。因此，当前和今后一个时期，开发区不但不能取消，而且要鼓励其更快更好地发展，这才有利于加快实现小平同志关于“共同富裕”的伟大构想。

由于各开发区所处的地域环境、承担任务和发展阶段等方面存在着差异，因此在发展定位和方向的选择上也可以多种多样，有的可以依托母城发展现代化的新型产业区，有的可以向着多功能的现代化新城区的目标发展。但从一般意义上讲，开发区应继续作为对外开放的前沿阵地，不断扩大外引内联；继续作为接受国外先进技术转移的基地，致力于发展高新技术；继续作为体制创新的“试验田”，不断加大改革力度；继续学习借鉴世界上一切文明成果，努力创造高度的精神文明，成为两个文明建设的示范区。

从青岛开发区与黄岛区体制合一的实际情况出发，着眼于更好地发挥开发区的开发、开放优势与区位优势，必须考虑其定位和方向：在定位上，它既不能局限于一般的开发区，也不能局限于一般的产业区，而必须是一个多功能的现代化新城区；在方向上，它的参照系绝不能是一般意义上的行政区，而应当也必须是特区，要以特区为榜样，努力建设特区式开发区。建设特区式开发区，就是要求开发区在今后的发展中要结合自身的实际，学习和参照特区的经验、特区的模式，切实把体制创新、产业升级和扩大开放贯穿于开发区“第二次创业”的全过程，渗透到工作的各个方面，按照与国际惯例接轨、与市场经济体制相适应的原则，努力构筑精简高效的行政管理体制、充满活力的经济运行机制、完善配套的社会服务体系,更好地促进新区政治、经济、文化的架构向着更加有利于开放、开发的方向发展,努力把青岛开发区建设成为体制新、机制新、产业新、形象新的社会主义现代化国际新城区,进一步强化对母城和周边地区的示范、辐射和带动功能,闯出一条富有特色和活力的开发区发展之路。

二

在改革开放的过程中,经济特区在坚持四项基本原则的前提下,充分发挥先行先试的功能,不仅成功地引进了国外大量资金、技术和先进管理经验,推动了经济的高速发展,创造了高度的物质文明,而且注重经济和社会的协调发展,加大对社会事业的投入,创造了高度的社会主义精神文明。实践表明,经济特区是建设有中国特色社会主义的光辉样板。特区的发展历程无疑给开发区发展探明了方向。作为对外开放第二梯队的经济技术开发区,就应当主动承接特区的辐射、努力向特区方向发展。

从开发区自身来看,确定建设特区式开发区的发展方向是其内在发展规律的客观要求,具体表现在以下四个方面:

(一)探索新机制、增创新优势,保持内在发展活力的客观要求。开发区创办之初,主要依靠国家的特殊政策驱动发展。但是,随着国家对开发区政策的调整,开发区原有的外部政策驱动力受到一定程度制约,开发区的发展越来越依赖于内部运行机制和运作方式的优化,越来越依靠自身整体优势的不断增强。而这就迫切需要开发区培育和建立一个能够极大促进生产力发展的新体制、新机制,其中最突出、最紧迫的就是要建立起一套有别于一般产业区、能够更好地为开发、开放服务的社会事业管理机制。经济特区作为改革开放的先行试验区,一系列超前性的改革,建立和完善了社会主义市场经济体系,初步形成了较为完善的社会主义市场经济体制的基本框架,成为全国借鉴学习的成功范例。因此,开发区必须认真学习借鉴特区的成功经验,努力构筑一套与市场相适应、与国际惯例相接轨的新机制,特别是要探索一套能为市场经济提供高效、优质的社会服务监督机制。

(二)扩大开放,适应经济全球化、区域化的客观要求。当前,世界经济全球化趋势日益增强,同时由于经济发展的不平衡性,经济区域化倾向越来越突出。特区经济之所以能加速发展,就在于它积聚了相对集中的比较优势,以全方位开放的姿态,自觉融入世界经济的大循环,去角逐国际竞争中的比较利益。目前,我国加入 WTO 的进程不断加快,必将对发展出口导向型经济带来新的机遇,因此,开发区要适应经济全球化的大趋势,发挥区域经济优势,只有以特区为榜样,紧跟特区的步伐,承接特区的辐射,在提升产业升级的同时,不断强化贸易服务功能,才能增强对国际大商社、大财团的吸引力,不断提高开放的质量和水平,保持在全国开放格局中的领先地位。

(三)增强辐射功能,发挥对母城和周边地区带动作用的客观要求。创办经济特区和开发区的根本目的在于率先进行改革、开放的各种探索和试验,取得经验后向全国推广,同时通过壮大自身综合实力,辐射带动其他地区的发展。目前大多数开发区虽然外向型工业取得长足进步,但由于社会综合服务功能上的不够完善,不仅制约了自身经济的全面发展,同时也直接影响了对母城经济的带动和对周边地区的辐射带动作用的发挥。经济特区始终把“加快发展,服务全国”作为义不容辞的责任,在加快自身发展的同时,对内地的示范、辐射和带动作用日益增强。开发区只有以特区为榜样,依照特区的路子走,才能不断完善自身功能,在加快自身发展的同时,不断增强辐射带动作用,为母城和腹地的开放和发展做出更大贡献。

(四)实现更高层次发展,进一步优化全国开放布局的客观要求。面向新的世纪,为实现十五大提出的要完善全方位、多层次、宽领域的对外开放格局，更好地启动我国经济的新一轮腾飞，客观上迫切需要新的地区增长极的出现，特别是需要在北方沿海开放地区，对山东半岛、辽东半岛、环渤海中心地带，选择一些条件较好、拥有独立口岸、比较成熟的开发区，上升到特区式开发区，以形成区域性的对外经济合作和港口贸易中心，更好地推动北方地区的开放和发展。

确立建设特区式开发区的发展定位和方向，不仅体现了青岛开发区自身发展的客观要求，而且也有许多有利条件，为其提供了可能。1992年，省、市委决定将青岛开发区与黄岛全区实行体制合一，其初衷就在于完善功能、创造条件，积极争取进一步扩大开发区的辐射功能，力争用二三十年时间建成一个现代化新城区。

在发展基础上，不仅兴办了一批现代企业、发展了相应的社会事业，为今后的发展奠定了良好的物质、技术基础，而且拥有支撑现代化经济和社会事业全面发展的良好基础设施。1998年，全区国内生产总值达到50.3亿元，地方财政收入3.5亿元，可用财力达到4.8亿元。近十年间国内生产总值和财政收入，年均增长速度分别为23.3%和31.2%，分别是同期青岛市年均增长速度13.6%和11%的1.7倍和2.8倍，同时经济总量在全市所占的比重也日益增大。目前，区内全社会固定资产投资累计已达204.4亿元，其中区属固定资产投资100亿元，全社会基础设施投资达119亿元，其中区属基础设施投资15.1亿元。胶州湾高速公路、前湾港、胶黄铁路、黄岛电厂二期等一批大型能源、交通设施相继投入使用，已使青岛开发区成为我国沿海基础设施配套条件优势比较明显的区域之一，具备了较强的自我配套能力和滚动发展能力。

在产业包容上，不仅能够发展现代工业，特别是临港工业及国际国内贸易，而且能够发展现代化旅游和为构筑高质量生产生活环境的新兴服务业。近几年，通过调整优化投资结构和信贷结构，增加重点工业项目的投入，一批骨干企业迅速膨胀，为整个新区工业主导产业的框架的确立奠定了坚实的基础。1998年全区实现工业总产值101.3亿元，其中石油、化工、化纤、机械、电子、建材六大主导产业的产值，占总产值的90%以上。同时，积极发展第三产业，1998年第三产业完成增加值16亿元，占国内生产总值的31.8%，全区商业网点达4200多处，从业人员达1.8万余人。

在对外联系上，不仅已培育了一批外引内联企业，成为经贸联系的载体，而且具有能够利用越来越高的知名度不断开拓新的内外联系渠道的有利条件。到1998年底，已吸引来自国内20多个省市、47个国家和地区的投资者，兴办外引内联企业3000多家，其中三资企业1072家，累计合同利用外资19.8亿美元，实际利用外资10.2亿美元。世界500强企业已有12家落户开发区。

在区域功能上，不仅同时具有开发区和行政区的双重功能，而且拥有保税区、高新技术产业开发试验区、旅游度假区的特殊政策和功能。青岛保税区、青岛高新技术产业开发试验区，于1992年经国务院批准设立，薛家岛旅游度假区是山东省1995年批准设立的。目前，青岛开发区已集多个特殊区域的功能于一身，有利于在整个新区形成优势互补、合力招商、联动发展的新局面。

在管理机制上，已初步构筑了一套适应开发、开放的精简高效、运转协调、行为规范的行政管理体制，较好地实施了“一条龙”服务、“一站式”审批、“一个窗口”收费，极大地提高了行政管理的效率；初步形成了一套符合现代企业制度要求的产权清晰、管理科学、自我约束、自我发展的企业管理运行机制，全区国有、集体企业全部完成了改制任务；初步形成了一套能为市场经济提供高效优质服务、发挥协调监督职能的社会服务机制，人才和劳动力市场以及会计师和律师事务所等一批社会中介服务机构得到了较好的发展。建区以来，开发区从区外引进各类人才2.1万人，其中仅1998年开发区就引进大中专毕业生近2000余人。

在地域位置上，国家原批准的青岛开发区

面积15平方公里,因其毗邻前湾港,区位优势明显,后扩大规划了临港工业和出口加工区;为配合青岛市工业基地转移,对临近黄岛油港的区域规划为重化工业区,在黄岛区内又规划了行政商务、综合旅游、“菜篮子”工程三个功能区。至此,整个新区形成了布局合理、相互配套、优势互补的六大功能区,奠定了现代化新城区的基本框架。

三

确立建设特区式开发区的发展方向,是青岛开发区发展的战略抉择,是向更高层次跨跃的历史性契机,是一项富有开创性、挑战性的探索。为把这一战略抉择落到实处,在今后一个时期内,应达到以下四个方面的基本标准和工作要求:

(一)完善特殊的功能。青岛开发区在今后的发展中,应当同经济特区一样,始终作为开放的“窗口”和改革的“试验田”,重点强化以下四个功能:

一是要成为国内外经济结合的一个连接点。今后要充分发挥开发区的开放优势,坚持“外引内联并举、以内引外、以外为主”的工作方针,坚定不移地抓好招商引资工作。同时,要扩大对内开放,努力吸引国内大企业、大集团及要素市场集聚开发区,培育更多的载体与国外企业开展合资合作,真正形成“内地——开发区——国外”互惠互利的经贸合作体系。

二是要成为所在城区的主要经济增长点。开发区作为对外开放的新型区域,具有加快经济发展的诸多有利条件。今后开发区应继续发挥自身基础设施的巨大潜力,积极兴办技术先进、出口量大的临港工业大项目,培育壮大工业支柱产业,有效扩大工业经济规模,尽快形成新的产业优势,成为全市经济发展和产业升级最具活力的增长源,为全市的产业优化升级和经济发展做出更大贡献。

三是要成为国内外贸易的交汇点。青岛开发区内的前湾港,目前已发展成为我国最大的进口油中转基地、我国北方最大的矿石中转基地,以及我国重要的集装箱和煤炭中转基地,具有形成国际航运中心的优越条件。青岛保税区具有独特的国际贸易和保税仓储功能,港区功能的有机结合将为国内外贸易开辟更为广阔的发展空间。今后青岛开发区要进一步发挥前湾港和保税区的优势,实现功能互补、联动发展,积极开拓国内外两个市场,大力发展国内外贸易,努力建成区域性货物集散中心。

四是要成为体制改革的“试验田”。建立和完善我国社会主义市场经济体制,就必须吸收借鉴国外的先进经验,开发区已经积累了许多国外的先进经验。在这个区域范围内搞试验比较适合,一方面它的接受能力强,另一方面产生的震动性比较小,能够收到较好的效果。同时,中央、省市应当赋予开发区更加充分的改革“试验权”,对于政治经济体制改革中的某些政策措施,先在开发区进行小面积的试验,取得经验后再推广。

(二)构筑特殊的体制。要按照与国际惯例接轨和与社会主义市场经济体制相适应的总要求,大胆地借鉴和使用人类共同创造的一切文明成果,积极推进体制创新,努力构筑起一整套更加有利于开放和开发、更加充满生机和活力的行政管理体制、企业运行机制和社会服务机制,以机制活力求得发展动力。

在政府管理体制方面,开发区的行政机构要以促进项目快速膨胀、使企业盈利最大化为目标,更多地采用国际上通行的经济管理体制和机制,充分利用财政、税收、金融、土地等经济杠杆对企业进行调控,为企业发展创造良好的生产经营条件、创造良好的社会环境。

在企业经营机制方面,核心是要建立现代企业制度,使企业成为产权清晰、权责明确、政企分开、管理科学的法人实体和市场竞争主体。开发区很重要的是要为所有企业创造一个平等的市场竞争环境,让企业获得充分高度自由,自主选择劳动组合形式、自主选择所有制实现形式等等,真正做到自主经营、自负盈亏、自我约束、自我发展。对一些老企业要在坚持“三改一加强”、切实加强企业内部管理的同时，充分发挥开发区的开放优势，学习借鉴外商投资企业的先进管理经验，并把企业改制与合资嫁接相结合，与联合兼并相结合，促进企业经营机制的转换。

在社会服务机制方面，突出的是要把政府机构中承担的社会性有偿服务职能剥离出来，积极发展和完善各类中介服务机构。同时，加强商品市场和要素市场建设，加快构建起现代化市场体系，增强市场机制对各种经济资源的配置功能。

在人才机制方面，要与开发区的工作任务相适应，按照建设一支高素质的人才队伍、形成开发区特有的人才优势的总要求，建立一套更加完善的人才工作新机制。

（三）优化特殊的政策。市场经济的平等竞争原则与创办政策“飞地”，以让其完成特殊历史使命的做法是并行不悖的，世界上发达的市场经济国家几乎都设有特区。因此，与特殊功能地位相适应，开发区应当享有区别于一般行政区的特殊政策和所在市的经济管理权限。

在机构设置上，由于诸多原因，目前要求开发区机构上对口设置、向一般行政区的旧体制复归的压力较大。为保持行政管理体制的先进性，开发区应坚持精简高效的原则，在控制编制和机构总量的前提下，拥有确立内设机构的自主权，并可不与上级机构对口设置。

在财政政策上，从1999年开始，国家赋予开发区的财政返还政策到期，财政收入中很大一部分将上缴国家，而目前的开发区正处在加速发展中，大规模的开发建设需要大量的资金，加之开发区进入还债高峰期，财政面临的压力非常大。因此，当前在中央实施积极财政政策中，应对开发区的基础设施建设给予倾斜，对事关开发区功能完善的重大基础设施项目，比如连接青岛老市区与开发区的跨海大桥等项目，应优先立项、优先安排资金。在收费问题上，应把所在城市管理范围内的各类地方性收费权限全部下放给开发区，由开发区据此自行确定收费标准，尽快建立与国际惯例接轨的税制管理体制。同时，国家应支持开发区运用财政杠杆调控区域经济运行，在开发区的地方财力范围内，根据国家的产业政策研究制定一些积极的财政政策，对市场潜力大、发展后劲足的优势企业给予一定的财政支持，促进主导产业的培育发展，培植长远财源。

在金融体制上，开发区大规模的开发建设对资金的需求量较大，对外经贸业务日益频繁，因此迫切需要一批与之相适应的具有贷款权、结汇权的金融机构。目前青岛开发区的金融机构全部为支行，大都无贷款权、结汇权。为进一步完善开发区的金融功能，应积极争取上级金融部门同意，或在区内设立分行，或赋予现有金融机构相应的贷款权和结汇权，同时努力引进外资金融机构，为经济发展提供更大的资金支持。

在社会保障体制上，开发区的三资企业比较集中，企业年轻职工居多，因此职工养老的负担较轻。而在养老保险金的征收上，开发区与老市区同等对待，征收比例高达25%，并且保险金全部上划。考虑到开发区特殊情况，在省、市的统一体制下可以在开发区内部建立相对独立的社会保障体制，开发区可根据外商投资企业承受能力和现有保障金支付的需要，经上级主管部门批准，适当降低保险金的征收比例；在保险金的管理上，可在省、市统筹、垂直管理的基础上切出一块留存在开发区，设立专门账户，以充实开发区金融机构的存款规模。

在项目审批上，国家对开发区应侧重于实行产业控制，取消对项目投资额度的限制。目前，国家一方面强调要发展合理经济规模，另一方面又严格控制项目的审批权，对开发区新上项目投资额实行3000万美元的审批限制。根据合理经济规模，许多项目投资由于审批权限限制，被迫把一个大项目分成若干小项目，从而限制了项目的膨胀发展，不利于提高对外开放水平。因此，只要是符合国家产业政策的项目应取消项目投资额度的限制。

在土地规划上，国家应予国家级开发区更大的土地使用权。按照新的土地法，国家对全国的工业开发用地应相对集中、实行总量控制,这是必要的,但是在执行过程中不能简单地搞一刀切,应区别对待。特别是已经确定的沿海国家级经济技术开发区,由于它单位土地面积所创造的产值和产生的效益是一般县城区的几倍甚至十几倍,其较高的土地收益率使区域财政收入增长的转移支付能力日益增强,能够拿出较多的资金来支持内陆地区的发展,因此,在土地使用上应给予开发区更大的自主权。同时,开发区在今后的建设发展过程中,要坚持合理利用土地资源,实行集约化开发,努力提高单位面积的投入产出率。

为了更好地鼓励和规范开发区的发展,迫切需要制定全国统一的国家级经济技术开发区管理条例,明确开发区法律上的地位、作用、功能和权限,为开发区健康有序发展创造良好的法制环境。

(四)营造特殊的投资环境。项目是开发区的生命线,招商引资是开发区各项工作的重中之重,而招商引资的竞争关键是投资环境的竞争。因此,开发区要以投资者获得合法利益最大化为目标,不断完善服务体系,规范政府行为,改进服务方式,提高服务质量,努力营造仿真的国际投资环境,使开发区成为投资成本最低、投资收益最高、投资吸引力最大的地区之一。在今后一个时期,要努力优化新区六大环境:

一是配套先进的基础设施环境。不断改善城区功能,优化生产,生活的设施环境,为开发区长远发展积蓄后劲。

二是特色鲜明的城区建设环境。按照“新区要有新形象”的要求,强化精品意识,切实提高城区规划设计和管理水平。进一步强化环境保护意识,高标准地搞好城区绿化、亮化、美化,努力建设一流的现代绿色生态工业园区。

三是高效优质的服务环境。要继续实施以降低企业投资成本、提高投资收益为主要内容的安商、富商工程,坚定外商在开发区投资的信心,促进外商投资企业追加投资、扩大生产、实现以商招商。

四是优惠透明的政策环境。突出的是要依法保障投资客商的合理收益,科学确定企业合理承担的地方性各类费用的征收力度和时限,坚决取消不合理的摊派和收费。要研究运用经济政策,特别是对先进工业项目在土地出让价格上采取“低门槛”政策,在财税政策上给予适当扶持,以此换取源源不断的税收收入,使开发区获得更快、更好的发展。

五是优美舒适的生活环境。努力营造适合外籍人员及其子女居住、教育、医疗、休闲、娱乐的生活环境。

六是安全稳定的法制环境。要加强社会治安综合治理,确保外商的人身、财产安全。要规范管理,依法行政,加强对外贸企业和外商投资企业的规范化管理,进一步完善外商投诉、协调、服务、监督职能,切实维护投资各方的合法权益。

总之,我们提出建设特区式开发区,最关键就是要像特区人那样,以敢为人先的气魄,以敢闯敢干的胆识,解放思想,勇于开拓,发扬特区那样的创业精神,努力造就特区那样的辉煌业绩,使开发区在跨世纪的征途上,真正展现特区那样的旺盛生机,把一个功能完善、高度文明的社会主义现代化国际新城区带入21世纪。

开发区、科技园区建设的十大关系

北京经济技术开发区管委会副主任　顾宝华

开发区是我国对外开放和经济体制改革的产物。全国从70年代末筹建深圳、珠海、汕头、厦门经济特区至今,已经发展为国家级的开发区就有六大类139个。开发区在开发建设过程中,无不例外地会遇到许许多多矛盾、困难和问题。这些矛盾、困难和问题,由于人们看问题的方法不同,认识水平不同,往往会各持自己的观点,弄得不好,影响领导班子的团结,影响对干部、特别是领导干部的评价,阻碍开发区的发展建设速度。从了解到的情况看,大致有以下几个关系特别需要重视。

一、*硬环境与软环境的关系*。开发区的环境建设,是招商引资基础。为此,投资环境建设是开发区建设者们十分重视的问题。投资环境的硬与软,只是一种比喻。可能是从信息技术中的"硬件"、"软件"演绎而来的。但不管如何称谓,说明投资环境中这两个部分都十分重要,不能忽视。

无论是硬环境还是软环境。都有宏观和微观以及中观几个部分。宏观是指世界、国家的大气候、大背景;中观,主要是指一个省、一个市或一个地区;微观是指开发区本身。宏观和中观环境,特别是宏观环境,对一个开发区来说,自己难以左右。但可以去认识,在正确认识中去把握自己的策略和调整自己工作部署。比如,东南亚金融危机,对自己发展会有什么影响,加入WTO组织,对自己又有什么影响,等等。这对于开发区的领导班子来说至关重要,也是衡量领导班子宏观思路和领导水平的重要标志。对中观环境来说,主要是当地政府需要重视的问题。对于开发区来说,如何认识中观环境,利用中观环境。"靠山吃山,靠水吃水",学会扬长避短,创造特色。同时也要学会争取领导,争取地方政府有利于开发区发展中观环境建设。比如,北京申办2008年奥运会,奥运村选址对开发区是一大机遇,就要努力争取;再比如,世界工业博览会如果在北京选址,对北京开发区又是好的机会;还比如,中关村科技园区建设的发展,北京开发区如何充分利用政策和品牌效应等等,对北京开发区来说都至关重要,甚至起到关键性的作用。就开发区来说,创造自身良好的局部环境更重要。从哲学的角度看,主客观因素中,主观因素总是处于能动地位,是自己可以把握的因素。因此,创造好的环境,主动力要放在自身局部环境的改造上,不要怨天忧人,不要局限在等、靠、要,而是要扎扎实实地创造自己的优势,创造自己的特色,一切怨天忧人和无所作为的思想只能阻碍自己的步伐,影响自己的速度。

开发区投资的硬环境,主要是绿化指交通、能源、通讯等生产、生活的基础条件和基础设施。软环境主要是法制、政策、服务水平、人文环境等方面。

在实际工作中,特别是在开发区开发建设初期,人们往往对投资硬环境比较重视,注意开发土地,建设投资者基本生产生活必需的环境。同时,也采取一定措施加强"软"环境建设但往往一手硬,一手软,加上"硬"、"软"环境建设的特点,"硬"比"软"有形,也易抓,"软"环境内涵不易把握,往往停留在对一般的法规建设,简化管理程序等方面,忽视领导体制,工作制度和人的形象特别是干部素质的改善。更有一些地方,由于开发区远离城市中心,工作和生活环境比较差,吸引人才的条件不够优越,为此一开始招人降低标准,甚至因为没人去而通过私人关系介绍录用干部,使得干部职工队伍结构非常复杂。团团伙伙、勾勾搭搭,结果土地开发出来了,资金也引进了,但人员的思想混乱,干部队伍不稳,甚至产生严重的内耗现象,反过来又影响开发建设速度影响开发区形象。

“硬”与“软”在环境建设中是相辅相成,但各有特色。硬环境靠花钱就可获得,但花了钱必须依靠高素质的人去管才能保持。软环境光靠钱难以取得。从这个意义上说,软环境建设更重要,更难做而且容易被人忽视。

加强投资环境建设,要做的事情很多。重点要注意几点。一是要了解硬软环境建设的不同特点,根据开发区建设不同阶段、不同地区来加以建设,不宜照搬他人经验,搞照搬一个模式。二是在硬环境建设时,不仅要考虑生产环境,更要注重生活环境。按照目前的世界生活水准,发达国家的生活水平不少地方高于我国,人家极为重视生活环境和生活质量。比如学校、医院、娱乐设施等,决不能用我们自己的习惯和过去的标准来思考问题。在软环境建设中,要特别注意两条。一是法制建设,开发区建设,在某种意义上是创造一个与国际惯例接轨的仿真环境。而国际上最通行的法则,就是依法办事。为此,地方政府和开发区行政部门,要努力掌握国际通则,法律、法规,制订适合自己的法律法规,这是行政管理的基础。这方面,首先要了解国际通用的法规。如果不了解通用法规,就很容易被外商用某一国或某一区域的法规来约束我们。从实际情况看,只要你了解世界通则,外商一般不会强行要求,可怕的常常是我们不了解情况。这是政府行政的基础,不懂法、法规不全、政府的管理和服务职能势必会变形,也很容易被投资者钻空子。降低了我们的管理水平,增加了管理成本。二是加强服务,千方百计地给投资者以方便、以信任。在我国,这是一个最需要下功夫扭转的方面 。计划体制中集权的政府行政权力和“左”的思想观念和工作方式,在相当一部分人的头脑中根深蒂固。加上不少党政干部缺乏对市场经济条件下政府管理企业的理解,不懂得政府与企业的正确关系,衙门习气也在一部分人的头脑中残留。要真正学会“小政府对大社会的管理”还要下很大的努力。三是十分注意人员素质的提高。领导者的个人魅力,中方员工的整体形象是软环境的核心。干部的知识水平和给人的信赖程度与否,办事效率和工作质量状况,已经入区企业外方人员对开发区方面的反映,对新的投资者是否入区投资起重要作用。

硬软环境有互相促进、互相弥补的作用。较好的硬环境可能掩盖软环境的欠缺,好的软环境可以弥补硬环境的不足。同样,软环境的不足也会给高档次的硬环境招商造成损害。一些外商住宿到知名饭店、宾馆既期待有方便的设施,更希望得到优质的服务。

二、开发面积大与小的关系。土地开发是开发区各项开发的基础。如何开发,开发面积多少为宜,说起来容易,但实际操作矛盾甚多,必须妥善处理。

开发区起步之初,第一个涉及的就是规划。而要着手做的,是规划范围。起步规划的大小,决定着投资规模的大小。起步规划范围小,投资小,但投资环境不易改善,招商引资条件差,引资难度大。由于开发范围过小、企业布局难以整齐合理规划,制约开发区整体形象。开发范围大,投资环境会好些,但投资必然加大。而我们的开发区建设,政府一般不投资或很少投资,给一些特殊政策,划出一定的区域,让开发区人自己筹集资金,闯出一条经济发展的血路来。在这种情况下,规划起步区范围过大,初期贷款就多。前几年,融资手段很少,主要靠商业贷款,如果招商速度跟不上,势必引起土地闲置,使很多投资得不到及时回报。

开发区到了发展中期,即开发区到了成长期。一般在4～5年后,开发区已经有了一定可供投资者投资选择的土地,开发速度要多快？同样存在着选择范围大小的问题，土地开发是招商环境的一部分。开发的土地多，可供挑选的类型、范围余地大，但同样投资大、积压土地和资金的概率高；相反，开发速度放慢可供投资者选择余地过小，限制投资者投资决心。这个选择的度就要以企业入区速度而定，这个选择较为经济。尤其是开发区债务压力尚无缓解之前，更宜采用这种办法。

国务院在对各开发区批复时，都明确起步区的范围一般为1至几平方公里，并强调滚动开发，开发一片、建设一片。这是十分正确的。也是开发区人努力实践的。关键是各开发区要根据各自的实际，根据各自的招商引资能力，也就是说，土地开发和招商引资是开发区建设一辆车子的两个轮子，开发的速度可以以招商的速度为基础，招商快，开发范围可以加大，开发速度可以加快。同时保持一定的提前量，确保招商不受影响。从这个意义上说，只要不走极端，只要适合各地特点，对开发速度的快与慢、开发范围的大与小都是相对的。在招商和开发两个轮子中，开发初期动力轮应放在开发上，尽可能加快开发速度创造投资环境，以尽可能快的速度吸引投资者来投资。一旦进入成长期，动力轮应放在招商上，由招商速度决定开发速度，而且要保持相当一个时期。直至到了相当规模以后，开发区功能主要是对入区企业管理和自身资本运作以后，开发区将转入新的阶段，开发区目前离这个阶段却还有相当一段距离。

三、贷款多与少的关系。由于国家经济状况，我国的开发区建设，从一开始就改变由政府拨款的办法，而是采用自筹资金，借鸡生蛋的办法。即使是一些地方政府批准的开发区，地方政府也没有或拨少量起动资金，主要是靠给予优惠政策发展起步。这就面临一个实际问题，就是借款开发。目前借款都是商业性的，要付一定的利息。作为一个开发区，借多少款为宜，就成为开发区建设者的一个重要课题。

从理论意义说，只要有效益，借多少钱都是无所谓的。邓小平同志1986年8月视察天津时说："你们准备向外国借100亿美元，有没有对象？可以多找一些国家。人家借给我们钱都不怕，我们怕什么？我向来不怕。10年时间，有一两个地方借百把亿美元，只要有效益，怕有什么？两百亿也没什么了不起！"可见，借多少钱，关键不在多少，而在效益，在于贷款的必要性为何。

问题的难处不在于人们是否了解贷款是不是需要，有没有效益？难在开发区在起步和成长初期，对贷款效益难以看清，许多情况下一时的收益日后要付出巨大的代价去补偿。一代人的政绩成为几代人的包袱的事情并不少见。不借钱无法发展，借小钱无大的发展，借大钱又冒大风险，决策者往往处在两难境地下惶惶不安。为此往往产生不同看法和不同意见。历史不能假设，人们在起步期对贷款效益的认识只能停留在推理以及估算上，任何人都难以有足以使人信服的理由去说服别人。为此，借多少钱时人们的认识可能不同，借来以后出现了一些问题就更使人不安，甚至引起争论。决策者冒着吃螃蟹的风险确成为第一个吃蜘蛛的人，并没有得到后人认可的事例并不少见。这是我国前几批开发区共同存在的问题。

借钱的多少，与开发速度快慢是一个问题的两个方面，为此，结论应与前一问题相同。从近20年来我国开发区发展建设实践看，在这个问题上，只要抓住招商引资这个笼头，其它按照招商引资速度发展。在开发区自身资本运作尚未起步或未达到一定规模时，贷款额度持慎重态度。招商引资的额度，决定着开发区的效益，决定着开发区的发展速度。为此，只要能引进资金特别是高新技术和附加值高的高增值项目，贷款开发是必须的，也是无所谓的。

需要强调的是，高起点起步建设开发区，需要资金量会更大。如果一开始缩手缩脚，高起点是很难的，这要有足够的思想准备和占压资金的承受能力。当然，不切实际的高起点，投入过大,负担过重,也是不可取的。关键是把握一个度,并随时调整。

值得提及的是,如果政策允许,尽可能多征一些土地,尽可能多的储备备用土地。有些开发区开发时怕负债,不敢借钱征地。结果现在招商没有储备用地,是很不合算的。有一个开发区,一期规划面积23700亩地,按1994年征地每亩2.5万计算,60亿人民币就可以征完,如征一半,约30亿人民币。现在征地每亩7.5万元人民币,长了三倍。如当时货款30亿,除掉交还每年利息,在地价上可尽赚40亿人民币,而且还可以减少在征地拆迁中的很多麻烦。就看有没有战略眼光和做大魄力,看会不会算账。

现在融资手段已比前几年增多,可以货款,也可以发行股票,债券和实行BOT的办法融资,尤其是通过企业上市或发行债券等方式向社会融资,已经成为趋势,凡是有条件和可能的,可以采用各种方式。当然,条件不成熟,但在银行利率不高,借点钱加快建设也不失为是一种办法,关键是有效益。

*四、开发区自身发展与周边地区发展的关系。*从地理经济学的角度分析,任何一个地区的经济发展,都涉及与周边地区的关系问题。这个问题处理得好有利于自身的发展,有利于周边的发展。处理不好不但会不能睦邻友好,还会互相制约,影响双方的发展。

开发区自身发展与周边的关系,是矛盾的,又是统一的。矛盾表现在利益的占有上,统一表现在发展和制约上。有些表面上看来一方合适,一方受益,他方没有得到好处或吃了一些亏,但从长远看,由于损害了对方利益,必然伤害对方的感情,对方就会千方百计地在另外方面寻找平衡的机会。建国以来,一些大型企业的建设和周边地区的关系,凡是互相能够理解,支持的双方受益、发展也快。但关系不好,往往影响发展,这种现象并非个别。开发区和周边关系上,最突出的表现在处理征地拆迁时与当地县乡政府和当地农民的关系。比如在占地动迁,花多少钱为合适?通常惯例如何?国家有国家的规定。但到具体问题,没有一定的灵活性就难以把事情办好。农村问题的核心是农民问题,而农民问题突出表现在利益和观念问题上。农民的动迁与城市居民的动迁不同。居民的住房一般不是私有财产,而农民的住房一般都属私有。而且不少的住房宅基地还是祖辈生息的地方。土地是农民赖以生存的基础,祖祖辈辈迁息生衍的地方一旦离去,除了利益上的变化以外,还有心理上的依恋。有一位即将动迁离开自己从小长大的旧宅时,双膝跪地泪流满面地告慰祖宗自己不孝,祖祖辈辈留下来的房屋土地到他手里即将离失。农民是小生产者,小生产的习惯势力是最可怕的势力,尽管50多年的无产阶级意识形态的影响,但贪婪和自私自利的思想,正如列宁所指出的不可能装到棺材里、埋到土地里。如果处理不当留下后患,将会长期不得稳定。为此,在处理周边关系上,突出把握五条:一是首先要与当地县乡政府统一思想,取得县乡政府领导的支持。当地政府长期与农民相处,熟悉了解他们的情况,即使以前内部有这样那样的矛盾,但在征地拆迁时他们之间的利益是往往一致的。所以只有得到地方政府的支持,这项工作才能做好。否则,工作是深入不下去的,光用行政手段压,也往往后患很多。二是尽可能帮助周边地区的发展,甚至有时要付出一些代价,不宜过份算小账。这方面不少开发区有教训。三是要处理好动迁的农民。特别要了解农民心理,依靠当地农民,特别是党团组织、党团员及有代表性的老人,寻找农民中的代表人物,即有感召力的领头羊式的人物。四是要做好宣传工作,开发区不要一味许愿,不要轻易许诺同步发展。同步发展的提法只会刺激农民对开发区的依赖。这如放飞的两只鸟,单飞比缠在一起飞要好,缠在一起是同步了,但反而飞不快,结果还要掉下来。应该讲两句话。一句是,开发区的发展离不开周边地区的支持,另一句话是周边地区的发展依赖于开发区的发展。这需要互相理解、互相支持、分工合作、协调发展。在一段时间里,一方可能要承担一点牺牲，经受一点委屈，但长远对双方有利。这就要求一方面提高他们的生活水平和改善地方的劳动条件，同时必须加强教育引导。五是对极少数煽动村民与政府对抗，甚至公然成立非法组织，阻挠公务的违法挑头分子，必须实行强硬措施，决不要掉以轻心，并结合深入细致的思想政治工作，确保一方平衡。

正确处理与母城以及周边关系，重要的思想方法是严以律己。既要算经济账，也要算政治账。要注意从政治上着眼，特别是北京这样的地方，周边关系和农民问题处理不当很易成为社会问题，不但关系协调不好，还必然制约自身的发展。当然，处理周边关系，也不是无原则的放任，关键是把握好一个度，加大思想政治工作力度、讲法制、讲发展、以大道理管小道理。引导农民以国家利益为重，支持社会主义现代化建设。对上级部门、多尊重、都请示、多理解、少埋怨，从自身努力方面找差距。关系容易改善，工作也容易取得成效。

*五、全局与局部的关系。*开发区全部与局部之间的关系，主要体现在开发区与当地政府和中央政府之间的关系。开发区是一个特殊经济区域，从区域来讲是整个国家和地方中的一部分。从经济关系上讲，是国家和地方政府为了带动整个经济或地方经济所采取的一个办法，在一段时期内，国家和地方政府都给予了财力物力的支持，即使没有直接的投入，也在政策上给了支持和扶植。为此，开发区在开发建设过程中，必须充分认清自己的责任，摆正自己的位置，积极用好政策和争取中央和地方政府的支技，承担自己应有的责任，为国家和地方政府在深入改革，发展经济等各个方面作出自己的贡献。处理好局部和全局的关系，作为开发区来说一是想办法尽快发展自己，把自己的“蛋糕”尽可能的做大，为国家和母城发展多做贡献。二是技术扩散，以先进的技术带动母城以至全国其他地区的经济结构调整和技术改造。三是协调好与上面以及条块之间的各种关系，一方面千方百计地依靠母城原有的经济技术条件促进自身发展，同时为母城发展排忧解难。正确处理依靠母城和发展母城的关系，实际也是正确处理局部和全局的关系。现在有一些开发区常常坦怨地方政府支持不够，关心不够。这也许是存在的。但从根本上来说，只要你真正建设好了，投资环境比别的地方好，地方政府一定会支持你。另外，也要学会争取领导的支持，不能消极等待上级支持。还需要注意的，全面需要你承担义务的时候，就要担当起来，不能太多强调自己的困难，否则，就难以争取领导的支持。

*六、处理好近期目标和远景目标的关系。*人无远虑，必有近忧。开发区建设既是新生事物，又是一项重大改革的探索。为此，在实施过程中，既有“摸着石头过河”大胆探索的勇气，同时又要结合各自的实际进行周密的考察论证，制定详尽的长远规划目标和发展计划。这是开发区开发建设的方向所在，目标所在，至关重要。涉及开发区的长远目标实现和可持续发展前景。

开发区建设近期、中期和远景目标的关系集中表现在三个方面，一是产业结构及布局，二是土地规划及利用，三是人力资源的开发和利用。

开发区产业结构的选择，既有人为因素，也有自然形成的因素。领导者可以分析自己地域的政治、经济、资源、技术、人文等各方面的特点来制定适合区域发展的产业导向政策。但这只是一方意愿，关键是让投资者真正认识并被实践证明是适合他们发展，从而产生吸引力。这需要开发区人做极大的努力。现在都在讲发展高新技术，但仍然是一个非常粗浅的概念。高新技术的类型是千差万别的。你那个地区适合搞什么高新技术，也是要有所选择的。就企业来说，如果在你那个地方能实现高增值的，应该是好企业。从某种意义上讲，高新技术只是一种状态。这象一家人搞家庭装修或购买家庭用品一样，就当时来说是最新的、最好的，但过一段时间就落后了，如果自身没有更新能力，所谓“高新”也是暂时的。存在日后对技术进行更新和产业结构调整问题。为此,现在国际上都认为经济发展并不是一味追求高新技术,而应是创新科技。只有创新科技才能不断地在激烈的竞争中占领市场。何况,有不少地区缺乏技术基础和技术市场,为此,开发区的产业选择,应有几个原则。

一是总目标应是引进高增值项目。高增值项目一般都是一些高科技、高智慧型项目,这种项目潜力大,发展快。就企业本身而言,根本目的就是为了实现增值。高新技术也只是手段。但一般来说,只有高新技术才可能高增值。但高增值企业,有可能不是高新技术的。二是要千方百计引进一个或几个特大型企业。如天津开发区的摩托罗拉、康师傅方便面,武汉开发区的神龙汽车等等。这种企业不仅投资大,产出和利税高,更重要的是能引进一批配套和相关企业,引进一个,带动一批,有聚集其他企业的效能。三是注意产业群落的建设。和任何事物一样,企业投资也有“扎堆”和“规模”效应。一种产业有一定的规模,同类和同配套企业很容易入伍。还可以促使他们互相交流、互相学习、互相竞争,比学赶帮的效果极为明显,促进产品销售,无形资产增值。但招商引资不是一厢情愿的事。如何发挥地域优势,发挥自己的个性特征,以各自母城的天时、地利等多种因素出发,引起投资者的兴趣。选择自己需要又可能的项目入区。四是注意引进投资环境标志性企业。就是有些企业,投资的环境和设施标准要求很高。比如德国拜耳制药有限公司入区北京开发区,这是一个生产环境要求很高的企业,由于它的入区,其它国家和地区类似的生产企业以及其它企业,不用介绍更多的情况,不需作更多的调查了解,仅依据这些企业的入区就可以确定自己企业入区所需求的生产环境。产业需要配套的方面很多。这样的企业入区,在入区条件上给外商树了一面旗帜,不用细问就敢投资。五是填补功能性企业。有一些企业,尽管规模不大,但有完善投资环境的功能,如交通、通讯、生活服务等等,这些企业对开发区功能完善有利,就要抓住,可以减少政府投资。

大的、技术含量高的、附加值高的、高增值的企业,是谁都想引进的。但如果区域条件一般,交通条件不是非常便利(比较而言)的开发区,要吸引好的项目难度是较大的。为此,众多的开发区的决策者都从实际出发,引进一些一般性的项目,甚至技术含量不高,劳动密集型的企业入区,这是完全可以理解的。有些开发区为此出现一些项目发展无后劲,甚至很快转产的结果,这也是很自然的。但应该看到这些企业在一定的历史时期内也为开发区作出过贡献,也不必一味排斥。但条件好的地区,尽可能吸引高精尖项目,因为土地资源是有限的,过多地占用土地,产业结构调整时增加的难度更大。

企业规模大小,可以从两个含义上理解,一是入区投资额度大。就是在开发区建设投资规模大。二是企业在开发区投资量不大、但投资的公司资本大,是国际著名跨国公司和实力雄厚的大公司。这两类企业,均可以视为是引资的重点。入区投资额度大,显然公司有实力,开发区直接得到实惠。而大公司特别是知名跨国公司,即使投资额度不大,也可能是投石问路,而且只要有发展,这些公司很易扩资。因为公司资本后劲大。开发区恰恰需要下大功夫为这些企业服务好,不要光看暂时为开发区贡献不大而冷落,引起他们的反感而引发其他副作用。为些,简单地以现有企业规模和企业对开发区的贡献来划分重点非重点企业,并以此作为服务重点和非重点的做法是有害的,而且会引起重点企业以外企业的反感。企业不论大小,入区时间不论早晚,都是投资者,都是服务对象,在对企业的服务方面一律平等。这种情况,特别在舆论宣传上要引起注意,否则会引起负作用。

从全国开发区建设的实践看,如有可能,还是要想一切办法引进特大或超特大型规模企业入区。如天津摩托罗拉、康师傅方便面;武汉的大宇汽车,一个企业的产值税收占开发区全部年产值和税收的半数甚至更多,这是快速发展的。但要引进这些企业,难度很大,国际上有此实力的企业本来就不多,而且也并不都是都需要去国外投资,这样的机遇不多。为此,要积极捕捉这种信息,尤其要掌握和引导已经入区的有实力大公司的扩资。但是大有大的弊端,一个企业的经济发展的比重在开发区占得过大,开发区发展的风险无疑会增大。这些企业一旦出现问题,整个开发区的经济不堪设想。为此,在力争引进大项目的同时,努力引进中等规模以及国际跨国公司的小额投资项目。

由于开发区的政策优惠区域范围是有限的,因此,除影响环境因素以外的一些劳动密度大、占地范围广、技术含量低的项目,尽可能不要引入。

第二个问题是对土地的利用问题。土地是人类赖以生存的基础。我们是一个人口众多的国家,土地资源相对短缺,尤其是人均占有耕地面积与世界其它国家相比低得多,特别是我国在工业化发展速度加快的情况下,土地资源的矛盾更加突出。为些,国家对土地要求节约,合理和充分利用的使用原则。这对开发区能否持续发展极为重要。

无论是国家批准的国家级开发区还是地方政府批准的开发区,从地域范围上都有明确的界定。在界定范围内属于享受优惠政策的区域。这就要求开发区的管理者尽可能多的使用好土地,尽可能减少浪费和闲置。利用好土地一是要保证一定的投资密度,二是要保证产出密度,这就是要在政策优惠区域内尽可能引进高增值的企业,减少低产出,甚至不断产生的其它建筑物。同时,还要注意企业已购买的土地的开工速度和投产速度,不能让企业长时期地占用土地。

开发区在开始建设时,往往资金比较困难,所以很容易通过搞房地产来增加收入。这种措施,在小范围内填补开发区的配套功能使用还可以,如果作为创收的办法,一般都得不偿失。享受政策优惠的土地如果引进高质量的企业,日后可以不断的收税创收,一旦做成房地产旷日持久的效益非常有限,而且还加大了管理的难度。当然,如果母城需要开发区承担某种疏散人口等需要,那就另当别论了。

第三是人力资源的开发利用问题。一个开发区有没有后勤,讲不讲长盛不衰,依赖诸多因素,但最关键的要看这个单位的人力资源的开发和利用的水平。开发区在开发建设过程中,对人才能力倾向的侧重是不同的,开发初期,建设开发人才为主。到了中期建设开发和管理并重,到了成熟期以后,需要更多的资产运营、资本运营以及技术创新,管理创新的人才。这就要求开发区要不断地提高原有人才,培养和吸引新的人才,淘汰相形见拙的一般化的干部。在这方面特别要想法建立一个择优劣汰的用人机制,确保优秀人才脱颖而出,吐故纳新,保持整个干部和人才队伍活力。

近期目标要有近期的特点,过份强调远期目标,就会限制近期目标的实现。但近期目标是远景目标的一部分,离开了远景目标,近期目标会走向歧途。但远景目标只是规划中的目标,一旦发现脱离实际,在符合中央方针政策和城市发展总体布局要求基础上,作一定范围的局部修改也是可以的,但尽可能照顾方方面面认识的统一,减少阻力和不必要的损失。

七、物质文明建设与精神文明建设的关系。在开发区建设发展过程中,对物质文明建设的目标基本是相同的,主要是发展经济技术,增强物质基础。然而由于国家性质不同精神文明建设的目标要求不同。在加强精神文明建设时就必须坚持中国特色,坚持社会主义的意识形态。在这方面除了一般共性规律之外,带有自身的许多特点。

一是开发区是一个开放环境,在管理思想和管理方法上通常运用国际惯例,为此,两个文明建设特别要注意与国际接轨的同时,注意保持中国特色。

二是开发区的人文环境是多元的,是东西方文明的集聚点。经济的全球化趋势在开发区反映得非常明显。仅北京开发区的入区企业来看,来自五大洲的国家,人们的意识形态不同,行为模式不同,如何保持中国特色思想文化,保持无产阶级的意识形态,使东西方优秀文化有机的结合起来,这就需要坚持无产阶级意识形态,坚持社会主义思想文化的同时引进先进的管理思想和引进先进的思想文化。先进的思想文化是人类的共同财富。任何国家,任何民族都有权拿来使用并予以发扬光大。

三是我国是一个具有悠久历史的多民族的国家,悠久的历史蕴育了灿烂的民族文化。但封建统治又占了相当长的历史阶段。传统文化中不无糟泊的东西。加之党内多年的"左"的思想影响,在开发区两个文明建设中,特别是精神文明建设中的冲突不可避免。

处理好两个文明建设中的关系,关键是按照中央要求,要警惕"右",但主要要防止"左"。开发区建设的实践证明,由于长期"左"的思想的束缚,开发区建设初期不少同志对西方的东西非常陌生,也心存疑虑,甚至有恐惧感,怕犯"右"的错误,尤其是对西方的管理以及文化方面的东西,更是忧心忡忡。特别突出的反映是一些长期在国有企业工作的干部,对国际惯例知之甚少,平时又缺少学习,对党的方针政策缺乏深入的研究和理解,头脑中用固有的管理国有企业的方式和以往思维定势来看待外商投资企业的管理模式和人们的思想文化。他们口头上也天天说与中央保持一致,开发区的工作要与国际接轨,但他们对人对事的评判标准,停留在计划体制下国有企业的管理思想和文化基础上,他们说的与国际接轨,往往把许多做法接到计划体制上,接到改革以前的管理模式上,实质是"左"的思想在开发区的表现。

另一方面要注意防止"右"的表现。笼统地不分是非地全盘接受外来文化。口头上说是为改善投资环境,为投资者服务,但缺乏政治敏感性,放弃原则。这种现象目前不太突出,但也不能忽视。

处理好物质文明与精神文明建设的关系,开发区建设中还特别注意两手都要抓、两手都要硬。一般说来,开发区起步期时,人们往往忙于开发建设、忙于招商引资,当时入区企业和人数也不多,除开发区自身职工的精神文明建设以外,对整个区域的精神文明建设往往容易忽视,有些开发区为此还产生了一些不良结果。为此,开发区建设不管在什么时候,特别到了成长和提高期,精神文明建设的力度一定要加大,而且要努力塑造一个全新的符合国际潮流、具有中国特色的区域文化。

八、管理和服务的关系。在开发区投资环境中,有一项重要的工作是创造投资者满足的生产和生活环境。作为开发区管理者来说,自己代表政府建设和管理好开发区,如何使投资者满足发展,就成了开发区的一项重要工作。无疑,处理好管理和服务之间的尺度就极为重要。

人类自从有了国家,就有了政府,就有了管理。即使在非常原始的政府时期,管理也就产生了,离开了管理,也就没有了政府。作为政府的派出机构,开发区的管委会无疑承担了地方政府的管理职能。取消了管理,也就取消了政府。

管理和服务,就政府工作而言,是同一事物的两个侧面。正如邓小平同志指出的,"领导就是服务"一样。既没有孤立的管理,也没有孤立的服务。这如交通管理一样,红灯、绿灯同属管理的一部分。不能说红灯是管理,绿灯是服务。绿灯放行,是直接满足了行使者的要求,而红灯暂时的控制,只是为了整体长远地通畅采取的必要措施。没有暂时的停止,也就没有了长久的通畅。从这个意义上说,管理和服务都是一个目的,都是为了交通顺畅。

管理和服务虽然是同一事物的两个侧面,但各有侧重。服务常常是直接达到对方目标,管理往往是间接达到对方目标。有的是个体与整体之间的关系,有的是局部和全局之间的关系。这是管理的普遍规律,打破了这种规律,就破坏了整个程序,任何个体目标也无法实现,也就没有了服务,没有了管理。

由于计划经济条件下的政府管理,管了许多不应该管或管不好的事情。而相当一部分干部又是在这种体制下成长起来的，习惯了这种管理。为此，在开发区投资环境建设中，特别要强调加强对投资者服务。其中着重要解决好几个问题。

一是要明确服务体系。开发区的目标首先是吸引投资者。凡是投资者需要的一切在开发区都应该能找到解决的途径和办法。这就要有秩序。比如，法律服务体系，政策服务体系，投资服务体系，生产服务体系，贸易服务体系，通讯服务体系，交通服务体系，安全服务体系，生活服务体系等等。这样，凡是投资者入区的后所需的一切问题都能找到服务主体。

二是明确服务手段。通过什么方式进行服务，开发区管委会是与国际接轨的新型政府管理机构，是对外开放的窗口。所有的服务手段应是知识含量最高，技术设备最先进的地方，比如商务的电子化，远程医疗，电子媒体，教育培训业、科技咨询业、技术设计业、信息服务业、投资银行业、物流业等方面。

三是明确服务标准。根本目标是让被服务者满意。服务标准不能笼统地讲，要具体，通常围绕规范、周到、效率、廉洁八字目标。

规范。这是服务的前提，首先是提出规范，解决服务什么，怎么服务问题。其次是按照规范运河服务。

周到。是服务的质量。对投资者来说不是有些方面服务，有些方面不服务。有的人服务，有的人不服务。大企业服务小企业不服务。服务在投资者面前一视同仁，没有三六九等。

效率。在开发区效率就是时间，就是金钱。对投资者来说，没有比浪费时间更为头痛的事情。只有高效率的服务，才可能赢得投资者的满足。

廉洁。是体质服务纯洁性的保证，政府是人民的政府，廉洁的政府。服务必须廉洁。服务如果不能保持廉洁，就改变了服务的性质。服务不排除有偿。

这8个字，还需要有具体的考核标准。什么是规范，什么是不规范，什么算周到，什么算不周到。要建立反馈监督体系。对服务工作的好坏进行正负激励，总结提高，逐步完善和发展。

九、党、政、企之间的关系。党、政、企的统一体的领导体制是我国在特殊时期特殊经济区域建立的特殊的领导体制。这个体制，基本上是在党、政、企三位一体的甚至近乎一元化的领导体制。党工委是地方党委的派出机构，相应的纪检委、团工委都是上级纪检委和团委的派出机构；管委会是地方政府的派出机构，近乎一级准政府。由于开发建设中的许多经济行为难以由政府承担，为此，又附设总公司，负责开发建设以及投资管理等事情，行政级别往往与委派的党、政机关同级。而领导干部任职互相交叉。这种体制。在开发区的初期工作单一的情况下一般矛盾不大，而且效率较高，是必要的。但随着事业发展和规模扩大，矛盾不断加大，如果党、政、企职责不清，干部素质不高，矛盾必然不断加大。阻碍工作的发展。

正确处理党政关系，首先是把党、政、企各自职责理清。党管什么，政管什么，企管什么？尽可能避免职责混淆。二是领导干部分工以后的角色要分清。在开发区，特别是开发初期，党政企在领导分工上交叉是必要的，绝对分开没必要，而且影响工作效率。但每一个领导者，在处理问题时，自觉地把角色分开，什么问题是按党委领导职位处理，什么工作是以政府领导的角色去处理，什么问题是以总公司问题处理。自己不担任某方面职位，或不分管某方面工作的领导，除受委托外一般不要直接处理问题，遇到急需的问题也尽可能让分管的领导处理，否则就会把领导秩序搞乱，还会让少数心术不正的干部钻空子，人为地制造人事上的小圈子等等。三是开发区进入成长期以后，即有了一定规范以后，政企需要逐步分开。政企关系不分，有许多弊端。但开发区是经济特区一种形式，管委会作为政府管理经济，不少功能需要用企业方式进行弥补，但这种弥补，随着开发区经济的发展和政府功能的完善，企业弥补政府功能进一步减弱,这就需要适应这种发展。逐步把总公司的职能加以改变。开发区发展到一定规模以后,有些事情已经不需要总公司再去做。总公司的一些子公司也已具备一定的市场能力,就逐步把它们推向市场。总公司的职能主要从事投资管理、筹资融资和资本运营和受政府委托进行开发建设以及为政府服务的部分工作,逐步与政府脱钩直至全部脱钩。

十、和国际接轨与保持中国特色的关系。开发区是对内对外开放的特殊经济区域,国际五大洲的任何国家和地区都可以前来投资,这必须要营造与国际惯例相一致的管理方式和服务水准。在处理这个关系上,有几个环境必须把握好。

一是努力与国际接轨,积极营造国际一流的投资环境。这一方面,总体上来说,中国的水平还不高,特别是与一些发达国家比较,无论是硬件还是软件,无论是法制环境,还是用人制度,工作方式,生活服务条件都还有很大差距,这就要努力提高自己的水平,力求形成一套与国际惯例相一致的管理制度和服务体系。

二是要准确把握国际通则和惯例,不要以一国一地的规定和做法作为国际惯例。各国有各国的实际,也有相应的法律和管理,这对于一国是不可少的。但未必是国际通则或通用惯例。世界范围内的公共活动,常常有通用公约和规划,就要努力把握,不简单地迁就某一外商的要求。这需要熟悉和了解国际惯例,否则很难做到。

三是对意识形态和政治思想领域,一国有一国的特色,一地有一地的风格。我国是社会主义国家,我们的政党制度和意识形态与各国是有区别的。这在国际上无通用的规则。世界各国的优秀民族文化是人类的共同财富,任何民族都有权享用,为此,在三资企业中建立党工团组织和宣传中国优秀文化和无阶级意识形态是中国宪法所规定的,必须予以接受,否则就失去了中国特色。

四是在不违背我国法律和无产阶级意识形态的条件下,尽可能尊重各国各地投资者的要求,不要简单用我们自己的习惯方式和评判标准去为别人服务。有不少地方的生活方式和喜好与我国有很大差距,就象我们到国外生活,不习惯一样。尊重是最重要的服务。否则,就会做出蠢事来。

正确处理按国际惯例办事和保持中国特色的关系,在与外方打交道时,不宜简单从事,要采取有利有理有节的方式,宣传中国特色,讲政治,让人家了解中国特色,做到友好相处,循序渐进。

升华环境理念　突破思想观念
创新管理方式　完善服务功能

昆山经济技术开发区管委会政策研究室主任　黄承圯

昆山原来是江苏省的一个农业县,1979年工业产值不到两个亿,财政收入3401万元。1989年变为县级市。

经过改革开放十多年发展,昆山先后进入全国综合实力百强县(市)第九位、综合科技实力百强县(市)第五位,获得全国文化先进市、全国体育先进市、国家卫生城市和国家环境保护模范城市等一系列全国性荣誉称号。1998年人均GDP达3100美元,目前外商投资总额已达82亿美元。一座初步现代化的“海派”城市已在江苏"东大门"崛起。

昆山开发区是生于这个县级市中的国家级经济技术开发区。1998年的GDP、财政收入、进出口总额、协议外资额、外资实际到位等指标分别占全市的37.2%、44.7%、72%、60%、62%,并在32个国家级经济技术开发区中一直属于第一梯队。

昆山开发区为何外向型经济发展如此迅速,其真谛是"升华环境理念、突破思想观念、创新管理方式、完善服务功能"。

以可持续发展观念,指导开发区建设

世界地球日的发起者盖路德·纳尔逊有一句名言:"来自自然的威胁是比战争更为危险的挑战。"也就是说一个国家可以从战争的创伤中崛起,但是世界不可能在一个被破坏的地球上面持续繁荣。实现可持续性发展有三层含义:第一,一部分人的发展不要去影响另外一部分人的发展;第二,我们这一代人的发展不要去牺牲下一代人的发展;第三,人类社会的生存与发展不要去影响生物界与动物界的生存与发展。所以它不是单纯的经济增长,而是经济、社会、环境、生态等相互协调的全面发展。

昆山开发区始终以现代经济发展不能牺牲环境为代价,应以符合人们对环境质量的要求为标准。区内实现"七通一平",做到集中供气、供热,引进几百家外资企业,区内没有烟囱,气化率达78%,绿化覆盖率为41.6%,饮用水达国家二级水标准。在建设过程中,凡有一条主干道肯定有个大花园,把它称作"一路一园",处处是明净的天空、绿色的草地、新鲜的空气、清澈的河流、欢蹦的小鸟。让开发区建设和老市区的扩建,能够沉浸在花园中,花园中有城市、城市中有花园;让城市与环境共存,人与自然和谐。

昆山开发区对环境建设认识也有一个过程。在80年代,曾引进过一个3000万美元的美国项目,生产苯胺,污染严重,签订合同后回来一看没法搞,研究来研究去,环保一票否决,最后主动撕毁合同,宁可赔了80万,把这个企业挪出去了。通过这个例子,昆山人对环境引起重视,引出一句话"金山银山,有污染不进昆山"。进了90年代创建国家卫生城市过程中,昆山人对环境又有了新的认识,提出了"既要金山银山,又要绿水青山"。当昆山荣获国家环境保护模范城市称号,创建国家文明城市之际,又提出"有了绿水青山,才有金山银山"的口号。这是十多年来昆山实施可持续性发展过程中,在三个不同阶段产生的三个不同理念。早在1994年就请了国务院有关部委专家到昆山做了调查研究,最后写了一本书——《中国昆山的崛起与可持续性发展》。昆山开发区的发展没有把地球既作为聚宝盆,又作为垃圾桶,懂得发展生产是为了提高人的生活水平,保护环境是为了保卫人的生存条件。

现在的昆山开发区又多了一种新的财富,那就是环境。环境是一种间接生产力,它成为吸引外资一块强劲的磁铁石,成为构筑外向型经济的有力载体,同时体现现化文明、对提高城市的知名度起着重要作用。

作为它的母城昆山市,正在塑造自己的灵魂,一个城市不论大小,要有灵魂。没有灵魂的城市,永远不会成为富有特色与魅力的城市。从创建国家卫生城市到创建国家文明城市,这是一个物质文明,精神文明与现代文明的大跨越。创卫生城市重在其表,而创文明城市重在内涵,其内涵是在塑造一个城市的灵魂。由此使市民对自己的城市充满自豪与信心,形成一种强大的凝聚力。

创新管理方式,完善服务功能

开发区管委会作为地方政府的派出机构,对企业的服务意识、服务内涵、服务质量、服务效率及服务体系是决定投资取向的一个重要成因,也是增强经济竞争力不可缺少的要素。适应社会主义市场经济运行机制、优化服务环境、创新管理方式,与国际接轨,又是昆山开发区在发展过程中的一个重要做法。

1.按照"小政府、大服务"的原则设置精简

的机构

昆山经济技术开发区管委会实行党工委、管委会“两块牌子,一套班子”。机构设置为八个办、委、局、共83名公务员。不设产业部门,体现综合性;不与市政府部门对口设置,体现精简原则;实行“少机构,宽职能”。机构虽少,效率甚高,实现了精简与效能的统一。

2.建立健全社会服务体系

政企分开,在政府与企业之间建立了许多社会中介组织。这些社会中介组织对企业的经济、社会活动起到了一定的协调、监督和促进作用,既充当了政府与企业、政府与社会之间相互联系的桥梁和纽带,又为政府分担了一部分管理任务和职能;既实现了“小政府、大服务”,减少了财政开支,为人才提供发挥专业特长的机会,又促进了第三产业的发展。做到企业化的社会服务,社会化的生产服务。

昆山开发区还建立、健全了三个具有特色的服务系统,不断优化投资软环境。一是项目引进过程的服务体系,二是项目建设“全方位”服务体系,三是企业开工后经常性的服务体系。

1996年,以“拓宽服务领域,深化服务层次,规范服务行为,提高服务质量”为宗旨,成立了外商投资企业服务中心。把原来单个项目的服务转为整体服务,对项目的服务转为社会服务,由原来被动服务转为主动服务。努力创造一个按国际惯例办事的软环境,使三资企业在开发区顺利发展,外方人员在开发区工作顺心,生活安心,健康放心,成为昆山开发区加快发展的一大优势。

3.由传统意义上的“政府管理企业”转变为“政府服务企业”

开发区的发展,“项目是生命,特色是灵魂”,“硬件是基础,软件是核心”。特别是政府的“招商、安商、富商”的亲商意识,成为昆山开发区得以成功的关键。

早在自费开发阶段,昆山开发区就明确提出“硬件不足软件补”、“政策不足服务补”、“寓招商于服务之中”、“人人都是投资环境”、“要像培育鲜花一样服务外资企业”的引资策略,创造出鲜明的招商引资新优势。随着外资企业的不断增多,建立了外商投资企业协会,为了让外商有个说话交流的场所,成立了外商投诉中心,24小时可以投诉,想外商所想,急外商所急。建立外商沙龙,定期阐述有关政策的变动,喝杯咖啡,喝杯茶水,碰到问题互相解释。对外商就医发绿卡,给他们提供一些方便。在收费问题上,实行规范收费,持卡收费。该收的一分不少,不该收的一分不要,维护了开发区对外开放的良好形象。另外,在引进外资中,对有贡献的外企老总授予“昆山之友”、“荣誉市民”等称号。台商在昆山的投资已有36亿多美元,台湾的百强大企业落户昆山有25强,祖国大陆的首家县级市台湾同胞投资企业协会在昆山成立,以海峡两岸的经济联络,促进海峡两岸的政治发展。

1997年又提出,对外资企业服务28条,对外商投资企业服务不说“不”,确立为纳税人服务的观点,树立千方百计帮助企业排忧解难的政府服务理念。1998年再提出,优化投资环境新优势的三条措施:一是诚信服务,政府承诺的一定要办到、办好;二是规范行政,对投资者一定要讲法制,讲规范服务行为;三是降本增效,制止不规范收费行为,降低收费的总幅度。昆山开发区流行一句话:“服务老乡求稳定,服务老外求发展”。外商也流行一句话,“女怕选错郎,男怕选错行,投资要选好地方,昆山就是好地方”。

从1998年的经济指标分析,昆山市经济总量的65%,税收的55%,投资比例的92%,高新技术与经济总量的22%,都来自于外资企业。这足以证明,政府作为“经济人”,以优良的服务收入,收到了丰厚的服务产出。这也是创新政府管理方式的精髓所在。

不断解放思想,突破阻碍“三个有利于”标准的观念

解放思想不能一劳永逸,而要贯穿于开发区发展的整个过程中。开发区每前进一步,都

存在着思想不断解放过程。每个阶段有每个阶段的思想障碍,需要不断地解放思想。

早在80年代,昆山开发区创办了江苏省第一家外商独资企业,突破了认为“外商独资企业是100%资本主义细胞”的观念,解决了资本不足和合资企业外方以设备出资价格偏高的现象。引进了一大批投资规模大、产品档次高、资本到位快,开工投产早、出口创汇多、销售利税好的外资企业。优化了产业结构,加快了开发区发展。江苏省第一块国有土地有偿出让,也出现在昆山开发区,突破了“卖子孙、卖祖宗,是旧上海租界”的观念。通过国有土地有偿出让,土地使用要有偿、要合理、要节约、要规范的观念在人们心中扎了根,不仅促进了地方经济发展,国家作为土地所有者在经济上的利益也得到了实现。

只有不断创新,才会产生新的优势。创新就是突破。讲突破,首先是意识与观念的突破。从某种意义上说,前人总结的经验,往往是后人发展的桎梏。昆山开发区从1992年“国批”后吸引外资实现了三个转移。1994年在招商引资上提出“冲出亚洲,面向欧美。”1995年开始“第二次创业”,实施“四三工程”,即三个国际、三个工业园、三条商业街、三个专用市场。1996年调整改造抓内资。1997年搞资本运作、民营经济、外向配套、农业产业化四个突破。1998年实施优势创新、技术创新、体制创新、产业创新“四个创新”工程,1999年确立实现开放型经济水平、技术创新能力、基础环境质量、精神文明建设、农业现代化建设“五个领先”,全面完善开发区功能。以及建立了江苏省第一个通关点,陆路二类口岸,由台湾新竹工业园设计的出口加工区,与省人事厅、省科委合办的留学生创业园,成为招商引“智”的窗口,建设软件一条街,促进科技成果转化和高新技术产业化,正在建设商业城,扶起东区三产的框架。这些,就是不断突破、不断发展产生的新优势。昆山人深刻地体会到,一要从成功的经验中解脱出来,原来的历史不能证明今后的发展;二要从优势感中清醒过来;三要从面临的困难中振作起来。只有突破自我束缚,克服自我满足,实现自我超脱,才能不断进步。

昆山开发区在实践中,既重视矛盾的普遍性,更重视矛盾的特殊性。特殊性是解放思想、实事求是、改革创新的依据,因地制宜的基础。克服教条主义的思维方式、思维倾向,即重视某些既成的理论,更重视不断发展变化的实践。离开了实际与实践,谈马列主义没有意义。在市场经济条件下,不讲官本位,讲市场为本;不讲级别,讲发展,不管哪一级,搞不上去最着急;城市不论等级,企业不论大小,关键靠实力,实力靠努力。21世纪是经济的世纪,要有紧迫感,把经济搞上去。

解放思想的含义:对过去应该是突破传统观念的束缚,对现在应该是一切从实际出发,对未来应该是努力开拓,不断进取。从内容来讲,要有三个突破:一是突破停留在对马克思主义的某些本本的教条理解上;二是突破停留在对社会主义一些不科学,甚至歪曲的认识上;三是突破超越社会主义初级阶段的不正确的思想上。检验标准就是三个“有利于”,坚持“发展才是硬道理”。社会主义本质就是发展生产力、解放生产力,创造出比资本主义更高的生产力,更和谐的生产关系,更完备的上层建筑。邓小平同志的社会主义初级阶段理论,使我们解开了在经济文化比较落后的不发达国家,建设社会主义的世纪性难题。

解放思想、实事求是,走自己的路,是小平同志建设有中国特色社会主义理论的根本指导思想和精髓。昆山开发区的发展是这一理论的有力实践。昆山开发区将沿着小平同志建设有中国特色社会主义理论,一步一步成功地走下去。

开发区的招商引资必须增创新优势

湛江经济技术开发区党委书记　冯　录
湛江经济技术开发区党政办公室　周　耿

经济技术开发区是我国改革开放的一个创举,是邓小平关于改革开放理论的成功实践。经济技术开发区在对外开放、招商引资等方面发挥了窗口、辐射、示范、带动作用,成为我国经济新的增长点,经济结构和产业结构调整的排头兵,外贸出口的生力军。随着改革开放的深化,当前世界经济一体化趋势加深,全球面临迎接新世纪到来的机遇和挑战。跨国投资规模不断扩大,高新技术迅猛发展,深刻地改变了世界经济和社会生活的面貌,加快了世界范围的产业结构调整和升级步伐。1997年的亚洲金融危机,引起世界上许多国家,特别是发展中国家对本国经济发展的反思,很多国家在进行经济的结构性调整。与此同时,美国干预世界政治、经济的霸权主义行径给国际形势带来诸多不稳定因素。目前,开发区的招商引资工作面临着新的情况,新的问题,挑战和机遇并存。在这种情况下,开发区要打好招商引资这张"牌",必须增创几个方面的新优势。

增创体制新优势

在我国改革开放过程中,开发区是冲破传统体制束缚,实行对外开放和率先进行体制改革试验的特殊产物。开发区从其产生的那天起,就与体制创新紧密联系在一起。开发区的生命力,取决于她能否与市场经济体制相适应,与国际惯例相接轨。

因此体制优势是开发区招商引资的一张"王牌",开发区必须率先建立具有自身特色的社会主义市场经济体制和运行机制,并在全国经济体制改革中先行一步,才能在体制差异中获得优势。

开发区的体制突破和制度创新,关键应抓好四个方面;一是与国际贯例接轨,按国际标准生产,按国际惯例办事。二是建立市场经济新机制,提高效率,依法竞争。三是加快发展中介组织,完善社会服务机构。四是建立市场经济的社会保障体系。

增创开放新优势

开发区是改革开放的前沿阵地,因此,不论是思想观念,还是经验做法,都比一般地区要超前。开发区"敢为天下先"的创新精神,以及借鉴国际先进经验,敢于先试先行的成功做法,是促使开发区在短短十多年间发展成为我国一个新的经济增长点的重要因素。但是,随着全国全方位的改革开放,原来的优势已经淡化,沿海开放城市的许多政策也已经与内地"普惠化"。因此,开发区要在二次创业中保持自身的竞争优势,就必须进一步解放思想,更新观念。

当前,中央要求开发区在招商引资工作中必须实现两个转变,一是从思想认识上实现从依靠政策优势向依靠综合环境优势转变,从注重吸引外资的规模效益向注重质量效益转变;二是在工作着力点上实现以土地经营为主向以技术和资本经营为主,从经济开发向经济技术开发并重上转变,以运行机制的转换和体制创新再创开发区发展的新优势,中央的要求也正是开发区发展的需要。

增创产业新优势

高新技术产业是开发区未来经济发展的第一增长点,这已经成为越来越多的开发区人的共识。高新技术产业是开发区未来发展的主要后劲。

首先,在引导外资投向高新技术产业方面,要开拓思路,有所创新,有效发挥资本、信息、技术、人才等资源的集聚效应,积极吸引国际跨国公司投资建立高新技术项目和研究开发中心,并发挥这些项目的孵化和辐射作用,带动相关配套产业的发展,形成高新技术产业链条和产业群。

其次,是充分发挥开发区现有企业技术优势,实施品牌战略。以已拥有的一批科技型企业,以及一批高新技术产品为龙头,以国内外市场为导向,强化科研开发,在提高产品科技含量和附加值、扩大产品市场容量的基础上,力争创出一批在全国乃至国际上享有声誉的名牌产品,以此推动产品升级换代,优化结构。

再一方面是,通过吸纳外资外技,革新挖潜,加快老企业的技术改造,注入新的活力,形成创新机制,加快高新技术的引进、消化和吸收过程,并在加速国产化的同时不断创新,只有不断增强产品创新能力,才会有生命力。

增创综合竞争能力新优势

开发区经过15年的开发建设,目前已经形成了一定的投资环境优势,具备了较强的综合竞争能力。但随着优惠政策和区域优势的淡化,国内外市场的竞争将越来越激烈,进一步优化环境,增创综合竞争能力新优势已成为开发区二次创业的重要措施。二次创业说到底就是要提高对外资和外国先进技术的吸引力,就是要营造最具吸引力的综合投资环境。要营造投资环境就必须按国际标准办事,中国加入世界贸易组织后,更要按国际惯例办事。因此,从现在开始,开发区必须进一步从以下六方面优化投资环境:

1. 法制环境。法制环境应该成为第一投资环境,市场经济是法制经济,这对许多上档次的跨国公司来讲,尤其讲究。这里面包含几方面内容:第一,要严格依法办事,一定要提高开发区依法办事的观念、水平、能力、尤其是领导干部更应该做得好一些。第二,要熟悉国际法、国际惯例,主要是相关国家的法律,要多学习,多与投资者进行交流,尊重其合理合法的要求。第三,社会治安状况良好,能够保证投资者的生命财产安全。第四,各种收费合法合理,司法具有公正性。

2. 基础设施。开发区原有的道路交通、通讯、供电、供水等基础设施要继续完善,保障正常运转,使开发区的基础设施达到发达国家的基本水平。

3. 优惠政策。优惠政策仍然是开发区的一个优势。这里面有两层意思:一是对国家给予开发区的政策一定要用足用活;另一方面就是闯,还是按照小平同志讲的,大胆试、大胆闯、大胆冒,因为开发区本身是试验区。在不违背国家政策法规的前提下,在财力许可的范围内,继续制订一些优惠政策,这对吸引外资还是起很大作用的。不要让政策束缚住自己,如果认为优惠政策被国家收掉了没戏唱了,那是无所作为。要继续采取措施确保外商投资、来料加工、三来一补、科技产业等优惠政策的落实和完善。

4. 人文环境。人文环境包括办事能力、办事水平、办事效率、廉政体制和反贪力度,包括领导的工作态度、超前意识和关心力度。对各类投资者不但要关心支持,更要千方百计使他们获得效益。另外,就是有关部门的办事效率、办事素质,包括按国际惯例办事的水平和能力。为什么一些开发区有那么多国际大财团落户,说到底就是人文优势,说话、办事上档次,符合国际惯例。再一个就是人才素质,开发区人必须不断提高自身素质。办“三资”企业的最终目的是要发展自己,要在引进中学习人家的先进技术、先进管理经验和管理思想,并加以消化和创新,有的放矢地建立人才培训基地和人才培养与使用有效结合的机制,把开发区办成高素质人才的摇篮,从而全面提高人才的素质,为第三次创业打基础。第三次创业就是资本输出,打进国外市场,占领发达国家的市场,这才是我们搞引进的目的。

5. 配套能力。配套能力也是很重要的投资环境。搞好配套既解决自身的就业、发展问题,又节约了外商的成本。要把发展配套企业纳入投资环境建设范畴。

6. 综合服务。为外商提供优良的系列服务,是今后招商竞争的重要内容,要力求提供从征地、立项、审批、筹建,到产品出口的全程系列化服务。此外,对外商还要尊重他们的生活习惯,特别是西方来的。在衣、食、住、行方面提供良好的服务,也应纳入环境建设的范畴。

把握机遇 迎接挑战 努力实现经济技术开发区高水平发展

聊城经济技术开发区管委会办公室常务副主任 孟宪昌

经济技术开发区,从 1984 年中央批准设立至今,已走过十几年的光辉历程,起步较晚的也经过了几年的风风雨雨。在艰苦创业中,开发区取得了令人瞩目的巨大成绩。同时,随着形势的发展变化,也面临着许多新情况和新问题。为了更好地迎接新的机遇和挑战,开发区在世纪之交将如何定位,发展之路该如何走,这是事关开发区发展前景的一个大问题。

开发区当前面临的新形势、新问题和开发区的定位选择

世纪之交的经济技术开发区,面临着国际环境的三大挑战:一是随着知识经济时代的到来,科学技术突飞猛进,产业革命日新月异,经济全球一体化进程加快,国际竞争更趋激烈。二是我国即将加入世贸组织,这对于以开放型经济为导向的开发区,既带来机遇,更带来挑战。三是由于亚洲金融危机的影响,世界经济增速减缓,将对开发区的发展带来负面影响。从国内形势看,十四届三中全会以后,我国确立了实现社会主义市场经济目标的战略方针,宏观经济政策不断规范化,无论是沿海还是内陆地区,无论是内资还是外资,都面临着国家提倡公平竞争的同一政策环境,这是发展趋势。面对目前的国内外经济环境,在开发区如何发展问题上出现了一些模糊认识:有的认为开发区已经完成了它的历史使命;有的认为开发区无优势可言,已等同于或者说可以滑向一般的行政区;还有的认为按照市场经济平等竞争的原则,开发区应予取消。我认为,只要以发展的观点看待开发区,这些认识都是非常片面和错误的。

开发区的发展实践充分说明,中央确定兴办经济技术开发区的决策是非常正确的。全国 32 家国家级经济技术开发区,1998 年完成工业产值 2938 亿元,出口创汇 106 亿美元。国家和省级经济技术开发区引进的外资已占全国引进外资额的 60% 以上。世界 500 强企业已有 88 家在各开发区投资办厂。1998 年,天津市、苏州市的工业总产值排在全国各大、中城市的第三位和第四位,而天津开发区的工业总产值达 500 多亿,占天津市的 1/4;苏州工业园也占到苏州市的 20% 以上。聊城经济技术开发区是山东省政府批准的省级开发区,虽坐落在中小城市,到 1999 年年底仅仅四年

的发展,引进项目却达106个,总投资14.3亿元,财政收入增幅列全市九县(市区)之首。从全国开发区目前发展情况看,经济技术开发区已成为当地引进外资、发展经济、扩大出口创汇极为重要的新的增长点和改革开放的"试验田",具有强大的生命力。

党中央国务院对开发区的发展寄予厚望。邓小平同志1986年为开发区题词:"开发区大有希望。"江泽民总书记1994年在首批国家级开发区设立10周年时题词:"努力把经济技术开发区办得更好。"中央政治局委员、山东省委书记吴官正同志在省七次党代表大会的报告中也提出:"要更好地发挥开发区、保税区的带动作用。"在新的历史时期,作为参照特区某些做法兴办的经济技术开发区,必须适应面临的新形势、新任务,按照党中央提出的新要求,深入学习邓小平理论,坚定信心,抢抓机遇,深化对开发区发展定位和方向的认识,不断推进开发区事业更快更好地发展。

由于各开发区所处的地域环境、承担任务和发展阶段等方面存在着差异,因此在发展定位和方向的选择上也可以多种多样,有的可以依托母城发展现代化的新型产业区,有的可以向着多功能的现代化新城区的目标发展。聊城经济技术开发区依据其区位优势,在定位上,必须是一个多功能的现代化新城区,在方向上,应建设成特区式开发区。即在今后的发展中要结合自身的实际,学习和参照特区的经验、特区的模式,进一步强化特殊的功能、构筑特殊的体制、拥有特殊的政策、营造特殊的环境,使开发区与经济特区一样仍然作为经济性特殊区域而区别于一般的行政区,逐步向着更高层次发展。

经济技术开发区之所以确立建设特区式开发区的发展方向,取决于开发区自身发展规律的客观要求。第一是探索新机制,增创新优势,保持内在发展活力的客观要求。经济特区作为改革开放的先行试验区,率先形成了较为完善的社会主义市场经济体制,成为全国借鉴学习的成功范例。开发区要培育和建立既符合社会主义市场经济要求,又与国际惯例接轨的新机制,就必须认真学习借鉴特区的成功经验。第二是扩大开放,适应经济全球化、区域化的客观要求。为此,只有参照特区的模式,紧跟特区的步伐,不断提高开放的层次和水平,才能创造出新的发展优势,争取更高的比较效益和增长率。第三是增强辐射功能,发挥对母城和周边地区带动作用的客观要求。特区始终把"加快发展,服务全国"作为义不容辞的责任。开发区只有以特区为榜样,才能适应国家改革开放深入发展的大格局,才能不断完善自身功能,增强辐射带动作用,为母城和腹地的开放和发展做出更大的贡献。第四是实现更高层次发展,进一步优化全国开放布局的客观要求。面对新的世纪,为更好地启动我国经济的新一轮腾飞,客观上迫切需要新的地区增长极的拉动,特别需要在北方的开放地区和京九铁路经济带选择一些条件好、发展潜力大的经济技术开发区,赋予类似浦东的某些功能性政策,以形成区域性的对外经济合作和重要贸易中心,更好地推动我国北方地区的开放和发展。

聊城经济技术开发区要建成特区式开发区,具备许多有利条件。第一,开发区坐落在国家级历史文化名城——聊城市,京九铁路、邯济铁路和济聊馆高速公路在此交汇,成为连结南北、承接东西的"黄金大十字",是京九沿线交通、投资、旅游环境最好的城市之一,具有独特的区位优势。第二,1995年山东省政府批准在聊城设立山东省对外加工贸易区,与开发区两个牌子,一套机构进行管理,总规划面积18平万公里。初衷就是利用独特的区位优势拓展开放空间,进一步扩大开发区辐射功能,增强开放活力。第三,整个开发区已经具备了一般行政区和工业区不可比拟的特殊优势。一是在发展基础上,发展了与现代企业相应的社会事业,而且拥有支撑现代化经济和社会事业全面发展的良好基础设施。二是在产业包容上,初步形成了适合不同层次需要的功能齐全、综合配套的第三产业体系。三是在对外联系上，不仅培育了一批外引内联企业成为经贸联系的载体，而且具有能够利用越来越高的知名度不断开拓新的内外联系渠道的有利条件。四是在区域功能上，不仅同时具有开发区和行政区的双重功能，而且具有高新技术产业开发试验区和对外加工贸易区的特殊功能，有利于在整个新区形成优势互补、合力招商、联动发展的新局面。五是在管理体制上，已初步构筑了一套适应开发开放的行政管理体制、企业管理运行机制和社会服务机制。总之，聊城开发区完全有条件学习借鉴特区的模式和经验，把开发区的各项事业推向一个新水平。

加快经济技术开发区发展的措施和建议

面对国内外环境变化的新形势，经济技术开发区应制定跨世纪发展战略，迎接经济全球化的挑战。要紧密结合自身实际，努力探索发展新路子，按国际标准建设，以国际惯例管理，采取外资、内资和民营资本齐抓并重，重点做好利用外资这篇大文章。

(一)适应国际经济形势的发展变化，提高招商引资水平

经济全球化是世界经济发展的大趋势，开发区必须紧紧抓住“项目就是开发区的生命”这条主线，适应新形势，实施全新的招商策略，全方位、多领域、多层次开放。

一是招商领域，工业项目、基础设施和第三产业项目要同时并举；二是招商区域，要在积极吸收东南亚一些国家和地区投资的同时，加大对欧美国家的引资力度；三是招商对象，由普通公司转向跨国公司和国外大集团、大商社，尤其要吸引具有用地少、利税多、后劲持续、拉动作用大的跨国公司的研究开发机构和产品销售中心，到开发区安家落户；四是招商重点，由一般项目向大规模和符合产业政策、利用当地资源优势项目转移；五是招商力度，由引进单纯性加工产品项目向关联性强、带动力大的项目转移；六是招商渠道，要着力抓好“以商招商”、“以外引外”，即通过办好现有的外资企业，扩大影响，以他们的现身说法，把他们的亲戚朋友和上下配套企业吸引过来，依靠“亲朋链”、“产业链”，产生“葡萄串”效应；七是招商方式，要抓好出国招商、主题招商、敲门招商、跟踪招商、委托招商、配套招商、网上招商。对于不同国家的不同特点，采取不同的招商方式，实行有针对性招商。

当然，抓好吸引外商，引进外资是重头戏，但也决不能因此而忽视内资这股强大的力量。要加大对内开放的力度，努力吸收国内大公司、大企业、大集团及要素市场集聚开发区，并大力发展民营科技企业，增强开发区配套外资能力。要下大力引进高新技术项目，加强与中央各部委和省有关部门的联系，采取与科研部门和大专院校联合的办法，推出一批国家产业政策所鼓励发展的科技含量高、有一定经济规模、能迅速增加经济总量、滚动发展的招商项目和专利技术，使科技成果迅速转化为开发区的经济效益。努力实现开发区从小规模向大规模、从数量型向质量型、从劳动密集型向技术密集型方向的转变。

同时，要改革招商机制，强化招商方式，提高招商的实效性。要完善招商激励约束机制，激发全社会人员的招商积极性，最终实现全员招商。建立包容量大、可操作性强、滚动发展的项目库，把招商引资水平提高到一个新阶段。

(二)以与国际惯例接轨为目标，优化投资环境

当前，世界各国吸引国际投资的竞争日趋激烈，面对新世纪的机遇和挑战，开发区的发展必须由单独依靠政策优惠转为重点依靠进一步完善以服务和效率等因素构成的软环境上来。

第一，加强涉外经济法制建设。根据建立社会主义市场经济体制的要求，参照国际通行规则和有关协定，建议政府部门抓紧修订现行的基本法规，健全开发区利用外资法规体系。

第二，对开发区实行全封闭式管理模式，坚决制止对区内企业一切形式的乱检查、乱收费、乱摊派、乱罚款。要在全面清理现行各项

收费的基础上，制定有关法规规章，明确合理的收费项目和收费标准，对依法收费的部门和单位实施规范化的申报，由开发区监管。对先进的工业项目和高新技术项目实行低门槛政策。在开发区实行管委会一个口子对下，既保证依法收费，又保护企业依法拒付不合理收费。

第三，进一步优化服务环境，简化办事程序，提高办事效率。开发区应实行“急事急办”、“特事特办”和“一门式审批”、“一条龙”服务，开展审批标准、办事程序和办事结果公开的政务公开活动，做到制度公开，政策透明。

第四，加强对进区企业的后续管理服务，促进企业不断追加投资。开发区要根据各自的实际从上到下建立后续管理服务网络，建立重大项目的跟踪制度，实实在在地为企业协调解决项目建设期和投产经营期的各种困难，切实依法保护进区客商的合法权益。

第五，建立和完善监督制约机制。开发区应建立企业评议制度、部门承诺制度和考核制度，并选择素质较高、责任心强、办事公道的社会监督员，让进区企业和社会各界对开发区管理部门特别是对行政执法部门的工作效率，服务态度、执法情况及业务水平打分评议，做到评议公开，评议结果与部门负责人的任免奖惩挂钩。对违法违纪及不称职人员及时公开曝光，并做到从严处理。

第六，进一步优化人文环境，不断增强开发区的城市综合服务功能，为客商提供优质的生活服务。

(三)规范管理体制，加强宏观调控，促进开发区健康发展

经济技术开发区的管理体制，各地在改革创新中探索了一些可行途径，取得了一定成效。为了保持开发区健康持续地发展，完全有条件把它升华到较高层次的理性认识，使之更趋科学化、规范化，并在法律上予以确定。

第一，规范管理模式，提高管理层次。从各地开发区的发展现状和未来动向看，有些开发区都在朝着独立的特殊经济、行政区迈进，所以这些开发区的管理体制应该按照特殊的行政区进行设置。这就需要上级政府下放一些相应的职能权限给开发区。唯有如此，才能在开发区的区域范围内构建和完善市场经济体制、法制体系和现代管理机制，形成一整套科学、完备的现代宏观经济与行政管理框架。

第二，明确开发区管理体制的法律地位。我国实施对外开放战略的长期性，注定了开发区的建设与发展要走向完善。其中包括产业结构的转型升级，更需要体制建设的规范与提高。鉴于目前开发区的实际情况，应该提高开发区管理体制的法律地位，在法律上明确其管理体制、职能权限和运行机制。这是保障管理体制的科学性、规范性和相对稳定性的重要条件，也是从根本上改善投资软环境，提高开发区影响力和知名度，获得客商信赖的关键。

第三，予以政策支持，保障开发区健康发展。由于国家给予了经济技术开发区一定的优惠政策，其“窗口”和“前沿阵地”作用明显发挥。在国家宏观政策不断调整、规范的情况下，国家和当地政府还应给予开发区一定优惠政策的扶持，辅以相应的政策措施的支持比如落实高新技术企业的优惠政策，恢复有关海关的优惠政策等。

第四，确立开发区管理体制的组织原则。开发区管委会的组织原则，要求其致力于实现勤政、廉洁、务实、高效的目标。为此，开发区要充分学习借鉴经济特区和国外特殊经济区的先进做法和经验，在体制创新方面有一个较大的突破。总的说来，组织原则要向特区和国外特殊经济区靠拢，人事管理制度要向公务员制度靠拢，运行机制要向国际市场经济规则靠拢。这是保证开发区管理体制能够继续保持领先地位和功能优势的重要选择，是每位有志于开发区事业长远发展的领导同志应深谋远虑的问题。

抓住西部大开发机遇
加快南充经济技术开发区发展步伐

南充经济技术开发区管委会主任　饶正强

四川南充经济技术开发区于1992年6月创办,经四川省人民政府1993年5月正式批准同意设立。总体开发面积6.8平方公里,其中起步区1.8平方公里。

几年来,开发区以达成铁路、川陕公路、川鄂公路和嘉陵江为依托,以创造软、硬俱佳的投资环境为支撑,艰辛探索、顽强奋斗,奠定了持续发展的基础,迎来新一轮发展机遇。

加快发展有目标

加快开发区发展步伐,最根本的就是从南充实际出发,确立正确的指导思想,以"三个有利于"为检验开发区工作成败得失的根本标准,坚持"发展才是硬道理",进一步解放思想、打破陈规陋习,学习借鉴沿海经济特区的成功经验,研究自身发展过程中的新情况,解决新问题,理清新思路,提出新办法,开创新局面。

今后5年,南充要千方百计争得一个较快的发展速度。为此,市委确定了今后5年的奋斗目标:要初步建立社会主义市场经济新体制,力争国内生产总值年均递增10%左右,基本实现小康,并向宽裕型迈进,为实现2010年远景规划奠定坚实基础。开发区作为南充经济发展的排头兵,树立了"商贸活区、工业立区、民营兴区、科技强区"的指导思想,提出开发区今后5年的发展思路为:以引进高新技术产业项目为龙头,以完善设施为先导,以规模扩张为基础,以招商引资为中心,以强化服务为保障,努力实现开发区功能特色突出,产业结构升级,营造长效优势,两个效益显著的新跨越。经过5年的艰苦努力,到2004年,开发区建成面积达到5平方公里,提供就业机会5万个,国民生产总值和财税收入以1999年为基数,实现年均增长20%以上,力争达到20亿元和1.5亿元,使开发区真正成为集交通、商贸、制造、旅游、服务为一体的综合试验区和南充新的经济增长点。

加快发展的突破口

为实现上述奋斗目标,着重从以下几个方面寻求突破:

第一,加大招商引资力度,在项目建设上取得突破。抓住西部开发大机遇,进一步加大开发区宣传力度,塑造开发区良好形象,提高开发区知名度;加大招商引资力度,在注重实效的前提下,采取走出去、请进来的办法引进项目,并力争将市内较大企业的合资合作项目布点在开发区。

第二,引进技术含量高的项目,在技术开发上取得突破。南充市有高等院校、中等专业学校10多所,在四川省内仅次于成都市,科技、教育实力雄厚,人才济济。要依托高校优势,把全市的知识优势转化为经济优势,大力支持开发区现有技术含量高的企业,走由技术扩张到规模扩张,再到经济扩张、效益提高的新路子。同时,两眼向外,狠抓技术引进,以技术入股的形式嫁接改造开发区现有企业,提高产品技术含量。狠抓管理和品牌引进,嫁接改造开发区现有企业,以提高产品知名度,进而提高产品的市场占有率。

第三，大胆资产重组，在资本经营上取得突破。在中央决定以资本为纽带，通过市场对国有企业实施战略性改组进程中，抓住国内资源在市场条件下重新配置的新机遇，在搞好土地经营，进行原始积累的同时，千方百计盘活开发区的资产存量，实现低成本扩张，培育开发区新的主导产业和优势产业。

加快发展有保障

实现开发区发展目标，关键在于真抓实干、措施有力、办事高效、优质服务。因此，着力在功能定位、基础设施、开发方式、体制创新、建设环境等方面提供有力的保障。

第一，功能定位力求准确。南充经济技术开发区以达成铁路南充客站为中心，沿铁路正线两侧展开。因此，开发区功能定位为：依托达成铁路南来北往的客货流、信息流，形成集交通、商贸、旅游、服务、制造功能于一体的综合经济体。奋斗5年，把开发区培育成为西部开发战略的热点，达成经济走廊的枢纽，川北对外开放的窗口，南充新的经济增长点。

第二，基础设施不断完善。开发区既是城市建成区的延伸区，又是城市重点发展的新区。开发区基础设施建设，按照规划高起点、建设高质量、街景高档次、绿化高水平的要求，加大投入力度，完善配套功能，形成优越的投资硬环境。

第三，开发方式突出特色。开发区初创伊始，就形成了富有特色的"三统两分一配合"的开发方式，即：根据城市总体规划，由开发区管委会组织开发区统一规划设计，统一征地拆迁安置和地价评估、土地出让，统一基础设施建设；市、区两级分级投资、引资、合资、独资建项目；分级受益；加强协调配合，共同促进开发区加快发展。

第四，管理体制坚持创新。从南充实际出发，实行计划、建设、国土、房管等部门派员，组建开发区管委会项目计划、计划财务、规划建设、征拆安置房地产管理等内设机构和工商、国税、地税、公安等分支机构，在管委会统一领导下，履行相关职能，提高办事效率，提供高效的"一站式"服务。

第五，建设环境保持宽松。组建了开发区综合执勤大队，维护开发区治安秩序、交通秩序、社会公共秩序，努力为进区客商把更多的精力放在强化内部管理，增强竞争实力，缩短建设周期，获取投资效益上去。

第六，优质高效，服务周到。正确处理权力与责任、监督与服务的关系，责权统一，责任为重；监督和服务并举，服务为先。努力塑造自加压力，敢闯敢试，排除干扰，发展至上的开发区形象；以尽快形成开发区人立足于本职工作，服务于开发建设，想客商所想，急客商所急，一切围绕发展转，全力为了发展干的良好风范；竭力构筑进区客商和开发区之间，你发财、我发展，你发展、我服务的发展氛围。

附 录

外商投资项目不予免税的进口商品目录(试行)

(一九九七年十二月三十一日中华人民共和国海关公布)

序 号	商品名称	1998 年版税则号列	备 注
1	电视机	8528.1210,8528.1291, 8528.1292,8528.1293, 8528.1310,8528.1320, 8528.1330,8528.1340, 8528.2100,8528.2200, 8528.3010,8528.3020	
2	摄像机	8525.3090,8525.4020, 8525.4090	
3	录像机	8521.1010,8521.9090	
4	放像机	8521.1020,8521.9010, 8521.9090	
5	音响设备	8518.1000,8518.2100, 8518.2200,8518.2900, 8518.4000,8518.5000, 8519.全税号; 8520.3210,8520.3300; 8527.1200,8527.1300, 8527.1900,8527.2100, 8527.2900,8527.3100, 8527.3200,8527.3900	
6	空调器	8415.1000,8415.2000, 8415.8110,8415.8120, 8415.8210,8415.8220, 8415.8300	不包括中央空调;
7	电冰箱 电冰柜	8418.1010,8418.1020, 8418.1030,8418.2110, 8418.2120,8418.2130, 8418.2200,8418.2900, 8418.3021,8418.3029, 8418.4021,8418.4029, 8418.5000	

续表 1

序　号	商品名称	1998 年版税则号列	备　注
8	洗衣机	8450.1100,8450.1200, 8450.1900,8450.2000, 8451.1000	
9	照相机	9006.4000,9006.5100, 9006.5300,9006.5900	
10	复印机	9009.1110,9009.1190, 9009.1210,9009.1290, 9009.2110,9009.2190, 9009.2210,9009.2290, 9009.3010,9009.3090	
11	程控电话 交换机	8517.3011,8517.3013, 8517.3019,8517.3091, 8517.3099	
12	微型计算机 及外设	8471.3000,8471.4140, 8471.4940,8471.5040, 8471.6010,8471.6031, 8471.6032,8471.6033, 8471.6039,8471.6050, 8471.6060,8471.6070	
13	电话机	8517.1100,8517.1910, 8517.1990	
14	无线寻呼机	8527.9010,8525.1090, 8525.2022,8525.2023, 8525.2092,8525.2099	8525.1090 仅指无线寻呼系统基地台;
15	传真机	8517.2100	
16	电子计算器	8470.1000,8470.2100, 8470.2900	
17	打字机及 文字处理机	8469.1100,8469.1200, 8469.2000,8469.3000	
18	汽车	8702.全税号; 8703.全税号; 8704.全税号	
19	摩托车	8711.全税号	
20	其他	《中华人民共和国海关进口税则》中第 1 章至第 83 章、第 91 章至第 97 章的所有税号。	不含随项目设备进口的技术及配套件、备件。

说明:对“成套设备”内含的本目录所列设备,如符合“功能机组”规定的,则按税则第 16 类类注四和第 90 章章注三的规定归类,否则,按具体列名分别归类。

国内投资项目不予免税的进口商品目录(试行)

（一九九七年十二月三十一日中华人民共和国海关公布）

编 号	税则号列	设备名称	技术规格
一		中小型农业机械及柴油机	
1	87011000 87019000	轮式拖拉机	160 马力及以下
2	87013000	履带式拖拉机	120 马力及以下
3	84335100	谷物联合收割机	170 至 20 马力(不含 20 马力)
4	84335100	橡胶履带式水稻联合收割机	60 马力及以下
5	84335100	玉米联合收割机	2—6 行自走式
6	84335990	牵引式青饲料收割机	
7	8408 全税号	柴油机	300 千瓦及以下
8		柴油机的主要配附件	
9		微灌设备	各种滴灌管及灌水器(滴头);各种微喷头;微灌系统用过滤设备及连结管件
二		工程机械	
1	84295100 84295200 84295900	装载机	5 立方米及以下
2	84295200 84295900	挖掘机	55 吨及以下
3		轮式起重机	25 吨及以下
4	84272010 84272090	内燃叉车	42 吨及以下
5		电瓶叉车	3 吨及以下
6	87054000	混凝土搅拌运输车	8 立方米及以下
7	84294019	振动压路机	10 吨及以下
8	84791010	沥青混凝土摊铺机	最大铺宽 8 米及以下
9	84791090	滑模式水泥摊铺机	最大铺宽 9.75 米
10		工程钻机	钻孔直径 2.5 米及以下

续表 1

编　号	税则号列	设备名称	技术规格
11	84291110 84291190 84291910 84291990	推土机	410 马力及以下
三		**普通通用机械**	
(一)		空分装置及关键设备包括:	3 万立方米/时等级及以下
1	84195000	板式换热器	宽度 6 米及以下
2	84194020	精馏塔	
3	84212990	分子筛吸附器	
4		膨胀机	流量≤30000Nm3/h,进口压力≤5Mpa
(二)		石油钻采设备,包括:	
1		钻机及电驱动钻机配套发电机、电动机、电控制系统	4500 米以下
2		修井机	80t 及以下
3		采油气井口装置	双油管 70Mpa 及以下,单油管 105Mpa 及以下
(三)		多级泵	流量:≤800 立方米/时, 扬程:≤3500 米
(四)		高速泵	转速:≤20000 转/分, 扬程:≤3000 米, 流量:≤200 立方米/时
(五)	84771010	注塑机	合模力:≤2500 吨
(六)		塑料挤出机组,包括:	
1		吹塑薄膜挤出机组	螺杆直径:≤150mm
2		异型材塑料挤出机组	≤90mm
3		挤出造料机组	≤300mm
4		包装用塑料挤出机组	≤150mm
5		挤管机组	≤200mm
(七)		工业空调:	
1	84158220	单元式空调机	制冷量:6000 大卡～20 万大卡
2		离心式制冷机组	
3		空调用冷水机组	50～500 万大卡 功率≤1000 千瓦
4	84186110	工业用离心冷冻机组	
5	84186110	螺杆式制冷机组	30～300 万大卡
6		空调用冷水机组	功率≤800 千瓦

续表 2

编 号	税则号列	设备名称	技术规格
7	84186110	工业用制冷机组	
（八）	84431100 84431200 84431910	单纸张胶印机	多色，印刷速度：12000 张/小时及以下
（九）	84431100	卷筒纸胶印机	印刷速度：60000 张/小时以下
四		**发电设备及配套输变电设备**	
（一）		300MW 级及以下火力发电机组和辅机：	
1		机组（汽轮机、锅炉、发电机及控制调节设备）	单机：100MW—300MW
		辅机：	
2	84145990	电站轴流式风机（送引风机）	
3	84145930	电站离心式风机（送引风机）	流量：30～1800 立方米/秒，压升：≤19Kpa
4	84138100	锅炉给水泵	流量：≤2400 立方米/时，扬程：≤2800 米
5	84138100	凝结水泵	
6	84138100	循环水泵	流量：≤4800 立方米/时
7	84138100	锅炉强制循环泵	流量：≤4000 立方米/时，压力：≤22Mpa，温度：≤380℃
8		输配煤、制粉及气力除灰、输灰成套设备	
9	84798990	给水、凝结水处理设备	
10	84814000	锅炉安全阀	
（二）		燃汽轮机组	36MW 及以下
（三）		大中型水力发电机组	混流式 400MW 及以下，轴流式 200MW 及以下，贯流式 200MW 及以下，蓄能机组 100MW 及以下，冲击式 25MW 及以下
（四）		核电成套设备（核岛、常规岛设备）	600MW 及以下
（五）	84021900	余热锅炉	
（六）		电站计算机监控系统和装置	
（七）		直流输电设备，包括：	±250KV 及以下
1		换流阀	
2		换流变压器	

续表 3

编　号	税则号列	设备名称	技术规格
3	85045000	平波电抗器	
4	85438990	滤波装置	
5	85363000	控制保护设备	
6	85446011	电缆	
	85446019		
（八）	85461000 85462010 85462090 85469000	直流悬式绝缘子 （瓷、玻璃、有机材料）	±500KV、300KN 及以下
（九）		大中型电机及传动装置	6000KW 及以下
（十）		电力电子设备：	
1	85413000	大功率可控硅元件	Φ100 及以下，5500V、3000A 及以下
2	85438990	整流、调压装置	
3	85438990	静止无功补偿装置	
（十一）		交流输变电设备：	220KV 及以下
1	85042000	变压器	
2	85353000	高压开关(GIS)	
3	85363000	继电保护装置	
4	85045000	电抗器	
5	85043110	互感器	
6	85043210		
7	85321000	电力电容器	
8	85354000	避雷器	
	85461000	绝缘子(瓷、玻璃、有机)	
	85462010		
	85462090		
9	85469000		
10	85446011	架空导线	电压等级 220KV 及以下
	85446011	交联聚乙烯电力电缆	
（十二）	85023100	风力发电机	300KW 及以下
五		**普通重型、冶金、矿山机械**	
（一）		大型露天矿成套设备	年采矿 1000 万吨级及以下
1	84303100	矿用挖掘机	斗容 27 立方米及以下
2	87041030	矿用电动轮自卸车	108—154 吨
3		炸药混装车	6—15 吨

续表 4

编 号	税则号列	设备名称	技术规格
4	84283300	高强度胶带输送机	带宽 1000—2400 毫米
5	84283300	排土机	2000 立方米
(二)		大型洗煤厂成套设备	年洗原煤 300 万吨级及以下
1	84742010	双齿辊破碎机	Φ1250 及以下
2	84741000	振动筛	45 平方米及以下
3		跳汰机	27 平方米及以下
4	84212990	盘式过滤机	200 平方米及以下
5	84211990	沉降离心机	Φ1300 及以下
6	84212910	压滤机	340 平方米及以下
(三)		大型选矿厂成套设备	年选矿 300 万吨及以下
1	84742090	旋回破碎机	
2	84742090	圆锥破碎机	直径 1600mm 及以下
3	84741000	浮选机	直径 2200mm 及以下
4	84798990	浓缩机	30 平方米
5	84212990	过滤机(圆盘式、带式)	直径 100 米及以下
6	84798900	旋流器组	100 平方米 Φ700 及以下
(四)		装卸机械	
1	84798990	堆取料机(臂式、门式)	6000 吨/时及以下
2	84285000	翻车机	
3	84261921	抓斗卸船机	2100 吨/时及以下
4		散料装船机	6000 吨/时及以下
5		装车机、卸车机(链式、螺	
6	84283900	旋带式等)	
7	84283900	刮板混匀取料机	1600 吨/时及以下
8		岸边集装箱起重机	30.5 吨、40.5 吨
9		集装箱跨运机	30.5 吨、40.5 吨
10	84272010	集装箱叉车	30.5 吨、40.5 吨
11	84261930	集装箱龙门起重机	各种规格
12	84261930	轨道式龙门起重机	≤100T
13		链斗式连续卸船机	
14	86090010 86090020 86090090	集装箱	各种规格
15	84263000	门机	10 吨及以下
16	87059090	洒水车	

续表 5

编　号	税则号列	设备名称	技术规格
17	84743900	沥青混凝土搅拌设备	60 吨/小时以下
18	87163990	集装箱半挂车	
(五)		井下无轨开采成套设备	
1	84293090	铲运机	
	84293090		
2		装药车(器)	2 立方米及以下
3	87041090	运矿车	700 升及以下
4	84251900	提升机(电控除外)	18 吨及以下
5	84252000	井下防爆卷扬机	Φ4.5 米及以下 Φ2.5 米及以下
(六)		水泥成套设备	2000 吨/日及以下
(七)		索道及输送机	
1	84286021	客运架空索道	除 80 人以上往复式、双线绕
	84286029		挂拖索器索道以外
2	84286090		350 吨/时及以下
3	84286010	货运架空索道	带宽 B≤2400
4	84283300	带式输送机	
5	84283910	埋刮板输送机	
6	84283920		
	84283990		
	84283910	滚道输送机	
	84283920		
	84283990		
	84283910	悬挂及地面链式输送机(含通用、积放、电轨等)	
(八)		仓储及停车场设备	
1		自动化立体仓储成套设备	
2		自动化停车场设备	
(九)		连铸及轧制成套设备	
1	84543021	连铸成套设备	方坯、大方坯、圆坯、合金钢大
	84543022		方坯宽度 1000 毫米及以上大
	84543029		型板坯薄板坯
	84543090		
2	84552130	中小型棒线材轧机	
3	84552120	小型型钢轧机	
4	84552130	线材轧机	100 米/秒及以下

续表 6

编 号	税则号列	设备名称	技术规格
5		冷、热连轧板机	宽 1200 毫米及以下
	84552210		
6	84551010	钢管连轧机	Φ250 及以下
7	84798990	拉丝制绳设备	
8	84798990	煤气炉中的各种常压的水冷、空冷煤气炉，单段与两段炉，固定床加压气化炉（鲁奇式）	
（十）		中密度板成套设备	3 万平方米及以下
1	84798990	混合搅拌	
2	84798990	铺装机	
3	84798990	堆垛机	
4	84629190	压机	
（十一）		起重机械	
1	85438990	钢丝绳及环链电动葫芦	
2		单梁起重机	
3	84261941	门式起重机	
4	84264910	履带式起重机	起重量 150 吨及以下
5	84262000	塔式起重机	起重力矩 250 吨米及以下
（十二）		水工机械	
1	84798990	升船机	
2	84798990	水利启闭（液压、卷扬式）	
（十三）		搬运机械	
1		内燃小机车	
六		**普通包装食品机械**	
1		瓦楞纸板生产线	100 米/时五层
2		三片罐生产线	250 罐/分
3		方便面生产线	12 万包/班
4		纸塑复合水泥袋生产线	150 袋/分
5		滚切饼干生产线	幅宽 1000MM
6		聚脂瓶饮料灌装生产线	1.2 万瓶/时
7		肉鸡屠宰生产线	6000 只/时
七		**通用环保设备**	
（一）		除尘设备	
1	85438990	电除尘器	过滤面积：10—300 平方米，电场数：1—4

续表 7

编　号	税则号列	设备名称	技术规格
(二)		城市污废水处理设备	
1		格栅	日处理 20 万吨以下
2	84212910	带式压榨过滤机	栅宽:1—5.5M
3	84798990	高效节能曝气机	带宽:0.5—3M
4	84798990	盘式橡胶曝气机	曝气面积:2.8—4.2 平方米
5	84798990	剪切式转盘曝气机	曝气面积:0.7 平方米
6	84798990	水平轴转刷曝气机	∅1000—1400MM
7	84212910	自动厢式压滤机	∅700—1000MM.L=1.5—10M
			过滤面积:30—560 平方米,
8	84212910	自动板框压滤机	工作压力:0.4—0.8MP
			过滤面积:10—84 平方米,
9	84798990	周边传动刮泥机	工作压力:0.4—0.6MP
10	84798990	移动桥式刮泥机	池径:22—55M
11	84798990	中心传动刮泥机	池径:6—28M
12	84138100	大型污水泵	池径:5.8—25M
			Q=1.9—6.0 立方米/秒
			H=16—21M
13		固定式平面机械格栅	栅隙>12m
14	84798990	栅条式格栅除污机	栅隙>12m
15	84798990	平流式行车除砂机	所有规格
16	84798990	平流式行车刮泥机	所有规格
17	84798990	平流式行车泵吸(虹吸)排泥机	所有规格
18	84798990	辐流式周边驱动刮(吸)泥机	所有规格
19	84798990	转刷曝气器	所有规格
20	84798990	重力污泥浓缩刮泥机	所有规格
21	84212910	污泥脱水带式压滤机	带宽<2m
八		**普通机床及锻压、铸造设备**	
(一)		普通机床(中小型)	
1	84581900 84589900	车床(含立式、卧式、仿形、仪表、专用等)	加工件回转直径:≤Φ1250mm
2	84591000 84592900	钻床(含立式、摇臂、深孔)	加工孔直径:≤Φ125mm
3	84594090	镗床(含立式、卧式)	镗杆直径:≤Φ130mm

续表 8

编 号	税则号列	设备名称	技术规格
4	84602910 84602920 84602990 84604010	磨床(含内孔、外园、万能、珩磨、平磨)	加工件直径:≤Φ1000mm
5	84601900	无心磨床	工件直径:≤Φ200mm
6	84602910 84602920	轴承内外圈滚道磨床	工件直径:Φ10—500mm
7	84602910 84692920	轴承超精机	工件直径: ≤Φ150mm Ra≤0.05μm
8	84601900	平面砂带磨床	400mm 以上(宽)
9	84602990	凸轮轴磨床	工件直径:≤Φ180mm 砂轮线速度:V 砂≤60m/s(单砂轮)
10	84602990	曲轴磨床	工件直径:≤Φ630mm 砂轮线速度:V 砂≤60m/s(单砂轮)
11	84595900 84596990	铣床(含床身、升降台、万能、仿形、摇臂、工具铣等)	工作台宽:≤1600mm
12	84614090	齿轮加工(含滚齿、插齿、剃齿、刨齿、铣齿、磨齿、珩齿等)	工件加工直径:≤Φ1250mm 模数:m≤12mm
13	84611010 84611090 84612010 84612020	刨床、插床(含单臂刨、龙门刨、牛头刨等) (插床)	工作台面宽:≤1250mm 工作台面宽:≤1000mm
14		电加工机床(含成形、线切割、电解加工等)	工作台面宽:≤1250mm
15	84615000	锯床(含弓锯、带锯等)	工件直径:≤Φ1000mm(弓锯) 工件直径:≤Φ800mm(带锯)
(二)		数控机床	
1	84581100 84589100	数控车床(含立式、卧式、仿形仪表、专用等)	工件回转直径:≤Φ1000mm 2 轴以上联动 主轴转速:n≤4000r/min
2	84602110 84602190	数控磨床(含内孔、外园、万能等)	加工工件直径:≤Φ1000mm 2 轴联动

续表 9

编　号	税则号列	设备名称	技术规格
3	84601100	数控平面磨床(含成形)	工作台面宽:≤1000mm 2 轴联动
4	84602190	数控凸轮轴磨床	工作直径:≤Φ180mm 砂轮线速度:V 砂≤60m/s
5	84602190	数控曲轴磨床	工件直径:≤Φ630mm 砂轮线速度:V 砂≤60m/s(单砂轮)
6	84595100 84596100	数控铣床(含立式、卧式、万能仿形等)	工件台面宽:≤1600mm 主轴转速:n≤8000r/min(单砂轮)
7	84614010	数控齿轮加工(含滚齿、插齿、剃齿、刨齿、铣齿等)	工件直径:≤Φ800mm 模数:m≤8mm 2～4 轴联动
8	84563010	数控电加工机床(含成形、线切割等)	工作台面宽:≤1250mm 2～4 轴联动
9	84571010 84571020	钻削加工中心(含立式、卧式)	工作台面宽:380～1600mm 刀库≤16 把 主轴转速:n≤6000r/min 3 轴联动
10	84581100	车削加工中心(卧式)	工件回转直径:≤Φ520mm 主轴转速:n≤5000r/min 2～6 轴 2 轴联动
11	84571010 84571020 84571090	加工中心(含立式、卧式、立卧式)	工作台面宽:≤1000mm 刀库＜16 把 主轴转速:n≤8000r/min 定位精度:±0.01mm 重复定位精度:±0.005mm 快速进给:＜30m/min 3 轴以上联动,换刀≥1.5 秒
12		柔性加工单元(含立式、卧式和换箱)	工作台宽:≤1250mm、工位数≤10 3 轴以上联动 主轴转速:＜8000r/min 快速进给:≤24m/min 换刀≥1.5 秒

续表 10

编　号	税则号列	设备名称	技术规格
(三)		精密机床	
1	84581100 84581900 84589100 84589900	精密车床(含 NC)	加工工件直径:≤Φ1000mm 圆度:0.5μm、Ra0.1μm
2	84581100 84581900 84589100 84589900	超精车床(含 NC)	圆度:0.1μm、Ra0.01μm 圆柱度:0.2μm
3	84593100 84593900	精密铣镗床(含 NC)	镗杆直径:≤Φ160mm 定位精度:±0.005mm
4	84601100 84601900 84602110 84602120 84602190 84602910 84602920 84602930 84602990	精密磨床(含 NC)	工件直径:≤Φ500mm 圆度:0.5μm 圆柱度:1μm
5	84571010 84571020 84571030 84571090	精密加工中心	≤1250mm 定位精度:±0.003—0.005mm 重复定位精度:0.002—0.004mm
6	84563010 84563090	精密电火花机床(含 NC)	工作台宽:≤800mm、Ra≤0.4μm 加工精度:±0.005mm
7	84614010 84614090	磨齿机(含 NC)	工件直径:≤Φ630mm 模数:m≤12mm 磨齿精度:低于 4 级
8	84594090	坐标镗床	工作台宽:≤1000mm 坐标精度:0.002mm
(四)		大型、重型机床	
1	84581100 84581900	重型卧式车床(含 NC)	工件直径:≤Φ4000mm L≤20000mm
2	84589100 84589900	重型立式车床(含 NC)	工件直径:≤Φ16000mm

续表 11

编　号	税则号列	设备名称	技术规格
3	84614010 84614090	重型滚齿机(含 NC、立式、卧式)	工件直径:≤Φ8000mm,模数 m≤30mm
4	84601100 84601900 84602110 84602120 84602910 84602920 84602930 84602990	重型磨床(含 NC、立式、轧辊龙门)	工件直径: Φ1800—5100mm B≤3500mm
(五)		组合机床及自动线	
1		机械滑台(含 NC)	工作台宽:≤900mm
2		液压滑台	工作台宽:≤900mm
3	84669300	动力箱	加工直径:≤Φ50mm
4	84669300	铣削头	加工直径:≤Φ630mm
5		组合机床及自动线(含 NC)	可满足汽车、工程、军工等机械产品的轴类、箱体类、杂件类自动化加工的需要,亦可满足 30 万辆轿车部分关键零部件自动化加工的需要。
(六)		锻压产品	
1	84629910	开式固定台压力机	≤400 吨
2	84629910	开式可倾压力机	≤300 吨
3	84629910	开式底传动压力机	≤160 吨
4	84629910	闭式单点压力机	≤1250 吨
5	84629910	闭式双点压力机	≤2000 吨
6	84629910	双动拉伸压力机	≤1000 吨
7	84629910	双盘摩擦压力机	≤2500 吨
8	84629910	电动螺旋压力机	≤1600 吨
9		压砖机(双盘摩擦)	≤1000 吨
10	84629910	高速精密压力机	≤200 吨
11	84629910	数控冲模回转头压力机	≤60 吨
12		单柱液压机	≤100 吨
13	84629110 84629190	双柱、四柱万能液压机	≤1000 吨
14	84629190	双动薄板拉伸液压机	≤2000 吨
15		校正压装液压机	≤315 吨

续表 12

编　号	税则号列	设备名称	技术规格
16	84629910	粉末成形压力机	≤200 吨
17		磨具制品液压机	≤1600 吨
18		塑料制品液压机	≤80 吨
19		打包压块液压机	≤1600 吨
20	84629190	单动薄板冲压液压机	≤1600 吨
21	84629990	双击整模自动冷墩机	≤16mm
22	84632000	自动搓丝机	≤24mm
23	84629990	自动冷墩机	≤24mm
24	84633000	自动卷簧机	≤2.5mm
25	84621090	空气锤	≤1000 吨
26	84639000	辗环机	<Φ1800
27	8462.39	剪板机	板厚:≤32mm
28	84624900	联合冲剪机	板厚:≤30mm; 冲孔力:≤120 吨
29	84623990	棒料剪断机	≤500 吨
30	84622990	三辊四辊卷板机	≤70×3200mm
31	84639000	弯管机	弯管直径:≤100mm
32	84622990	折边机	最大板厚:6.3mm 最大板宽:4000mm
33	84622990	板料折弯压力机	≤2000 吨
34	84639000	旋压机	直径:≤890mm
35	84629990	热压机	≤2000 吨
36		金刚石液压机	≤7200 吨
37	84622190	数控折弯机	≤160 吨
38	84623110 84623120 84623190	数控剪板机	≤6×3200mm
39	84569910	数控切割机(等离子)	板厚:≤25mm
40	84561000	数控激光加工机	≤1500×2500mm
(七)		铸造机械	
1	84743900	辗轮式混砂机	≤80 吨/时
2	84743900	间歇式碗形混砂机	≤6 吨/时
3	84743900	树脂砂连续式混砂机	≤25 吨/时
4	84748090	松砂机	生产率:≤280 立方米/时
5	8474.20	破碎机	生产率:≤70 立方米/时
6	84741000	筛砂机	生产率:≤140 立方米/分

续表 13

编　号	税则号列	设备名称	技术规格
7		树脂砂再生成套设备	≤20 吨/时
8	84743900	搅拌冷却机	≤80 吨/时
9	84741000	永磁分离设备	生产率:≤180 立方米/时
10	84741000	电磁分离设备	生产率:≤1600 立方米/时
11	84748010	震压造型机	生产率:≤80 箱/时
12	84748090	热芯盒取芯机	≤12 千克
13	84748090	冷芯盒射芯机	≤40 千克
14	84748090	多用射芯机	≤40 千克
15		抛砂机	≤25 立方米/分
16		造型自动线	≤240 箱/时
17		振动落砂机	≤90 箱/时
18		抛丸清理机	≤5 吨/时
19	84543010	卧式冷室压铸机	合型力:≤1600 吨
20	84543090	热室压铸机	合型力:≤160 吨
21	84543090	离心铸造机	生产率:≤30 件/时
22	84543090	低压铸造机	坩埚容量:≤500 公斤
(八)		木工机械	
1	84659100	木工圆锯机	锯片直径:≤500mm 可锯木材宽×厚=≤3200×1100mm
2	84659100	木工带锯机	锯轮直径:≤1250mm 可锯木材宽×厚=≤1100×1000mm
3	84659100	木工跑车带锯机	锯轮直径:≤1500mm 可锯木材直径:≤1500mm
4	84659200	单面木工压刨床	刨削宽度:≤1300mm 工件厚度:≤300mm
5	84659200	多面木工刨床	刨削宽度:≤630mm 工件厚度:≤300mm
6	84659200	木工平刨床	刨削宽度:≤630mm
7	84659200	木工镂铣床	铣削厚度×宽度=≤650×1300mm
8	94659200	木工铣床	铣削厚度×宽度=≤500×2600mm
9	84659200	木工仿形铣床	铣削厚度×宽度=≤120×1000mm
10	84659200	四面木工铣床	铣削宽度:≤200mm
11	84659500	木工单排钻孔机	最大钻孔直径:≤50mm

续表 14

编　号	税则号列	设备名称	技术规格
12	84659500	木工多排钻孔机	最大钻孔直径:≤20mm
13	84659500	木工榫槽机	榫槽尺寸长×宽=≤200×22mm 榫头深度:≤120mm
14	84659900	木工车床	中心高×中心距=≤400×2000mm
15	84659300	木工磨光机	砂带宽度×砂带长度=≤930×2100mm
16	84659900	木工多用机床	锯片直径≤300mm=锯料厚度≤200mm
17	84659900	木工封边机	封边高度:≤60mm 封边带厚度:≤75mm
（九）		量具量仪、刃具	
1		齿轮整体误差测量仪	模数:≤10mm 外圆直径:≤450mm 齿宽:≤200mm
2		齿轮测量机	模数:≤20mm 外圆直径:≤1600mm 齿宽:≤350mm
3		万能齿轮测量机	模数:≤20 外圆直径:≤1250mm 齿宽:≤350mm
4		齿轮测量机	模数:≤15mm 外圆直径:≤630mm
5		锥齿轮测量仪	大齿外径:≤500mm 小齿外径:≤257mm
6	90318000	滚刀测量仪	滚刀模数:≤20m 直径:≤80mm
7	90318000	三坐标测量机	X、Y、Z≤3000×3000×2000 单轴精度:≤2—L/300μm, 空间精度:≤2.5—L/300, 重复精度:≤1.5μm
8	90318000	高精度三坐标测量机	X、Y、Z≤1800×1200×1000 单轴精度:≤1—L/400μm 空间精度:≤1.2—L/300 重复精度:≤0.44μm

续表 15

编　号	税则号列	设备名称	技术规格
9	90318000	圆度仪	可测外圆直径:≤450mm 可测高度:≤700mm
10	90318000	圆柱度仪	可测外圆直径:≤300mm 可测高度:≤400mm
11	90318000	表面粗糙度仪	Ra≤0.02～10μm,三维
12		刀具预调仪	水平:≤1000mm 垂直:≤1100mm
13	90173000	普通游标卡尺、千分尺、百分表	
14	90173000	数显游标卡尺	L≤500mm,分辨率:0.001mm
15	90173000	数显千分尺	L≤100mm,分辨率:0.001mm
(十)		机床附件	
1	84663000	万能分度头及数控分度头	中心高:≤250mm 工作台直径:≤350mm
2	84663000	回转工作台	≤Φ1250mm
3	84662000	三爪卡盘	直径:≤500mm
4	84662000	四爪卡盘	直径:≤1500mm
5	84662000	高速通孔动力卡盘	直径:≤350mm
6	84661000	各类钻夹头、铣夹头、顶尖	
7	84669300	数控电动刀架	刀位:≤12
8	84669300	普通刀架(四方刀架)	
九		**普通仪器仪表**	
(一)		自动化仪表及系统	使用环境温度低于500℃,压力低于25MPa以下的各类温度、压力、物位、流量仪表、执行器、调节阀512点以下的PLC等自动化仪表及系统
(二)	90303110 90303190 90303910 90303920 90303990	电工仪器仪表	精底低于0.2级数字电测仪表及其它交直流仪表、电能表、开关板表等
(三)	90118000 90152000 90153000 90158000	光学仪器	各类生物显微镜、测量显微镜以及2秒以下的经纬仪,水准仪等大地测量仪器

续表 16

编 号	税则号列	设备名称	技术规格
（四）	90271000 90272000 90273000 90275000 90278000	分析仪器	气、液相色谱仪器，红外，近红外紫外原子吸收等光谱仪器。实验室及工业用PH计，光学式气体分析仪器。
（五）	90318000	试验机	各种金属、非金属机械、电子式拉力万能及液压万能，冲击、蠕变、振动试验机。
（六）	90160010 90160090	实验仪器	精度低于0.01mg的电子天平及各种机械天平
（七）	90158000	气象仪器	常规用地面测风、气压、温度、降水、能见度测量仪，气象专用数据采集器，以及中小型自动气象站。
十		**普通文化办公机械**	
1	90071910 90071990 90021910	电影摄影机及镜头	35mm、16mm
2	90071990	电影摄影机	70mm8号孔
3	90101010	多功能电影光学印片机	35/70mm
4	90021910	电影放映机及放映镜头	16mm、35mm、70mm
十一	87章 84章	**汽车、摩托车及其零部件**	所有汽车、摩托车及零部件
十二	84—90章	**二手机电设备**	所有二手机电设备
十三		**轻工机械**	
1	84238210 84238910	电子汽车衡	准确度＜＝1/3000　并且最大称重小于300吨
2	84233010 84233020 84233030 84233090	电子台秤	准确度＜＝1/3000　并且最大称重小于80吨
3	84238110 84238290	电子计价秤	准确度＜＝1/3000且虽有量程自动转换但不具有与计算机联网、双向数据传输功能。
4	84775900	PVC人造革生产设备	各种规格
5	84471100 84471201	圆织机	四梭圆织机

续表 17

编　号	税则号列	设备名称	技术规格
6		六组单滴料制瓶机	EF 型六组单滴料制瓶机 直径:41/4 英寸,5 英寸,51/2 英寸
7	84531000	制皮革用片皮机	工作宽度:2100mm 以下
8	84531000	制皮革用震荡拉软机	工作宽度:2400mm 以下
9	84198900	制浆制纸用横管连续蒸煮器	能力小于 100 吨/日
10		浆板机	幅宽小于 3200mm,工作车速<100 米/分
11	84392000	文化用纸造纸机	幅宽小于 3000mm,工作车速<350 米/分
12		糖化设备	10 万吨以下糖化锅(D5850,D6450)过滤槽(D8800)澄清槽(D6000)
13	84411000	切纸机	普通用途
14		废纸粉碎机	
15	84211910 84211920 84135010 84135020 84135030 85135090 84136090 84137010 84137090	真空制盐部分设备 1〕离心机 2〕沸腾干燥床 3〕循环泵	小时能力<=15 吨 能力<=15 吨/小时,带冷床的振动式及固定式干燥床。 年生产能力小于等于 15 万吨的真空盐厂用循环泵。
16		合成脂肪醇成套技术设备 (个别单机除外)	C_{12}—C_{14}洗涤剂醇 脂肪醇反应器 脂肪醇加氢反应器 反应器产品脱气器
17		脂肪醇聚氧乙烯醚成套技术装备	AEO_3、AEO_7、AEO_9、AEO_{11} 乙氧机化反应器 反应循环泵 排气吸收塔

续表 18

编 号	税则号列	设备名称	技术规格
18		烷基苯磺酸及盐、醇醚硫酸盐成套设备	磺化反应器<=1.6 吨/每小时 SO_2—SO_3 转化塔 空气冷却器 燃硫炉
19		三聚磷酸钠(STPP)成套设备	热法磷酸工艺技术
20		合成洗衣粉成套技术设备	<=7 吨/时的喷粉设备(含前后配粉)
21		普通不锈钢发酵罐	工业化生产规模
22		3—4 效蒸发器	工业化生产规模
23		锌锰糊式电池生产设备	生产 R20、R14、R6、R03 型的全套设备
24		含汞碱锰电池生产设备	一次或二次各型号碱锰电池设备
25		汞电池生产设备	所有用汞作电池一极的各种型号电池设备
26		可充镉镍电池生产设备	生产各种电池型号的设备
27		普通萃取、浓缩、分离、离心机反应釜等设备	一般设备
28	84563010 84563090	电火花线切割机床	加工精度低于 0.01mm
29	84563010 84563090	电火花成型加工机床	加工精度低于 0.01mm
30	84595100	小型数控铣床	工作台承重 1 吨以下
31		双缸泥浆泵	包括各种吨位
32	84741000	振动筛	包括各种吨位
33		液压压砖机	1000 吨以下(不含 1000 吨)
十四		**纺织机械**	
1		棉纺清梳联合机 主要包括:	
	84451100	高产梳棉机	单机产量小于 80 公斤/小时
2	84451900	往复式抓棉机	单机产量小于 1500 公斤/小时
3	84451900	开棉机	单机产量小于 400 公斤/小时
4	84451900	混棉机	单机产量小于 400 公斤/小时
5	84451900	清棉机	单机产量小于 400 公斤/小时

续表 19

编　号	税则号列	设备名称	技术规格
6	84451900	清梳联棉箱	单机产量小于 100 公斤/小时
7		棉纺并条机	
8		棉纺粗纱机	悬锭和托锭
9	84452010	棉纺环锭细纱机	
10	84454011	自动络筒机	卷绕速度小于 1500 米/分
11	84459000	非玻璃纤维专用整经机	整经速度小于 1000 米/分(短纤维);整经速度小于 800 米/分(长丝)
12	84459000	非玻璃纤维专用浆纱机	车速小于 60 米/分
13	84463020	非玻璃纤维专用剑杆织机	引纬速度小于 700 米/分
14	84463030	片梭织机	引纬速度小于 1200 米/分
15	84463040	喷水织机	引纬速度小于 1600 米/分
16	84463050	非玻璃纤维专用喷气织机	引纬速度小于 1600 米/分
17	84481100	多臂装置	用于织机转速小于 600 转/分
十五		**电子设备**	
1	85175010	光端机及脉冲编码调制设备	140MB/S 以下
2	90302010	(模拟)示波器	$100MH_Z$ 及 $100MH_Z$ 以下
3	84213990	空气净化设备	1000 级以下
4		短波通信设备	调幅、调频、单边带信号
5		超短波通信电台	VHF/UHF 对讲机
6	84716010	显示器	15 英寸及 15 英寸以下
7	84716031	打印机	24 针通用
8	85261010 85261090	雷达设备	全固态、单脉冲航管二次雷达;脉冲多普勒天气雷达;雷达目标全自动录取器和各种接口设备;港口雷达;测风雷达
9	85279010 85251090 85252022 85252023 85252092	无线寻呼系统(8525.1090 仅指无线寻呼系统基地)	
10	85172100	传真机	
11	84701000 84702100 84702900	电子计算器	

续表 20

编　号	税则号列	设备名称	技术规格
12	84691100 84691200 84692000 84693000	打字机及文字处理器	
13	85281210 85281291 85281292 85281293 85281310 85281320 85281330 85281340 85282100 85282200 85283010 85283020	电视机	
14	85253090 85254020 85254090	摄像机	
15	85211010 85219090	录像机	
16	85211020 85219010 85219090	放像机	
17	85181000 85182100 85182200 85182900 85184000 85185000 8519 全税号 85203210 85203300 85271200 85271300 85271900 85272100 85272900 85273100 85273200 85273900	音响设备	

续表 21

编　号	税则号列	设备名称	技术规格
18	84151000 84152000 84158110 84158120 84158210 84158220 84158300	空调器	
19	84181010 84181020 84181030 84182110 84182120 84182130 84182200 84182900 84183021 84183029 84184021 84184029 84185000	电冰箱、电冰柜	
20	84501100 84501200 84501900 84502000	洗衣机	
21	90064000 90065100 90065300 90065900	照相机	
22	90091110 90091190 90091210 90091290 90092110 90092190 90092210 90092290 90093010 90093090	复印机	

续表 22

编　号	税则号列	设备名称	技术规格
23	85173011 85173013 85173019 85173091 85173099	程控电话交换机	
24	85171100 85171910 85171990	电话机	
25	84713000 84714140 84714940 84715040 84716010 84716031 84716032 84716033 84716039 84716050 84716060 84716070	微型计算机,及外设	
十六		**船舶设备**	
(一)		船用柴油机及配套件:	
1	84081000	低速柴油机	功率:2000—31500 千瓦 转速:50—250 转/分
2	84081000	中速柴油机	直列式,缸径/冲程:230/300、280/320、180/230、220/280、165/210、165/232、200/260mm; 直列式 + V 型,缸径/冲程:400/480、400/460、200/270、280/290mm;
3	84081000	高速柴油机	直列式 + V 型,缸径/冲程:128/140、170/190mm;
4		废气涡轮增压器	压比:2～4.5# 流量:0.55～20m³/s
(二)		辅机	
1		船用吊机	起吊重量:单吊:0.5—40 吨 双吊:25—80 吨 起升高度:35 米

续表 23

编　号	税则号列	设备名称	技术规格
2	84798910	各型船用舵机	转舵扭距:16—350T·M
3	84798990	船用起锚机	锚链直径:20—111mm 卷筒负载:50—686kN
4		船用绞车	负载:50—400kN
5		船用碟阀	中心型 Dg100—800mm 偏心型 Dg100—800mm 工作压力≤16kgf/mm^2
6		船用救生艇降放装置	配 5.5—10.2 米艇 绞车工作负荷 25—130 千牛
7		船用锚链	直径 16—122mm
8		船用生活污水处理装置	污水处理量 400—44000L/d 污油泥处理量 14—110L/h 固体垃圾处理量 200L/h
9	84178090	船用焚烧炉	日容量 100000—650000 千卡/小时
10	84021200	船用锅炉	蒸发量 0.6—45 吨/小时 12—30bar
11	84021200	废气锅炉	120—300m^2　0.7mPa
12		船用起货机	30—150 千牛
13	84851000	主推进可调浆	螺旋浆直径 1530—10400 毫米
14	84851000	侧向推进器	螺旋浆直径 1000—3300 毫米
15	84851000	全回转推进器	螺旋浆直径 1150—3900 毫米
16	84851000	船用定距桨	螺旋浆直径≤8 米
17		惰性气体发生装置	烟气 3460—22500Nm^3/h 惰气 50—25000Nm^3/h 多功能 2000—25000Nm^3/h
18		液压遥控阀及指示器系统	压力:3bar 输出扭矩:100—12500Nm
19		原油洗舱机	流量 26.2—131.5m^3/h, 50—140m^3/h, 29—39m^3/h, 47—111m^3/h 射程:10.5—24m,27—36m,11.5—14.5m,18—33m
20	84161000	船用锅炉燃烧器	转杯式、蒸汽雾化式 燃油粘度:0—2398×10^{-6}m/S 雾化角度:75—146 度 雾化杯转速:4600—6000RPM 燃烧效率:98—99.3%

续表 24

编　号	税则号列	设备名称	技术规格
21	85371090	船用配电盘 主配电盘 应急配电盘 充放电盘 电工试验板 岸电箱 分配电盘 组合启动器 单体启动器	AC660V 以下,50 或 60H_Z,允许电流 500～5000A,完全适合于正常航行中出现的振动和冲击条件下工作。并允许船舶的极限状态为: 环境温度:45 摄氏度或 50 摄氏度 相对湿度:95%(45 摄氏度时) 船舶横倾:15 度 船舶纵倾:10 度 横摇:22.5 度 该配电盘为全封闭的多屏组合落地式结构,各屏之间为机械连接。防护等级为 IP—21 或 IP—22。
22		船用混油装置	动态恒压混合方式 混合量:0.45～20t/h 混合比局率:10:90—90:10 最高粘度:小于等于 2—7 乘以 10 的负 4 次方 sec(rwl♯100 度 F) 瞬时流量复示精度:小于等于正负 5%
23	85371010	船用主机遥控装置	
24	85318090 85438990	船用机舱报警/控制装置	
25	85016200 85016300 85016410	船用无刷三相同步发电机	功率范围:75～1500kVA, 频率:50/60Hz。
26		油份浓度计	测量范围:0～30ppm, 测量精度:±5ppm
27	85252023	船用对讲机	工作电压:5.0～16.0V,接收灵敏度:≤0.16dB,输出功率:高端 5W、低端 0.3～0.8W,调制灵敏度:7～15mv,最大频偏:≤±5% KHz,调制失真:<5%。
十七		**公安、消防设备**	
1		智能化火灾报警系统	6800 系列,NA1000 智能化火灾报警控制系统(型号均为国际),及各类普通火灾报警控制系统
2		自动消防灭火系统	自动水喷淋灭火系统、高低压二氧化碳灭火系统、高中低倍泡沫灭火系统

续表 25

编　号	税则号列	设备名称	技术规格
3	90308390	汽车驾驶员适应性检测系统	系统包括计算机应用系统、复杂反应检测仪、速度估计检测仪、立体视力检测仪、操纵技能检测仪、动态视力检测仪、暗适应检测仪
4	90308390	机动车安全检测设备	
5	85438990	模拟驾驶设备	
6	90221910	低剂量X射线安全检查设备	X射线发生器管电压:420KV以下
十八		**医疗设备**	
1	90181990	PET	
2		脑磁图	
3	90185000	眼科准分子激光治疗仪	
4	90181990	ECT	
5	90222100	γ刀	
6	84192000	灭菌柜	
7		X线机组及防护设备	50KVA以下
8	90181210	黑白B超诊断仪	
9	90189090	医用加速器及钴60治疗机	14MeV以下
10	90189090	后装机	
11	90189090	体外震波碎石治疗机	
12	90189090	医用高压氧仓	
13	90181100	心电图机	
十九		**建筑设备**	
1	84295900	液压挖掘机	整机重量90吨及以下
2	84281010	电梯	提升速度2.5m/s以下
3	84284000	自动扶梯	垂直提升高度6米及以下
4	84292090	平地机	功率180马力及以下
5	84264910	履带式起重机	起重量150吨及以下
6	84262000	塔式起重机	起重力矩250吨米及以下
二十		**冶金设备**	
(一)		矿山设备	
1	84305031		
	84305039	牙轮钻机	
2	84305020	电铲	10立方米以下
3	87041030	电动轮汽车	105吨以下
4		破碎机	
	84742090	(1)旋回破碎机	直径1600mm以下

续表 26

编　号	税则号列	设备名称	技术规格
	84742090	(2)圆锥破碎机	直径 2100mm 以下
5		球磨机	直径 3 米以下
6		转炉	30 吨及以下
7		电炉	30 吨及以下
8	84741000	浮选机	30 立方米以下
9	84741000	磁选机	
10	84798990	浓缩机	直径 100 米以下
(二)		炼铁设备	
1	84798990	焦炉设备	顶装焦炉炭化室高度 6 米以下
2	84798990	烧结机	275 平方米以下
3	84798990	高炉成套设备	1260 立方米以下
(三)		炼钢设备	
1		转炉	30 吨及以下
2		电炉	30 吨及以下
(四)		轧钢设备	
1		初轧开坯机	
2	84552120	型钢轧机	
3	84552190	普通小型棒材轧机(含半连轧、连轧机组)	
4	84552190	带钢热连轧机	轧辊辊身长度 1200mm 以下
5	84552110	中板轧机	轧辊辊身长度 4 米以下
6	84551010	无缝管轧机	直径＜140mm
7	85153110	螺旋焊管机组	全部
8	85153190	高频直缝焊管机组	Φ12"(340mm)以下
(五)		金属制品设备	
1	84794000	捻股机	
2	84794000	成绳机	
(六)		主要配套设备	
1	84196010	制氧机	10000 立方米/小时以下
2	84145990	高炉风机	AV80 以下
二十一		**包装机械**	
1	84418090	模切机	圆压平生产速度 4000 张/小时以下;平压平生产速度 7000 张/小时以下
2		双向拉伸聚苯乙烯(BOPS)片材生产线	厚度 100—600 微米

续表 27

编　号	税则号列	设备名称	技术规格
3		二片易拉罐生产线	600 罐/分以上
二十二		**建材设备**	
1		普通浮法玻璃生产设备	400 吨以下(不含 400 吨)
2		坩埚拉丝法玻璃纤维生产设备	
3		普通实心粘土砖生产设备	
4		普通纸胎油毡生产设备	
5		有铬公害耐火材料生产技术	
6		建筑陶瓷生产线	年产量低于 100 万平方米
7		水泥生产设备	日产 2000 吨(不含 2000 吨)以下
二十三		**化工设备**	
1		氨合成塔及其配套高压及以下压力容器	合成塔 Φ≤1600MM
2		尿素合成塔(CO_2 汽提法)	内径＊壁厚＊总长 Φ≤2800×122×36118 材质为 X2CrNiMo/K—TEN62M
3		尿素合成塔(氨气提法)	内径＊壁厚＊总长 Φ≤2200＊109＊46880 材质为 X2CrNiMo6880/K—TEN62M
4		高压洗涤器	Φ≤2830 材质为 X2CrNiMo 25—22—2/16MnR
5		高压冷凝器	Φ≤2170 材质为 X2CrNiMo18—12Mod/16MnR
6		二氧化碳汽提塔(CO_2 汽提法工艺)	Φ≤2350＊28＊11815 材质为 X2CrNiMo25—22—2/16MnR
7		氨合成塔外筒	
8		6 万吨/年及以下磷酸生产线	
9		盘式过滤机	过滤面积小于 80 平方米以下
10		转台式过滤机	60 平方米以下
11		块孔石墨换热器	
12	84178090	轻质纯碱锻烧炉	Φ≤3600MM
13	84178090	重质纯碱锻烧炉	Φ≤3200MM
14		碳化塔	直径小于 3200MM

续表 28

编　号	税则号列	设备名称	技术规格
15		真空转鼓滤碱机	过滤面积≤20 平方米
16	84224000	纯碱包装机	
17		离子膜电解槽	强制循环复极式
18		PVC 及烯烃聚合釜	容积≤80 立方米
19	*非设备类	常压及中低压化工容器	
20		磷胺造粒机	24 万吨/年,及以下
21		液化气体汽车罐车	≤26 吨
22	86061000	液化气体铁路罐车	≤130 吨
23		颗粒体物料包装机	大于等于 15KG/袋,小于等于 300 袋/单秤
24	84778000	300 升以下密闭式炼胶机	容积为 270、190、160、90、80、75 升
25		胶片冷却装置	300 升以下密炼机用
26		机械式轮胎定型硫化机	42、46、55、63.5、75、88、100、105 英寸
27	84778000	直径为 660 以下双辊开放式炼胶机、压片机	660、550、450、360、250、230、160、150
28		2200×10000 以下平板硫化机	热板规格在 2200×10000 以下
29	84772090	直径为 150 以下螺杆挤出机	直径为 150、120、90 冷喂料挤出机
30		43”液压硫化机	43”
31	90248000	耐久性能试验机	载重胎最高时速为 150KM,轿车胎最高时速为 240KM
32		斜胶轮胎成型机	轮毂直径在 24.5”以下
33	84778000	橡胶压延机	辊长在 1730MM 以下的四辊、三辊、二辊压延机
34		回转干燥器	24 万吨/年,及以下磷胺装置用
35		袋式除尘器	24 万吨/年,及以下磷胺装置用
36		阳极保护冷却器	20 万吨硫酸生产线用
二十四		**非公路用车**	
1	87041090	非公路矿用自卸车	载重 125 吨以下
2	87059099	非公路矿用洒水车	容量 80 立方米以下
3	8704.	非公路矿用运煤车	斗容 82 立方米以下
4	87041090	非公路铰接式自卸车	载重 36 吨以下
5	8704.	混凝土运输车	斗容 12 立方米以下
二十五		**环保监测设备**	
1	90273000		

续表 29

编　号	税则号列	设备名称	技术规格
	90272000	通用小型环境监测仪器	低档可见—紫外分光光度计、PH 计、电导仪等
2	90160090	低精度机械式天平	万分之一以下
3	90272000	填充式气相色谱仪	所有规格
4	90273000	低档火焰原子吸收分光光度计	所有规格
二十六		**石油天然气设备**	
1	非设备类	钻头	各种三牙轮钻头、金刚石钻头
2	85015100 85015200 85015300	井下马达(螺杆钻具)	耐温 120℃,外径小于或等于 9'5/8 英寸的井下马达
3	90158000	地震仪器	SN 系列超级地震检波器 SJ 系列检波器
4		测井绞车	7000m、5000m、3500m 测井绞车
5		抽油机	各种型号规格的抽油机
6	84131100 84131900	抽油泵	各种型号规格的抽油泵
7	非设备类	抽油杆	各种型号规格的抽油杆
二十七		**电力设备**	
		电站烟气脱硫专用设备	单机容易 300MW 以下机组的烟气脱硫专用设备
	85438990	袋式电除尘器	过滤面积 20000 平方米以下
二十八	《中华人民共和国海关进出口税则中》第 1 章至第 83 章、第 91 章至第 97 章所有税号(不含符合按合同随项目进口的技术及配件、备件)	**其他**	

说明:1、本目录不含符合《当前国家重点鼓励发展的产业、产品和技术目录》的投资项目按合同随项目进口的技术及配件、备件。

2、对“成套设备”内含的本目录所列设备,如符合“功能机组”规定的,则按税则第 16 类类注四和第 90 章章注三的规定归类,否则,按具体列名分别归类。

3、本目录所列商品的税则号列。如个别商品发生归类问题,由国务院关税税则委员会办公室商海关总署调整。

彩色图片

中国经济特区开发区年鉴

1999

长春经济技术开发区

CHANGCHUN ECONOMIC TECHNOLOGICAL DEVELOPMENT ZONE

长春经济技术开发区开发建设指挥中心

长春经济技术开发区“赛得广场”

吉林紫晶电子有限公司

中意合资长春罗兰电器有限公司

中德合资长春皮尔金顿安全玻璃有限公司

长春经济技术开发区海关大楼

长春经济技

中德合资长春海拉车灯有限公司

吉林正大实业有限公司

开发区一角

术开发区

河北省副省长才利民同志视察秦皇岛经济技术开发区

秦皇岛经济

秦皇岛开发区管委会主任胡英杰同志与美国客商洽谈项目

秦皇岛经济技术开发区夜景

座落在秦皇岛经济技术开发区内的中华人民共和国秦皇岛海关

技术开发区

秦皇岛经济技术开发区办公大楼——国际发展中心

健全的区内金融保险机构

秦皇岛开发区建成区一角

秦皇岛开发区绿地覆盖率达 36%

与泰国正大集团合资的企业——秦皇岛正大有限公司。年生产肉品 6.8 万吨、饲料 15 万吨、雏鸡 3600 万羽。1998 年出口创汇 1860 万美元

韩国 LG 集团独资的 LG 电子(秦皇岛)有限公司生产车间

秦皇岛经济技术开发区

中港合资企业——秦皇岛莱城电子有限公司，年产 ITO 透明导电玻璃 300 万片

正在建设中的秦皇岛北方机动车配件交易市场，占地 110 亩，建筑面积 41200 平方米

岳阳经济技术开发区

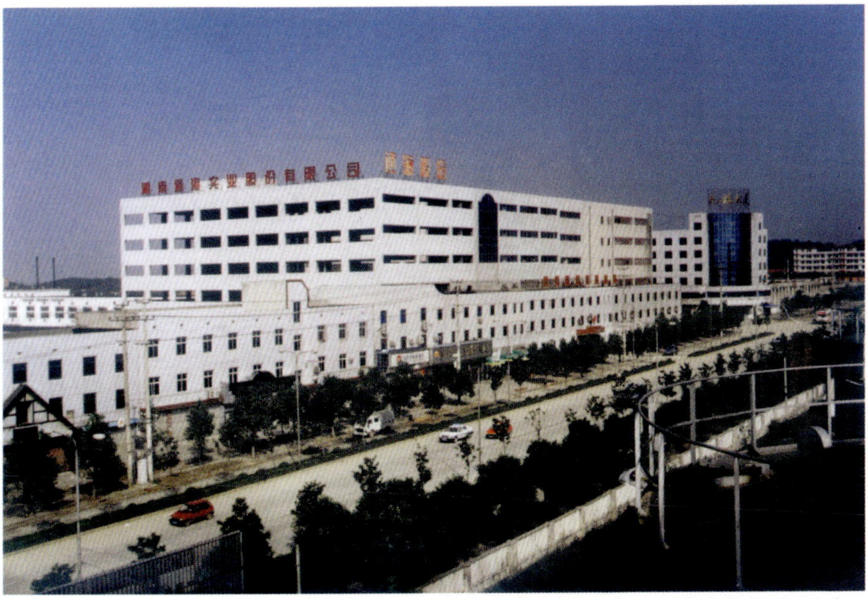

坐落在开发区工业园、建筑面积近4万平方米的标准厂房，入驻企业已达11家

新龙亚洲食品(岳阳)有限公司在岳阳经济技术开发区投资兴办的龙丰方便面厂

岳阳经济技术开发区商贸区，占地面积1平方公里，已投入资金近4亿元，商贸总面积达32万平方米

国家级开发区——昆山经济技术开发区坚持以"项目为生命、特色是灵魂"，以"美化环境为基础，优化服务为中心"，带动区域经济整体推进。

截止1999年9月，全区累计批准外资项目531个，总投资40.2亿美元，合同利用外资36.9亿美元，实际到位20.9亿美元。其中1000万美元以上的项目有124家；高新技术项目占总数34%；世界500强已有11家，总投资为28亿美元。

体制新、机制活、效率高、服务好的经济运行机制和管理模式，使昆山经济技术开发区充满了生机和活力。开发区不仅成为昆山经济发展的"龙头"和支撑点，而且成了外向带动的基地和辐射源。

昆山开发区

创新综合优势，建一流环境；

创新开发功能，办一流项目；

创新运转体制，争一流服务；

创新结构调整，树一流品牌。

再上新台阶

厦门海沧

中国海峡人才市场海沧培训中心举行揭牌仪式，原国家人事部副部长张汉夫参加仪式

总投资6.5亿美元的海沧柯达工业园奠基，省委常委、常务副省长张家坤，省委常委、市委书记石兆彬，市长洪永世，柯达公司主席裴学德等参加奠基典礼。该项目是目前厦门市最大的中外合资企业，并将建成亚洲最大的胶卷和相纸生产基地

首期投资1.7亿元人民币，海沧污水处理系统的主体工程、海沧投资区重要的市政基础设施项目之一——嵩屿污水厂正式开工建设，图为直径42米的沉淀池

易地海沧的厦门造船厂为德国船东建造的万吨轮胜利下水，结束了厦门只能生产千吨级船舶的历史

台商投资区

总投资2亿元人民币的省、市重点工程，海沧台商投资区重大基础设施——海沧铁路开工建设。铁道部、省、市领导王麟书、张志清、林耀华、刘成业等莅临开工典礼

总投资19325万元的厦门市重点工业项目通士达一期暨通士达玻璃制品有限公司在海沧新阳工业区举行奠基仪式

海沧台商投资区南北交通干道、总投资4500万元，全长2.3公里的南海一路主车道全线通车

吴仪同志在省市领导陈明义、石兆彬、刘成业同志陪同下参观考察海沧台商投资区

厦门海沧台商投资区

《厦门海沧台商投资区条例》在厦门市第十一届人民代表大会常务委员会第七次会议上通过，该条例自1998年10月1日起施行。图为海沧新阳工业区一隅

厦门市1998年增投的重点交通基础设施项目——国道319改线海沧路段一期工程动工，工程总投资1.42亿元，道路全长8.233公里。拓宽后的319国道为双向六车道，连结海沧大桥，将大大改善投资区公路运输状况

彭佩云同志和王汉斌同志在海沧管委会沈恒斌、洪获生副主任陪同下视察海沧台商投资区

海沧大桥，横跨厦门岛与海沧投资区，全长5926.527米，总投资28.74亿元，是海沧台商投资区最重要的基础设施之一。图为建设中的海沧大桥

成都中住光纤有限公司合同签字仪式

1998年，成都高新技术产业开发区实现GDP52.5亿元，技工贸总收入133亿元，工业总产值120亿元，财政收入3.1亿元，增幅均在20%以上；电子与信息技术、生物医药、现代食品三大主导产值产业占全区工业总值的81.8%，占成都市同行业比重分别为59.7%、74.3%和10.3%；建立了成都留学人员创业园，技术创新中心进入国家级孵化器之列，技术创新和成果孵化取得积极成效；全年引进外资总额8455.2万美元，协议外资3234.48万美元，到位外资2753.46万美元，引进内资总额13.36亿元，一批国际知名企业如德国西门子、法国阿尔卡特、美国摩托罗拉等已在此投资建厂；基础及配套设施建设力度加大，水、电、气、路及教育、医疗等设施日趋完善，各项改革稳步推进，社会事业快速发展，投资环境进一步优化。

成都 高新技术产业开发区

高新区建立的成都留学人员创业园正式启动

高新区办税服务厅荣获“全国税务系统最佳办税服务厅”荣誉称号

尉健行同志视察成都高新区

长沙经济技

长沙经济技术开发区管委会主任　汤定一

长沙经济技术开发区位于湖南省会长沙市东郊星沙镇，地处319国道与107国道及京珠高速公路交汇处，距长沙市中心、长沙火车站、黄花国际机场、湘江长沙码头均约8公里，规划修编后控制面积为38.06平方公里。

到1998年底止，区内已完成基本建设总投资32.4亿元。成型主干道28条，硬化道路60公里;21层邮电大楼提供10万门数字程控电话；2座自来水厂日供饮用水10万吨；2座11万伏变电站年供电能力达9.6亿度；各项公益设施基本完善配套。已引进中外投资项目282个，1998年区内实现总产值40.5亿元。

长沙经济技术开发区热忱欢迎海内外有识之士来此投资开发，大展宏图!

光南摩托车成品车间

台资企业——湖南光阳精机有限公司

初具规模的星沙新城

术开发区

星沙中心广场

花园式住宅区

民营企业——三一重工业集团公司

全国自行车赛总决赛盛况

浙江省嘉善经济

嘉善经济开发区是经浙江省人民政府批准的省级经济开发区、台商投资区，又是和浦东金桥出口加工区开发总公司联合开发的经济发展区域，开发区总规划面积4.69平方公里。

开发区自1995年1月全面启动以来，凭借其紧邻上海，位于江、浙、沪两省一市交界处优越的区域位置、完善的基础设施、优质高效的服务正在浙北平原上迅速崛起。至今，首期1.69平方公里已开发完毕，共引进项目100多个，总投资达22亿元人民币，其中工业项目82个，三资企业32家，协议利用外资近2亿美元。初步形成了一个以机械、电子、食品、新型建材、化工等行业为主导，以外商投资为主体的工业园区。嘉善开发区现已成为浙北地区最具活力、最为外商看好的投资场所。

嘉善经济开发区管理委员会主任　钱俊光

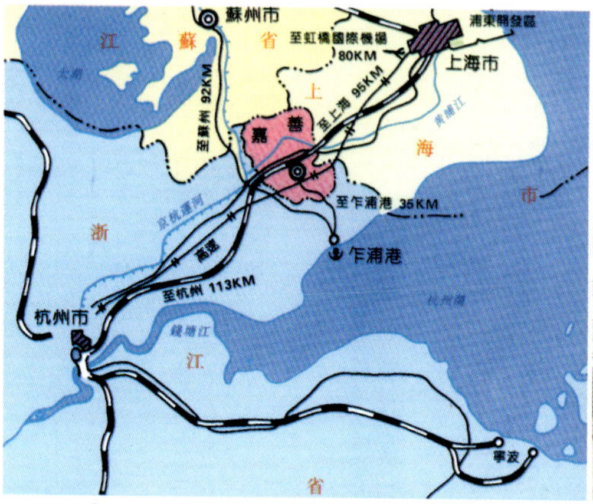

开发区区域位置优越，位于上海、杭州、苏州三大城市辐射的中心，交通十分便捷。图为嘉善区域位置图

区内基础设施完善，完成通路、通水、通电、通电讯、通排污、通热(蒸汽)和土地平整的“六通一平”工程。图为区内主干道——宽40米的金嘉大道

开发区一角

开发区

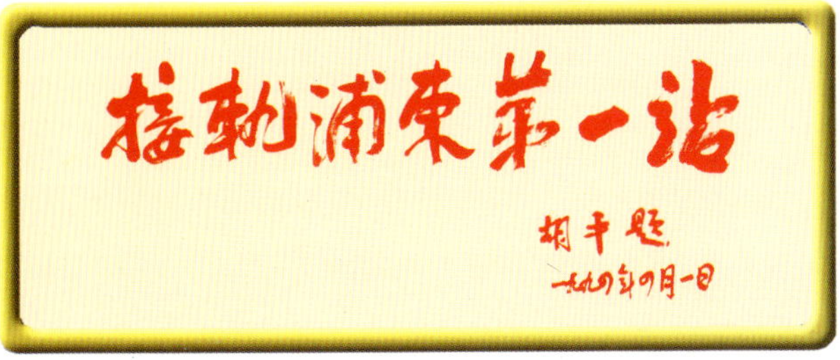

1997年8月，原国务院特区办主任胡平来开发区考察，并欣然题词：“嘉兴宝地，善引外资”

1999年2月，经浙江省人民政府批准，同意在开发区内设立台商投资区。图为1999年5月8日，嘉善台商投资区举行揭碑仪式

浙江省省长柴松岳来开发区检查指导工作，并参观了区内企业

目前国内规模最大的紧固件专业生产厂家，总投资达1亿美元的台商独资企业——晋亿实业有限公司

北京最有希望的地方

空港工业区

空港工业区一角：投资5000万美元的高新技术企业——北京村田电子有限公司

空港工业区工业生产基地外景

空港工业区位于首都机场西侧1000米处，总规划面积6.6平方公里，是机场周边唯一一家经市政府批准的现代化工业园区。五年多来，工业区共投资5.8亿元人民币用于市政配套建设，区内已实现“七通一平”。同时还建有海关报关大楼、保税库和4.4万平方米的标准厂房，为中外客商投资置业创造了理想的环境，被誉为“北京最有希望的地方”。

空港工业区总经理李友生(右一)陪同北京市市委书记贾庆林(左三)参观西铁城(中国)钟表有限公司

截止目前，区内已入驻企业55家，总投资8亿多美元，项目平均投资额达1455万美元，居京郊各开发区前茅。入区企业中三资企业占70%，投资外方包括22家世界知名跨国公司，并有10家排名世界500强之内。如美国的摩托罗拉、瑞典的爱立信、韩国的LG、日本的SONY、松下、伊腾忠等。在北京市科委认定的50家外商投资高新技术企业中，有6家来自空港工业区，占认定总数的12%。1999年前10个月，已投产企业增至30家，实现销售收入69.1亿元，出口创汇1.7亿美元，预计全年出口将超过2亿美元。

伴随着新世纪曙光的升起，空港工业区又奏响了一曲宏伟的乐章。工业区近期提出了“五三二五”发展战略，即在未来五年内工业区重点发展电子信息、生物医药、新材料、光机电一体化、仓储保税五大行业；形成高新技术产业、科技创新、加工和转口贸易三大基地；培育生物工程园、留学生创业园两个园区；吸引跨国公司总数至50家。

空港工业区物业集团办公大楼外景

绥芬河边境经济合作区

边境经济合作区以其独特的地缘优势吸引中外客商在这里投资兴业。宽阔的道路，优美的环境，热情的服务，使您有宾至如归的感觉

与俄罗斯有一条铁路、两条公路相通的绥芬河市，是您参与国际经济技术与贸易合作的热土。图为俄罗斯客商纷至沓来

绥芬河铁路口岸年吞吐能力300万吨。这是铁路口岸换装现场

独具特色的绥芬河公路口岸

汕头保税区

1998年，汕头保税区继续推进“实业兴区”发展战略，全年洽谈引进生产性项目36宗，协议投资总额3.6亿美元。其中高新技术项目8宗，当年开工建设项目14宗。截至1998年底，全区累计批准内外资企业1111家，投资总额8.58亿美元。已有美国凯门有限公司、加拿大洛斯特公司、瑞士嘉能可资源有限公司、德国巴斯夫集团、英国捷利康公司、英荷铁行渣华有限公司、日本丸红等跨国公司进区落户。

FDY生产线

投资项目签约

汕头保税区佳丰实业有限公司是一家高科技企业，专业生产人工合成氟金云母系列产品，是目前国内生产A类(1000℃)耐高温高绝缘材料的最大厂家之一

浙江省台州经济开发区

浙江省台州经济开发区（浙江省台州台商投资区）位于中国浙江黄金海岸中段，地处东经120°28′，北纬28°28′，是新台州的核心区块。1998年3月被国务院特区办确定为重点联系的省级开发区，1998年6月经省政府批准，在区内创建高新技术产业园区。目前正在申报在区内设立台州出口加工贸易区。她享受沿海开放城市经济技术开发区的一系列有关优惠政策。

开发区规划总面积8.8平方公里，东区为工业科技园区，以兴办技术密集型、出口创汇型的工业项目为主；西区由市级行政中心、金融贸易中心、文化体育中心及居住区组成，是未来台州市人流、技术流、信息流、资金流最密集的核心城区。

开发区成立两年来，已累计完成基础设施投入4.8亿元，建成区内道路总面积70万平方米，长度27公里，目前已具备良好的开发条件。工业科技园区首期启动3平方公里基础设施已达到“六通一平”的要求。区内总投资2.5亿元，长1.5公里，独具地方特色又显现代欧陆风格的高档次的商业一条街已于2000年元旦正式开业。位于台州高新技术产业园区内的台州经济开发区创业中心，占地320亩，规划建筑面积20万平方米，首期启动的5万平方米标准厂房已交付使用。到目前为止，已有美、德、奥等10多个国家和地区的客商在区内投资，初步形成反光材料、汽车配件、橡胶制品、新型建材为主的一批产业群体。西区城市区块的道路主骨架已基本形成，电信、电力、供水、污水处理、医院、学校、体育等一批基础设施配套项目已在不断完善并投入使用。

台州经济开发区管委会作为台州市政府的派出机构，代表市政府行使经济管理权限。我们将以规范、高效、优质的服务和更加优惠的政策竭诚欢迎海内外客商前来开发区投资，携手合作，共同发展！

台州经济开发区总体规划
ster Plan of Taizhou Economic DeveloPment Area

开发区内——高科技企业

省领导视察开发区

开发区居住小区

开发区一角

1998年12月21日，朱镕基同志第二次视察洋浦，听取海南省委、省政府、中国光大集团、香港建设(控股)有限公司、海南洋浦土地开发有限公司等有关领导人的工作汇报

海南洋浦经济

洋浦经济开发区实行封闭式隔离管理，图为海关关门

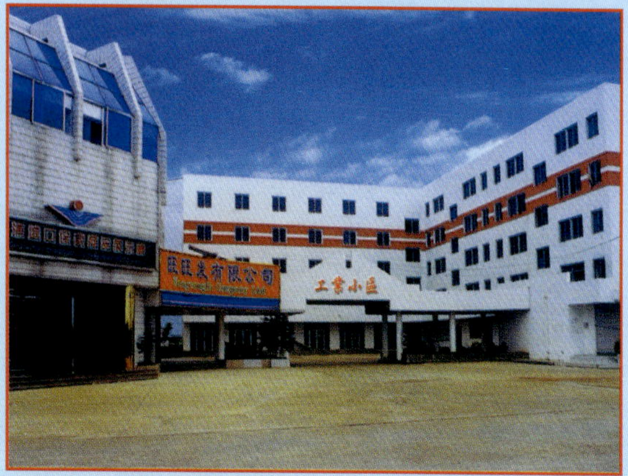

洋浦经济开发区工业小区

洋浦港1991年建成，年吞吐量可达240万吨

洋浦经济开发区环境优美的住宅小区

开发区

洋浦电厂一期发电容量31.5万千瓦，图为电厂油码头

沈阳经济技术开发区

沈阳经济技术开发区创建于1988年6月，1993年4月，经国务院批准为国家级经济技术开发区。

沈阳经济技术开发区总规划面积32平方公里，以沈阳环城高速公路为界，东部一期用地4.48平方公里，西部二期用地7.7平方公里，三期规划用地19.82平方公里。

沈阳经济技术开发区是以国家产业为导向，以举办中外合资经营企业、中外合作经营企业和外商独资企业为主，享有中国经济特区优惠政策和灵活措施的经济区域。

沈阳经济技术开发区的发展目标是：以高新技术为先导，以现代工业为主体，二、三产业协调发展，多功能、开放型、现代化、国际化的新型城区。

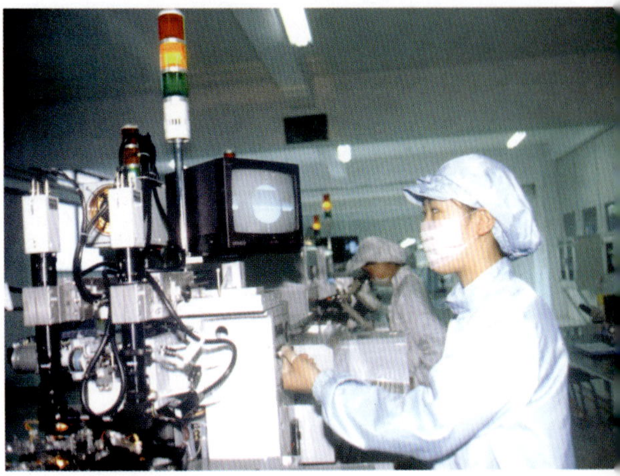

韩国独资企业沈阳中光电子有限公司

中德合资沈阳福尔波·西格林有限公司

辽宁省常务副省长郭廷标(左四)、沈阳市市长慕绥新(左三)，在沈阳经济技术开发区管委会第一副主任温贵纯(左六)陪同下，参观区内三资企业

沈阳经济技术开发区综合服务楼——奉达大厦

天津经济技术开发区总公司

1984年12月25日，天津经济技术开发区总公司经天津市人民政府批准成立，是以建立和完善天津经济技术开发区(泰达)投资环境为特殊职能，主营泰达的土地开发、公用公益事业建设与经营的大型企业集团，由泰达管理委员会授权行使国有资产经营管理。

作为泰达投资环境建设的主体，总公司始终以创建一流的投资环境为己任，在泰达进行了大规模、综合性的土地开发和基础设施建设，为区内企业和居民提供充足可靠的能源供应以及为生产、生活配套的各项服务，为泰达城区载体功能的发挥提供了高效率、安全可靠的服务与保障。

经过15年的发展，总公司已成为拥有总资产80余亿，子公司11家，数十家控股、参股公司的大型企业，是企业化行为从事公用事业的成功范例。

泰达全貌

热电公司热力二厂

总公司现有能源供应能力：

- 供燃气：10万立方米／日
- 供水：18万吨／日
- 供热：370吨／小时
- 供电：10万千瓦

电力公司远动主控室

燃气公司储气罐

自来水公司净水厂

肖厝——崛起的现代化石化港口城

泉州市肖厝经济开发区位于福建省中部，是国家规划建设的现代化港口城市，泉州市建设的“四大”经济区域之首。全区面积319平方公里，辖区7个镇，36万人口。

肖厝有誉为“中国少有，世界不多”的天然良港和福建省龙头企业炼化公司，有良好的基础设施条件和开放优惠的政策。目前，一大批国家重点项目和外资建设项目相继建成投产，城市建设已现雏形。1998年，全区工农业总产值72.9亿元，国内生产总值29.11亿元，财政收入1.28亿元，主要经济指标比建区前的1996年翻一番。去年，全区共引进项目220个，投资总额35.5亿元。全区累计已批办外商投资企业91家，投资额35109万美元。今年，在建的40个重点项目建设进展顺利，200个招商任务势头强劲，一个以石化为主的现代化港口城市正在迅速崛起。

面向21世纪，肖厝开发区将加大对外开放力度，加大招商引资力度，全力推进开发建设与经济发展，从而建成以石化工业为主导，一二三产业协调、功能齐全、设施完善、环境优美、格调高雅的现代化、花园式滨海港口城市。

调动一切积极因素，快速推进肖厝开发。图为福建省泉州市肖厝开发区党工委书记、管委会主任邱家赞在全区加快发展石化港口城市动员大会上讲话

肖厝将建成现代化的石化港口城市。图为肖厝石化城起步区一角

肖厝港口被誉为：“中国少有，世界不多”的天然良港。图为已建的肖厝万吨杂货码头和5万吨煤码头

肖厝中心工业区已成为海内外客商的投资热土。图为花园式城市中心工业区一角

山东明水经济开发区管委会副主任　郭现和

山东明水经济开发区于1992年3月经省政府批准设立。该区坐落于山东省章丘市，西连省会济南，东靠丝绸、陶瓷之都淄博，南接泰山，北依黄河，规划面积14.5平方公里，起步区面积2平方公里，目前区内已具备良好的投资环境。完善的管理机构，便利的交通运输，完备的基础设施，优美的生活环境，优惠的投资政策，广阔的发展前景，成为国内外有识之士争相开发的一块热土。明水经济开发区经过几年来的发展已初具规模，列入了山东省外向型经济发展规划，呈现出强劲的发展势头，现已完成总体规划和详细规划，将具有独资工业园区、个体私营工业区、高科技工业园区、绿色工业园区、仓储区、科技文教区、生活居住区、旅游度假村等八大功能区。鼓励发展：能源交通、机械制造、电子仪表、轻工纺织、食品饮料、新型材料、服装玩具制作等行业。

山东明水经济开发区

山东明水经济开发区热忱欢迎国内外朋友前来投资开发、共创大业！

山东明水经济开发区管委会办公大楼

山东明水经济开发区一瞥

楚雄经济技术开发区

楚雄经济技术开发区位于滇中名城楚雄市，是1992年8月云南省人民政府批准成立的经济技术开发区，属云南对外开放的重要窗口，也是中国开发区协会的成员单位。开发区规划面积19平方公里，东距昆明165公里，西距大理180公里，320国道、广大铁路、安楚和楚大高等级公路横贯东西，地势开阔、环境优美，区位优势十分明显。

目前，各项基础设施趋于完善，已开发新区3.7平方公里，累计引进项目318项，立项投资23.6亿元，建成投产项目240项，完成投资17亿元。1999年可实现产值11.5亿元，完成地方财政收入4000万元。开发区已成为滇西新的投资热点和新的经济增长点。

中共楚雄市委常委、楚雄市人民政府副市长、开发区党委书记、管委会主任　吕琳麟

中国彝族十月太阳历文化园

区内投资1.2亿元的云南盘龙云海药业有限公司

开发区一角

石家庄高新技术产业开发区

石家庄高新技术产业开发区管委会主任甘伟，给外资招商代理发聘书

中共河北省委书记叶连松(右二)，副省长郭世昌(右三)、刘健生(右一)到石家庄高新区创业服务中心就技术创新工作搞调研

石家庄高新技术产业开发区是1991年3月经国务院批准设立的全国首批国家级开发区之一。经过几年建设，基础设施投资已达7亿元人民币，开发区注册企业已达975家，其中外资企业112家，实际利用外资4.6亿美元，建设项目投资总额达155.6亿元人民币。涉及美国、英国、意大利、日本、加拿大、瑞典、马来西亚、韩国、香港、澳门和台湾等十多个国家和地区。在已建成的企业中，电子信息、生物医药、新材料产业的产值占70%以上。1998年完成技工贸总收入56亿元，出口创汇2.3亿美元。到2000年全区工业总产值将达到100亿元人民币以上。

开发区政策区面积18平方公里，分西部区、东部区和良村园区三部分。

西部区位于石家庄市西南部城区，为建成区，政策区面积8.2平方公里，目前已投产的大部分企业集中于此。

东部区位于石家庄市东部，政策区面积为5.8平方公里，是一个以工业为主，集商贸、科研、文教、生活、居住和文化娱乐为一体的现代化新城区。

良村园区西邻东部区，政策区面积4平方公里，为医药化工区。

开发区机构健全，办事程序简便，设有土地、规划、建设、工商、税务、物价、保险等机构和警察署、法院、检察院等法律机关，对来区投资的外商既可提供全程服务，又可提供良好的法律、安全保证。

外国驻华使节应邀到石家庄高新区参观、考察

红果开发区

红果自1992年成立市级开发区，1995年升级为贵州省级开发区后，充分发挥“交通新枢纽，矿藏金三角，江南煤都门户”作用。以大开放带动大发展战略，加快城镇发展步伐，经济获得迅猛发展，基础设施日臻完善。到目前为止，红果已投入建设资金12.9亿元，建成城区面积10平方公里，城区建设初具规模：东区建有盘江示范小区；西区建成盘县党政综合大楼及商业小区；南区以兴建年产400万吨的金佳煤矿，辐射周边地区；北区以南昆铁路北站的红果火车站为中心，第三产业蓬勃发展。1998年红果国民生产总值达31248.82万元，地方财政收入达1368万元。

南昆铁路

盘县党政大楼

东区宾馆及大街

红果安居小区

廊坊经济技术开发区

廊坊开发区在地图上只是一个点，通过镜头来看她如同一个世界

城区建设与环境保护同步进行

廊坊经济技术开发区始建于1992年6月，辖区面积38平方公里。目前，已经有26个国家和地区100多家国内外著名企业在这里建厂。被国务院主管部门评为“向海内外客商重点推荐开发区”和“全国重点联系开发区”。

廊坊经济技术开发区管委会

京津塘高速公路穿区而过

湛江经济技术开发区

中共湛江经济技术开发区党委书记　冯录

中共中央政治局委员、广东省委书记李长春(前中)在开发区党委书记冯录(前左一)陪同下视察开发区企业

开发区中心广场夜景

湛江经济技术开发区（以下简称湛江开发区）是于1984年11月29日经国务院批准成立的国家级经济技术开发区，是享有优惠政策并实行新型管理体制的经济区域。

大有希望的湛江经济技术开发区

湛江开发区坐落在湛江市区中心，规划面积9.2平方公里。经过15年的建设，基础设施已相当完善。区内生活设施齐全，法治环境良好，能为投资者提供优质、高效的服务，是一个服务功能齐全，能按国际惯例运作的对外开放区域。并初步形成了以特种纸业、现代建筑机具、摩托车制造、电子电器、通讯器材、生物制品、办公用品、机电产品、化工材料、纺织服装和珍珠首饰加工等工业为支柱的外向型经济格局。

21世纪，湛江开发区将坚持以“科技为主、工业为主、外资为主、出口为主”的发展方向，大力发展高新技术产业和信息产业，把开发区建设成为粤西地区高新技术产业基地。湛江开发区的未来，必将更加璀璨耀目。

湛江开发区内最大的外商独资企业喜利得(中国)有限公司外景

开发区内现代化装饰材料生产企业湛江正丽装饰有限公司生产车间

烟台经济技术开发区

总投资57亿元的“一汽—大宇汽车发动机有限公司”

烟台开发区街景

美丽的烟台开发区海湾

烟台经济技术开发区是我国首批设立的14个国家级开发区之一，规划面积36平方公里。

经过15年的开发建设，在建区面积已达20平方公里，其中基本建成区12平方公里。累计完成固定资产投资135亿元，批准项目777个。一批国外大商社、大财团相继进区投资，投资额500万美元以上的项目100个，其中1000万美元以上的有45个，超过2000万美元的有27个，在这些项目中，技术先进或比较先进的占70%以上。目前已形成机械汽车、电子信息、化纤纺织、食品加工四大支柱产业，一大批产品在国内外市场已有较高的知名度。

从今年开始，烟台开发区力争国内生产总值等主要经济指标每年翻一番，到2010年实现翻四番。

烟台开发区全景

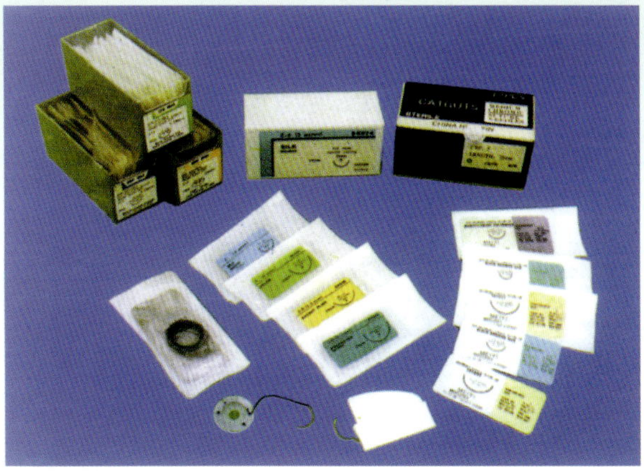

集装箱码头

张家港港口

走向国际市场的桥梁

江苏省张家港保税区

江苏省张家港保税区是全国惟一的一家内河港型保税区，1992年10月16日经国务院批准设立，李鹏总理亲自为保税区题写区名。保税区规划面积4.1平方公里，起步面积2平方公里，区内设置国际贸易、保税仓储和出口加工三个主体功能区，并附有港口运输、金融服务、房地产开发、商品展示等辅助功能。1992年12月20日保税区3.01平方公里通过海关总署验收合格投入封关运作。目前张家港保税区正在发展成为江苏乃至整个长江流域经济国际化的新型试验场，呈现出广阔的发展前景。

保税区北监控楼

张家港保税区具有独特的经济发展优势，可以成为国内企业进军国际市场、国外企业进入国内市场的重要通道。

保税区远眺

保税区一角

江苏省
江浦经济开发区

台商独资南京胜利体育用品有限公司

江苏广丰羽毛股份有限公司

江苏省江浦经济开发区位于江苏省南京市西郊，距南京长江大桥8公里，它前临“黄金水道”长江，后枕国家级老山森林公园，与南京市区隔江相望，312国道穿区而过。开发区基础设施配套齐全，管理服务机构精简、高效，为入区企业提供全方位、全过程一站式服务。目前，已有180多家中外客商进区投资置业，累计投资总额达1.7亿美元。其中：英国考特尔兹、美国嘉吉、泰国正大集团、比利时英特布鲁、新加坡大渊、台湾胜利等世界著名跨国公司、企业集团入区加盟，使开发区发展前景十分广阔。我们热忱欢迎海内外有识之士前来洽谈经贸，投资开发，大展宏图。

中英合资江苏贝宁面料有限公司

丹东市人民政府市长助理、合作区党委书记、管委会主任　于怀乐

丹东边境经济合作区

丹东边境经济合作区是经国务院1992年批准设立的国家级开发区，位于中国最大的边境城市丹东市内，地处风景秀丽的鸭绿江畔、黄海海岸边，与朝鲜新义州市隔江相望，具有沿边、沿江、沿海的“三沿”区域优势和便捷的海陆空交通。经过八年的开发建设，形成了功能齐全的商贸旅游区、口岸贸易区、金泉工业区、丹东韩国仁川工业团地、大东港保税仓储加工区和正在建设中的高科技产业区。已有20多个国家、地区和国内各地1300多户中外客商到区内兴办企业，呈现出一派繁忙、兴旺的景象。合作区人将以国内最优质的服务、最优惠的政策、最优美的环境和按照国际惯例办事的体系，诚望国内外有识之士，抓住机遇，来此投资，一展宏图，共创未来辉煌。

合作区沿江景观路及部分建筑

丹东与韩国仁川两市共同开发丹东仁川工业团地于1997年5月正式动工兴建，于1998年8月实现“六通一平”。

合作区商贸旅游区一角

开发区商贸中心

本溪经济技术开发区

本溪经济技术开发区党工委书记、管委会主任　郝元初

贯穿开发区滨河工业区的沈丹高速公路

新开发建设中的工业区

武漢經濟技

术開发區

江澤民

江海明珠——南通经济技

日商独资企业——南通东丽有限公司

南通经济技术开发区于1984年12月经中国政府批准设立。她处于中国经济最发达也最具开发潜力的长江三角洲，扼长江之首，居黄金海岸线之中，与上海隔江相望，被誉为“江海明珠，风水宝地”。

申华化学工业有限公司

天星湖畔——卫视中心

术开发区

南通经济技术开发区区位优势独特，交通便捷，距上海虹桥国际机场直线距离60公里，距南通机场16公里，南连沪宁高速公路，北接宁通一级公路，建设中的与欧亚大陆桥衔接的铁路直达开发区，规划中的苏通大桥将从开发区穿过；开发区前沿是中国十大港口之一的南通港，拥有集装箱以及油品、化工、天然气等专用码头，淡水资源极为丰富。开发区建设了一流的基础设施，现代化纤、精细化工、电子信息等产业颇具规模，已有22个国家和地区的投资者在区内落户。

70万立方米储油罐区

中日合资企业——南通帝人有限公司

开发区码头夜景

热电厂

新落成的苏州工业园区国际大厦

苏州工业园区邻里中心新城大厦

1998年9月8日，世界500强之一的日本久保田株式会社投资的久保田农业机械(苏州)有限公司开业

苏州工

苏州工业园区南部工业带鸟瞰

江总书记参观“20年以来利用外资成果展”苏州工业园区展台

业园区

苏州工业园区中新联合协调理事会第四次会议记者招待会现场

园区大众住宅

合作区领导与俄方伙伴进行经贸洽谈

黑河边境经济合作区成立7年来，在基础设施建设、发展贸易和旅游、工业项目开发等方面取得了长足进展。截止目前，3.4平方公里起步区域已达到“三通一平”，1.7平方公里重点区域已达到“六通一平”，5200平方米工业标准厂房、10万平方米保税库已投入使用;共引进各类项目94个，总投资6.8亿元，批准外商投资项目37个，协议利用外资3538.5万美元;对俄贸易实现进出口总额60894万美元，在叶卡捷琳堡组建的中方独资公司“龙狮经贸有限公司”已正常开展业务。合作区作为中俄边境线上的对俄出口加工基地初具规模。

合作区一角

合作区骨干企业三九满山红药业有限公司的产品品种不断增加

黑河边境经济合作区

中俄经贸往来

精神文明建设硕果累累

宁波大榭开发区

浙江省乡镇企业局和大榭开发区管委会合作在大榭建立浙江乡镇企业示范园区

建设中的大桥——跨海大桥

大榭第一小学电脑教室

广州保税区

广州保税区于1992年5月13日经国务院批准成立，1993年封关运营，总面积1.4平方公里。其主要功能是开展国际贸易、保税仓储、出口加工和商品展示。截止1999年12月，全区累计注册企业1684家，投资总额10亿多美元，其中外商投资企业323个，投资总额5.4亿美元，来自香港、台湾、美国、日本、法国、德国等20多个国家和地区，其中在世界排名500名以内的跨国公司有10个。全区进出口货物总值累计达13亿美元，其中进口货值7亿美元，出口货值3.9亿美元。

占地70万平方米的“广州保税区电脑工业城”，被列入广东省、广州市1998年、1999年重点建设项目，主要用于引进电子、电脑、机电、通讯设备和器材等高新技术产业项目。由台湾某电脑公司投资建设的广大、广上、广川等主力厂经过一年的筹建已于1999年3月28日顺利投产。

广州保税区鸟瞰

集办公、展示、仓储、加工等多种功能的综合楼群

保税区海关及专用码头、货检场

广上(广州)科技有限公司电脑主机板厂生产车间

广大(广州)科技有限公司多层线路板厂

“广州保税区电脑工业城”规划图

开发区管委会主任　过兴南

德国OBI落户开发区

江苏省锡山经济开发区

江苏省锡山经济开发区是江苏省省级开发区，地处锡山市政府驻地，1992年启动，规划面积29.4平方公里，已建成10平方公里。

锡山经济开发区基础设施投入16.8亿元，已建成设施完善、功能齐全的二园(工业园、商贸园)、四区(外商工业区、商贸区、高科技园区、私营工业区)。

锡山经济开发区注重改善投资软环境，以与国际惯例接轨的良好服务，吸引了大批项目进区。至1999年底，进区项目578个，项目总投资82亿元，其中外资项目98个，累计合同利用外资4.5亿美元。

开发区别墅小区

开发区一角

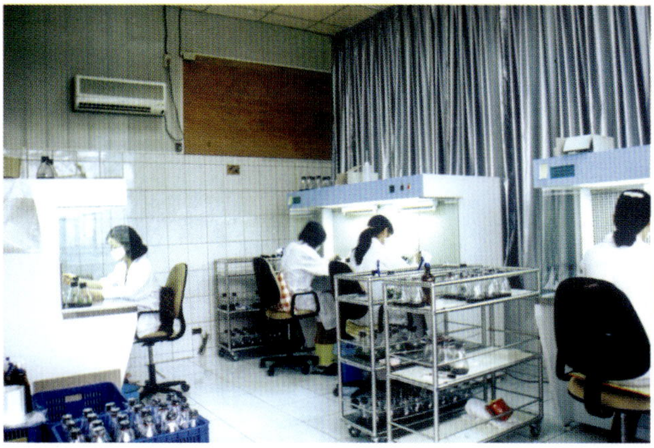

北京三益生物科技中心，建筑面积2500平方米，具有年组培蝴蝶兰、大花蕙兰等花卉种量1000万株的生产能力。

北京长青蔬菜有限公司，建筑面积14000平方米，澡池浮板栽培鲜活水菜。

顺义三高科技农业试验示范区

管理委员会办公楼

面积2496平方米的蝴蝶兰种植基地

开发区党工委书记、管委会主任邱山

总投资达1.44亿元人民币的金龙公司

公主岭经济开发区

公主岭经济开发区是经吉林省人民政府批准设立的省级开发区。1996年6月正式运作。该区位于公主岭市西部，总控制面积21平方公里，其中规划面积7.9平方公里，起步区面积1.08平方公里。开发区地处松辽平原，位于吉林省中西部。北靠长春、南临四平。102国道、京哈铁路横贯全区。距长春机场和沈阳民航机场分别为60公里和250公里，距哈大高速公路出口2公里。程控电话与国内和国际联网,区内设立电信分局,总装机容量1万门,为外商投资合作提供了良好条件。

为满足进区项目需要，公主岭市委、市政府、开发区管委会先后协调资金6000万元用于基础设施建设。全区实现了“五通一平”，即:通讯、天然气、电力、给排水、道路，实现了工厂建在哪里，“五通一平”就搞到哪里，满足了进区项目需要。

韩国客商独资企业沈阳奥利恩特工艺品有限公司公主岭分公司

国家计委和农业部批准的“上海市菜篮子工程”、吉林省农业产业化工程——吉港集团肉业公司

吉林省公主岭经济开发区办公楼

合肥经济技术开发区

合肥经济技术开发区是合肥现代化大城市建设的重要组成部分，全国开发区行政管理体制和机构改革首家批准实施试点单位。自1993年4月创办以来，始终坚持“三为主”的办区宗旨，坚持改革开放，走自我开发之路，运用“低门槛”的土地出让政策，“筑巢引凤”和“引凤筑巢”相结合，已引进内外资项目147家，总投资100亿元人民币，涉及15个国家和地区，6平方公里起步区已全部实现“五通一平”。1999年全区工业总产值可达到27亿元人民币，综合财政收入1.7亿元人民币，合肥经济技术开发区已成为合肥市吸引外资的集中投资点、新的经济增长点、产业结构调整与国有企业嫁接的带动点、深化改革的试验点。

乡村花园 拥有公寓、高级别墅、高尔夫球练习场和网球场等配套完善的综合智能小区，首期工程已于1998年底建成。

日立建机 已建成投产的外商独资合肥日立挖掘机有限公司，1999年预计生产1200台挖掘机，产值近10亿元人民币。

佳通轮胎 已建成投产的外商独资安徽佳通轮胎有限公司，1999年预计生产轮胎350万套，产值近两年12亿元人民币。

统一企业 总投资2500万美元的合肥统一企业，注册资本1000万美元，一期班产5万包方便面。

明珠广场已成为安徽省对外开放形象的标志性景观之一

领导视察

签约仪式

白云经济开发区是贵州省省级开发区之一，位于省会贵阳市地域的中心地带，距贵阳市仅13公里，总面积270.37平方公里，总人口15.44万。境内交通发达，通讯便利，能源充足，矿产资源丰富，工业基础雄厚，农业和第三产业发展迅猛，基础设施齐备，城市化水平较高，具有宽松的投资环境，是新兴的现代化城区，全国最大的铝工业基地，素有“中国铝城”的美誉。

世纪之交，随着中央加快西部大开发工作的推进，贵州省委、省政府把白云列为全省首批建设的20个经济强区(县)之一，贵阳市委、市政府又将搬迁至与白云相邻的金阳新区，白云迎来了前所未有的机遇——由传统的工矿区跨越为以高科技工业、商业、信息、行政、文化为主的现代化新城区，实属黔中大地难得的投资宝地。

铝城风姿

白云经济开发区

白云公园

成都经济技

成都经济技术开发区创建于1990年7月，位于成都市东郊13.6公里的龙泉驿区，规划面积26平方公里(申报国家级开发区面积9.94平方公里)，是四川省对外开放重点，成都市城市向东发展的工业化、城市化、农业产业化基地。是四川省基础设施条件优越、建成规模最大、投资环境最好的开发区。目前，开发区基础设施和市政服务设施投入已达10亿元人民币，累计引进项目380个，协议资金90多亿元，到位资金40亿元。建成投产项目总数已达170个，基本形成了以机械、电子、冶金、新型建材、精细化工、食品加工为主的产业结构。

成都金松电器有限公司

四川航天工业总公司

全国三大塑料异型材生产示范企业之一四川华塑建材有限公司

成都经济技术开发区航天城

术 开 发 区

世界六大硬质合金厂家之一自贡硬质合金厂成都分厂

中美合资成都晶华光学(集团)有限公司

龙丰亚洲食品(成都)有限公司

成都经济技术开发区生产区一角

厦门象屿保税区

象屿保税区管理委员会胡汉丕副主任陪同中共福建省委常委、中共厦门市委书记、厦门市市长洪永世视察象屿保税区企业

1998 年 4 月象屿保税区商务大厦奠基

厦门市区又一道亮丽的风景线——象屿保税区新大门

益通摩托车工业有限公司开业典礼

安徽正大公司厂景

安徽省滁州经济技术开发区

滁州经济技术开发区于1992年建立，为省级开发区，位于滁城南郊，紧邻市区，总体规划11平方公里，首期开发2.4平方公里。开发区管理机构健全，投资程序简明，审批手续快捷，政策优惠，实行全程一站式服务。

开发区基础设施配套，交通便利，区位优势十分明显。首期开发范围内的供电、供水、道路、通讯等可满足各类企业生产建设需要，目前正在进行二期开发3平方公里基础设施的规划和建设。京沪铁路从市区穿过。开发区距滁州火车站3公里，距南京港和南京国际机场60公里，距合肥机场120公里。内河(滁河)航运直通长江。

随着滁州城市中心的南移，京沪高速铁路滁州站、外环路、立交桥等重要基础设施的兴建，开发区将呈现出更加繁荣昌盛的发展景象。滁州经济技术开发区将以更加优惠的政策和优质的服务，欢迎国内外客商到开发区投资兴业。

开发区一角

玉林源医疗设备有限公司

童话仙岛般的水东开发区

水东开发区海滨浴场

水东开发区别墅群

水东开发区别墅群

水东开发区一角

茂名水东经济开发试验区成立于1992年，为广东省省级经济开发实验区。位于南海半岛上，三面环海，面积80平方公里，北距茂名市中心28公里，西距湛江96公里。区内中国第一滩是省级旅游区，风光秀丽。

水东经济开发试验区热情欢迎四海朋友前来旅游观光、休闲度假、商贸洽谈、投资兴业，共谋共同发展大计，共绘宏伟美丽蓝图。

茂名水东经济开发区

茂名港一角

呼和浩特经济技术开发区

呼和浩特经济技术开发区管委会主楼

呼和浩特经济技术开发区一角

福田保税区

福田保税区一、二号通道大拱门(其中一号通道通往香港，二号通道连接深圳经济特区)

总投资4500万美元的美国IBM硬盘磁头生产项目于1998年2月落户福田保税区

广东省特区办、深圳市政府领导参加福田保税区管理局1998年度总结表彰大会

福田保税区与香港仅一河之隔，并建立了对外专用通道与香港直接相联，区位优势得天独厚，投资环境日臻完善。截至1998年底，区内已有来自世界22个国家和地区的518家投资企业，累计协议外资金额超过15亿美元，全区外资含量高达95%以上。1998年，福田保税区各项主要经济指标持续快速增长，完成国内生产总值24.15亿元，比1997年增长42.4%；工业总产值30.4亿元，增长364.4%；外贸出口额12.19亿美元，增长84.1%，实际利用外资1.89亿美元，引进了美国IBM、台湾宏基电脑等12个先进工业及高新技术项目，高新技术产品产值占全区工业产值的86.4%。福田保税区正在崛起成为广东珠江三角洲高新技术产业带中的一颗明珠。

两个 2.5 万吨级泊位的南沙南伟码头

南沙位于广东珠江出海口的西岸，1993年5月12日经国务院批准设立广州南沙经济技术开发区。建区以来，该区在中央、省、市各级政府的重视和关怀下，在霍英东先生等一批客商的鼎力支持下，区管委会注重改善投资环境，累计已投入30多亿元人民币进行基础设施建设，营造了一个良好的投资环境。南沙先后被国家有关部门批准为国家对外开放一类口岸和全国高技术产业化中试配套（南沙）基地，评为全国投资环境优秀开发区50强。目前，已有18个国家和地区的200多家客商到南沙投资，投资总额达13亿美元。美国通用电气公司和德国巴斯夫等跨国公司集团的大项目也先后落户南沙。南沙正逐步成为客商投资的乐园，成为珠江三角洲经济区新的经济增长点。

广州南沙经济技术开发区

南沙新技船厂生产的第二艘双体高速客船“南沙68号”建成下水。该厂生产的船舶被国家列为全国开发区的国内高新技术项目“十最”之一

李岚清同志视察南沙开发区

全球化工巨子德国巴斯夫展宇聚胺酯（中国）有限公司在南沙西部工业区建成投产

日照开发区管委会主任　赵理民

北京路夜景

日照开发区党工委书记　蒋英建

山东日照开发区

环境优美的外来人才创业园和韩国工业园

总投资53亿元的日照电厂已建成发电

日照开发区地处新亚欧大陆桥东端重要桥头堡的山东省日照市东部沿海地带，毗邻国家一类对外开放口岸日照港，兖石铁路从区内穿过，具有明显的港路优势和区位优势。日照开发区是国务院体改办的特别联系点和全国开发区机构改革试点单位，也是山东省政府重点扶持的开发区。1991年8月正式开工建设，规划面积40平方公里，起步区10平方公里。区内设有国家级民营科技园、日照外来人才创业园暨留学人员创业园和韩国工业园。建区八年来，先后投资10亿元建设了一批基础设施配套工程，与日本、美国、韩国等20多个国家和地区建立了经贸合作关系，累计批准内联外引项目403个，其中外资项目110个，实际利用外资4.1亿美元。

正在建设中的北京路商贸娱乐城

中共揭阳经济开发试验区区委书记李映信

揭阳经济开发试验区管委会主任林宜辉

揭阳经济开发试验区于1992年8月经广东省人民政府批准设立，面积44.22平方公里，地处被誉为“黄金水道”的榕江南北河交汇处,三面环江，毗邻潮汕机场和国道206线，距市区火车站11公里，区位条件优越。

建区7年来，试验区社会各项事业取得可喜的成绩。1998年，全区实现国内生产总值12.08亿元，年均增长49.4%；工业总产值25.64亿元，年均增长69.2%；农业总产值2.77元，年均增长18.6%；外贸出口总额9456万美元，年均增长78.6%。

基础设施建设日臻完善。区内完成19平方公里的环状供水网络，可以满足工业生产、生活用水的需要；开通全自动电话2万门，并实现交换程序化、传输数字化、移动电话数字化；首期4平方公里8条主干道和小区配套道路基本完成；新建和扩建4个3000吨级码头泊位。

发展中的揭阳经济开发试验区

试验区的东出口——榕东大桥

繁忙的渔湖港码头

安庆经济技术开发区是安徽省省级开发区。总体规划面积7.2平方公里，已批准进区项目218个，项目总投资为54.6亿元人民币；其中外资项目65个，协议利用外资17838万美元；累计实现技工贸总收入近80亿元。经原国家科委批准设立的“安庆国家民营科技企业示范区”充满活力，近40家民营科技企业以20多项申请国家专利的高新技术，使安庆开发区孕育和发挥着新的经济造血功能。区内全省惟一的台商投资区建设方兴未艾，总投资1.6亿元的中国安庆光彩事业大市场正焕发勃勃生机。

安庆经济技术开发区北临火车客货运站、民用飞机场，南濒风景秀丽的大湖风景区，与老城区紧密连接，距外运码头和港口仅4公里。地理条件十分优越。新区在迅速崛起，发展前景广阔，得到国务院特区办等有关部门和省领导的高度赞扬。

安庆市人民政府顾问(原副市长)
安庆经济技术开发区管委会主任　查名璧

中共安徽省委书记回良玉(中)来安庆开发区中德合资企业调研指导

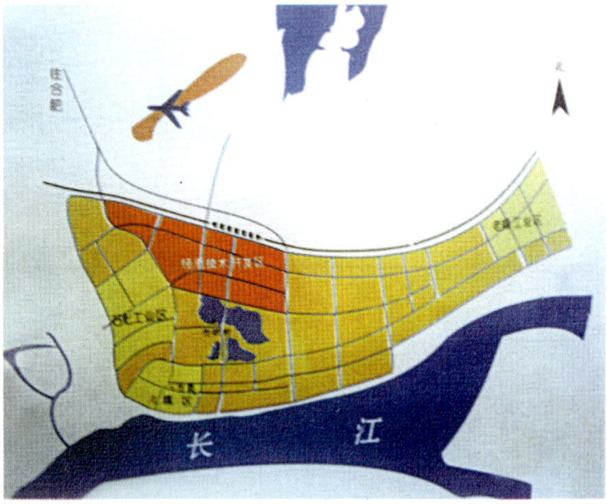

安庆经济技术开发区坐落位置图

安徽省政府省长王太华(左中)在市领导陪同下，到开发区企业实地考察生产经营情况

安庆经济技术开发区

全国政协常委、工商联副会长胡德平为进区“中国安庆光彩大市场”奠基

安庆开发区各项配套设施逐步完善，图为三星级迎宾馆贵宾楼一瞥

新华社与安庆开发区联办的卫星电子信息网络中心机房一角

热烈庆祝广州经
建区十

济技术开发区
五周年

芜湖经济技术开发区

芜湖市人民政府市长助理　　李 铿
芜湖经济技术开发区管委会主任

环境优美的银湖别墅区

国际标准三星级国信大酒店

区内新型建材企业

区内新型建材企业

北京延庆开发区

延庆开发区管委会主任 张德福

开发区'99 投资合作洽谈会

北京市市长刘淇视察开发区庆雪羊绒有限公司
左一:刘淇　中:开发区管委会主任张德福
右一:庆雪公司董事长李元征

北京第四制药厂延庆药厂

青岛经济技术开发区

《财富》杂志评出1998年世界500强企业，12强在青岛开发区投资兴办企业14家

财富
FORTUNE
一九九八年全球最大
500
家公司排行榜

青岛松下电子部品有限公司

由松下电器产业株式会社(Matsushita Electric Industrial Co. Ltd.)、松下电子部品株式会社与青岛电子元件六厂于1993年合资创办，总投资428万美元。主要经营电子元器件的生产、销售及委托加工业务，主导产品为广泛应用于录像机、VCD、电视机、办公自动化设备和信息通讯等设备的轻触开关，年产能力3亿只。

1996年和1997年先后通过ISO9002国际质量认证和ISO14001环境认证，是国内同行业厂家中首家取得两项认证的企业。

合资双方在青岛松下电子部品有限公司取得良好收益的基础上，于1997年投资创办了青岛松下电子部品(保税区)有限公司，总投资额达2138万美元，达产后将是日本松下公司在中国最大的轻触开关、电位器生产基地。

青岛壳牌油气有限公司

英荷壳牌石油公司(Shell Group of Companies)是世界第二大石油公司，仅次于美国埃克森石油公司。主要经营石油、天然气、化学制品、煤炭和金属业务。按资产总额计算，公司是世界上最大的制造业公司，按储量计算，则是世界上最大的石油公司。

由壳牌(中国)有限公司与壳牌中国控股私有有限公司共同投资创办的企业，总投资1470万美元，主要经营液化石油气。

青岛菱光物流有限公司

日本三菱商事株式会社(Mitsubishi Corporation)是以国际贸易业务著称于世的跨国公司，下设信息产业、燃料、金属、机械、化学品和生活产业等6个业务部门，在信息、金融服务、物流与零售方面在国际上占据主导地位。

由日本菱光仓储株式会社与青岛招商齐兴经贸有限公司合资创办，总投资900万美元。菱光仓储株式会社是日本历史最悠久的物资流通企业。三菱商事株式会社是日本菱光仓储株式会社的股东。

公司具有世界一流的物资流通专有技术和国内一流的新式仓库。设施除具有冷冻、冷藏、低温和常温等四种温度保管功能外，还具备运输、国际货运等功能。

青岛菱东纺织有限公司

由日本伊藤忠商事株式会社(ITOCHU)和日本最大的化学纤维、树脂公司之一的三菱丽阳株式会社于1994年4月共同投资创办的企业。项目一期投资1000万美元，生产设备已达到一万纱锭，年产量已达到3000吨，到2000年将达4000吨。

公司主要生产世界有名的三菱丽阳的VONNEL为主的聚丙烯晴纶纱。产品不仅通过结转的方式销售到国内，而且大部分产品出口到日本、韩国等世界各地。销售到国外的产品，在国内深加工以后，最终成为高品质的毛衣、毛毯、地毯、缝制玩具等产品出口到世界各地。

青岛日毛纺织有限公司

由日本伊藤忠商事株式会社(ITOCHU)与日本毛织株式会社共同投资创办的企业，总投资额2000万美元，主要产品为毛纱及毛织品，年生产量1000吨，产品100%出口。

日本毛织株式会社是日本具有代表性的毛制品综合生产厂家，拥有百年历史的技术力量及管理能力，其产品在世界上享有很高声誉。

公司于1996年11月18日正式投产，采用日本先进机器设备，能够生产超细支数毛纱，并且还引进了适于小批量生产并在短期内可交货的染纱设备。

公司还与日本毛织共同计划生产流行的高性能的毛织品，生产的面料将用于制作男士西装、女式服装各种制服，以满足客户的广泛需求。

青岛中达化纤有限公司

由法国罗纳普朗克纤维树脂中间体公司(RHONE-POVLENC)与青岛中泰集团有限公司共同合资创办的大型化纤企业，总投资4495万美元，是“山东省三资企业五百强”，也是全国最大的锦纶丝专业生产企业之一，1997年被授于“先进技术企业”称号。

公司拥有从国外成套引进的具有国际水平的聚合、纺丝、加弹生产工艺与设备，可生产锦纶6切片、FDY全牵伸丝、锦纶6及锦纶66P0Y预取向丝、DTY弹力丝等多种产品。

青岛美铝有限公司

美国铝公司(Aluminum Company Of America Inc.)是一家以美国为基地的大型跨国经营公司，世界最大的铝生产商，在美国同行业中居于垄断地位。其业务范围主要包括铝矿石开采、冶炼、将铝氧土熔炼为铝、加工铝制品以及将铝合金加工为轧制产品和最终产品、铝制品的再利用和铝化工产品生产等，近年来也涉足其他工程材料、零部件产品的生产。

是美国铝业有限公司在青岛开发区注册的全资子公司，总投资1200万美元，主要产品为耐火材料、陶瓷及其他多种铝化学产品。

辉门(青岛)活塞有限公司

由美国辉门公司(Federal-Mogui corp)与青岛奥迪斯活塞联合公司共同创办的合资企业项目，一期投资1300万美元，设计生产能力为年产高档活塞150万只。

隶属于美国辉门公司旗下的AE.Goetze活塞产品集团将无保留地向公司提供全部滚动技术，使公司与AE.Goetze活塞产品集团得以同步发展。

青岛百利达钢丸有限公司

由日商岩井株式会社(NISSHO IWAI)、日本新东百利达株式会社以及青岛铸造机械厂共同投资创办的企业，总投资500万美元，主要从事钢丸、钢砂生产和销售，年产量12000吨。

公司的工厂设计和专用设备均由日本新东百利达株式会社引进，产品技术指标全部达到日本新东百利达同类产品水平，质量验收达到美国SAE标准。1998年产品通过ISO9002国际质量标准认证，并获得国家级新产品资格。

青岛扎努西－澳柯玛冷冻设备有限公司

伊莱克斯(ELECTROLUX)创建于瑞典，总部设在斯德哥尔摩，但在瑞典的销售额却仅占总销售额的5%，在60多个国家生产并在160个国家销售各种电器产品，是世界最大的电器生产商，也是世界最大的工业公司之一。

1995年由伊莱克斯旗下意大利扎努西公司与中国著名的电器设备生产企业的澳柯玛集团共同投资成立，总投资1257万美元，成为伊莱克斯在中国的商用冷冻设备生产基地。扎努西－澳柯玛的主要产品为可视冰柜，多用于饮料展示，因而针对客户是可口可乐、百事可乐等饮料生产商。

青岛住友商事有限公司

住友商事(SUMITOMO)是日本第一个与中国开始直接贸易的大型综合商社。主要经营以钢材、汽车、通讯设备、石油、煤炭、服装产品、化工产品为主的进出口及离岸贸易业务，曾为中国多家大型企业提供成套设备。

由住友商事株式会社投资创办，总投资100万美元，主要经营水产品、农产品的进出口业务。

日商岩井(青岛)有限公司

日本日商岩井公司(NISSHO IWAI)是日本国内大型的音像设备专业生产企业，以其在音像设备领域所拥有的雄厚的技术实力，率先开发出诸多新产品而著称于世。

由日商岩井株式会社投资创办，主要经营钢材、纺织品的进出口业务。

丸红(青岛)有限公司

丸红集团(MARUBENI)是以日本五大商社之一的丸红株式会社为中心，从事石油化工、精细化工、电子产品、石油、天然气、矿物、金属、机械、食品、农林渔业产品、饲料和饲料原料等的国际国内贸易、房地产业、运输业、金融业、投资开办工厂等的跨国企业集团。集团主体丸红株式会社的总部在日本东京和大阪，集团1997年的营业额高达13970万美元。丸红集团设立的机构分布在全球84个国家，有167处贸易机构、办事处、联络事务所，还有600家合资或独资企业。仅在中国就有18处贸易公司和办事处、30家以上的合资或独资企业。

由丸红(中国)有限公司投资创办，总投资100万美元，主要经营纺织品、化工产品及食品的进出口业务。

伊藤忠(青岛)有限公司

由伊藤忠商事株式会社(ITOCHU)投资设立的独资企业，总投资210万美元，主要经营树脂原材料的进出口业务。

一座崛起的新城

——宝山经济发展区

宝山有宝、罗泾有金、投资罗泾、前程似锦

上海宝山经济发展区成立于1993年，坐落在上海北翼辅城宝山区罗泾镇境内，是全市最早创办的首家区级直管园区。宝山经济发展区东临长江黄金口岸地带，西依嘉定科技城，南近宝山钢铁总厂，北邻江苏明代三宝太监郑和下西洋的浏河港。国家一级公路沪太路南北贯穿整个经济区，交通便捷发达，地理位置独特，投资环境优越。

宝山经济发展区规划宏伟。总体规划60公顷，已经开发土地45公顷，其中25公顷土地已开发成型。区内有公交汽车站、邮电所、银行、工商、税务等职能服务机构。区内设施有200门地下通讯电缆，用电总装接量4000KVA，日供水量500T水厂一座。区内道路纵横连网、五通一平到位，区内还建有1万余平方米，融商住、办公、餐饮、娱乐为一体的颇有现代气息的标志性建筑飞士大厦和飞士休闲中心。1996年，中共上海市委副书记孟建柱视察经济区，对经济区的工作作了充分肯定，并要求宝山经济发展区要成为全市私营经济区(城)的楷模。

宝山经济发展区按照市领导的指示精神，以优越的投资环境、优惠的经济政策、优良的基础设施、优质的服务体系吸引众多的私营企业，创出了引人注目的业绩，呈现出一派生机。建区六年多来已有3500家企业进入经济发展区投资开业，总注册资金达25亿元，六年多来累计实现销售收入220亿元，上缴国家各项税金4.5亿元。

上海宝山经济发展区管理委员会、上海飞士工贸实业总公司全体员工竭诚欢迎四海宾朋、有志创业的社会贤达在这块热土上投资开发、共创未来。

一座以私营企业为主的综合性经济发展新城，将在上海北翼辅城的宝山崛起。

湖州经济技术开发区内设有台商投资区，图为台商投资企业湖州大享玻璃制品有限公司奠基

包装印刷行业已成为湖州经济技术
江天外印刷有限公司

湖州经济技

湖州经济技术开发区区内商贸生活设施日益完备，图为区内企业——港湖大酒店

[...]主要产业之一，图为区内企业之一浙

湖州经济技术开发区不断加大招商力度，扩大对外交往，图为外商考察开发区投资环境以及区内企业

术 开 发 区

1998年，湖州经济技术开发区的基础设施又上了一新台阶，图为开发区内道路夜景

管委会领导班子研究总体规划

人造沙滩浴场

长春净月潭旅游经济开发区

净月潭鸟瞰

一、净月潭是我国北方的一颗绿色明珠

净月潭始建于1935年，当时为解决长春市用水，在市区东南部起伏的群山间修建了一座中型水库，与台湾“日月潭”相对应而得名“净月潭”。为涵养水源，在修建水库的同时开始大面积的人工造林，使净月潭山得水而活，水得月而灵，林得育而茂，成为山林水有机结合，交相辉映，环境优美，景色怡人的旅游胜地。1988年被国务院命名为国家重点风景名胜区，1989年被林业部命名为国家森林公园，1993年被吉林省政府批准为省级旅游度假区。

连绵峻秀的群山宛如绿色屏障。119座群峰层峦叠翠，谷壑纵横，景色宜人，在碧水的映衬下更显魅力无穷。登山远眺，鸟瞰月潭全景；极目西北，可及长春城廓。步入峡谷，曲径通幽，忽而“山重水复疑无路”，忽而“柳暗花明又一村”，别有一番情趣。

婀娜浩瀚的林海仿佛苍翠绿洲。80平方公里一望无际的人工林海，人称亚洲之最。各类树种错落有致，婀娜多姿的黑松林、整齐有序的落叶松林、青翠秀美的樟子松林、雄伟壮观的红松林错落有致地布满了山峦，其间混伴着姣丽的云杉、冷杉，粗犷的柞树、榆树和色彩纷繁的其他树种，纯林片片，杂林斑斑，树冠随风翩舞，泛浪推波。树态多彩多姿，有的傲然挺立，有的卑躬谦廉，有的情侣相依，有的孤身惆怅。漫步林间，清新宜人，清风伴着松涛徐徐袭来，令人心旷神怡。

微波荡漾的潭水恰似晶莹碧玉。在群山环抱中，形同弯月的净月潭，恰似一颗碧玉镶嵌在茫茫的林海之中。水面平稳如镜，群山倒映水中，山光水影迂回萦绕。潭岸曲折回转，山水相依，绿树掩映。白天，潭面上点点游船泛起片片涟漪；夜晚，明月高悬，水面上映出道道光环。微风徐来，碧波荡漾，浪涛声伴着林涛声，仿佛悦耳的二重唱。

绚丽多彩的季相令人流连忘返。春季，万物复苏，杏花、梨花、桃花争奇斗艳，五彩缤纷；盛夏，群峰绿荫如屏，凉爽宜人；仲秋，层林尽染，色彩斑斓；隆冬，白雪皑皑，银装素裹，一派千里冰封、万里雪飘的北国风光。四季分明的季相带给游人不同的享受，使净月潭成为春踏青、夏避暑、秋赏红叶、冬玩冰雪的旅游胜地。

方便快捷的交通可往来自如。净月潭位于吉林省省会——长春市市区中部，距市中心9公里，距火车站16公里，距机场23公里，是城市中的国家重点风景名胜区和森林公园。长吉、长沈、长哈等高速公路和长大、长伊等高等级公路从净月潭穿过，为海内外游客游净月潭提供了便利条件。

二、设立开发区使北方明珠焕发耀眼的光彩

1995年10月，为加强对净月潭的开发建设，吉林省政府决定设立长春净月潭旅游经济开发区，区域面积190平方公里；辖两个整建制乡(镇)、两个国有林场、净月潭水库和长春电影城。开发区自成立以来，按照建设国际性旅游目的地和山水型新城区的总体目标，加大开发建设力度，使净月潭焕发出耀眼的光彩。

基础设施全面配套。按照新城区的远期目标，投资5亿元开展了大规模的基础设施建设，建成了二次变电所，使净月潭地区全部纳入城市供电网络；建成了电信局，开通了6万门程控电话；建成了供水加压泵站，铺设了给排水管网，与全市管网相衔接；修建了环潭路和区内公路，改善了交通状况。净月分团新城区和主景区5平方公里区

世界第一长的管轨式滑道

域内基础设施已全面配套，实现了道路、给水、排水、燃气、供电、供热、通讯“七通”，满足了开发建设和投资兴业的需求，构筑了山水型新城区框架，为开发建设和旅游业的发展创造了良好的硬环境。

旅游产业快速发展。开发区精心构筑大旅游框架，培育旅游大产业，发展旅游大市场，围绕旅游“六要素”，建设了沙滩浴场、森林浴场、鹿苑、海底世界、动感电影等一批旅游精品工程，提高了旅游产品的档次和水平；与中国泛旅、黄山旅游股份共同组建净月潭游乐有限责任公司，建成了具有5条不同等级滑雪道的旅游滑雪场，成为全国最大的旅游滑雪基地，每年冬季都吸引我国南方和东南亚国家以及港澳台地区的游客5万多人次；建成了观光吊椅式索道和世界第三条、也是最长的一条管轨式滑道，可全方位地领略净月潭诱人的风姿；开通了旅游专线车，建成了星级饭店、商场等旅游服务设施，为游客提供了便利。使净月潭由季节性旅游向四季旅游转变，由单一的郊外野游向知识性、趣味性、综合性、多功能方向转变，由接纳市内游客向接纳国内其他地区和国际游客转变，旅游业走上了产业化发展的轨道。

招商引资成效显著。几年来，合同利用外资达11.5亿美元、25亿元人民币，实际到位资金达6000万美元、16亿元人民币。引进了投资10亿美元的澳大利亚澳柏龙珠月园综合游乐项目、投资1880万美元的香港和安高尔夫球场、投资3亿元的长影外景拍摄基地、投资2亿元的电影城综合改造项目、投资1200万美元的美国R.D工业园等一批规模大、标准高的项目，有效地促进了区域经济的发展。1998年，被评为长春市利用外资先进单位。

草原牧歌，一派超然恬静的田园风光

投资环境良好。开发区管理委员会是市政府的派出机构，享有市级经济管理权限，管委会内设对外经济贸易合作局、建设局、环境保护局、经济发展局、水利局、林业局、旅游局、劳动人事局、规划局、土地局、工商局、国(地)税局、公安局等职能部门，金融、保险等部门在这里设立了分支机构，实行公开承诺制、项目调度例会制、项目跟踪服务制和联合办公制，为中外投资者实行“一站式”审批、“一条龙”服务。开发区享有省级开发区的各项优惠政策，代表市政府对辖区内的经济和社会行政事务实行统一领导和管理，可自行审批3000万美元以下的投资项目，办理土地征用、劳动力招聘、财税金融、工商行政管理等业务，为投资者提供高效、优质的服务。

净月潭造型别致的大门及宽敞的门前广场

三、展望未来北方明珠将更加璀灿夺目

开发区聘请国内外一流专家编制了高标准的总体规划，确定了开发区的发展目标。

开发区总体规划的目标是：建成国内一流并具有国际水准的综合性、多功能、高品位的生态旅游、冰雪旅游、度假旅游的目的地；基本形成以旅游经济产业为主导产业，其他相关新型产业部门为辅助产业的集约化新兴经济区；基本建成生态平衡、环境优美、设施配套的长春市山水型新城区。整个规划分三个阶段实施。

第一阶段到2000年：初步形成四季咸宜、林水结合、环境优美、内容丰富、设施完善的城郊型旅游区的框架，为净月潭旅游经济开发区的崛起奠定基础。

第二阶段到2010年：基本确立国内著名的区域旅游目的地的地位。在这一阶段，强化扩散效应，加大经济发展能量的释放，使开发区内景观环境、旅游项目、接待设施达到国内一流水平。

第三阶段到2020年：基本建成国际区域旅游度假胜地。在这一阶段，旅游接待的国际色彩进一步凸现，区内旅游产业布局和经济产出效益与国际经济循环圈基本接轨，培育和建立积聚力强和辐射面宽的旅游商品生产和销售的国际市场，使开发区经济总量上升到一个新高度，成为我国东北地区经济吸纳和辐射力强、产业结构多元化、外向程度高、生态环境优良的经济区域。

长春净月潭旅游经济开发区跨世纪的宏伟蓝图已经绘制，我们竭诚欢迎国内外朋友前来投资兴业，共创净月潭辉煌的未来，让净月潭这颗北方明珠以崭新的风姿展现在21世纪。

全国最大的旅游滑雪基地——净月潭旅游滑雪场

长春电影城

三都澳经济开发区

边检、卫检、动植检大楼

三都澳是世界著名天然深水良港，其地理位置正扼台湾海峡北口，处于中国南北岸线中点，居长江、珠江三角洲和台湾省三个经济发达区间，依浙赣两湖中原腹地，并占距离环球货柜航线日本大阪至香港段只有32海里的特殊优势。它的航道宽2.5公里以上，深20～125米，30万吨巨轮可畅通无阻；它的深水岸线达72公里，是北伦港的5倍，可建设1～50万吨泊位50多个，它的锚地面积达84.4平方公里，也是世界少有，它的地形特优，口小腹大，避风条件好，不冻不淤。总之，三都澳具有建设亿吨大港的潜在优势，三都澳除了具备建设大港口的优越条件外，还因拥有95平方公里临海平原、93平方公里可开发利用的滩涂及年径流量达131亿立方米的淡水资源，非常有利于发展临海工业群。三都澳风光优美，素有"海上天湖"之美称，旅游资源十分丰富。此外，三都澳还拥有丰富的砂石资源。为了使三都澳的资源优势尽快转化为经济优势，促进当地经济发展，国务院于1993年9月批准三都澳城澳港作为一类口岸，对外国籍船舶开放。同年12月福建省委、省政府领导在闽东现场办公会议上确定建设城澳港"是本世纪末及下世纪初福建社会经济发展的战略重点"。

飞鸾岭隧道

三都澳经济开发区是国务院批准三都澳城澳港作为一类口岸对外开放以来，为实施城澳港的开发建设而设立的港口开发区。1998年3月省政府正式批准三都澳经济开发区为省级开发区，享受省级开发区的有关优惠政策。同年9月省编委批准三都澳经济开发区管委会升格为副处级单位，内设经济发展局、社会事业发展局、国土规划建设局、财政局和办公室五个职能机构，核定编制25人。

三都澳经济开发区由城澳港区、漳湾临海工业区两个区域组成，城澳港区陆域23平方公里，海域32平方公里。按照规划城澳港对外开放的7.5公里岸线可建设1～30万吨级泊位25个，分设集装箱泊位区、散杂货泊位区、矿石泊位区、煤炭泊位区及石油泊位区等五大作业区，远期吞吐能力可达18400万吨；港区用地规模322.47公顷，规划人口容量为5万人，并附设保税区。城澳港区内的青山、斗帽、鸡公山等岛屿风光优美，景观奇独，是规划中的"海上天湖"旅游开发区。

螺壳岩

漳湾临海工业区陆域面积43平方公里。该区域地处霍童溪下游，淡水资源丰富，可利用滩涂面积大，海陆交通便利，港口条件好，是布局建设临海大型工业项目的理想选址。

经过几年努力，三都澳经济开发区基础设施已逐步配套。城澳港口岸联检机构已全部建立运行；投资1.61亿元人民币，年吞吐能力50万吨的万吨级多用途码头，已于1999年5月开工，计划两年内建成投产；从罗宁高速公路接城澳港的一级疏港公路，全长17.6公里，总投资1.01亿元，已完成前期工作，即将开工建设；日产水8000吨自来水厂，已完成初设，定2000年上半年动工；港区程控电话已开通；用电问题已解决；到达漳湾临海工业区的公路已通车；投资环境正日趋完善。

三都澳经济开发区城澳港口规划区内花岗岩储量丰富，1999年开发区管委会引进四家企业进区开发花岗岩毛角石出口，开发投资已达6000万元人民币，建成8000吨级石料码头一个，在建8000～12000吨级石料码头三个，当年已成功出口10万多吨，到2000年底将有6个石料码头投产，形成年开发出口石料500万吨生产能力，三都澳经济开发区将成为我国东南沿海最大的石料出口基地。

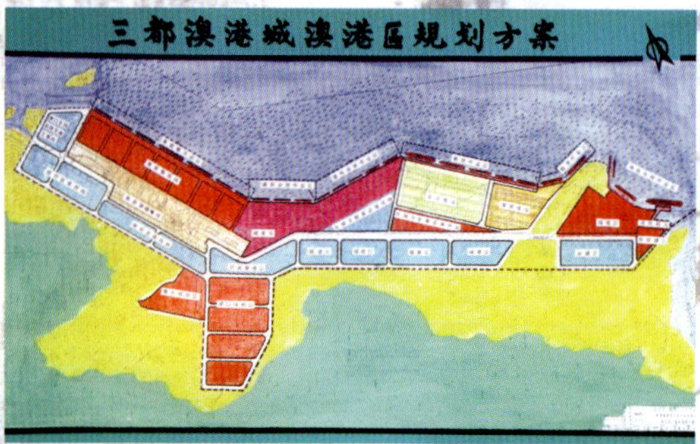

三都澳经济开发区海域内大黄鱼人工养殖发展迅猛，现养殖网箱已达4.5万个，产量达5400吨，成为全国最大的大黄鱼人工养殖基地。

三都澳优美的自然风光引来了许多游客和中外客商，已有两家中外企业决定投资开发青山岛、斗帽岛旅游资源，"海上天湖"景区建设也将全面启动。

天津港保税区

李瑞环同志为保税区标志题写区名

享有石油界金字塔美誉、名列世界十大石油公司前列的美国加德士石油公司在保税区投资的润滑油项目投产。该项目投资3000万美元，一期占地3万平方米

中远散货运输有限公司落户保税区。中远散货公司拥有世界上最大的散货船队，以经营国际海上干散货运输为主

天津港保税区东兴国际汽车市场开业。该市场由天津港保税区管委会和天津市市场建设服务中心共同主办，拥有展位1000个，集中展示了国外著名品牌汽车

1998 年 11 月 9 日李瑞环同志视察福州经济技术开发区

福州马尾港是全国十大集装箱港口之一，也是台湾海峡两岸试点直航口岸之一。至1998年止，已有6家两岸船务公司投入福州港与高雄港之间的试点直航营运，取得了良好的经济和社会效益

福州开发区口岸联检大楼

福州经济技术开发区工业区一角

福州经济技术开发区

台商在祖国大陆投资最大的电子企业
——中华映管(福州)有限公司正门

福州保税区管理大楼

福州经济技术开发区位于台湾海峡西岸闽江入海口处的马尾，是福建省省会城市福州的水上门户，也是全国唯一集国家级开发区、保税区、台商投资区、高科技园区与地方行政区于一体的特殊开放区域。福州马尾港是海峡两岸货物直航两个试点口岸之一。

1998年福州开发区的国内生产总值、财政收入、工业产值、合同外资、实际到资等经济指标增幅均居福州市之首，是福州市和福建省经济的主要增长点，以电子信息为龙头的高新技术产业和对台经贸合作呈现强劲发展势头。

福建师大二附中远眺

福州经济技术开发区

福建省最大的名牌运动鞋出口基地——台资企业清禄集团公司一角

中华映管(福州)有限公司生产线

依山而建的福州阳光国际学校

福州经济技术开发区一瞥

贵州都匀经济开发区

象征都匀经济开发的大型雕塑——翔

开发建设中的都匀经济开发区

桥城夜色

开发区管委会办公大楼

开发区内东风汽车股份有限公司轻型车厂生产的轻型军用卡车

湖北襄樊汽车产业

开发区内东风公司新开发的7200型轿车

车城生活二区——国家级优

神龙公司襄樊工厂富康轿车发动机生产线

经济技术开发区

…物业管理小区

康明斯柴油发动机生产线

开发区中心区

功能齐全、服务精良的华商酒店笑迎天下客

招商局中银漳州经济开发区(以下简称漳州开发区)总体规划面积40平方公里,位于福建省九龙江出海口、厦门湾南岸,距厦门东渡港3.5海里,距台湾高雄港、台中港分别为140海里和120海里,处在上海、台湾、香港三大经济区的中间地带,依托中国东南沿海一带经济最为活跃的厦漳泉金三角,地理位置得天独厚,是福建省建设海峡西岸繁荣带——闽东南的重要组成部分。这里建港条件优越,深水岸线长达10余公里,区内漳州港是国家交通部确定的首批对台直航口岸。

开发区管委会和有限公司实行统一的管理体制,经福建省人民政府批准,开发区管委会行使地市一级的经济管理权限,统辖开发区的一切行政事务。

漳州开发区于1992年12月28日开工兴建,累计投资10亿多元人民币,首期启动区域4.17平方公里已实现"五通一平"。港区已建成0#、3#泊位及漳—厦海上车客渡项目,4#、5#泊位万吨通用码头正在建设中;同时,区内建设并建成了高尔夫球场、商务酒店、公共保税仓等设施以及一批公寓、住宅、写字楼、标准厂房。

繁忙的漳延海上通道——海达车客渡码头

繁忙而有序的漳州港招旅港区

招商局中银
漳州经济开发区

入夜,漳州开发区灯光交织,宛如火树银花不夜城

投资兴业的热土

泉州市清濛科技工业区

以诚立人、以信立业、开拓进取、务求必胜

中共泉州市委清濛工作委员会书记
泉州市清濛科技工业区管委会主任　骆国清

泉州市清濛科技工业区是由泉州市人民政府投资兴建的省级开发区，地处福建省泉州市晋江三角洲腹地、泉州城市总体规划中江南、池店组团的中心地带，是大泉州城市建设中具有重要战略区位的“南大门”。自1996年10月正式启动的短短三年来，已有逾百家企业驻区投资兴办企业。

开发区处于交通中心枢纽地带，交通运输方便、快捷，与著名的厦门中际机场相距仅90公里，距晋江国内机场不到8公里，距泉州火车站和后渚港也仅7公里，方便快捷的交通运输系统，将大大方便企业入区投资兴业。

开发区配套设施建设齐全。开业区立足高规划、高起点、高标准，已投入资金逾15亿元进行成片土地开发，兴建了道路、供水、供电、排水、排污等市政基础设施和邮电、银行、酒店、商业街等配套建设；区内220千瓦变电站年发电量达16亿Kwh，供水量每天达2万吨，污水处理系统先进、配套。

开发区紧紧瞄准现代高科技和经济的全球化的趋势，大力实施外向型、产业升级和可持续发展战略，正在开发建设的清濛“泉州出口加工区”和“高科技园区”，可幅射到整个泉州地区乃至全省，将大大提高区内企业吸引力和科技含量。同时，开发区将继续致力于完善“一个窗口”对外、“一条龙”服务管理的成功经验，不断优化投资软硬环境和投资结构，加快技术创新进程和科技人才引进力度，大力实施名牌战略、推行ISO9000质量认证体系，推进产、学、研一体化，不断提高企业规模和管理水准，努力与国际市场接轨，提高企业市场竞争力和发展后劲，增强“入世”后企业在国际市场和全球化经济中适应能力，迎接知识经济和高科技时代的新挑战。

清濛不仅仅拥有一片有识之士投资兴业的热土，热情好客的清濛人更能让您倍感入区如进“家”的亲切和温馨。清濛将奉行“以诚立人、以信立业、开拓进取、务求必胜”新一轮创业精神,并与各界有识之士共勉!

中辰南美工程公司董事长常景兴先生

业务分布图

经国家经济贸易委员会和对外贸易经济合作部批准，在国家工商管理局注册，由中国机电设备招标中心国际招标公司、铁道部沈阳铁路局、中建一局和中辰国际经济发展公司等法人单位按照《中华人民共和国公司法》组建而成的中辰南美国际工程承包有限公司，是具有勘测、设计、施工、监理等方面的高级资质的国际工程承包公司。业务重点是在南美地区及世界其他地区开展经济合作，承包国际工程项目，输出各类劳务人员，投资兴办高科技实业项目。

目前，与英、美、阿曼等国合作的“阿曼苏哈尔铝厂项目”，我公司作为EPC地位，已进入申请开工阶段；与泰国政府合作的“曼谷轻轨铁路项目”已进入实施阶段；与日本、沙特阿拉伯、马来西亚、柬埔寨等国家已有初步合作意向，我公司将作为工程总承包，负责对上述国际工程项目进行招标，并组织国内具有一流实力和业绩的单位联合承建。

“开拓、求实、优质、高效”是我们始终如一的经营理念，创办具有现代管理水平的大型跨国国际工程承包公司是我们不懈追求的目标。乘加入世界贸易组织的强劲东风，为加速与国际接轨，我们愿以雄厚的实力、诚实的作风、开拓进取的精神，与各界同仁携手共创美好未来。

阿曼苏丹国王储向中辰南美工程公司董事长常景兴先生赠送礼物

中辰南美工程公司领导同澳大利亚前总理霍克(左二)及夫人(左一)合影

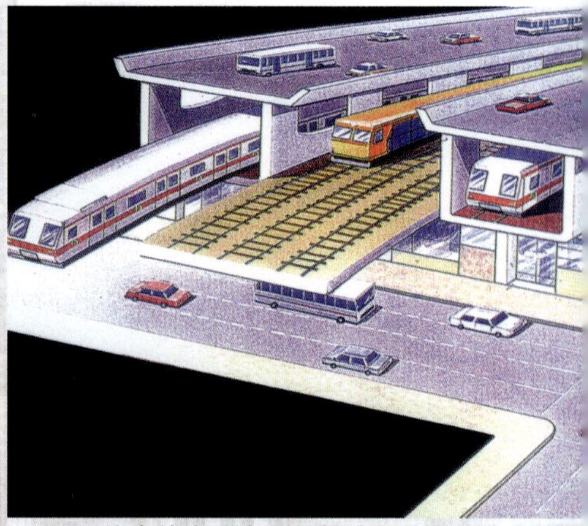

拟建中的泰国高架桥铁路系统模型

中辰南美国际工程承包有限公司

CHINA CHEN SOUTH AMERICA INTERNATIONAL CONSTRUCTION CONTRACTING CO.,LTD.

中辰南美工程公司董事长常景兴先生同英国电力公司领导层会谈

柬埔寨王国总理洪森(右三)与以中辰南美工程公司董事长常景兴先生(右二)为团长的中国赴柬商务考察团合影留念

南美秘鲁、阿根廷、智利、巴西、乌拉圭、巴拉圭、玻利维亚、哥伦比亚、委内瑞拉九国大使、商务参赞与国家经贸委领导共同参加南美洲地区商贸洽谈会

福清融侨经济技术开发区

人气兴旺的台商制衣企业——福清茂山塑料制品有限公司

福清融侨经济技术开发区于1992年10月经国务院批准设立，规划控制面积28平方公里，现已建成10平方公里。该区是所有开发区中离台湾最近的一个区，近台优势明显。该区交通方便，基础设施完善，投资政策优惠，办事程序简捷。1998年工业产值达101.5亿元，出口交货总值7.96亿美元，1999年工业产值可达120亿元，出口交货总值可达9.2亿美元。

福清融侨开发区竭诚欢迎各界客商前来洽谈、考察、投资。

繁忙的融侨集装箱码头

港资企业——诚丰装饰家具(福清)有限公司外景

四通八达的城区道路

重庆高新技术产业开发区万州科技工业园是为贯彻李鹏同志"把重庆国家级开发区的优惠政策辐射到库区"的指示精神，于1998年7月经重庆市政府渝府(1998)111号文批准成立。1999年底，万州区委、区政府决定将其设立在重庆市渝东开发园区，把园区观音岩万安、明镜、青龙、石峰4个村3.75平方公里作为其起步区，以渝东开发园区现有的开发优势为依托实施高新技术引进开发。

一批科技含量高、经济效益好的外来企业和移民迁建企业已相继到开发园区落户。目前已引进项目64个，协议投资总额达7亿元，其中外来投资3.5亿元。已建成工业企业29户，年工业总产值达4亿元，税利3800万元。其中，生产型企业占70%，技术先进企业占40%，产品出口企业占14%。开发园区初步建成了以皮毛、肠衣、生漆、桐油为主的外贸加工区，初步形成了以盐气化工、高新技术产品加工、建材、医药、轻工、机械为依托的工业体系。

园区管委会主任孙敦福向重庆市委书记贺国强汇报开发建设情况

中加友谊小学揭牌仪式

重庆高新技术产业开发区

万州科技工业园

迷人的夜景预示着园区灿烂的明天

园区金融贸易区一隅

集团公司董事长兼总经理　孔繁昌

天津开发区建设集团公司是开发区首家国有资产授权经营的企业集团，集团总资产18亿元，净资产近10亿元。集团以房地产开发为主业，拥有两家一级房地产企业。并有“风荷园”、“泰达园”、“翠亨村”等知名的房地产品牌。集团累计开发面积为300万平方米，物业养管面积近300万平方米，风荷园和翠亨村被评为“全国城市物业管理优秀住宅示范小区”。集团重组后发奋图强，力争在近期内成为天津市房地产开发的龙头企业。建设集团竭诚为广大用户提供优质的服务。

公司开发的“云琅新居”项目被称为天津市的“高尚住宅”

天津开发区建设集团公司

集团公司的“泰达园”项目、被称为天津市的“高尚住宅小区”

连接茂名市环市一级公路的茂南大道

办公大楼所在的站前南路

开发试验区茂南一小

中共茂名市茂南区委常委、茂南开发试验区党委书记、管委会主任张明基同志

广东省茂名市茂南城郊经济开发试验区远眺

广东省茂名市茂南城郊经济开发试验区于1992年12月经广东省人民政府批准成立，为省级开发试验区。面积23平方公里，人口1.3万。

茂南城郊经济开发试验区位于美丽的南方油城——茂名市的城区南面，属茂名市城市建设规划区范围。地理位置优越，交通十分便利，邮电设备先进，通讯发达，供水、供电、通讯均与市区并网接轨。

茂南城郊经济开发试验区自成立以来先后投入资金3亿多元进行基础设施建设。截至1999年9月份，开发试验区累计批准的内引外联项目已达150个，合同总投资31亿多元。

开发试验区党委、管委还利用地处城郊结合部的优势，大力发展城郊型“三高”农业。根据茂名市作为全国最大的水果生产基地，储良龙眼、白糖罂荔枝、红阳杨桃、无核黄皮等都是全国名牌水果的特点，发动部分未被征地的农村居民开展改林种果，调整农业结构，大大发展“三高”农业，逐步建立起一批果、菜、鱼、肉、禽、畜、蛋等“三高”农业基地。

茂南城郊经济开发试验区沐浴着改革开放的东风，发挥了窗口和试验田的作用，正满怀信心地跨进21世纪。

年产饲料3000吨的茂名市双田饲料有限公司

在“’99广东商品成都博览会”，产品荣获金质奖和国家专利产品的家安防盗报警锁厂

济开发试验区

哈尔滨经济技术开发区

哈尔滨市市长助理
开发区党工委书记、管委会主任 金乃鹏

哈尔滨经济技术开发区于1991年6月经黑龙江省人民政府批准设建，1993年4月经国务院批准为国家级开发区，规划面积10平方公里，其中管理服务区面积1.6平方公里，主要发展第三产业和高新技术项目；综合工业区面积8.4平方公里，起步区2.4平方公里，以兴办工业和科技开发项目为主。截止1999年底已有32个国家和地区352家外资企业进入开发区。协议外资额7.8亿美元，外资实际到位3.1亿美元。批准内联企业1081家，注册资金44.9亿元。八年来累计实现工业总产值248亿元，税收20.5亿元，财政收入20.9亿元。

新加坡大酒店

坐落在开发区内的隆马特量饭店

哈尔滨经济技术开发区管理服务区鸟瞰图

哈尔滨经济技术开发区

坐落在综合工业区内的哈飞微型车生产线

综合工业区内统一企业方便面生产线

对俄出口加工园区标识

开发区标准厂房

昆仑商城夜景

开发区综合工业区哈尔滨可口可乐公司

杭州经济技术开发区

总投资 9600 万美元的台资企业杭州得力纺织有限公司已顺利投产运行

美国摩托罗拉公司总投资 6000 万美元，在开发区设立“移动电话用户机公司”和“移动电话系统公司”

杭州经济技术开发区气势恢宏的区口广场

德国西门子(杭州)高压开关有限公司

以“康师傅”方便面闻名遐迩的杭州顶益国际食品有限公司产、销两旺

生产高档面料的日资杭州旭化成纺织有限公司

为“松下”配套的日资杭州相良塑料有限公司

杭州开发区内第一所高等院校——浙江育英文理学院于1998年9月开学

杭州经济技术开发区

开发区作为省、市爱国主义教育基地，吸引了大批青少年和社会各界人士前来参观、考察

周边市县的群众纷纷到开发区举行婚嫁典礼，已成为开发区一道新的靓丽的风景线

新落成的开发区企业专家楼

湖北省葛店经济技术开发区

湖北省葛店经济技术开发区是1990年7月经湖北省委、省政府批准设立全省第一家省级开发区。1997年6月，省政府又批准在区内设立湖北省葛店高新技术产业开发区。1998年3月，国家人事部博士后科学基金会在葛店开发区共建“中国博士后鄂州产业基地”。1995年，葛店开发区以其优势和实力被评为全国二十佳投资区之一。

葛店开发区规划面积26.5平方公里，第一期开发5.34平方公里，已建成2.2平方公里。葛店开发区位于武汉、鄂州、黄石三个沿江城市群的中心地带，资源丰富，交通便捷，工业基础好，经济实力强。在鄂州和武汉交界处设立葛店开发区，既有依托武汉、鄂州等大中城市基础设施和科技、人才的优势，又有开发和投资成本比大中城市低廉，便于开拓市场、贴近市场的优势。在长江这条开放开发的黄金水道上，葛店开发区居中独厚，东应浦东开发，西接三峡工程，投资前景十分广阔。随着国家开放开发的重点由沿海向中西部地区转移，葛店开发区又一次面临良好的发展机遇，我们诚邀海内外客商来区投资兴业，共创辉煌！

吴仪同志在副省长张洪祥及市委书记熊同发，市长蒋大国，市委副书记，开发区工委书记周旺生，管委会主任朱柏纯等陪同下，专程来葛店开发区视察

省委书记贾志杰在葛店经济技术开发区听取市委副书记、开发区工委书记周旺生汇报高新技术工业园的整体规划

湖北省化学研究所在葛店开发区投资兴建的科技工业园

香港新中港集团中华制漆公司在葛店开发区创办的中鄂制漆有限公司，主要生产高档家用漆和汽车油漆

香港富特波尔容器(集团)有限公司与美国波尔公司创办的湖北富特波尔容器有限公司，首期工程年产易拉罐3亿只

中国银行温州经济技术开发区支行

行长：张信才

中国银行温州经济技术开发区支行成立于1993年10月，是较早进入开发区开办业务的金融机构。该行资金实力雄厚、业务功能齐全、服务手段先进，深受广大客户的赞扬。

主要业务范围：办理外币、人民币存款，贷款，储蓄，国际汇款、兑换，国内外贸易与非贸易结算、结售汇；长城信用卡和代收代付代理业务、信息咨询，以及经人民银行批准的其他业务。

近年来，该行紧紧围绕"以市场为导向，以客户为中心，以质量为根本，以效益为目标"的经营思路，以开发区的开发开放为己任，恪守"信誉第一，客户至上"的服务宗旨，努力筹资融资，为开发区的建设做出了积极的贡献。

行长张信才率全体员工热忱欢迎社会各界和广大客户到我行办理各项金融业务。

开发区中国银行办公楼

温州经济技术开发区经济发展局

温州经济技术开发区经济发展局是开发区的经济主管部门，主要负责开发区的招商引资、企业管理、科技发展、计划发展、物价管理、统计等工作。经济发展局下设企业管理处、综合处、质量技术监督办公室、物价管理办公室。经济发展局目前与招商局合署办公，办公地点设在浙江省温州市汤家桥南路开发区大厦11楼。

又一家企业在温州开发区奠基

温州开发区经济发展局引进的东方管道股份有限公司产区一角。该公司生产的hobas管道是新一代高科技产品

经济发展局局长：戴若舒

招商局局长：谢少乐

中国·飞驼鞋业有限公司

董事长兼总经理：林连兴

中国·飞驼鞋业有限公司，创建于1993年3月，属股份制企业。多年来，公司依靠敏锐的市场触觉、务实的拼搏精神，从一家作坊式的家庭工厂迅速发展成为，拥有现代化厂房8000平方米；引进当今先进的四条制鞋生产流水线；配备完善的质量检测设备、电脑设计开发和管理系统；拥有专业技术人员70余名、生产员工1500多人，集生产、开发、设计、销售为一体的现代经济实体。公司主要生产"飞驼"牌男女真皮系列皮鞋，日产能力达6000双，年产值逾亿元。

产品和企业被温州市人民政府评为优秀产品、鞋类质量信得过企业，先后获得多种奖项，被评为开发区"新星工业企业"、"质量优秀企业"等荣誉称号，通过了浙江省企业标准水平确认和三级计量水平认定；1999年获浙江省皮鞋设计大奖赛金奖；通过ISO9002质量体系认证及产品质量认证。

企业厂貌

将军鞋制作任务落实啦！

南充市经济技术开发区

区内交通条件良好

南充市经济技术开发区是由四川省人民政府批准、南充市人民政府兴办的省级经济技术开发区。开发区依托达成铁路、川鄂公路、川陕公路和城市建成区，面积为4.3平方公里，其中花园坝小区重点发展商贸、交通等为铁路服务的第三产业，白土坝小区重点发展机械工业，望天坝小区重点发展风景度假娱乐业，周家坝小区重点发展电子、生物制药业，燕儿窝小区重点发展精细化工及其他高新技术产业。经过几年来的努力，开发区迈出了白手起家、以地生财、房产开发、奠定基础的第一步，形成了交通方便，通讯便捷，水、电、气保证供应的良好投资环境，成为市内外客商在南充投资兴业的一方热土。

南充市经济技术开发区将以独特的区位优势，完善的基础设施，优惠的政策待遇，宽松的建设环境，良好的发展氛围，高效的办事效率，优质的社会服务，欢迎四海宾朋，诚接八方客商，到南充市经济技术开发区投资兴业，共谋发展。

日供水15万立方米的南充市第二自来水厂，为开发区提供充足水源

已建和在建的输变电工程可以确保开发区内项目用电需要

日供气能力16万立方米的天然气供气站使用户端压力达到0.3MPa

建设中的省级开放开发试验区(含对外加工贸易区)

开发区办公楼

聊城经济技术开发区

聊城经济技术开发区建立于1995年10月8日，是山东省人民政府批准设立的省级重点经济开发区。行政管辖面积72平方公里。其中规划区面积18.9平方公里。按照市委、市政府提出的“改革开放的试验区、外向型经济的聚集区、高新技术产业的集中区、现代化的新城区”的要求，经过四年的发展，已批准进区项目106个，总投资14.5亿元。开发区已成为聊城市实施外向带动战略和借路兴聊战略的成功典型，成为聊城市利用外资最为集中、经济发展最为活跃的区域之一，成为聊城市新的经济增长点。

聊城还是一座正在崛起的新兴城市。京九铁路、邯济铁路、济聊馆高速公路在聊城交汇；240万千瓦大电厂的建设，使聊城成为重要的能源基地；现代化通讯网络已经形成；聊城海关、商检、保税仓库等已经建成并开始运作。聊城市投资环境宽松，呈现出良好的开放和发展势头，目前，已与世界上50多个国家和地区开展了交流与合作，一大批中外合资、独资项目已在聊城安家落户。现今的聊城已经成为京九沿线投资、旅游最好的城市之一。聊城市商机无限，开发区大有希望。聊城人民热情欢迎客商到聊城观光旅游，到开发区投资兴业。

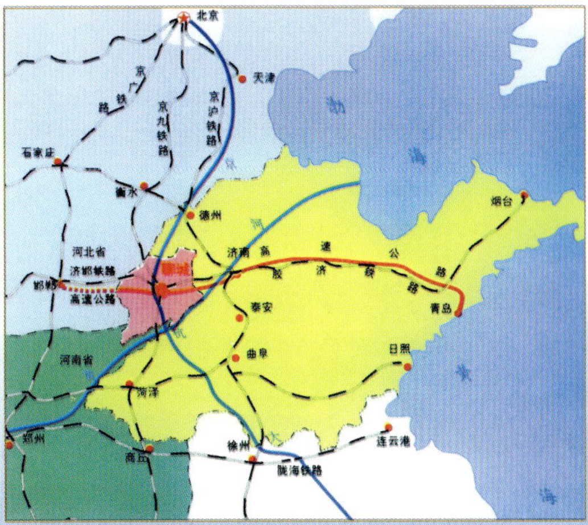

聊城市区位图

美丽的珠海经济特区

98’航博会室内展览

98’航博览会盛况

京珠高速公路

格力电器誉满九洲

天然良港

国际汽车大赛

会展业日渐兴旺

发达的公共交通

房地产业已经复苏

珠 海 经 济 特 区

充满发展商机的黄金宝岛 横琴

在'99珠海(澳门)贸易投资招商洽谈会期间，全国政协副主席马万祺、珠海市委副书记雷于蓝与横琴区委书记张作胜在横琴展位前亲切交谈

引进外资，推进发展

市、区领导为中华世纪门项目奠基

横琴是1992年经广东省批准建立的经济开发区，是珠海市五大经济功能区的试点功能区，行使市一级经济管理权限。经过七年的开发建设，内连市区的横琴大桥和外接澳门的莲花大桥已建成通车，正以其崭新的面貌和知名度屹立于南海之滨。

——独特的区位优势：横琴位于珠海市南部，珠江口西侧，南濒南海，处于“一国两制”交汇点和“内外辐射”的结合部。国家一级口岸——横琴口岸的建成使用，使横琴成为内地通往澳门的第二条陆路通道，“一国两制”交汇点的地缘优势更加凸现。

——发达的交通网络：横琴具有海陆空现代化的交通优势，距国际航线大面水道4海里，至珠海港34公里；周边40英里半径范围内，有香港、澳门、广东、深圳4大国际机场和珠海、佛山两个国内机场；正在建设中的广珠铁路、京珠高速公路横贯横琴并在岛内设站而抵达澳门，环岛路、海滨大道等高等级道路贯通全岛并与内陆相连，四通八达。

——丰富的土地资源：土地是横琴岛的一大资源，全岛四面环海，滩涂连片，仅建区7年就围海造地20平方公里，成为珠海百岛之冠，今后仍可继续造地30多平方公里，全岛面积将从原来的47平方公里扩大至96平方公里，三地成为横琴发展的一大优势。

——优美的自然环境:横琴岛处于亚热带季风区，海岛岸线76公里，大海环绕，海湾片片，沙滩绵延，礁石嶙峋;地形有低山、丘陵、台地，全岛最高峰脑背山海拔为457米，植被茂盛，未有污染，空气清新；岛上还有古时宋兵、元军在水域开展海战的遗迹。一派山海田园连成一体的自然景色，形成一个天然的旅游休闲度假胜地。

——高起点的城市建设：横琴是珠海市区的一个组成部分，其规划科学、合理，建设起点比市区高，经过前7年的大规模建设，目前岛内交通畅顺、水电充足、通讯发达；今后将继续高标准建成四通八达的高等级路网，架设特大桥与珠海机场和两部地区相连，扩充供电负荷达25万千瓦，日供水量至20万立方米，国际程控电话有16万门的现代化城区。

——美丽的发展前景。横琴坚持外向发展战略，凭借与澳门一桥相连的独特区位优势，与澳门实行优势互补，把横琴办成澳门优势产业延伸发展的腹地。开发以旅游业为龙头，综合发展商贸、饮食、金融、房地产等业。旅游业发展突出海岛特色，以中西文化交汇为主题，向度假、休闲、娱乐、会展购物等全方位发展，使横琴成为一个国际性的、开放型的、综合性的风景旅游区。

横琴对外来投资者实行“一条龙服务、一站式管理、一个窗口对外”的运作模式，经济发展以第三产业为主，非公有制经济为主，外向经济为主。实施全面放开和适当让利的政策措施。软、硬投资环境的日臻完善，给横琴注入了新的活力。1999年全区共签订投资合同(协议、意向)18个，协议投资达23亿元人民币。在'99珠海(澳门)投资洽谈会上，横琴经济开发区签约7项，占全市签约项目的11%，总投资额1.32亿美元，占全市引资总额的21.2%。目前，由澳门和台湾财团投资的珠海横琴东方体育度假世界、美国太平洋沿岸发展有限公司的影城等一批投资额超10亿元人民币的大项目进展顺利；由中华世界门有限公司投资兴建，总投资达4.5亿美元的中华世界门和澳门新建业集团公司投资2亿元人民币的新建业花园等一批项目已于澳门回归前奠基。至1999年12月，全区已建立各类经济实体908家，资本达13.33亿元。

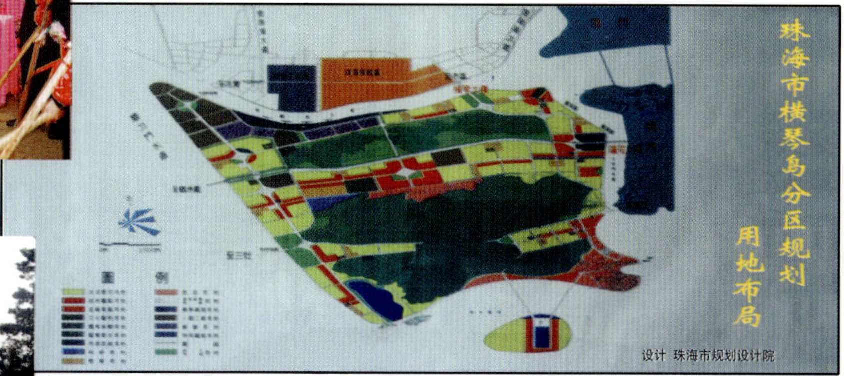

横琴红旗小区

连接珠海市区的横琴大桥

白沙湾迷人的田园风光

粤海铁路火车轮渡码头在紧张建设中

海安港背后的海口市近在咫尺

海安经济开发试验区领导在规划未来

广东省徐闻县海安经济开发试验区

海安经济开发试验区，总面积25平方公里，位于中国大陆最南端，地理位置得天独厚。东临南海，西濒北部湾，南连琼州海峡，和海南经济大特区隔海相望，是大陆通往海南省最为便捷的通道，距离仅为18海里。

海安港早在西汉时期就是我国“海上丝绸之路”的始发港，是我国古代对外贸易的重要港口之一。明清两代也曾在这里设立县治，成为政治、经济和军事重地。现在的海安港，是全国最大的汽车轮渡港口，年货吞吐量达400多万吨，客流量500多万人次，车流量80多万辆次。

海安试验区水陆交通发达。海上可到达国内各沿海港口，可通往越南、马来西亚等东南亚国家和地区。陆地二〇七国道直贯全境，粤海铁路和湛海高速公路正在建设之中，未来两年内可望通车。

海安试验区物产资源丰富。盛产珍珠、龙虾、鲍鱼、膏蟹、黄花鱼等优质水产品；出产菠萝、香蕉、木瓜、良姜、白糖、山羊等土特产。随着我区亚热带农业示范区的高标准建设和海洋经济的开拓发展，物产资源将得到进一步开发。海安海湾绵长，环境优美。阳光、沙滩、椰林、海风、涛声、绿水，如诗、如画、如乐，旅游资源开发前景十分诱人。

海安经济开发试验区依托海安港的区位优势，以海南大特区为依托，充分发挥本地资源优势，加强基础设施建设，投资环境日臻完善。目前，试验区完成了总体规划和各功能小区的详细规划，并完成了莲花、永康两个小区的道路框架建设及绿化；完成了对海安港的改造与扩建工程，并完成了对海安新港码头的前期勘探与设计工作；完成了对进港路的改造、绿化及对二〇七国道的新建与绿化工程；建成金涛、金海等多家上星级宾馆，建成海安大型客运车场，完善了多项服务配套设施；设立了中华人民共和国徐闻海关海安办事处，开通了5000门程控电话；建成天海城、小桃园娱乐城等多家外商投资项目。

海安经济开发试验区将以一座交通发达、商贸繁荣、旅游兴旺、环境优美的现代化外向型滨海新城的发展姿态，迎接五湖四海的有识之士前来投资，共享繁荣。

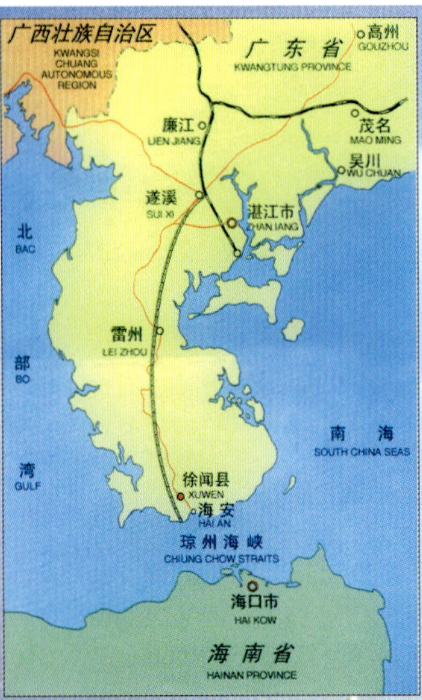

海安经济开发试验区位置图

注：建设中的粤海铁路2001年通车

海安，中国大陆最南端的港城

国家电力公司西北勘测设计院

院长、法定代表人：张庆堂

国家电力公司西北勘测设计研究院始建于1950年，是国家电力公司直属的国家甲级勘测设计研究单位。多年被连续评为《中国勘察设计单位综合实力百强》单位。

建院48年来，先后完成黄河上游、汉江上游、白龙江流域、陕西陕南地区、甘肃河西地区和新疆、西藏自治区等20多条河流的查勘、流域规划和设计工作。承担勘测设计的大中型水电站已建的有黄河龙羊峡、李家峡、刘家峡、白龙江碧口、宝珠寺、汉江石泉等水电站20余座，总装机容量为6855MW。已完成前期设计工作的黄河拉西瓦、公伯峡等大中型水电站13余座，总装机容量达10200MW。承担勘测设计的工程项目规模巨大、风格新颖、技术复杂，在国内处于领先水平。如荣获国家优秀设计奖的黄河刘家峡水电站、白龙江碧口水电站、黄河龙羊峡水电站和李家峡水电站的设计均处于当时国内水电技术的领先地位，分别代表着我国60年代、70年代、80年代和90年代水电工程建设水平。承担着长江三峡工程、黄河小浪底水利枢纽工程、李家峡水电站、大峡水电站、牡丹江莲花水电站等十余项水利水电工程和工业(民用)建筑工程的监理任务。

1978年以来，全院有136项工程设计和科研成果荣获国家级、部(省)级优秀设计奖和科技进步奖。“七五”和“八五”期间承担的国家重点科技攻关项目77个子题中，经部级鉴定，有28项被评为国内领先水平，其中有两项专题获得总体国际先进和国际领先水平。

西北勘测设计研究院积极参与国际工程项目投标，开展工程设计和工程技术咨询业务。先后中标承担索马里巴尔德拉水电站、叙利亚迪什林水电站、马来西亚GIS变电站等项目的工程设计和伊朗卡伦电站技术咨询。1997年被世界银行列入具有承担世界银行贷款工程项目设计咨询资格的单位。

建设中的李家峡水电站

刘家峡水电站

龙羊峡水电站

宝珠寺水电站

南海教育辉

改革开放，开创了社会主义现代化建设的新时期。教育，这一提高民族素质的神圣事业，也迎来了百花齐放的春天。20年来，在市委、市政府的领导下，在社会各方支持及广大教育工作者的共同努力下，南海教育取得了令人瞩目的成就。

20年来，全市投入教育的资金达39.68亿元，相当于1949-1978年30年的88.4倍。教育投入的大幅度增加，为教育事业发展打下雄厚的物质基础。新建校舍195所，不少学校得到改建和扩建，基建总投入近20亿元。新建教师宿舍6785套。目前，全市中小学校舍建筑面积达200万平方米，比1978年增加170万平方米。祠堂、简陋平房作校舍已成为历史。涌现了一大批标准高、设备先进、环境优美、具有现代化水平的新学校。南海先后被评为广东省校舍建设特级县和全省中小学校校舍危房改造先进集体。教学设备不断改善，全市仪器设备、电教设备总值达1.1亿多元，而1980年仅有2万元。教学仪器全部按国家教委一类标准配齐，教育局获1997年广东省中小学实验室建设先进单位称号。继1992年南海市被定为广东省电化教育综合改革4个实验县(市)之一后，1997年又被定为全省电化教育示范4市(县)之一。实施教育现代化的环境发生较大的变化。全市中小学共有计算机1.1万台、电视机1845台、录放像机858台、投影机5761台、录音机6084台；100%的高中、75%的初中和25%的小学设有计算机室；60%的初中和15%的小学设有语言实验室；68%的初中建有独立的科学实验楼。学校藏书量，普通中学140万多册，职中3.6万册，小学300万册，体育设备、设施也有很大改观。全市中小学体育场地面积达65万平方米，体育场地达标学校209所。已有224所学校建有200～400米环形跑道的运动场，140所学校建有多功能的礼堂。全市中小学有体育馆43个，体育室257个，室内外游泳池57个。

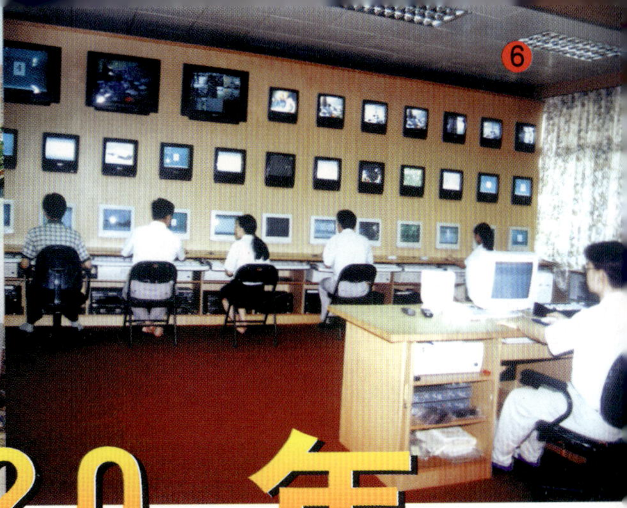

煌的 20 年

图片说明：

1.南庄镇南庄高级中学，1996年竣工，总投入9000万元，是集资建成，占地面积110亩，建筑面积48000平方米校舍设计有特色，建筑水平高，按现代化标准完善设施设备。该校几年来已取得较好的教育成绩

2.小塘镇高级中学耗资3250多万元，占地120亩，建筑面积3.2万平方米，建有办公、教学、实验、宿舍等大楼

3.南海市直技工学校、成人中专的实验实习场

4.省示范性乡镇成人学校——西樵成人学校夜景

5.设计新颖、设备一流、花园式的南庄镇中心幼儿园

6.南海市石门中学视频点播双向闭路电视总控室

7.省一级学校——大沥区中心小学，语文“四结合”教改试验课（多媒体电脑网络室）

8.南海师范学校附属小学语言实验室

9.南海市举办中学生互联网夏令营

10.南海市桂城中学——全国一千所电化教学实验学校之一

11.广东省一级学校——西樵区中心小学校园一角

12.广东省一级学校——石门中学小广场

大角湾旅游新区一角

海陵岛经济开发试验区1992年6月18日经广东省人民政府批准成立，辖海陵、闸坡两镇，总面积107.8平方公里，人口8.6万人。开发建设几年来，海陵岛经济呈现出超常发展态势，各项经济指标迅速增加。1998年，全岛国内生产总值11亿元，比1992年增加4.5倍；人均国内生产总值12600元，比1992年增加3.9倍；工农业生产总值8.97亿元，比1992年增加2.5倍。这一组组跳动的数字，展示了海陵岛跳跃式的发展。

海陵岛位于广东省阳江市西南端，形似海螺，故原名螺岛。海陵岛地处南亚热带，四面环海，山海兼优，气候宜人。岛上拥有众多的自然景观和人文景观，除宋太傅张世杰庙址和陵墓、古炮台、镇海亭、北帝庙、灵谷庙、观音岩、新石器文化遗址等名胜古迹外，还有10多处沙滩可供开发为海水浴场，享有“东方夏威夷”、“南方北戴河”之美称，是一颗镶嵌在南中国海岸上的明珠。此外，海陵岛渔业资源丰富，素有广东鱼仓之称，有全国十大渔港之一的闸坡渔港，有各种捕捞价值的鱼种300多种，有各类捕捞渔船727艘，拖、围、刺、钓等多种作业并举；海水滩涂养殖潜力大，养殖品种多，鱼、虾、蟹、贝、藻类一并俱全；渔业后勤配套设施完善，生产、加工、渔船修造、机械维修、补给等能力不断增强。

江阳市海陵岛经济开发试验区

大角湾沙滩一角

闸坡网箱养殖基地一角

1992年以来，海陵岛人民树立敢“闯”敢“冒”敢为天下先的勇气和精神，在基础差、底子薄的情况下，不畏艰苦，积极探索，勇于实践，全社会固定资产投资累计完成38亿元，使全区的社会经济面貌发生了深刻的变化，基础设施方面，建成了从阳江市区到海陵大堤全长28公里的进岛一级公路，岛内建成了全长12公里的环岛东公路，全长13公里的环岛西公路以及银湖路，建成了日供水量6万立方米的江闸供水工程；兴建了11万伏输变电站，完成了原来两个5万伏供电站的增容改造，更新、改造、架设了一批供电线路；开通了江闸光纤电缆，全岛程控电话容量增到2万门。旅游开发方面，全区先后开辟大角湾——马尾岛风景区、十里银滩风景区及金沙滩风景区，各景区先后开发了冲浪、水上快艇、碰碰车、骆驼沙滩游、激光射击、情侣车、升空伞、沙滩骑马、沙滩足球、海上水球、沙滩文艺表演等项目。全区共有宾馆、酒店、大排档100多家，按星级标准建设的宾馆28间，每天可接待游客2万人次，具备食、住、行、游、购、娱等6大功能。招商引资，方兴未艾，香港智仁公司、马来西亚国家石油公司、日本岩井株式会社等国内外投资客商纷纷进岛投资，全岛累计签订投资合同资金90亿，成为继深圳珠海特区的又一投资热点，全岛基础设施和旅游配套设施日臻完善。1989年5月，大角湾——马尾岛风景区被省人民政府批准为广东省风景名胜区；1994年，十里银滩海滨浴场被上海大世界吉尼斯总部评为中国最大的海滨浴场，入选大世界吉尼斯之最；1994年5月，海陵岛又被列为首批省级旅游度假区。自1997年起，进岛观光度假游客每年都保持在90万人次以上。

海陵岛热诚欢迎海内外朋友前来旅游观光，投资置业，共创千秋伟业，同绘宏伟蓝图！

大角湾海水浴场一角

广东省五华县经济开发试验区

五华县经济开发试验区始创于1993年6月，1995年12月得到省政府批准确认，成为省级经济开发试验区。她位于粤东五华县北部重镇——华城镇。

五华县经济开发区规划控制面积8.8平方公里，首期开发五个小区面积138万平方米，集工业、商贸、旅游、娱乐、住宅为一体。六年来，开发区管委会勇于开拓，大胆探索，闯出了一条以地招商、以地生财、以地换路的新路。开发建设坚持做到“四先四后、三个结合”，以诚实的态度，廉洁高效的服务吸引大批投资者，到目前为止，共引进32个项目，实际投入资金6.8亿元，已竣工投产的有西湖温泉大酒店、西湖工业城、广东荣华建材厂、爱地饲料厂、梅州洁力洗衣粉厂、西湖制衣厂、西湖消防器材厂等22家企业。

开发区领导　古振常

开发区与深圳西湖公司合作兴建的三星级宾馆——西湖温泉大酒店

装机一万门程控电话的华城邮电大楼开发区小区建筑一角

正在建设中的华城火车站综合大楼

投资浦东的上海通用汽车项目

昔日的农田上建起了新住宅

上海浦东开发开放十年剪

浦东新区新貌

影

浦东世纪大道

20世纪90年代第一年，在小平同志亲自倡导下，上海浦东开始了开发开放的跨世纪宏伟征程。如今十年已经过去，一个原沉寂的地方，如今发生了历史性的跨越。江泽民总书记1999年9月在位于浦东陆家嘴地区的上海国际会议中心，向出席《财富》全球论坛的代表演讲到："今晚我们所在的上海浦东陆家嘴地区，六年前还是一些简陋的住宅和农田，如今已是高楼林立、生机盎然的金融贸易区。"这是从一个方面对浦东十年开发的高度概括。

现代农业开发区一角

石河子经济技

开发区工业区一角

公司党委书记刘培增(中)、副总经理李俊(右)、副总经理申铭(左)在研究开发金龙建材城

公司住宅小区开发启动

新疆石河子开发区经济建设发展总公司

该公司是自治区二级房地产开发企业，注册资金2000万元。在开发区进行房地产综合开发经营、委托代建、物业管理等。自1994年6月成立以来，先后经营开发科林食品有限公司工业生产车间和综合办公楼、开发区写字楼、56#住宅小区以及开发区市政沥青砼、钢筋砼道路、给排水管线等基础设施。共开发建设房屋面积2.52万平方米、竣工率100%、优良率64%，完成施工产值3200万元，其中基础设施1615万元。

总公司下设综合办公室、财务部、房地产分公司、工程分公司、物业管理公司、水产良种场。公司现有人数32人，技术管理人员占75%。

术开发区

开发区写字楼

新安酒厂

新安酿酒总公司经理邱刚

坐落在天山北麓、准噶尔南缘的石河子开发区新安酒厂现有职工688人，各类专业技术人员58人，固定资产1600万元，年产优质新安系列曲酒1万余吨，产值1亿多元，年创利税2000万元，产品远销十多个省区，深受好评。1997、1998年连续两年被国家中华酒文化研究会评为“全国酒行业明星企业”；1999年经中国食品工业协会检验考核，新安系列酒被评定为国家质量达标食品，同时被中国名牌商品协会、中国工业设计协会评为中国名牌商品、西北五省先进企业。

公司在内地开展丰富多彩的促销活动

酒厂乔迁石河子开发区新厂落成典礼

惠阳三和经济开发试验区位于惠阳市中心，地处惠澳大道与惠淡公路之间，距中国最大的合资项目——南海石化20公里，地理位置优越，交通十分便利，规划面积为8平方公里。

三和经济开发区是以建设高科技工业园为目标的省级开发试验区。三和试验区管委会是惠阳市人民政府的派出机构，代表市政府行使同级管理权限，对区内开发建设事务实行统一领导、统一规划、统一管理、统一收费、统一发证。目前，试验区已投入开发建设资金为17亿元人民币，开发面积300万平方米。区内水电、道路、桥梁、通讯、给排水等基础设施已初步完善，水电供应充足，通讯联络畅通。规划有三和医院、南凯学校、商业小区等服务设施，区内的高新技术企业、项目及产品享受一系列优惠政策，为投资企业提供了良好的生产经营和生活条件。1998年试验区实现工业总产值26亿元。预计1999年工业产值可达40亿元。试验区汇聚了联想集团、香港中建电讯集团公司、和宏电子有限公司等大型企业，初步形成了以高科技、外向型工业为主导的发展格局。

试验区凭着区位优势，良好的投资环境，扎实的工作作风，取得了显著的开发成绩。三和经济开发试验区竭诚欢迎世界各地的朋友前来参观考察、投资合作、共创辉煌！

惠阳市人民政府副市长 惠阳三和经济开发试验区党委书记、管委会主任 徐伟强

惠阳三和经济开发试验区党委副书记、管委会常务副主任 惠阳三和集团公司总经理 曾庆富

惠阳三和经济开发试验区

投资三和 共创辉煌

中建科技集团

联想高级住宅区

和宏电子工业园

和宏电子工业园位于试验区东区，占地25万平方米，建筑厂房及配套生活区16万平方米，计划总投资额1.5亿元人民币。园区建成后，全部租赁给香港中建电讯集团有限公司。主要生产电话机、无绳电话机、传真机、稳压器和注塑产品，计划投资3.2亿港元。和宏电子工业园建成后，可实现年销售产值15亿元人民币。

环境优美，道路宽阔

连接联想科技园的大桥